"十二五"国家重点图书出版规划项目

中国刑法各论

阮齐林 耿佳宁 著

中国政法大学出版社

2023·北京

声　　明　1. 版权所有，侵权必究。

　　　　　2. 如有缺页、倒装问题，由出版社负责退换。

图书在版编目（CIP）数据

中国刑法各论/ 阮齐林, 耿佳宁著. —北京：中国政法大学出版社, 2023.8
ISBN 978-7-5764-1015-0

Ⅰ.①中…　Ⅱ.①阮…②耿…　Ⅲ.①刑法－研究－中国　Ⅳ.①D924.04

中国版本图书馆CIP数据核字(2023)第144473号

出 版 者	中国政法大学出版社	
地　　址	北京市海淀区西土城路 25 号	
邮　　箱	fadapress@163.com	
网　　址	http://www.cuplpress.com (网络实名：中国政法大学出版社)	
电　　话	010-58908435(第一编辑部) 58908334(邮购部)	
承　　印	北京鑫海金澳胶印有限公司	
开　　本	787mm×1092mm　1/16	
印　　张	31.5	
字　　数	847 千字	
版　　次	2023 年 8 月第 1 版	
印　　次	2023 年 8 月第 1 次印刷	
印　　数	1~4000 册	
定　　价	89.00 元	

作者简介

阮齐林 男,中国政法大学刑事司法学院教授、博士生导师。1982年毕业于西南政法学院法律本科,获法学学士学位;1985年毕业于中国政法大学,获刑法学硕士学位;同年留校任教,从事刑法学教学研究。1992年10月至1994年4月国家教委派遣访问学者赴日本东京大学访学。2000年至2003年在职于北京大学攻读刑法学博士研究生,获法学博士学位。先后为本科生、双学士和硕士研究生讲授中国刑法、英美刑法、日本刑法、国际刑法、刑法实务、案例刑法等课程,为博士研究生开设外国刑法、刑法讲座。

曾担任中国法学会刑法学研究会副会长兼秘书长、中国政法大学学术委员会委员。先后挂职北京市朝阳区人民检察院、北京市原宣武区人民检察院、北京市丰台区人民检察院副检察长。现为最高人民法院案例指导委员会委员、最高人民检察院专家咨询委员会委员、国家检察官学院兼职教授、北京市高级人民法院专家咨询委员、北京市人民检察院第三分院专家咨询委员。

著述有:《毛泽东刑事法律思想初探》(中国检察出版社1991年版,与张穹合著)、《刑法总则案例教程》(中国政法大学出版社1999年版)、《中国刑法上的量刑制度与实务》(法律出版社2003年版)、《刑法案例研习教程》(高等教育出版社2005年版,与康瑛合著)、《刑法学》(中国政法大学出版社2011年版)、《中国刑法总论》(中国政法大学出版社2019年版,与耿佳宁合著,入选北京高校优秀本科教材重点项目)《犯罪与刑罚论要》(中国政法大学出版社2021年版)。在《法学研究》《中国法学》《法学家》《比较法研究》等期刊发表学术论文30余篇,另有译著1部。

耿佳宁 女,中国政法大学刑事司法学院副教授、硕士生导师,院学位评定分委员会委员,刑法学研究所副所长。2011年毕业于中国政法大学,获法学学士学位;2013年毕业于中国政法大学,获刑法学硕士学位。同年受教育部国家留学基金管理委员会公派赴意大利罗马大学攻读博士。2017年2月以毕业论文"特优"嘉奖,取得公法学(刑法与刑事诉讼法方向)博士学位。同年7月起在中国政法大学刑事司法学院任教,先后为本科生、硕士研究生讲授刑法学总论、刑法学分论、刑法专题、刑法学研讨、刑法学案例研习、法学前沿问题等课程。主讲课程获评中国政法大学一流本科课程、课程思政示范课。

主持国家社科基金青年项目1项、教育部人文社会科学研究青年基金项目1项，参与国家社科基金重点项目、司法部法治建设与法学理论研究青年项目等多项。在《法学家》《中外法学》《政治与法律》《当代法学》等期刊发表学术论文10余篇，成果获得《人大复印报刊资料》全文转载，另有译文数篇。

出版说明

"十二五"国家重点图书出版规划项目是由国家新闻出版总署组织出版的国家级重点图书。列入该规划项目的各类选题,是经严格审查选定的,代表了当今中国图书出版的最高水平。

中国政法大学出版社作为国家良好出版社,有幸入选承担规划项目中系列法学教材的出版,这是一项光荣而艰巨的时代任务。

本系列教材的出版,凝结了众多知名法学家多年来的理论研究成果,全面而系统地反映了现今法学教学研究的最高水准。它以法学"基本概念、基本原理、基本知识"为主要内容,既注重本学科领域的基础理论和发展动态,又注重理论联系实际以满足读者对象的多层次需要;既追求教材的理论深度与学术价值,又追求教材在体系、风格、逻辑上的一致性。它以灵活多样的体例形式阐释教材内容,既推动了法学教材的多样化发展,又加强了教材对读者学习方法与兴趣的正确引导。它的出版也是中国政法大学出版社多年来对法学教材深入研究与探索的职业体现。

中国政法大学出版社长期以来始终以法学教材的品质建设为首任,我们坚信,"十二五"国家重点图书出版规划项目定能以其独具特色的高文化含量与创新性意识,成为集权威性和品牌价值于一身的优秀法学教材。

中国政法大学出版社

编写说明

党的二十大报告提出"中国式现代化"的历史命题，并强调我们要坚持走中国特色社会主义法治道路，全面推进严格公正司法，努力让人民群众在每一个司法案件中感受到公平正义。以犯罪与刑罚为调整对象的刑法，尤其是规定具体犯罪罪状与法定刑的刑法分则，直接关系着人民群众的生命、财产、人格等重要权益。在这个意义上，中国式现代化离不开中国刑法现代化。

中国刑法现代化要求从"以人民为中心"的价值原点出发，置身中国语境，建构自主的刑法学知识体系。鉴于此，《中国刑法各论》延续其"姊妹篇"《中国刑法总论》在编写上的务实风格，充分调动本土话语，积极回应实务关切，并具有以下特点：

第一，力求反映近些年刑法各罪立法、理论和实务的新发展。本书对《刑法修正案（十一）》增设的新罪名，着墨颇多。除廓清罪状外，还着力传达以下两层意思：

（1）正确理解《刑法修正案（十一）》对"口袋罪"的限缩及其意义。例如，《刑法修正案（十一）》把高空抛物罪放在扰乱公共秩序罪一节，就是考虑高空抛物怎么可能像放火、爆炸那样危害公共安全！如果抛下来的是燃烧的蜂窝煤，那就定放火罪；如果抛下来的是可能爆炸的煤气罐，那就定爆炸罪。除此之外，扔一台电脑不可能有放火、爆炸那样的危害性。通过新增高空抛物罪，《刑法修正案（十一）》实际上否定了司法机关无论是否危及公共安全一律定以危险方法危害公共安全罪的既有做法。这种限缩"口袋罪"的立法意图从最显著的角度要求我们：①限制或者不适用不明确的法条；②在认定犯罪时不用其他概念去代替法条使用的概念；③正确对待公共法益。

（2）正确理解《刑法修正案（十一）》增设轻罪的意义。关于如何对待轻罪，本书提出的建议是：审慎把握刑法条文之间的关系，不要滥用"依照处罚较重的规定定罪处罚"条款；准确评价案件的危害程度，不要动辄把轻罪评价为重罪。例如，实施妨害药品管理行为，但不足以危害人体健康的，不能以"有前款行为，同时又构成……，依照处罚较重的规定定罪处罚"为据，绕开妨害药品管理罪，直接认定非法经营罪，否则就会出现既不协调也不合理的局面：足以危害人体健康的，定妨害药品管理罪，基本犯处刑3年以下；不足以危害人体健康的，定非法经营罪，基本犯处刑5年以下。

第二，力图反映作者的犯罪论体系倾向：以罪状为核心的刑法教义学，即以分则各罪特殊构成要件为核心，从客观、主观两方面把握构成要件内容（要素），从司法进路掌握各罪的适用。审查行为是否成立犯罪，首先应审查是否具备（或者实施、实现、该当、符合）分则某刑罚法规（罪刑条文）的客观要件，然后再审查行为人对自己具备客观要件之行为是否"明知"。定罪量刑的客观要素、主观要素永远应精确到分则某条具体的刑罚法规（罪刑条文）。

第三，使用了陈兴良教授首倡的"罪量"概念，以标示刑法各罪的危害性程度或者违法与犯罪的界限。中国惩罚危害行为采取行政罚与刑事罚二元体系，且极为分明。从这个意义上说，脱离了"罪量"概念，就无法充分展现刑法各论的中国特色。但另一方面，"罪量"标准大多来自于司法解释，技术性强、变动性大。为了留出篇幅，尽可能细致地探究各罪"教义"，本书对数额、情节等具体的罪量"参数"未予全面罗列，而是给出相关司法解释的条文序号，以便读者自行查阅。

阮齐林　耿佳宁

2023 年 6 月

规范性法律文件名称缩略语

缩略语	规范性法律文件名称
●法律	
《刑法》	中华人民共和国刑法（2020年修正）
刑法修正案	中华人民共和国刑法修正案
《惩治外汇犯罪的决定》	全国人民代表大会常务委员会关于惩治骗购外汇、逃汇和非法买卖外汇犯罪的决定（1998）
《反恐法》	中华人民共和国反恐怖主义法（2018年修正）
《刑事诉讼法》	中华人民共和国刑事诉讼法（2018年修正）
《反有组织犯罪法》	中华人民共和国反有组织犯罪法（2021）
●立法解释	
《渎职罪主体的解释》	全国人民代表大会常务委员会关于《中华人民共和国刑法》第九章渎职罪主体适用问题的解释（2002）
《刑法第313条的解释》	全国人民代表大会常务委员会关于《中华人民共和国刑法》第三百一十三条的解释（2002）
《信用卡的解释》	全国人民代表大会常务委员会关于《中华人民共和国刑法》有关信用卡规定的解释（2004）
《刑法第228、342、410条的解释》	全国人民代表大会常务委员会关于《中华人民共和国刑法》第二百二十八条、第三百四十二条、第四百一十条的解释（2009年修正）
《刑法第158、159条的解释》	全国人民代表大会常务委员会关于《中华人民共和国刑法》第一百五十八条、第一百五十九条的解释（2014）
《刑法第341、312条的解释》	全国人民代表大会常务委员会关于《中华人民共和国刑法》第三百四十一条、第三百一十二条的解释（2014）
《刑法第30条的解释》	全国人民代表大会常务委员会关于《中华人民共和国刑法》第三十条的解释（2014）
●司法解释	
《办理强奸案解答》	最高人民法院、最高人民检察院、公安部关于当前办理强奸案件中具体应用法律的若干问题的解答（1984，现已失效）
《铁路法刑事罚则解释》	最高人民法院关于执行《中华人民共和国铁路法》中刑事罚则若干问题的解释（1993，现已失效）

续表

缩略语	规范性法律文件名称
《聘用或委托人员批复》	最高人民检察院关于受监管机关正式聘用或委托履行监管职务的人员能否成为体罚虐待人犯罪和私放罪犯罪主体的批复（1994，现已失效）
《审理盗窃案解释》	最高人民法院关于审理盗窃案件具体应用法律若干问题的解释（1998，现已失效）
《审理非法出版物刑案解释》	最高人民法院关于审理非法出版物刑事案件具体应用法律若干问题的解释（1998）
《审理外汇刑案解释》	最高人民法院关于审理骗购外汇、非法买卖外汇刑事案件具体应用法律若干问题的解释（1998）
《机动车案规定》	最高人民法院、最高人民检察院、公安部、国家工商行政管理局关于依法查处盗窃、抢劫机动车案件的规定（1998）
《审理拒不执行判决、裁定案解释》	最高人民法院关于审理拒不执行判决、裁定案件具体应用法律若干问题的解释（1998，现已失效）
《自侦案件立案标准》	最高人民检察院关于人民检察院直接受理立案侦查案件立案标准的规定（试行）（1999）
《维护农村稳定座谈会纪要》	全国法院维护农村稳定刑事审判工作座谈会纪要（1999）
《审理电信市场案解释》	最高人民法院关于审理扰乱电信市场管理秩序案件具体应用法律若干问题的解释（2000）
《审理伪造货币案解释》	最高人民法院关于审理伪造货币等案件具体应用法律若干问题的解释（2000）
《走私解释（一）》	最高人民法院关于审理走私刑事案件具体应用法律若干问题的解释（2000，现已失效）
《邮票解释》	最高人民法院关于对变造、倒卖变造邮票行为如何适用法律问题的解释（2000）
《审理森林资源刑案解释》	最高人民法院关于审理破坏森林资源刑事案件具体应用法律若干问题的解释（2000）
《审理贪污、职务侵占案共同犯罪解释》	最高人民法院关于审理贪污、职务侵占案件如何认定共同犯罪几个问题的解释（2000）
《审理交通肇事刑案解释》	最高人民法院关于审理交通肇事刑事案件具体应用法律若干问题的解释（2000）
《审理土地资源刑案解释》	最高人民法院关于审理破坏土地资源刑事案件具体应用法律若干问题的解释（2000）
《为索取非法债务非法拘禁解释》	最高人民法院关于对为索取法律不予保护的债务非法拘禁他人行为如何定罪问题的解释（2000）

续表

缩略语	规范性法律文件名称
《拐卖妇女儿童案通知》	最高人民法院、最高人民检察院、公安部、民政部、司法部、全国妇联关于打击拐卖妇女儿童犯罪有关问题的通知（2000）
《审理抢劫案解释》	最高人民法院关于审理抢劫案件具体应用法律若干问题的解释（2000）
《妨害公务罪认定批复》	最高人民检察院关于以暴力威胁方法阻碍事业编制人员依法执行行政执法职务是否可对侵害人以妨害公务罪论处的批复（2000）
《审理黑社会性质组织案解释》	最高人民法院关于审理黑社会性质组织犯罪的案件具体应用法律若干问题的解释（2000）
《拒不执行调解书答复》	最高人民法院研究室关于拒不执行人民法院调解书的行为是否构成拒不执行判决、裁定罪的答复（2000）
《离退休后收受财物批复》	最高人民法院关于国家工作人员利用职务上的便利为他人谋取利益离退休后收受财物行为如何处理问题的批复（2000）
《狱医批复》	最高人民法院关于未被公安机关正式录用的人员、狱医能否构成失职致使在押人员脱逃罪主体问题的批复（2000，现已失效）
《办理伪劣商品刑案解释》	最高人民法院、最高人民检察院关于办理生产、销售伪劣商品刑事案件具体应用法律若干问题的解释（2001）
《审理金融犯罪案纪要》	全国法院审理金融犯罪案件工作座谈会纪要（2001）
《审理国家秘密、情报案解释》	最高人民法院关于审理为境外窃取、刺探、收买、非法提供国家秘密、情报案件具体应用法律若干问题的解释（2001）
《失职致使在押人员脱逃案解释》	最高人民检察院关于工人等非监管机关在编监管人员私放在押人员行为和失职致使在押人员脱逃行为适用法律问题的解释（2001）
《抢劫杀人案批复》	最高人民法院关于抢劫过程中故意杀人案件如何定罪问题的批复（2001）
《办理高等院校学历证明刑案解释》	最高人民法院、最高人民检察院关于办理伪造、贩卖伪造的高等院校学历、学位证明刑事案件如何适用法律问题的解释（2001）
《渎职侵权重特大案件标准》	人民检察院直接受理立案侦查的渎职侵权重特大案件标准（试行）（2001）
《审理骗取出口退税刑案解释》	最高人民法院关于审理骗取出口退税刑事案件具体应用法律若干问题的解释（2002）

续表

缩略语	规范性法律文件名称
《办理走私刑案意见》	最高人民法院、最高人民检察院、海关总署关于办理走私刑事案件适用法律若干问题的意见（2002）
《审理偷税抗税刑案解释》	最高人民法院关于审理偷税抗税刑事案件具体应用法律若干问题的解释（2002）
《罪名补充规定》	最高人民法院、最高人民检察院关于执行《中华人民共和国刑法》确定罪名的补充规定（2002）
《审理武装部队车辆号牌刑案解释》	最高人民法院关于审理非法生产、买卖武装部队车辆号牌等刑事案件具体应用法律若干问题的解释（2002，现已失效）
《伪造证据答复》	最高人民检察院法律政策研究室关于通过伪造证据骗取法院民事裁判占有他人财物的行为如何适用法律问题的答复（2002）
《买卖空白边境证答复》	最高人民检察院研究室关于买卖尚未加盖印章的空白《边境证》行为如何适用法律问题的答复（2002）
《妨害预防、控制传染病疫情刑案解释》	最高人民法院、最高人民检察院关于办理妨害预防、控制突发传染病疫情等灾害的刑事案件具体应用法律若干问题的解释（2003）
《审理经济犯罪案座谈会纪要》	全国法院审理经济犯罪案件工作座谈会纪要（2003）
《IC电话卡答复》	最高人民检察院关于非法制作、出售、使用IC电话卡行为如何适用法律问题的答复（2003）
《政府临时性机构公文答复》	最高人民检察院法律政策研究室关于伪造、变造、买卖政府设立的临时性机构的公文、证件、印章行为如何适用法律问题的答复（2003）
《办理知识产权刑案解释》	最高人民法院、最高人民检察院关于办理侵犯知识产权刑事案件具体应用法律若干问题的解释（2004）
《办理淫秽电子信息刑案解释》	最高人民法院、最高人民检察院关于办理利用互联网、移动通讯终端、声讯台制作、复制、出版、贩卖、传播淫秽电子信息刑事案件具体应用法律若干问题的解释（2004）
《办理赌博刑案解释》	最高人民法院、最高人民检察院关于办理赌博刑事案件具体应用法律若干问题的解释（2005）
《审理抢劫抢夺刑案意见》	最高人民法院关于审理抢劫、抢夺刑事案件适用法律若干问题的意见（2005）
《审理林地资源刑案解释》	最高人民法院关于审理破坏林地资源刑事案件具体应用法律若干问题的解释（2005）
《审理未成年人刑案解释》	最高人民法院关于审理未成年人刑事案件具体应用法律若干问题的解释（2006）

续表

缩略语	规范性法律文件名称
《渎职侵权案立案标准》	最高人民检察院关于渎职侵权犯罪案件立案标准的规定（2006）
《走私解释（二）》	最高人民法院关于审理走私刑事案件具体应用法律若干问题的解释（二）（2006，现已失效）
《审理破坏电力设备刑案解释》	最高人民法院关于审理破坏电力设备刑事案件具体应用法律若干问题的解释（2007）
《办理盗窃油气、破坏油气设备刑案解释》	最高人民法院、最高人民检察院关于办理盗窃油气、破坏油气设备等刑事案件具体应用法律若干问题的解释（2007）
《审理军事通信刑案解释》	最高人民法院关于审理危害军事通信刑事案件具体应用法律若干问题的解释（2007）
《办理知识产权刑案解释（二）》	最高人民法院、最高人民检察院关于办理侵犯知识产权刑事案件具体应用法律若干问题的解释（二）（2007）
《办理矿山生产安全刑案解释》	最高人民法院、最高人民检察院关于办理危害矿山生产安全刑事案件具体应用法律若干问题的解释（2007，现已失效）
《办理机动车相关刑案解释》	最高人民法院、最高人民检察院关于办理与盗窃、抢劫、诈骗、抢夺机动车相关刑事案件具体应用法律若干问题的解释（2007）
《办理受贿刑案意见》	最高人民法院、最高人民检察院关于办理受贿刑事案件适用法律若干问题的意见（2007）
《立案标准（一）》	最高人民检察院、公安部关于公安机关管辖的刑事案件立案追诉标准的规定（一）（2008）
《办理商业贿赂刑案意见》	最高人民法院、最高人民检察院关于办理商业贿赂刑事案件适用法律若干问题的意见（2008）
《办理采供血液等刑案解释》	最高人民法院、最高人民检察院关于办理非法采供血液等刑事案件具体应用法律若干问题的解释（2008）
《办理制毒物品案意见》	最高人民法院、最高人民检察、公安部关于办理制毒物品犯罪案件适用法律若干问题的意见（2009）
《醉驾犯罪法律适用意见》	最高人民法院关于醉酒驾车犯罪法律适用问题的意见（2009）
《审理洗钱刑案解释》	最高人民法院关于审理洗钱等刑事案件具体应用法律若干问题的解释（2009）
《办理黑社会罪案纪要》	最高人民法院、最高人民检察院、公安部办理黑社会性质组织犯罪案件座谈会纪要（2009）

续表

缩略语	规范性法律文件名称
《审理枪支、弹药、爆炸物刑案解释》	最高人民法院关于审理非法制造、买卖、运输枪支、弹药、爆炸物等刑事案件具体应用法律若干问题的解释（2009年修正）
《办理国家出资企业中职务犯罪案意见》	最高人民法院、最高人民检察院关于办理国家出资企业中职务犯罪案件具体应用法律若干问题的意见（2010）
《审理伪造货币案解释（二）》	最高人民法院关于审理伪造货币等案件具体应用法律若干问题的解释（二）（2010）
《严惩拐卖犯罪意见》	最高人民法院、最高人民检察院、公安部、司法部关于依法惩治拐卖妇女儿童犯罪的意见（2010）
《贯彻宽严相济政策》	最高人民法院刑事审判第三庭在审理故意杀人、伤害及黑社会性质组织犯罪案件中切实贯彻宽严相济刑事政策（2010）
《办理网络赌博案意见》	最高人民法院、最高人民检察院、公安部关于办理网络赌博犯罪案件适用法律若干问题的意见（2010）
《办理传播淫秽电子信息刑案解释（二）》	最高人民法院、最高人民检察院关于办理利用互联网、移动通讯终端、声讯台制作、复制、出版、贩卖、传播淫秽电子信息刑事案件具体应用法律若干问题的解释（二）（2010）
《危害生产安全刑案意见》	最高人民法院关于进一步加强危害生产安全刑事案件审判工作的意见（2011）
《关于国家规定的通知》	最高人民法院关于准确理解和适用刑法中"国家规定"的有关问题的通知（2011）
《办理诈骗案的解释》	最高人民法院、最高人民检察院关于办理诈骗刑事案件具体应用法律若干问题的解释（2011）
《办理计算机刑案解释》	最高人民法院、最高人民检察院关于办理危害计算机信息系统安全刑事案件应用法律若干问题的解释（2011）
《办理妨害部队制服、号牌管理案解释》	最高人民法院、最高人民检察院关于办理妨害武装部队制式服装、车辆号牌管理秩序等刑事案件具体应用法律若干问题的解释（2011）
《办理知识产权刑案意见》	最高人民法院、最高人民检察院、公安部关于办理侵犯知识产权刑事案件适用法律若干问题的意见（2011）
《郑喜和案批复》	最高人民法院关于被告人郑喜和非法收购珍贵、濒危野生动物、珍贵、濒危野生动物制品罪请示一案的批复（2011）
《办理内幕信息刑案解释》	最高人民法院、最高人民检察院关于办理内幕交易、泄露内幕信息刑事案件具体应用法律若干问题的解释（2012）

续表

缩略语	规范性法律文件名称
《审理草原资源刑案解释》	最高人民法院关于审理破坏草原资源刑事案件应用法律若干问题的解释（2012）
《办理妨害国边境刑案解释》	最高人民法院、最高人民检察院关于办理妨害国（边）境管理刑事案件应用法律若干问题的解释（2012）
《办理渎职案解释（一）》	最高人民法院、最高人民检察院关于办理渎职刑事案件适用法律若干问题的解释（一）（2012）
《办理醉驾案意见》	最高人民法院、最高人民检察院、公安部关于办理醉酒驾驶机动车刑事案件适用法律若干问题的意见（2013）
《办理传销案意见》	最高人民法院、最高人民检察院、公安部关于办理组织领导传销活动刑事案件适用法律若干问题的意见（2013）
《惩治性侵未成年意见》	最高人民法院、最高人民检察院、公安部、司法部关于依法惩治性侵害未成年人犯罪的意见（2013）
《军人立案标准》	最高人民检察院、解放军总政治部军人违反职责罪案件立案标准的规定（2013）
《办理网络诽谤等刑案解释》	最高人民法院、最高人民检察院关于办理利用信息网络实施诽谤等刑事案件适用法律若干问题的解释（2013）
《办理盗窃案解释》	最高人民法院、最高人民检察院关于办理盗窃刑事案件适用法律若干问题的解释（2013）
《办理抢夺案解释》	最高人民法院、最高人民检察院关于办理抢夺刑事案件适用法律若干问题的解释（2013）
《办理敲诈案解释》	最高人民法院、最高人民检察院关于办理敲诈勒索刑事案件适用法律若干问题的解释（2013）
《拒不支付劳动报酬刑案解释》	最高人民法院关于审理拒不支付劳动报酬刑事案件适用法律若干问题的解释（2013）
《审理虚假恐怖信息案解释》	最高人民法院关于审理编造、故意传播虚假恐怖信息刑事案件适用法律若干问题的解释（2013）
《寻衅滋事案解释》	最高人民法院、最高人民检察院关于办理寻衅滋事刑事案件适用法律若干问题的解释（2013）
《暴恐案意见》	最高人民法院、最高人民检察院、公安部关于办理暴力恐怖和宗教极端刑事案件适用法律若干问题的意见（2014，现已失效）
《办理伪基站案意见》	最高人民法院、最高人民检察院、公安部、国家安全部关于依法办理非法生产销售使用"伪基站"设备案件的意见（2014）
《办理非法集资刑案意见》	最高人民法院、最高人民检察院、公安部关于办理非法集资刑事案件适用法律若干问题的意见（2014）

续表

缩略语	规范性法律文件名称
《办理赌博机案意见》	最高人民法院、最高人民检察院、公安部关于办理利用赌博机开设赌场案件适用法律若干问题的意见（2014）
《强迫借贷适用法律批复》	最高人民检察院关于强迫借贷行为适用法律问题的批复（2014）
《办理危害生产安全刑案解释》	最高人民法院、最高人民检察院关于办理危害生产安全刑事案件适用法律若干问题的解释（2015）
《〈刑法修正案（九）〉时间效力解释》	最高人民法院关于《中华人民共和国刑法修正案（九）》时间效力问题的解释（2015）
《办理妨害文物管理案解释》	最高人民法院、最高人民检察院关于办理妨害文物管理等刑事案件适用法律若干问题的解释（2015）
《审理毒品案纪要（武汉）》	全国法院毒品犯罪审判工作座谈会纪要（2015）
《办理家暴案意见》	最高人民法院、最高人民检察院、公安部、司法部关于依法办理家庭暴力犯罪案件的意见（2015）
《审理抢劫案意见》	最高人民法院关于审理抢劫刑事案件适用法律若干问题的指导意见（2016）
《审理毒品案解释》	最高人民法院关于审理毒品犯罪案件适用法律若干问题的解释（2016）
《办理贪贿案解释》	最高人民法院、最高人民检察院关于办理贪污贿赂刑事案件适用法律若干问题的解释（2016）
《办理环境污染案解释》	最高人民法院、最高人民检察院关于办理环境污染刑事案件适用法律若干问题的解释（2023）
《办理采矿刑案解释》	最高人民法院、最高人民检察院关于办理非法采矿、破坏性采矿刑事案件适用法律若干问题的解释（2016）
《办理电诈案意见》	最高人民法院、最高人民检察院、公安部关于办理电信网络诈骗等刑事案件适用法律若干问题的意见（2016）
《人工驯养动物复函》	最高人民法院研究室关于收购、运输、出售部分人工驯养繁殖技术成熟的野生动物适用法律问题的复函（2016）
《审理非法行医刑案解释》	最高人民法院关于审理非法行医刑事案件具体应用法律若干问题的解释（2016年修正）
《办理邪教组织案解释》	最高人民法院、最高人民检察院关于办理组织、利用邪教组织破坏法律实施等刑事案件适用法律若干问题的解释（2017）
《药品注册材料造假案解释》	最高人民法院、最高人民检察院关于办理药品、医疗器械注册申请材料造假刑事案件适用法律若干问题的解释（2017，现已失效）
《办理侵犯个人信息刑案解释》	最高人民法院、最高人民检察院关于办理侵犯公民个人信息刑事案件适用法律若干问题的解释（2017）

续表

缩略语	规范性法律文件名称
《办理无线电刑案解释》	最高人民法院、最高人民检察院关于办理扰乱无线电通讯管理秩序等刑事案件适用法律若干问题的解释（2017）
《办理组织卖淫等案解释》	最高人民法院、最高人民检察院关于办理组织、强迫、引诱、容留、介绍卖淫刑事案件适用法律若干问题的解释（2017）
《量刑指导意见（二）》	最高人民法院关于常见犯罪的量刑指导意见（二）（试行）（2017）
《立案标准（一）补充规定》	最高人民检察院、公安部关于公安机关管辖的刑事案件立案追诉标准的规定（一）的补充规定（2017）
《利用云盘传播淫秽信息的批复》	最高人民法院、最高人民检察院关于利用网络云盘制作、复制、贩卖、传播淫秽电子信息牟利行为定罪量刑问题的批复（2017）
《营造法治环境通知》	最高人民法院关于充分发挥审判职能作用为企业家创新创业营造良好法治环境的通知（2017）
《办理虚假诉讼案解释》	最高人民法院、最高人民检察院关于办理虚假诉讼刑事案件适用法律若干问题的解释（2018）
《办理恐怖活动案意见》	最高人民法院、最高人民检察院、公安部、司法部关于办理恐怖活动和极端主义犯罪案件适用法律若干问题的意见（2018）
《办理黑恶犯罪案意见》	最高人民法院、最高人民检察院、公安部、司法部关于办理黑恶势力犯罪案件若干问题的指导意见（2018）
《办理盗窃油气、破坏油气设备刑案意见》	最高人民法院、最高人民检察院、公安部关于办理盗窃油气、破坏油气设备等刑事案件适用法律若干问题的意见（2018）
《办理侵犯个人信息案指引》	检察机关办理侵犯公民个人信息案件指引（2018）
《办理电诈案指引》	检察机关办理电信网络诈骗案件指引（2018）
《涉枪支刑案批复》	最高人民法院、最高人民检察院关于涉以压缩气体为动力的枪支、气枪铅弹刑事案件定罪量刑问题的批复（2018）
《办理信用卡刑案解释》	最高人民法院、最高人民检察院关于办理妨害信用卡管理刑事案件具体应用法律若干问题的解释（2018年修正）
《办理未公开信息刑案解释》	最高人民法院、最高人民检察院关于办理利用未公开信息交易刑事案件适用法律若干问题的解释（2019）
《办理操纵市场刑案解释》	最高人民法院、最高人民检察院关于办理操纵证券、期货市场刑事案件适用法律若干问题的解释（2019）

续表

缩略语	规范性法律文件名称
《办理信息网络刑案解释》	最高人民法院、最高人民检察院关于办理非法利用信息网络、帮助信息网络犯罪活动等刑事案件适用法律若干问题的解释（2019）
《办理组织作弊刑案解释》	最高人民法院、最高人民检察院关于办理组织考试作弊等刑事案件适用法律若干问题的解释（2019）
《审理兴奋剂刑案解释》	最高人民法院关于审理走私、非法经营、非法使用兴奋剂刑事案件适用法律若干问题的解释（2019）
《非法集资刑案若干问题意见》	最高人民法院、最高人民检察院、公安部关于办理非法集资刑事案件若干问题的意见（2019）
《办理非法放贷刑案意见》	最高人民法院、最高人民检察院、公安部、司法部关于办理非法放贷刑事案件若干问题的意见（2019）
《惩治妨害安全驾驶意见》	最高人民法院、最高人民检察院、公安部关于依法惩治妨害公共交通工具安全驾驶违法犯罪行为的指导意见（2019）
《办理环境污染案纪要》	最高人民法院、最高人民检察院、公安部、司法部、生态环境部关于办理环境污染刑事案件有关问题座谈会纪要（2019）
《扫黑除恶通知》	国家监察委员会、最高人民法院、最高人民检察院、公安部、司法部关于在扫黑除恶专项斗争中分工负责、互相配合、互相制约严惩公职人员涉黑涉恶违法犯罪问题的通知（2019）
《办理知识产权刑案解释（三）》	最高人民法院、最高人民检察院关于办理侵犯知识产权刑事案件具体应用法律若干问题的解释（三）（2020）
《惩治妨害疫情防控违法犯罪意见》	最高人民法院、最高人民检察院、公安部、司法部关于依法惩治妨害新型冠状病毒感染肺炎疫情防控违法犯罪的意见（2020）
《加强卫生检疫意见》	最高人民法院、最高人民检察院、公安部、司法部、海关总署关于进一步加强国境卫生检疫工作 依法惩治妨害国境卫生检疫违法犯罪的意见（2020）
《办理涉窨井盖刑案意见》	最高人民法院、最高人民检察院、公安部关于办理涉窨井盖相关刑事案件的指导意见（2020）
《办理跨境赌博案意见》	最高人民法院、最高人民检察院、公安部关于办理跨境赌博犯罪案件若干问题的意见（2020）
《惩治长江非法捕捞意见》	最高人民法院、最高人民检察院、公安部、农业农村部依法惩治长江流域非法捕捞等违法犯罪的意见（2020）
《适用第344条的批复》	最高人民法院、最高人民检察院关于适用《中华人民共和国刑法》第三百四十四条有关问题的批复（2020）

续表

缩略语	规范性法律文件名称
《审理拒不执行判决案解释》	最高人民法院关于审理拒不执行判决、裁定刑事案件适用法律若干问题的解释（2020年修正）
《民间借贷案规定》	最高人民法院关于审理民间借贷案件适用法律若干问题的规定（2020年第二次修正）
《办理危害食品安全刑案解释》	最高人民法院、最高人民检察院关于办理危害食品安全刑事案件适用法律若干问题的解释（2021）
《办理窝藏包庇刑案解释》	最高人民法院、最高人民检察院关于办理窝藏、包庇刑事案件适用法律若干问题的解释（2021）
《罪名补充规定（七）》	最高人民法院、最高人民检察院关于执行《中华人民共和国刑法》确定罪名的补充规定（七）（2021）
《办理电诈案意见（二）》	最高人民法院、最高人民检察院、公安部关于办理电信网络诈骗等刑事案件适用法律若干问题的意见（二）（2021）
《审理掩饰犯罪所得案解释》	最高人民法院关于审理掩饰、隐瞒犯罪所得、犯罪所得收益刑事案件适用法律若干问题的解释（2021年修正）
《办理危害药品安全刑案解释》	最高人民法院、最高人民检察院关于办理危害药品安全刑事案件适用法律若干问题的解释（2022）
《办理走私刑案解释》	最高人民法院、最高人民检察院关于办理走私刑事案件适用法律若干问题的解释（2014）
《办理野生动物资源刑案解释》	最高人民法院、最高人民检察院关于办理破坏野生动物资源刑事案件适用法律若干问题的解释（2022）
《惩治妨害国边境管理罪意见》	最高人民法院、最高人民检察院、公安部、国家移民管理局关于依法惩治妨害国（边）境管理违法犯罪的意见（2022）
《惩处盗采矿产资源罪意见》	最高人民法院关于充分发挥环境资源审判职能作用依法惩处盗采矿产资源犯罪的意见（2022）
《断卡行动纪要》	最高人民法院刑事审判第三庭、最高人民检察院第四检察厅、公安部刑事侦查局关于"断卡"行动中有关法律适用问题的会议纪要（2022）
《审理非法集资刑案解释》	最高人民法院关于审理非法集资刑事案件具体应用法律若干问题的解释（2022年修正）
《立案标准（二）》	最高人民检察院、公安部关于公安机关管辖的刑事案件立案追诉标准的规定（二）（2022年修订）
●部门规章	
《枪支致伤力鉴定判据》	公安部枪支致伤力的法庭科学鉴定判据（2007）
《枪弹性能鉴定规定》	公安部公安机关涉案枪支弹药性能鉴定工作规定（2010）

续表

缩略语	规范性法律文件名称
《窃听窃照器材和伪基站设备规定》	国家工商行政管理总局、公安部、国家质量监督检验检疫总局禁止非法生产销售使用窃听窃照专用器材和"伪基站"设备的规定（2014）

目 录

导　论 ··· 1

第一章　危害国家安全罪 ··· 12
第一节　危害国家安全罪概述 ·· 12
第二节　间谍、资敌的犯罪 ·· 12
第三节　其他危害国家安全的犯罪 ··· 14

第二章　危害公共安全罪 ··· 19
第一节　危害公共安全罪概述 ·· 19
第二节　以危险方法危害公共安全的犯罪 ·· 21
第三节　破坏公用设施危害公共安全的犯罪 ··· 27
第四节　实施恐怖、危险活动危害公共安全的犯罪 ································· 32
第五节　违反枪支、弹药、爆炸物管理规定危害公共安全的犯罪 ·············· 37
第六节　业务领域危害公共安全的犯罪 ··· 45

第三章　破坏社会主义市场经济秩序罪 ·· 63
第一节　破坏社会主义市场经济秩序罪概述 ··· 63
第二节　生产、销售伪劣商品罪 ··· 64
第三节　走私罪 ··· 75
第四节　妨害对公司、企业的管理秩序罪 ·· 83
第五节　破坏金融管理秩序罪 ·· 97
第六节　金融诈骗罪 ·· 127
第七节　危害税收征管罪 ·· 137
第八节　侵犯知识产权罪 ·· 147
第九节　扰乱市场秩序罪 ·· 157

第四章　侵犯公民人身权利、民主权利罪 ·· 173
第一节　侵犯他人生命、健康的犯罪 ··· 173
第二节　侵犯妇女、儿童性权利、人格尊严的犯罪 ································ 188
第三节　侵犯他人人身自由、人格尊严的犯罪 ······································· 198
第四节　侵犯他人人格、名誉的犯罪 ··· 212

第五章　侵犯财产罪 237
第一节　违背意志夺取占有型犯罪 237
第二节　基于交付取得占有型犯罪 256
第三节　侵占、挪用型犯罪 267
第四节　毁坏、拒付型犯罪 277

第五节　侵犯他人民主权利的犯罪 217
第六节　借国家机关权力侵犯他人权利的犯罪 223
第七节　妨害婚姻家庭、监护制度的犯罪 229

第六章　妨害社会管理秩序罪 281
第一节　扰乱公共秩序罪 281
第二节　妨害司法罪 327
第三节　妨害国（边）境管理罪 345
第四节　妨害文物管理罪 352
第五节　危害公共卫生罪 357
第六节　破坏环境资源保护罪 368
第七节　走私、贩卖、运输、制造毒品罪 383
第八节　组织、强迫、引诱、容留、介绍卖淫罪 396
第九节　制作、贩卖、传播淫秽物品罪 400

第七章　危害国防利益罪 405
第一节　危害国防利益罪概述 405
第二节　平时危害国防利益罪 405
第三节　战时危害国防利益罪 411

第八章　贪污贿赂罪 414
第一节　贪污贿赂罪概述 414
第二节　贪污、挪用犯罪 414
第三节　贿赂犯罪 428

第九章　渎职罪 443
第一节　渎职罪概述 443
第二节　一般国家机关工作人员渎职罪 445
第三节　司法工作人员渎职罪 452
第四节　特定国家机关工作人员渎职罪 456

第十章　军人违反职责罪 466
第一节　军人违反职责罪概述 466
第二节　危害作战利益的犯罪 467
第三节　违反部队管理秩序的犯罪 469

第四节　危害军事秘密安全的犯罪 …………………………………………… 471
第五节　危害部队物质保障的犯罪 …………………………………………… 473
第六节　违反人道主义的犯罪 ………………………………………………… 476

导 论

一、各论的对象、意义

各论研究中国刑法分则各条规定的"罪和罚"。中国刑法规范统一规定于刑法典中，单行刑法只有《惩治外汇犯罪的决定》（1998），附属刑法只有一些依照刑法典追究刑事责任的照应性规定，尚无实质性内容，所以，各论就是阐释刑法典分则各条关于各个犯罪和刑罚的规定。

刑法分则各条的立法和司法解释是有权解释，是阐释各罪与罚的重要依据。自1979年第一部刑法施行以来，30余年的司法实践积累了丰富的司法经验，集中体现在司法解释中。有权解释是掌握刑法分则各条罪和罚的重要规范。近些年随着刑法分则各条适用、各罪认定的日益深入、细致，最高人民法院、最高人民检察院逐渐重视采取"指导性案例"的形式指导刑法的适用，指导性案例也成为各论的依据。

刑法分则各条"罪和罚"的规定，是定罪处罚最重要的根据。它是罪刑法定即刑法限定罪与罚的具体边界的体现，是司法机关办理刑事案件基本且不可或缺的法律依据，因而也是法律适用疑难问题存在最多的部分。对于刑事案件在事实查清之后，公安机关立案还是不立案，检察机关起诉还是不起诉，法院判决有罪还是无罪以及处罚轻重，主要是对刑法分则各条的适用。被告人的行为齐备刑法分则某条的构成要件，才能适用该条定罪并适用相应的法定刑幅度处罚。刑法分则各条的适用，也积累了丰富的司法经验，推动着刑法学说的发展。

以刑法分则规定的"罪和罚"为研究对象的刑法学各论，对于落实以人民为中心的发展思想具有重要意义。党的二十大报告指出，人民民主是社会主义的生命，是全面建设社会主义现代化国家的应有之义。中国刑法现代化的效果好不好、成功与否，最直接、最有效的检验标准就是人民群众的满意度以及获得感、幸福感、安全感。直面定罪处罚问题的刑法学各论应坚持保护机能与保障机能并重，既要充分认清并接受刑法的工具属性与社会治理功能，又要严守人权保障的底线，避免刑罚权的过度膨胀。

二、刑法分则体系

刑法分则体系指刑法典中分则的章、节、条、款编排或组成的结构，主要是对各条规定的各种犯罪的分类和排序。在我国刑法分则中，首先根据同类客体把犯罪分为10类，然后再根据各类犯罪的危害性程度和犯罪主体的特殊性对各类犯罪排列先后顺序，从而形成刑法分则体系。

犯罪侵害的对象主要是两类：一是人权；二是财产权。因此分则第4章侵犯人权和第5章侵犯财产权的犯罪，属于常见、多发的犯罪。古代约法三章，"杀人者死，伤人及盗抵罪"就能成一部刑法典。因其常见多发，处理过程中积累了大量的司法经验，成为处理其他犯罪的准星。这两类犯罪也是犯罪的基本类型，其他种类的犯罪，如危害公共安全罪、破坏社会主义市场经济秩序罪、贪污贿赂犯罪等往往存在派生或竞合关系。掌握这两类犯罪的法律要件和处罚，对于掌握其他8章（8类犯罪）具有重要意义。

三、刑法分则条文的结构：罪状·法定刑

在刑法分则中，凡规定各罪和罚的条文都分为两个部分：前半部分规定该罪的构成要件

（或称法律要件、行为类型、构成特征、犯罪名称），称"罪状"；后半部分规定对该罪配置的刑罚，称"法定刑"。每个罪状包含该种罪特有的犯罪构成（也称"构成要件"），是定罪的法律根据；每个罪状之后的法定刑规定了对该罪处罚的刑罚幅度，是量刑的法律根据。例如，《刑法》第270条（侵占罪）第1款规定："将代为保管的他人财物非法占为己有，数额较大，拒不退还的，处二年以下有期徒刑、拘役或者罚金；数额巨大或者有其他严重情节的，处二年以上五年以下有期徒刑，并处罚金。"前半部分是罪状，后半部分是法定刑。

四、罪状

（一）罪状与"构成要件"

在犯罪构成要件是"该当构成要件·违法·有责"的"三要件"犯罪论中，构成要件就是罪状，例如："刑法法规由保障权利或规定义务的构成要件（Tatbestand）和法律后果（Rechtsfolge）组成。构成要件是对特定事实从法律特征上的描述。如果实现了构成要件，就应当产生法律后果。刑法规范的特殊性在于，其犯罪构成要件是对犯罪的描述，其法律后果为刑罚或处分。"[1] 罪状即构成要件，这是"三要件"犯罪论与我国犯罪构成论的重要差异之一：三要件犯罪论之"构成要件"是分则各条规定的具体罪的法律要件，是犯罪成立的条件之一；我国犯罪构成论之"犯罪构成"是犯罪成立的（四个）一般条件。在学说、教材体系上，对罪状，三要件犯罪论于刑法总则犯罪论之构成要件论中展开；我国则在刑法分则概论中介绍。

（二）罪状的形态

罪状是刑法分则各条中规定的各罪的法律（构成）要件或要素。根据各罪之罪状的特点，按照一定的标准，可归纳出若干罪状形态。罪状形态也称"构成要件类型"。

1. 结果犯、单纯行为犯。以犯罪行为造成人身伤亡、财产损害等有形结果为要件的，称为结果犯，如《刑法》第234条故意伤害罪，以造成身体伤害结果（轻伤）为要件；《刑法》第133条交通肇事罪，以造成人身伤亡或财产损失结果为要件。不以犯罪行为造成有形结果为要件的，是行为犯，如《刑法》第133条之一的（醉酒型）危险驾驶罪和《刑法》第141条生产、销售、提供假药罪等。这种划分对解释、适用刑法非常实用，比如，销售假药罪是行为犯，那么被告人销售假药的行为即使没有造成人身伤亡的结果或危险，即使没有较大的销售额，都能认定该当《刑法》第141条（销售假药罪）罪状。

2. 侵害犯、危险犯、形式犯。刑法分则规定的各种犯罪是根据法益及对法益的侵害方式不同而彼此区别的。其中，以实际发生了侵害法益结果为要件的，称为侵害犯。仅以发生侵害法益危险为要件的，称为危险犯。不以发生侵害法益结果及其危险为要件的，是形式犯。故意杀人罪、盗窃罪等为保护个人法益而规定的犯罪，虽大多属于侵害犯，但在处罚其未遂形态的场合，即使其侵害法益的结果没有实际发生也成立犯罪，又属于危险犯。结果犯以造成有形损害结果为要件，当然也以造成法益侵害结果为要件，所以，结果犯都是侵害犯，只是划分标准存在细微差异，比如，过失致人死亡罪是结果犯，也是侵害犯。形式犯当然都是行为犯，如（醉酒型）危险驾驶罪既是形式犯，也是行为犯。

3. 即成犯、状态犯、继续犯。根据犯罪行为与侵害法益、产生结果之间的关系，又可分为即成犯、状态犯和继续犯。即成犯，指侵害法益的结果发生之时，犯罪行为实行终了，此后犯罪人的行为对该法益不会再有任何影响，如故意杀人罪。状态犯，指侵害法益的结果发生之时，犯罪行为虽然终了，但其后对法益侵害的不法状态可能依然存在，且犯罪人的行为可能依

---

[1] [德] 汉斯·海因里希·耶赛克、托马斯·魏根特著，徐久生译：《德国刑法教科书总论》，中国法制出版社2001年版，第64页。

然影响该不法状态。不过即使存续的侵害法益的不法状态还可受构成要件评价，也不另成立他罪，例如，甲窃取财物后，盗窃既遂，盗窃行为结束，甲对赃物占有、处分的不法状态依然存在，这已包括在盗窃罪评价之中，不另成立赃物罪，即所谓的事后不可罚行为。继续犯，指侵害法益的结果发生之时，犯罪行为依然会持续侵害法益直至犯罪行为结束。犯罪行为不结束，侵害法益的不法状态就会依然存在，不法状态存在意味着犯罪行为继续存在。继续犯与状态犯的区别在正当防卫、数罪并罚、追诉时效的起算等方面有实际意义。

4. 身份犯、非身份犯。以犯罪主体具有特定身份为要件的，是身份犯；其余的是非身份犯。身份犯中，如果行为人不具有特定身份就不能构成该罪的，是真正的身份犯；如果不具有特定身份则不构成刑罚较轻或较重之罪的，是非真正身份犯。真正身份犯之身份也称构成要件之身份；非真正身份犯之身份也称（刑之）加减身份。所谓身份，不仅包括性别、所属国籍、亲属关系、公务员的资格，还包括一切与一定的犯罪行为有关的犯罪人的特殊地位或状态，如侵占罪中的占有人地位。例如，贪污罪、受贿罪以国家工作人员身份为要件，是身份犯；盗窃罪、绑架罪不以身份为要件，是非身份犯。

5. 故意犯、过失犯、结果加重犯。以故意为主观要件的，是故意犯。《刑法》第14条第2款规定，"故意犯罪，应当负刑事责任"；第15条第2款规定，"过失犯罪，法律有规定的才负刑事责任"。由此一般性地确立了分则各罪应以故意为要件，除非有特别规定处罚过失行为。换言之，分则某条之罪在没有明示处罚其过失时，当然以故意为要件。以过失为主观要件的，是过失犯。对于过失犯，罪状中一般通过"由于过失""疏忽"等文字明示出来。过失犯与故意犯的差异是：对自己实现的客观构成要件事实承担罪责不以故意为必要，过失足矣。结果加重犯指由于故意犯实现罪状的行为进一步造成一定的结果，从而负刑罚加重责任的特别罪状。结果加重犯与故意犯的差异，是对加重之结果承担罪责也不以故意为必要，比如，成立《刑法》第263条抢劫罪（致人重伤、死亡），被告人对于抢劫行为造成抢劫被害人伤亡的后果，即使没有故意，也成立抢劫罪结果加重犯。

故意犯与过失犯划分，可能因对故意认识范围的不同掌握而生歧义。例如，《刑法》第129条丢失枪支不报罪："依法配备公务用枪的人员，丢失枪支不及时报告，造成严重后果的，处……"本条之罪客观要件包括：①"丢失枪支不及时报告"；②"造成严重后果"。行为人实现了这两个要件才具备客观要件。本条之罪的主观要件，显然以对"丢失枪支不及时报告"明知为必要，但不以对"造成严重后果"明知为必要。根据对"丢失枪支不及时报告"的心理要件，是故意犯；根据对"造成严重后果"的心理要件，则是过失犯。类似情形如《刑法》第332条妨害国境卫生检疫罪："违反国境卫生检疫规定，引起检疫传染病传播或者有传播严重危险的，处……"根据该条之罪以对"违反国境卫生检疫规定"有故意为必要，是故意犯；根据不以对引起"疫病传播"结果或危险有故意为必要，则是过失犯。

6. 结合犯。结合犯指将两个彼此独立的犯罪的数行为结合规定于一个罪状中而形成的一个新的犯罪。例如，《刑法》第239条第2款规定，犯绑架罪，"杀害被绑架人的，或者故意伤害被绑架人，致人重伤、死亡的，处……"该规定将"绑架并故意杀人"和"绑架并故意伤害"合为一罪，适用无期徒刑或死刑，并处没收财产。

（三）罪状的描述方式

根据对基本罪状的描述方式，可将基本罪状分为以下5种：

1. 叙明罪状。叙明罪状是指在刑法规范中较为详细地描述具体犯罪构成要件。例如，《刑法》第305条就对伪证罪主客观要件作了具体的描述："在刑事诉讼中，证人、鉴定人、记录人、翻译人对与案件有重要关系的情节，故意作虚假证明、鉴定、记录、翻译，意图陷害他人或者隐匿罪证的,处……"现行刑法为了更加具体、详细地描述犯罪的特征,在相当多的条文中还采取了列举的方式,这在有关破坏经济、环境等犯罪的规定中尤其明显。采取叙明罪状可以详细、具体地揭示犯罪构成,划清罪与非罪、此罪与彼罪的界限,因而是刑法主要描述罪状的方式。

2. 简单罪状。简单罪状是指刑法规范只是简要地描述犯罪构成要件。例如,《刑法》第232条仅对故意杀人罪主客观要件作了极简要的界定:"故意杀人的,处……"类似情形如《刑法》第279条对招摇撞骗罪行为方式的规定:"冒充国家机关工作人员招摇撞骗的,处……"刑法采取简单罪状的主要原因是:有些犯罪概念本身通俗易懂、众所周知,无需过多的描述。

3. 引证罪状。引证罪状是指刑法规范引用刑法分则的其他条款来说明和确定本条款的犯罪构成。例如,《刑法》第398条第1款叙述了故意和过失泄露国家秘密罪的罪状,该条第2款则省去对罪状的描述,直接引用第1款的罪状,规定:"非国家机关工作人员犯前款罪的,依照前款的规定酌情处罚。"采取引用罪状是为了避免重复,使条文简练。

4. 空白罪状。空白罪状是指刑法规范没有完整地描述犯罪构成,而是指明必须参照的其他法律、法规。例如,《刑法》第225条(非法经营罪)规定:"违反国家规定,有下列非法经营行为之一,扰乱市场秩序,情节严重的,处……"本条之"违反国家规定"是典型的"空白"式规定。经营是合法还是非法,需根据有关"国家规定"来确定。例如,买卖黄金,过去的法律规定必须经过特许,未经允许买卖黄金即为"非法"经营;后来法律变更为不需要特许,买卖黄金就不属于"非法"经营。

5. 混合罪状。混合罪状是指刑法规范中同时用两种以上的方法描述犯罪构成要件。例如,《刑法》第343条第1款规定:"违反矿产资源法的规定,未取得采矿许可证擅自采矿,擅自进入国家规划矿区、对国民经济具有重要价值的矿区和他人矿区范围采矿,或者擅自开采国家规定实行保护性开采的特定矿种,情节严重的,处三年以下有期徒刑、拘役或者管制,并处或者单处罚金;情节特别严重的,处三年以上七年以下有期徒刑,并处罚金。"本条的前半段指出犯罪行为违反的法规即"矿产资源法的规定",具有空白罪状的特征;而后半段详尽地描述了犯罪构成,具有叙明罪状的典型特征。立法同时使用两种方式共同说明非法采矿罪的构成要件,因而是混合罪状。现行刑法中汇纂了大量的附属刑法条款,其中不少采用的是混合罪状。混合罪状实际可归入叙明罪状之中。划分出混合罪状,自然又产生与之相对应的种类——单一罪状。所谓单一罪状,是指刑法规范仅采用一种方式描述犯罪构成的罪状。

(四)一个条文规定数罪状的情形

通常一个条文规定一个罪状、一种犯罪,但也有一个条文规定多种犯罪的情形。例如,《刑法》第247条规定:"司法工作人员对犯罪嫌疑人、被告人实行刑讯逼供或者使用暴力逼取证人证言的,处……"其中包括"刑讯逼供"和"暴力取证"两个罪状、两种罪名。

五、法定刑

(一)法定刑的基本形式

从各国立法例看,对法定刑的规定有3种基本形式:

1. 相对确定的法定刑。相对确定的法定刑,是指在刑法条文中对某种犯罪规定一定的刑种和刑度,并确定其最高刑和最低刑。这种法定刑的特点在于:①具有明确性、确定性,使公民能大致了解犯罪的法律后果,也使立法对法官的刑罚裁量权有所制约;②它又有一定的灵活性,即赋予司法机关根据案件的具体情节在法定幅度内选择适当刑罚的权力。因此,它成了各国立法者选择的出发点,并被普遍采纳。例如,《刑法》第121条规定:"以暴力、胁迫或者其他方法劫持航空器的，处十年以上有期徒刑或者无期徒刑；致人重伤、死亡或者使航空器遭受严重破坏的，处死刑。"本条前半段"处十年以上有期徒刑或者无期徒刑"是相对确定的法定刑，其相对确定表现在：①有上限（无期）和下限（10年）；②中间有浮动、选择的空间。

2. 绝对确定的法定刑。绝对确定的法定刑，是指在条文中对某种犯罪或某种犯罪的某种情形只规定单一的刑种和固定的刑度。如《刑法》第121条后半段：犯劫持航空器罪"致人重伤、死亡或者使航空器遭受严重破坏的，处死刑"，"处死刑"是唯一刑度，绝对确定。不过，在适用时还受总则减轻处罚法定情节的调节和限制性规定的约束，例如，不满18周岁的人犯罪应当"从轻、减轻处罚""不适用死刑"，共犯中的从犯应从轻、减轻或者免除处罚，等等，根据这些规定可以不适用死刑。另外，就《刑法》第121条整个条文对劫持航空器罪规定的法定刑（法律效果）而言，整体上属于相对确定的法定刑。

3. 绝对不确定的法定刑。绝对不确定的法定刑，是指在刑法条文中对某种犯罪不规定具体的刑种和刑度，只规定对该种犯罪处以刑罚，具体如何处罚则完全由法官掌握。例如，只规定"依法制裁""依法追究刑事责任""依法严惩"，至于如何具体处罚，则完全由审判机关决定。这种法定刑的特点是法官的自由裁量权过大，难以保障公正、合理地适用刑罚，容易违反罪刑法定原则和罪责刑相适应原则。当前我国刑法没有规定绝对不确定的法定刑。

(二) 我国刑法所采的"相对确定的法定刑"的表现形式

现代刑法重视刑罚明确性，故不采用绝对不确定的法定刑；同时需要给法官根据案情量刑的空间，故也不采用绝对确定的法定刑。相对确定的法定刑是法定刑配置的普遍模式。我国刑法全部采用"相对确定的法定刑"模式，分析起来有以下形式：

1. 只规定法定刑的最高限度，最低限度从总则的有关规定。例如，《刑法》第259条第1款规定："明知是现役军人的配偶而与之同居或者结婚的，处三年以下有期徒刑或者拘役。"本条规定的法定刑中，有期徒刑的最高限度为3年。依照《刑法》第45条，有期徒刑的最低限度为6个月。因此，破坏军婚罪的法定刑为6个月以上3年以下有期徒刑，或者1个月以上6个月以下拘役。

2. 只规定法定刑的最低限度，最高限度从总则的有关规定。例如，《刑法》第425条第2款规定，战时犯擅离、玩忽军事职守罪的，处5年以上有期徒刑。依照《刑法》第45条，有期徒刑的最高限度为15年。因此，《刑法》第425条第2款的法定刑是5年以上15年以下有期徒刑。

3. 同时规定法定刑最低和最高限度。例如，《刑法》第114条规定："放火、决水、爆炸以及投放毒害性、放射性、传染病病原体等物质或者以其他危险方法危害公共安全，尚未造成严重后果的，处三年以上十年以下有期徒刑。"该条规定的刑种是有期徒刑，其最低限度为3年，最高限度为10年。

4. 规定两种以上主刑或者两种以上主刑并有附加刑。例如，《刑法》第115条第1款规定："放火、决水、爆炸以及投放毒害性、放射性、传染病病原体等物质或者以其他危险方法致人重伤、死亡或者使公私财产遭受重大损失的，处十年以上有期徒刑、无期徒刑或者死刑。"该条并列规定了可供选择的3种主刑：10年以上有期徒刑、无期徒刑、死刑。又如，《刑法》第246条第1款规定："以暴力或者其他方法公然侮辱他人或者捏造事实诽谤他人，情节严重的，处三年以下有期徒刑、拘役、管制或者剥夺政治权利。"这里除了规定3年以下有期徒刑、拘役、管制3种主刑外，还规定了剥夺政治权利附加刑。

5. 援引法定刑，即刑法条文对某些罪的规定援引其他条款的法定刑处罚。例如，《刑法》第386条规定："对犯受贿罪的，根据受贿所得数额及情节，依照本法第三百八十三条的规定处罚。索贿的从重处罚。"这样规定，使法律条文更加简洁。

六、罪名

（一）个罪名与类罪名

罪名，指犯罪的名称，分为个罪名和类罪名。个罪名是根据罪状概括出的某一种犯罪的名称，如贪污罪、受贿罪。个罪名由司法解释规定，如《最高人民法院关于执行〈中华人民共和国刑法〉确定罪名的规定》《最高人民法院、最高人民检察院关于执行〈中华人民共和国刑法〉确定罪名的补充规定》。截至《刑法修正案（十一）》，共确定有483个罪名。个罪名由司法解释确定，要求统一、规范使用，不可杜撰罪名。类罪名则是一类犯罪的名称，刑法分则各章、节名称就是类罪名。在办理案件时，认定行为触犯了某一分则条文才能成立犯罪，所以，只能使用所触犯条文的个罪名，不能使用类罪名。例如，甲放火烧毁自家房屋，引起火灾，危害公共安全，认定甲行为类罪名是"危害公共安全罪"，个罪名是"放火罪"，仅需使用个罪名即"放火罪"。

（二）单一罪名与选择罪名

1. 单一罪名，指只包括一种犯罪行为、概括一个犯罪构成的罪名。例如爆炸罪、投放危险物质罪、招摇撞骗罪、抢劫罪等。刑法中的大多数罪名是单一罪名。

2. 选择罪名，指包括多种行为、概括多个犯罪构成并可拆分使用的罪名。例如，引诱、容留、介绍卖淫罪；盗窃枪支、弹药、爆炸物罪；走私、贩卖、运输、制造毒品罪；非法制造、运输、买卖枪支、弹药、危险物质罪；制作、复制、出版、贩卖、传播淫秽物品牟利罪；等等。

选择罪名的特点是：①一个罪名包含多种行为或犯罪构成，如"走私、贩卖、运输、制造毒品罪"一个罪名包含4种行为或4个犯罪构成。②可拆分使用，行为人具备其中的任何一种行为或犯罪构成，可单独构成一个完整的犯罪，如甲走私毒品，构成"走私毒品罪"。③可合一使用，如果甲既走私毒品又贩卖毒品，根据其行为特点确认罪名为"走私、贩卖毒品罪"。合一使用还不限同一案件，如甲3月运输毒品80克，9月贩卖毒品5克，甲构成"贩卖、运输罪"（数量85克）。④行为人触犯选择罪名的，按一罪定罪处罚，不实行数罪并罚，称"选择一罪"。对一并审理的选择数罪与同种数罪一样，实践中不实行数罪并罚。

罪名统计困扰。选择罪名如"走私、贩卖、运输、制造毒品罪"究竟该算作一个罪名还是四个罪名？标准不同，则罪名统计数量差别很大，这是罪名数量说法不一的原因。从执行罪名的司法解释看，选择罪名算作一个罪名较为妥当。

并列罪名与选择罪名不要混淆。一个条文也可能规定数个并列关系的罪名，如《刑法》第114条规定："放火、决水、爆炸以及投放毒害性、放射性、传染病病原体等物质或者以其他危险方法危害公共安全，尚未造成严重后果的，处三年以上十年以下有期徒刑。"其中的"放火罪""决水罪""爆炸罪"等虽规定在同一条文中，却是并列的各自独立的罪名。

七、解释罪刑条款的套路

例如，《刑法》第239条规定："以勒索财物为目的绑架他人的，或者绑架他人作为人质的，处十年以上有期徒刑或者无期徒刑，并处罚金或者没收财产；情节较轻的，处五年以上十年以下有期徒刑，并处罚金。犯前款罪，杀害被绑架人的，或者故意伤害被绑架人，致人重伤、死亡的，处无期徒刑或者死刑，并处没收财产。以勒索财物为目的偷盗婴幼儿的，依照前两款的规定处罚。"

1. 罪状（构成要件）：以勒索财物为目的绑架他人的，或者绑架他人作为人质的，或者以勒索财物为目的偷盗婴幼儿的。

2. 罪名：绑架罪。

3. 罪状内容（构成要件）：①客观要件（要素）：绑架他人的，或者绑架他人作为人质的；②主观要件（要素）：故意，以勒索财物为目的。

4. 法定刑：①基本犯：处10年以上有期徒刑或者无期徒刑，并处罚金或者没收财产。②减轻犯：情节较轻的，处5年以上10年以下有期徒刑，并处罚金。③加重犯：处无期徒刑或者死刑，并处没收财产。"以勒索财物为目的绑架他人的，或者绑架他人作为人质的"，这一罪状也可称为狭义的"构成要件"，是适用该条（《刑法》第239条）法定刑（法律效果：处10年以上……）的"法律要件"或"假定前提"。

5. 构成要件分类。

（1）《刑法》分则规定的具体犯罪成立条件属于"基本的构成要件"，因为：①从定罪角度，具备该前提也就具备了构成该种犯罪的必要条件（构成犯罪）；②从处罚角度，具备该前提也就达到了适用该条法定刑处罚的标准状态（既遂）。

与此相对应的是"修正的构成要件"，其法律依据规定在总则中。包括：

第一，预备犯。假如甲为绑架而进行犯罪准备但未能着手实行的，如进行了策划、准备了犯罪工具、选定了绑架目标即被举报，未能开始实施绑架行为。甲尚未开始实施绑架行为，自然没有绑架行为，不具备"以勒索财物为目的绑架他人的，或者绑架他人作为人质"的基本构成要件，据此基本构成要件不足以对甲定绑架罪。这时需要根据《刑法》总则第22条（预备犯）的规定定罪处罚。因此，第22条规定（预备犯）的构成要件属于对第239条（绑架罪基本构成）的"修正"，是"修正的构成要件"之一。

第二，帮助犯。假如乙为帮助甲实行绑架而提供被害人的情况，但未亲自参与实行"以勒索财物为目的绑架他人的，或者绑架他人作为人质"的行为，则因为没有绑架行为而不符合基本构成要件，同理，据此不足以对乙直接适用第239条定罪，还需借助第27条"起次要或者辅助作用"的规定定罪处罚，因此，从犯中的帮助犯也属于修正的构成要件。

第三，教唆犯。假如丙教唆甲绑架他人而本人并无意参与实行绑架活动，同理也不能单独依据第239条规定定罪处罚，还需依据第29条（教唆犯）的规定，因此，教唆犯也是修正的构成要件。以上预备犯、帮助犯、教唆犯均没有实行第239条"以勒索财物为目的绑架他人的，或者绑架他人作为人质"的行为，在借助总则预备犯、帮助犯、教唆犯的规定处罚之后，也要依据第239条处罚，所以扩大了第239条的适用范围，即扩大了第239条的构成犯罪的范围，所以又称为"扩张的构成要件"。

第四，未遂犯。假如甲在准备之后，顺利进入实行阶段，但因为意志以外的原因没有控制住人质，即虽然开始实行了"绑架他人"的行为，但未能实际控制住人质，未能完整地实现"以勒索财物为目的绑架他人的，或者绑架他人作为人质的"构成要件，按理也不符合第239条的要件，不能直接单独适用第239条处罚（10年以上），需借助第23条（未遂犯）的规定。因此，未遂犯也是修正的构成要件或扩张的构成要件。

第五，中止犯。同理，中止犯也是修正的构成要件或扩张的构成要件。

对于严重的故意犯罪，如绑架罪、盗窃罪、抢劫罪、强奸罪等，立法者不仅要惩罚该犯罪行为本身（绑架、盗窃、抢劫、强奸等），还要惩罚这些犯罪的预备、未遂、中止、帮助、教唆行为。从立法技术上说，不在每一个分则条文（如第239条）之下逐一规定惩罚该条之罪的预备、未遂、中止、帮助、教唆行为，而放到总则中一并规定，成为分则各条之通用或补充事项，可以使刑法条文更简洁。这也是刑法结构（或体系）分为"总则"和"分则"两大部分内容的重要原因。

（2）从处罚轻重的角度对犯罪构成要件进行分类，可分为"标准（或基本）的构成要件"与"加减的构成要件"。根据《刑法》第239条的规定，绑架（既遂）法定刑是"十年以上有期徒刑或者无期徒刑，并处罚金或者没收财产"。这是绑架罪既遂标准的法律效果，所以，"以勒索财物为目的绑架他人的，或者绑架他人作为人质的"是适用基准的法律效果的条件，又称处罚基准的要件。与此相对，"杀害被绑架人的，或者故意伤害被绑架人，致人重伤、死亡的，处无期徒刑或者死刑，并处没收财产"属于加重的构成要件。因为具备"杀害被绑架人的，或者故意伤害被绑架人，致人重伤、死亡的"是适用较重法定刑"处无期徒刑或者死刑，并处没收财产"的条件或要件。"情节较轻的，处五年以上十年以下有期徒刑，并处罚金"是本条减轻的构成要件。

6. 条文的法定刑分析。

（1）该条基本或普通的法定刑是：处10年以上有期徒刑或者无期徒刑，并处罚金或者没收财产。具体而言：①法定刑主刑的幅度：10年以上有期徒刑或无期徒刑，其中，法定最低刑为10年有期徒刑，最高刑是无期徒刑；②种类：相对确定的法定刑；③附加刑：在判处主刑的同时，必须并处罚金或没收财产刑；判处无期徒刑的，应当附加剥夺政治权利终身（总则规定）；判处有期徒刑的，可以附加剥夺政治权利1年以上5年以下（总则规定）。

（2）该条情节较轻的法定刑是：处5年以上10年以下有期徒刑，并处罚金。

（3）该条加重的法定刑为：处无期徒刑或者死刑，并处没收财产。具体而言：①主刑幅度：无期徒刑或者死刑；②法定刑种类：相对确定的法定刑；③附加刑：在判处主刑的同时，必须附加并处没收财产刑，判处无期徒刑或者死刑的，附加剥夺政治权利终身（总则规定）；④适用条件：杀害被绑架人的，或者故意伤害被绑架人，致人重伤、死亡的。犯A罪（绑架）伴生B或C罪（故意杀人或故意伤害罪），将B或C罪作为法定加重事由，可称为"罪行加重犯"。

7. 在具体案件中的适用。

（1）对被告人适用从重处罚、从轻处罚（情节）的：①如具备基本构成要件，在10年以上有期徒刑、无期徒刑的法定刑幅度内判处较重或较轻刑罚；②如具备情节较轻的构成要件，在5年以上10年以下有期徒刑的法定刑幅度内判处较重或较轻刑罚；③如具备加重构成的要件，处无期徒刑或死刑，并处没收财产。

（2）对被告人适用减轻处罚的：①如具备基本构成要件，在法定最低刑10年有期徒刑之下判处刑罚；②如具备加重构成要件，减轻处罚，不适用无期徒刑或死刑。减轻处罚的事由：一是通常具有法定减轻处罚情节，如自首、未遂、预备等；二是酌情减轻处罚，根据《刑法》第63条第2款之规定，没有法定减轻处罚的情节，"但是根据案件的特殊情况，经最高人民法院核准，也可以在法定刑以下判处刑罚"。

（3）对被告人适用免除处罚的：通常需具有免除处罚内容的法定量刑情节，如犯罪中止没有造成损害结果的，应当免除处罚，预备犯可以比照既遂犯免除处罚。绑架是极为严重的犯罪，适用免除处罚的可能性极小。至于在具备加重构成要件的情况下，因杀害人质或故意伤害人质致其重伤、死亡，通常没有适用免除处罚的可能性，也没有成立预备、未遂、中止的余地。

（4）对被告人适用免予刑事处罚的事由：《刑法》第37条规定，犯罪情节轻微不需要判处刑罚的，可以免予刑事处罚。因为绑架是极为严重的犯罪，适用免予刑事处罚的可能性也极小。至于在具备加重构成要件的情况下，因杀害人质或故意伤害人质致其重伤、死亡，通常没有适用免予刑事处罚的可能性。

（5）其他处理：①不满16周岁的人实施绑架行为，不负刑事责任，但应责令其父母或其他监护人管教，在必要的时候，依法进行专门矫治教育；②造成被害人遭受损失的，应当赔偿经济损失；③勒索到的赃款应予追缴并返还被害人；④犯罪工具应予没收。

由上可见，刑法分则条文确立了基本的构成要件和法定刑，确立了定罪处罚的基本框架。总则通过预备犯、未遂犯、中止犯、帮助犯、教唆犯对基本的犯罪构成进行修正或扩张，形成修正的犯罪构成。总则通过法定量刑情节，对分则确立的基本的法定刑进行"微调"。另外，总则关于刑事责任和刑罚的一些通用规定，也适用于分则各条，如刑事责任年龄、附加刑适用等。在阅读、适用分则各条时，如有这样的"联系"的观念，必能收到融会贯通、举一反三的效果。

八、适用分则条文定罪处罚的思路

（一）特定构成要件（特殊构成要件·个罪构成要件）

"特定构成要件"，指刑法分则各正条罪状描述之某一具体罪的特有构成要件，如第239条绑架罪之构成要件、第263条抢劫罪之构成要件。刑法分则四百余正条确立四百余罪，就有相应的四百余特定构成要件。

"特定构成要件"与犯罪"一般构成要件"不同。刑法总则中，有犯罪一般构成要件，即任何行为成立任何犯罪，一般而言须具备客体、客观、主观、主体"四要件"，可称之为"全体犯罪"之一般构成要件或共同要件，其承载了犯罪成立的原理。特定构成要件与一般构成要件不同，是某具体罪名之特有构成要件。

例如，《刑法》第259条第1款："明知是现役军人的配偶而与之同居或者结婚的，处三年以下有期徒刑或者拘役。"该条确立了一种罪即"破坏军婚罪"，并且确立了该条适用或该罪名的构成要件即"明知是现役军人的配偶而与之同居或者结婚的"。这是破坏军婚罪特有的构成要件，只含个性的内容。

（二）特定构成要件内容及其划分

对特定构成要件内容，主要划分方法是"客观·主观"两分，即划分为客观要素和主观要素。特定构成要件中，身份、行为、对象、结果的内容划归"客观要素"；故意、过失、目的、动机等心理内容划归"主观要素"。

例如，《刑法》第259条破坏军婚罪的构成要件，"明知是现役军人的配偶而与之同居或者结婚"，其内容划分为：①客观要素："与现役军人配偶同居或结婚"，并可细分为：行为（"同居或结婚"）；对象（"现役军人配偶"）。②主观要素：故意，其"明知"的内容或对象为"现役军人的配偶而与之同居或者结婚"。

（三）适用思路

"特定构成要件"及其内容（即"客观·主观"两分）与适用刑法定罪处罚密切关联，而定罪处罚的起点与归宿应当是保护和保障人民群众生命财产安全，为中国式现代化建设提供稳定有序的社会环境。在此意义上，应从以人民为中心的价值原点出发，进行特定构成要件的符合性判断。

1. 首先看被告行为是否符合某一特定构成要件。罪刑法定原则要求对任何行为定罪判刑必须触犯某"刑罚法规"。确认被告行为触犯刑罚法规的根据是：该行为符合（或该当）该刑罚法规之特定构成要件。该行为不符合任一特定构成要件的，不成立犯罪。罪刑条文是认定处罚犯罪最基本、最重要的法律依据。如甲网络直播切割尸体烹食人肉，令人十分恶心，根据《刑法》第302条故意毁坏尸体罪，可对其定罪处罚。但如果甲直播烹食三月大胎儿，就存在法律障碍。刑法分则中没有堕胎罪，胎儿不是人不能定故意杀人罪，胎儿死体不是尸体不能定故意毁坏尸体罪，烹食胎儿恶心但不淫秽，也不能适用传播淫秽物品罪。查遍刑法分则未见烹食胎儿的犯罪类型和处罚规定，尽管该行为伤风败俗却难定罪。可见，能够涵摄某种"恶行"的罪刑条文，才是惩罚该"恶行"最重要的法律根据。之后再审查该行为是否具有危害性（或违法性·侵犯刑法保护之客体）和该行为人是否应负刑事责任（有责·主体责任能力）。这一"特定构成要件符合性"与"三要件论"（构成要件符合·违法·有责）中的"构成要件符合"相同。

2. 行为符合特定构成要件的认定顺序是："先客观后主观"，即先认定被告行为是否符合客观要素，然后认定是否符合主观要素。例如，赵某（男）与王某（女）网聊时，邀约王某"一夜情"，王某谎称自己是军人的妻子，想以此推脱。不料赵某兴趣更大，一直穷追不舍，不仅与王某发生一夜情，还发展到同居。赵某行为是否符合《刑法》第259条破坏军婚罪的构成要件？先看客观，王某不是现役军人配偶，赵某行为不符合与"军人配偶同居"的客观要素，没有发生第259条之破坏军婚的事实，不可能违反第259条（破坏军婚罪）之规定。赵某以为王某是军人配偶且颇为迷恋，仅主观认识不能成为定罪依据。只有在被告行为具备"与军人配偶同居"的客观要素时，才有必要认定被告人主观对自己所为"与军人配偶同居"事实有没有"明知"。有"明知"的，因具备客观、主观要件而成立犯罪；没有明知的，虽然具备客观要件，但缺乏主观要件，不成立犯罪。换言之，主观"明知"是对自己所为之"客观"违法事实的认知，没有发生客观违法事实，主观"明知"无从谈起。

3. 行为符合客观要件（要素），还需认定行为人对自己实施的符合客观要素的事实有"明知"，这被称为"构成要件故意"。例如，《刑法》第259条中的"明知是现役军人的配偶而与之同居或者结婚"。这表明：

（1）"明知"是要件。成立《刑法》第259条之罪，仅仅发生与现役军人的配偶同居或结婚的行为是不够的，还需要对此行为事实有"明知"才完全齐备了第259条之罪的构成要件。

（2）"明知"的内容是：对"自己实施符合构成要件客观要素的事实"明知。关于这点，《刑法》第259条对（破坏军婚罪）明知的内容表述得极为清晰，即明知自己与现役军人的配偶同居或结婚的事实。这被称为"构成要件故意"。

（3）"构成要件故意"，指行为人明知自己实施的符合构成要件客观要素的事实。可以用公式表达如下：

构成要件故意＝明知"第××条之罪之客观要素"

这是行为人自己实施该条规定之客观违法事实承担故意罪责的要件。据此，认定故意犯罪须看两点：其一，行为人实施了构成要件的客观事实；其二，行为人对自己实施的该构成要件客观事实有明知。刑法条文对于"明知"的内容表述清晰的条款如：①《刑法》第360条（传播性病罪）："明知自己患有梅毒、淋病等严重性病卖淫、嫖娼的，处五年以下……"该条之罪"明知"的内容是：有性病卖淫嫖娼。②《刑法》第258条（重婚罪）："有配偶而重婚的，或者明知他人有配偶而与之结婚的，处二年以下……"该条之罪"明知"的内容：与有配偶之人结婚。③《刑法》第312条（掩饰隐瞒犯罪所得罪）："明知是犯罪所得及其产生的收益而予以窝藏、转移、收购、代为销售或者以其他方法掩饰、隐瞒的，处……"该条之罪"明知"的内容是：掩饰、隐瞒"他人犯罪所得及其产生的收益"。

（4）"构成要件故意"与《刑法》第14条第2款和第15条第2款。第14条第2款："故意犯罪，应当负刑事责任。"第15条第2款："过失犯罪，法律有规定的才负刑事责任。"意思是：①凡分则各条规定的犯罪行为没有特别提示过失应当负刑事责任的，只追究故意罪责，不追究过失罪责；②凡分则各条规定的犯罪行为没有特别提示主观要件是故意还是过失的，可推断为主观要件是故意。"故意"内容是：对自己实施了符合该条客观要素的事实有明知。

因此，即使分则条文没有特别提示"明知"及明知内容的，亦可推知该条构成要件故意及其内容。例如，《刑法》第 127 条第 1 款："盗窃、抢夺枪支、弹药、爆炸物的……处三年以上十年以下有期徒刑；情节严重的，处十年以上有期徒刑、无期徒刑或者死刑。"对第 127 条之罪的主观要素，常规推断是：①主观要件是故意，或称"故意犯"；②该构成要件故意内容是：明知"枪支、弹药、爆炸物"而盗窃、抢夺，即对该条之罪客观要素的明知。如果行为人确实不知他人包内有枪支而窃取的，即使客观上窃得枪支，也不成立盗窃枪支罪。

（5）"构成要件故意"与《刑法》第 14 条"犯罪故意"概念。《刑法》第 14 条第 1 款："明知自己的行为会发生危害社会的结果，并且希望或者放任这种结果发生，因而构成犯罪的，是故意犯罪。"这条确立的"犯罪故意"的概念有两个意义：①确认刑法中的"犯罪故意"的范围，不仅包括"希望"犯罪事实的心理，还包括"放任"犯罪事实的心理。这样一来，其实"明知"自己所为的犯罪事实，就具有犯罪故意。②概括了全体犯罪之故意的"共同内容"。

"构成要件故意"与《刑法》第 14 条"犯罪故意"不可混同。"构成要件故意"是具体罪之特有的故意，每一条文确立的每一故意罪都有其特有客观要素，因此也都有其特有故意内容（明知内容）。第 14 条"犯罪故意"是全体犯罪之一般故意，只概括了故意的共性，对认定"构成要件故意"有一定的指导意义，但不能替代"构成要件故意"。

本书中【主观】之"故意"或者"故意犯"，就是指"构成要件故意"，其内容是行为人对自己所为之该条罪之行为、对象、结果等客观要素的明知。

九、法条竞合

刑法分则中存在大量法条竞合（或重叠）现象，使法律适用颇为复杂。掌握各罪构成要件，还需要掌握法条竞合状况，才能正确适用法律。

刑法学知识具有根深蒂固的国别性，刑法学须以现行中国《刑法》为研究的逻辑起点并受其严格约束，[1] 这种主体意识在法条竞合与想象竞合的区分中尤为重要。罪刑规范内容的弹性可能模糊二者之间的界限，寻求这些概念之间的确切界限本来就相当困难，如果处断原则（法律效果）没有实质差别，则界分它们就没有实益，沦为摆弄概念的文字游戏。所以，为寻求法律适用上更高的确定性，有必要降低不确定性的选择：摒弃例外中的例外、酌情中的酌情。假如接受法条竞合可以例外地择一重罪处断，则永无可能也无必要区别法条竞合与想象竞合。在中国刑法语境下，正是出于上述考虑，应坚持特殊法排斥一般法是法条竞合犯唯一适用规则，以此为前提区分法条竞合与想象竞合，并相应收缩法条竞合的范围。对同一行为事实若因危害性超出特别法范围而触犯存在竞合关系的一般法的，应视为想象竞合而非法条竞合，《刑法》第 149 条第 2 款的规定即为典例。根据该规定，生产、销售《刑法》第 141~148 条（特殊法）所列产品，因销售额达到 5 万元以上同时触犯第 140 条规定（一般法）的。对此，按照想象竞合掌握较妥。

十、罪量

罪量，指定罪的社会危害性程度标准。为了与违反治安法、经济法等一般违法行为相区别，刑法对各罪大多规定了定罪的程度标准，如"数额较大""情节严重""情节恶劣""销售额 5 万元以上"等。即使没有明文规定程度要素或数量标准的，也往往通过司法解释规定了具体标准，称之为刑事"立案标准""立案追诉标准"，如《立案标准（一）》（2008）、《立案标准（一）补充规定》（2017）、《立案标准（二）》（2022 年修订）等，这些司法解释成为掌握罪与非罪程度要件的基本依据。

---

[1] 参见周光权：《党的二十大与刑法学发展》，载《中国社会科学报》2023 年 3 月 31 日，第 4 版。

第一章
危害国家安全罪

第一节 危害国家安全罪概述

一、概念

危害国家安全罪，是危害中华人民共和国国家主权、政治、经济制度等国家利益和安全的行为。

二、罪名沿革

危害国家安全罪，也称"国事罪"，其作为类罪名的形成过程：1979 年《刑法》对危害国家根本利益和安全的犯罪曾称"反革命罪"；1997 年修订《刑法》时，鉴于"反革命罪"的类罪名已经不适应中国社会政治、经济发展状况，也不适应国际交往形势，便取消了"反革命罪"的名称，改称"危害国家安全罪"。

三、部分共谋、预备、帮助、教唆行为直接可罚

由于部分犯罪行为直接危害国家内政外交安全，例如，背叛国家，分裂国家，武装叛乱、暴乱，颠覆国家政权等，需要将处罚范围提前。对于分裂国家，武装叛乱、暴乱，颠覆国家政权等行为的勾结、组织、策划、煽动、教唆、帮助行为，也一并规定为犯罪。因有关共谋、预备、帮助、教唆行为实行行为化，应直接依据刑法分则条文定罪处罚，不必适用总则未完成罪和共犯规定。

四、处罚

1. 依据《刑法》第 113 条第 1 款，对某些危害国家安全的犯罪可以适用死刑。这类罪危害国家的存立，历来被当作最严重的罪行。党的二十大报告强调，必须坚定不移贯彻总体国家安全观。对于背叛国家罪，分裂国家罪，武装叛乱、暴乱罪，投敌叛变罪，间谍罪，为境外窃取、刺探、收买、非法提供国家秘密、情报罪，资敌罪，如果犯罪对国家和人民危害特别严重、情节特别恶劣的，可以判处死刑。

2. 依据《刑法》第 113 条第 2 款，对危害国家安全罪可以并处没收财产。

3. 依据《刑法》第 56 条第 1 款，对危害国家安全罪应当附加剥夺政治权利。

第二节 间谍、资敌的犯罪

一、间谍罪

《刑法》第 110 条 有下列间谍行为之一，危害国家安全的，处十年以上有期徒刑或者无期徒刑；情节较轻的，处三年以上十年以下有期徒刑：

（一）参加间谍组织或者接受间谍组织及其代理人的任务的；

（二）为敌人指示轰击目标的。

（一）构成要件

【行为】间谍行为。包括：①参加间谍组织。间谍组织，指外国政府或者境外敌对势力建立的旨在收集我国情报、进行颠覆破坏活动等危害我国国家安全和利益的组织。参加间谍组织，指通过履行一定的手续加入间谍组织成为间谍组织成员的行为。②接受间谍组织及其代理人的任务。间谍组织的代理人，指受间谍组织或其成员的指使、委托、资助，进行或者授意、指使他人进行危害中华人民共和国国家安全的人。接受间谍组织及其代理人的任务，指受间谍组织及其代理人的命令、派遣、指使、委托为间谍组织服务，从事危害中华人民共和国国家安全的活动。③为敌人指示轰击目标。实施上述3种行为之一的，即具备间谍罪的行为要件。

【主观】故意。故意内容应包括明知是间谍组织及其代理人而为其实施有关间谍犯罪行为。客观为间谍人员提供国家秘密，但主观不知对方间谍身份的，因缺乏间谍罪故意而不成立间谍罪，但不排除成立为境外非法提供国家秘密罪或故意泄露国家秘密罪。

（二）适用

【定罪】因听信广播宣传等而受欺骗，或者为猎奇、骗取钱财而与间谍机构联系，没有实施加入间谍组织或者完成间谍任务等行为的，不构成间谍罪。对于在间谍组织中就业，从事勤杂、医务等非间谍事务的人员，如果没有履行参加间谍组织的手续，也没有从事间谍活动的，不认为是犯罪。

二、为境外窃取、刺探、收买、非法提供国家秘密、情报罪

《刑法》第111条　为境外的机构、组织、人员窃取、刺探、收买、非法提供国家秘密或者情报的，处五年以上十年以下有期徒刑；情节特别严重的，处十年以上有期徒刑或者无期徒刑；情节较轻的，处五年以下有期徒刑、拘役、管制或者剥夺政治权利。

（一）构成要件

【对象】国家秘密或者情报。参照《审理国家秘密、情报案解释》（2001），国家秘密，指《保守国家秘密法》（2010年修订）第2条、第9条确定的事项，即关系国家安全和利益，依照法定程序确定，在一定时间内只限一定范围的人员知悉的事项。包括国家事务重大决策中的秘密事项；国防建设和武装力量活动中的秘密事项；外交和外事活动中的秘密事项以及对外承担保密义务的秘密事项；国民经济和社会发展中的秘密事项；科学技术中的秘密事项；维护国家安全活动和追查刑事犯罪中的秘密事项；经国家保密行政管理部门确定的其他秘密事项等。其标志为"绝密""机密""秘密"。情报，指除国家秘密以外，关系国家安全和利益、尚未公开或者依照有关规定不应公开的事项。

【行为】为境外的机构、组织、个人窃取、刺探、收买、非法提供国家秘密或者情报。窃取，指以盗窃方式取得。刺探，指向他人非法探知。收买，指以金钱、财物或其他利益为对价非法获取。非法提供，指掌握国家秘密或者情报的人，将国家秘密或情报非法交付、告知给不应知悉的人。非法提供的方式是多种多样的，包括借助电话、传真等现代通信手段提供。通过互联网将国家秘密或者情报非法发送给境外的机构、组织、个人的，也属于非法提供，而不问其所非法提供之秘密、情报的来源合法与否。行为人将依法知悉、管理的或者因为捡拾等偶然获取的秘密、情报非法提供的，照样成立犯罪。

【主观】故意，即行为人知道或者应当知道是境外的机构、组织、人员而为其窃取、刺探、收买、非法提供国家秘密或情报。行为人明知是国家秘密或情报。对于标明密级的事项，行为人只要知道或者应当知道该事项有密级标志的，即足以认定为明知。对于没有标明密级的事项，如情报，行为人知道或者应当知道该事项关系国家安全和利益的，也足以认定为明知。

(二）适用

【定罪】判断本罪与非罪，注意以下3点：①对象的认定。本罪的对象限于国家秘密和情报，如果行为人窃取、刺探、收买、非法提供的不属于国家秘密和情报，主观上也没有危害国家秘密和情报安全的意图，不构成犯罪。②主观故意的认定。构成本罪必须具有针对国家秘密和情报而实施犯罪行为的意图。如果行为人没有这种意图，即使在客观上有买卖国家秘密、情报的行为，也不能认定为犯罪。例如，在废品的收购、出售过程中，无意中买卖国家秘密、情报的。③非法性的认定。使用窃取、刺探、收买的方式，本身就具有非法性，不存在非法性的认定问题。但是在主动"提供"的场合，应注意认定该"提供"行为是否具有非法性。在对外交往中，经过国家有关部门审批，有限度地将某些国家秘密予以公开，与境外的组织、机构、人员交换情报、交流资料，属于合法行为，不构成犯罪。

【关联罪】1. 本罪与间谍罪的界限。如果作为间谍组织的成员接受间谍组织的任务"搞秘密或情报"的，属于间谍活动之一，定间谍罪。除此以外，为境外效力"搞秘密或情报"的情形，按照本罪论处。

2. 本罪与其他涉密犯罪的界限。要点是：①是否"为境外"。非法获取国家秘密罪也包含窃取、刺探、收买国家秘密的行为，但是，该罪不具有"为境外"的特征。故意泄露国家秘密罪包含有非法提供的行为，同样也不具有"为境外"的特征。由于行为人所非法获取的国家秘密泄露、扩散，而被境外的机构、组织、个人知悉、取得的，只要行为人对此不是故意的，仍应定非法获取国家秘密罪。②对象的范围不同。本罪的对象范围较广，除包含国家秘密之外，还包含情报；而其他涉密犯罪的对象仅限于国家秘密。③根据《审理国家秘密、情报案解释》（2001）第6条，通过互联网将国家秘密或者情报非法发送给境外的机构、组织、个人的，按照本罪定罪处罚；将国家秘密通过互联网予以发布，情节严重的，按照故意泄露国家秘密罪定罪处罚。

【罪数】1. 本罪是选择罪名，可按行为人的行为方式与对象确定罪名。同时有窃取、刺探、收买、非法提供4种行为的，不实行数罪并罚，但犯罪行为是多种的，可作为量刑时予以考虑的情节。

2. 行为人犯本罪，同时触犯窃取、抢夺国有档案罪，非法侵入计算机信息系统罪，盗窃、抢夺国家机关公文罪等的，属于想象竞合犯，择一重罪即以本罪论处，不实行数罪并罚。

第三节　其他危害国家安全的犯罪

一、背叛国家罪

《刑法》第102条　勾结外国，危害中华人民共和国的主权、领土完整和安全的，处无期徒刑或者十年以上有期徒刑。

与境外机构、组织、个人相勾结，犯前款罪的，依照前款的规定处罚。

【主体】中国公民。

【行为】勾结外国或者与境外机构、组织、个人相勾结，危害中华人民共和国的主权、领土完整和安全。

【主观】故意。

二、分裂国家罪·煽动分裂国家罪

《刑法》第103条　组织、策划、实施分裂国家、破坏国家统一的，对首要分子或者罪行重大的，处无期徒刑或者十年以上有期徒刑；对积极参加的，处三年以上十年以下有期徒刑；对其他参加的，处三年以下有期徒刑、拘役、管制或者剥夺政治权利。

煽动分裂国家、破坏国家统一的，处五年以下有期徒刑、拘役、管制或者剥夺政治权利；首要分子或者罪行重大的，处五年以上有期徒刑。

（一）分裂国家罪

【行为】组织、策划、实施分裂国家、破坏国家统一。

【主观】故意。

【处罚】本罪既处罚首要分子和积极参加者，也处罚一般参加者。

（二）煽动分裂国家罪

【行为】煽动分裂国家、破坏国家统一。煽动，指以语言、文字尤其是借助书刊、电视、广播等大众传媒或者以当众演讲的方式对不特定多人宣扬分裂国家的思想，鼓动分裂国家的情绪。根据《审理非法出版物刑案解释》（1998）第1条，"明知出版物中载有煽动分裂国家、破坏国家统一或者煽动颠覆国家政权、推翻社会主义制度的内容，而予以出版、印刷、复制、发行、传播的"；根据《妨害预防、控制传染病疫情刑案解释》（2003）第10条第2款，利用突发传染病疫情等灾害，制造、传播谣言，煽动分裂国家、破坏国家统一，或者煽动颠覆国家政权、推翻社会主义制度的，以煽动分裂国家罪或煽动颠覆国家政权罪定罪处罚。[1] 根据《暴恐案意见》（2014），组织、纠集他人或通过出版物、网络、标志饰物等方式，宣扬、散布、传播宗教极端、暴力恐怖思想，煽动分裂国家、破坏国家统一的，以煽动分裂国家罪定罪处罚。

【主观】故意。

【处罚】本罪只处罚首要分子和罪行重大者。

三、武装叛乱、暴乱罪

《刑法》第104条 组织、策划、实施武装叛乱或者武装暴乱的，对首要分子或者罪行重大的，处无期徒刑或者十年以上有期徒刑；对积极参加的，处三年以上十年以下有期徒刑；对其他参加的，处三年以下有期徒刑、拘役、管制或者剥夺政治权利。

策动、胁迫、勾引、收买国家机关工作人员、武装部队人员、人民警察、民兵进行武装叛乱或者武装暴乱的，依照前款的规定从重处罚。

【行为】组织、策划、实施武装叛乱或者武装暴乱。

【主观】故意。

【处罚】本罪既处罚首要分子和积极参加者，也处罚一般参加者。

【共犯】《刑法》第104条第2款直接处罚特定的教唆行为。策动、胁迫、勾引、收买国家机关工作人员、武装部队人员、人民警察、民兵进行武装叛乱或者武装暴乱的，直接以本罪论处，从重处罚，无需依据总则关于教唆犯的规定定罪处罚。

【罪数】武装叛乱、暴乱时实施杀人、抢劫、放火、破坏公共设施等暴力犯罪的，可被包容于武装叛乱、暴乱罪中，不必数罪并罚。

四、颠覆国家政权罪·煽动颠覆国家政权罪

《刑法》第105条 组织、策划、实施颠覆国家政权、推翻社会主义制度的，对首要分子或者罪行重大的，处无期徒刑或者十年以上有期徒刑；对积极参加的，处三年以上十年以下有期徒刑；对其他参加的，处三年以下有期徒刑、拘役、管制或者剥夺政治权利。

---

[1]《惩治妨害疫情防控违法犯罪意见》（2020）也有类似规定。

以造谣、诽谤或者其他方式煽动颠覆国家政权、推翻社会主义制度的，处五年以下有期徒刑、拘役、管制或者剥夺政治权利；首要分子或者罪行重大的，处五年以上有期徒刑。

（一）颠覆国家政权罪

【行为】组织、策划、实施颠覆国家政权、推翻社会主义制度。

【主观】故意。

【案例】 <center>黄某秋颠覆国家政权案[1]</center>

黄某秋于2003年1月，在境外"博讯"新闻网站上以"清水君"之名组织、策划成立"中华爱国民主党"，并在互联网上发表由其亲自制定的《中华爱国民主党党章》，招募了多名预备党员，并以"中华爱国民主党"筹委会负责人"清水君"的名义，在"博讯"新闻网上发表大量文章，攻击我国的政治制度、煽动颠覆国家政权。江苏省常州市中级人民法院于2004年9月20日判决被告人黄某秋犯颠覆国家政权罪，判处有期徒刑12年，剥夺政治权利4年。

要点：既有组织、策划、实施颠覆国家政权行为，又有发表文章煽动颠覆国家政权的行为，应根据想象竞合理论从一重罪处断，以颠覆国家政权罪论处。

（二）煽动颠覆国家政权罪

【行为】以造谣、诽谤或者其他方式煽动颠覆国家政权、推翻社会主义制度。

【主观】故意。

【案例】 <center>刘某某煽动颠覆国家政权案[2]</center>

刘某某自1999年6月至2000年8月间，因对社会主义制度及国家领导人不满，通过电子信箱在江苏、贵州、宁夏、江西等地的网站、论坛上发表文章11篇，煽动颠覆国家政权，推翻社会主义制度。某市中级人民法院以煽动颠覆国家政权罪，判处刘某某有期徒刑3年。

要点：对于利用互联网实施煽动颠覆国家政权犯罪，应注意审查下列证据：①关于犯罪主体的证据，有关单位对上网用户、电子公告系统用户上网时间、账号等的登记是认定利用互联网犯罪案件犯罪主体的重要证据；②表明行为人与犯罪行为之间有必然联系的证据。某些情况下，即使查清了与署名相对应的真名，犯罪行为也不一定是"真名"人所为，还应注意有无冒名的情况。

五、资助危害国家安全犯罪活动罪

《刑法》第107条　境内外机构、组织或者个人资助实施本章第一百零二条、第一百零三条、第一百零四条、第一百零五条规定之罪的，对直接责任人员，处五年以下有期徒刑、拘役、管制或者剥夺政治权利；情节严重的，处五年以上有期徒刑。

【主体】境内外机构、组织或者个人。

【行为】资助危害国家安全犯罪活动。资助的犯罪范围，限定于资助实施《刑法》第102条（背叛国家罪）、第103条（分裂国家罪·煽动分裂国家罪）、第104条（武装叛乱、暴乱罪）、第105条（颠覆国家政权罪·煽动颠覆国家政权罪）规定的行为。资助其他国事罪的，不成立本罪。此外，本条曾规定资助的对象限于"境内"的组织或者个人，《刑法修正案（八）》废除了该限制，目前，本罪中的资助亦可针对"境外"的组织或者个人。

【主观】故意。

【定罪】本罪直接处罚特定的帮助行为。资助危害国家安全犯罪活动的，直接以本罪论

---

[1]　江苏省常州市中级人民法院（2004）常刑一初字第015号刑事判决书。

[2]　中华人民共和国最高人民法院刑事审判第一、二、三、四、五庭主办：《中国刑事审判指导案件》（第2卷），法律出版社2017年版，第3、6页。

处，无需依据总则关于共同犯罪的规定定罪处罚。

六、投敌叛变罪

《刑法》第 108 条　投敌叛变的，处三年以上十年以下有期徒刑；情节严重或者带领武装部队人员、人民警察、民兵投敌叛变的，处十年以上有期徒刑或者无期徒刑。

【主体】中国公民。

【行为】投敌叛变，指背叛国家，投奔敌对营垒，或者在被敌方捕、俘后投降敌人。

【主观】故意。

【加重犯】情节严重或者带领武装部队人员、人民警察、民兵投敌叛变。

七、叛逃罪

《刑法》第 109 条　国家机关工作人员在履行公务期间，擅离岗位，叛逃境外或者在境外叛逃的，处五年以下有期徒刑、拘役、管制或者剥夺政治权利；情节严重的，处五年以上十年以下有期徒刑。

掌握国家秘密的国家工作人员叛逃境外或者在境外叛逃的，依照前款的规定从重处罚。

【主体】特殊主体，限于国家机关工作人员和掌握国家秘密的国家工作人员。

【行为】叛逃境外或者在境外叛逃。叛逃，包括从境内叛逃境外和在境外直接叛逃。在中国境内逃入外国使领馆的，也属于叛逃。

【案例】　　　　　　　　**王某某叛逃美国领馆案**

王某某，系重庆市原副市长、公安局原局长。2012 年 2 月初，王某某职务被宣布调整，身边多名工作人员被非法审查。王某某感到自身处境危险，遂于 2 月 6 日 14 时 31 分私自进入美国驻成都总领事馆，请求美方提供庇护，并提出政治避难申请。后经我国有关方面劝导，王某某于 2 月 7 日 23 时 35 分自动离开美国驻成都总领事馆。四川省成都市中级人民法院认为：王某某作为掌握国家秘密的国家工作人员叛逃境外，构成叛逃罪，依法应从重处罚，判处有期徒刑 2 年（王某某除叛逃罪外，另有徇私枉法罪、滥用职权罪、受贿罪，数罪并罚，决定执行有期徒刑 15 年，剥夺政治权利 1 年）。

本罪中的叛逃，原则上以"在履行公务期间，擅离岗位"为要件。在非履行公务期间叛逃的，除了掌握国家秘密的国家工作人员外，不成立本罪。例如，一般国家机关工作人员因私出国、出境度假旅游，在国外或境外滞留不归的，是出走而非叛逃。

【案例】　　　　　　　**王某某、赵某某叛逃案**[1]

王某某，曾任我国某航空研究所副总设计师，原籍中国陕西；其妻赵某某，同样曾是该研究所的技术人员。在研究所工作期间，王某某组织并参与了多项国家重点涉密项目的研制，而赵某某也参与了国家某项涉密项目的研究工作，两人均为掌握国家秘密的国家工作人员。从 1999 年开始，王某某和赵某某就预谋移民某西方国家，他们向单位隐瞒情况，伪造材料，私自申领因私护照，并通过移民中介公司办理了移民该国的全部手续。2002 年春节期间，两人利用回陕西探亲的机会，携子秘密前往西方国家，并于 2005 年取得该国国籍。王某某到达国外后，一直在该国从事航空领域相关工作。由于掌握我国大量科研机密，又在国外从事相同领域工作，王某某夫妇的叛逃，对我国军事安全、科技安全造成重大威胁。2017 年王某某夫妇在离境近 16 年后，用外籍身份入境，回陕西老家探亲时被抓获。2019 年 11 月，河南省洛阳市中级人民法院以叛逃罪判处王某某有期徒刑 3 年，赵某某有期徒刑 2 年。

要点：掌握国家秘密的国家工作人员构成叛逃罪，只需"叛逃境外或者在境外叛逃"，不

---

[1] 危害国家安全典型案例（国家安全部 2020 年 4 月 16 日发布）。

以"在履行公务期间,擅离岗位"为要件。

【加重犯】情节严重。

八、资敌罪

《刑法》第112条 战时供给敌人武器装备、军用物资资敌的,处十年以上有期徒刑或者无期徒刑;情节较轻的,处三年以上十年以下有期徒刑。

【定罪】成立本罪必须至少符合3个条件:①从时间条件看,必须发生在"战时";②从行为条件看,必须"供给敌人武器装备、军用物资";③从主观方面看,必须是出于"故意"。

【减轻犯】情节较轻。

第二章 危害公共安全罪

第一节 危害公共安全罪概述

危害公共安全罪，指故意或者过失地危害不特定多数人的生命、健康、重大公私财产安全的一类犯罪行为。本类罪的共同特征是：

1. 客体是公共安全。这里的"公共安全"，指不特定多数人的生命、健康、重大公私财产安全。所谓"不特定多数人"，是指犯罪行为可能危害的对象不是某个、某几个特定的人或者某项特定的财产。[1] 在认定时需注意：

（1）"可能"危害不特定多数人生命健康或重大财产即可，不以实际发生多人死伤结果为必要。在这个意义上也可称之为"公共危险性"。

（2）可能的犯罪后果具有"严重性"，即可能造成多人伤亡或者重大财产损失，例如，对建筑物放火、在公共场所爆炸、在食堂饭店投毒、在学校车站持刀砍杀众人等，可能导致多人伤亡或重大财产损失。换言之，也就是行为方式的严重危险性，该行为足以造成重大伤亡后果。

侵害的对象具有"不特定多数人"或者"众人"的特征，但是不具有后果严重性或者行为方式高度危险性的，如使用刮胡刀片在街头针对不特定妇女割划衣服，仅有强制猥亵妇女的性质，不具有危害公共安全性质。

（3）公共安全的核心是不特定多数人的人身安全。对"重大财产"的侵害，只有在危及公众人身安全时，方可认为具有公共危险性。不危及公众人身安全的重大或巨大财产损害，不具有危害公共安全的性质，如使用斧头棍棒砸毁停车场中数十辆汽车，或者烧毁价值数千万元的豪车，但不危及人身安全的。

公共安全也是本章之罪区别于刑法其他章节之罪的本质特征。例如，行为人使用爆炸方法杀人的，如果足以危害公共安全，应定爆炸罪，排斥故意杀人罪的适用；如果不足以危害公共安全，则不构成爆炸罪，应以故意杀人罪论处。再如，放火烧毁无人建筑物且不至于延烧到其他有人的建筑物、不危及人身安全的，因不危害公共安全，不成立放火罪，只能成立刑法其他章节的犯罪，如故意毁坏财物罪或者破坏生产经营罪等。

（4）竞合的法律适用。危害公共安全犯罪的结果往往包含两项内容：①人身伤亡；②财物毁损。例如，爆炸往往会造成人员伤亡和财物毁损，与故意杀人罪、故意伤害罪、过失致人死亡罪、故意毁坏财物罪、破坏生产经营罪发生竞合。这种竞合一般认为是法条竞合，优先适用本章规定的"完整法"，排斥适用"局部法"。也有学者主张是想象竞合犯，因为爆炸致人死伤既危害生命健康又危害公共安全，不仅一行为触犯数法条，还实际造成数结果、侵害数客体，应当是想象竞合犯。此说虽然有力，但鉴于中国司法实务不喜好数罪并罚，且爆炸一罪能

---

[1] 有学者将"不特定性"理解为"危险的不特定扩大"，即行为所产生的危险是行为人不可能限定的，或者其扩大的范围是不能预测的。参见张明楷：《高空抛物案的刑法学分析》，载《法学评论》2020年第3期。

够完整涵盖、评价致多人死伤以及财产损失的结果，仍然优先适用本章危害公共安全的条款定罪处罚。

(5) 危险时代与危害公共安全犯罪的惩治。鉴于极端主义的暴恐势力抬头，惩治恐怖主义犯罪呈扩张取向；鉴于高速交通发展和中国快速进入汽车社会，对于破坏交通设施、交通工具的犯罪以及危险驾驶的犯罪，呈现严厉惩治的取向。

我们所处的时代充满危险，高速交通如飞机、高铁，超级城市中的高楼大厦和高度聚集人群，稍有不慎，引发一场火灾、一个事故，就可能造成惨重的人员伤亡和财产损失。极端主义分子在毫无征兆的情况下以爆炸、枪击、刀砍等方式滥杀无辜，制造暴力恐怖事件，也会令公众心生恐惧，期待刑法采取扩张态势加强公共危险行为的预先防范，把规制重心由"行为结果"推前到"行为危险"。因此，无论立法还是司法，都要加强惩治危害公共安全危险犯。另一方面，把犯罪界限过分前移至"行为之危险"，会增加侵犯公民自由的危险，需要审慎掌握尺度。

2. 本类罪客观上危害公共安全的行为，包括已经造成实际损害结果的行为，也包括虽未造成实际损害结果，但有公共危险性的行为。

(1) 危险与实害。基于公共安全的重要性，刑法将规制界限向前推移。对于故意危害公共安全的犯罪行为，将危险犯设置为处罚的基准，只要足以发生危害公共安全的危险，就是既遂。例如，《刑法》第116条规定，破坏交通工具足以使其发生倾覆、毁坏危险的，就构成既遂；《刑法》第114条规定，放火、爆炸、投放危险物质足以危害公共安全尚未造成严重后果的，构成既遂。如果危害公共安全的行为造成了人身伤亡或重大财产损害的实际结果，则规定了较重的法定刑即结果加重犯，如《刑法》第115条规定，放火、爆炸造成严重后果的，处10年以上有期徒刑、无期徒刑或者死刑。

关于《刑法》第114条与第115条第1款之间的关系，以前述"基本犯—结果加重犯"模式为通说。但也有学者支持"未遂犯—既遂犯"模式，第114条属于实质的未遂犯，是侵害犯的未遂形式。这种主张的理由是："第114条中的具体危险，应指针对多数人的生命、身体安全的危险，因为只有涉及多数人的生命、身体安全方面的法益，才值得以危险犯的形式进行保护，财产安全本身并不具有此等重要性。"[1] 该主张的实益是："在仅仅导致重大公私财产损失的情况下，因具体危险的内容并未实现，故只能适用刑法典第114条。换言之，如果只是单纯导致重大财产损失，不能认为满足侵害犯的要求，并无适用第115条第1款的余地。"[2] 例如，乙因为失恋而产生爆炸自杀的念头，用3公斤炸药和数个雷管制造了一个爆炸装置，然后乘火车到某大城市，欲在火车站引爆雷管。炸药因受潮没有爆炸，除乙本人被雷管炸伤腰部之外，没有其他后果。乙构成爆炸罪，对乙的爆炸行为，应直接以《刑法》第114条定罪处罚，不再适用"第115条+第23条（总则未遂犯规定）"。

(2) 不能犯。即使对于《刑法》第114条、第116条、第117条、第118条之罪的危险犯，（相对）不能犯可成立犯罪未遂。因为（相对）不能犯指该行为在具体场合下对保护法益不可能造成实害或者危险的情形，比如，行为人意欲向饭店食品中投放毒药，并为此购买了一包毒鼠强予以投放，但是因为所购之毒鼠强是假货，没有毒性。在这种场合，该行为对公共安全既不可能造成实害，也不可能发生现实危险，"客观上"不可能侵害公共安全，如果认为该行为具有可罚性，应当按照投放危险物质罪的未遂犯处罚。

---

[1] 劳东燕：《以危险方法危害公共安全罪的解释学研究》，载《政治与法律》2013年第3期。
[2] 劳东燕：《以危险方法危害公共安全罪的解释学研究》，载《政治与法律》2013年第3期。

（3）中止犯。在已经着手实行并足以危害公共安全的情况下，即危险已经发生、《刑法》第114条之罪已既遂时，自动有效防止第115条之罪严重结果发生的，是否能成立中止？通说认为，在第114条之罪危险犯已既遂时，不再有成立犯罪中止的余地，相关情形作为酌定量刑情节。司法实务中也有不认可第115条之罪结果加重犯中止的案例，如甲实施投毒罪后发生危险但在严重结果发生前防止结果发生案。[1]

【案例】甲在工棚中听见有人与其丈夫争吵，以为是二组工人，便产生报复恶念。其将老鼠药放入二组工人的绿豆汤盆中。后来听说与其丈夫争吵的是七组工人，顿生悔意。急忙跑到二组工棚，见已有一人因为喝绿豆汤出现了头晕、恶心的中毒症状，当即告诉大家绿豆汤有毒，不能喝了，并立即找人将该中毒者送医院抢救，没有发生严重的后果。检察院以投毒罪[2]起诉甲，并认为其自动有效防止犯罪结果的发生，成立犯罪中止，且有投案自首行为，对甲应当免除处罚。法院认为甲不成立犯罪中止，但鉴于其防止犯罪结果的发生，且自首，故可以从轻处罚。判决甲有期徒刑3年，缓刑4年。

评析：在同一犯罪过程中，自动有效防止犯罪结果发生却不成立犯罪中止，很不自然，也不利于鼓励犯罪分子迷途知返。

3. 这类犯罪的主观方面既有故意，也有过失。本章之罪的过失犯，如失火罪、过失爆炸罪、交通肇事罪等，以造成伤亡结果为客观要件[3]，但不以对伤亡结果有故意（明知）为主观要件；故意犯如放火罪、爆炸罪，则以对致人死伤危险或结果有故意（明知）为主观要件。但是也有特别情形，如《刑法》第128条第3款之"依法配置枪支的人员，非法出租、出借枪支，造成严重后果的"方可构成犯罪。该款之罪以"造成严重后果"为客观要件，但不以对结果有故意（明知）为要件。类似还有《刑法》第129条之"依法配备公务用枪的人员，丢失枪支不及时报告，造成严重后果的"方可成立犯罪（丢失枪支不报罪），也以"造成严重后果"（轻伤以上伤亡事故等）为客观要件，但不以对该后果有故意（明知）为主观要件。对于上述两条款之罪，称故意犯还是过失犯都不典型。

第二节 以危险方法危害公共安全的犯罪

一、放火罪·决水罪·爆炸罪·投放危险物质罪·以危险方法危害公共安全罪

《刑法》第114条 放火、决水、爆炸以及投放毒害性、放射性、传染病病原体等物质[4]或者以其他危险方法危害公共安全，尚未造成严重后果的，处三年以上十年以下有期徒刑。

《刑法》第115条第1款 放火、决水、爆炸以及投放毒害性、放射性、传染病病原体等物质或者以其他危险方法致人重伤、死亡或者使公私财产遭受重大损失的，处十年以上有期徒刑、无期徒刑或者死刑。

（一）放火罪

【行为·结果】放火，指纵火焚烧建筑物、森林等物体，危害公共安全的行为。放火焚烧

---

[1] 赵秉志主编：《中国刑法案例与学理研究·分则篇》（一），法律出版社2001年版，第120页。
[2] 经《刑法修正案（三）》修正后，罪名为投放危险物质罪。
[3] 即使危害公共安全，刑法也不惩罚过失危险犯。
[4] 《刑法修正案（三）》将第114、115条的"投毒"改为"投放毒害性、放射性、传染病病原体等物质"，明确"毒"的概念、范围，罪名相应地由投毒罪改为投放危险物质罪。

的对象（目的物）通常为建筑物、森林等涉及不特定多数人生命、健康或者重大公私财产安全的物体。危害公共安全是放火罪的实质特征，因此，"放火"焚烧财物不危害"不特定多数人生命健康"的，不成立本罪。

【案例】　　　　　　　　　及某龙烧毁蔬菜棚案[1]

及某龙与本村党支书及某坤、村主任李某顺因琐事发生过争执，产生报复之念。1993年12月20日凌晨，及某龙携带火柴等引火物，来到本村村东的野外，先后分别将及某坤、李某顺承包种植蔬菜的大棚点燃，把两个大棚内种植的西葫芦苗全部烧毁，造成直接经济损失10 696.36元。判决认为，其行为构成破坏集体生产罪（1997年修订后刑法罪名为"破坏生产经营罪"），判处有期徒刑5年，剥夺政治权利1年。

要点：被烧大棚位于野外，放火时其中无人，也不与有人居住建筑物毗邻，不可能"危及不特定多数人人身安全"，不成立放火罪。

司法实践中，认定危害公共安全成立放火罪的典型案例有：莫某晶放火案[2]。2017年6月22日凌晨4时55分许，被告人莫某晶用打火机点燃书本引燃客厅沙发、窗帘等易燃物品，导致火势迅速蔓延，造成屋内的被害人朱某1及其子女林某2、林某3、林某4四人被困火场吸入一氧化碳中毒死亡，并造成该1802室室内精装修及家具和邻近房屋部分设施损毁。鉴于放火点为高层住宅内，法院判决成立放火罪。

【主观】故意，即明知自己的行为会造成火灾而希望或者放任该结果发生。

【犯罪形态】放火致使目的物脱离引火物后能够独立燃烧，出现发生火灾危险状态的，就构成犯罪既遂。开始点燃目的物的行为是放火罪的"着手"。已经着手放火，但由于意志以外的原因而未能使目的物独立燃烧的，构成未遂；为了放火准备工具、制造条件的，是预备行为。

（二）决水罪

【行为·结果】决水，指破坏堤坝等水利设施，制造水患，危害公共安全的行为。

【主观】故意，明知毁坏水利设施的行为足以造成水患，并且希望或者放任水患发生。

（三）爆炸罪

1. 构成要件。

【行为·结果】爆炸。作为犯罪行为的爆炸，指利用物质因化学或物理变化迅速放出的能量造成人身伤亡、财产毁损的后果。主要有2种实现方式：①化学爆炸，如炸药爆炸；②物理爆炸，如压力容器爆炸。作为犯罪现象，常见的是利用爆炸物杀伤人员、毁损财物。

【主观】故意。爆炸的破坏力通常较大，产生的破坏后果难以预料和控制，所以，行为人只要认识到自己在使用爆炸方式进行危害人身和财产的破坏活动，原则上就足以认定具有危害公共安全的故意。

【案例】　　　　　　　　　　赖某勇爆炸案[3]

赖某勇因生活琐事与扎某、普某某玛产生纠纷后，为泄愤报复而自制爆炸物，用细线将一炸药瓶吊至扎某家南侧的厨房天窗内并引爆，致使扎某之子因房屋倒塌窒息死亡，扎某、普某某玛、尼某（扎某之妻）受轻微伤。一审法院以故意杀人罪判处其死刑。二审法院认为，赖

---

[1] 河北省武邑县人民法院（1994）武刑初字第5号刑事判决书。
[2] 浙江省杭州市中级人民法院（2017）浙01刑初121号刑事判决书。
[3] 中华人民共和国最高人民法院刑事审判第一庭、第二庭编：《刑事审判参考》（2001年第11辑·总第22辑），法律出版社2001年版，第1~3页。

某勇对危害左邻右舍等不特定人的生命财产安全持放任态度,改判爆炸罪。

要点:行为人以报复特定人为目的,所实施的不计危害后果的爆炸行为,应认定为爆炸罪而非故意杀人罪。

2. 适用。

【定罪】(1) 使用爆炸物作案的,针对爆炸目标如人群、建筑物等,携爆炸物抵近或者开始安放、投掷为着手,因为此刻对爆炸目标已形成紧迫威胁。已抵近或安放、投掷爆炸物但未能爆炸的,或者虽然爆炸但其爆炸威力或爆炸场所等诸因素判断不足以危害公共安全的,成立《刑法》第114条之罪,不适用《刑法》第115条与总则第23条关于未遂犯的规定。

(2) 采取爆炸方法引发火灾危及公共安全的,如在剧院点燃液化石油气罐的,要看爆炸方法本身是否足以危害公共安全。如果单纯的爆炸不足以危害公共安全,则应以放火罪论处;如果在不引发火灾的情况下单纯的爆炸即足以危害公共安全,则在放火罪与爆炸罪之间存在竞合,应择一重罪论处。不能以"在尚未出现实害的情况下,无法确定点燃爆炸物后会引发爆炸还是火灾,亦无法确定爆炸或火灾的威力,无论认定为放火罪抑或爆炸罪都不客观"为由,直接根据兜底条款认定以危险方法危害公共安全罪。

【共犯】采取"人体炸弹"方式实施爆炸犯罪的,"人体炸弹"行为人与他人共谋充当人体炸弹实施爆炸的,成立爆炸罪的共同犯罪。但如果对"人体炸弹"行为不知情,则只是他人爆炸的工具,利用人成立爆炸罪的间接正犯。

【罪数】爆炸预备行为与《刑法》第125条之非法制造、买卖、运输、邮寄、储存爆炸物罪的竞合、牵连。行为人为了实施爆炸犯罪而准备实施第125条之涉爆行为,因意志以外的原因未能着手实行爆炸罪的,是爆炸罪预备与第125条之罪的竞合,应择一重罪或高度罪处断。行为人为实施爆炸而实行第125条之涉爆行为,因意志以外的原因未能得逞的,是爆炸罪未遂与第125条之罪的竞合,也应择一重罪或者高度罪处断。

(四) 投放危险物质罪

【行为·结果】投放危险物质,指投放毒害性、放射性、传染病病原体等危险物质危害公共安全的行为。毒害性物质,指接触人畜体表或进入人畜体内足以造成人畜伤亡的物质,如甲胺磷、氰化钠、氰化钾、硝基苯、砒霜等。放射性物质,指能够因原子核能衰变放出射线的物质,该物质发出的射线能够危及人身和财产安全,主要包括铀、镭、钍、钚、氚、锂等核材料及其制品。传染病病原体,指能引起传染病的微生物和寄生虫,包括病菌、寄生虫和病毒。传染病,指由病原体引起的能在人之间、动物之间和人与动物之间传播的疾病。

本罪的客体是公共安全,所以,投放危险物质应具有足以危害公众生命、健康或者重大财产安全的危险。将危险物质投放于特定位置、场所,针对特定人,不足以危害公共安全的,不成立本罪。

【案例】**古某明、方某华投放危险物质案**[1]

被告人(古某明、方某华)购买铱射线工业探伤机、安装铱放射源(源强为95居里),通过驱动探伤机施源器,将铅罐内的铱放射源输送到被害人的办公室天花板,使用铱源直接对被害人的身体进行照射,致使被害人及在该中心工作的70多名医护人员受到放射源的辐射伤害。法医鉴定,其中1人重伤、13人轻伤、61人微伤。法院认为,二被告人为泄愤报复而采用投放放射性物质的方法致伤多人,构成投放危险物质罪,分别判处死缓和15年有期徒刑。

---

[1] 中华人民共和国最高人民法院刑事审判第一庭、第二庭编:《刑事审判参考》(2005年第5集·总第46集),法律出版社2006年版,第1~8页。

裁判要旨：以投放危险物质方式危害不特定多人生命健康，成立投放危险物质罪。虽然也具备故意伤害罪的要件，但按照完整法优先于局部法适用的法条竞合规则，应以投放危险物质罪定罪处罚。

【主观】故意，即明知自己投放危险物质的行为足以造成危害公共安全的结果，并希望或者放任该结果发生。

【案例】**林某春为防盗窃在柚子果实中注入农药案**[1]

林某春因其柚子园树上的柚果常被人偷摘，分别在5粒柚子果上用注射器注入2毫升左右的"甲胺磷"（农药）。此间，林某春亦将此事告诉了同村的一些妇女。5~6天后，有药的柚果都落地。林某玉（死者，24岁）带其外甥黄某伟（6岁）到寨顶山牧牛时，到林某春家的柚子园内，捡得一粒注有剧毒农药且已开始大面积腐烂并带有一股刺鼻农药味的柚果，与其外甥黄某伟共食后均中毒。林某玉经抢救无效死亡，黄某伟经住院治疗痊愈出院。法院认为，被告人在柚果中注入剧毒农药"甲胺磷"，欲让偷摘者食后中毒。造成他人捡食后中毒，导致1人中毒、1人死亡的后果，危害了公共安全，其行为已构成投毒罪（现为投放危险物质罪）。鉴于林某春认罪态度好，并能积极筹款予以赔偿，悔罪表现较好，依法减轻处罚，判处有期徒刑3年，向二附带民事诉讼原告人分别赔偿经济损失27 000元和23 063元。

要点：为防他人偷食瓜果等，而故意在瓜果中投放毒药致人死伤的，通常认定有危害公共安全性质、对中毒结果具有间接故意[2]。

（五）以危险方法危害公共安全罪

【客体】公共安全，即不特定多人的人身安全以及涉及人身安全的重大财产损害。有必要对《刑法》第115条第1款中的"使公私财产遭受重大损失"限制解释为：在使公私财产遭受重大损失的同时，还存在致人重伤、死亡的现实可能性。[3]

【行为】以其他危险方法危害公共安全。"'其他危险方法'仅限于与放火、决水、爆炸、投放危险物质相当的方法，而不是泛指任何具有危害公共安全性质的方法。因为《刑法》将本罪规定在第114条与第115条之中，根据同类解释规则，它必须与前面所列举的行为相当；根据该罪所处的地位，'其他危险方法'只是《刑法》第114、115条的'兜底'规定，而不是刑法分则第2章的兜底规定。换言之，对那些与放火、决水、爆炸等危险方法不相当的行为，即使危害公共安全，也不宜认定为本罪。"[4]

司法实务认定的其他危险方法有：①驾驶机动车辆在公共场所故意冲撞众人的（对于为了敲诈勒索、诈骗而恶意制造交通事故、放任重大伤亡结果发生的，也可定本罪）；②在公共场所私设电网危及众人安全的；③破坏矿井的通风设备危及井下矿工生命安全的；④拆卸公共道路中央的下水井盖的；⑤以制、输坏血、病毒血的方法致众人感染的；⑥向人群扫射的；⑦已经确诊的新型冠状病毒感染肺炎病人、病原携带者，拒绝隔离治疗或者隔离期未满擅自脱离隔离治疗，并进入公共场所或者公共交通工具的；⑧新型冠状病毒感染肺炎疑似病人拒绝隔离治

---

[1] 福建省漳州市中级人民法院（1996）漳刑终字第145号刑事判决书。

[2] 本案中支持林木春对死亡结果只具有过失的事实依据有：其投毒后将投毒情况告诉了同村的一些妇女；发现注毒柚果已经落果在地并发生腐烂，可能认为他人不会捡拾食用。支持其具有故意的理据有：告诉了一些妇女并不能保证所有人都知情并杜绝偷食、捡食；投毒系高度危险行为，行为人对毒物负有极大的避免义务。因此，认为林木春具有故意（间接故意）理据更为充分。

[3] 劳东燕：《以危险方法危害公共安全罪的解释学研究》，载《政治与法律》2013年第3期。

[4] 张明楷：《论以危险方法危害公共安全罪——扩大适用的成因与限制适用的规则》，载《国家检察官学院学报》2012年第4期。

疗或者隔离期未满擅自脱离隔离治疗，并进入公共场所或者公共交通工具，造成新型冠状病毒传播的。

如果使用放火、爆炸、投放危险物质、决水等法条叙明的方法，则排斥适用以危险方法危害公共安全罪。需要注意：案件事实可归入叙明条款的行为类型，但不完全符合或者未达到相应立案标准，依据叙明条款不能入罪的，也不得转而适用兜底条款定罪处罚。

【主观】故意，即明知自己使用的方法足以危害众人的生命、健康和重大财产安全，而希望或放任该结果发生。不具有本罪故意，仅有过失的，可成立过失以危险方法危害公共安全罪。

【关联罪】1. 本罪与交通肇事罪的区别。本罪是故意罪，对致人死伤结果有故意；交通肇事罪是过失罪，对致人死伤结果不得有故意。故意驾车冲撞众人致人死伤的，成立以（驾车撞人的）危险方法危害公共安全罪。早期案例如：20世纪80年代，姚某云因奖金问题闹情绪，故意驾驶出租车在天安门广场由北向南横冲直撞，撞死、撞伤19人，构成以危险方法危害公共安全罪。因该行为对致人死伤有故意，定交通肇事罪会轻纵罪犯。

近年来，醉酒危险驾驶致不特定多人死伤的案件时有发生。为了规范醉酒驾车的法律适用，《醉驾犯罪法律适用意见》（2009）指出："无视法律醉酒驾车，特别是在肇事后继续驾车冲撞，造成重大伤亡，说明行为人主观上对持续发生的危害结果持放任态度，具有危害公共安全的故意。对此类醉酒驾车造成重大伤亡的，应依法以以危险方法危害公共安全罪定罪。"

2. 本罪与故意杀人罪、故意伤害罪的区别。驾车故意杀伤特定人，没有危害公共安全的，成立故意杀人罪或者故意伤害罪。驾车故意冲撞众人，危害公共安全的，成立本罪。按通说，法条竞合优先适用本罪。

3. 本罪与以专门规定之方法危害公共安全犯罪的区别。以危险方法危害公共安全罪是《刑法》第114、115条规定的"兜底"条款，即刑法将所有其他条款没有包括的、难以包括的或者目前预测不到的危害公共安全的犯罪方法，都包括在这个"以其他危险方法危害公共安全"规定中。主要目的是防止法律"漏洞"，适应社会情势变化。因此，本罪的适用需注意两点：①如果属于已有规定之方法，如同条之放火、爆炸、决水、投放危险物质的方法，其他如《刑法》第144条之生产、销售有毒、有害食品，第116条之破坏交通工具，第117条之破坏交通设施，第118条之破坏电力设备、易燃易爆设备，第124条之破坏广播电视设施、公用电信设施，使用已有规定之方法危害公共安全的，排斥本罪适用。②适度扩张适用本罪以适应保护公众安全的需要，例如，暴恐分子使用砍刀、斧头街头行凶的，在繁华街道、高速公路驾车高速逆行的，销售三聚氰胺（被用于三鹿奶粉奶源）的，隐瞒重大安全隐患导致特大矿难发生的，均以本罪定罪处罚。近几年对本罪的扩张适用引起了学界关注，有观点主张"以同类解释规则严格限缩以危险方法危害公共安全罪的司法适用范围……这里的'其他危险方法'应该具有与放火、决水、爆炸、投放危险物质的性质上的同一性"，[1] 进而认为"就以危险方法危害公共安全罪而言，其危险性属于手段危险性，……手段是否具有与放火、决水、爆炸、投放危险物质行为的相当性，才是认定以危险方法危害公共安全罪的关键之所在"，并据此得出结论，盗窃窨井盖的行为虽具有结果的危险性，但不具有手段与放火爆炸等方式相当的危险性，不应当认定为本罪。同理，……挥动匕首向游客及路人乱刺，造成20人伤害的行为，不

---

[1] 陈兴良：《口袋罪的法教义学分析：以以危险方法危害公共安全罪为例》，载《政治与法律》2013年第3期。

具有与放火爆炸等方式相当的手段危险性,不成立本罪。[1]

司法机关为防止本罪"口袋化"也形成了相应的裁判规则,与前述理论观点在进路上有所不同。实证研究表明,2010~2020年中级以上法院的相关判决中,鲜见通过"同一性"或者"相当性"标准认定"其他危险方法";在直接论证行为对公共安全的威胁时,多数判决区分了行为危险与结果危险,并着重阐述行为的潜在危险:①高危险行为+强化行为力度与危险;②高危险行为+直接针对多数人。[2]

二、失火罪·过失决水罪·过失爆炸罪·过失投放危险物质罪·过失以危险方法危害公共安全罪

《刑法》第115条 放火、决水、爆炸以及投放毒害性、放射性、传染病病原体等物质或者以其他危险方法致人重伤、死亡或者使公私财产遭受重大损失的,处十年以上有期徒刑、无期徒刑或者死刑。

过失犯前款罪的,处三年以上七年以下有期徒刑;情节较轻的,处三年以下有期徒刑或者拘役。

(一)失火罪

【行为】失火行为,指在日常生活中因用火、用电不慎引起了火灾。

【结果·罪量】发生严重火灾,即因失火行为造成的火灾致人重伤、死亡,或者使公私财产遭受重大损失。过失犯都是结果犯,构成失火罪,应以造成第115条第1款规定之"致人重伤、死亡或者使公私财产遭受重大损失"结果为要件。

失火罪的立案标准[3]对于本条乃至本章的过失犯罪都具有参考意义。过失犯罪中,因失火罪更常见,所以专门规定立案标准以便利司法。其他罪,如过失爆炸罪、过失投放危险物质罪等,虽然没有规定立案标准,但司法实践中可参照失火罪的立案标准具体掌握。

【主观】过失,即行为人应当预见自己的行为可能发生火灾,但因为疏忽大意而没有预见,或者已经预见而轻信能够避免,以致发生火灾。判断这种犯罪的过失,不是行为人对行为本身的认识,而是对行为造成火灾结果的认识和态度。行为人用火往往是故意的,但对自己的用火行为可能发生火灾的结果,应当预见而没有预见,或者已经预见但轻信能够避免,所以是过失。

【关联罪】本罪的过失是普通过失,即行为人在日常生活中因用火不慎而导致发生火灾。因业务过失行为而导致发生火灾的,以业务过失罪(如重大责任事故罪、危险作业罪、危险物品肇事罪等)定罪处罚,不以本罪论处。

(二)过失决水罪

【定义】过失毁损堤坝、水利设施,引起水灾,致人重伤、死亡或者使公私财产遭受重大损失,危害公共安全的行为。

(三)过失爆炸罪

【定义】过失引发爆炸物,致人重伤、死亡或者使公私财产遭受重大损失,危害公共安全

---

[1] 陈兴良:《口袋罪的法教义学分析:以以危险方法危害公共安全罪为例》,载《政治与法律》2013年第3期。

[2] 参见江溯:《以危险方法危害公共安全罪认定规则研究》,载《中国法学》2021年第4期。

[3] 根据《立案标准(一)》(2008)第1条第1款,有下列情形之一的,应予立案:①造成死亡1人或重伤3人以上;②造成公共财产或者他人财产直接经济损失50万元以上;③造成10户以上家庭的房屋以及其他基本生活资料烧毁;④造成森林火灾,过火有林地面积2公顷以上,或者疏林地、灌木林地、未成林地、苗圃地面积4公顷以上;⑤其他造成严重后果的情形。

的行为。

(四) 过失投放危险物质罪

【定义】过失投放毒害性、放射性、传染病病原体等物质，致人重伤、死亡或者使公私财产遭受重大损失，危害公共安全的行为。

(五) 过失以危险方法危害公共安全罪

【定义】以失火、过失决水、过失爆炸、过失投放危险物质以外的危险方式，过失致人重伤、死亡或者使公私财产遭受重大损失，危害公共安全的行为。

第三节　破坏公用设施危害公共安全的犯罪

一、破坏交通工具罪

《刑法》第 116 条　破坏火车、汽车、电车、船只、航空器，足以使火车、汽车、电车、船只、航空器发生倾覆、毁坏危险，尚未造成严重后果的，处三年以上十年以下有期徒刑。

《刑法》第 119 条第 1 款　破坏交通工具、交通设施、电力设备、燃气设备、易燃易爆设备，造成严重后果的，处十年以上有期徒刑、无期徒刑或者死刑。

(一) 构成要件

【对象】正在使用中的交通工具。①交通工具，包括火车、汽车、电车、船只、航空器等机动的交通工具。因为这些交通工具一般承担运输人员或物资的任务，一经破坏，能够同时使不特定多人伤亡或者使公私财产遭受重大损失。用于运输的大型农用拖拉机，也属于本罪对象。自行车、三轮车、马车等小型的非机动的交通工具，一般不涉及危害公共安全，不是本罪的对象。②正在使用中，指正在行驶或者飞行中。待用、备用的交通工具，因为会随时投入使用，故应视为正在使用中的交通工具。尚未检验出厂、交付使用或者正在工厂修理的交通工具，不是本罪对象。

【行为·结果】破坏交通工具，足以使其发生倾覆、毁坏危险。倾覆，指火车出轨、汽车翻车、船只沉没、航空器坠落等。毁坏，指使交通工具的性能丧失、报废或者遭受重大破损，以致不能运行。危险，指具体危险，即在具体场合下对交通工具的破坏具有发生倾覆、毁坏的现实可能性。

【主观】故意，即明知自己的行为会使交通工具发生倾覆、毁坏危险，并且希望或者放任这种危险结果发生。

【加重犯】造成严重后果，指因交通工具倾覆、毁坏而致人重伤、死亡或者使公私财产遭受重大损失等情形。行为造成倾覆、毁坏危险的，即使没有发生严重结果，也应适用《刑法》第 116 条，与既遂犯一样处罚，排斥适用总则第 23 条未遂犯的规定。造成交通工具倾覆、毁坏严重后果的，是本罪的加重犯，适用《刑法》第 119 条规定的刑罚。

(二) 适用

本罪的客体是交通运输安全。只有破坏《刑法》第 116 条之交通工具且实质上构成对交通运输安全的破坏的，才能成立本罪。我国在 20 世纪 50~70 年代，汽车等交通工具十分贵重且基本为国企、政府所有，对于破坏汽车行为，往往不问是否危害交通运输安全即认定为本罪，此做法显然不妥。如今，轿车已经进入寻常百姓家，对汽车（包括轿车）的破坏不足以危害交通运输安全的，不成立破坏交通工具罪。

【案例】 **贾某破坏交通工具案**

贾某是某机场检票员,因平素与领导有矛盾,意欲制造飞机事故,使领导受撤职处分。某日贾某到停机坪,用改锥猛戳一架民航机的油箱,在油箱上造成5个凹陷痕迹和1个贯通洞,被执勤人员当场抓获,未造成严重后果。法院判决构成《刑法》第116条之破坏交通工具罪(既遂)。

评析:《刑法》第116条是危险犯,对交通工具的破坏达到有倾覆、毁坏可能性的程度(具体危险),即达到该罪设定的完成状态。本案中,贾某在飞机油箱上造成"贯通洞",若没有被发现,让飞机在这种状态下飞行,可能会出事故,有具体危险。本案如果适用未遂,可分为以下两种情形:①若仅仅形成几个"凹陷痕迹",经技术检验不会影响飞行安全,仅有抽象危险,尚未造成具体危险的,是犯罪未遂,属于能犯的未遂;②如果该飞机是停运待大修的飞机,被告人以为是正在使用中的,因不可能造成危险,是不能犯未遂。相反,如果被告人知道是停运待大修的飞机,对其破坏不会出什么大事,因而对其破坏以发泄情绪的,因无破坏交通工具的故意,其行为也不可能影响交通运输安全,不构成本罪,但不排除成立故意毁坏财物罪。

二、破坏交通设施罪

《刑法》第117条 破坏轨道、桥梁、隧道、公路、机场、航道、灯塔、标志或者进行其他破坏活动,足以使火车、汽车、电车、船只、航空器发生倾覆、毁坏危险,尚未造成严重后果的,处三年以上十年以下有期徒刑。

《刑法》第119条第1款 破坏交通工具、交通设施、电力设备、燃气设备、易燃易爆设备,造成严重后果的,处十年以上有期徒刑、无期徒刑或者死刑。

(一) 构成要件

【对象】 正在使用中的交通设施。交通设施,指供交通工具通行或保障交通工具安全运行的专门设施,包括轨道、桥梁、隧道、公路、机场、航道、灯塔、标志等。这些交通设施必须是正在使用中的,因为只有对正在使用中的交通设施进行破坏,才可能危害交通运输安全。正在修筑或者已经废弃的交通设施,不是本罪的对象。

【行为·结果】 破坏交通设施,足以使交通工具发生倾覆、毁坏危险。

【主观】 故意,即明知是正在使用中的交通设施而对其予以毁损。

【加重犯】 造成严重后果,指因交通设施被破坏,致使交通工具倾覆、毁坏而致人重伤、死亡或者使公私财产遭受重大损失等情形。对交通设施的破坏,足以影响交通安全的,即使没有发生严重后果,也成立《刑法》第117条的危险犯既遂;造成交通工具倾覆、毁坏的严重后果的,是本罪的加重犯,适用《刑法》第119条规定的刑罚。

(二) 适用

【关联罪】 本罪与破坏交通工具罪的区分。要点是行为对象不同。本罪的对象是正在使用中的交通设施,为了颠覆、毁坏交通工具而破坏交通设施的,应以本罪定罪处罚;因而造成交通工具倾覆毁坏致人死伤的,应适用《刑法》第119条以破坏交通工具罪(加重犯)论处。[1]

【罪数】 因盗窃交通设施而致该设施毁损,同时触犯盗窃罪和破坏交通设施罪的,属于想

---

〔1〕 根据《办理涉窨井盖刑案意见》(2020)第1条第1款的规定,盗窃、破坏正在使用中的社会机动车通行道路上的窨井盖,足以使汽车、电车发生倾覆、毁坏危险,尚未造成严重后果的,以破坏交通设施罪定罪处罚;造成严重后果的,依照《刑法》第119条第1款的规定处罚。

象竞合犯,择一重罪论处。

三、破坏电力设备罪·破坏易燃易爆设备罪

《刑法》第118条 破坏电力、燃气或者其他易燃易爆设备,危害公共安全,尚未造成严重后果的,处三年以上十年以下有期徒刑。

《刑法》第119条第1款 破坏交通工具、交通设施、电力设备、燃气设备、易燃易爆设备,造成严重后果的,处十年以上有期徒刑、无期徒刑或者死刑。

(一)破坏电力设备罪

【对象】正在使用中的电力设备。根据《审理破坏电力设备刑案解释》(2007)第4条第1款,包括处于运行、应急等使用中的电力设备;已经通电使用,只是由于枯水季节或者电力不足等原因暂停使用的电力设备;已经交付使用但尚未通电的电力设备。尚未安装完毕或者已经安装完毕但尚未交付使用的电力设备,不是本罪的对象。

【行为·结果】使用砸毁、拆卸、切割等方法损坏电力设备,足以危害公共安全。

【主观】故意。

【加重犯】造成严重后果,指因电力设备被破坏而致人重伤、死亡或者使公私财产遭受重大损失等情形。破坏电力设备足以危害公共安全的,即使尚未造成严重后果,也构成《刑法》第118条之既遂。造成严重后果的,是本罪的加重犯,适用《刑法》第119条规定的刑罚。

【罪数】根据《审理破坏电力设备刑案解释》(2007)第3条,盗窃电力设备,危害公共安全,但不构成盗窃罪的,以破坏电力设备罪定罪处罚;同时构成盗窃罪和破坏电力设备罪的,依照处罚较重的规定定罪处罚。盗窃电力设备,没有危及公共安全,但应追究刑事责任的,可以根据案件的不同情况,按照盗窃罪等犯罪处理。

【案例】 **冯某民破坏电力设备、盗窃案**[1]

冯某民以非法占有为目的,盗剪正在使用中的光铝线6700余米,造成直接经济损失2万余元,法院以破坏电力设备罪对其判处有期徒刑7年。本案中,偷盗电力设备对应的破坏电力设备罪、盗窃罪法定刑都是3~10年有期徒刑,此时,应通过比较两种犯罪的社会危害性及犯罪行为本身的性质来确定罪名的轻重,再从一重罪处罚。

(二)破坏易燃易爆设备罪

【对象】易燃易爆设备。包括:①燃气设备,包括燃气的开采(发生)、净化、输送、储存设备;②其他易燃易爆设备,指电力、燃气设备以外的易燃易爆设备,如石油、化工方面的易燃易爆设备等。

【行为·结果】对易燃易爆设备进行破坏,足以危害公共安全。《办理盗窃油气、破坏油气设备刑案解释》(2007)第1条规定了"切割、打孔、撬砸、拆卸、开、关等手段破坏正在使用的油气设备"的行为,但行为人实施这些行为是否都应以本罪定罪处罚,实践中存在不同看法。对上述行为是否危害公共安全的判断,《办理盗窃油气、破坏油气设备刑案意见》(2018)给出明确标准:①采用切割、打孔、撬砸、拆卸手段的,一般视为危害公共安全,但是明显未危害公共安全的除外。实践中,行为人为了逃避打击,会采用多种方法防止盗窃油气、破坏油气设备过程中发生燃烧或者爆炸事故,但采用上述方式盗窃油气、破坏油气设备诱发爆炸的危险是客观存在的。考虑到采用切割、打孔、撬砸、拆卸手段盗窃油气是一个逐步发

---

[1] 中华人民共和国最高人民法院刑事审判第一、二、三、四、五庭主办:《刑事审判参考》(2008年第5集·总第64集),法律出版社2009年版,第8~9页。

展的过程,对刚开始实施上述手段,尚未对油气管道造成损害的,不视为危害公共安全。[1] ②采用开、关等手段,足以引发火灾、爆炸等危险的,视为危害公共安全。从近年来查办的案件看,采用开、关方式盗窃油气的情形较为复杂,有油气企业内部技术人员,在遵守油气企业工作技术规程前提下,按照操作规程开、关油气设备盗窃油气的;也有通过开、关油气设备上违法打孔安装的阀门盗窃油气的。对不同的开、关行为是否危害公共安全,需要对行为的社会危害性程度作进一步的分析认定。只有开、关行为足以引发火灾、爆炸等危险,导致不特定多数人的生命、健康或者重大公私财产安全处于危险状态,才属于危害公共安全的行为。[2]

【主观】故意。

【加重犯】造成严重后果,指因燃气或者其他易燃易爆设备被破坏而致人重伤、死亡或者使公私财产遭受重大损失等情形。破坏易燃易爆设备足以危害公共安全的,即使尚未造成严重后果,也构成《刑法》第118条之既遂。造成严重后果的,是本罪的加重犯,适用《刑法》第119条规定的刑罚。

【罪数】盗窃油气或者正在使用的油气设备,构成犯罪,但未危害公共安全的,以盗窃罪定罪处罚。盗窃油气同时构成盗窃罪和破坏易燃易爆设备罪的,依照处罚较重的规定定罪处罚。

四、过失损坏交通工具罪·过失损坏交通设施罪·过失损坏电力设备罪·过失损坏易燃易爆设备罪

《刑法》第119条 破坏交通工具、交通设施、电力设备、燃气设备、易燃易爆设备,造成严重后果的,处十年以上有期徒刑、无期徒刑或者死刑。

过失犯前款罪的,处三年以上七年以下有期徒刑;情节较轻的,处三年以下有期徒刑或者拘役。

(一) 过失损坏交通工具罪

【定义】过失损坏火车、汽车、电车、船只、航空器等交通工具危害交通运输安全,造成严重后果的行为。

(二) 过失损坏交通设施罪

【定义】过失破坏轨道、桥梁、隧道、公路、机场、航道、灯塔、标志等交通设施,危害交通运输安全,造成严重后果的行为。

(三) 过失损坏电力设备罪

【定义】过失损坏正在使用的电力设备,危害公共安全,造成严重后果的行为。

(四) 过失损坏易燃易爆设备罪

【定义】过失损坏燃气或者其他易燃易爆设备,危害公共安全,造成严重后果的行为。

五、破坏广播电视设施、公用电信设施罪

《刑法》第124条第1款 破坏广播电视设施、公用电信设施,危害公共安全的,处三年以上七年以下有期徒刑;造成严重后果的,处七年以上有期徒刑。

(一) 构成要件

【对象】正在使用中的广播电视设施、公用电信设施。

---

[1] 缐杰、杨建军:《〈关于办理盗窃油气、破坏油气设备等刑事案件适用法律若干问题的意见〉理解与适用》,载《人民检察》2019年第3期。

[2] 缐杰、杨建军:《〈关于办理盗窃油气、破坏油气设备等刑事案件适用法律若干问题的意见〉理解与适用》,载《人民检察》2019年第3期。

【行为·结果】对广播电视设施、公用电信设施进行毁损，危害公共安全。采用截断通信线路、损毁通信设备或者删除、修改、增加电信网计算机信息系统中存储、处理或者传输的数据和应用程序等手段，破坏正在使用的公用电信设施的，属于破坏公用电信设施行为。破坏正在使用的公用电信设施尚未危害公共安全，或者毁坏尚未投入使用的公用电信设施，造成财物损失的，不构成本罪，但不排除成立故意毁坏财物罪。

【主观】故意。

【加重犯】造成严重后果。

（二）适用

【关联罪】1. 本罪与破坏交通设施罪的区别。要点是对象不同：本罪的对象为公用电信设施，破坏交通设施罪的对象是交通设施。如果电信设施属于交通设施的组成部分，即具有交通专用特性而不具有公用特性的，应认定为交通设施。如果因破坏交通设施中的专用通信设备而危及交通运输安全的，应以破坏交通设施罪论处。

2. 本罪与破坏军事通信罪的区别。要点是对象不同：本罪的对象是公用通信设施，破坏军事通信罪的对象是军事通信设备。

【罪数】1. 盗窃公用电信设施价值数额不大，但是构成危害公共安全犯罪的，依照破坏公用电信设施罪定罪处罚；盗窃公用电信设施同时构成盗窃罪和破坏公用电信设施罪的，依照处罚较重的规定定罪处罚。因为破坏广播电视设施、公用电信设施罪的法定最高刑是有期徒刑15年，盗窃罪的法定最高刑是无期徒刑，所以，发生想象竞合择一重罪处罚时，存在以盗窃罪定罪处罚的可能性。

2. 根据《办理伪基站案意见》（2014），非法使用"伪基站"设备干扰公用电信网络信号，危害公共安全的，以破坏公用电信设施罪追究刑事责任；同时构成虚假广告罪、非法获取公民个人信息罪（罪名已变更为侵犯公民个人信息罪）、破坏计算机信息系统罪、扰乱无线电通讯管理秩序罪的，依照处罚较重的规定追究刑事责任。

【案例】　　　　**郝某喜、黄某祥破坏公用电信设施案**[1]

2013年9月9日~11日，郝某喜在举办皮鞋、箱包特卖会的过程中，为提高销量，雇用其亲戚黄某祥驾车携带一套"伪基站"设备，占用中国移动上海公司GSM公众数字蜂窝移动通信网的频率，截断一定范围内移动电话的正常通信联系，并发射无线电信号进行广告宣传。经上海市无线电管理局的工作人员查处并没收"伪基站"相关设备后，同年10月初，郝某喜继续雇用黄某祥使用上述方法进行广告宣传。10月10日和11日，因郝某喜、黄某祥使用"伪基站"设备，周边用户通信中断约14万人次。法院以破坏公用电信设施罪分别判处郝某喜、黄某祥有期徒刑3年、1年6个月。

六、过失损坏广播电视设施、公用电信设施罪

《刑法》第124条　破坏广播电视设施、公用电信设施，危害公共安全的，处三年以上七年以下有期徒刑；造成严重后果的，处七年以上有期徒刑。

过失犯前款罪的，处三年以上七年以下有期徒刑；情节较轻的，处三年以下有期徒刑或者拘役。

【定义】过失损坏正在使用中的广播电视设施、公用电信设施，危害公共安全，造成严重后果的行为。

---

〔1〕中华人民共和国最高人民法院刑事审判第一、二、三、四、五庭主办：《刑事审判参考》（2014年第2集·总第97集），法律出版社2014年版，第1~2页。

第四节　实施恐怖、危险活动危害公共安全的犯罪

一、组织、领导、参加恐怖组织罪

《刑法》第120条　组织、领导恐怖活动组织的，处十年以上有期徒刑或者无期徒刑，并处没收财产；积极参加的，处三年以上十年以下有期徒刑，并处罚金；其他参加的，处三年以下有期徒刑、拘役、管制或者剥夺政治权利，可以并处罚金。

犯前款罪并实施杀人、爆炸、绑架等犯罪的，依照数罪并罚的规定处罚。

（一）构成要件

【行为】组织、领导、参加恐怖组织。恐怖组织，也称恐怖活动组织，根据《反恐法》（2018年修正）第3条第3款，指3人以上为实施恐怖活动而组成的犯罪组织。

恐怖活动，指具有恐怖主义性质的下列行为：①组织、策划、准备实施、实施造成或者意图造成人员伤亡、重大财产损失、公共设施损坏、社会秩序混乱等严重社会危害的活动；②宣扬恐怖主义，煽动实施恐怖活动，或者非法持有宣扬恐怖主义的物品，强制他人在公共场所穿戴宣扬恐怖主义的服饰、标志；③组织、领导、参加恐怖活动组织；④为恐怖活动组织、恐怖活动人员、实施恐怖活动或者恐怖活动培训提供信息、资金、物资、劳务、技术、场所等支持、协助、便利；⑤其他恐怖活动。"恐怖主义"，指通过暴力、破坏、恐吓等手段，制造社会恐慌、危害公共安全、侵犯人身财产，或者胁迫国家机关、国际组织，以实现其政治、意识形态等目的的主张和行为。国际社会一般认为，"恐怖行为"是以"莫测的暴力"为手段实现其某种目的的行为，具有以下特征：①以莫测的暴力为手段。由于暴力的方式、规模以及实施暴力的对象、时间、地点不特定，危害公共安全并破坏了公众的安全感。②为了实现某种目的。即利用莫测的暴力对社会、公众施加压力，以实现其政治、经济以及其他目的。这种目的性是恐怖主义犯罪与放火、爆炸、投放危险物质、劫机、绑架、破坏公共设施、故意杀人等犯罪的不同之处。对于"恐怖行为"的范围，一般也采取列举方式，如1977年《关于制止恐怖主义的欧洲公约》第1条确认的恐怖行为包括：①劫持航空器和危害民用航空安全的非法行为；②侵害应受国际保护人员包括外交代表的生命、健康或自由的严重罪行；③诱拐、劫持人质或者严重的非法拘禁的犯罪；④涉及使用炮弹、手榴弹、火箭、自动武器或信件或邮包炸弹而危及他人的罪行。此外，海盗行为被认为是最早出现的典型的恐怖行为。

根据《办理恐怖活动案意见》（2018），本罪中的"组织、领导"包括：①发起、建立恐怖活动组织；②恐怖活动组织成立后，对组织及其日常运行负责决策、指挥、管理；③恐怖活动组织成立后，组织、策划、指挥该组织成员进行恐怖活动。"积极参加"包括：①纠集他人共同参加恐怖活动组织；②多次参加恐怖活动组织；③曾因参加恐怖活动组织、实施恐怖活动被追究刑事责任或者2年内受过行政处罚，又参加恐怖活动组织；④在恐怖活动组织中实施恐怖活动且作用突出；⑤在恐怖活动组织中积极协助组织、领导者实施组织、领导行为。参加恐怖活动组织，但不具有前述"组织、领导"或"积极参加"情形的，属于"其他参加"。

【主观】故意，通常具有从事恐怖活动的意图。参加者必须对所参加之组织属于恐怖组织有认识。不具有从事恐怖活动的意图而组织、领导犯罪组织的，不构成本罪。不知是恐怖活动组织而参与其中的，也不构成本罪。

（二）适用

【定罪】恐怖活动组织和人员的认定。《反恐法》（2018年修正）第12条规定："国家反

恐怖主义工作领导机构根据本法第三条的规定，认定恐怖活动组织和人员，由国家反恐怖主义工作领导机构的办事机构予以公告。"恐怖组织的认定，不仅涉及刑法的适用，还涉及资金冻结、资产的冻结以及特别刑事程序的适用，以国家反恐机构的认定和公告为准。

【罪数】只要有组织、领导、参加恐怖组织的行为，就构成本罪既遂，不问恐怖组织成立后是否实施了恐怖活动。如果恐怖组织成立后实施了放火、爆炸、投放危险物质、杀人、劫机、绑架等犯罪的，应分别定罪，实行数罪并罚。

二、帮助恐怖活动罪

《刑法》第120条之一　资助恐怖活动组织、实施恐怖活动的个人的，或者资助恐怖活动培训的，处五年以下有期徒刑、拘役、管制或者剥夺政治权利，并处罚金；情节严重的，处五年以上有期徒刑，并处罚金或者没收财产。

为恐怖活动组织、实施恐怖活动或者恐怖活动培训招募、运送人员的，依照前款的规定处罚。

单位犯前两款罪的，对单位判处罚金，并对其直接负责的主管人员和其他直接责任人员，依照第一款的规定处罚。

（一）构成要件

【行为】本罪包括2种行为类型：

1. 资助恐怖活动组织、实施恐怖活动的个人、恐怖活动培训。根据《办理恐怖活动案件意见》（2018），资助，指以募捐、变卖房产、转移资金等方式为恐怖活动组织、实施恐怖活动的个人、恐怖活动培训筹集、提供经费，或者提供器材、设备、交通工具、武器装备等物资，或者提供其他物质便利的行为。既可以表现为筹集经费，也可以表现为提供经费。资助的内容不限于金钱，也包括提供物资、场所等物质便利。资助的对象包括：①恐怖活动组织；②实施恐怖活动的个人；③恐怖活动培训。根据《办理恐怖活动案意见》（2018），实施恐怖活动的个人，包括已经实施恐怖活动的个人，也包括准备实施、正在实施恐怖活动的个人。这说明成立本罪，不以被资助的人已经实施或者正在实施恐怖活动为条件。

2. 为恐怖活动组织、实施恐怖活动或者恐怖活动培训招募、运送人员。招募，可通过宣传、招收、介绍、输送等方式进行。帮助非法出入境，或者为非法出入境提供中介服务、中转运送、停留住宿、伪造身份证明材料等便利，或者充当向导、帮助探查偷越国（边）境路线的，都属于运送行为。

【主观】故意，即明知是恐怖组织或者实施恐怖活动的个人而给予帮助。

【加重犯】情节严重。

（二）适用

【定罪】1. 帮助恐怖活动的，应依法追究刑事责任。但是，根据《反恐法》（2018年修正）第80条，为宣扬恐怖主义、极端主义或者煽动实施恐怖主义活动、极端主义活动提供信息、资金、物资、劳务、技术、场所等支持、协助、便利，情节轻微，尚不构成犯罪的，给予行政处罚。

2. 鉴于恐怖活动的隐蔽性和巨大破坏性，《刑法修正案（九）》将其帮助行为全面"犯罪化"。对于《刑法》第120条之一所列恐怖活动的帮助行为，直接适用第120条之一定罪处罚，无需适用总则共犯规定。正因如此，被帮助的恐怖活动是否着手，不影响本罪的成立。

三、准备实施恐怖活动罪

《刑法》第120条之二　有下列情形之一的，处五年以下有期徒刑、拘役、管制或者剥夺政治权利，并处罚金；情节严重的，处五年以上有期徒刑，并处罚金或者没收财产：

（一）为实施恐怖活动准备凶器、危险物品或者其他工具的；
（二）组织恐怖活动培训或者积极参加恐怖活动培训的；
（三）为实施恐怖活动与境外恐怖活动组织或者人员联络的；
（四）为实施恐怖活动进行策划或者其他准备的。
有前款行为，同时构成其他犯罪的，依照处罚较重的规定定罪处罚。

（一）构成要件

【行为】准备实施恐怖活动，可以表现为：①为实施恐怖活动准备凶器、危险物品或者其他工具，即为实施恐怖活动制造、购买、储存、运输凶器，易燃易爆易制爆品，腐蚀性、放射性、传染性、毒害性物品等危险物品，或者其他工具；②组织恐怖活动培训或者积极参加恐怖活动培训，即以当面传授、开办培训班、组建训练营、开办论坛、组织收听收看音频视频资料等方式，或者利用网站、网页、论坛、博客、网盘、即时通信、通讯群组、聊天室等网络平台、网络应用服务组织恐怖活动培训，或者积极参加恐怖活动心理体能培训，传授、学习犯罪技能方法或者进行恐怖活动训练；③为实施恐怖活动与境外恐怖活动组织或者人员联络，即为实施恐怖活动，通过拨打电话、发送短信、电子邮件等方式，或者利用网站、网页、论坛、博客、网盘、即时通信、通讯群组、聊天室等网络平台、网络应用服务与境外恐怖活动组织、人员联络；④为实施恐怖活动进行策划或者其他准备，包括为实施恐怖活动出入境或者组织、策划、煽动、拉拢他人出入境。

【主观】故意，并有实施恐怖活动之目的。

【加重犯】情节严重。

（二）适用

【定罪】鉴于恐怖活动的隐蔽性和巨大破坏性，《刑法修正案（九）》将其预备行为"犯罪化"。对于《刑法》第120条之二所列恐怖活动的准备行为，直接适用该条以实行犯定罪处罚，无需适用《刑法》第22条预备犯的规定。

四、宣扬恐怖主义、极端主义、煽动实施恐怖活动罪

《刑法》第120条之三 以制作、散发宣扬恐怖主义、极端主义的图书、音频视频资料或者其他物品，或者通过讲授、发布信息等方式宣扬恐怖主义、极端主义的，或者煽动实施恐怖活动的，处五年以下有期徒刑、拘役、管制或者剥夺政治权利，并处罚金；情节严重的，处五年以上有期徒刑，并处罚金或者没收财产。

【行为】宣扬恐怖主义、极端主义或者煽动实施恐怖活动。宣扬、煽动，包括：①编写、出版、印刷、复制、发行、散发、播放载有宣扬恐怖主义、极端主义内容的图书、报刊、文稿、图片或者音频视频资料；②设计、生产、制作、销售、租赁、运输、托运、寄递、散发、展示带有宣扬恐怖主义、极端主义内容的标识、标志、服饰、旗帜、徽章、器物、纪念品等物品；③利用网站、网页、论坛、博客、网盘、即时通信、通讯群组、聊天室等网络平台、网络应用服务等登载、张贴、复制、发送、播放、演示载有恐怖主义、极端主义内容的图书、报刊、文稿、图片或者音频视频资料；④利用教经、讲经、解经、学经、婚礼、葬礼、纪念、聚会和文体活动等宣扬恐怖主义、极端主义、煽动实施恐怖活动。

【主观】故意。

【加重犯】情节严重。

【定罪】根据《反恐法》（2018年修正）第79条、第80条，宣扬恐怖主义、煽动实施恐怖活动的，依法追究刑事责任；但情节轻微，尚不构成犯罪的，给予行政处罚。

五、利用极端主义破坏法律实施罪

《刑法》第120条之四 利用极端主义煽动、胁迫群众破坏国家法律确立的婚姻、司法、教育、社会管理等制度实施的，处三年以下有期徒刑、拘役或者管制，并处罚金；情节严重的，处三年以上七年以下有期徒刑，并处罚金；情节特别严重的，处七年以上有期徒刑，并处罚金或者没收财产。

【行为】利用极端主义煽动、胁迫群众破坏国家法律确立的婚姻、司法、教育、社会管理等制度实施。可以表现为：①煽动、胁迫群众以宗教仪式取代结婚、离婚登记，或者干涉婚姻自由；②煽动、胁迫群众破坏国家法律确立的司法制度实施；③煽动、胁迫群众干涉未成年人接受义务教育，或者破坏学校教育制度、国家教育考试制度等国家法律规定的教育制度；④煽动、胁迫群众抵制人民政府依法管理，或者阻碍国家机关工作人员依法执行职务；⑤煽动、胁迫群众损毁居民身份证、居民户口簿等国家法定证件以及人民币；⑥煽动、胁迫群众驱赶其他民族、有其他信仰的人员离开居住地，或者干涉他人生活和生产经营。

【主观】故意。

【加重犯】本罪有两档加重犯，分别以"情节严重"和"情节特别严重"为要件。

【定罪】利用极端主义破坏法律实施的，应依法追究刑事责任。但是，根据《反恐法》（2018年修正）第81条，利用极端主义，实施下列行为之一，情节轻微，尚不构成犯罪的，给予行政处罚：①强迫他人参加宗教活动，或者强迫他人向宗教活动场所、宗教教职人员提供财物或者劳务；②以恐吓、骚扰等方式驱赶其他民族或者有其他信仰的人员离开居住地；③以恐吓、骚扰等方式干涉他人与其他民族或者有其他信仰的人员交往、共同生活；④以恐吓、骚扰等方式干涉他人生活习俗、方式和生产经营；⑤阻碍国家机关工作人员依法执行职务；⑥歪曲、诋毁国家政策、法律、行政法规，煽动、教唆抵制人民政府依法管理；⑦煽动、胁迫群众损毁或者故意损毁居民身份证、户口簿等国家法定证件以及人民币；⑧煽动、胁迫他人以宗教仪式取代结婚、离婚登记；⑨煽动、胁迫未成年人不接受义务教育。

六、强制穿戴宣扬恐怖主义、极端主义服饰、标志罪

《刑法》第120条之五 以暴力、胁迫等方式强制他人在公共场所穿着、佩戴宣扬恐怖主义、极端主义服饰、标志的，处三年以下有期徒刑、拘役或者管制，并处罚金。

【对象】宣扬恐怖主义、极端主义的服饰、标志。

【行为】以暴力、胁迫等方式强制他人在公共场所穿着、佩戴上述服饰、标志。未采取暴力、胁迫手段，而是欺骗他人使之在公共场所穿着、佩戴上述服饰、标志的，不构成本罪。以暴力、威胁等方式强制他人私下穿着、佩戴上述服饰、标志的，也不构成本罪。

【主观】故意。

七、非法持有宣扬恐怖主义、极端主义物品罪

《刑法》第120条之六 明知是宣扬恐怖主义、极端主义的图书、音频视频资料或者其他物品而非法持有，情节严重的，处三年以下有期徒刑、拘役或者管制，并处或者单处罚金。

（一）构成要件

【对象】载有宣扬恐怖主义、极端主义内容的图书、报刊、文稿、图片、音频视频资料、服饰、标志或者其他物品。

【行为】非法持有。

【主观】故意，即明知是宣扬恐怖主义、极端主义的物品而持有。这里的"明知"，应根据案件具体情况，以行为人实施的客观行为为基础，结合其一贯表现、具体行为、程度、手段、事后态度，以及年龄、认知和受教育程度、所从事的职业等综合审查判断。根据《办理恐怖活动案意见》（2018），具有下列情形之一，行为人不能做出合理解释的，可认定其"明知"，但有证据证明确被蒙骗的除外：①曾因实施恐怖活动、极端主义违法犯罪被追究刑事责任，或者2年内受过行政处罚，或者被责令改正后又实施的；②在执法人员检查时，有逃跑、丢弃携带物品或者逃避、抗拒检查等行为，在其携带、藏匿或者丢弃的物品中查获宣扬恐怖主义、极端主义的物品的；③采用伪装、隐匿、暗语、手势、代号等隐蔽方式制作、散发、持有宣扬恐怖主义、极端主义的物品的；④以虚假身份、地址或者其他虚假方式办理托运、寄递手续，在托运、寄递的物品中查获宣扬恐怖主义、极端主义的物品的；⑤有其他证据足以证明行为人应当知道的情形。

【罪量】情节严重。

八、劫持航空器罪

《刑法》第121条　以暴力、胁迫或者其他方法劫持航空器的，处十年以上有期徒刑或者无期徒刑；致人重伤、死亡或者使航空器遭受严重破坏的，处死刑。

（一）构成要件

【对象】正在飞行中的航空器。根据《海牙公约》第3条第1款，正在飞行中，指航空器从装载完毕，机舱外部各门均已关闭时起，直至为了卸载打开任一机舱门时为止。航空器迫降时，在有关主管当局接管对该航空器及其所载人员和财产的责任之前，也属于正在飞行中。我国《刑法》中劫持航空器罪的对象，既包括民用航空器，也包括其他航空器，如供军事、海关、消防、警察等使用的航空器。

【行为】以暴力、胁迫或者其他方法劫持正在飞行中的航空器。劫持，指在航空器内的人员以暴力、胁迫或者其他方法强行控制航空器或者支配其航行的行为。在航空器外，以暴力、胁迫或者其他方法企图控制、支配正在飞行中的航空器的，不构成本罪。劫持行为发生于正在飞行中的航空器内，但他人在航空器外帮助、教唆劫持的，可构成本罪（共同犯罪）。

【主观】故意，通常具有控制、支配航空器的目的。

（二）适用

【定罪】国内刑法中的劫持航空器罪与国际刑法中的劫持航空器罪（空中劫持罪）的区别。后者除了具有国内刑法中劫持航空器罪的构成要件之外，还有以下特征：①对象限于民用航空器，即以载运乘客、货物、邮件等公共航空运输业务为宗旨的有人驾驶的航空器，不包括供军事、海关、警察部门使用的国家航空器，也不包括无人驾驶的航空器；②具有跨国性，即犯罪发生的场合限于被劫持航空器的起飞地点或者实际降落地点是在该航空器登记国以外。如果劫持航空器的行为具有上述特征，则还属于国际法上的犯罪，在追诉过程中，必要时可适用国际公约的有关规定。

九、劫持船只、汽车罪

《刑法》第122条　以暴力、胁迫或者其他方法劫持船只、汽车的，处五年以上十年以下有期徒刑；造成严重后果的，处十年以上有期徒刑或者无期徒刑。

（一）构成要件

【对象】船只或者汽车。本罪的对象应为大型的正在运营中的船只和汽车以及其上的乘员、货物。火车、列车等有轨车辆不能脱离轨道运行，不是本罪的对象。航空器也不是本罪对象。

【行为】以暴力、胁迫或者其他方法劫持船只、汽车。劫持，指强行排除原有人员对船只、汽车的控制、支配，自行控制或者支配船只、汽车运行的行为。在公海上劫持船只、掠夺船上的货物或者乘员的财物的，同时构成国际法上的海盗罪。

【主观】故意，通常具有控制、支配船只或者汽车的目的。
【加重犯】造成严重后果。
（二）适用
【关联罪】1. 本罪与破坏交通工具罪的区别。要点是目的不同：本罪以支配、控制交通工具及其运行路线为目的，破坏交通工具罪则以造成交通工具倾覆、毁坏为目的。

2. 本罪与抢劫罪的区别。要点是目的不同：抢劫罪以非法占有财物为目的；本罪仅具有非法控制、支配船只、汽车的目的，不欲将船只、汽车作为财物据为己有。

十、暴力危及飞行安全罪

《刑法》第123条 对飞行中的航空器上的人员使用暴力，危及飞行安全，尚未造成严重后果的，处五年以下有期徒刑或者拘役；造成严重后果的，处五年以上有期徒刑。

（一）构成要件
【对象】正在飞行中的航空器上的人员，包括乘客和乘务人员。
【行为·结果】对飞行中的航空器上的人员使用暴力，危及飞行安全。暴力行为必须足以危及飞行安全才能构成本罪。危及飞行安全，指足以导致航空器有坠落、毁坏、被迫中断飞行的危险。至于暴力行为是否造成人身伤害，不影响本罪的成立。
【主观】故意，即明知自己对飞行中的航空器上的人员使用暴力会危及该航空器的飞行安全，并且希望或者放任这种危险发生。至于行为人使用暴力的动机，在所不问。
【加重犯】造成严重后果，指因对航空器上的人员使用暴力，使飞行中的航空器重要部件被毁坏，航空器的操纵系统失灵，甚至造成航空器坠毁等情形。
（二）适用
【关联罪】1. 本罪与劫持航空器罪的区别。要点是主观方面不同：劫持航空器罪具有控制、支配航空器的意图；本罪虽然有在航空器上施暴的行为，但无控制、支配航空器的意图。

2. 本罪与在航空器中实施的其他犯罪的区别。行为人在飞行中的航空器内故意实施杀人、伤害、抢劫、绑架、强奸等暴力犯罪未危及飞行安全的，不构成本罪；实施上述暴力犯罪，同时危及飞行安全的，择一重罪定罪处罚。
【罪数】行为人以造成航空器坠毁为目的，故意对驾驶、领航人员使用暴力，直接导致航空器坠毁的，择一重罪以破坏交通工具罪论处。

第五节 违反枪支、弹药、爆炸物管理规定危害公共安全的犯罪

一、非法制造、买卖、运输、邮寄、储存枪支、弹药、爆炸物罪·非法制造、买卖、运输、储存危险物质罪

《刑法》第125条 非法制造、买卖、运输、邮寄、储存枪支、弹药、爆炸物的，处三年以上十年以下有期徒刑；情节严重的，处十年以上有期徒刑、无期徒刑或者死刑。

非法制造、买卖、运输、储存毒害性、放射性、传染病病原体等物质，危害公共安全的，依照前款的规定处罚。

单位犯前两款罪的，对单位判处罚金，并对其直接负责的主管人员和其他直接责任人员，依照第一款的规定处罚。

（一）非法制造、买卖、运输、邮寄、储存枪支、弹药、爆炸物罪
【对象】枪支、弹药、爆炸物。

1. 本罪中的枪支，指以火药或者压缩气体等为动力，利用管状器具发射金属弹丸或者其他物质，足以致人伤亡或者丧失知觉的各种枪形物。种类包括军用的手枪、步枪、冲锋枪和机枪，射击运动用的各种枪支，狩猎用的有线膛枪、霰弹枪、火药枪，麻醉动物用的注射枪，以及能发射金属弹丸的气枪。自制的具有一定杀伤力的土枪、火药枪、钢珠枪等，也可成为本罪的对象。弹药，指供枪支发射使用的足以致人伤亡或者丧失知觉的金属弹丸或者其他物质。

（1）行政法上枪支、弹药的鉴定标准。根据《枪弹性能鉴定规定》（2010）第3条：①凡是制式枪支、弹药，无论是否能够完成击发动作，一律认定为枪支、弹药；②凡是能发射制式弹药的非制式枪支（包括自制、改制枪支），一律认定为枪支。对能够装填制式弹药，但因缺少个别零件或锈蚀不能完成击发，经加装相关零件或除锈后能够发射制式弹药的非制式枪支，一律认定为枪支；③对不能发射制式弹药的非制式枪支，按照《枪支致伤力鉴定判据》（2007）的规定，当所发射弹丸的枪口比动能大于等于1.8焦耳/平方厘米时，一律认定为枪支；④对制式枪支、弹药专用散件（零部件），能够由制造厂家提供相关零部件图样（复印件）和件号的，一律认定为枪支、弹药散件（零部件）；⑤对非制式枪支、弹药散件（零部件），如具备与制式枪支、弹药专用散件（零部件）相同功能的，一律认定为枪支、弹药散件（零部件）。

（2）刑法上枪支、弹药的认定标准。在公安部发布《枪支致伤力鉴定判据》（2007）前，我国关于枪支的鉴定，采取的是"射击干燥松木板法"，根据该方法，对不能发射制式弹药的非制式枪支，当所发射弹丸的枪口比动能大于等于16焦耳/平方厘米时，才能认定为枪支。然而，《枪支致伤力鉴定判据》（2007）与《枪弹性能鉴定规定》（2010），放弃"射击干燥松木板法"而改采"测定枪口比动能法"，并将枪口比动能的下限调至1.8焦耳/平方厘米。据此，凡是枪口动能比大于等于1.8焦耳/平方厘米的，一律认定为枪支。鉴定标准的大幅降低引发了涉枪领域过度犯罪化的问题，实践中不乏对"发烧友"买卖、运输拼装枪的行为追究刑事责任的案件。这种司法上的过度犯罪化可能引发选择性执法现象，也不利于公众形成基本的规范认同，使刑法的一般预防效果大打折扣。

在现行制度语境下，为合理限缩涉枪犯罪的处罚范围，有学者提出，对刑法中涉枪罪名中的枪支，宜作不同于行政法的理解。具体而言，将公安部规定的枪口比动能1.8焦耳/平方厘米的标准，仅视为行政法上枪支的认定标准；刑法中的枪支，则采用"足以致人伤亡或者丧失知觉"的标准。至于某枪形物是否达到这一标准，由司法机关委托专门鉴定机构进行杀伤力鉴定，以穿透人体的体表作为具备杀伤力的下限。[1]《涉枪支刑案批复》（2018）肯定了前述实质解释枪支的做法：对于非法制造、买卖、运输、邮寄、储存、持有、私藏、走私以压缩气体为动力且枪口比动能较低的枪支的行为，在决定是否追究刑事责任以及如何裁量刑罚时，不仅应考虑涉案枪支的数量，而且应充分考虑涉案枪支的外观、材质、发射物、购买场所和渠道、价格、用途、致伤力大小、是否易于通过改制提升致伤力，以及行为人的主观认知、动机目的、一贯表现、违法所得、是否规避调查等情节，综合评估社会危害性，坚持主客观相统一，确保罪责刑相适应。

（3）枪支[2]在法律上的分类。①从可配备枪支单位的角度，分为军用枪支、公务用枪和民用枪支；②根据《审理枪支、弹药、爆炸物刑案解释》（2009年修正），分为军用枪支和非

---

[1] 劳东燕：《法条主义与刑法解释中的实质判断——以赵春华持枪案为例的分析》，载《华东政法大学学报》2017年第6期。

[2] 弹药的性质一般可随附于枪支。

军用枪支；③根据《枪弹性能鉴定规定》（2010），分为制式枪支（弹药）和非制式枪支（弹药）。制式枪支、弹药，指按照国家标准或公安部、军队下达的战术技术指标要求，经国家有关部门或者军队批准定型，由合法企业生产的各类枪支、弹药，包括国外制造和历史遗留的各类旧杂式枪支、弹药。非制式枪支、弹药，指未经有关部门批准定型或者不符合国家标准的各类枪支、弹药，包括自制、改制的枪支、弹药和枪支弹药生产企业研制工作中的中间产品。

上述不同标准的分类存在交叉，给刑事司法实践造成一定的困扰：被公安部门鉴定为"制式枪支"的，应否一律认定为《审理枪支、弹药、爆炸物刑案解释》（2009年修正）中的军用枪支？[1] 对此，法官通过判决表明的观点是：在认定军用枪支时，应持收缩立场，即军用枪支的范围要略小于公务用枪、制式枪支。围绕军用枪支杀伤力较大的实质，要求同时具备以下条件：①属于"制式枪支"；②该制式枪支在"军队列装"，既包括解放军列装，也包括外国军队列装。军队列装说明足以满足军队战斗需要、杀伤力大，至于该枪支是否实际由军队保管使用，不影响军用枪支的认定。曾为军队列装、现已淘汰的枪支，如果是在《审理枪支、弹药、爆炸物刑案解释》（2009年修正）出台之后曾经列装的，可认定为军用枪支；③虽为军队列装但类型特殊的枪支弹药（如信号枪弹、教练弹等），经鉴定相当于军用枪弹杀伤力。[2]

2. 本罪中的爆炸物，指雷管、炸药、炸弹、炮弹、地雷等能瞬间释放巨大能量，足以致人死伤或毁坏财物的高能物质及其装置。制造烟花、爆竹所用的原料形态黑火药、烟火药是爆炸物。[3] 但成品的烟花、爆竹不是爆炸物，因为其爆炸威力不足以危害公共安全。[4] 生产爆炸物的原料（如硝酸铵等）也不是爆炸物。

【行为】非法制造、买卖、运输、邮寄、储存。根据《审理枪支、弹药、爆炸物刑案解释》（2009年修正），非法制造，指未经国家许可，擅自制造枪支、弹药、爆炸物。改装、配装枪支、弹药、爆炸物的，也属于制造行为。非法买卖，指违反有关法规，购买或者出售枪支、弹药、爆炸物。非法运输，指违反有关法规，为变换存放、使用地点而将枪支、弹药、爆炸物移动相当距离的行为。非法储存，指非法存放枪支、弹药、爆炸物，但不以该枪支、弹药、爆炸物属于他人为必要。非法邮寄，指违反有关法规，通过邮政部门、邮递公司寄递枪支、弹药、爆炸物。

1. 司法解释对涉爆炸物的"非法性"认定尺度极度扩张。根据《审理枪支、弹药、爆炸物刑案解释》（2009年修正）第1条第1款第7项，具有生产爆炸物品资格的单位不按照规定的品种制造，或者具有销售、使用爆炸物品资格的单位超过限额买卖炸药、发射药、黑火药10千克以上或者烟火药30千克以上、雷管300枚以上或者导火索、导爆索300米以上的，可立案追究刑事责任。根据该司法解释推断：即使有资格，只要不按规定的品种制售或者超限额买卖，也应认定为"非法"制造、买卖。因为这本来就是极度扩张的解释，所以在适用中应尽量收缩，且不应扩大到爆炸物的运输、储存行为。

2. 爆炸物运输行为"非法"与"违规"的认定。根据《民用爆炸物品安全管理条例》（2014年修订）第26条、第28条，运输民用爆炸物品，收货单位应当向运达地县级人民政府公安机关批准并获得民用爆炸物品运输许可证，经由道路运输民用爆炸物品的，应当遵守下列

---

[1] 枪弹军用与否至关重要。根据《审理枪支、弹药、爆炸物刑案解释》（2009年修正）第1条，涉军用枪1支（或者军用子弹10发）即达到立案标准；涉非军用枪2支（或者非军用子弹100发）才应予立案追诉。

[2] 肖江峰：《军用枪支、军用弹药之认定》，载《人民司法》2008年第14期。

[3] 王佳：《生产烟花所用的烟火药是否属于爆炸物》，载《人民司法》2011年第22期。

[4] 张惠芳、刘丽芳：《爆炸物犯罪司法疑难问题及其解决》，载《时代法学》2014年第5期。

规定：①携带《民用爆炸物品运输许可证》；②装载符合国家有关标准和规范，车厢内不得载人；③运输车辆安全技术状况符合国家有关安全技术标准的要求，并按照规定悬挂或者安装符合国家标准的易燃易爆危险物品警示标志；④运输民用爆炸物品的车辆应当保持安全车速；⑤按照规定的路线行驶，途中经停应当有专人看守，并远离建筑设施和人口稠密的地方，不得在许可以外的地方经停；⑥按照安全操作规程装卸民用爆炸物品，并在装卸现场设置警戒，禁止无关人员进入；⑦出现危险情况立即采取必要的应急处置措施，并报告当地公安机关。要点是：违反上述规定未必一律是"非法"运输，以下情形可认定为刑法上的"非法运输"：①运输的爆炸物品来源不合法，包括非法企业生产出的爆炸物或者合法生产企业违反管理规定生产出的爆炸物；②运输主体不具备合法运输资格，主要指运输主体未取得《民用爆炸物品运输许可证》，其所从事的运输行为未经公安机关批准。[1] 其他违反《民用爆炸物品安全管理条例》运输爆炸物的行为，属于"违规"性质，不应追究刑事责任。关于"储存"爆炸物的违规与非法，可参照运输的尺度区分。

3. 因为《刑法》第126条专门规定有违规制造、销售枪支罪，所以不应将《审理枪支、弹药、爆炸物刑案解释》（2009年修正）中对涉爆炸物的"非法性"认定标准扩张适用到涉枪弹案件。

【主观】故意，即明知是枪支、弹药、爆炸物而非法制造、买卖、运输、邮寄、储存。关于本罪故意的认定，有两点值得注意：

1. 行为人对于枪支性质的误解或者认识不清。近年来，一方面，仿真枪、玩具枪花样翻新，吸引了很多爱好者、购买者；另一方面，《枪支致伤力鉴定判据》（2007）"将鉴定临界值大幅度地降低到接近原有标准的1/10左右，枪支的司法认定标准和多数民众对枪支的认知相差悬殊，出现了大量被告人坚称行为对象是'玩具枪'，但因为被鉴定达到了新的认定标准而被以有关枪支犯罪追究刑事责任的案件，司法裁判难以获得公众认同"。[2] 行为人自认为是玩具枪、仿真枪，不是"真枪"，这属于事实认识错误还是法律认识错误？应认为是事实认识错误，可阻却本罪的故意。实际上，构成要件错误是否可以完全达到排除故意的效果，取决于不同的构成要件要素类型。[3] 构成要件要素可划分为记叙性构成要件要素和规范性构成要件要素。对于前者，故意的成立只需认识记叙性的事实基础即可；如果行为人对此事实基础缺乏认识，就成立构成要件错误，从而排除故意。与之不同，对于后者，行为人不仅要认识到记叙性事实基础，还需具备完全的意义认识；只有根据"外行人平行判断标准"判定行为人缺乏这种意义认识时，才能成立构成要件错误，从而排除故意。[4] "真枪"是普通百姓心目中打仗用的、火药发射"砰砰"响、一枪就能要命的"枪"，这种"真枪"玩不得。而很多仿真枪、玩具枪是气枪，配置子弹就是些塑料弹丸，普通人很难将它们认作真枪，因此产生误解，具有事实认识错误性质。

2. 有购买、使用、储存爆炸物资质的单位，违规超限量购买、储存或者变更使用地点、自行搬运的，往往没有意识到行为属于《刑法》第125条意义上的"非法"买卖、运输。虽然一般而言，法律错误不免责，但考虑到《刑法》第125条之罪处罚极为严厉，厂矿企业因生

---

[1] 张惠芳、刘丽芳：《爆炸物犯罪司法疑难问题及其解决》，载《时代法学》2014年第5期。
[2] 陈志军：《枪支认定标准剧变的刑法分析》，载《国家检察官学院学报》2013年第5期。
[3] 江溯：《规范性构成要件要素的故意及错误——以赵春华非法持有枪支案为例》，载《华东政法大学学报》2017年第6期。
[4] 参见蔡桂生：《构成要件论》，中国人民大学出版社2015年版，第283页。

产使用需要而擅自超量购买、储存或者搬运爆炸物的数量往往很大,动辄被判处10年以上有期徒刑,对于这样的认识错误,不免责、减责,也过于苛刻。

【加重犯】情节严重。具体标准参见《审理枪支、弹药、爆炸物刑案解释》(2009年修正)第2条。

【适用】1. 本罪是选择一罪,有非法制造、买卖、运输、邮寄、储存枪支、弹药、爆炸物行为或者对象之一的,就构成本罪。但同时具有其中数行为的,如非法制造后又非法运输、出售的,或者行为涉及数个对象的,如既买卖枪支又买卖爆炸物的,也只构成一罪,不数罪并罚。罪名按照行为方式和对象确定,如既制造又买卖枪支的,罪名就是非法制造、买卖枪支罪。

2. 根据《审理枪支、弹药、爆炸物刑案解释》(2009年修正)第9条,因筑路、建房、打井、整修宅基地和土地等正常生产、生活需要,以及因从事合法的生产经营活动而非法制造、买卖、运输、邮寄、储存爆炸物,数量达到本解释第1条规定标准,没有造成严重社会危害,并确有悔改表现的,可依法从轻处罚;情节轻微的,可免除处罚。具有上述情形,数量虽达到《审理枪支、弹药、爆炸物刑案解释》(2009年修正)第2条规定的"情节严重"标准的,也可不认定为《刑法》第125条第1款规定的"情节严重"。在公共场所、居民区等人员集中区域非法制造、买卖、运输、邮寄、储存爆炸物,或者因非法制造、买卖、运输、邮寄、储存爆炸物3年内受到2次以上行政处罚又实施上述行为,数量达到本解释规定标准的,不适用前述酌情从宽量刑的规定。

(二)非法制造、买卖、运输、储存危险物质罪

【对象】毒害性、放射性、传染病病原体等危险物质。不包括爆炸物。

【行为】违反国家有关危险物质的管理制度,制造、买卖、运输、储存危险物质。

【案例】**王某成等非法买卖、储存危险物质案**[1]

王某成、金某淼在未依法取得剧毒化学品购买、使用许可的情况下,约定由王某成出面购买氰化钠。2006年10月至2007年年底,王某成先后3次以每桶1000元的价格向倪某华(另案处理)购买氰化钠,共支付给倪某华40 000元。2008年8月至2009年9月,王某成先后3次以每袋975元的价格向李某明(另案处理)购买氰化钠,共支付给李某明117 000元。王某成、金某淼均将上述氰化钠储存在浙江省绍兴市南洋五金有限公司其二人各自承包车间的带锁仓库内,用于电镀生产。其中,王某成用总量的1/3,金某淼用总量的2/3。2008年5月和2009年7月,孙某法先后共用2000元向王某成分别购买氰化钠1桶和1袋。2008年7、8月间,钟某东以每袋1000元的价格向王某成购买氰化钠5袋。2009年9月,被告人周某明以每袋1000元的价格向王某成购买氰化钠3袋。孙某法、钟某东、周某明购得氰化钠后,均储存于各自车间的带锁仓库或水槽内,用于电镀生产。法院认为,王某成等人构成非法买卖、储存危险物质罪。

裁判要点:①国家严格监督管理的氰化钠等剧毒化学品,易致人中毒或死亡,对人体、环境具有极大的毒害性和危险性,属于《刑法》第125条第2款规定的"毒害性"物质;②"非法买卖"毒害性物质,指违反法律和国家主管部门规定,未经有关主管部门批准许可,擅自购买或出售毒害性物质的行为,并不需要兼有买进和卖出的行为。

【主观】故意。

【加重犯】情节严重。

---

[1] 最高人民法院指导性案例第13号。

二、违规制造、销售枪支罪

《刑法》第126条 依法被指定、确定的枪支制造企业、销售企业，违反枪支管理规定，有下列行为之一的，对单位判处罚金，并对其直接负责的主管人员和其他直接责任人员，处五年以下有期徒刑；情节严重的，处五年以上十年以下有期徒刑；情节特别严重的，处十年以上有期徒刑或者无期徒刑：

（一）以非法销售为目的，超过限额或者不按照规定的品种制造、配售枪支的；

（二）以非法销售为目的，制造无号、重号、假号的枪支的；

（三）非法销售枪支或者在境内销售为出口制造的枪支的。

（一）构成要件

【主体】特殊主体，限于依法被指定、确定的枪支制造企业、销售企业，即经授权合法从事枪支制造、销售的单位。

【行为】违反枪支管理规定，有下列行为之一：①超过限额或者不按照规定的品种制造、配售枪支；②制造无号、重号、假号的枪支；③非法销售枪支或者在境内销售为出口制造的枪支。

【主观】故意，并具有非法销售的目的。在非法销售时，该目的不言而喻。在超过限额或者不按照规定的品种制造、配售枪支以及制造无号、重号、假号的枪支时，需特别注意对非法销售目的的审查。

【加重犯】本罪有两档加重犯，分别以"情节严重"和"情节特别严重"为要件。具体标准参见《审理枪支、弹药、爆炸物刑案解释》（2009年修正）第3条第2款、第3款。

（二）适用

【关联罪】本罪与非法制造、买卖枪支罪的区别。要点在于是违规还是非法。本罪中的"违规制造、销售"是有资格即有许可制售，但是违反了国家规定的合法制售管理要求；后罪中的"非法制造、买卖"是没有许可即没有从事制售枪支的资格而制造、买卖。

三、盗窃、抢夺枪支、弹药、爆炸物、危险物质罪·抢劫枪支、弹药、爆炸物、危险物质罪

《刑法》第127条 盗窃、抢夺枪支、弹药、爆炸物的，或者盗窃、抢夺毒害性、放射性、传染病病原体等物质，危害公共安全的，处三年以上十年以下有期徒刑；情节严重的，处十年以上有期徒刑、无期徒刑或者死刑。

抢劫枪支、弹药、爆炸物的，或者抢劫毒害性、放射性、传染病病原体等物质，危害公共安全的，或者盗窃、抢夺国家机关、军警人员、民兵的枪支、弹药、爆炸物的，处十年以上有期徒刑、无期徒刑或者死刑。

（一）盗窃、抢夺枪支、弹药、爆炸物、危险物质罪

【对象】枪支、弹药、爆炸物或者毒害性、放射性、传染病病原体等危险物质。

【行为】盗窃、抢夺。

【主观】故意，并具有非法占有目的。

【加重犯】盗窃、抢夺国家机关、军警人员、民兵的枪支、弹药、爆炸物，或者有其他严重情节。

【罪数】行为人为了实施其他犯罪而盗窃、抢夺枪支、弹药、爆炸物的，如果已经使用所盗窃、抢夺的枪支、弹药、爆炸物着手实行了其他犯罪，不属于牵连犯，应数罪并罚；如果尚未着手实行其他犯罪，则成立想象竞合犯，择一重罪论处。

（二）抢劫枪支、弹药、爆炸物、危险物质罪

【对象】枪支、弹药、爆炸物或者毒害性、放射性、传染病病原体等危险物质。

【行为】抢劫，即使用暴力、威胁或者其他手段抢取他人的枪支、弹药、爆炸物或者毒害性、放射性、传染病病原体等危险物质。

【主观】故意，并具有非法占有目的。

四、非法持有、私藏枪支、弹药罪·非法出租、出借枪支罪

《刑法》第 128 条　违反枪支管理规定，非法持有、私藏枪支、弹药的，处三年以下有期徒刑、拘役或者管制；情节严重的，处三年以上七年以下有期徒刑。

依法配备公务用枪的人员，非法出租、出借枪支的，依照前款的规定处罚。

依法配置枪支的人员，非法出租、出借枪支，造成严重后果的，依照第一款的规定处罚。

单位犯第二款、第三款罪的，对单位判处罚金，并对其直接负责的主管人员和其他直接责任人员，依照第一款的规定处罚。

（一）非法持有、私藏枪支、弹药罪

【对象】枪支、弹药。枪支、弹药是否归行为人所有，不影响本罪的成立。

【主体·行为】违反枪支管理规定，非法持有、私藏枪支、弹药。非法持有，指不符合配备、配置枪支、弹药条件的人员，违反枪支管理法律法规，擅自持有枪支、弹药的行为。私藏，指依法配备、配置枪支、弹药的人员，在配备、配置枪支、弹药的条件消除后，违反枪支管理法律法规，私自藏匿所配备、配置的枪支、弹药拒不交出的行为。

需要注意：①因受合法持有人委托暂时代为保管枪支、弹药的，不是非法持有；②尚未脱离依法使用枪支、弹药的岗位，配备枪支、弹药的条件亦未消除，在需要合法使用枪支弹药的任务完成后（包括备警状态结束后）未将枪支、弹药及时入库的，不是非法私藏。

【案例】**郭某东私藏枪支、弹药宣告无罪案**[1]

郭某东在任刑警队长期间，以执行任务、打靶为名，先后多次领取千余发军用子弹，除已用去的之外，仍有 630 发在家中藏匿，拒不交出。法院认为，郭某东的行为不符合私藏弹药罪的构成要件，宣告无罪。

近年来，以赵某华非法持有枪支案为代表的案件引发各界热议，其中不乏对犯罪圈过大的质疑。事实上，持有型犯罪本身即带有"堵截性"基因，内含妨碍公民自由的潜在危险：在实体法上，将刑法介入的时点提前至严重犯罪的预备行为以及单纯的义务违反行为；在程序法上，降低证明要求，将部分举证责任转移给被告人承担。[2] 因此，有学者明确提出，对持有概念本身必须作限制解释。仅是支配或者控制枪支、弹药的，不属于本罪中的持有。认定本罪中的持有，还需满足以下条件：①所依附的先在行为或续接行为本身具备犯罪性；②对特定物品行使控制与支配已达到合理的时间，行为人具有在继续持有与放弃持有之间进行选择的机会；③行为人持有特定物品的意图属于立法规制目的的范围。[3]

【主观】故意，即明知是国家管制的枪支、弹药而在未获得许可的情况下持有、私藏。

【加重犯】情节严重。具体标准参见《审理枪支、弹药、爆炸物刑案解释》（2009 年修

---

[1] 中华人民共和国最高人民法院刑事审判第一、二、三、四庭主办：《中国刑事审判指导案例》（第 2 卷），法律出版社 2017 年版，第 129~131 页。

[2] 参见梁根林：《持有型犯罪的刑事政策分析》，载《现代法学》2004 年第 1 期。

[3] 参见劳东燕：《法条主义与刑法解释中的实质判断——以赵春华持枪案为例的分析》，载《华东政法大学学报》2017 年第 6 期。

正）第 5 条第 2 款。

【罪数】1. 盗窃、抢夺、抢劫枪支、弹药后非法持有的，对非法持有枪支、弹药的行为不单独定罪处罚。因为盗窃、抢夺枪支、弹药罪和抢劫枪支、弹药罪已经包括了行为人事后对该枪支、弹药的非法持有，没有实行数罪并罚的余地。

2. 非法持有、私藏枪支、弹药，为实行其他犯罪做准备的，如果行为人尚未着手实行欲犯之罪即案发，成立想象竞合犯，择一重罪（通常以本罪）定罪处罚。

（二）非法出租、出借枪支罪

【主体】特殊主体，限于：①依法配备公务用枪的人员、单位。即依照《枪支管理法》（2015 年修正）第 5 条，经有关部门批准配备公务用枪的人员、单位。公安机关、国家安全机关、监狱的人民警察，人民法院的司法警察，人民检察院的司法警察和担负案件侦查任务的检察人员，海关的缉私人员，在依法履行职责时确有必要使用枪支的，可配备公务用枪。国家重要的军工、金融、仓储、科研等单位的专职守护、押运人员在执行守护、押运任务时确有必要使用枪支的，也可配备公务用枪；②依法配置枪支的人员、单位。即依照《枪支管理法》（2015 年修正）第 6 条，经有关部门批准配置民用枪支的人员和单位，如配置猎枪的牧民、配置射击运动枪支的运动员等。

本罪的主体不包括非法持有枪支者。枪支的非法持有者将之非法出租、出借的，仍只构成非法持有枪支罪。

【行为】非法出租、出借枪支。可以表现为：①出租、出借公务用枪给无配枪资格者或者用作借债质押物；②出租、出借公务用枪给有配枪资格者；③非法出租、出借民用枪支。

【结果·罪量】依法配备公务用枪的人员或者单位，非法将枪支出租、出借给具有公务用枪配备资格的人员或者单位，以及依法配置民用枪支的人员或者单位，非法出租、出借民用枪支的，还要求造成以下严重后果：①人员轻伤以上伤亡事故；②枪支丢失、被盗、被抢；③枪支被他人利用进行违法犯罪活动。依法配备公务用枪的人员或者单位，非法将枪支出租、出借给无配枪资格者或者用作借债质押物的，不要求"造成严重后果"。

【主观】故意。前述"严重后果"属于限制处罚范围的客观条件，不在本罪故意认识的范围内。本罪故意是针对非法出租、出借行为而言的，对非法出租、出借的枪支被用于违法犯罪活动等"严重后果"，行为人不具有故意。

【共犯】与犯罪分子事先通谋，出租、出借枪支供其用于犯罪的，应以所犯之罪的共犯论处。

五、丢失枪支不报罪

《刑法》第 129 条　依法配备公务用枪的人员，丢失枪支不及时报告，造成严重后果的，处 3 年以下有期徒刑或者拘役。

【主体】依法配备公务用枪的人员。

【行为】丢失枪支不及时报告，系纯正不作为犯。

【结果·罪量】造成严重后果。根据《立案标准（一）》（2008）第 6 条，主要指丢失的枪支被他人使用造成人员轻伤以上伤亡事故，或者丢失的枪支被他人利用进行违法犯罪活动等情形。该结果不是丢失者所愿意发生的，也不是他能左右的。丢失者即使及时报告了，也未必就能阻止其发生。所以，这个结果在构成要件中的地位很奇特，既不是丢失者的行为结果，也不在丢失者故意范围之内，应认为是一个限制处罚范围的要件。把它作为"要件"意味着：丢失枪支不及时报告，若流入社会的枪支没有引发其他的事件，就不认为是犯罪；只有在造成严重后果时，才有必要追究刑事责任。

【主观】故意。故意内容是对及时履行报告义务而言的,即行为人已知自己丢失了枪支仍不履行及时报告的义务,放任枪支流失、威胁公共安全的危险状态。因不知自己的枪支已经丢失而没有及时报告的,不构成本罪。对丢失枪支和因丢失枪支所造成的严重后果,行为人不具有故意。丢失枪支是由于过失还是不可预见或者不可抗拒的原因造成的,不影响本罪的成立。

六、非法携带枪支、弹药、管制刀具、危险物品危及公共安全罪

《刑法》第 130 条 非法携带枪支、弹药、管制刀具或者爆炸性、易燃性、放射性、毒害性、腐蚀性物品,进入公共场所或者公共交通工具,危及公共安全,情节严重的,处三年以下有期徒刑、拘役或者管制。

【对象】枪支、弹药、管制刀具或者爆炸性、易燃性、放射性、毒害性、腐蚀性物品。

【行为·结果】非法携带上述危险物品进入公共场所或者公共交通工具,危及公共安全。携带,指将枪支、弹药、管制刀具等危险物品置于公共场所空间内或者公共交通工具上。不强调"随身性"。根据《铁路法》(2015 年修正)第 60 条和《民用航空法》(2021 年修正)第 193 条,除随身携带危险品进站上车或者乘机外,以非危险品品名托运危险品的,也可认定为携带行为。

【主观】故意。

【罪量】情节严重。具体标准参见《立案标准(一)》(2008)第 7 条。

【关联罪】1. 本罪与非法运输枪支、弹药、爆炸物罪的区别。在乘坐交通工具长距离"携带"的场合,显然也具有"运输"之义。区分两罪的要点在于"携带"与"运输"的"非法性"不同。运输枪支、弹药、爆炸物的非法性,指没有运输许可,侧重于违反对枪支、弹药、爆炸物的管制,即运输许可的制度;而携带枪支、弹药、爆炸物等危险物品,主要危及的是公共场所或者公共交通工具的安全。非法运输危险品不一定违反运输危险品的(技术或者安全)规范,比如使用专用运输工具按照运输要求运输。反之,携带危险品进入公共交通工具,不一定违反危险品运输许可制度,比如该宗危险品有运输许可。

根据《铁路法刑事罚则解释》(现已失效)第 2 条第 4 项,行为人非法运输枪支、弹药并携带枪支、弹药进站上车的,应以非法运输枪支、弹药罪定罪处罚。这个结论实际上是想象竞合犯,既触犯非法运输枪支、弹药罪,又触犯非法携带枪支、弹药危及公共安全罪,择一重罪论处。

2. 本罪与非法持有枪支、弹药罪的区别。本罪的"携带"在大多数情况下表现为对枪支、弹药等危险物品的持有,与非法持有枪支、弹药罪的行为表现高度相似。两罪的区别在于:非法持有枪支、弹药罪违反的是持有枪弹的许可制度;本罪作为危及公共安全罪,则强调携带方式的违法性,即使枪支、弹药等危险物品进入不该进入的场所。非法携带不以非法持有为必要,合法持有者未经许可也不得携带危险物品进入特定公共场所。

第六节 业务领域危害公共安全的犯罪

一、交通肇事罪

《刑法》第 133 条 违反交通运输管理法规,因而发生重大事故,致人重伤、死亡或者使公私财产遭受重大损失的,处三年以下有期徒刑或者拘役;交通运输肇事后逃逸或者有其他特别恶劣情节的,处三年以上七年以下有期徒刑;因逃逸致人死亡的,处七年以上有期徒刑。

(一) 构成要件

【行为·结果】 违反交通运输管理法规，发生重大交通事故，致人重伤、死亡或者使公私财产遭受重大损失。单位主管人员、机动车辆所有人或者机动车辆承包人指使、强令他人违章驾驶造成重大交通事故的，也以交通肇事罪定罪处罚。

【主观】 过失，即行为人应当预见自己的违章行为可能造成重大交通事故，因为疏忽大意而没有预见，或者已经预见但轻信能够避免。这种过失描述的是行为人对自己的违章行为可能造成的交通事故的心理态度。行为人在违反交通规章上可能是明知故犯，如酒后驾车、强行超车、超速行驶等，但对自己的违章行为可能发生重大事故、造成严重后果则是因为疏忽大意而没有预见或者已经预见但轻信能够避免。

【案例】 陆某故意杀人案[1]

2010年4月17日，陆某酒后驾车（血液酒精含量163毫克/100毫升，属醉酒状态）并撞击到同向骑自行车的申某，致申某跌坐于汽车前方。陆某停车后，因害怕酒后驾车被查处，不顾多名路人的呼叫和制止，又启动汽车前行，将申某及自行车拖拽于汽车车身之下。陆某在明显感觉到车下有阻力并伴有金属摩擦声，意识到车下可能有人的情况下，仍未停车，将申某及其自行车拖行150余米，直至汽车右轮冲上路边隔离带才将申某及自行车甩离车体。后陆某继续驾车逃离现场。申某因严重颅脑损伤合并创伤性休克，经抢救无效，于次日死亡。案发后，陆某自动投案，赔偿被害方经济损失53万元并获得谅解书。法院以故意杀人罪判处陆某无期徒刑，剥夺政治权利终身。

裁判要旨：交通肇事后，为逃避法律追究，明知有异物被拖拽于汽车底下，继续驾车行驶可能导致被害人死亡，却继续驾车逃逸，放任这种危害结果的发生，并最终导致被害人死亡的，后面的行为属于间接故意杀人。

【加重犯】 本罪有两档加重犯：①交通肇事后逃逸或者有其他特别恶劣情节的，处3年以上7年以下有期徒刑；②因逃逸致人死亡的，处7年以上有期徒刑。

1. 交通肇事后逃逸，指行为人在发生交通事故后，为逃避法律追究而逃跑。要点有二：①逃跑，指离开事故现场。没有离开事故现场则不存在逃逸；②为逃避法律追究，是认定逃逸的实质条件。判断是否属于逃逸的关键在于准确认定肇事人离开现场的目的。如果离开现场不是为了逃避法律追究，而是因惧怕受害人家属殴打，或者因报案、抢救被害人需要，不属于逃逸。

【案例】 孙某玉交通肇事案[2]

某日下午，孙某玉驾驶重型货车至某路口处，因违反交通信号灯规定行驶，与骑自行车行驶的张某（该自行车后载徐某）相撞，造成徐某当场死亡、张某受重伤。经公安机关事故责任认定，孙某玉驾驶的机动车制动性能不符合要求，亦未定期进行安全技术检验，违反交通信号灯规定行驶，且采取措施不当导致事故发生，是本起交通事故的全部过错方，负事故的全部责任。孙某玉肇事后，曾拨打电话报警，并将被害人张某扶至路边，后弃车离开现场。次日下午，孙某玉向公安机关投案自首。

裁判要旨：如果肇事人"立即投案"，说明肇事人离开现场与"主动投案"两个行为之间

---

[1] 中华人民共和国最高人民法院刑事审判第一、二、三、四、五庭主办：《刑事审判参考》（2013年第5集·总第94集），法律出版社2014年版，第85~86、89页。

[2] 中华人民共和国最高人民法院刑事审判第一、二、三、四、五庭主办：《刑事审判参考》（2006年第6集·总第53集），法律出版社2007年版，第1~6页。

具有密切的不可分割的连续性，反映出肇事人在主观上具有"接受法律追究"的意向，客观上也已经开始实施"接受法律追究"的行为，不应认定其"逃逸"；如果肇事人"逃离现场"后没有立即投案，而是经过一段时间后"事后投案"，则说明肇事人的"逃离"与"投案"分属两个独立的行为，这种"事后投案"不能成为否定其肇事后"逃逸"的理由，应认定为"逃逸"。至于是"立即投案"还是"事后投案"，应当根据投案路途远近、投案时间间隔长短等案件当时的客观情况，结合日常生活经验来认定。

实践中，认定为肇事逃逸的情形主要包括：①明知发生交通事故，事故当事人驾车或者弃车逃离事故现场的；②交通事故当事人认为自己对事故没有责任，驾车驶离事故现场的；③交通事故当事人有酒后和无证驾车等嫌疑，报案后不履行现场听候处理义务，弃车离开事故现场后又返回的；④交通事故当事人虽将伤者送到医院，但未报案且无故离开医院的；⑤交通事故当事人虽将伤者送到医院，但给伤者或家属留下假姓名、假地址、假联系方式后离开医院的；⑥交通事故当事人接受调查期间逃匿的；⑦交通事故当事人离开现场且不承认曾发生交通事故，但有证据证明其应知道发生交通事故的；⑧经协商未能达成一致或未经协商给付赔偿费用明显不足，交通事故当事人未留下本人真实信息，有证据证明其是强行离开现场的。

2. 肇事后逃逸的责任认定。

（1）行政责任。根据《道路交通安全法实施条例》（2017年修订）第92条，发生交通事故后当事人逃逸的，逃逸的当事人承担全部责任。但有证据证明对方当事人也有过错的，可减轻责任。当事人故意破坏、伪造现场、毁灭证据的，承担全部责任。例如，甲驾车在高速公路匝道上行驶时撞到一个横穿匝道的行人乙。甲逃逸，通常承担事故全责（100%责任）。鉴于乙横穿匝道违反交通规则，有明显过错可减轻甲的责任，即甲承担主责（75%责任）。如果甲不逃逸，甲、乙的责任应该颠倒过来，乙承担全责或者主责，甲没有责任或者次要责任。

（2）刑事责任。①逃逸对事故（行政）责任认定的影响：逃逸者承担全责，对方有过错的可减轻责任，往往成为追究刑事责任的责任依据。逃逸者通常按照"全责或者主责"来承担交通肇事罪责；②根据《审理交通肇事刑案解释》（2000）第2条第2款，肇事后逃逸，致1人以上重伤且负事故全责或者主责的，可追究刑事责任。由此可知，逃逸者承担两点不利后果：其一，承担事故全责或者主责；其二，入罪的客观标准降低，由致人死亡降为致人重伤；③加重犯。逃逸的法定刑由"3年以下"升格到"3年以上7年以下"。一个逃逸情节承受上述三重不利后果，存在"重复评价"。通说认为：逃逸情节已经作为上述②的入罪事由的，不再作为加重犯事由。逃逸者承担上述①的不利又承担②的不利，是否为重复评价？学界对此存在争议。

3. 其他特别恶劣情节，指交通肇事具有下列情形之一：①死亡2人以上或者重伤5人以上，负事故全部或者主要责任的；②死亡6人以上，负事故同等责任的；③造成公共财产或他人财产直接损失，负事故全部或者主要责任，无能力赔偿数额在60万元以上的。

4. 因逃逸致人死亡，指行为人在交通肇事后为逃避法律追究而逃跑，致使被害人因得不到救助而死亡。根据《审理交通肇事刑案解释》（2000）第5条，包括以下要件：①交通事故的被害人受伤当场未死；②肇事者有逃逸行为；③逃逸之后发生了死亡结果；④逃逸不救助（不作为）与死亡结果有因果关系。这意味着由于逃逸，被害人既没有得到肇事者的救助，也没有得到其他人的救助，以致延误了宝贵的抢救时机，发生死亡结果。不救助（不作为）与死亡结果之间因果关系的判断，成为关键。例如，李某在夜晚肇事后把受伤者送至某医院急诊室外，为了逃避责任，并未直接送入急诊室抢救，而是将受伤者以坐姿倚放在急诊室外的一棵树干旁。受伤者直到2小时后才被其他患者发现已经死亡。因为能够认定李某的逃逸行为与被害人死亡结果之间的因果关系，法院判决李某构成交通肇事罪的加重犯（逃逸致人死亡）。反之，有逃逸行为但没有延误救助的，不成立逃逸致人死亡。例如，甲违章将乙撞倒后逃逸，路人见状报警，大约10分钟警察和救护车都赶到现场，将乙送医院抢救，乙不治身亡。逃逸不救助对死亡结果究竟有多大的影响实在难以判断，或许伤势太重，即使肇事者当场施救被害人也难免一死，或许救助及时被害人有生还希望。司法解释的措辞是：逃逸"致使被害人因得不到救助而死亡"，显然指既得不到肇事者也得不到其他人的救助而死亡。如果被害人获得及时救助仍然难免死亡，表明死亡结果与逃逸未救助之间没有因果关系，死亡仍属交通肇事的结果，不属于逃逸致人死亡。

此外，"有逃逸行为"是不可忽略的要件。认定逃逸，以肇事者认识到可能存在需要救助的被害人为前提。例如，甲夜间驾驶一辆50吨满载渣土的卡车，在街角转弯处，车后轮将骑自行车的人撞倒，甲当时正在接听电话，加之车重，没有觉察到发生事故，如同没有发生事故一样驶离事故现场，被害人因未及时得到救助而死亡。甲没有意识到发生事故而离开现场，不属于逃逸。由此产生一个效果：甲即使没有救助也不存在过错，没有归责的根据。

（二）适用

【定罪】学说上对于过失犯罪认定的套路至今依然是：客观上分析行为、结果、因果关系，主观上认定对危害结果的过失心态。但交通肇事罪是现代社会发案率最高的过失犯罪，居过失犯罪之首。这种自然的因果行为观和心理责任论根本应付不了海量的交通肇事案件，逐渐衰落。值得庆幸的是，司法实践找到了解决的方案，并全面体现在《审理交通肇事刑案解释》（2000）之中，那就是弃用自然的因果行为论和心理责任论，全面实行客观归责。实践中，单纯的主观过失判断基本不存在，而是变成依据"行为之交通违章程度"认定"事故责任大小"，从而判断事故能否在刑法意义上归属于肇事人的违章行为。具体而言，如图1所示，需要考虑以下因素：

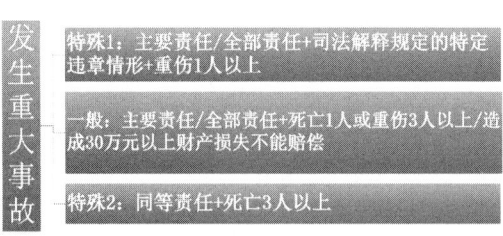

图1-1 《审理交通肇事刑案解释》（2000）的"客观归责"实践

一是事故责任的大小。其中，定罪的责任底线是"同等责任"，如果行为人仅负事故次要责任，则无论如何不成立本罪。二是结果的轻重。其中，结果的底线是重伤1人或者造成无法赔偿的财产损失达30万元。三是违章情节。根据《审理交通肇事刑案解释》（2000）第2条，因违反道路交通法规而造成事故，有下列情形之一的，认为是重大交通事故，应予立案追究刑事责任：①死亡1人或者重伤3人以上，负事故全部或者主要责任；②死亡3人以上，负事故同等责任；③造成公共财产或者他人财产直接损失，负事故全部或者主要责任，无能力赔偿数额在30万元以上的；④交通肇事致1人以上重伤，负事故全部或者主要责任，并具有下列情形之一的，以交通肇事罪定罪处罚：酒后、吸食毒品后驾驶机动车辆；无驾驶资格驾驶机动车辆；明知是安全装置不全或者安全机件失灵的机动车辆而驾驶；明知是无牌证或者已报废的机动车辆而驾驶；严重超载驾驶；为逃避法律追究逃离事故现场。

例如，甲驾车撞倒乙致死，如果甲违章，乙没有违章，则甲全责，如果乙也违章但相对较轻，则甲主要责任、乙次要责任，这两种情况根据《审理交通肇事刑案解释》（2000），致1人死亡负事故全部责任或者主要责任的，应追究刑事责任；对事故负同等责任或者次要责任的，不追究刑事责任。全然没有单独的因果关系和过失心态认定。

这种客观归责的方法，有效地解决了过失认定的困难，尤其是过失程度的困难，将主观过失及其程度的认定化为客观违章程度的认定。该方法的特点：①主观过失认定客观化，简单、可靠、高效；②行为与结果的自然因果关系判断转变为规范违反程度（即违章程度）与结果责任大小的判断，具有强烈的规范性；③促进公民遵守交通规则，发挥法律规范公民行为的作用；④有效地划分了交通违法与刑事犯罪的界限。例如，甲撞倒醉酒横穿公路的丙致伤后逃逸，就行为时的责任而言，丙负主要责任、甲负次要责任，但是因为甲逃逸，依法（规范）认定为全责，又因丙确有过错减轻甲的责任，甲为主要责任、丙是次要责任。随后，乙驾车碾压到因伤躺路面的丙致其死亡，按自然的因果律是乙致丙死亡，但是，乙对丙死亡的责任远远小于甲。自然的因果行为论和心理责任论很难合理解释这样的问题，而实践摸索出的客观归责的做法有效地解决了这些难题。甲对丙的死亡负全责，乙若没有违章，则对丙的死亡不负责，若有观察不细的轻微违章行为也仅负次要责任，不构成犯罪。得益于客观归责的解决方案，我国高速进入汽车社会后，面对猛然增长的交通肇事案件，23年前制定的《审理交通肇事刑案解释》至今仍游刃有余。

【故意犯】行为人在交通肇事后为逃避法律追究，将被害人带离事故现场后隐藏或者遗弃，致使被害人无法得到救助而死亡或者严重残疾的，应分别依照《刑法》第232条、第234条第2款的规定，以故意杀人罪或者故意伤害罪定罪处罚。例如，甲肇事后，把受伤者从路上拖到路下藏于公路的涵洞里，被害人因无法得到救助，于8小时后因失血过多而死亡。甲成立故意杀人罪。掌握这一规定的要点有四：①实施了将被害人带离现场的遗弃或者隐藏行为；②将被害人置于无法得到救助的境地；③事实上发生了死伤结果；④遗弃或者隐藏行为与死伤结果有因果关系。如果被带离事故现场时被害人已经死亡，则属于交通肇事后抛尸破坏现场的行为。为逃避法律责任而实施此行为的，属于肇事后逃逸。不过，带离现场被抛弃的被害人是否已经死亡，也属于查证困难的问题。

【"二次碾压"的责任认定】甲先驾车将被害人撞倒并离开，随后乙驾车经过并再次碰撞或碾压被害人，并最终发生了被害人死亡结果的，应分为3种情形探讨：

1. 甲的碰撞直接导致被害人死亡。由甲单独承担交通肇事致死的刑事责任。具体而言：①甲的行为构成交通肇事罪；②乙再次碰撞或者碾压的仅是尸体，由于侮辱尸体罪必须有主观上的故意，而乙主观上为过失，因此无罪。

2. 乙的碰撞或者碾压直接导致被害人死亡。

（1）甲应承担交通肇事致人死亡的刑事责任。可分为2种情形：

第一，甲撞倒被害人后，因未意识到发生事故而离开现场，应承担交通肇事致人死亡的刑事责任。原因在于：首先，其行为导致被害人一直被置于马路中间的危险境地，与被害人死亡的结果存在因果关系；其次，乙的碰撞或者碾压不属于异常的介入因素，不能中断因果关系。因为乙的行为造成损害结果的可能性未超过正常人的预期，且甲的前行为已经使死亡结果的发生具有极大的可能性，乙只是对死亡结果的发生起到推动作用。

第二，甲撞倒被害人后，明知被害人受伤，因害怕承担责任而放任被害人躺在马路中间的危险境地，之后被害人遭到二次碾压并最终死亡的，甲成立逃逸致人死亡的加重犯。

【案例】 **李某海故意杀人案**[1]

2005年10月16日,李某海驾摩托车搭载章某,后因操作不当造成车头撞到路边隔离带,导致章某从后座甩出后倒地。李某海下车查看后,发现章某躺在机动车道内因受伤而无法动弹,他在未采取任何保护措施的情况下自行驾车逃逸。后章某因被途经该处的大货车碾压而当场死亡,交警部门认定李某海对事故负全部责任,尸检表明,章某系因在交通事故中造成复合伤而死亡(李某海交通肇事、后续车辆碾压共同所致)。法院认为,李某海不履行法定作为义务的行为与被害人死亡结果之间的因果关系不中断,李某海对结果持间接故意,遂以故意杀人罪对其判处有期徒刑12年,剥夺政治权利3年。

评析:依本案情形,应定故意杀人罪还是交通肇事罪(逃逸致死)值得讨论。"逃逸致死"属于立法"打包"作加重犯处理,不问故意过失。据此,本案以交通肇事罪逃逸致死的加重犯处理即可,似无必要定故意杀人罪。

(2)乙是否承担刑事责任,取决于其是否具有相应的预见义务和能力。这应从事发道路的照明情况、途经该地的其他车辆是否采取规避措施等方面具体分析。如果不具备相应的预见义务和能力,则属于意外事件。

3. 无法确定哪一次碰撞导致被害人死亡。甲应承担交通肇事致人死亡的刑事责任。根据"疑罪从无"原则,除非确有证据认定乙的行为构成犯罪,否则不能追究乙的刑事责任。

【关联罪】1. 交通肇事罪与以危险方法危害公共安全罪的区别。要点是对危害公共安全的结果是故意还是过失。如果故意使用驾车撞人的方法在公共场所故意撞死撞伤多人的,应定以危险方法危害公共安全罪。我国逐渐进入汽车社会后,深感"车祸猛于虎",对于极端危险的驾驶方式渐趋采取严惩态度。《醉驾犯罪法律适用意见》(2009)指出:"行为人明知酒后驾车违法、醉酒驾车会危害公共安全,却无视法律醉酒驾车,特别是在肇事后继续驾车冲撞,造成重大伤亡,说明行为人主观上对持续发生的危害结果持放任态度,具有危害公共安全的故意。对此类醉酒驾车造成重大伤亡的,应依法以以危险方法危害公共安全罪定罪。"

2. 本罪与其他过失犯罪的区别。要点在于是否在"实行公共交通管理的范围内"。厂矿企业的专用机动车辆、施工车辆以及军队的军用车辆等在"实行公共交通管理的范围内"发生重大交通事故的,以交通肇事罪论处。如果是在公共交通管理范围之外,因违反有关生产、操作规章而造成人身伤亡、财产损失,构成犯罪的,分别依照《刑法》第134条之重大责任事故罪、第135条之重大劳动安全事故、第436条之武器装备肇事罪等规定定罪处罚。例如,厂矿企业的作业车辆在厂区作业活动中违章造成重大事故的,以重大责任事故罪论处。

《道路交通安全法》(2021年修正)第77条规定:"车辆在道路以外通行时发生的事故,公安机关交通管理部门接到报案的,参照本法有关规定办理。"这一规定扩大了适用交通规则认定事故责任的范围,也就相应地扩大了交通肇事罪的范围。因此,仅根据案发场所来确定案件的性质存在不足。这种情形下,定性的实质根据是认定事故责任的规范,不论车辆事故发生于何种场所,只要交通管理部门适用交通安全法认定事故责任认为构成犯罪的,一律以交通肇事罪论处。如果不是或者不能适用交通安全法认定事故车辆责任的,可以其他罪定罪处罚。一般而言,适用有关生产安全规章认定责任的,以重大责任事故罪处罚;适用生活常理认定责任的,以过失致人死亡罪、过失致人重伤罪定罪处罚。在"实行公共交通管理的范围内",通常适用交通规则确定事故责任,二者存在关联性。

【共犯】交通肇事后,单位主管人员、机动车辆所有人、承包人或者乘车人指使肇事人逃

---

[1] 上海市虹口区人民法院(2012)虹刑初字第587号刑事判决书。

逸，致使被害人因得不到救助而死亡的，以交通肇事罪的共犯论处。这是司法解释确认的过失犯以共犯论处的特例。按理，过失共同犯罪不以共犯论处，这里规定以共犯论处，只能理解为一种例外。其实，交通肇事后逃逸致人死亡，本有间接故意不作为杀人的嫌疑，也曾有过这样的判决。修订后的《刑法》将"肇事后逃逸致人死亡"特别规定为加重犯之后，省去了这种考虑。不过，在肇事后，有关人员明知被害人身处危险境地而不救助，事实上有放任他人死亡的心态，有故意的成分。所以，对指使者以共犯论处，有合理的根据。这种情形有故意之实，只因法律特别规定了加重的责任，仅以过失犯罪（交通肇事罪）的名义追究罪责。

【罪数】因隐藏、遗弃被害人而成立故意杀人罪、故意伤害罪的，交通肇事罪不再单独评价。因为，只有"一个"死亡结果，因该死亡结果已经作为故意杀人罪的结果处罚了，再作为交通肇事罪的结果处罚，存在一个死亡结果"两头沾"（既作为故意杀人罪的结果，又作为交通肇事罪的结果），是重复评价、处罚，不可接受。当然，如果存在多个死伤结果，则不存在重复评价的问题，可实行数罪并罚，例如，甲驾车违章撞倒 3 人，2 死 1 伤，甲将伤者带离现场隐藏使其无法得到救助而死亡。对甲应以故意杀人罪（致 1 人死亡）和交通肇事罪（致 2 人死亡）数罪并罚。

二、危险驾驶罪

《刑法》第 133 条之一 在道路上驾驶机动车，有下列情形之一的，处拘役，并处罚金：

（一）追逐竞驶，情节恶劣的；

（二）醉酒驾驶机动车的；

（三）从事校车业务或者旅客运输，严重超过额定乘员载客，或者严重超过规定时速行驶的；

（四）违反危险化学品安全管理规定运输危险化学品，危及公共安全的。

机动车所有人、管理人对前款第三项、第四项行为负有直接责任的，依照前款的规定处罚。

有前两款行为，同时构成其他犯罪的，依照处罚较重的规定定罪处罚。

（一）构成要件

【行为】在道路上驾驶机动车，有《刑法》第 133 条之一规定的 4 种行为之一。《办理醉驾案意见》（2013）第 1 条第 2 款规定，"道路"与"机动车"的认定，适用道路交通安全法的有关规定。根据《道路交通安全法》（2021 年修正）第 119 条，道路，指公路、城市道路和虽在单位管辖范围内但允许社会机动车通行的地方，包括广场、公共停车场等用于公众通行的场所。无论单位对其管辖范围内的路段、停车场采取的管理方式是收费还是免费，车辆进出是否需要登记，只要允许不特定的社会车辆自由通行，就属于道路。[1]机动车，指以动力装置驱动或者牵引，上道路行驶的供人员乘用或者用于运送物品以及进行工程专项作业的轮式车辆。驾驶非机动车的，不构成本罪。非机动车，指以人力或者畜力驱动，上道路行驶的交通工具，以及虽有动力装置驱动但设计最高时速（20 公里以下）、空车质量、外形尺寸符合有关国家标准的残疾人机动轮椅车、电动自行车等交通工具。根据有关指导案例，对于时速设计超标的电动自行车，也应认定为非机动车。[2]

---

[1] 指导案例第 893 号"廖开田危险驾驶案"，载中华人民共和国最高人民法院刑事审判第一、二、三、四、五庭主办：《刑事审判参考》（2013 年第 5 集·总第 94 集），法律出版社 2014 年版，第 9 页。

[2] 指导案例第 894 号"林某危险驾驶案"，载中华人民共和国最高人民法院刑事审判第一、二、三、四、五庭主办：《刑事审判参考》（2013 年第 5 集·总第 94 集），法律出版社 2014 年版，第 12 页。

1. 追逐竞驶，情节恶劣。追逐竞驶，俗称"飙车"，指驾驶机动车在道路上曲折穿行或者快速追赶行驶。

【案例】 张某伟、金某危险驾驶案[1]

张某伟、金某相约驾驶摩托车出去享受大功率摩托车的刺激感，"约定目的地，谁先到谁就等另一个人"。随后二被告人驾车在密集车流中反复并线、曲折穿插、多次闯红灯、大幅度超速行驶，全程28.5公里。法院判决二被告人犯危险驾驶罪。

要点：本案中，从客观行为上看，二被告人驾驶超标大功率的改装摩托车，为追求速度，多次随意变道、闯红灯、大幅超速等严重违章。从行驶路线看，约定了竞相行驶的起点和终点。综上，认定本案被告人"追逐竞驶"。

追逐竞驶不以超限速为必要。因为在车辆拥挤时，为追逐竞驶而在车流中高速曲线行驶同样危险。在道路上以计时方式竞速（比赛速度），即使路上没有其他竞赛目标车辆行驶，也应视为追逐竞驶。追逐竞驶出于竞赛、比拼速度的动机，具有竞赛竞速性质。这与违章超速行为不同：违章超速一般是在路况良好时超过该路段限速行驶，有时为了赶路而违章超速驾驶，不具有竞赛竞速性质。

根据前述"张某伟、金某危险驾驶案"，追逐竞驶虽未造成人员伤亡或者财产损失，但综合考虑超过限速、闯红灯、强行超车、抗拒交通执法等严重违反道路交通安全法的行为，足以威胁他人生命、财产安全的，属于危险驾驶罪中"情节恶劣"的情形。

2. 醉酒驾驶机动车，俗称"醉驾"。《办理醉驾案意见》(2013) 第1条第1款规定："在道路上驾驶机动车，血液酒精含量达到80毫克/100毫升以上的，属于醉酒驾驶机动车，依照刑法第一百三十三条之一第一款的规定，以危险驾驶罪定罪处罚。"

3. 从事校车业务或者旅客运输，严重超过额定乘员载客，或者严重超过规定时速行驶。机动车所有人、管理人对前述行为负有直接责任的，也依法处罚。

4. 违反危险化学品安全管理规定运输危险化学品，危及公共安全。机动车所有人、管理人对前述行为负有直接责任的，也依法处罚。

【主观】以行为人对自己危险驾驶行为明知为必要。在社会和伦理评价上，相当于过失犯。因危险驾驶尤其是发案较多的"醉驾"被定罪判刑，其刑事处罚后续的党纪政纪处罚，对被定罪判刑人的职业或政治生涯影响大，因故意犯罪而被判刑，公务员、教师、律师资格可能丧失，党员会被开除党籍，后续效果足以毁掉一个人职业、政治生涯。过于严厉，也不符合预防主义的理念。因此，有必要对危险驾驶罪从政治、道德上评价为过失犯罪，以缓和刑事处罚派生的其他过分严厉的效果。从法理讲，危险驾驶罪是交通肇事罪之下的较轻类型，其客观危险性较小，主观恶性也较小；交通肇事罪是过失犯罪，危险驾驶罪主观恶性不会超过它，也应当是过失犯罪。其共同点为：对法益侵害结果（人身伤亡或财产损失）没有故意。

(二) 适用

【定罪】在道路上醉酒驾驶机动车（"醉驾"），是否一律定罪？存在两种观点：①一律定罪；②未必一律定罪，情节显著轻微、危害不大的，也可以酌情不定罪。本书认为，危险驾驶罪由行政犯升格为刑事犯，具有"行为简单、处罚轻"的特点，法律预留的酌量空间很小。而且，《道路交通安全法》(2021年修正) 第91条第2款"醉酒驾驶机动车的，由公安机关交通管理部门约束至酒醒，吊销机动车驾驶证，依法追究刑事责任……"的规定，拿掉了公安按

---

[1] 中华人民共和国最高人民法院刑事审判第一、二、三、四、五庭主办：《刑事审判参考》(2013年第5集·总第94集)，法律出版社2014年版，第66~68页。

行政违法"自处"的法律依据。司法机关需要谨慎行使酌情出罪的权力。对此,有关的指导案例指出:除不低于免予刑事处罚的适用条件外,更应在罪量上严格把握,要求同时具备:①没有发生交通事故或者仅造成特别轻微财产损失或者人身伤害;②血液酒精含量在100毫克/100毫升以下;③醉驾的时间和距离极短,根据一般人的经验判断,几乎没有发生交通事故的可能性。以醉酒后在道路上挪动车位的行为为例,对于为挪动车位而在道路上醉酒驾驶机动车,且行驶距离较短、速度较慢、未发生严重后果的,可以不作为犯罪处理。[1]

《量刑指导意见(二)》(2017)规定,危险驾驶行为的定罪量刑可参考"被告人的醉酒程度""机动车类型""车辆行驶道路""行车速度""未造成实际损害""认罪悔罪"等具体情节,并适用《刑法》第13条"但书"条款,这实际是对部分醉驾行为出罪化提供了规范层面的支持。

【罪数】危险驾驶同时构成其他犯罪的,依照处罚较重的规定定罪处罚。

1. 醉驾同时也是《刑法》第133条"违反交通运输管理法规"的行为,因而造成重大交通事故致人重伤、死亡或造成严重财产损失,达到交通肇事罪的入罪标准的,以交通肇事罪定罪处罚。醉驾中发生交通事故,未达到交通肇事罪的入罪标准的,以危险驾驶罪定罪处罚。

2. 危险驾驶致人重伤、死亡,且对致人重伤死亡结果达到故意程度的,可成立《刑法》第115条之以危险方法危害公共安全罪。如何认定达到"故意"程度成为关键,为了统一标准,最高人民法院于2009年出台了《醉驾犯罪法律适用意见》,并配发了两个典型案例。

从《醉驾犯罪法律适用意见》(2009)看,该"故意"的内容是(行为人)对"致人死伤结果"的认知,而非对"醉酒驾驶"的认知。从发布的两个典型案例(东莞黎景全案和成都孙伟铭案)看,认定行为人达到故意程度的关键在于醉酒驾驶肇事之后,其后续行为又连续肇事造成新的损害结果。该"意见"指出,黎景全、孙伟铭"在醉酒驾车发生交通事故后,继续驾车冲撞行驶,其主观上对他人伤亡的危害结果明显持放任态度,具有危害公共安全的故意。二被告人的行为均已构成以危险方法危害公共安全罪"。

有关司法人员为了进一步明确肇事之后的"后续行为及其结果"对认定故意心态的意义,还在论文中特意将醉酒驾驶分为"一次碰撞"和"二次碰撞"两种情形,并指出:"在二次碰撞情形下,行为人醉酒驾车发生一次碰撞后,……仍然继续驾车行驶,以致再次肇事,冲撞车辆或行人造成更为严重的后果。此种情形之下,行为人将他人的生命置于高度危险之中,其本人已经没有能力对这种危险予以控制,危险随时随地都会发生,却依然不管不顾、置之不理。这种状态,明显反映出行为人完全不计自己醉酒驾车行为的后果,对他人伤亡的危害结果持放任态度,主观上具有危害公共安全的间接故意,应定以危险方法危害公共安全罪。"[2] 由此可见,对于醉酒驾驶致人死伤案,例外地适用以危险方法危害公共安全罪,关键在于肇事后发生"二次肇事"(碰撞),并且根据二次肇事及其后果所表现出的心态认定其故意。

《刑法》第133条之一(危险驾驶罪)是《刑法》第133条(交通肇事罪)的特殊类型(不以发生重大交通事故为要件),《刑法》第133条是《刑法》第115条第2款(过失以危险方法危害公共安全罪)的特殊类型。《刑法》第133条、第133条之一不是第114条、第115条(故意)以危险方法危害公共安全罪的特殊类型。因此,飙车、醉驾没有逾越危险驾驶范围的,只能适用《刑法》第133条之一,不能适用《刑法》第114条。致人死伤的,通常是交

---

[1] 指导案例第895号"唐浩彬危险驾驶案",载中华人民共和国最高人民法院刑事审判第一、二、三、四、五庭主办:《刑事审判参考》(2013年第5集·总第94集),法律出版社2014年版,第19页。

[2] 高贵君等:《醉酒驾车犯罪的法律适用问题》,载《法学杂志》2009年第12期。

通肇事罪。只有足以认定对致人死伤结果成立故意的，才能定以危险方法危害公共安全罪。醉酒驾驶、追逐竞驶致人死伤的一律成立以危险方法危害公共安全罪，这种观点是错误的。

三、妨害安全驾驶罪[1]

《刑法》第133条之二 对行驶中的公共交通工具的驾驶人员使用暴力或者抢控驾驶操纵装置，干扰公共交通工具正常行驶，危及公共安全的，处一年以下有期徒刑、拘役或者管制，并处或者单处罚金。

前款规定的驾驶人员在行驶的公共交通工具上擅离职守，与他人互殴或者殴打他人，危及公共安全的，依照前款的规定处罚。

有前两款行为，同时构成其他犯罪的，依照处罚较重的规定定罪处罚。

（一）构成要件

【主体】驾驶人员和非驾驶人员都可以成为本罪的主体，但要注意匹配行为类型。例如，位于公交车后部的乘客甲与乘客乙互殴，不能适用《刑法》第133条之二第2款成立本罪。

【行为】本罪包括2种行为类型：

1. 非驾驶人员妨害安全驾驶。即对行驶中的公共交通工具的驾驶人员使用暴力或者抢控驾驶操纵装置，干扰公共交通工具正常行驶。这里的"暴力"应针对驾驶人员，不包括公共交通工具上的其他工作人员，如售票员、安保员；限于对驾驶人员的身体行使有形力，不包括在驾驶人员身边播放高分贝噪音；不要求达到足以抑制驾驶人员反抗的程度。这里的"抢控"指抢夺或者强行控制，如在驾驶员处于平稳驾驶状态没有使用变速杆的情况下，强行操纵变速装置。

2. 驾驶人员妨害安全驾驶。即驾驶人员在行驶的公共交通工具上擅离职守，与他人互殴或者殴打他人。该行为类型衍生出关于行驶中的公共交通工具驾驶人员有无反击权（还击权）的问题。本书认为，"擅离职守"应成为本罪违法性的核心内容。《刑法修正案（十一）草案》一审稿仅规定"前款规定的驾驶人员与他人互殴，危及公共安全"。但有意见指出，如果将驾驶人员面对他人不法侵害时的反抗行为一律认定为犯罪，对驾驶人员显然不公平，还有可能造成驾驶人员因思想顾虑不敢反抗，《刑法修正案（十一）草案》二审稿和终稿采纳上述意见，补充了"擅离职守"要件。[2] 这表明在维护公共交通工具行驶安全的职务范围内，驾驶人员的暴力还击不属于"擅离职守"，不符合本罪的成立条件，不具有实质违法性。驾驶人员对自身权利的保护，应建立在维护行驶安全的基础上。如果他人的不法侵害（如高声辱骂）不足以危及行驶安全，驾驶人员仅出于激愤予以暴力还击的，可能因行为超出维护行驶安全的必要限度而成立本罪。

如果上述行为发生之时，公共交通工具处于非行驶状态，则不能构成本罪。"行驶中"并不严格要求公共交通工具一直处于运动状态，在行驶过程中曾有短暂停留的，也属于"行驶中"的公共交通工具。

【结果】危及公共安全。成立本罪，还需要上述行为危及公共安全。有学者据此主张，本罪属于具体危险犯，只不过对危险程度的要求低于本章其他具体危险犯。[3] 本书认为，本罪系抽象危险犯，原因有二：其一，如果将本罪理解为具体危险犯，则《刑法》第133条之二前

---

[1] 本罪由《刑法修正案（十一）》增设。

[2] 杨万明主编：《〈刑法修正案（十一）〉条文及配套〈罪名补充规定（七）〉理解与适用》，人民法院出版社2021年版，第35页。

[3] 张明楷：《刑法学》（下），法律出版社2021年版，第934页。

两款所规定的行为直接构成《刑法》第114条之以危险方法危害公共安全罪，本罪几乎没有独立的适用空间，同时使得《刑法》第133条之二第3款关于从一重罪论处的规定失去意义；其二，《刑法修正案（十一）》增设本罪的主要目的是限制对以危险方法危害公共安全罪的司法类推，如果仅从"量"的角度区分本罪与以危险方法危害公共安全罪，则在实践中仍存在标准模糊的问题，可能导致"避免肆意拔高行为定性、避免罪刑失衡"的立法目的落空。

【主观】故意。明知自己妨害安全驾驶的行为可能危及公共安全，却希望或者放任这种危险的发生。

（二）适用

【溯及力】《惩治妨害安全驾驶意见》（2019）规定，乘客在公共交通工具行驶过程中，抢夺方向盘、变速杆等操纵装置，殴打、拉拽驾驶人员，或者有其他妨害安全驾驶行为，危害公共安全，尚未造成严重后果的，依照《刑法》第114条的规定，以以危险方法危害公共安全罪定罪处罚；致人重伤、死亡或者使公私财产遭受重大损失的，依照《刑法》第115条第1款的规定，以以危险方法危害公共安全罪定罪处罚。由于司法解释颁布时《刑法》尚无相关轻罪的规定，所以实践中一度出现类推适用重罪的倾向。《刑法修正案（十一）》增设妨害安全驾驶罪，由此产生的疑问是，对于《刑法修正案（十一）》生效前实施的、没有对公共安全造成实害或者具体危险的妨害安全驾驶行为，如果在《刑法修正案（十一）》生效后审理，应适用司法解释还是《刑法》第133条之二？本书认为，如果相关行为在《刑法修正案（十一）》生效前原本不属于《刑法》第114条明文规定的犯罪，则司法解释（或者司法实践）对这种行为的"犯罪化"有越权嫌疑，"不能将类推解释的结论作为判断处罚轻重的依据"[1]。此时，《刑法修正案（十一）》增设新罪予以规制的，按照从旧兼从轻的原则，应适用行为时的《刑法》（同时也是轻法）作无罪处理。

【罪数】《刑法》第133条之二第3款规定："有前两款行为，同时构成其他犯罪的，依照处罚较重的规定定罪处罚。"较之于本罪，交通肇事罪与以危险方法危害公共安全罪都属于处罚较重的规定。疑难之处在于，当妨害安全驾驶行为造成人员伤亡时，应以交通肇事罪还是以危险方法危害公共安全罪（第115条）论处？行为人对实害结果是过失还是故意，成为关键。关于行为人主观心态的认定，可参《醉驾犯罪法律适用意见》（2009）及配套指导案例。

四、重大责任事故罪·强令、组织他人违章冒险作业罪

《刑法》第134条　在生产、作业中违反有关安全管理的规定，因而发生重大伤亡事故或者造成其他严重后果的，处三年以下有期徒刑或者拘役；情节特别恶劣的，处三年以上七年以下有期徒刑。

强令他人违章冒险作业，或者明知存在重大事故隐患而不排除，仍冒险组织作业，因而发生重大伤亡事故或者造成其他严重后果的，处五年以下有期徒刑或者拘役；情节特别恶劣的，处五年以上有期徒刑。

（一）重大责任事故罪

1. 构成要件。

【主体】从事生产、作业的人员。根据《办理危害生产安全刑案解释》（2015）第1条，包括：①对生产、作业负有组织、指挥或者管理职责的负责人、管理人员、实际控制人、投资人等人员；②直接从事生产、作业的人员。《刑法修正案（六）》取消了《刑法》第134条中"工厂、矿山、林场、建筑企业或者其他企业、事业单位的职工"的限制，意味着无论何种单

---

[1] 张明楷：《〈刑法修正案（十一）〉对司法解释的否认及其问题解决》，载《法学》2021年第2期。

位的业务活动，如个体、包工头组织的生产、作业；也不论何种人从事的业务活动，包括有证和无证的生产、作业人员，只要是从事生产、作业活动，都属于本罪的主体范围。

【行为·结果】在生产、作业活动中，违反有关安全管理的规定，因而发生重大伤亡事故，或者造成其他严重后果。最高人民检察院指导性案例第97号"夏某某等人重大责任事故案"在"指导意义"部分指出："对于从事营运活动的交通运输组织来说，航道、公路既是公共交通领域，也是其生产经营场所，交通运输法规同时也属于交通运输组织的安全管理规定，交通运输活动的负责人、投资人、驾驶人员等违反有关规定导致在航道、公路上发生交通事故，造成人员伤亡或财产损失的，可能同时触犯交通肇事罪与重大责任事故罪。鉴于两罪前两档法定刑均为7年以下有期徒刑，要综合考虑行为人对交通运输活动是否负有安全管理职责、对事故发生是否负有直接责任、所实施行为违反的主要是交通运输法规还是其他安全管理的法规等，准确选择适用罪名。具有营运性质的交通运输活动中，行为人既违反交通运输法规，也违反其他安全管理规定（如未取得安全许可证、经营资质、不配备安全设施等），发生重大事故的，由于该类运输活动主要是一种生产经营活动，并非单纯的交通运输行为，为全面准确评价行为人的行为，一般可按照重大责任事故罪认定。交通运输活动的负责人、投资人等负有安全监管职责的人员违反有关安全管理规定，造成重大事故发生，应认定为重大责任事故罪；驾驶人员等一线运输人员违反交通运输法规造成事故发生的，应认定为交通肇事罪。"

【主观】过失。这里的过失是就行为人对其行为可能造成的危害后果的心理态度而言的。行为人违反规章制度可能是故意的，但对于自己违章行为所造成重大事故是由于疏忽大意而没有预见或者已经预见但轻信能够避免。

【罪量】根据《办理危害生产安全刑案解释》（2015）第6条第1款，重大伤亡，指致1人以上死亡或者致3人以上重伤；其他严重后果，指造成直接经济损失100万元以上，或者其他造成重大安全事故的情形。

【加重犯】情节特别恶劣。具体标准参见《办理危害生产安全刑案解释》（2015）第7条第1款。

2. 适用。

【定罪】重大责任事故罪以及其他危害安全生产犯罪的认定：通常客观上，违反安全生产管理规定的行为造成人员伤亡或者重大财产损失结果；主观上，存在过失。过失认定往往依据客观"违章"事实，最终导致"违反安全规章"的行为造成事故结果成为最关键的认定依据。

《危害生产安全刑案意见》（2011）第7条、第8条指出：是否违反有关安全管理规定的认定，应根据相关法律、行政法规，参照地方性法规、规章及国家标准、行业标准，必要时可参考公认的惯例和生产经营单位制定的安全生产规章制度、操作规程。多个原因行为导致生产安全事故发生的，在区分直接原因与间接原因的同时，应根据原因行为在引发事故中所具作用的大小，分清主要原因与次要原因，确认主要责任和次要责任，合理确定罪责。

【关联罪】（1）根据《危害生产安全刑案意见》（2011）第9条，严格把握危害生产安全犯罪与以危险方法危害公共安全罪的界限，不应将生产经营中违章违规的故意不加区别地视为对危害后果发生的故意。

（2）本罪与失火罪、过失爆炸罪的区别。要点在于是否属于业务过失：本罪是在生产、作业活动中，由于违反规章制度而造成火灾、爆炸后果的责任事故；失火罪、过失爆炸罪是在日常生活中由于用火、用电不慎而发生火灾、爆炸，与生产、作业活动无关。简言之，前者是业务过失犯罪，后两者是普通过失犯罪。例如，某国有大型林场职工在作业中失火，属于业务过失，被认定为重大责任事故罪。又如，洛阳某商厦重大失火案，原因是工人在装修施工过程中违章作业，造成电焊焊渣掉入易燃物质中引起火灾，也被认定为重大责任事故罪。

（3）本罪与重大飞行事故罪的区别。两罪同属业务过失犯罪，但前者是一般生产、作业活动中发生的业务过失犯罪，后者则是特定的航空飞行方面的业务过失犯罪。

（4）本罪与工程重大安全事故罪的区别。要点是：①主体不同。工程重大安全事故罪的主体是单位，即建设单位、设计单位、施工单位、工程监理单位；本罪的主体是生产、作业人员。②行为方式不同。工程重大安全事故罪是违反国家规定，降低工程质量标准，造成工程质量事故；本罪是职工或者生产指挥人员违章作业造成安全事故。工程重大安全事故罪常见的是偷工减料或者降低质量标准，造成工程质量事故（如"豆腐渣工程"），因而造成财产损失或者人身伤亡的情况。如果建筑工人在施工时违章作业造成施工安全事故的，或者建筑用车辆在工地违章操作造成人身伤亡事故的，应认定为重大责任事故罪。

（5）本罪与危险物品肇事罪的区别。要点在于是否违反危险物品管理规定。厂矿企业职工因为违反有关危险品的生产、运输、使用的管理规定而造成责任事故的，应以危险物品肇事罪处理。二者发生竞合，通常优先适用危险物品肇事罪的规定定罪处罚。因为认定业务过失罪责，必须依据一定的规章制度作为判断责任根据。对于危险物品的生产、管理、使用，有许多特殊的规定，例如，生产烟花爆竹时，成品绝对不能在生产车间堆放，应存放于远离人的生活、工作场所的专门库房，远比普通的商品生产规定严格。如果有关人员违反这类危险物品生产的特有规定，任凭成品堆放在车间，引发重大爆炸事故，则属于因违反危险品生产管理规定而引发的责任事故，应认定为危险物品肇事罪。

（二）强令、组织他人违章冒险作业罪[1]

1. 构成要件

【主体】一般主体，通常包括对生产、作业负有组织、指挥或者管理职责的负责人、管理人员、实际控制人、投资人等人员。

【行为】本罪包括"强令他人违章作业"和"组织他人冒险违章作业"两种行为方式。

（1）强令他人违章冒险作业。作业，包括正规单位和不正规单位中的作业，比如个体开矿或无证非法开采矿窑；包括正式职工和非正式职工的作业；包括有证人员和无证人员的作业。"'强令'，不能机械地理解为必须有说话态度强硬或者大声命令等外在表现，强令者也不一定必须在生产、作业现场，而应当理解为'强令'者发出的信息内容所产生的影响，达到了使工人不得不违心继续生产、作业的心理强制程度。比如，有的生产、作业单位的负责人以直接或者间接方式对工人传达了如下信息：如果拒绝服从，会面临扣工资、扣奖金、炒鱿鱼等后果，使工人产生了心理畏惧，不得不继续工作，这显然属于强令。如果发生重大伤亡事故或其他严重后果，应当追究强令违章作业的人，而不是被强令违章作业的工人。"[2]

（2）不排除重大事故隐患，冒险组织作业。《刑法修正案（十一）》增设组织他人违章冒险作业的行为类型，主要是为了在难以认定强令的场合填补处罚漏洞。例如，管理人员隐瞒事故隐患，欺骗工人"自愿"冒险作业的，因不符合外在的强制性要素，无法认定为强令行为。但与典型的强令相比，变相强令更具欺骗性，从心理上消除了工人的自我保护意识，同样容易造成群死群伤的严重后果。[3] 又如，大型企业指令传导链条长、层级多，即使存在强令违章

---

[1] 组织他人违章冒险作业罪由《刑法修正案（十一）》增设。
[2] 黄太云：《〈中华人民共和国刑法修正案（六）〉的理解与适用（上）》，载《人民检察》2006年第14期。
[3] 参见杨万明主编：《〈刑法修正案（十一）〉条文及配套〈罪名补充规定（七）〉理解与适用》，人民法院出版社2021年版，第42页。

冒险作业的行为，也往往被归属于基层管理人员，难以溯源到企业负责人或者高层人员。《办理危害生产安全刑案解释》（2015）曾对"强令"作出扩大解释，包含故意掩盖事故隐患，组织他人违章作业，但囿于该词的语义范围，仍无法完全填补上述处罚漏洞。修正后的法条增加"明知存在重大事故隐患而不排除，仍冒险组织作业"的规定，据此，在明知有重大事故隐患的情况下，成立本罪，不必强制他人作业，只要冒险组织作业即可。"不排除重大事故隐患"与"冒险"并非同义重复。如果管理人员已采取措施排除重大事故隐患，但仍存在一般隐患，此时冒险组织作业的，一般不成立组织他人违章冒险作业罪，符合条件的，可以重大责任事故罪定罪处罚。

【结果·罪量】发生重大伤亡事故或者造成其他严重后果。参考《办理危害生产安全刑案解释》（2015）第6条第2款，主要指致1人以上死亡，或者致3人以上重伤，又或者造成直接经济损失100万元以上。

【主观】过失。行为人可能知道自己的强令行为或者组织冒险作业行为违反安全规章，存在发生事故的危险，但对重大伤亡事故或者其他严重后果不具有故意。

【加重犯】情节特别恶劣。具体标准参见《办理危害生产安全刑案解释》（2015）第7条第2款。

2. 适用

【关联罪】本罪与重大责任事故罪区别。在《刑法修正案（六）》修正之前，强令违章冒险作业罪是重大责任事故罪的一种表现形式。经《刑法修正案（六）》修正，强令违章冒险作业罪被独立规定于《刑法》第134条第2款。其立法修正的精神在于："'强令工人冒险作业'比工人'不服管理、违反规章制度'的性质更严重，社会危害性更大。"所以，有必要单独规定较重的处罚。[1]《刑法修正案（十一）》将"不排除重大事故隐患仍冒险组织作业"与"强令他人违章冒险作业"并列，配置同样的法定刑。鉴于本罪的处罚较重，也可把本罪看作重大责任事故罪的特殊类型。造成重大责任事故的行为必须具备"强令他人违章冒险作业"或者"明知存在重大事故隐患而不排除，仍冒险组织作业"特征，才能定本罪；不具备这些特征的，如"本人"违章冒险作业造成事故的，只能以重大责任事故罪论处。

五、危险作业罪[2]

《刑法》第134条之一 在生产、作业中违反有关安全管理的规定，有下列情形之一，具有发生重大伤亡事故或者其他严重后果的现实危险的，处一年以下有期徒刑、拘役或者管制：

（一）关闭、破坏直接关系生产安全的监控、报警、防护、救生设备、设施，或者篡改、隐瞒、销毁其相关数据、信息的；

（二）因存在重大事故隐患被依法责令停产停业、停止施工、停止使用有关设备、设施、场所或者立即采取排除危险的整改措施，而拒不执行的；

（三）涉及安全生产的事项未经依法批准或者许可，擅自从事矿山开采、金属冶炼、建筑施工，以及危险物品生产、经营、储存等高度危险的生产作业活动的。

【行为】《刑法》第134条之一规定了3种危险作业行为，无兜底条款。

1. 关闭、破坏直接关系生产安全的监控、报警、防护、救生设备、设施，或者篡改、隐瞒、销毁其相关数据、信息。《刑法》第134条之一第1项规制的是侵害生产安全设施及相关信息数据的行为。对生产安全设施的侵害限于关闭和破坏两种行为，不包括未按规定安装安全

---

[1] 黄太云：《〈中华人民共和国刑法修正案（六）〉的理解与适用（上）》，载《人民检察》2006年第14期。

[2] 本罪由《刑法修正案（十一）》增设。

设施或者安全设置不能正常运行下的不修复行为。篡改、隐瞒、销毁相关数据信息，应与侵害生产安全设施具有相当性，对象限于与生产安全具有直接关系的数据、信息，如危险化学品登记信息管理系统中的重大危险源信息等。[1]

2. 因存在重大事故隐患被依法责令停产停业、停止施工、停止使用有关设备、设施、场所或者立即采取排除危险的整改措施，而拒不执行。《刑法》第134条之一第2项规制的是基于重大安全隐患的不作为。该不作为以有关部门依法责令停工停产或者责令采取其他整改措施为前置条件。因存在一般隐患被责令立即采取整改措施而拒不执行的，不构成本罪。

3. 涉及安全生产的事项未经依法批准或者许可，擅自从事矿山开采、金属冶炼、建筑施工，以及危险物品生产、经营、储存等高度危险的生产作业活动。《刑法》第134条之一第3项规制的是未经批准或者许可从事高危生产作业的行为。法条对"高度危险的生产作业活动"采取"列举+兜底"的方式予以规定。对未经依法批准或者许可，应做实质理解。安全许可证件过期、被暂扣、吊销、注销后，仍擅自从事矿山开采等高度危险的生产作业活动的，也属于危险作业行为。[2]

【结果】发生重大伤亡事故或者其他严重后果的现实危险。本罪是具体危险犯。党的十八大以来，以习近平同志为核心的党中央高度重视安全生产工作，习近平总书记深刻指出，"人命关天，发展决不能以牺牲人的生命为代价""确保安全生产应该作为发展的一条红线"。党的二十大报告也强调，要坚持安全第一、预防为主，推动公共安全治理模式向事前预防转型，同时，加强重点行业、重点领域安全监管。本罪的增设及其具体危险犯的配置，体现了刑事立法对重点行业、重点领域生产安全的高度重视以及介入前置化的预防转向。《刑法修正案（十一）》施行后，实践中按照本罪处理的案件大多涉及未经许可非法存储危险品的行为，如在停放于小区的面包车内非法储存汽油，在仓储物流场地的集装箱内非法储存危化品，在简易仓库内非法存放氧气瓶、乙炔瓶等。为避免刑事处罚范围过度膨胀，应注意审查危险的紧迫性[3]：其一，是否已具备由危险状态向重大安全生产事故转化的充分条件；其二，是否已出现重大现实危险的初步迹象，如已出现"冒顶""渗漏"等情况。

【主观】故意。需要注意的是，行为人希望或者放任的是现实危险，而非现实危险可能导致的重大伤亡事故或者其他严重后果。

六、重大劳动安全事故罪

《刑法》第135条　安全生产设施或者安全生产条件不符合国家规定，因而发生重大伤亡事故或者造成其他严重后果的，对直接负责的主管人员和其他直接责任人员，处三年以下有期徒刑或者拘役；情节特别恶劣的，处三年以上七年以下有期徒刑。

（一）构成要件

【行为·结果】安全生产设施或者安全生产条件不符合国家规定，因而发生重大伤亡事故或者造成其他严重后果。安全生产设施，指用于保护劳动者人身安全的各种设施、设备，如隔离栏、防护网、危险标志、紧急逃生通道等。安全生产条件，主要指保障劳动者安全生产、作业必不可少的安全防护用品和措施，如用于防毒、绝缘、避雷、防爆、防火、通风等的用品和

---

[1] 钱小平：《积极预防型社会治理模式下危险作业罪的认定与检视》，载《法律科学（西北政法大学学报）》2021年第6期。

[2] 杨淑雅、岳启杰：《危险作业罪中的"危险"解析》，载《检察日报》2021年3月17日，第3版。

[3] 参见黄京平：《危险作业罪的规范目的及其实现——〈刑法修正案（十一）〉的标志性立法实践》，载《北京联合大学学报（人文社会科学版）》2021年第2期。

措施。

《刑法修正案（六）》颁布之前，原规定要求"经有关部门或者单位职工提出后，对事故隐患仍不采取措施"；修正后取消了这个限制，只要安全生产设施或者安全生产条件不符合国家规定，因而发生重大伤亡事故或者造成其他严重后果的，就可成立犯罪。此次修法旨在保护劳动者安全生产的权利，严厉纠正生产、经营单位尤其是一些非法矿窑无视劳动者生命健康、不提供基本的劳动安全条件的现象，有效防止发生事故单位规避法律、推卸责任。

【主观】过失。

【加重犯】情节特别恶劣。具体标准参见《办理危害生产安全刑案解释》（2015）第7条第1款。

（二）适用

【关联罪】本罪与重大责任事故罪的区别。本罪是因为"生产经营单位"的安全生产设施、条件不符合安全生产要求而导致事故，重大责任事故罪主要是"自然人"用违反安全规章的方式进行作业而造成事故。比如，在矿井发生瓦斯爆炸的场合，因为矿井通风设备的通风能力不足，检测设备损坏失效，矿工在瓦斯超标的环境下采矿，所以发生瓦斯爆炸事故的，属于生产设施、设备不安全造成的事故，应是本罪。如果是有关人员忘记开通风机或者不按规定检测井下瓦斯浓度，导致瓦斯浓度超标或者没有发现瓦斯浓度超标，造成瓦斯爆炸事故，有关人员的违章失职行为则具有重大责任事故性质。因为在后一情况下，生产经营单位提供了充分的劳动安全设施，采取了保障安全的措施，但因有关作业人员失职，没有使这些设备发挥作用，是有关人员的违章因素导致了事故。

当然，本罪与重大责任事故罪也存在某种程度的竞合。"重大责任事故罪的行为特征是'在生产、作业中违反有关安全管理的规定'，重大劳动安全事故罪的行为特征是'安全生产设施或者安全生产条件不符合国家规定'。然而，'在安全生产设施或者安全生产条件不符合国家规定'的情况下进行生产、作业，其本身就是'在生产、作业中违反有关安全管理的规定'，这种情况客观方面实际上是竞合。"[1] 最高人民检察院指导性案例第94号"余某某等重大劳动安全事故、重大责任事故案"在"指导意义"部分指出，对企业安全生产设施或者安全生产条件不符合国家规定负有责任的人员，应认定为重大劳动安全事故罪；对企业安全生产负有责任的人员，在生产、作业过程中违反安全管理规定的，应认定为重大责任事故罪；如果行为同时包括在生产、作业中违反有关安全管理的规定和提供安全生产设施或条件不符合国家规定，为全面评价其行为，应认定为重大责任事故罪。

七、危险物品肇事罪

《刑法》第136条　违反爆炸性、易燃性、放射性、毒害性、腐蚀性物品的管理规定，在生产、储存、运输、使用中发生重大事故，造成严重后果的，处三年以下有期徒刑或者拘役；后果特别严重的，处三年以上七年以下有期徒刑。

【行为·结果】违反爆炸性、易燃性、放射性、毒害性、腐蚀性物品的管理规定，在生产、储存、运输、使用中发生重大事故。

【主观】过失。

【罪量】造成严重后果。具体标准参见《办理危害生产安全刑案解释》（2015）第6条第1款。

---

[1] 中华人民共和国最高人民法院刑事审判第一、二、三、四、五庭主办：《刑事审判参考》（2008年第5集·总第64集），法律出版社2008年版，第14页。

【加重犯】后果特别严重。具体标准参见《办理危害生产安全刑案解释》(2015) 第7条第1款。

【关联罪】本罪与过失爆炸罪、失火罪、过失投放危险物质罪的区别。本罪的后果往往表现为火灾、爆炸、中毒事故，与过失爆炸罪、失火罪、过失投放危险物质罪后果相似。区别的要点是：①主体不同。本罪的主体主要是从事危险物品业务的职工，后几罪是一般主体；②行为发生的场景不同。本罪发生于危险物品的生产、运输、储存、使用的业务活动中，后几罪发生于上述业务性活动之外的场合；③过失类型不同。本罪的严重后果是由违反危险物品管理规定的业务性过失造成的，后几罪是由于在日常生活中接触危险物品时不谨慎造成的。

八、工程重大安全事故罪

《刑法》第137条 建设单位、设计单位、施工单位、工程监理单位违反国家规定，降低工程质量标准，造成重大安全事故的，对直接责任人员，处五年以下有期徒刑或者拘役，并处罚金；后果特别严重的，处五年以上十年以下有期徒刑，并处罚金。

【主体】建设单位、设计单位、施工单位、工程监理单位。

【行为·结果】违反国家规定，降低工程质量标准，造成重大安全事故。

【主观】过失。

【加重犯】后果特别严重。具体标准参见《办理危害生产安全刑案解释》(2015) 第7条第1款、第3款。

【关联罪】本罪与重大责任事故罪的区别。要点是：①主体不同。本罪的主体只能是建设单位、设计单位、施工单位、工程监理单位，重大责任事故罪的主体是生产、作业人员；②行为不同。本罪表现为在建筑设计和施工中因违反国家规定，偷工减料，降低工程质量标准而发生事故，事故的后果通常表现为建筑工程本身质量低劣而造成经济损失或者人身伤亡，如建筑倒塌、报废，受害者往往是建筑工程的客户或者用户；重大责任事故罪表现为在生产经营中因作业行为本身违反安全生产规章制度而发生事故，事故的后果通常发生在生产作业的过程中，使本单位遭受经济损失。

九、不报、谎报安全事故罪

《刑法》第139条之一 在安全事故发生后，负有报告职责的人员不报或者谎报事故情况，贻误事故抢救，情节严重的，处三年以下有期徒刑或者拘役；情节特别严重的，处三年以上七年以下有期徒刑。

(一) 构成要件

【主体】特殊主体，限于负有报告职责的人员。根据《办理危害生产安全刑案解释》(2015) 第4条，指负有组织、指挥或者管理职责的负责人、管理人员、实际控制人、投资人以及其他负有报告职责的人员。

【行为·结果】不报或者谎报事故情况，贻误事故抢救。"不报或者谎报'事故情况'不仅限于生产经营单位发生的安全生产事故、大型群众性活动中发生的重大伤亡事故，还包括《刑法》分则第2章规定的所有与安全事故有关的犯罪，但第133条（交通肇事罪）、第138条（教育设施重大安全事故罪）除外，因为这两条已经将不报告作为构成犯罪的条件之一。"[1]

【主观】故意。故意是针对"不报、谎报"行为而言的。因不报、谎报，贻误抢救，导致事故损失扩大，增加死伤人数或者经济损失，是认定情节严重的因素。这些因素用以限制处罚范围，属于客观超过要素，不必存在对应的故意。

---

[1] 黄太云：《〈中华人民共和国刑法修正案（六）〉的理解与适用（上）》，载《人民检察》2006年第14期。

【罪量】情节严重。具体标准参见《办理危害生产安全刑案解释》(2015)第8条第1款。
(二)适用
【关联罪】本罪与故意杀人罪、故意伤害罪的界限。根据《办理危害生产安全刑案解释》(2015)第10条,在安全事故发生后,直接负责的主管人员和其他直接责任人员故意阻挠开展抢救,导致人员死亡或者重伤,或者为了逃避法律追究,对被害人进行隐藏、遗弃,致使被害人因无法得到救助而死亡或者重度残疾的,分别以故意杀人罪或者故意伤害罪定罪处罚。
【共犯】在安全事故发生后,与负有报告职责的人员串通,不报或者谎报事故情况,贻误事故抢救,情节严重的,以本罪之共犯论处。

十、其他造成重大事故危害公共安全的犯罪

(一)重大飞行事故罪
《刑法》第131条 航空人员违反规章制度,致使发生重大飞行事故,造成严重后果的,处三年以下有期徒刑或者拘役;造成飞机坠毁或者人员死亡的,处三年以上七年以下有期徒刑。
【适用】本罪与过失损坏交通工具罪的区别。要点是:本罪为航空人员从事航空飞行过程中发生的业务过失犯罪,过失损坏交通工具罪为普通过失犯罪。

(二)铁路运营安全事故罪
《刑法》第132条 铁路职工违反规章制度,致使发生铁路运营安全事故,造成严重后果的,处三年以下有期徒刑或者拘役;造成特别严重后果的,处三年以上七年以下有期徒刑。
【适用】本罪与过失损坏交通工具罪的区别。要点是:本罪为铁路职工在铁路运营过程中发生的业务过失犯罪,过失损坏交通工具罪为普通过失犯罪。

(三)大型群众性活动重大安全事故罪
《刑法》第135条之一 举办大型群众性活动违反安全管理规定,因而发生重大伤亡事故或者造成其他严重后果的,对直接负责的主管人员和其他直接责任人员,处三年以下有期徒刑或者拘役;情节特别恶劣的,处三年以上七年以下有期徒刑。

(四)教育设施重大安全事故罪
《刑法》第138条 明知校舍或者教育教学设施有危险,而不采取措施或者不及时报告,致使发生重大伤亡事故的,对直接责任人员,处三年以下有期徒刑或者拘役;后果特别严重的,处三年以上七年以下有期徒刑。

(五)消防责任事故罪
《刑法》第139条 违反消防管理法规,经消防监督机构通知采取改正措施而拒绝执行,造成严重后果的,对直接责任人员,处三年以下有期徒刑或者拘役;后果特别严重的,处三年以上七年以下有期徒刑。
【适用】本罪与失火罪的区别。两罪在主观上都是过失,在客观上都造成了火灾的后果,十分近似。区别的要点是:失火罪是由于用火不慎造成火灾,行为人是引起火灾的直接责任人;本罪是单位负有消防职责的人员因拒不执行消防机构改正通知、消除火灾隐患或改善消防应急措施,因而发生火灾,或者在发生火情之际不能有效应对,以致酿成重大事故或造成不应有的损害,行为人不一定是引起火灾的直接责任人。

第三章 破坏社会主义市场经济秩序罪

第一节 破坏社会主义市场经济秩序罪概述

一、本章的体系

《刑法》分则第3章"破坏社会主义市场经济秩序罪"之下分8节规定了共约110个罪名（含修正案增补罪名），它是一类犯罪的统称，泛指违反国家市场经济管理法规，破坏社会主义市场经济秩序，危害国家市场经济发展的行为。

二、本章犯罪的共性特征

本章犯罪通常具有违反国家经济管理法规的特征。由此须注意以下几点：

1. 违反国家规定的理解。《刑法》第96条规定："本法所称违反国家规定，是指违反全国人民代表大会及其常务委员会制定的法律和决定，国务院制定的行政法规、规定的行政措施、发布的决定和命令。"最高人民法院《关于国家规定的通知》（2011）则进一步解释了"国家规定"的范围和适用（参见本书非法经营罪部分）。

2. 本章犯罪大多是以行政法、经济法、民商法为依据进行规定，因此需要结合行政法、经济法、民商法的规定掌握。比如，妨害对公司、企业的管理秩序罪，不仅以公司法、企业法为基础，而且与其中规定的追究违法责任或附属刑法条款相照应，所以有必要结合相关法规掌握。不违反行政法、经济法、民商法的行为不成立经济犯罪。

3. 本章犯罪大多是"法定犯"，为了区分违法与犯罪的界限，《刑法》对本章犯罪的行为、结果，一般规定得较为具体，很多采取的是列举式的规定。因此，只有法定行为类型才能被认为是犯罪行为。此外，违反国家规定需达到相当严重的程度才追究刑事责任。确定本章经济犯罪的罪量标准的主要依据是，2008年6月公布的最高人民检察院、公安部《立案标准（一）》和2010年5月公布、2022年4月修订的最高人民检察院、公安部《立案标准（二）》等司法解释。"其法律责任的实现，在程序上应以'行政优先'为一般原则，在实体上应以'并合实现'为必要，对于在先适用的行政责任形式，与在后适用的刑事责任形式的竞合，按照功能相同者予以折抵，功能不同者分别执行的原则处理。"[1]

三、此罪与彼罪的区分

1. 非法经营罪与其他经济犯罪的区别。经济犯罪大多具有"非法经营"的性质，但是如果刑法已经将该种非法经营行为单独规定为一种经济犯罪时，则排斥适用非法经营罪。因此，掌握《刑法》第225条非法经营罪的行为类型十分重要。

2. 经营性欺诈与非法占有性欺诈的区别。经济犯罪大多具有欺诈性，但它属于经营活动中违法实施的欺诈，比如，在生产、销售产品活动中"以假充真、以次充好"，在推销产品中作"虚假广告"等，其特点是具有经营的形式和内容，可谓之"挂羊头卖狗肉"。与此相对，

---

[1] 田宏杰：《行政犯的法律属性及其责任——兼及定罪机制的重构》，载《法学家》2013年第3期。

还有一种非法占有性欺诈，如诈骗罪、合同诈骗罪、金融诈骗罪等，其特点是将他人财物非法据为己有，可谓之"空手套白狼"。二者虽然同样具有欺诈性，但根本性质不同，需要谨慎辨别、区分。

第二节 生产、销售伪劣商品罪

《刑法》第140~148条规定了10种生产、销售伪劣商品的犯罪，重点是第149条规定发生竞合时依照处罚较重的规定定罪处罚。第140条之生产、销售伪劣产品罪在本类犯罪中具有基本类型的地位，以销售额达到5万元为成立犯罪的要件；在尚未销售的场合，以查获伪劣产品价值15万元以上为处罚未遂的要件。第141~148条规定之各特殊伪劣产品罪，不以销售额或查获货物额为要件，但以发生特定"行为""危险""实害"为要件。如果发生竞合，比如销售假药销售额达到5万元以上的，择一重罪处罚。犯本节之罪同时构成侵犯知识产权罪、非法经营罪的，也属于想象竞合犯，择一重罪处罚。本类犯罪具有经营性欺诈的特点，这是它们与诈骗罪、合同诈骗罪区别的要点。《刑法》第150条确认本类犯罪的主体均包含单位，单位犯本罪的，对单位判处罚金，并对其直接负责的主管人员和其他直接责任人员，依照上述规定处罚。《办理伪劣商品刑案解释》（2001）、《办理危害食品安全刑案解释》（2021）、《办理危害药品安全刑案解释》（2022）是关于本章犯罪重要的司法解释。

一、生产、销售伪劣产品罪

《刑法》第140条 生产者、销售者在产品中掺杂、掺假，以假充真，以次充好或者以不合格产品冒充合格产品，销售金额五万元以上不满二十万元的，处二年以下有期徒刑或者拘役，并处或者单处销售金额百分之五十以上二倍以下罚金；销售金额二十万元以上不满五十万元的，处二年以上七年以下有期徒刑，并处销售金额百分之五十以上二倍以下罚金；销售金额五十万元以上不满二百万元的，处七年以上有期徒刑，并处销售金额百分之五十以上二倍以下罚金；销售金额二百万元以上的，处十五年有期徒刑或者无期徒刑，并处销售金额百分之五十以上二倍以下罚金或者没收财产。

（一）构成要件

【主体】生产者、销售者，包括自然人和单位。生产者，包括产品的制造者与加工者。销售者，既包括批发销售者，也包括零售销售者。生产者、销售者无需取得有关生产、销售的执照或许可，道理在于：如果将生产者、销售者限定为取得资格的"合格"生产者、销售者才能构成本罪，将放纵大量犯罪。

【对象】伪劣产品，包括伪产品和劣产品。伪产品，主要指以假充真的产品；劣产品，指不合格产品。根据《办理伪劣商品刑案解释》（2001）第1条第4款的规定，不合格产品，指不符合《产品质量法》第26条第2款规定的质量要求的产品。《产品质量法》第26条第2款规定，产品质量应当符合下列要求：①不存在危及人身、财产安全的不合理的危险，有保障人体健康和人身、财产安全的国家标准、行业标准的，应当符合该标准；②具备产品应当具备的使用性能，但是，对产品存在使用性能的瑕疵作出说明的除外；③符合在产品或者其包装上注明采用的产品标准，符合以产品说明、实物样品等方式表明的质量状况。对产品的性质难以确定时，则应当委托法律、行政法规规定的产品质量检验机构进行鉴定。比如，一些"三无产品"因没有正规、合格的产品作为对照故难以判断是否"伪劣"，则需要由公诉机关委托鉴定。值得注意的是，并非所有不符合《产品质量法》第26条第2款要求的产品，一律属于本罪中的不合格产品。比如，产品本身质量合格，只是在包装上标注了错误的产品标准的，因不具有实质性的质量瑕疵，不应认定为刑法意义的"劣产品"。

【行为】根据《办理伪劣商品刑案解释》（2001）第1条，本罪有4种表现方式：①在产品中掺杂、掺假，指在生产、销售的产品中掺入杂质或者异物，致使产品质量不符合国家法律、法规或者产品明示质量标准规定的质量要求，降低、失去应有的使用性能的行为。例如，在酒中加水、在磷肥中加入同样颜色的泥土。②以假充真，指以不具有某种使用性能的产品冒充具有该种使用性能的产品的行为。例如，以自来水冒充矿泉水。③以次充好，指以低等级、低档次的产品冒充高等级、高档次的产品，或者以残次、废旧零配件组合、拼装后冒充正品或者新产品的行为。④以不合格产品冒充合格产品。行为人只要实施了上述行为之一，即可构成犯罪，司法实践中，是以假充真、以次充好，还是以不合格产品冒充合格产品，可能很难作出绝对区分，实际上也没有区分的必要，只要实施其中一种行为即可定罪，同时实施多种行为的，也只以一罪论处。

【案例】　　　　　　　　**王某成生产、销售伪劣产品案**[1]

1992年末，王某成组织生产了不具备基本使用性能的劣质产品——重油膨化剂、重柴油膨化剂，并以前述产品在使用时可节油20%～30%为名，骗取购货方的信任，销售其伪劣产品。自1993年2月至1994年11月间，王某成先后向沈阳冶炼厂等7家单位，销售伪劣重油膨化剂、重柴油膨化剂60余吨，违法所得人民币393万元。法院以生产、销售伪劣商品罪判处王某成有期徒刑10年。

裁判要旨：某一新产品如没有国际标准、国家标准、行业标准、地方标准可供执行，应执行企业标准。根据企业标准生产、销售的产品，应当具备其许诺的使用性能，否则就是不合格产品。

本罪中的生产，包括产品的制造与加工；销售包括批发和零售。生产、销售者是否取得有关产品的生产、销售的执照或许可，在所不问。

【结果】销售金额在5万元以上。生产、销售伪劣产品的销售金额没有达到5万元的，不构成本罪。销售金额，指生产者、销售者出售伪劣产品后所得和应得的全部违法收入。

【主观】故意，即行为人明知生产、销售伪劣产品的行为会发生破坏市场经济秩序、侵犯消费者合法权益的危害结果，仍然希望或放任这种结果发生。如果生产者确实不知道使用的原材料被掺杂、掺假或者不符合标准，销售者确实不知道其销售的商品是伪劣产品，则不构成本罪。行为人实施该类犯罪一般是为了谋取非法利润，但谋取非法利润的目的或动机不是本罪的构成要件要素。

【罪量】本罪有三档加重犯，分别以"销售金额20万元以上不满50万元""销售金额50万元以上不满200万元"和"销售金额200万元以上"为要件。

（二）适用

【定罪】1. 销售金额不足5万元的，不构成生产、销售伪劣产品罪。属于一般违法行为的，可由工商行政部门适当给予行政处罚。

2. 伪劣产品尚未销售，货值金额达到《刑法》第140条规定的销售金额3倍（即15万元）以上的，以生产、销售伪劣产品罪（未遂）定罪处罚。货值金额以违法生产、销售的伪劣产品的标价计算；没有标价的，按照同类合格产品的市场中间价格计算。对于多次实施生

---

[1] 中华人民共和国最高人民法院刑事审判第一庭、第二庭编：《刑事审判案例》，法律出版社2002年版，第156~158页。

产、销售伪劣产品行为，未经处理的，伪劣产品的销售金额或者货值金额累计计算。

【共犯】根据《办理伪劣商品刑案解释》（2001）第9条，知道或者应当知道他人实施生产、销售伪劣商品犯罪，而为其提供贷款、资金、账号、发票、证明、许可证件，或者提供生产、经营场所或者运输、仓储、保管、邮寄等便利条件，或者提供制假生产技术的，以生产、销售伪劣商品犯罪的共犯论处。

【罪数】1. 行为人生产销售《刑法》第141～148条之各类伪劣产品构成犯罪，同时又达到第140条之罪的数额标准的，是想象竞合犯。例如，甲销售假药，销售额达到10万元，既构成第141条之销售假药罪，又构成第140条之销售伪劣产品罪，根据《刑法》第149条，按照处罚较重的规定定罪处罚。

2. 生产、销售伪劣产品，同时构成侵犯知识产权、非法经营等其他犯罪的，依照处罚较重的规定定罪处罚。

3. 生产、销售伪劣产品，又以暴力、威胁方法抗拒查处，构成其他犯罪的，依照数罪并罚的规定处罚。

二、生产、销售、提供假药罪

《刑法》第141条　生产、销售假药的，处三年以下有期徒刑或者拘役，并处罚金；对人体健康造成严重危害或者有其他严重情节的，处三年以上十年以下有期徒刑，并处罚金；致人死亡或者有其他特别严重情节的，处十年以上有期徒刑、无期徒刑或者死刑，并处罚金或者没收财产。

药品使用单位的人员明知是假药而提供给他人使用的，依照前款的规定处罚。

（一）构成要件

【对象】假药。2019年修订后的《药品管理法》，对假药的范围作出重大调整，取消了"按假药论处"的有关规定。认定假药时强调功效标准，对于未取得药品批准证明文件生产、进口的药品，不再以假药论处，而是规定了另外的法律责任。根据《药品管理法》（2019年修订）第98条第2款，"假药"指：①药品所含成分与国家药品标准规定的成分不符；②以非药品冒充药品或者以他种药品冒充此种药品；③变质的药品；④药品所标明的适应症或者功能主治超出规定范围。为确保法律适用的衔接，在《药品管理法》对假药的范围作出重大修订后，《刑法修正案（十一）》也进行了相应调整，删除了《刑法》第141条原第2款"本条所称假药，是指依照《中华人民共和国药品管理法》的规定属于假药和按假药处理的药品、非药品"之规定。尽管刑法条文不再直接引用《药品管理法》的相关规定，但从该罪法定犯的属性出发，行政法上不属于假药的药品、非药品不可能成为本罪的对象。本罪所称假药限于供人服用的药品，不包括兽药。但以兽药冒充人用药出售的，以本罪论处。

【行为】生产、销售、提供假药。生产，指非法制造、加工假药的行为。销售，指将自己生产或他人生产的假药非法出售（批发或零售）的行为。生产和销售虽有联系但并不相同，行为人可能只生产假药而不销售假药，也可能只销售假药而不生产假药，只要生产或者销售具备其一，即构成犯罪。如果行为人既生产又销售的，则构成生产、销售假药罪，不实行数罪并罚。

《刑法修正案（十一）》增设一种行为类型——提供假药，明确"药品使用单位的人员明知是假药而提供给他人使用的，依照前款的规定处罚"。需要注意：本罪中的提供以无偿提供为限。药品使用单位的人员有偿提供假药给他人使用的，以销售假药罪论处，因为"此种情形下，有关行为的性质与通常的销售行为并无本质差异"。[1] 而且，根据《办理危害药品安全刑案解释》（2022）第 6 条第 2 款，药品使用单位及其工作人员明知是假药而有偿提供给他人使用的，应认定为销售假药；《药品管理法》（2019 年修订）第 119 条也有将药品使用单位使用假药的，按照销售假药处罚的规定。

【主观】故意，即明知是假药而生产、销售、提供。

【加重犯】本罪有两档加重犯，分别以"对人体健康造成严重危害或者有其他严重情节"和"致人死亡或者有其他特别严重情节"为要件。

（二）适用

【定罪】行为人实施了生产、销售、提供假药的行为，即可成立犯罪。《刑法》原第 141 条规定以"足以严重危害人体健康"为要件，《刑法修正案（八）》删除此要件，表明本罪变为行为犯或者抽象危险犯。提供假药罪的相关条款对此虽无明文规定，但"依照前款的规定定罪处罚"的引证式立法表明，《刑法》第 141 条第 2 款与第 1 款在结果要件和处罚力度上应保持一致，提供假药罪也不以对人体健康造成实害或者具体危险为必要。不过，根据《办理危害药品安全刑案解释》（2022）第 18 条，销售少量根据民间传统配方私自加工的药品，没有造成他人伤害后果或者延误诊治，或者不以营利为目的实施带有自救、互助性质的生产、进口、销售药品的行为，不认为是犯罪。

【共犯】根据《办理危害药品安全刑案解释》（2022）第 9 条，明知他人实施危害药品安全犯罪，而有下列情形之一的，以共同犯罪论处：①提供资金、贷款、账号、发票、证明、许可证件的；②提供生产、经营场所、设备或者运输、储存、保管、邮寄、销售渠道等便利条件的；③提供生产技术或者原料、辅料、包装材料、标签、说明书的；④提供虚假药物非临床研究报告、药物临床试验报告及相关材料的；⑤提供广告宣传的；⑥提供其他帮助的。

三、生产、销售、提供劣药罪

《刑法》第 142 条　生产、销售劣药，对人体健康造成严重危害的，处三年以上十年以下有期徒刑，并处罚金；后果特别严重的，处十年以上有期徒刑或者无期徒刑，并处罚金或者没收财产。

药品使用单位的人员明知是劣药而提供给他人使用的，依照前款的规定处罚。

（一）构成要件

【行为】违反国家药品管理法规，生产、销售、提供劣药。根据《药品管理法》第 98 条第 3 款，"劣药"指：①药品成分的含量不符合国家药品标准；②被污染的药品；③未标明或者更改有效期的药品；④未注明或者更改产品批号的药品；⑤超过有效期的药品；⑥擅自添加防腐剂、辅料的药品；⑦其他不符合药品标准的药品。上述 7 种劣药情形均来源于修订前假、劣药的规定，即原《药品管理法》中"按劣药论处"的第 1、2、3、5、6 项以及"按假药论处"的第 4 项，个别条文内容略有修改，如劣药中"擅自添加着色剂、防腐剂、香料、矫味剂及辅料的"修改为"擅自添加防腐剂、辅料的药品"，但并未新设项目。对"生产""销售""提供"行为的理解与前罪相同。

【结果】对人体健康造成严重危害。由于劣药比假药的危害性小，因此，生产、销售、提供劣药对人体造成严重危害的，才构成本罪。提供劣药罪的相关条款虽未明确规定结果要件，但"依照前款的规定定罪处罚"的法律后果表明，《刑法》第 142 条第 2 款与第 1 款在入罪要

---

[1] 杨万明主编：《〈刑法修正案（十一）〉条文及配套〈罪名补充规定（七）〉理解与适用》，人民法院出版社 2021 年版，第 74 页。

件和处罚力度上应保持一致,提供假药罪作为结果犯,也必须对人体健康造成严重危害。根据《办理危害药品安全刑案解释》(2022)第5条第2款,有下列情形之一的,应认定为"对人体健康造成严重危害":①造成轻伤或者重伤的;②造成轻度残疾或者中度残疾的;③造成器官组织损伤导致一般功能障碍或者严重功能障碍的;④其他对人体健康造成严重危害的情形。

【主观】故意,明知是劣药而生产、销售、提供。

【加重犯】后果特别严重。具体标准参见《办理危害药品安全刑案解释》(2022)第5条第3款。

(二) 适用

【关联罪】本罪与生产、销售、提供假药罪的区别。要点是:①对象不同。本罪生产、销售、提供的是劣药,后者生产、销售、提供的是假药。②结果要件不同。本罪要求造成损害人体健康的严重危害结果,是结果犯也是侵害犯;后者只要求实施了生产、销售、提供假药的行为,不要求造成严重危害人体健康的结果或具体危险,是抽象危险犯(或行为犯)。

【共犯】根据《办理危害药品安全刑案解释》(2022)第9条,明知他人实施危害药品安全犯罪,而有下列情形之一的,以共犯论处:①提供资金、贷款、账号、发票、证明、许可证件的;②提供生产、经营场所、设备或者运输、储存、保管、邮寄、网络销售渠道等便利条件的;③提供生产技术或者原料、辅料、包装材料、标签、说明书的;④提供虚假药物非临床研究报告、药物临床试验报告及相关材料的;⑤提供广告宣传的;⑥提供其他帮助的。

四、妨害药品管理罪[1]

《刑法》第142条之一 违反药品管理法规,有下列情形之一,足以严重危害人体健康的,处三年以下有期徒刑或者拘役,并处或者单处罚金;对人体健康造成严重危害或者有其他严重情节的,处三年以上七年以下有期徒刑,并处罚金:

(一) 生产、销售国务院药品监督管理部门禁止使用的药品的;

(二) 未取得药品相关批准证明文件生产、进口药品或者明知是上述药品而销售的;

(三) 药品申请注册中提供虚假的证明、数据、资料、样品或者采取其他欺骗手段的;

(四) 编造生产、检验记录的。

有前款行为,同时又构成本法第一百四十一条、第一百四十二条规定之罪或者其他犯罪的,依照处罚较重的规定定罪处罚。

(一) 构成要件

【行为】具有《刑法》第142条之一第1款规定的4种行为。《刑法修正案(十一)》将一些此前"以假药论处"的情形和违反药品生产质量管理规范的行为纳入本罪的处罚范围。具体包括:

1. 生产、销售国务院药品监督管理部门禁止使用的药品。"国务院药品监督管理部门禁止使用的药品",包括根据《药品管理法》(2019年修订)的规定,属于疗效不确切、不良反应大或者因其他原因危害人体健康的情形,被依法注销药品注册证书,禁止使用的药品。

2. 未取得药品相关批准证明文件生产、进口药品或者明知是上述药品而销售。对于"药品相关批准证明文件"的理解,立法机关采取广义说,除了制剂批准文号、药品注册证、进口药品注册证、医药产品注册证或者进口药品批件之外,还包括《药品管理法》(2019年修订)第116条中与药品批准证明文件并列出现的药品生产、经营许可证和医疗机构制剂许可证。

3. 药品申请注册中提供虚假的证明、数据、资料、样品或者采取其他欺骗手段。药品注

---

[1] 本罪由《刑法修正案(十一)》增设。

册申请,是指药品注册申请人依照法定程序和相关要求提出药物临床试验、药品上市许可、再注册等申请以及补充申请的行为。2019 年修订后的《药品管理法》第 24 条第 2 款规定:"申请药品注册,应当提供真实、充分、可靠的数据、资料和样品,证明药品的安全性、有效性和质量可控性。"这里的"数据、资料、样品",包括药物临床试验、药品上市许可、再注册等申请以及补充申请的数据、资料和样品。

4. 编造生产、检验记录。生产、检验记录是药品生产管理的基础性资料,建立完整准确的药品生产、检验记录,才能真实反映企业生产全过程的实际情况,有利于药品生产单位加强对药品生产质量的控制,也有利于药品监督管理部门对药品生产质量实施监督。受 2018 年长生系疫苗造假案件的影响,2019 年修订后的《药品管理法》不仅在第 44 条第 1 款规定"药品应当按照国家药品标准和经药品监督管理部门核准的生产工艺进行生产。生产、检验记录应当完整准确,不得编造",还将"编造生产、检验记录"纳入第 124 条规定的违法行为。

【结果】足以严重危害人体健康。参考《办理伪劣商品刑案解释》(2001)第 3 条第 1 款对于"足以严重危害人体健康"的界定,生产、销售国务院药品监督管理部门禁止使用的药品具有(但不限于)下列情形之一的,可认为达到本罪入罪所要求的具体危险:①含有超标准的有毒有害物质;②不含所标明的有效成分,可能贻误诊治;③所标明的适应症或功能主治超出规定范围,可能造成贻误诊治;④缺乏所标明的急救必需的有效成分。[1] 本罪后 3 项行为"未取得批准文件""申请注册作假""生产、检验记录造假"并不必然对应药品品质瑕疵,因此,除可能贻误诊治的后果以外,还应当"从违反国家药品管理法规,生产、销售药品的数量、货值和违法所得金额等方面综合评判"。[2]

【主观】故意。

【加重犯】对人体健康造成严重危害或者有其他严重情节。对该加重事由的理解,可参照《办理危害药品安全刑案解释》(2022)的相关规定。此外,由于本罪只设置一档加重犯,没有区分"其他严重情节"和"其他特别严重情节",因此,对其他严重情节的判断,主要依据"金额、生产规模、社会形势以及社会特殊群体等,具体适用时需要司法解释根据 3 年到 7 年的刑罚幅度具体给出量刑指导,并实现与劣药犯罪、假药犯罪的刑罚均衡"。[3]

(二)适用

【罪数】《刑法》第 142 条之一第 2 款规定:"有前款行为,同时又构成本法第一百四十一条、第一百四十二条规定之罪或者其他犯罪的,依照处罚较重的规定定罪处罚。"如果行为人既妨害药品管理,同时又触犯生产、销售、提供假药、假劣药犯罪或走私犯罪,则从一重罪论处。

【案例】 **贺某、李某销售假药案**[4]

2015 年至 2016 年 9 月,贺某、李某在明知"吉非替尼片"(即印度版"易瑞莎")系未经批准进口的药品的情况下,由李某在广东省广州市以人民币 400 元/盒的价格从他人处购买"吉非替尼片"后加价销售给贺某,贺某从李某处购买"吉非替尼片"后再次加价销售给他人,并联系李某由李某将上述药品以快递的方式寄送给购买者,谋取非法利益。贺某、李某通

---

[1] 参见时延安、陈冉、敖博:《〈刑法修正案(十一)〉评注与案例》,中国法制出版社 2021 年版,第 132 页。

[2] 杨万明主编:《〈刑法修正案(十一)〉条文及配套〈罪名补充规定(七)〉理解与适用》,人民法院出版社 2021 年版,第 88 页。

[3] 时延安、陈冉、敖博:《〈刑法修正案(十一)〉评注与案例》,中国法制出版社 2021 年版,第 135 页。

[4] 重庆市第五中级人民法院(2018)渝 05 刑终 159 号刑事判决书。

过上述方式6次向位于重庆市九龙坡区南方花园的下家朱某某销售共计70盒"吉非替尼片",具体销售价格为李某向贺某以人民币500元/盒的价格销售,共计销售金额为人民币35 000余元,非法获利人民币7000余元;贺某向朱某某以人民币1300元/盒的价格销售,销售金额为人民币91 000余元,非法获利人民币56 000余元。2016年9月9日,公安人员在重庆市某某医院抓获朱某某,并从其身上查获剩余的5盒"吉非替尼片",后朱某某男友将从重庆市渝北区天宫街道财富中心国际公寓处收到的朱某某从贺某处购得的10盒"吉非替尼片"交由公安机关。经重庆市食品药品监督管理局认定,上述"吉非替尼片"未经批准进口,应按假药论处。法院认为,贺某、李某在明知"吉非替尼片"未获得国家食品药品监督管理局批准进口,应按照假药认定的情况下,仍然销售给他人,其行为已构成销售假药罪。

评析:本案的争议焦点在于,销售未经批准进口但具有治疗性的仿制药,应当如何定性?按照修订前的《药品管理法》,本案两被告人销售的"吉非替尼片"在"按假药论"的范围内。根据修订前的《刑法》第141条第2款,即"本条所称假药,是指依照《中华人民共和国药品管理法》的规定属于假药和按假药处理的药品、非药品"。据此,法院将其销售"吉非替尼片"的行为定性为销售假药罪。对于假药的含义,法院只进行形式解释,而未实质考虑其对人体健康是否具有危害性。此前,在电影《我不是药神》的原型"陆某案"中,最终出罪依靠的是对"销售"行为而非对"假药"的限缩解释。这一情况在2019年《药品管理法》修订后有所改变。此次修法对假药的范围作出重大调整,取消了"按假药论处"的有关规定,对假药认定强调功效标准,未取得药品批准证明文件进口药品的,不再以假药论处,而是规定了另外的法律责任。随后《刑法修正案(十一)》也进行了相应修改,删除了《刑法》第141条原第2款对"假药"的定义。尽管刑法条文不再直接引用药品管理法的规定,但从该罪法定犯的属性出发,行政法上不属于假药的药品、非药品不可能成为本罪的行为对象。销售未经批准进口的仿制药的,不再一律成立销售假药罪。根据修订后的《刑法》第142条之一,如果足以严重危害人体健康,该行为可能构成妨害药品管理罪;如果非但不危害人体健康还颇有治疗效果,则既不构成销售假药罪也不构成妨害药品管理罪。

五、生产、销售不符合食品安全标准的食品罪

《刑法》第143条 生产、销售不符合食品安全标准的食品,足以造成严重食物中毒事故或者其他严重食源性疾病的,处三年以下有期徒刑或者拘役,并处罚金;对人体健康造成严重危害或者有其他严重情节的,处三年以上七年以下有期徒刑,并处罚金;后果特别严重的,处七年以上有期徒刑或者无期徒刑,并处罚金或者没收财产。

(一)构成要件

【行为】违反国家食品安全管理法规,生产、销售不符合食品安全标准的食品。根据《办理危害食品安全刑案解释》(2021)第5条,可以表现为:①在食品生产、销售、运输、贮存等过程中,违反食品安全标准,超限量或者超范围滥用食品添加剂;②在食用农产品种植、养殖、销售、运输、贮存等过程中,违反食品安全标准,超限量或者超范围滥用添加剂、农药、兽药等。

【结果】足以造成严重食物中毒事故或者其他严重食源性疾病。本罪是具体危险犯,根据《办理危害食品安全刑案解释》(2021)第1条,具有下列情形之一的,应当认定为"足以造成严重食物中毒事故或者其他严重食源性疾病":①含有严重超出标准限量的致病性微生物、农药残留、兽药残留、生物毒素、重金属等污染物质以及其他严重危害人体健康的物质;②属于病死、死因不明或者检验检疫不合格的畜、禽、兽、水产动物肉类及其制品;③属于国家为防控疾病等特殊需要明令禁止生产、销售;④特殊医学用途配方食品、专供婴幼儿的主辅食品营养成分严重不符合食品安全标准；⑤其他足以造成严重食物中毒事故或者严重食源性疾病的情形。

生产、销售不符合食品安全标准的食品，无证据证明足以造成严重食物中毒事故或者其他严重食源性疾病，不构成本罪，但不排除成立生产、销售伪劣产品罪等其他犯罪。

【主观】故意。

【加重犯】本罪有两档加重犯，分别以"对人体健康造成严重危害"或者有"其他严重情节"和"后果特别严重"为要件。具体标准参见《办理危害食品安全刑案解释》（2021）第2条、第3条和第4条。

（二）适用

【定罪】在食品生产、销售、运输、贮存等过程中，使用不符合食品安全标准的食品包装材料、容器、洗涤剂、消毒剂，或者用于食品生产经营的工具、设备等，造成食品被污染，符合《刑法》第143条规定的，以本罪定罪处罚。

【共犯】明知他人生产、销售不符合食品安全标准的食品，具有下列情形之一的，以生产、销售不符合安全标准的食品罪的共犯论处：①提供资金、贷款、账号、发票、证明、许可证件；②提供生产、经营场所或者运输、贮存、保管、邮寄、销售渠道等便利条件；③提供生产技术或者食品原料、食品添加剂、食品相关产品或者有毒、有害的非食品原料的；④提供广告宣传；⑤提供其他帮助行为。

六、生产、销售有毒、有害食品罪

《刑法》第144条　在生产、销售的食品中掺入有毒、有害的非食品原料的，或者销售明知掺有有毒、有害的非食品原料的食品的，处五年以下有期徒刑，并处罚金；对人体健康造成严重危害或者有其他严重情节的，处五年以上十年以下有期徒刑，并处罚金；致人死亡或者有其他特别严重情节的，依照本法第一百四十二条的规定处罚。

（一）构成要件

【行为】在生产、销售的食品中掺入有毒、有害的非食品原料，或者销售掺有有毒、有害的非食品原料的食品。根据《办理危害食品安全刑案解释》（2021）第11条，本罪的行为具体表现为：①在食品生产、销售、运输、贮存等过程中，掺入有毒、有害的非食品原料，或者使用有毒、有害的非食品原料生产食品；②在食用农产品种植、养殖、销售、运输、贮存等过程中，使用禁用农药、食品动物中禁止使用的药品及其他化合物等有毒、有害的非食品原料；③在保健食品或者其他食品中非法添加国家禁用药物等有毒、有害的非食品原料。本罪中的掺入，不仅包括将有毒、有害的非食品原料加入到生产、销售的食品中，还包括把这些有毒、有害的非食品原料直接当作食品或者食品原料出售。

根据《办理危害食品安全刑案解释》（2021）第9条，有毒、有害的非食品原料包括：①因危害人体健康，被法律、法规禁止在食品生产经营活动中添加、使用的物质；②因危害人体健康，被国务院有关部门列入《食品中可能违法添加的非食用物质名单》《保健食品中可能非法添加的物质名单》和国务院有关部门公告的禁用农药、《食品动物中禁止使用的药品及其他化合物清单》等名单上的物质；③其他有毒、有害的物质。

【主观】故意，明知是有毒、有害食品原料而故意掺入，或者明知是掺有有毒、有害的非食品原料的食品而故意销售。本罪中的明知，应综合行为人的认知能力、食品质量、进货或者销售的渠道及价格等主、客观因素进行认定。具有下列情形之一的，可以认定为"明知"，但存在相反证据并经查证属实的除外：①长期从事相关食品、食用农产品生产、种植、养殖、销售、运输、贮存行业，不依法履行保障食品安全义务；②没有合法有效的购货凭证，且不能提供或者拒不提供销售的相关食品来源；③以明显低于市场价格进货或者销售且无合理原因；④在有关部门发出禁令或者食品安全预警的情况下继续销售；⑤因实施危害食品安全行为受过行政处罚或者刑事处罚，又实施同种行为；⑥其他足以认定行为人明知的情形。

【加重犯】本罪有两档加重犯，分别以"对人体健康造成严重危害"或者有"其他严重情节"和"致人死亡"或者有"其他特别严重情节"为要件。具体标准参见《办理危害食品安全刑案解释》（2021）第6条、第7条和第8条。

（二）适用

【定罪】1. 本罪是抽象危险犯，行为人实施了生产、销售有毒、有害食品的行为，通常可构成犯罪。但是，犯罪应有较严重的社会危害性，如果情节显著轻微危害不大的，如偶尔售卖少量含有"伟哥"成分的性保健品的，不认为是犯罪。

2. 利用"地沟油"生产食用油，或者明知是利用"地沟油"生产的食用油而予以销售的，以本罪论处。地沟油，指餐厨垃圾、废弃油脂、各类肉及肉制品加工废弃物等非食品原料。认定是否明知，应结合犯罪嫌疑人、被告人的认知能力，犯罪嫌疑人、被告人及其同案人的供述和辩解，证人证言，产品质量，进货渠道及进货价格，销售渠道及销售价格等主、客观因素予以综合判断。虽无法查明食用油是否系利用"地沟油"生产、加工，但犯罪嫌疑人、被告人明知该食用油来源可疑而予以销售的，应根据不同情形分别处理：经鉴定，检出有毒、有害成分的，以本罪论处；属于不符合安全标准的食品的，依照《刑法》第143条销售不符合安全标准的食品罪追究刑事责任；属于以假充真、以次充好、以不合格产品冒充合格产品或者假冒注册商标，构成犯罪的，依照《刑法》第140条之销售伪劣产品罪或者第213条之假冒注册商标罪、第214条之销售假冒注册商标的商品罪追究刑事责任。

3. 在食品生产、销售、运输、贮存等过程中，使用不符合食品安全标准的食品包装材料、容器、洗涤剂、消毒剂，或者用于食品生产经营的工具、设备等，造成食品被污染，符合《刑法》第144条规定的，以生产、销售有毒、有害食品罪定罪处罚。

【关联罪】1. 本罪与生产、销售不符合食品安全标准的食品罪的界限。两罪在客体、主体、主观方面等存在相同或相似之处，区别的要点是：①生产、销售食品的性质不同。本罪造成危害是"有毒、有害的非食品原料"，包括本身就不是食品的物质，如用工业酒精甲醇兑制假白酒，也包括在食品中掺入有毒、有害的物质，如白酒中加敌敌畏冒充茅台酒，使用工业用油加工饼干、糕点等；后罪造成危害通常是食品本身因变质而产生毒害。②本罪是行为犯（或抽象危险犯），只要实施了生产、销售有毒、有害食品的行为，即构成犯罪；后罪是具体危险犯，除了实施生产、销售不符合食品安全标准的食品的行为，还要足以造成严重食物中毒或者其他严重食源性疾病，才能成立犯罪。

2. 本罪与投放危险物质罪的区别。要点是：①客观方面不同。本罪的客观方面表现为在生产、销售的食品中掺入有毒、有害的非食品原料；后罪除了在食品中投放危险物质，还可能在其他场合（如公共饮用水源、河流等处）投放危险物质。②主体不同。本罪的主体是已满16周岁具有刑事责任能力的自然人，也包括单位；后罪的主体是已满14周岁具有刑事责任能力的自然人（如果以投毒方式故意杀人、故意伤害，致人死亡或者以特别残忍手段致人重伤造成残疾，情节恶劣，经最高人民检察院核准，刑事责任年龄可降低为已满12周岁），不包括单位。

【共犯】1. 明知他人生产、销售有毒、有害食品，具有下列情形之一的，以本罪的共犯论处：①提供资金、贷款、账号、发票、证明、许可证件；②提供生产、经营场所或者运输、贮存、保管、邮寄、销售渠道等便利条件；③提供生产技术或者食品原料、食品添加剂、食品相关产品或者有毒、有害的非食品原料;④提供广告宣传;⑤提供其他帮助行为。

2. 负有食品安全监督管理职责的国家机关工作人员与他人共谋,利用其职务行为帮助他人实施危害食品安全犯罪行为,同时构成渎职犯罪和危害食品安全犯罪共犯的,依照处罚较重的规定定罪,从重处罚。

七、生产、销售不符合标准的医用器材罪

《刑法》第145条　生产不符合保障人体健康的国家标准、行业标准的医疗器械、医用卫生材料,或者销售明知是不符合保障人体健康的国家标准、行业标准的医疗器械、医用卫生材料,足以严重危害人体健康的,处三年以下有期徒刑或者拘役,并处销售金额百分之五十以上二倍以下罚金;对人体健康造成严重危害的,处三年以上十年以下有期徒刑,并处销售金额百分之五十以上二倍以下罚金;后果特别严重的,处十年以上有期徒刑或者无期徒刑,并处销售金额百分之五十以上二倍以下罚金或者没收财产。

【对象】不符合保障人体健康的国家标准、行业标准的医疗器械、医用卫生材料。医疗器械,指用于诊断、治疗、预防人体疾病的仪器、设备等物品。医用卫生材料,指在治疗过程中用于治病、防病的辅助材料,如医用包扎纱布、胶皮手套等。没有国家标准、行业标准的医疗器械,注册产品标准可视为保障人体健康的行业标准。

【行为】生产、销售不符合标准的医疗器械、医用卫生材料。医疗机构或者个人购买并有偿使用的,可视为销售。根据《办理伪劣商品刑案解释》(2001)第6条第4款,医疗机构或者个人,知道或者应当知道是不符合保障人体健康的国家标准、行业标准的医疗器械、医用卫生材料而购买、使用,对人体健康造成严重危害的,以销售不符合标准的医用器材罪定罪处罚。

【结果】足以对人体健康造成严重危害。本罪是具体危险犯,根据《立案标准(一)》(2008)第21条,生产、销售不符合保障人体健康的国家标准、行业标准的医疗器械、医用卫生材料,涉嫌下列情形之一的,应予立案追诉:①进入人体的医疗器械的材料中含有超过标准的有毒有害物质的;②进入人体的医疗器械的有效性指标不符合标准要求,导致治疗、替代、调节、补偿功能部分或者全部丧失,可能造成贻误诊治或者人体严重损伤的;③用于诊断、监护、治疗的有源医疗器械的安全指标不符合强制性标准要求,可能对人体构成伤害或者潜在危害的;④用于诊断、监护、治疗的有源医疗器械的主要性能指标不合格,可能造成贻误诊治或者人体严重损伤的;⑤未经批准,擅自增加功能或者适用范围,可能造成贻误诊治或者人体严重损伤的;⑥其他足以严重危害人体健康或者对人体健康造成严重危害的情形。

【主观】故意。单位或者个人知道或者应当知道是不符合保障人体健康的国家标准、行业标准的医疗器械、医用卫生材料而生产、销售。

【加重犯】本罪有两档加重犯,分别以"对人体健康造成严重危害"和"后果特别严重"为要件。

八、生产、销售不符合安全标准的产品罪

《刑法》第146条　生产不符合保障人身、财产安全的国家标准、行业标准的电器、压力容器、易燃易爆产品或者其他不符合保障人身、财产安全的国家标准、行业标准的产品,或者销售明知是以上不符合保障人身、财产安全的国家标准、行业标准的产品,造成严重后果的,处五年以下有期徒刑,并处销售金额百分之五十以上二倍以下罚金;后果特别严重的,处五年以上有期徒刑,并处销售金额百分之五十以上二倍以下罚金。

(一)构成要件

【对象】不符合安全标准的产品,指不符合保障人身、财产安全的国家标准、行业标准的

电器、压力容器、易燃易爆产品或者其他不符合保障人身、财产安全的国家标准、行业标准的产品。如果行为人生产的产品符合国家标准、行业标准，即使发生严重后果，也不成立本罪。

【行为】生产、销售不符合安全标准的产品。

【结果】造成严重后果。根据《立案标准（一）》（2008）第22条，造成人员重伤、死亡或者直接经济损失10万元以上的，应予立案追诉。

【主观】故意。

【加重犯】后果特别严重。

【案例】　　刘某均、王某凯等生产、销售不符合安全标准的产品案[1]

刘某均无生产加工能力却承揽虹桥主拱钢管构件的供货业务，明知主拱钢管没有出厂合格证、质量保证书却直接销往需方，在得知质量不合格时，串通作假，致使不符合安全标准的产品用于虹桥主体，给虹桥工程留下严重质量隐患，法院以销售不符合安全标准的产品罪对其判处有期徒刑13年。

（二）适用

【定罪】实践中，行为与危害结果之间因果关系的认定是比较复杂的问题。对于不符合安全标准的产品产生危害结果，到底是由于产品质量所致，还是由于使用者违反常规或说明使用所致，双方当事人往往各执一词，并在一些情况下，无法对"造成严重后果"的产品进行检测，或者无法通过检测得出结论，在这种情况下，行为和结果之间是否具有因果关系，主要还是通过产品是否符合国家标准、行业标准来进行判断。如果生产、销售者的行为与危害结果之间不存在因果关系，不能追究其刑事责任：①危害结果由于被害人使用不当造成；②危害结果由第三人造成，一般认为与生产、销售者的行为没有因果关系。

【关联罪】本罪与生产、销售伪劣产品罪的区别。要点是：①对象不同。本罪的对象是不符合保障人身、财产安全的国家标准、行业标准的伪劣产品；后罪的对象不涉及人身、财产安全。②故意内容不同。本罪要求行为人明知其所生产、销售的产品是保障人身、财产安全的产品，且没有达到国家标准、行业标准；后罪只要求行为人明知所生产、销售的产品是不符合产品质量标准的产品。③定罪标准和依据不同。构成本罪，不仅要求行为人生产、销售不符合安全标准的产品，还必须造成严重后果；后罪则不要求造成严重后果，只要生产、销售伪劣产品的金额达到5万元以上，就可构成犯罪。如果生产、销售不符合安全标准的产品，没有造成严重后果，但销售金额在5万元以上的，以生产、销售伪劣产品罪定罪处罚。

九、生产、销售伪劣农药、兽药、化肥、种子罪

《刑法》第147条　生产假农药、假兽药、假化肥，销售明知是假的或者失去使用效能的农药、兽药、化肥、种子，或者生产者、销售者以不合格的农药、兽药、化肥、种子冒充合格的农药、兽药、化肥、种子，使生产遭受较大损失的，处三年以下有期徒刑或者拘役，并处或者单处销售金额百分之五十以上二倍以下罚金；使生产遭受重大损失的，处三年以上七年以下有期徒刑，并处销售金额百分之五十以上二倍以下罚金；使生产遭受特别重大损失的，处七年以上有期徒刑或者无期徒刑，并处销售金额百分之五十以上二倍以下罚金或者没收财产。

【对象】假的或者失去使用效能的或者不合格的农药、兽药、化肥、种子。

【行为】本罪包括3种行为方式：①生产假农药、假兽药、假化肥；②销售假的或者失去使用效能的农药、兽药、化肥、种子；③生产者、销售者以不合格的农药、兽药、化肥、种子

---

[1] 中华人民共和国最高人民法院刑事第一庭、第二庭编：《刑事审判案例》，法律出版社2000年版，第187~189页。

冒充合格的农药、兽药、化肥、种子。

【结果·罪量】使生产遭受较大损失。根据《办理伪劣商品刑案解释》（2001）第7条，这里的"较大损失"，一般以2万元为起点。

【主观】故意。

【加重犯】本罪有两档加重犯，分别以"使生产遭受重大损失"和"使生产遭受特别重大损失"为要件。根据《办理伪劣商品刑案解释》（2001）第7条，"重大损失"，一般以10万元为起点；"特别重大损失"，一般以50万元为起点。

十、生产、销售不符合卫生标准的化妆品罪

《刑法》第148条 生产不符合卫生标准的化妆品，或者销售明知是不符合卫生标准的化妆品，造成严重后果的，处三年以下有期徒刑或者拘役，并处或者单处销售金额百分之五十以上二倍以下罚金。

【对象】不符合卫生标准的化妆品。化妆品，指以涂擦、喷洒或者类似的方法，散布于人体表面某一部位（皮肤、毛发、指甲、口唇等），以达到清洁、消除不良气味、护肤、美容和修饰目的的日用化学工业品。不符合卫生标准化妆品的范围，可根据《化妆品监督管理条例》的规定予以认定。

【行为】生产、销售不符合卫生标准的化妆品。

【结果·罪量】造成严重后果。根据《立案标准（一）》（2008）第24条，包括下列情形之一：①容貌毁损或者皮肤严重损伤的；②器官组织损伤导致严重功能障碍的；③精神失常或者自杀、自残造成重伤、死亡的。

【主观】故意。明知是不符合卫生标准的化妆品而生产、销售。

第三节 走私罪

一、走私罪概说

走私罪并非一个具体罪名，而是一类犯罪的统称，包括10个罪名。

走私，是违反海关法规，逃避海关监管，运送物品出入国（边）境的行为。针对"自贸区"，有学者主张建立"关境"概念，"关境是指一个国家的海关法得以完全适用的区域。申言之，关境以内即一国海关法适用的地理空间范围，货物、物品一旦进入一国之内，就应当受到该国海关部门的监管，接受该国海关法的管辖"。以关境概念为基础，根据货品是否禁止出入国（边）境，区分一线、二线，分别掌握走私行为的认定。[1]

根据对象的不同，走私罪可分为两类：①《刑法》第151条、第152条之走私国家禁止进出口货物、物品的犯罪，属于走私特定对象的犯罪，包括9个罪名；②《刑法》第153条之走私普通货物、物品罪。因前者不以偷逃应税为特征，而后者以偷逃应缴税额较大或1年内曾因走私被给予2次行政处罚为特征，故前者被称为"非涉税犯罪"，后者被称为"涉税犯罪"。[2] 禁止进出口的货物、物品，包括绝对禁止和相对禁止两种。司法解释在此将"限制"进出口物品视为"相对禁止"进出口物品。例如，部分驯养繁殖的野生动植物及其制品在经

---

[1] 张弛：《自贸区内走私罪的认定与处理》，载《政治与法律》2015年第4期。
[2] 最高人民法院刑事审判第二庭编著：《〈最高人民法院、最高人民检察院关于办理走私刑事案件适用法律若干问题的解释〉理解与适用》，中国法制出版社2015年版，第284页。

国务院行政主管部门批准并取得证明书的情况下可以合法进出口。对这类货物、物品，如果未经许可（"逃证"）[1]进出口，则依照《刑法》第 151 条、第 152 条以走私国家禁止进出口的货物、物品罪等罪名定罪处罚；如果经许可进出口但偷逃关税的，属于单纯"涉税"的走私案，以走私普通货物、物品罪定性；如果"逃证"走私"限制"进出口物品的行为同时偷逃应缴税额（逃税），又构成走私普通货物、物品罪的，即"逃证又逃税"，依照处罚较重的规定定罪处罚。

根据上述走私对象的分类，自然人、单位犯罪在定罪处罚标准上也有所区别。具体而言：

1. 单位走私特定对象的犯罪与自然人犯罪的标准相同。这类犯罪的危害性主要表现为对国家基于经济、国防、环境安全等制定的管理制度的侵害而非国家税款损失，故有必要淡化犯罪数额对定罪量刑的影响，而走私普通货物、物品罪的危害性主要表现为偷逃税款及由此给国家造成的经济损失。

2. 根据《办理走私刑案解释》（2014），单位走私普通货物、物品的入罪标准为自然人犯罪的 2 倍。原因在于：①公司设立门槛不断降低、单位走私犯罪数量急剧攀升，单位利益与个人利益更趋紧密，在预留出行政处罚必要空间的基础上，单位犯罪的定罪量刑标准与自然人犯罪不宜拉开过大；②入罪门槛基本相当但不同量刑档次的数额标准明显拉大，既可以避免案件总体数量的大起大落，又为均衡量刑预留出更大的裁量空间。[2]

走私进口还是出口，一般不影响定性，但有例外。走私贵重金属罪、走私文物罪限于走私出口，若走私进口的，则具有走私普通货物、物品的性质。

根据《刑法》第 155 条，下列行为，以走私罪论处，依照走私罪一节的有关规定处罚：

1. 直接向走私人非法收购国家禁止进口物品的，或者直接向走私人非法收购走私进口的其他货物、物品，数额较大的；

2. 在内海、领海、界河、界湖运输、收购、贩卖国家禁止进出口物品的，或者运输、收购、贩卖国家限制进出口货物、物品，数额较大，没有合法证明的。

《刑法》第 156 条规定，与走私罪犯通谋，为其提供贷款、资金、账号、发票、证明，或者为其提供运输、保管、邮寄或者其他方便的，以走私罪的共犯论处。

根据《刑法》第 157 条第 1 款，武装掩护走私的，依照《刑法》第 151 条第 1 款的规定从重处罚。以暴力、威胁方法抗拒缉私的，以走私罪和妨害公务罪数罪并罚。

关于走私犯罪最重要的司法解释是《办理走私刑案解释》（2014），它将《走私解释（一）》（现已失效）、《走私解释（二）》（现已失效）重新梳理编纂，予以统一整合。该解释发布实施后，之前发布的有关走私的司法解释与该解释不一致的，以该解释为准。

二、走私武器、弹药罪・走私核材料罪・走私假币罪・走私文物罪・走私贵重金属罪・走私珍贵动物、珍贵动物制品罪・走私国家禁止进出口的货物、物品罪

《刑法》第 151 条　走私武器、弹药、核材料或者伪造的货币的，处七年以上有期徒刑，并处罚金或者没收财产；情节特别严重的，处无期徒刑，并处没收财产；情节较轻的，处三年以上七年以下有期徒刑，并处罚金。

走私国家禁止出口的文物、黄金、白银和其他贵重金属或者国家禁止进出口的珍贵动物及

---

[1] 使用他人许可证进出口国家限制进出口的货物、物品的，也应认定为未经许可走私国家禁止进出口货物、物品，但在有许可的情况下超过许可数量进出口的，属于"逃税"而非"逃证"，应以走私普通货物、物品罪论处。

[2] 裴显鼎等：《〈关于办理走私刑事案件适用法律若干问题的解释〉的理解与适用》，载《人民司法》2015 年第 3 期。

其制品的，处五年以上十年以下有期徒刑，并处罚金；情节特别严重的，处十年以上有期徒刑或者无期徒刑，并处没收财产；情节较轻的，处五年以下有期徒刑，并处罚金。

走私珍稀植物及其制品等国家禁止进出口的其他货物、物品的，处五年以下有期徒刑或者拘役，并处或者单处罚金；情节严重的，处五年以上有期徒刑，并处罚金。

单位犯本条规定之罪的，对单位判处罚金，并对其直接负责的主管人员和其他直接责任人员，依照本条各款的规定处罚。

(一) 走私武器、弹药罪

【对象】武器、弹药。根据《办理走私刑案解释》(2014) 第2条、第4条和第5条，武器、弹药的种类，参照《进口税则》及《禁止进出境物品表》的有关规定确定。走私报废或者无法组装并使用的各种弹药的弹头、弹壳，构成犯罪的，以走私普通货物、物品罪定罪处罚；属于废物的，以走私废物罪定罪处罚。弹头、弹壳是否属于规定的"报废或者无法组装并使用"或者"废物"，由国家有关技术部门进行鉴定。走私国家禁止或者限制进出口的仿真枪、管制刀具，构成犯罪的，以走私国家禁止进出口的货物、物品罪定罪处罚。

【行为】违反海关法规，逃避海关监管，走私武器、弹药。可以表现为：①未经国务院或者国务院授权的部门批准，不经过设立海关的地点，非法运输、携带武器、弹药进出国(边)境；②虽然通过设立海关的地点进出国(边)境，但采取隐匿、伪装、假报等欺骗手段，逃避海关监管、检查，非法运输、偷带或非法邮寄武器、弹药；③直接向走私人收购走私进口的武器、弹药；④在内海、领海、界河、界湖运输、收购、贩卖走私进口的武器、弹药。

【主观】故意，对逃避海关监管运送、携带、邮寄等方式走私武器、弹药明知。根据司法经验，认定明知走私即逃避海关监管即可，一般不接受对武器、弹药不知的辩解。实践中，走私武器、弹药的行为人往往出于牟利目的，无论出于何种目的，都不影响主观方面的认定。

【加重犯】情节特别严重。具体标准参见《办理走私刑案解释》(2014) 第1条第3款。

【减轻犯】情节较轻。具体标准参见《办理走私刑案解释》(2014) 第1条第1款。

【定罪】根据《办理走私刑案解释》(2014)，以枪支发射枪弹的动力来源为标准，将枪支分类调整为"以火药为动力发射枪弹的枪支"和"以压缩气体等非火药为动力发射枪弹的枪支"；与此相应，弹药划分为"以火药为动力发射枪弹"和"以压缩气体为动力发射枪弹"，以此分类[1]制定定罪量刑标准。

走私枪支散件，构成犯罪的，以走私武器罪定罪处罚。成套枪支散件以相应数量的枪支计，非成套枪支散件以每30件为一套枪支散件计。走私各种弹药的弹头、弹壳，构成犯罪的，以走私弹药罪定罪处罚。具体的定罪量刑标准，按照《办理走私刑案解释》(2014) 第1条规定的数量标准的5倍执行。

【罪数】走私武器、弹药，可能同时包含了运输、邮寄、储存、非法买卖武器、弹药的行为，但符合走私武器、弹药罪的，不再另外认定非法买卖、运输、邮寄、储存枪支、弹药罪。但行为人不以出售牟利为目的，走私武器、弹药入境，入境后产生出售牟利犯意，进而非法出售的，后续的出售行为另成立非法买卖枪支、弹药罪，与走私武器、弹药罪数罪并罚。[2]

---

[1] 关于改变枪支分类的理由，参见裴显鼎等：《〈关于办理走私刑事案件适用法律若干问题的解释〉的理解与适用》，载《人民司法》2015年第3期。

[2] 最高人民法院刑事审判第二庭编著：《〈最高人民法院、最高人民检察院关于办理走私刑事案件适用法律若干问题的解释〉理解与适用》，中国法制出版社2015年版，第49页。

(二) 走私核材料罪

【对象】核材料。核材料，指可用来制造核武器的各种核材料和核燃料。根据1989年我国加入的《核材料实物保护公约》以及1997年国务院公布的《核出口管制条例》（2006年修订）之规定，可确认核材料的范围。

【行为】违反海关法规，逃避海关监管，走私核材料。

【主观】故意。

【加重犯】情节特别严重。

【减轻犯】情节较轻。

(三) 走私假币罪

【对象】假币，即伪造的货币。包括正在流通的人民币和境外货币。货币面额以人民币计，走私伪造的境外货币的，其面额以案发时国家外汇管理机关公布的外汇牌价折合人民币计算。

【行为】违反海关法规，逃避海关监管，走私假币。

【加重犯】情节特别严重。具体标准参见《办理走私刑案解释》（2014）第6条第3款。

【减轻犯】情节较轻。具体标准参见《办理走私刑案解释》（2014）第6条第1款。

(四) 走私文物罪

【对象】国家禁止出口的文物。根据《文物保护法》（2017年修正）第60条，国有文物、非国有文物中的珍贵文物和国家规定禁止出境的其他文物，不得出境；但是依照本法规定出境展览或者因特殊需要经国务院批准出境的除外。根据《办理妨碍文物管理刑案解释》（2015）第1条第3款，走私国家禁止出口的文物，无法确定文物等级，或者按照文物等级定罪量刑明显过轻或者过重的，可以按照走私的文物价值定罪量刑。

【行为】违反海关法规，逃避海关监管，未经批准擅自将国家禁止出口的文物运送出国（边）境。本罪的行为方式仅限于出口，而不包括进口。如果将文物从境外走私至境内，偷逃应缴税额较大或者1年内曾因走私被给予2次行政处罚又走私的，可成立走私普通货物、物品罪。

【主观】故意。

【加重犯】情节特别严重。具体标准参见《办理妨害文物管理案解释》（2015）第1条第2款、第3款。

【减轻犯】情节较轻。具体标准参见《办理妨害文物管理案解释》（2015）第1条第2款、第3款。

(五) 走私贵重金属罪

【对象】贵重金属。包括黄金、白银以及与金、银同等重要的铱、铂、钯、铑、钛等国家禁止出口的各种贵重金属及其制品。

【行为】违反海关法规，逃避海关监管，未经批准擅自将黄金、白银或其他贵重金属运送出国（边）境。本罪行为方式只限于出口而不包括进口。如果将贵重金属从境外走私进我国境内，只能成立走私普通货物、物品罪。例如，刘某在香港以84万港币购买了12公斤金条，其将金条进行伪装后，向海关申报从罗湖口岸入境，企图将黄金偷运往内地销售。经鉴定，该批黄金价值人民币100万元，应缴纳关税8万元。刘某的行为构成走私普通货物、物品罪。

【主观】故意。

【加重犯】情节特别严重。

【减轻犯】情节较轻。

（六）走私珍贵动物、珍贵动物制品罪

【对象】珍贵动物或珍贵动物制品。珍贵动物，包括列入《国家重点保护野生动物名录》的野生动物，以及列入经国家濒危种进出口管理机构公布的《濒危野生动植物种国际贸易公约》附录一、附录二的野生动物。[1] 珍贵动物制品，指用上述珍贵动物的毛皮、羽毛、骨、内脏、血、肉、胚胎、角等制成的标本、食品、药品、服装、工艺品、纪念品以及其他物品。

【行为】违反海关法规，逃避海关监管，未经批准擅自进出口珍贵动物及其制品。

【主观】故意。

【加重犯】情节特别严重。具体标准参见《办理野生动物资源刑案解释》（2022）第2条。

【减轻犯】情节较轻。具体标准参见《办理野生动物资源刑案解释》（2022）第2条。

（七）走私国家禁止进出口的货物、物品罪

【对象】《刑法》第151条第1、2款和第152条之外的国家禁止进出口的货物、物品。包括禁止进出口的珍稀植物或珍稀植物制品、禁止进口的来自疫区的动植物及其制品、禁止出口的古植物化石等。这里的"禁止进出口"不限于绝对禁止的情形。根据《办理走私刑案解释》（2014）第12条，珍稀植物，包括列入《国家重点保护野生植物名录》《国家重点保护野生药材物种名录》《国家珍贵树种名录》中的国家一、二级保护野生植物、国家重点保护的野生药材、珍贵树木，《濒危野生动植物种国际贸易公约》附录一、附录二中的野生植物，以及人工培育的上述植物。关于行为对象是否属于古生物化石，按照《古生物化石保护条例》（2019年修订）的规定予以认定。走私具有科学价值的古脊椎动物化石、古人类化石，构成犯罪的，以走私文物罪定罪处罚。

【行为】违反海关法规，逃避海关监管，未经批准擅自进出口国家禁止进出口的货物、物品。

【主观】故意。

【加重犯】情节严重。具体标准参见《办理走私刑案解释》（2014）第11条第2款。

三、走私淫秽物品罪·走私废物罪

《刑法》第152条　以牟利或者传播为目的，走私淫秽的影片、录像带、录音带、图片、书刊或其他淫秽物品的，处三年以上十年以下有期徒刑，并处罚金；情节严重的，处十年以上有期徒刑或者无期徒刑，并处罚金或者没收财产；情节较轻的，处三年以下有期徒刑、拘役或者管制，并处罚金。

逃避海关监管将境外固体废物、液态废物和气态废物运输进境，情节严重的，处五年以下有期徒刑，并处或者单处罚金；情节特别严重的，处五年以上有期徒刑，并处罚金。

单位犯前两款罪的，对单位判处罚金，并对其直接负责的主管人员和其他直接责任人员，依照前两款的规定处罚。

（一）走私淫秽物品罪

【对象】淫秽物品。淫秽物品，指具体描绘性行为或露骨宣扬色情的诲淫性的书刊、影片、录像带、录音带、电视片、幻灯片、照片、图画等物品。其他淫秽物品，则是指除淫秽的影片、录像带、录音带、图片、书刊以外的，通过文字、声音、形象等形式表现淫秽内容的影碟、音碟、电子出版物、电子信息等物品。但夹杂淫秽内容有艺术价值的文艺作品，表现人体美的美术作品，有关人体生理、医学知识和其他自然科学作品，不属于淫秽物品的范围。走私非淫秽的书刊、影碟、图片、录像带、图书等物品的，达到一定数额的，可以走私普通货物、

---

[1]《办理野生动物资源刑案解释》（2022）第1条。

物品罪定罪处罚。

【行为】违反海关法规，逃避海关监管，未经批准擅自进出口淫秽物品。

【主观】故意，并以牟利或传播为目的。行为人为了自用，走私少量淫秽物品，或者虽携带淫秽物品但本人不知情的，均不成立本罪。至于行为人是否具有牟利或者传播的目的，可通过走私淫秽物品的数量、次数等进行判断。牟利或传播的目的是否实现，不影响本罪的成立。

【加重犯】情节严重。具体标准参见《办理走私刑案解释》(2014) 第13条第3款。

【减轻犯】情节较轻。具体标准参见《办理走私刑案解释》(2014) 第13条第1款。

（二）走私废物罪

【对象】境外的固体废物、液态废物或气态废物。包括国家禁止进口的废物和国家限制进口的可用作原料的废物。

【行为】本罪行为方式仅限于将境外的废物非法运输进入我国的国（边）境。如果是将我国境内废物、运输到国（边）境外，即使达到情节严重，也不成立本罪。

【主观】故意，即行为人明知是境外的废物，仍将其走私入境。过失不构成本罪。本罪的成立也不要求行为人具有特定目的。

【案例】　　　　　　　**程某洁等走私废物案**[1]

2007年9月初，程某洁接受郭某雇请，从越南走私废旧电器进境销售，由郭某提供运输工具、资金、组织货源，程某洁负责召集船员、管理运输过程中的一切事务。郭某、程某洁分别明确告知各被告人，驾驶该船前往越南走私废旧电器入境，并确定分工。自2007年9月至10月，被告人程某洁等11人先后三次驾驶"金三角801"号船从北海出发到越南鸿基港。程某洁走私返航后，行至湛江市附近海域时，被湛江海关缉私艇追缉查获。经过对查扣的集装箱进行开箱检查，发现11个集装箱中装满废旧电视机、电脑主机和显示屏等固体废物（共计261.3吨），另1个集装箱的废旧电器里混杂了全新电器等一批普通货物（重2.53吨），偷逃税款达1 869 819.88元。公诉机关指控程某洁等犯走私废物罪和走私普通货物罪两项罪名，法院只认定了走私废物罪一项罪名。

裁判要旨：行为人基于概况故意而实施走私犯罪，或是在走私的普通货物、物品中藏匿刑法规定的特殊货物、物品的，应当数罪并罚。行为人受他人雇请实施走私犯罪，且知道走私货物、物品的性质，但因受蒙骗而不知走私的货物、物品中混有其他种类的货物、物品的，应当根据主观上认识的走私货物、物品的性质定罪处罚。

【罪量】情节严重。具体标准参见《办理走私刑案解释》(2014) 第14条第1款。

【加重犯】情节特别严重。具体标准参见《办理走私刑案解释》(2014) 第14条第2款。

四、走私普通货物、物品罪

《刑法》第153条　走私本法第一百五十一条、第一百五十二条、第三百四十七条规定以外的货物、物品的，根据情节轻重，分别依照下列规定处罚：

（一）走私货物、物品偷逃应缴税额较大或者一年内曾因走私被给予二次行政处罚后又走私的，处三年以下有期徒刑或者拘役，并处偷逃应缴税额一倍以上五倍以下罚金。

（二）走私货物、物品偷逃应缴税额巨大或者有其他严重情节的，处三年以上十年以下有期徒刑，并处偷逃应缴税额一倍以上五倍以下罚金。

（三）走私货物、物品偷逃应缴税额特别巨大或者有其他特别严重情节的，处十年以上有

---

[1] 中华人民共和国最高人民法院刑事审判第一、二、三、四、五庭主办：《刑事审判参考》（2012年第3集·总第86集），法律出版社2013年版，第6~9页。

期徒刑或者无期徒刑，并处偷逃应缴税额一倍以上五倍以下罚金或者没收财产。

单位犯前款罪的，对单位判处罚金，并对其直接负责的主管人员和其他直接责任人员，处三年以下有期徒刑或者拘役；情节严重的，处三年以上十年以下有期徒刑；情节特别严重的，处十年以上有期徒刑。

对多次走私未经处理的，按照累计走私货物、物品的偷逃应缴税额处罚。

（一）构成要件

【对象】 关于本罪的对象，法条表述为"《刑法》第151条、第152条、第347条规定以外的货物、物品"。这里的"以外"应理解为表面构成要件要素。本罪的对象与《刑法》第151条、第152条、第347条规定的货物、物品并非对立互斥关系。比如，走私文物罪、走私贵重金属罪的行为方式仅限于出口，而不包括进口。将文物、贵重金属从境外走私至境内，偷逃应缴税额较大或者1年内曾因走私被给予2次行政处罚又走私的，可以走私普通货物、物品罪论处。

【行为】 1. 违反海关法规，逃避海关监管。违反海关法规，指违反我国《海关法》《进出口关税条例》及其他有关的法律法规。逃避海关监管，指采用藏匿、隐瞒、伪报等方式蒙混过关，或者从不设关的国（边）境上进出绕关，躲避海关监督、管理和检查。

2. 可以表现为：①未经国务院或国务院授权的部门批准，不经过设立海关的地点，非法运输、携带国家禁止或限制进出口的货物、物品或者依法应当缴纳关税的货物、物品进出国（边）境；②虽然通过设立海关的地点进出国（边）境，但采取隐匿、伪装、假报等欺骗手段，逃避海关监管、检查，非法盗运、偷带或者非法邮寄国家禁止或限制进出口的货物、物品或者依法应当缴纳关税的货物、物品；③未经国务院批准或者海关许可并补缴关税，擅自将批准进口的来料加工、来件配装、补偿贸易的原材料、零部件、制成品、设备等保税货物或者海关监管的其他货物、进境的海外运输工具等，非法在境内销售牟利；④假借捐赠名义进口货物、物品，或者未经海关许可并补缴关税，擅自将减税、免税进口捐赠货物、物品或者其他特定减税、免税进口用于特定企业、特定地区、特定用途的货物、物品，非法在境内销售牟利；⑤直接向走私人非法收购国家禁止进口物品的，或者直接向走私人非法收购走私进口的其他货物、物品，数额较大；⑥在内海、领海、界河、界湖运输、收购、贩卖国家禁止进出口的物品，或者没有合法证明，在内海、领海、界河、界湖运输、收购、贩卖国家限制进出口的货物、物品。

【结果·罪量】 偷逃应缴税额较大，或者1年内曾因走私被给予2次行政处罚后又走私。应缴税额，包括进出口货物、物品应当缴纳的进出口关税和进口环节海关代征税的税额。应缴税额以走私行为实施时的税则、税率、汇率和完税价格计算；多次走私的，以每次走私行为实施时的税则、税率、汇率和完税价格逐票计算；走私行为实施时间不能确定的，以案发时的税则、税率、汇率和完税价格计算。

【案例】 **宋某璋被控走私普通货物无罪案**[1]

管道公司向劳雷公司订购了8套价值共42.7万美元的"气动管线夹"（需由美国经中国再转运至苏丹），并委托中海贸公司办理该批货物的转口手续，与该公司经理宋某璋签订了委托代理合同、购货合同，约定：劳雷公司货运时间为3月23日前；中海贸公司在交付日30日前开具信用证。因劳雷公司推迟至4月上旬交货，宋某璋遂向中国农业银行申请将信用证交货时间由3月23日变更为4月5日。其间，宋某璋在中国海外贸易总公司低报货物价值，办理了价

---

[1] 陈兴良主编：《人民法院刑事指导案例裁判要旨通纂》（上卷），北京大学出版社2018年版，第179页。

值 6.4 万美元的机电产品进口审批手续,后又伪造了货物价值为 6.4 万美元的供货合同及发票,并委托华捷国际货运代理公司办理报关手续和负责在北京提货及运至天津新港再转口到苏丹的事宜。在办理报关过程中,宋某璋按 6.4 万美元的货物价值缴纳了进口关税、代扣增值税共计人民币 240 000 余元。检察院以中海贸公司、宋某璋走私普通货物罪起诉,法院认定无罪。

裁判要旨:在代理转口贸易中未如实报关的行为不构成走私普通货物罪。因为货物转口不需交纳税费,对国家也不产生税赋,也未给国家税赋造成损失,行为人主观认识上对此存在错误,继而采取不法手段少交税款,该行为不符合本罪"偷逃应缴关税税额较大"(现已变更为"偷逃应缴税额较大")的要求,只能予以行政处罚。

【主观】故意,明知所从事的是走私行为。根据《办理走私刑案意见》(2002)第 5 条,具有下列情形之一的,可以认定为"明知",但有证据证明确属被蒙骗的除外:①逃避海关监管,运输、携带、邮寄国家禁止进出境的货物、物品的;②用特制的设备或者运输工具走私货物、物品的;③未经海关同意,在非设关的码头、海(河)岸、陆路边境等地点,运输(驳载)、收购或者贩卖非法进出境货物、物品的;④提供虚假的合同、发票、证明等商业单证委托他人办理通关手续的;⑤以明显低于货物正常进(出)口的应缴税额委托他人代理进(出)口业务的;⑥曾因同一种走私行为受过刑事处罚或者行政处罚的;⑦其他有证据证明的情形。

如果由于行为人不了解海关监管制度,或者由于疏忽漏报、错报关税,确实不知走私的,不成立本罪。

【加重犯】本罪有两档加重犯,分别以"应缴税额巨大或者有其他严重情节"和"应缴税额特别巨大或者有其他特别严重情节"为要件。具体标准参见《办理走私刑案解释》(2014)第 16 条。

(二) 适用

【定罪】小额多次走私的入罪。《刑法修正案(八)》将小额多次走私行为纳入了刑事打击范畴,第 27 条规定,"一年内曾因走私被给予二次行政处罚后又走私"的,成立本罪。《办理走私刑案解释》(2014)第 17 条规定,"1 年内"应以因走私第 1 次受到行政处罚的生效之日与"又走私"行为实施之日的时间间隔计算确定。需要注意的是:被处罚人不服行政处罚的,可提起行政复议或诉讼,但不影响行政处罚的生效执行,故通常情况下可直接根据处罚决定是否送达来认定行政处罚是否生效[1];已受行政处罚的走私行为的对象不受普通货物、物品的限制,但是"又走私"行为的对象必须是普通货物、物品。

【既遂】根据《办理走私刑案解释》(2014)第 23 条,实施走私犯罪,具有下列情形之一的,应当认定为犯罪既遂:①在海关监管现场被查获的。海关监管现场既包括通关场所,也包括绕关场所,不管是通关还是绕关走私,凡是在海关监管现场被查获的,均按犯罪既遂处理。海关监管现场不仅包括海关监管区(例如海关查验关口、专设的监管货场),也包括其他海关有权执法的地域空间;②以虚假申报方式走私,申报行为实施完毕的。"实施完毕"的判断不受是否进入查验环节、查验是否通过的影响,且实施申报行为与海关监管现场被查获的时间不具有同步性和必然的先后顺序,申报行为尚未实施完毕即在海关监管现场被查获的,同样应认定为走私既遂;③以保税货物或者特定减税、免税进口的货物、物品为对象走私,在境内销售的,或者申请核销行为实施完毕的。

应注意:①走私行为是否实行完毕,应从行为人的角度进行判断,而不能将是否成功逃脱

---

[1] 裴显鼎等:《〈关于办理走私刑事案件适用法律若干问题的解释〉的理解与适用》,载《人民司法》2015 年第 3 期。

海关监管或偷逃税款目的是否实现作为认定标准；②不要求销售行为实行完毕或者完成货物、物品的交付；③"申请核销行为"不以实际骗取核销为条件。

第四节　妨害对公司、企业的管理秩序罪

本类犯罪的疑难点主要是区分由"身份"派生的界限问题：①非国家工作人员受贿罪与受贿罪的区别；对非国家工作人员行贿罪与行贿罪的区别；②签订履行合同失职被骗罪，国有公司、企业、事业单位人员失职罪与有关渎职罪的区别。区分要点是身份不同。此外，为亲友非法牟利罪，非法经营同类营业罪，国有公司、企业、事业单位人员失职罪，签订履行合同失职被骗罪的主体存在细微差别，应予注意。本节大多数犯罪的主体均包含单位，如无特殊说明，单位犯本罪的，对单位判处罚金，并对其直接负责的主管人员和其他直接责任人员，依照上述规定处罚。

一、虚报注册资本罪

《刑法》第158条　申请公司登记使用虚假证明文件或者采取其他欺诈手段虚报注册资本，欺骗公司登记主管部门，取得公司登记，虚报注册资本数额巨大、后果严重或者有其他严重情节的，处三年以下有期徒刑或者拘役，并处或者单处虚报注册资本金额百分之一以上百分之五以下罚金。

单位犯前款罪的，对单位判处罚金，并对其直接负责的主管人员和其他直接责任人员，处三年以下有期徒刑或者拘役。

（一）构成要件

【行为】本罪的行为包含以下三个要素：

1. 为法定的注册资本实缴制公司虚报注册资本。因为2014年3月1日起，《公司法》将一般公司的注册资本"实缴"登记制改为"认缴"登记制，取消注册资本最低限额制度和缴足出资的期限规定。据此，全国人大常委会《刑法第158、159条的解释》（2014）规定："刑法第一百五十八条、第一百五十九条的规定，只适用于依法实行注册资本实缴登记制的公司。"

注册资本实缴制公司，指公司法规定设定注册资本最低限额以及缴足出资额期限等的公司，如金融机构、准金融机构的企业、募集设立的股份有限公司、直销企业、对外劳务合作企业、劳务派遣企业等法律、行政法规和国务院规定的27类企业。

2. 申请公司登记，使用虚假的证明文件或者采取其他欺诈手段虚报注册资本，欺骗公司登记主管部门。虚报注册资本，既包括没有达到注册资本实缴的法定数额而虚报达到法定实缴数额，也包括虽达到法定实缴数额而虚报具有更高实缴数额的情形。

【案例】　**顾某军等被控虚报注册资本无罪案**[1]

2001年，顾某军为收购科龙电器股权，决定设立以本人及其父为股东、注册资本12亿元的顺德格林柯尔，顾氏父子现金出资3亿元，其余为无形资产出资。同年10月22日，顺德格林柯尔凭借广东省原顺德市容桂镇人民政府出具的担保函，在未经评估与验资的情况下完成公司设立登记并取得营业执照。此后，刘某忠向工商部门补交一份由顺德市康诚会计师事务所出具的无形资产评估报告，载明顾某军用于出资的两项发明专利法定有效期内排他性使用权的资产总价值为9亿元。2002年4月，由于顺德格林柯尔注册资本中无形资产所占比例达75%，远

---

[1] 最高人民法院（2018）最高法刑再4号刑事判决书。

超当时法定20%的限制，工商部门不予年检，后根据容桂区办事处出具的函件，原顺德市工商部门核准了顺德格林柯尔的年检。为了完善顺德格林柯尔的设立登记手续，降低无形资产在注册资本中的比例，2002年5月至11月间，在顾某军的安排下，刘某忠、姜某军、张某汉等人一天之内在同一银行营业网点，将来自科龙电器的1.87亿元在天津格林柯尔和顺德格林柯尔的账户之间进行4次不同金额的来回转账，形成天津格林柯尔投资顺德格林柯尔6.6亿元的4张银行进账单，并制作顺德格林柯尔收到天津格林柯尔6.6亿元投资款的收据和顺德格林柯尔向天津格林柯尔购买制冷剂而预付6.6亿元货款的供货协议，据此，顺德市公诚会计师事务所出具了相应的验资报告。当天该1.87亿元即被转回科龙电器。根据顺德市公诚会计师事务所出具的验资报告及天津格林柯尔董事会决议、顺德格林柯尔股东决议等不实证明文件，原顺德市工商行政管理局于2002年12月23日核准顺德格林柯尔的变更登记。变更登记完成后，顾某军将被置换的6.6亿元无形资产转作顺德格林柯尔的资本公积金。本案发生时，《公司法》规定无形资产在注册资本中所占比例不得超过20%。2005年10月27日，全国人民代表大会常务委员会对《公司法》进行了修订，允许有限责任公司注册资本中非货币财产作价出资的比例最高可达70%。

裁判要旨：注册资本既是公司运作经营的基础，也是承担风险、偿还债务的基本保证。注册资本不实，不仅妨害公司登记的管理秩序，而且会给市场营商环境带来风险，相关责任人应当依法承担相应的法律责任。但是，随着经济社会的发展，对公司注册资本类型、结构等的要求不断改变，相关法律法规会相应作出修改和调整，关于虚报注册资本社会危害性大小的评价标准也会发生改变。对于审判时相关法律法规已修改、违法性及社会危害程度明显降低的虚报注册资本情形，根据从旧兼从轻原则和刑法谦抑性原则，可不认为是犯罪。本案中，顾某军等人在申请顺德格林柯尔变更登记过程中，使用虚假证明文件以6.6亿元不实货币置换无形资产出资的事实存在，但其虚报注册资本的行为，系当地政府支持顺德格林柯尔违规设立登记事项的延续，未使公司的资本总额发生减损，而且，由于本案侦查期间《公司法》已经对包括无形资产在内的非货币财产作价出资比例的上限作出了修改，由原来的20%提高至70%，使本案以不实货币置换的超出法定上限的无形资产所占比例由原来的55%降低至5%，故顾某军等人虚报注册资本的行为情节显著轻微危害不大，不认为是犯罪。原审认定顾某军、刘某忠、姜某军、张某汉的行为构成虚报注册资本罪，属适用法律错误，应依法予以纠正。

3. 已经取得公司登记，即已被公司登记机关批准登记注册并已发给营业执照。未取得登记并获发营业执照的，不成立本罪。

【主观】故意。

【罪量】虚报注册资本数额巨大、后果严重或者有其他严重情节。具体标准参见《立案标准（二）》（2022年修订）第3条。

（二）适用

【定罪】对认缴登记制的公司，不适用本罪。因为对于认缴登记制公司而言，没有违反公司法有关注册资本的规定，当然不构成犯罪。

【关联罪】1. 本罪与抽逃出资罪的区别。要点在于是否为了骗取公司登记或者变更登记。虚报注册资本，从公司登记主管部门处骗取公司登记的，是本罪；从已经注册登记的公司账户上抽走资金的，是抽逃出资罪。

实践中经常遇到公司登记申请人根本没有资金也不打算实际出资，而是由办理公司登记的中介机构代办登记并"垫资"，取得公司登记后立即由中介机构收回。这种行为的实质是虚假出资。例如，在"卜某冰虚报注册资本案"〔1〕中，卜某冰委托中介公司代为垫资 500 万元骗取公司登记，法院认定其构成虚报注册资本罪。

在公司成立并经营一段时间后，为了增加注册资本而进行变更登记，在新的营业执照签发前抽回出资的，其实质是注册资本没有到位，因此不构成抽逃出资罪，仍应以本罪论处。例如，在"孙某娟等虚报注册资本案"〔2〕中，孙某娟在公司成立后、因增资 1500 万元而进行变更登记，在获得新营业执照之前，抽逃出资达 370 万元，法院认定其构成虚报注册资本罪。

2. 本罪与虚假出资罪的区别。要点是：①本罪使潜在债权人的利益受到威胁；虚假出资罪则不仅将潜在债权人的利益置于危险之中，同时还侵犯公司其他股东的实际利益。②本罪是公司整体行为，具有对外欺骗性，欺骗对象指向公司之外的登记管理部门；虚假出资为公司发起人、股东的个人行为，具有对内欺骗性。③本罪的目的在于非法取得公司登记，虚假出资行为的目的则在于通过少出资或不出资的方式谋取利益。

【共犯】承担资产评估、验资、验证、会计、审计、法律服务等职责的中介组织人员与申请公司登记的单位或者个人相通谋，故意提供虚假证明文件，欺骗公司登记主管部门，取得公司登记的，以本罪的共犯论处。

二、虚假出资、抽逃出资罪

《刑法》第 159 条　公司发起人、股东违反公司法的规定未交付货币、实物或者未转移财产权，虚假出资，或者在公司成立后又抽逃其出资，数额巨大、后果严重或者有其他严重情节的，处五年以下有期徒刑或者拘役，并处或者单处虚假出资金额或者抽逃出资金额百分之二以上百分之十以下罚金。

单位犯前款罪的，对单位判处罚金，并对其直接负责的主管人员和其他直接责任人员，处五年以下有期徒刑或者拘役。

【主体】依法实行注册资本实缴制公司（包括金融机构、具有准金融机构性质的企业、募集设立的股份有限公司、直销企业、对外劳务合作企业、劳务派遣企业等法律、行政法规、国务院另有规定的公司）的发起人、股东。对认缴登记制的公司，不适用本罪。

【行为】违反公司法的规定，未交付货币、实物或者未转移财产权，虚假出资，或者在公司成立后又抽逃其出资。包括 2 种行为方式：①虚假出资。既可以是弄虚作假根本不出资，也可以是不按规定足额出资。②抽逃出资。即在公司成立后又违反法律规定，不经过登记机关批准，撤出其出资。

【主观】故意。虚假出资、抽逃出资的动机，不影响本罪成立。

【罪量】数额巨大、后果严重或者有其他严重情节。具体标准参见《立案标准（二）》（2022 年修订）第 4 条。

三、欺诈发行证券罪〔3〕

《刑法》第 160 条　在招股说明书、认股书、公司、企业债券募集办法等发行文件中隐瞒重要事实或者编造重大虚假内容，发行股票或者公司、企业债券、存托凭证或者国务院依法认定的其他证券，数额巨大、后果严重或者有其他严重情节的，处五年以下有期徒刑或者拘役，并处或者单处罚金；数额特别巨大、后果特别严重或者有其他特别严重情节的，处五年以上有

---

〔1〕参见中华人民共和国最高人民法院刑事审判第一、二、三、四、五庭主办：《刑事审判参考》（2012 年第 3 集·总第 86 集），法律出版社 2013 年版，第 11~13 页。

〔2〕上海市第一中级人民法院（2003）沪一中刑初字第 03 号刑事判决书。

〔3〕本罪经《刑法修正案（十一）》修改。

期徒刑，并处罚金。

控股股东、实际控制人组织、指使实施前款行为的，处五年以下有期徒刑或者拘役，并处或者单处非法募集资金金额百分之二十以上一倍以下罚金；数额特别巨大、后果特别严重或者有其他特别严重情节的，处五年以上有期徒刑，并处非法募集资金金额百分之二十以上一倍以下罚金。

单位犯前两款罪的，对单位判处非法募集资金金额百分之二十以上一倍以下罚金，并对其直接负责的主管人员和其他直接责任人员，依照第一款的规定处罚。

【主体】既可以是自然人，也可以是单位。但个人只能是在公司、企业设立阶段构成本罪；在公司、企业登记成立后，犯罪主体限于公司、企业。

对于控股股东、实际控制人组织、实施上述行为的，虽然根据原规定也可作为共同犯罪予以制裁，但无法体现精准打击的要求。[1]《刑法修正案（十一）》增设独立的刑事责任条款，目的在于精准惩处幕后实际操控者和实际受益人。

【行为】1. 在招股说明书、认股书、公司、企业债券募集办法等发行文件中隐瞒重要事实或者编造重大虚假内容。实践中，造假载体日趋多元，除了招股说明书、认股书、募集办法以外，其他在证券发行过程中起重要作用的文件也被用于实施欺诈，比如，发行人关于本次证券发行的申请报告、关于本次发行的论证分析报告、定向增发过程中涉及的文件等。

2. 发行股票或者公司、企业债券、存托凭证或者国务院依法认定的其他证券。经《刑法修正案（十一）》修订，本罪的对象不限于股票或者公司、企业债券，还包括存托凭证或者国务院依法认定的其他证券。

【主观】故意。

【罪量】欺诈发行证券数额巨大、后果严重或者有其他严重情节。具体标准参见《立案标准（二）》（2022年修订）第5条。

【加重犯】欺诈发行证券数额特别巨大、后果特别严重或者有其他特别严重情节。

四、违规披露、不披露重要信息罪[2]

《刑法》第161条 依法负有信息披露义务的公司、企业向股东和社会公众提供虚假的或者隐瞒重要事实的财务会计报告，或者对依法应当披露的其他重要信息不按照规定披露，严重损害股东或者其他人利益，或者有其他严重情节的，对其直接负责的主管人员和其他直接责任人员，处五年以下有期徒刑或者拘役，并处或者单处罚金；情节特别严重的，处五年以上十年以下有期徒刑，并处罚金。

前款规定的公司、企业的控股股东、实际控制人实施或者组织、指使实施前款行为的，或者隐瞒相关事项导致前款规定的情形发生的，依照前款的规定处罚。

犯前款罪的控股股东、实际控制人是单位的，对单位判处罚金，并对其直接负责的主管人员和其他直接责任人员，依照第一款的规定处罚。

（一）构成要件

【主体】本罪包括2类主体：①依法负有信息披露义务的公司、企业；②前述公司、企业的控股股东、实际控制人。第1类主体限于单位，但实行单罚制，只处罚直接负责的主管人员和其他直接责任人，因为如果处罚公司、企业，将进一步损害被害股东和一般投资者的利益。

---

[1] 杨万明主编：《〈刑法修正案（十一）〉条文及配套〈罪名补充规定（七）〉理解与适用》，人民法院出版社2021年版，第96页。

[2] 本罪经《刑法修正案（十一）》修改。

第2类主体由《刑法修正案（十一）》明确规定，既可以是单位，也可以是自然人，主体为单位的，实行双罚制。

【行为】本罪包括3种行为方式：①提供虚假的或者隐瞒重要事实的财务会计报告；②对依法应当披露的其他重要信息不按照规定披露；③（依法负有信息披露义务的公司、企业的控股股东、实际控制人）组织、指使实施前述行为及隐瞒相关事项。

【结果·罪量】严重损害股东或者其他人利益，或者有其他严重情节。具体标准参见《立案标准（二）》（2022年修订）第6条。行为人违规披露、不披露重要信息，即使没有造成严重损害他人利益的结果，也可构成本罪。这体现在有关的指导案例中：

【案例】　　　　　　　　于某青违规不披露重要信息案[1]

时任琼花公司法定代表人、董事长的于某青以公司名义，为明显不具有清偿能力的控股股东提供16 035万元的担保，占公司净资产的101.29%。其中，连续12个月的担保累计金额达到12 005万元，占公司净资产的75.83%。江苏琼花公司对上述担保事项未按规定履行临时公告披露义务，也连续3年未在年报中披露。虽然公司违规不披露重要信息的行为未对股东和社会公众造成具体的经济损失，但法院根据上述情节认定其构成违规不披露重要信息罪。

【主观】故意。

【加重犯】情节特别严重。

（二）适用

【关联罪】本罪与欺诈发行证券罪的关系。"在注册制改革之前，根据刑法条文和司法解释的规定，欺诈发行证券罪与违规披露、不披露重要信息罪两罪之间在行为方式上具有重合性，发行过程中关于实质性财产事项的欺诈多属'违规披露'，因此，必须承认两罪是法条竞合的关系。在注册制改革以后，既然在欺诈发行证券罪的法益内容中祛除了国家干预，为避免重复评价，欺诈发行证券罪的教义学建构方向不应向违规披露、不披露重要信息罪靠拢或同质化，两罪恰好可以借此契机划江而治，从而明晰刑法的罪刑结构。"[2] 具体而言，"对于发行人在上市前针对实质财产事项的欺诈发行，其实不再需要特别通过欺诈发行证券罪予以规制，直接纳入违规披露、不披露重要信息罪即可实现充分全面评价"[3]。

【案例】欣某股份有限公司、温某乙、刘某胜欺诈发行股票[4]、违规披露重要信息案[5]

欣某股份有限公司原系深圳证券交易所创业板上市公司。该公司实际控制人温某乙与财务总监刘某胜为达到使欣某公司上市的目的，组织单位工作人员通过外部借款、使用自有资金或伪造银行单据等方式，虚构2011年至2013年6月间的收回应收款项情况，采用在报告期末（年末、半年末）冲减应收款项，下一会计期期初冲回的方式，虚构了相关财务数据，在向证监会报送的首次公开发行股票并在创业板上市申请文件和招股说明书中记载了上述重大虚假内容，骗取了证监会的股票发行核准，公开发行股票募集资金2.57亿元。欣某公司上市后，于2013年7月至2014年12月间，沿用前述手段继续伪造财务数据，粉饰公司财务状况，并分别于2014年4月15日、2014年8月15日、2015年4月25日向公众披露了虚假和隐瞒重要事实的2013年年度报告、2014年半年度报告、2014年年度报告。法院以欺诈发行股票罪，判处被

---

[1] 中华人民共和国最高人民法院刑事审判第一、二、三、四、五庭主办：《刑事审判参考》（2013年第1集·总第90集），法律出版社2013年版，第1~2页。

[2] 张忆然：《注册制改革背景下欺诈发行证券罪的教义学再建构》，载《政治与法律》2022年第5期。

[3] 张忆然：《注册制改革背景下欺诈发行证券罪的教义学再建构》，载《政治与法律》2022年第5期。

[4] 《刑法修正案（十一）》之前的罪名是欺诈发行股票、债券罪。

[5] 最高人民检察院、中国证监会证券犯罪典型案例（2020年11月6日发布）。

告单位欣某公司罚金人民币832万元；以欺诈发行股票罪、违规披露、不披露重要信息罪对被告人温某乙、刘某胜数罪并罚，对温某乙决定执行有期徒刑3年，并处罚金人民币10万元；对刘某胜决定执行有期徒刑2年，并处罚金人民币8万元。

典型意义：资本市场财务造假行为主要通过信息披露的方式表现出来，损害投资者利益。对于不同阶段涉财务造假信息的违规披露行为，刑法规定了不同的罪名和相应刑罚。司法办案当中要注意区分不同时期信息披露行为触犯的刑法规范，根据刑法规定的构成要件分别适用不同罪名，数罪并罚。

五、妨害清算罪

《刑法》第162条 公司、企业进行清算时，隐匿财产，对资产负债表或者财产清单作虚伪记载或者在未清偿债务前分配公司、企业财产，严重损害债权人或者其他人利益的，对其直接负责的主管人员和其他直接责任人员，处五年以下有期徒刑或者拘役，并处或者单处五万元以上二十万元以下罚金。

【主体】本罪属于单位犯罪，实行单罚制，只处罚直接负责的主管人员和其他直接责任人员。

【行为】1. 行为必须发生在公司、企业的清算财产过程中。清算，指清理公司、企业尚未了结的事务，以保证公司、企业归于消灭的程序。

2. 实施了三种行为之一：①隐匿公司、企业财产；②对资产负债表或者财产清单作虚假记载；③在清偿债务前分配公司、企业财产。但本罪不能涵摄集体私分国有资产的情况，对此应以集体私分国有资产罪论处。

【结果·罪量】严重损害债权人或者其他人的利益。在公司清算过程中，实施擅自处理、转移库存及代销物资或拒绝移交账单等行为，若没有损害到相关债权人及其他利害关系人利益的，不构成本罪。

【案例】　　　　　　　　　　**沈某国等妨害清算案**[1]

沈某国等人在清算小组进驻分公司并进行限制经营及至作出关闭决定期间，将分公司的库存物资以退货等形式擅自转移至他公司，因属债权债务共同移转，公司财产、债权人及其他利害关系人利益未受损失、损害。二审法院认定沈某国等人不构成妨害清算罪。

至于对债权人或其他人利益的损害是否严重，应根据《立案标准（二）》（2022年修订）第7条予以认定。

【主观】故意。

六、隐匿、故意销毁会计凭证、会计账簿、财务会计报告罪

《刑法》第162条之一　隐匿或者故意销毁依法应当保存的会计凭证、会计帐簿、财务会计报告，情节严重的，处五年以下有期徒刑或者拘役，并处或者单处二万元以上二十万元以下罚金。

单位犯前款罪的，对单位判处罚金，并对其直接负责的主管人员和其他直接责任人员，依照前款的规定处罚。

【对象】依法应当保存的会计凭证、会计账簿、财务会计报告。会计凭证，指会计核算中用以记录经济业务，明确经济责任并作为记账依据的书面证明，包括原始凭证与记账凭证。会计账簿是全面、连续、系统地记录并反映会计要素变动和经营过程及其结果的重要工具，是编

---

[1] 中华人民共和国最高人民法院刑事审判第一、二、三、四、五庭主办：《中国刑事审判指导案例》（第3卷），法律出版社2017年版。第121~122页。

制会计报表的依据,包括序时账簿、分类账簿和备查账簿。财务会计报告,指提供企业财务状况、经营状况及其他相关信息并予以分析说明的书面报告,包括正规格式的会计报表和无正规格式的财务情况说明书等。会计凭证、会计账簿、财务会计报告都是记录、反映企业财务状况的重要资料。

【行为】隐匿或者销毁。隐匿,指妨害他人依法发现会计凭证、会计账簿、财务会计报告的一切行为。《会计法》(2017年修正)第35条规定,各单位必须依照有关法律、行政法规的规定,接受有关监督检查部门依法实施的监督检查,如实提供会计凭证、会计账簿、财务会计报告,不得拒绝、隐匿、谎报。销毁,指灭失会计凭证、会计账簿、财务会计报告效用的一切行为。

【主观】故意。过失不构成本罪。从法条的表述来看,《刑法》似乎只要求销毁行为是出于故意,但实际上,隐匿行为也必须是出于故意。立法者在"销毁"之前加上"故意"这一注意规定,主要是考虑到实践中过失销毁的情况更为常见,有必要提醒司法机关只追究故意销毁行为的刑事责任,不要将过失销毁的行为也当作本罪处理。

【罪量】情节严重。具体标准参见《立案标准(二)》(2022年修订)第8条。

七、虚假破产罪

《刑法》第162条之二　公司、企业通过隐匿财产、承担虚构的债务或者以其他方法转移、处分财产,实施虚假破产,严重损害债权人或者其他人利益的,对其直接负责的主管人员和其他直接责任人员,处五年以下有期徒刑或者拘役,并处或者单处二万元以上二十万元以下罚金。

(一) 构成要件

【主体】本罪是单位犯罪,实行单罚制,只处罚直接负责的主管人员和其他直接责任人。

【行为】通过隐匿财产、承担虚构的债务或者以其他方法转移、处分财产,实施虚假破产。

【结果·罪量】严重损害债权人或其他人利益。公司、企业的虚假破产行为没有给债权人或者其他人造成严重损害的,不构成本罪。关于损害是否严重,应根据《立案标准(二)》(2022年修订)第9条予以认定。

【主观】故意。

(二) 适用

【关联罪】本罪与妨害清算罪的区别。要点在于是否进入清算程序:[1] 公司、企业因破产进入清算程序以后非法隐匿、转移、分配财产损害债权人利益的,是妨害清算罪;在进入破产程序之前[2],非法隐匿、转移、分配财产损害债权人利益的,是本罪。

八、非国家工作人员受贿罪[3]

《刑法》第163条　公司、企业或者其他单位的工作人员,利用职务上的便利,索取他人财物或者非法收受他人财物,为他人谋取利益,数额较大的,处三年以下有期徒刑或者拘役,并处罚金;数额巨大或者有其他严重情节的,处三年以上十年以下有期徒刑,并处罚金;数额特别巨大或者有其他特别严重情节的,处十年以上有期徒刑或者无期徒刑,并处罚金。

公司、企业或者其他单位的工作人员在经济往来中,利用职务上的便利,违反国家规定,

---

[1] 黄太云:《〈刑法修正案(六)〉的理解与适用(上)》,载《人民检察》2006年第14期。

[2] 本罪行为应限定于"破产申请被法院受理"之前,因为根据《企业破产法》第30条,"破产申请被法院受理"是进入破产程序的标志。

[3] 本罪经《刑法修正案(十一)》修改。

收受各种名义的回扣、手续费，归个人所有的，依照前款的规定处罚。

国有公司、企业或者其他国有单位中从事公务的人员和国有公司、企业或者其他国有单位委派到非国有公司、企业以及其他单位从事公务的人员有前两款行为的，依照本法第三百八十五条、第三百八十六条的规定定罪处罚。

（一）构成要件

【主体】公司、企业或其他单位的工作人员。根据《办理商业贿赂刑案意见》（2008）和《刑法》第 163 条、第 164 条的规定，"其他单位"既包括事业单位、社会团体、村民委员会、居民委员会、村民小组等常设性的组织，也包括为组织体育赛事、文艺演出或者其他正当活动而成立的组委会、筹委会、工程承包队等非常设性的组织。公司、企业或者其他单位的工作人员，包括国有公司、企业以及其他国有单位中的非国家工作人员。

【行为】本罪的行为包括 3 个要素：

1. 利用职务上的便利。即行为人利用自己在公司、企业或者其他单位的职务行为实施危害行为。

2. 索取或者非法收受他人财物。索取，既包括强索硬要，也包括明示或暗示的索要。非法收受，指违反法律规定被动地接受他人交付的财物。此外，公司、企业或者其他单位的工作人员在经济往来中，违反国家规定，收受各种名义的回扣、手续费，归个人所有的，也属于本罪中的受贿行为。

3. 为他人谋取利益。不论是索取他人财物，还是收受他人财物，都必须为他人谋取利益。这种谋取利益并不要求利益实际实现，只要承诺为其谋取即可。该利益是合法还是非法，是物质利益还是非物质利益，以及为他人谋取的利益是否实现，均不影响本罪的成立。根据《办理贪贿案解释》（2016）第 12 条，财物既包括金钱和实物，也包括可以折算为货币或者需要支付货币的财产性利益，如房屋装修、债务免除、会员服务、旅游等。具体数额以实际支付或者应当支付的资费为准。

【主观】故意。

【罪量】数额较大。根据《立案标准（二）》（2022 年修订）第 10 条，非国家工作人员受贿数额在 3 万元以上的，应予立案追诉。

【加重犯】经《刑法修正案（十一）》修改，本罪现有两档加重犯，分别以"数额巨大或者有其他严重情节"和"数额特别巨大或者有其他特别严重情节"为要件，法定最高刑提升为无期徒刑。

（二）适用

【定罪】本罪中"违反国家规定，收受各种名义的回扣、手续费，归个人所有的"行为与正当业务行为的界限。《反不正当竞争法》（2019 年修正）第 7 条规定，经营者不得采用财物或者其他手段进行贿赂以销售或者购买商品。在账外暗中给予对方单位或者个人回扣的，以行贿论处；对方单位或者个人在账外暗中收受回扣的，以受贿论处。经营者销售或者购买商品，可以以明示方式给对方折扣，可以给中间人佣金。经营者给对方折扣、给中间人佣金的，必须如实入账。接受折扣、佣金的经营者必须如实入账。根据该规定，如果在经济往来中，公司、企业或者其他单位的人员虽然收受了各种名义的折扣、佣金，但如实计入本单位账目的，不能以本罪论处。但对违反规定，账外暗中接受而又归个人所有的，可能成立本罪。

【司法类型】根据《办理商业贿赂刑案意见》（2008）第 4 条至第 6 条，司法实践中本罪的常见类型有：①医疗机构中的医务人员，利用开处方的职务便利，以各种名义非法收受药品、医疗器械、医用卫生材料等医药产品销售方财物，为医药产品销售方谋取利益，数额较大的；②学校及其他教育机构中的教师，利用教学活动的职务便利，以各种名义非法收受教材、教具、校服或者其他物品销售方财物，为教材、教具、校服或者其他物品销售方谋取利益，数额较大的；③依法组建的评标委员会、竞争性谈判采购中谈判小组、询价采购中询价小组的组成人员，在招标、政府采购等事项的评标或者采购活动中，索取他人财物或者非法收受他人财物，为他人谋取利益，数额较大的。

【关联罪】本罪与受贿罪的区别。要点是主体不同：本罪的主体是公司、企业和其他单位的工作人员，受贿罪的主体是国家工作人员。公司、企业或其他单位中从事公务的人员利用职务便利，收受他人财物，为他人谋取利益的，以受贿罪论处。

【案例】 **宋某非国家工作人员受贿案**[1]

2009年年底至2012年8月，宋某在担任上港集团生产业务部生产调度室副经理、经理期间，利用负责该集团下属港区码头货物装卸、船舶到港、浮吊作业计划、分配、调度和管理等职务便利，先后多次收受他人财物用于个人消费。另查明，上港集团于2005年改制为国有控股、中外合资的股份有限公司，并于2006年10月在上海市证券交易所上市。集团的高层领导，列入上级领导部门管理范围；集团总部部门领导的任命，由集团人事组织部根据相关规定，向集团领导部门提出任用人选，经集团领导部门扩大会议讨论同意，然后发文任命。同时，按照该集团的公司章程，公司员工的聘用和解聘，由公司总裁决定。宋某在该集团生产业务部下设的生产调度室从主管到担任副经理、经理的职务变动，均由其上级部门领导个人提出聘任意见，由人事组织部审核后，由公司总裁在总部机关职工岗位变动审批表上签署同意意见即成，无须经过人事组织部提名、领导部门扩大会议讨论决定的程序。法院以被告人宋某犯非国家工作人员受贿罪，判处有期徒刑3年，缓刑4年，并处没收财产人民币3万元。

裁判要旨：在国家出资企业中，公务有公司性的公务和国家性的公务之分，前者是代表公司整体利益的行为，而后者是代表国有资产的监督、管理组织进行管理的行为。实践中，一般做法是，行为人的身份如果符合形式要件，即经国家出资企业中负有管理、监督国有资产职责的组织批准或者研究决定，即使从事的是公司性的公务，也应以国家工作人员从事公务论。因为在国家出资企业中，国家性的公务必然包含在公司性的公务中。如果行为人的身份不符合形式要件，但从事本质上属于国家性的公务，原则上也应以国家工作人员从事公务论。但如果像本案被告人宋某这样，任职由公司总裁批准任命，不符合国家工作人员身份认定的形式要件，实际负责上港集团下属港区码头货物装卸、船舶到港、浮吊作业计划、分配、调度和管理，属于公司性的公务活动而非国家性的公务，则不属于国家工作人员。

九、对非国家工作人员行贿罪·对外国公职人员、国际公共组织官员行贿罪

《刑法》第164条 为谋取不正当利益，给予公司、企业或者其他单位的工作人员以财物，数额较大的，处三年以下有期徒刑或者拘役，并处罚金；数额巨大的，处三年以上十年以下有期徒刑，并处罚金。

为谋取不正当商业利益，给予外国公职人员或者国际公共组织官员以财物的，依照前款的规定处罚。

单位犯前两款罪的，对单位判处罚金，并对其直接负责的主管人员和其他直接责任人员，依照第一款的规定处罚。

行贿人在被追诉前主动交待行贿行为的，可以减轻处罚或者免除处罚。

---

[1] 中华人民共和国最高人民法院刑事审判第一、二、三、四、五庭主办：《刑事审判参考》（2014年第2集·总第97集），法律出版社2014年版，第14~18页。

（一）对非国家工作人员行贿罪

【行为】给予公司、企业或者其他单位的工作人员以财物。这里的"给予"，既包括主动提供、交付的行为，也应包括因被索取或者勒索而被动给付的情形。只是在被勒索的情形下，应参照《刑法》第389条行贿罪的精神予以认定，即财物给付人未获得不正当利益的，不构成本罪；如获得了不正当利益，则以本罪论处。

【主观】故意，并有谋取不正当利益的目的。根据《办理商业贿赂刑案意见》（2008）第9条，在行贿犯罪中，"谋取不正当利益"，指行贿人谋取违反法律、法规、规章或者政策规定的利益，或者要求对方违反法律、法规、规章、政策、行业规范的规定提供帮助或者方便条件。在招标投标、政府采购等商业活动中，违背公平原则，给予相关人员财物以谋取竞争优势的，也属于"谋取不正当利益"。谋取不正当利益是主观要件，行为人怀此意图行事即可，是否实际得到了不正当利益，不影响本罪的成立。只有在被勒索给予财物时，才以实际谋得不正当利益为要件。

【罪量】数额较大。根据《立案标准（二）》（2022年修订）第11条，指个人行贿数额在3万元以上，单位行贿数额在20万元以上。

【加重犯】数额巨大。

【从宽处罚】行贿人在被追诉前主动交待行贿行为的，可以减轻处罚或者免除处罚。

（二）对外国公职人员、国际公共组织官员行贿罪

《联合国反腐败公约》第16条要求缔约国采取必要的立法将贿赂外国公职人员或者国际公共组织官员的行为规定为犯罪。作为回应，《刑法修正案（八）》新增这一犯罪类型。

【对象】①外国公职人员，根据《联合国反腐败公约》第2条之二，"系指外国无论是经任命还是经选举而担任立法、行政、行政管理或者司法职务的任何人员；以及为外国，包括为公共机构或者公营企业行使公共职能的任何人员"。②国际公共组织官员，根据《联合国反腐败公约》第2条之三，"系指国际公务员或者经此种组织授权代表该组织行事的任何人员"。国际公务员"必须具有国际性和独立性的基本特点"，对于各成员国政府派遣到国际组织的代表应属于国际公务员，因为他们直接受命于本国政府，且对外代表本国意志，行事的基本原则是维护其本国利益。[1]

【行为】给予外国公职人员或者国际公共组织官员以财物。

【主观】故意，并有谋取不正当商业利益的目的。根据《联合国反腐败公约》第16条，并参照我国有关司法解释，不正当商业利益，指违反法律、法规、规章、政策规定以及国际组织规章的经济利益，或者外国公务员或国际公共组织官员违反法律、法规、规章、政策、行业规范规定提供的帮助或者方便条件，也包括违背公平、公正原则，在经济活动中谋取竞争优势。

【罪量】数额较大。根据《立案标准（二）》（2022年修订）第12条，个人行贿数额在3万元以上，单位行贿数额在20万元以上。

【加重犯】数额巨大。

【从宽处罚】行贿人在被追诉前主动交待行贿行为的，可以减轻处罚或者免除处罚。

十、非法经营同类营业罪

《刑法》第165条国有公司、企业的董事、经理利用职务便利，自己经营或者为他人经营与其所任职公司、企业同类的营业，获取非法利益，数额巨大的，处三年以下有期徒刑或者拘

---

[1] 赵龙龙：《对外国公职人员行贿罪探究》，载《山西农业大学学报（社会科学版）》2014年第10期。

役，并处或者单处罚金；数额特别巨大的，处三年以上七年以下有期徒刑，并处罚金。

【主体】特殊主体，限于国有公司、企业的董事、经理。这里的"国有公司、企业"可扩张至"国家出资企业"。董事、经理，指公司、企业的高层董事、经理。实践中，一些国有公司、企业将其中层管理人员也称作经理，如部门经理、业务经理、项目经理等，有的还被称为科长、处长、部长等，这类系日常称谓，而非法律用语，且其负责的不是整个公司、企业的管理，而是对某一部门、某一项目、某一项业务的管理，其经营、管理权有限，因此，本罪的主体不宜在职务上作出扩大解释。国家出资企业董事、经理之外的中层管理人员利用职务便利，将所在公司业务交由以亲属名义设立的公司进行经营的，不构成本罪。[1]

【行为】①利用职务上的便利。即利用自己在公司所任职务赋予的职权或者同职务有关的便利条件。②非法经营同类营业。同类的营业，指与自己所任职公司、企业营业执照中确定的经营范围的具体种类全部或部分相同的营业。

【结果·罪量】获取非法利益，数额巨大。[2]

【主观】故意，并有获取非法利益的目的。

【加重犯】获取非法利益，数额特别巨大。

十一、为亲友非法牟利罪[3]

《刑法》第166条 国有公司、企业、事业单位的工作人员，利用职务便利，有下列情形之一，使国家利益遭受重大损失的，处三年以下有期徒刑或者拘役，并处或者单处罚金；致使国家利益遭受特别重大损失的，处三年以上七年以下有期徒刑，并处罚金：

（一）将本单位的盈利业务交由自己的亲友进行经营的；

（二）以明显高于市场的价格向自己的亲友经营管理的单位采购商品或者以明显低于市场的价格向自己的亲友经营管理的单位销售商品的；

（三）向自己的亲友经营管理的单位采购不合格商品的。

（一）构成要件

【主体】特殊主体，限于国有公司、企业、事业单位的工作人员。这里的"国有公司、企业"可扩张至"国家出资企业"。

【行为】1. 必须利用了职务上的便利。即利用自己主管、经管、经营、经手的公司、企业业务的便利。

2. 实施下列3种行为之一：①将本单位的盈利业务交由自己的亲友经营。盈利业务，指本可盈利的业务，或者说在正常情况下预计显然可以盈利的业务，而不限于后来一定盈利的业务；②以明显高于市场的价格向自己的亲友经营管理的单位采购商品或者明显低于市场的价格向自己的亲友经营管理的单位销售商品；③向自己的亲友经营管理的单位采购不合格商品。

---

[1] 参见指导案例第187号"杨文康非法经营同类营业案"，载中华人民共和国最高人民法院刑事审判第一庭、第二庭编：《刑事审判参考》（2002年第4辑·总第27辑），法律出版社2002年版，第6页。

[2] 由于非法经营同类营业罪，为亲友非法牟利罪，国有公司、企业、事业单位人员失职罪，国有公司、企业、事业单位人员滥用职权罪等渎职犯罪是监察机关与公安机关针对犯罪主体不同分别管辖的罪名。2022年2月，国家监察委员会印发了《关于办理国有企业管理人员渎职犯罪案件适用法律若干问题的意见》，规定由国家监委会同最高人民法院、最高人民检察院出台新的追诉标准，故《立案标准（二）》（2022年修订）删除了上述犯罪的追诉标准，对新规定出台之前的案件可相应参照原《立案标准（二）》把握；对新规定出台之后的案件，要根据从旧兼从轻原则进行处置。

[3] 本罪属于国外刑法"背信罪"（或称背任罪）中的一种特殊情形，旧中国刑法对背信罪也有规定。所谓"背信罪"，是指为他人处理事务的人，为谋求自己或第三人的利益，或出于损害委托人利益的目的，违背其任务，致使委托人的财产受到损失的行为。

【结果】使国家利益遭受重大损失。
【主观】故意,并具有为亲友非法牟利的目的。
【加重犯】致使国家利益遭受特别重大损失。

(二) 适用

【关联罪】本罪与非法经营同类营业罪的界限。实践中,有的国有公司、企业的董事、经理利用职务便利,将本单位盈利业务交由其亲友的公司、企业经营,自己也参与经营并从中获取巨大的非法利益,应择一定罪处罚。本罪与非法经营同类营业罪构成要件不同:一为造成损失,二为获利。如只具一项,则以本罪定罪;如两项行为都具备,才定非法经营同类营业罪。本罪中的"将本单位的盈利业务交由自己的亲友进行经营"与非法经营同类营业罪中的"为他人经营"区别如下:行为人实施本罪的目的在于为自己的亲友谋取非法利益,行为人虽然也可能从中得到一定的"报酬"或者"好处费",但是,该报酬并非直接源于行为人在本单位的具体经营行为,而是其利用职务便利行为所获,具有受贿性质。相比之下,非法经营同类营业罪要求行为人获取的非法利益必须与其利用职务之便实施的经营活动具有直接对应关系,具体表现为经营利润或者经营报酬,且需数额巨大。

十二、签订、履行合同失职被骗罪

《刑法》第167条 国有公司、企业、事业单位直接负责的主管人员,在签订、履行合同过程中,因严重不负责任被诈骗,致使国家利益遭受重大损失的,处三年以下有期徒刑或者拘役;致使国家利益遭受特别重大损失的,处三年以上七年以下有期徒刑。

(一) 构成要件

【主体】特殊主体,限于国有公司、企业、事业单位的直接负责的主管人员。这里的"国有公司、企业"可扩张至"国家出资企业"。

【行为】本罪的行为包括2个要素:①行为发生在签订、履行经济贸易等合同过程中;②因严重不负责任被诈骗,即由于没有履行合同法规定或惯例上所应遵循的最基本的注意义务而被骗。这里的诈骗,指对方当事人的行为已经涉嫌诈骗犯罪,但不以对方当事人已被法院判决构成诈骗犯罪作为本罪立案追诉的前提。

【结果】致使国家利益遭受重大损失。
【主观】过失。
【加重犯】致使国家利益遭受特别重大损失。

(二) 适用

【定罪】根据1998年12月29日全国人大常委会《惩治外汇犯罪的决定》第7条,金融机构、从事对外贸易经营活动的公司、企业的工作人员严重不负责任,造成大量外汇被骗购或者逃汇,致使国家利益遭受重大损失的,以本罪定罪处罚。

十三、国有公司、企业、事业单位人员失职罪·国有公司、企业、事业单位人员滥用职权罪

《刑法》第168条 国有公司、企业的工作人员,由于严重不负责任或者滥用职权,造成国有公司、企业破产或者严重损失,致使国家利益遭受重大损失的,处三年以下有期徒刑或者拘役;致使国家利益遭受特别重大损失的,处三年以上七年以下有期徒刑。

国有事业单位的工作人员有前款行为,致使国家利益遭受重大损失的,依照前款的规定处罚。

国有公司、企业、事业单位的工作人员,徇私舞弊,犯前两款罪的,依照第一款的规定从重处罚。

(一) 国有公司、企业、事业单位人员失职罪

【主体】特殊主体,限于国有公司、企业、事业单位的工作人员。这里的工作人员,既包括主管人员,也包括在国有公司、企业、事业单位工作的其他工作人员。《办理国家出资企业中职务犯罪案意见》(2010) 第 4 条第 1 款指出:"国家出资企业中的国家工作人员在公司、企业改制或者国有资产处置过程中严重不负责任或者滥用职权,致使国家利益遭受重大损失的……以国有公司、企业人员失职罪或者国有公司、企业人员滥用职权罪定罪处罚。"根据该意见,这里的"国家出资企业",包括国家出资的国有独资公司、国有独资企业,以及国有资本控股公司、国有资本参股公司。是否属于国家出资企业不清楚的,应遵循"谁投资、谁拥有产权"的原则进行界定。企业注册登记中的资金来源与实际出资不符的,应根据实际出资情况确定企业的性质。企业实际出资情况不清楚的,可以综合工商注册、分配形式、经营管理等因素确定企业的性质。

该意见之前,按照《审理经济犯罪案座谈会纪要》(2003),国有公司、企业,指国有独资全资的公司、企业,不包括国有参股控股的公司、企业。该意见以"国家出资企业"概念取代"国有公司、企业"。"意见"相比"纪要"对本节"国有公司、企业"予以扩大解释,由国有独资全资企业扩大到国家出资企业(含国有参股控股企业)。上述主体范围的变化与国有独资全资公司、企业日益减少和国有参股控股公司、企业日益壮大有关。

【行为】严重不负责任,具体表现为:①不履行职责,即行为人应该履行且能够履行而不履行职责;②不认真履行职责,即行为人虽然履行了一定的职责,但是没有尽到职责义务,做事马虎,草率行事。

【结果】致使国家利益遭受重大损失。

【主观】过失。

【加重犯】致使国家利益遭受特别重大损失。

(二) 国有公司、企业、事业单位人员滥用职权罪

【主体】特殊主体,限于国有公司、企业、事业单位的工作人员。根据《办理国家出资企业中职务犯罪案意见》(2010) 第 4 条第 1 款,国家出资企业中的国家工作人员滥用职权,致使国家利益遭受重大损失的,以本罪定罪处罚。

【行为】滥用职权。主要表现为不正当地行使自己职责范围内的权力,或者超越自己的职责权限处理事务。

【结果】致使国家利益遭受重大损失。

【主观】过失,即行为人应当预见自己滥用职权的行为可能致使国家利益遭受重大损失,因疏忽大意而没有预见,或者已经预见而轻信能够避免,以致造成这种重大损失发生。滥用职权行为本身,往往是明知故犯,但行为人对致使国家利益遭受重大损失的结果则是过失的。质言之,本条的罪过形式(过失)主要是根据行为人对滥用职权行为所造成之损害结果的心态确定的。

【加重犯】致使国家利益遭受特别重大损失。

十四、徇私舞弊低价折股、出售国有资产罪

《刑法》第 169 条 国有公司、企业或者其上级主管部门直接负责的主管人员,徇私舞弊,将国有资产低价折股或者低价出售,致使国家利益遭受重大损失的,处三年以下有期徒刑或者拘役;致使国家利益遭受特别重大损失的,处三年以上七年以下有期徒刑。

(一) 构成要件

【主体】特殊主体,限于国有公司、企业或者上级主管部门直接负责的主管人员。根据

《办理国家出资企业中职务犯罪案意见》（2010）第4条第2款，国家出资企业中的国家工作人员徇私舞弊，将国有资产低价折股或者低价出售给其本人未持有股份的公司、企业或者其他个人，致使国家利益遭受重大损失的，以本罪定罪处罚。

【行为】徇私舞弊，将国家资产低价折股或者低价出售。

【结果】致使国家利益遭受重大损失。

【主观】故意[1]，并具有徇私动机。

【加重犯】致使国家利益遭受特别重大损失。

（二）适用

【关联罪】本罪与贪污罪的界限。区分两罪的要点是主体不同。《办理国家出资企业中职务犯罪案意见》（2010）第4条第3款指出，国家出资企业中的国家工作人员在公司、企业改制或者国有资产处置过程中徇私舞弊，将国有资产低价折股或者低价出售给特定关系人持有股份或者本人实际控制的公司、企业，致使国家利益遭受重大损失的，以贪污罪定罪处罚。贪污数额以国有资产的损失数额计算。

十五、背信损害上市公司利益罪

《刑法》第169条之一　上市公司的董事、监事、高级管理人员违背对公司的忠实义务，利用职务便利，操纵上市公司从事下列行为之一，致使上市公司利益遭受重大损失的，处三年以下有期徒刑或者拘役，并处或者单处罚金；致使上市公司利益遭受特别重大损失的，处三年以上七年以下有期徒刑，并处罚金：

（一）无偿向其他单位或者个人提供资金、商品、服务或者其他资产的；

（二）以明显不公平的条件，提供或者接受资金、商品、服务或者其他资产的；

（三）向明显不具有清偿能力的单位或者个人提供资金、商品、服务或者其他资产的；

（四）为明显不具有清偿能力的单位或者个人提供担保，或者无正当理由为其他单位或者个人提供担保的；

（五）无正当理由放弃债权、承担债务的；

（六）采用其他方式损害上市公司利益的。

上市公司的控股股东或者实际控制人，指使上市公司董事、监事、高级管理人员实施前款行为的，依照前款的规定处罚。

犯前款罪的上市公司的控股股东或者实际控制人是单位的，对单位判处罚金，并对其直接负责的主管人员和其他直接责任人员，依照第一款的规定处罚。

【主体】特殊主体，限于上市公司的董事、监事、高级管理人员和作为上市公司控股股东或实际控制人的自然人或单位。

【行为】违背对公司的忠实义务，利用职务便利，操纵上市公司从事《刑法》第169条之一规定的行为。上市公司的控股股东或者实际控制人，指使上市公司董事、监事、高级管理人员实施前述行为的，依照本罪的规定处罚。这里的"指使"行为显然具有教唆的特征，可认为是特定教唆行为在分则已有特别规定的情形（教唆行为正犯化），不适用总则教唆犯的规定。

【结果·罪量】致使上市公司利益遭受重大损失。根据《立案标准（二）》（2022年修订）第13条，包括下列情形：①致使上市公司直接经济损失数额在150万元以上；②致使公

---

[1] 本罪的实行行为是徇私舞弊低价折股、出售国有资产，此行为的实施必然会使国家利益受损。所以，不仅滥用职权行为本身系明知故犯，行为人对国家利益损失的结果，也难说仅有过失。

司、企业发行的股票或者公司、企业债券、存托凭证或者国务院依法认定的其他证券被终止上市交易；③其他致使上市公司利益遭受重大损失的情形。

【主观】故意。

【加重犯】致使上市公司利益遭受特别重大损失。

第五节 破坏金融管理秩序罪

一、伪造货币罪

《刑法》第170条 伪造货币的，处三年以上十年以下有期徒刑，并处罚金；有下列情形之一的，处十年以上有期徒刑或者无期徒刑，并处罚金或者没收财产：

（一）伪造货币集团的首要分子；

（二）伪造货币数额特别巨大的；

（三）有其他特别严重情节的。

（一）构成要件

【对象】被仿冒伪造的真币应当是流通使用中的货币。货币，指流通的以下货币：①人民币（含普通纪念币、贵金属纪念币）、港元、澳门元、新台币；②其他国家及地区的法定货币。停止或退出流通的"货币"，不是本罪的对象。伪造的假币在外观上应当足以使一般人误认为是真币即可，不要求与真币达到完全相同的程度，也无须达到足以欺骗专业人士的程度。伪造停止流通的货币不成立伪造货币罪，伪造并使用停止流通的货币可以诈骗罪论处。

【行为】伪造货币，指按照真货币的图案、形状、色彩等特征非法制造假币、冒充真币的行为。伪造的方法很多，对于纸币，有复印、拓印、刻印、缩印、手工描绘、剪贴以及采用电子扫描分色或照相分色方式制版，采用现代化印刷机器制作；对于金属货币，有浇铸、铸造、电镀等方法。无论采用何种方法非法制造货币，均不影响本罪的成立。因为《刑法》第173条另行规定变造货币罪，所以，本罪之"伪造"不包括变造。换言之，这里的"伪造"（排除变造货币），以使用真币之外的原材料非法制作货币为限。另根据《审理伪造货币案解释（二）》（2010）第2条，同时采用伪造和变造手段，制造真伪拼凑货币的，以伪造货币罪定罪处罚。

【主观】故意。对是否以特定目的为要件存在争议。有学者主张本罪是目的犯，应以营利或者谋取非法利益为目的。有学者主张本罪是目的犯，但不以"营利目的"作为要件，而应以"意图流通"或"意图使之进入流通领域"为目的。也有学者认为，如果从刑事立法学的角度看，或许要求"以使用为目的"较为合适，但我国刑法鉴于伪造货币行为的严重危害程度，没有提出类似要求。从解释论而言，本罪不是目的犯。[1] 现阶段，第三种观点似为通说。

【加重犯】本罪的加重事由包括：①伪造货币集团的首要分子；②伪造货币数额特别巨大，总面额在3万元以上；③有其他特别严重情节。

（二）适用

【定罪】根据《审理伪造货币案解释》（2000）第1条第3款，制造货币版样或者与他人事前通谋，为他人伪造货币提供版样的，以本罪定罪处罚，无需适用总则共犯或者预备犯的相关规定。

---

[1] 参见张明楷：《刑法学》（下），法律出版社2021年版，第984页。

【罪数】伪造货币后又贩卖、运输（本人）伪造的货币的，以伪造货币罪一罪论处，从重处罚。伪造货币又使用（本人）伪造货币的，也只以伪造货币罪一罪处罚。行为人贩卖、运输或者使用的假币不是本人伪造的，应当数罪并罚。走私假币时被查获的，以走私假币罪追诉。如果一并追查其伪造假币罪行，并查明其走私的假币是其伪造的一部分，则可比照伪造货币后又贩运的行为，以伪造货币罪一罪论处，从重处罚。

二、出售、购买、运输假币罪·金融工作人员购买假币、以假币换取货币罪

《刑法》第171条　出售、购买伪造的货币或者明知是伪造的货币而运输，数额较大的，处三年以下有期徒刑或者拘役，并处二万元以上二十万元以下罚金；数额巨大的，处三年以上十年以下有期徒刑，并处五万元以上五十万元以下罚金；数额特别巨大的，处十年以上有期徒刑或者无期徒刑，并处五万元以上五十万元以下罚金或者没收财产。

银行或者其他金融机构的工作人员购买伪造的货币或者利用职务上的便利，以伪造的货币换取货币的，处三年以上十年以下有期徒刑，并处二万元以上二十万元以下罚金；数额巨大或者有其他严重情节的，处十年以上有期徒刑或者无期徒刑，并处二万元以上二十万元以下罚金或者没收财产；情节较轻的，处三年以下有期徒刑或者拘役，并处或者单处一万元以上十万元以下罚金。

伪造货币并出售或者运输伪造的货币的，依照本法第一百七十条的规定定罪从重处罚。

（一）构成要件

1. 出售、购买、运输假币罪。

【对象】假币，即伪造的货币。

【行为】出售、购买、运输假币。出售，指有偿转让假币，通常以低于假币面额的价格交易真币，如按假币面值的3折或2折交换真币。以假币交易的价格使用假币抵偿债务的，实质是出售。购买，指有偿取得假币。以假币交易的价格收取假币抵偿债权的，实质是购买。运输，指使假币发生相当距离的转移，通常发生于由伪造地、购买地往出售地或使用地转移的过程。

【主观】故意，即明知是假币而予以出售、购买或者运输。双方以假币面额的折扣价格，即通常假币交易的价格进行买卖的，足以证明"明知"。

【罪量】数额较大。根据《立案标准（二）》（2022年修订）第15条，有下列情形之一的，应认定为"数额较大"：①总面额在4000元以上或者币量在400张（枚）以上的；②总面额在2000元以上或者币量在200张（枚）以上，2年内因出售、购买、运输假币受过行政处罚，又出售、购买、运输假币的。在出售假币时被抓获的，除现场查获的假币应认定为出售假币的数额外，现场之外在行为人住所或者其他藏匿地查获的假币，也应认定为出售假币的数额。

【加重犯】本罪有两档加重犯，分别以"数额巨大"和"数额特别巨大"为要件。具体标准参见《审理伪造货币案解释》（2000）第3条。

2. 金融工作人员购买假币、以假币换取货币罪。

【主体】特殊主体，限于银行或者其他金融机构工作人员。

【行为】①购买伪造的货币；②利用职务上的便利，以伪造的货币换取货币。利用职务之便，指利用职务上管理金库、出纳现金、吸收存款等便利条件，将伪造的货币换成真币。如果行为人并未利用自己的职务便利，而是利用了其他从事管理、经手货币的工作人员的工作疏忽，乘机以伪造的货币换取货币，不是本罪，应以盗窃罪论处。以伪造的货币换取货币，既可以是为自己换取，也可以是为他人换取。

【主观】故意。

【加重犯】数额巨大或者有其他严重情节。具体标准参见《审理伪造货币案解释》（2000）第4条。

【减轻犯】情节较轻。

（二）适用

【罪数】1. 出售、购买、运输假币，属于选择一罪。实施三种行为之一的，构成一罪，对同一笔假币兼有出售、购买、运输行为的，也只成立一罪。例如，赵某用10万元在广州购买面额50万的假币，乘火车到哈尔滨售出，赵某只成立一罪，且犯罪数额为50万元，不得重复计算。如果数个行为涉及多笔假币，则应累计。例如，赵某另外还曾出售一笔20万元的假币，则累加犯罪数额为70万元。

2. 伪造货币并出售或者运输伪造的货币的，以伪造货币罪从重处罚，不另成立出售、运输假币罪。这种情况下，出售、运输假币的行为可以看作伪造货币行为的当然结果行为，属于吸收犯，但仅限于行为人出售、运输自己伪造的假币的情形。如果行为人既伪造货币，又出售或运输他人伪造的货币，则应以伪造货币罪和出售、运输假币罪数罪并罚。

三、持有、使用假币罪

《刑法》第172条 明知是伪造的货币而持有、使用，数额较大的，处三年以下有期徒刑或者拘役，并处或单处一万元以上十万元以下罚金；数额巨大的，处三年以上十年以下有期徒刑，并处二万元以上二十万元以下罚金；数额特别巨大的，处十年以上有期徒刑，并处五万元以上五十万元以下罚金或者没收财产。

（一）构成要件

【行为】1. 持有假币，指拥有或占有假币。拥有，不以本人实际占有假币为必要，如委托他人保管；占有，指实际控制支配，不以本人拥有假币为必要，如代他人保管假币。

2. 使用假币，指将伪造的货币当作真货币投入流通领域，作为一种支付手段加以利用。如冒充真币购物、消费、赠送。使用既可以是在合法活动中使用，也可以用于非法的活动中，如用于赌博、行贿。注意本罪中的使用是将伪造的货币作为真币直接置于流通领域的行为，如果行为人以伪造的货币作为自己经济能力的证明而出示，如在签订合同时，将伪造的货币给对方看，以证明自己的合同履行能力，不应认定为本罪中的使用，但可能成立持有假币罪。

【主观】故意，即明知是伪造的货币而持有、使用。行为人确实不知其持有、使用的货币是伪造的，不成立本罪。

【罪量】数额较大。根据《立案标准（二）》（2022年修订）第17条，有下列情形之一的，属于"数额较大"：①总面额在4000元以上或者币量在400张（枚）以上的；②总面额在2000元以上或者币量在200张（枚）以上，2年内因持有、使用假币受过行政处罚，又持有、使用假币的。

【加重犯】本罪有两档加重犯，分别以"数额巨大"和"数额特别巨大"为要件。具体标准参见《审理伪造货币案解释》（2000）第5条。

（二）适用

【定罪】在惩治涉假币犯罪法律体系中，持有假币罪是事实证据要求最低的罪名，也是处罚最轻的罪名，无需证明所持假币的来源、用途，只要证实持有的事实即可定罪。持有假币罪具有堵截机能，例如，行为人供述假币是他人伪造或者来源于走私，但因时过境迁，司法机关无法取证，此时可以持有假币罪定罪处罚。所以，如果能够证实行为人因实施其他假币犯罪而持有，如因出售、购买、运输假币而持有，就应当"择重"以出售、购买、运输假币罪论处，不应以持有假币罪定罪处刑。行为人出售假币时被抓获，现场查获的假币应认定为出售假币的数额，现场之外在行为人住所或者其他藏匿地查获的假币，一般也认定为出售假币的犯罪数额。

【关联罪】1. 使用假币罪与出售假币罪的界限。出售假币罪是以假售假，对于买方不隐瞒假币的真相，没有欺骗买方，其表现往往是买卖双方按折扣价格交易，如100元假币卖30元真币。与此相应，"买方"构成购买假币罪，二者（出售假币和购买假币）具有对合犯的关系，通常不按照共犯定罪处罚。使用假币罪的特点是以假（币）充真（币），掩饰隐瞒假币的真相，表现为直接按照假币票面金额使用，没有"折扣"问题。与此相应，收取假币一方是受害人。这在用假币还债、赌博的性质认定上具有重要的作用。如果行为人掩盖假币真相，按票面金额抵债、赌博，则属于使用假币行为；如果行为人不掩盖假币真相，按市场假币的价格"打折"抵债、赌博，则属于出售假币行为，对方（收方）往往具有购买假币的性质，双方实质上是一种变相买卖（交易）假币的行为。

2. 使用假币罪与诈骗罪的界限。使用假币时，以假（币）充真（币），掩饰隐瞒假币的真相，当然具有欺骗性。所以，在过去的法律中，对使用假币罪没有专门规定时，就是按诈骗罪定罪处罚。现行《刑法》专门规定了使用假币罪之后，对这种特定的诈骗行为，就应按照法条竞合的原理，适用特别规定排斥诈骗罪的一般规定。

【共犯】在实践中，行为人出售、运输的假币或持有、使用的假币，通常都是源自购买，在买卖过程中难免有运输行为。对涉假币犯罪，司法机关以何罪立案、起诉、判决，通常与发案、取证有关。卖方为"上家"，买方为"下家"，在双方买卖（交易）时当场拿获的，卖方是出售假币罪、买方是购买假币罪。这属于双方行为都为罪的对向犯，也属于同案犯但通常不以共犯论处的特殊情况，犯罪金额以当时交易金额为准，如为10万元假币，则对双方分别以（卖方·上家）出售假币罪和（买房·下家）购买假币罪论处，这很简单。如果甲是在运输途中（比如火车上）被查获的持有（10万元假币），甲交代该10万元假币从福建乙处购买，因无法找到"上家"乙取证，只能指控运输假币罪。假如查获甲持有10万元假币，如果能找到上家的证据，起诉购买假币罪；如果能找到下家（甲联系欲售予的人）的证据，起诉出售假币罪；如果找到运输方面的证据，起诉运输假币罪。如果既不能证明是运输，也不能证实假币的来源（是否购买）和用途（是否出售），则只能起诉非法持有假币罪。

【罪数】1. 本罪是选择罪名，行为人只有持有行为而没有使用行为的，成立持有假币罪；行为人既持有假币又使用假币的，如使用假币5000元，手中仍持有1万元假币，认定为持有、使用假币一罪，不实行数罪并罚。需要注意的是，使用假币必然持有假币，因此，行为人单纯使用假币的，以使用假币罪论处，不定持有、使用假币罪。

2. ①行为人购买假币后使用，构成犯罪的，以购买假币罪定罪，从重处罚；②行为人出售、运输假币构成犯罪，同时有使用假币行为的，以出售、运输假币罪和使用假币罪，实行数罪并罚。对①的情形不并罚而对②的情形并罚，原因在于犯罪数额（假币）计算方法不同。例如，甲在福建购买10万元假币，使用了5000元。在以购买假币罪一罪论处时，购买假币犯罪数额仍以当初实际购买额10万元为准，不扣除使用的5000元，所以，按照一罪处罚能罚当其罪且避免（对使用的5000元）重复处罚。如果甲出售、运输假币又有使用假币行为的，分别按照实际数额计算，如甲实际出售95万元、实际使用5000元的，以出售假币罪（95万元）和使用假币罪（5000元）数罪并罚。换言之，在以购买假币罪处罚时，通常以实际购买额为准，不扣除使用额，所以不必数罪并罚；在以出售假币罪论处时，通常以实际出售额为准，不包括使用额，所以需数罪并罚。

3. 在 ATM 机存假币取真币的行为，如何定罪存在 3 种观点：①存入假币获取账户余额成立盗窃罪，取款是盗窃之事后不可罚行为，仅成立盗窃罪。[1] ②存入假币构成使用假币罪，取出所获余额构成盗窃罪，应当数罪并罚。[2] ③存入假币成立使用假币罪与盗窃罪想象竞合；存假币后取真币或者转账，成立使用假币罪与盗窃罪，应当数罪并罚。[3] 本书认为，在中国不喜好数罪并罚的司法习惯下，对此存假币取真币行为数罪并罚与其他类似案件相比，处理明显不公或不平衡，还是以盗窃罪与使用假币罪想象竞合、择一重罪处断较公平合理。存假币获账户余额是盗窃（既遂）结果，取出行为与存真币后取出行为无异，不应再行评价处罚。

四、变造货币罪

《刑法》第 173 条　变造货币，数额较大的，处三年以下有期徒刑或者拘役，并处或者单处一万元以上十万元以下罚金；数额巨大的，处三年以上十年以下有期徒刑，并处二万元以上二十万元以下罚金。

【行为】变造货币，即对真货币采用剪贴、挖补、揭层、涂改、移位、重印等方法加工处理，改变真币形态、价值。不问被改变的真币价值的增减，如将 10 元的真货币变造为 100 元的货币或相反。从广义上讲，变造也属于伪造。鉴于《刑法》将变造货币单独规定为一种轻于伪造货币的犯罪，所以有区分的必要。变造货币的要点是以真币为基础的加工改制。用真币之外的材料非法制造货币的，是伪造；将钞票打成纸浆或将硬币融化成金属，用于非法制造假币的，属于伪造。《审理伪造货币案解释（二）》（2010）第 2 条指出：同时采用伪造和变造手段，制造真伪拼凑货币的，以伪造论。

【主观】故意。过失不构成本罪。

【罪量】数额较大。根据《立案标准（二）》（2022 年修订）第 18 条，有下列情形之一的，属于"数额较大"：①总面额在 2000 元以上或者币量在 200 张（枚）以上的；②总面额在 1000 元以上或者币量在 100 张（枚）以上，2 年内因变造货币受过行政处罚，又变造货币的。

【加重犯】数额巨大。具体标准参见《审理伪造货币案解释》（2000）第 6 条。

五、擅自设立金融机构罪·伪造、变造、转让金融机构经营许可证、批准文件罪

《刑法》第 174 条　未经国家有关主管部门批准，擅自设立商业银行、证券交易所、期货交易所、证券公司、期货经纪公司、保险公司或者其他金融机构的，处三年以下有期徒刑或者拘役，并处或者单处二万元以上二十万元以下罚金；情节严重的，处三年以上十年以下有期徒刑，并处五万元以上五十万元以下罚金。

伪造、变造、转让商业银行、证券交易所、期货交易所、证券公司、期货经纪公司、保险公司或者其他金融机构的经营许可证或者批准文件的，依照前款的规定处罚。

单位犯前两款罪的，对单位判处罚金，并对其直接负责的主管人员和其他直接责任人员，依照第 1 款的规定处罚。

（一）擅自设立金融机构罪

【行为】未经国家有关主管机关批准，擅自设立商业银行、证券交易所、证券公司、期货交易所、期货经纪公司、保险公司或其他金融机构。根据《立案标准（二）》（2022 年修订）第 19 条，擅自设立金融机构筹备组织的，也属于本罪之行为。这里的"擅自设立"，既可能是

---

[1] 陈兴良：《在 ATM 机上存假币取真币的行为构成盗窃罪》，载《中国审判》2009 年第 6 期。
[2] 张明楷：《使用假币罪与相关犯罪的关系》，载《政治与法律》2012 年第 6 期。
[3] 杜文俊：《论使用假币罪与相关犯罪的关系——兼与陈兴良、张明楷二位教授商榷》，载《法学》2015 年第 5 期。

未经申请便自行设立,也可能是依法提出后未获批准而自行设立,还可能是虽获批准,但在未领取营业执照或其他与经营相关之手续尚未完结的情况下就开始经营。

【主观】故意。

【加重犯】情节严重。

(二) 伪造、变造、转让金融机构经营许可证、批准文件罪

【行为】伪造、变造、转让商业银行、证券交易所、期货交易所、证券公司、期货经纪公司、保险公司或者其他金融机构经营许可证或者批准文件。伪造,指没有制作、发放权的人,仿照真实的金融机构经营许可证或者批准文件的特征,擅自制造金融机构经营许可证或者批准文件的行为。变造,指采用各种手段对真实的金融机构经营许可证或批准文件进行加工改制的行为。如更改金融机构名称、注册资本数额、经营范围等,均属变造行为。转让,指将真实有效的金融机构经营许可证或批准文件有偿或者无偿地让与他人的行为,包括出租、出借、出卖等方式。

【主观】故意。过失不构成本罪。

【加重犯】情节严重。

六、高利转贷罪

《刑法》第 175 条 以转贷牟利为目的,套取金融机构信贷资金高利转贷他人,违法所得数额较大的,处三年以下有期徒刑或者拘役,并处违法所得一倍以上五倍以下罚金;数额巨大的,处三年以上七年以下有期徒刑,并处违法所得一倍以上五倍以下罚金。

单位犯前款罪的,对单位判处罚金,并对其直接负责的主管人员和其他直接责任人员,处三年以下有期徒刑或者拘役。

(一) 构成要件

【对象】信贷资金,指金融机构用于发放贷款的资金。既包括担保贷款,也包括信用贷款。本罪中的金融机构,包括银行和其他金融机构。利用其他民间资金高利放贷的,属于违规行为,但不成立本罪。

【行为】①套取信贷资金,指隐瞒转贷他人的意图以虚假的理由从金融机构取得贷款。②高利转贷他人,指套取金融机构信贷资金后,再以高于金融机构贷款利率的利率转贷给其他人或其他单位,谋取高额利差。

【主观】故意,并在套取信贷资金时具有转贷牟利的目的。若当时没有此目的,申请贷款后因情势变化,如贷款项目遭遇困难或丧失盈利前景等,为了减轻利息成本的压力,而将贷款供他人使用,收取高息的,不成立本罪;给金融机构造成重大损失,符合《刑法》第 175 条之一规定的,可以骗取贷款罪定罪处罚。

【罪量】违法所得数额较大。根据《立案标准(二)》(2022 年修订)第 21 条,指违法所得数额在 50 万元以上。

【加重犯】违法所得数额巨大。

(二) 适用

党的二十大报告指出,防范金融风险还须解决许多重大问题。对于高利转贷罪这种在特殊时代背景下设立的犯罪,在其认定中,如何平衡金融稳定与金融活力之间的关系,既能有效防范金融风险,又能避免因刑事处罚范围的膨胀而堵塞中小微企业的融资渠道,是亟需刑法理论与实践回应的问题。

【定罪】《刑法》规定高利转贷罪有其特殊的背景:其一,在 1997 年修订《刑法》时,主要是四大国从事银行贷款业务;其二,贷款具有很强的支持国家建设的政策性;其三,2000

年以后，贷款利率逐渐放开；其四，当时《刑法》没有规定骗取贷款罪。因此，高利转贷罪在增设骗取贷款罪之前是完全独立的罪名。但在增设骗取贷款罪之后，可以说就是一种特殊的骗取贷款类型，即为转贷牟利而骗取（套取）金融机构的贷款。在2000年之后，金融机构迅速增长达到数千家，小额贷款公司数以万计，贷款不再具有那么强烈的政策性、贷款利息的管控也没有那么严格，地方性法规甚至还允许金融机构、小额贷款公司融资用于放贷。因此，形势的变化使为转贷牟利而骗取贷款的行为已经没有以往那样的危害性，没有必要一律追究刑事责任。

本罪之"高利转贷"应包含一个前提，即该"高利放贷"行为本身违法。小额贷款公司从银行贷款后放高利贷，是否构成高利转贷罪，关键要看这类公司能否使用金融机构贷款作为自身的放贷资金。根据有关政策法规规定，小额贷款公司可按照高于金融机构的利息发放贷款。如果允许小额贷款公司将金融机构贷款作为公司放贷资金，则上述行为在前置法层面没有违法性。例如，根据《海南省小额贷款公司试点管理暂行办法》（琼府〔2019〕72号）第17条的规定，小额贷款公司可以从银行业金融机构融入资金，作为其公司放贷的资金来源。据此，小额贷款公司获得金融机构贷款后再高利转贷给他人的行为，属于有关小额贷款公司的经营管理法规允许的行为，不构成高利转贷罪。

七、骗取贷款、票据承兑、金融票证罪[1]

《刑法》第175条之一 以欺骗手段取得银行或者其他金融机构贷款、票据承兑、信用证、保函等，给银行或者其他金融机构造成重大损失的，处三年以下有期徒刑或者拘役，并处或者单处罚金；给银行或者其他金融机构造成特别重大损失或者有其他特别严重情节的，处三年以上七年以下有期徒刑，并处罚金。

单位犯前款罪的，对单位判处罚金，并对其直接负责的主管人员和其他直接责任人员，依照前款的规定处罚。

【行为】1. 在申请前述金融信用时，使用了欺骗手段，如作虚假陈述或者提供与客观事实不符的材料。在《刑法修正案（十一）》删除"情节严重"的入罪条件之前，有观点主张应通过实质解释"欺骗"行为来限制本罪成立范围："贷款等金融资产本身具有风险属性，故而金融机构建了一套较为完备的风险控制机制，将贷款等金融资产置于可控的风险之下。所以，只有行为人的欺骗手段突破了金融产品的风险底线，置金融资产于不可控的高度风险之中，威胁到金融信用体系以及金融机构的资产安全，该欺骗手段才达到需要刑法进行规制的严重程度。反之，即便行为人的欺骗手段使得金融机构陷入错误认识并因此发放贷款，但未使得该金融资产处于无法收回的高度风险之中，则该欺骗手段未达到入罪所要求的严重程度。比如，行为人在虚构贷款理由的同时提供了真实足额的抵押，行为人的欺骗手段仍不应视为使贷款处于无法收回的高度风险之中。"[2]

【案例】**管某某等被控骗取贷款无罪案**[3]

管某某以虚假购销合同和王某某伪造的企业财务报表、公司账目和购销合同等虚假材料，由同利担保公司担保，向抚顺银行新抚支行贷款1500万元。贷款发放后，管某某将其中1000万元偿还给元亨小额贷款公司，其余部分用于偿还公司债务、贷款利息及日常经营等支出。由

---

[1] 本罪经《刑法修正案（十一）》修改。
[2] 彭志娟、胡向远：《全面把握骗取贷款罪中欺骗手段的严重程度》，载《检察日报》2016年5月9日，第3版。
[3] 抚顺市中级人民法院（2017）辽04刑终94号刑事判决书。

于华盛公司在抚顺银行新抚支行申请 1500 万元贷款时，已由同利担保公司提供了担保，且贷款于案发前由同利担保公司予以偿还，管某某等人的行为并未给银行造成重大损失，同时，华盛公司又向同利担保公司提供了反担保，故法院认为，不能认定管某某等人构成骗取贷款罪。

2. 取得了银行或其他金融机构的贷款或信用。比照诈骗罪和贷款诈骗罪掌握本罪的构造和行为要件，以银行或其他金融机构受骗陷入错误认识为本罪构成要件要素的主张，在理论上成为通说。[1] 只有申请人实施了欺骗行为，并使金融机构产生错误认识，进而基于错误认识发放贷款或出具信用的，才可能构成本罪；申请人实施了欺骗行为，但金融机构没有陷入错误认识的，不能将发放贷款或出具信用的结果归属于欺骗行为，不成立本罪既遂。[2] 司法实践中也有类似主张，例如：

【案例】　　　　　　**张某某被控骗取贷款无罪案**[3]

上诉人张某某为承包金星支行土地而从金星支行使用他人名义贷款 24 笔，总计金额 120 万元。对此事，无论是当时金星支行具体办理贷款手续的信贷员刘某某，还是当时负责审批贷款的金星支行行长张某洋均为明知。在贷款发放后，张某某向金星支行支付相关利息，金星支行亦直接向张某某催收欠款，在贷款到期需办理转贷时，金星支行又将上述 120 万元贷款办理转贷至张某某亲属及张某某本人名下。法院认为，金星支行在发放贷款及催缴贷款的过程中，对张某某以他人名义贷款的事实是明知的，没有产生错误认识，贷款也由张某某实际使用，不能认定张某某构成骗取贷款罪。

判决要旨：在金融机构错误认识必要说之下，有必要确定工作人员对发放贷款或出具信用是否有决策权。在一般工作人员明知申请人采用欺骗手段骗取贷款或信用的情况下，无论其是对申请材料虚假知情不报，还是授意、帮助申请人作假，由于决策者对申请材料存在虚假的情况并不知情，发放贷款或出具信用的决定是基于错误认识作出的，申请人仍构成本罪，一般工作人员可能同时构成本罪共犯和违法发放贷款罪（或违规出具金融票证罪·对违法票据承兑、付款、保证罪），根据具体案情，按照处罚较重的罪名论处。[4] 此外，还有判决区分金融机构工作人员疏于审查没有发现材料作假而批贷或授信与发现申请中包含虚假事项仍批贷或授信这两种情形，并认为只在前一种情形中申请人才构成本罪。[5]

错误认识必要说限缩申请人成立本罪正犯的附随效果之一，就是可能造成违法发放贷款罪（或违规出具金融票证罪·对违法票据承兑、付款、保证罪）共犯的膨胀。在《刑法修正案（十一）》删除《刑法》第 175 条之一第 1 款中"或者有其他严重情节"规定以期提高本罪入罪门槛的背景下，这种膨胀可能造成司法适用上的两难：内外共谋但没有给金融机构造成重大损失的，对申请人是否仍应以金融机构工作人员违法发放贷款或授信数额追究共犯责任？如果追究，则否定轻罪（本罪）、承认重罪（违法发放贷款罪·违规出具金融票证罪·对违法票据承兑、付款、保证罪）的做法可能使得《刑法修正案（十一）》以金融机构重大损失区分违

---

[1] 参见张明楷：《骗取贷款罪的构造》，载《清华法学》2019 年第 5 期；陈兴良：《金融犯罪若干疑难问题的案例解读》，《江西警察学院学报》2017 年第 6 期。

[2] 此时，至多成立犯罪未遂，但实际上追究必要性不大。参见周光权：《刑法各论》，中国人民大学出版社 2021 年版，第 294 页。

[3] 葫芦岛市中级人民法院（2017）辽 14 刑终 107 号刑事判决书。

[4] 参见彭志娟、陈颖：《银行内部人员知情能否定手段的欺骗性》，载《检察日报》2016 年 3 月 21 日，第 3 版。

[5] 参见广东省高级人民法院（2018）粤刑再 21 号刑事判决书。

规融资与本罪、保护民营企业（家）的修法本意落空；如果不追究，则从违法发放贷款罪·违规出具金融票证罪·对违法票据承兑、付款、保证罪的罪状及总则共犯规定来看，似乎又缺乏解释论上的正当性。

本书认为，行为人取得贷款或信用，不必以银行或其他金融机构受骗陷入错误认识为前提。主要考虑有三：其一，在规范目的与犯罪性质上，本罪与诈骗罪、贷款诈骗罪等以非法占有为目的的犯罪存在本质区别。本罪仅仅获取贷款或信用，行为人与金融机构之间存在清晰债权债务关系，需归还且想归还；后者则系非法占有，自始即不想归还。其二，仅因本罪中具有"骗"的要素，就将其与诈骗罪这一自然犯等量齐观，也是不合适的。我国《刑法》中其有欺骗性的犯罪（如假冒注册商标罪、欺诈发行证券罪等）就不需要被害人受骗陷入错误。其三，根据分则正条优先于总则共犯规定的法律适用规则，本罪与违法发放贷款罪·违规出具金融票证罪·对违法票据承兑、付款、保证罪各有分则正条（刑罚法规）规定，各有其构成要件和法定刑可资适用，直接依据正条各定其罪、各处其刑即可完成定罪处罚，不存在任何法律障碍。

【结果·罪量】给银行或者其他金融机构造成重大损失。《刑法修正案（十一）》删除了"情节严重"的入罪条件，要求给银行或其他金融机构造成重大损失才构成本罪。根据《立案标准（二）》（2022年修订）第22条，给银行或者其他金融机构造成直接经济损失数额在50万元以上的，属于"重大损失"。

《刑法修正案（十一）》旨在限缩本罪处罚范围，与先前司法实践谨慎认定"情节严重"的做法取向一致。比如，最高人民法院在《答复广东省高级人民法院关于被告人陈岩骗取贷款请示一案的批复》中就强调，被告人采取欺骗手段从银行获取贷款的数额特别巨大，但其提供了足额真实抵押，未给银行造成损失，不会危及金融安全，因此，不属于《刑法》第175条之一规定的"有其他严重情节"，不构成犯罪。另需说明的是，是否给银行或其他金融机构造成实际损失，不以"贷款或其他信用额度"或者"未归还数额"为核心标准。对于实际损失的认定是否以诉讼等法律手段的无效为前置条件，有观点认为，金融机构可以通过民事诉讼保障债权的，一般不属于"造成实际损失"的情形；[1] 但也有观点认为，行为人骗取贷款不能按期归还资金，也没有提供有效担保，就可以认定给金融机构造成实际损失，不需在金融机构采取诉讼等法律手段追偿失败后才判定其实际损失，对于后期在判决前通过法律手段获得清偿的，可酌定从宽处罚。[2] 本书认为，认定实际损失，不以穷尽一切法律手段为前提，但从《刑法修正案（十一）》限缩骗取贷款罪处罚范围的修法宗旨出发，如果金融机构能够通过民事诉讼直接实现清偿的，可不作为犯罪处理（或至少免予刑事处罚）。

【主观】故意，且尚不足以认定具有非法占有目的。如果行为人确有非法占有贷款之目的，则相关行为应以贷款诈骗罪、票据诈骗罪或者金融凭证诈骗罪论处。

【加重犯】给银行或者其他金融机构造成特别重大损失，或者有其他特别严重情节。《刑法修正案（十一）》在本罪基本犯中取消了有关情节的规定，但就加重犯而言，其成立条件既包括给银行或其他金融机构造成特别重大损失，又包括有其他特别严重情节。鉴于本次修法旨在强调最终给金融机构造成损失是追究骗贷者刑事责任的关键，因此，对于提供真实担保取得贷款或者事后全部归还本息的，即使利用虚假贷款资料所取得的贷款数额特别巨大或有其他特别严重情节，也不应入罪，更遑论升格法定刑。因此，"有其他特别严重情节"的加重事

---

[1] 参见姜涛：《基于刑法谦抑理念修正骗取贷款罪》，载《检察日报》2020年11月23日，第3版。
[2] 参见许永安主编：《中华人民共和国刑法修正案（十一）解读》，中国法制出版社2021年版，第106页。

由，仅适用于行为人骗取贷款给金融机构至少造成了接近于特别重大损失，同时还具有"其他严重情节"的情形，如骗取贷款金额特别巨大、多次骗取贷款等。[1]

八、非法吸收公众存款罪[2]

《刑法》第176条 非法吸收公众存款或者变相吸收公众存款，扰乱金融秩序的，处三年以下有期徒刑或者拘役，并处或者单处罚金；数额巨大或者有其他严重情节的，处三年以上十年以下有期徒刑，并处罚金；数额特别巨大或者有其他特别严重情节的，处十年以上有期徒刑，并处罚金。

单位犯前款罪的，对单位判处罚金，并对其直接负责的主管人员和其他直接责任人员，依照前款的规定处罚。

有前两款行为，在提起公诉前积极退赃退赔，减少损害结果发生的，可以从轻或者减轻处罚。

（一）构成要件

【行为】非法吸收公众存款或者变相吸收公众存款。根据《审理非法集资刑案解释》（2022年修正）第1条，该行为具有4个要素：①未经有关部门依法许可或者借用合法经营的形式吸收资金；②通过网络、媒体、推介会、传单、手机信息等途径向社会公开宣传。根据《办理非法集资刑案意见》（2014）第2条，向社会公开宣传，包括以各种途径向社会公众传播吸收资金的信息，以及明知吸收资金的信息向社会公众扩散而予以放任等情形；③承诺在一定期限内以货币、实物、股权等方式还本付息或者给付回报；④向社会公众即社会不特定对象吸收资金。根据《非法集资刑案若干问题意见》（2019）第5条第1款，以下情形也属于"向社会公众吸收资金"：其一，在向亲友或者单位内部人员吸收资金的过程中，明知亲友或者单位内部人员向不特定对象吸收资金而予以放任的；其二，以吸收资金为目的，将社会人员吸收为单位内部人员，并向其吸收资金的；其三，向社会公开宣传，同时向不特定对象、亲友或者单位内部人员吸收资金。

未向社会公开宣传，在亲友或者单位内部针对特定对象吸收资金的，不属于非法吸收公众存款。

【结果】扰乱金融秩序。具体标准参见《立案标准（二）》（2022年修订）第23条。

设立本罪，主要是为了规制以经营资本、货币为目的的间接融资行为，而非完全否定民间借贷在刑法上的合法性。一方面，《刑法》第174条规定擅自设立金融机构罪和伪造、变造、转让金融机构许可证、批准文件罪，旨在禁止擅自从事金融业务，第175条规定高利转贷罪，旨在禁止从金融机构套取信贷资金从事金融业务，所以，按照体系解释的原理，紧随这些罪名，非法吸收公众存款罪的规制范围应限于从民间获得资金从事金融业务的行为。另一方面，根据《商业银行法》（2015年修正）第3条，经批准设立的商业银行在业务上的特殊性主要体现为，可以将所吸收的存款用于放贷、同业拆借、担保等货币、资本经营。本罪所保护的正是这种间接融资活动的秩序。因此，募集资金主要用于实体生产经营的，系直接融资，不属于商业银行类金融机构的独占业务，集资行为没有扰乱《刑法》第176条所保护的金融秩序。[3]可以从集资的用途方面对本罪进行限定，[4]只有当行为人非法集资用于资本、货币经营时，

---

[1] 参见周光权：《骗取贷款罪的"有其他特别严重情节"》，载《法治日报》2021年7月7日，第9版。

[2] 本罪经《刑法修正案（十一）》修改。

[3] 参见陈沁、程志宏：《认定非法吸收公众存款罪需把握两点》，载《检察日报》2016年6月17日，第3版。

[4] 参见刘宪权：《金融犯罪刑法学原理》，上海人民出版社2017年版，第226~227页。

才可能扰乱金融秩序，应以本罪论处。[1]《审理非法集资刑案解释》（2022 年修正）第 6 条第 2 款"非法吸收或者变相吸收公众存款，主要用于正常的生产经营活动，能够在提起公诉前清退所吸收资金，可以免予刑事处罚；情节显著轻微危害不大的，不作为犯罪处理"的规定，暗合上述理论主张。有学者担心《刑法修正案（十一）》在《刑法》第 176 条第 3 款增设退赃退赔从宽条款，规定"在提起公诉前积极退赃退赔，减少损害结果发生的，可以从轻或减轻处罚"，与司法解释"免予刑事处罚"的规定相冲突。但本书认为，根据司法解释的规定，适用免予刑事处罚，以所募集资金主要用于正常的生产经营活动为前提。如果资金用途是资本、货币经营，则即便行为人能够及时请托所吸收资金，也不能适用《审理非法集资刑案解释》（2022 年修正）第 6 条第 2 款，只能依修订后的《刑法》第 176 条第 3 款，从轻或减轻处罚。

【主观】故意，且不足以认定有非法占有目的。原则上认定主观故意并不要求以明知法律的禁止性规定为要件。但对于无相关职业经历、专业背景，且从业时间短暂，在单位犯罪中层级较低，纯属执行单位领导指令的犯罪嫌疑人提出辩解的，如确实无其他证据证明其具有主观故意的，可以不作为犯罪处理。另外，实践中还存在犯罪嫌疑人提出因信赖行政主管部门出具的相关意见而陷入错误认识的辩解。如果上述辩解确有证据证明，不应作为犯罪处理，但应当对行政主管部门出具的相关意见及其出具过程进行查证，如存在以下情形之一，仍应认定犯罪嫌疑人具有非法吸收公众存款的主观故意：①行政主管部门出具意见所涉及的行为与犯罪嫌疑人实际从事的行为不一致的；②行政主管部门出具的意见未对是否存在非法吸收公众存款问题进行合法性审查，仅对其他合法性问题进行审查的；③犯罪嫌疑人在行政主管部门出具意见时故意隐瞒事实、弄虚作假的；④犯罪嫌疑人与出具意见的行政主管部门的工作人员存在利益输送行为的；⑤犯罪嫌疑人存在其他影响和干扰行政主管部门出具意见公正性的情形的。对于犯罪嫌疑人提出因信赖专家学者、律师等专业人士、主流新闻媒体宣传或有关行政主管部门工作人员的个人意见而陷入错误认识的辩解，不能作为犯罪嫌疑人判断自身行为合法性的根据和排除主观故意的理由。[2]

【加重犯】经《刑法修正案（十一）》修改，本罪现有两档加重犯，分别以"数额巨大或者有其他严重情节"和"数额特别巨大或者有其他特别严重情节"为要件，法定最高刑提升至 15 年有期徒刑。具体标准参见《审理非法集资刑案解释》（2022 年修正）第 4 条、第 5 条。

（二）适用

【定罪】1. 变相吸收公众存款不以直接吸收存款的名义出现，而以成立资金互助会或以投资、集资入股等名义，但承诺履行的义务与吸收公众存款性质相同，即承诺在一定期限内还本付息，从而达到吸收公众存款的目的。根据《审理非法集资刑案解释》（2022 年修正）第 2 条，变相吸收公众存款可以表现为：①不具有房产销售的真实内容或者不以房产销售为主要目的，以返本销售、售后包租、约定回购、销售房产份额等方式非法吸收资金；②以转让林权并代为管护等方式非法吸收资金；③以代种植（养殖）、租种植（养殖）、联合种植（养殖）等方式非法吸收资金；④不具有销售商品、提供服务的真实内容或者不以销售商品、提供服务为主要目的，以商品回购、寄存代售等方式非法吸收资金；⑤不具有发行股票、债券的真实内容，以虚假转让股权、发售虚构债券等方式非法吸收资金；⑥不具有募集基金的真实内容，以假借境外基金、发售虚构基金等方式非法吸收资金；⑦不具有销售保险的真实内容，以假冒保

---

[1] 参见张明楷：《刑法学》（下），法律出版社 2021 年版，第 1000 页。
[2] 2017 年 6 月 1 日最高人民检察院公诉厅《关于办理涉互联网金融犯罪案件有关问题座谈会纪要》第 9 条、第 10 条。

险公司、伪造保险单据等方式非法吸收资金;⑧以网络借贷、投资入股、虚拟币交易等方式非法吸收资金;⑨以委托理财、融资租赁等方式非法吸收资金;⑩以提供"养老服务"、投资"养老项目"、销售"老年产品"等方式非法吸收资金;⑪利用民间"会""社"等组织非法吸收资金。

【案例】 **惠某祥等非法吸收公众存款案**[1]

尤湖塔园公司董事长兼总经理惠某祥在销售塔位的过程中,为了解决经营资金的紧张,将塔位分为使用型和投资型以及选位型和不选位型,其中,对于投资型和不选位型塔位,突出宣传购买这两种塔位有保值增值的投资功能,采用随意调高不同期塔位价格、将公司前期退单情况予以宣传等方式(实际公司亦按承诺退单 2000 余万元),造成购买塔位可升值的假象,并且公司承诺逐年返利或到期按增值价格退单、兑付,共计吸引 4334 人购买投资型、不选位型塔位,非法吸收公众存款 1.07 亿余元。法院认定,尤湖塔园公司、惠某祥构成非法吸收公众存款罪。

裁判要旨:在以销售房产形式非法吸收公众存款的行为当中,"返本销售"是指定期向购房人返还购房款,"售后包租"是指向购房人承诺对所购商品房由开发商承租或者代为出租并支付回报,"约定回购"是指向购房人承诺在一定期限后回购房产。前述"售后包租"情形较为复杂,实践中可以结合是否具有真实销售内容、是否符合房地产销售管理规定、回报比例是否符合市场规律、主观动机和目的、资金去向等情况予以综合判断,其中一个较为直观的判断依据是拟售房产是否已经竣工。

对于合作(托管)造林形式的非法吸收公众存款行为,应区别对待:①有真实生产经营内容、大致相当的林地和林木,资金主要用于生产经营及相关活动,所承诺的回报比例符合一般商业规律的,性质认定应格外慎重,主要考虑给付回报的依据和方式、是否约定回购以及林木成活率、蓄积量、成材林砍伐、林业生产投资合理预期风险等技术性因素;②无林无地,资金主要用于返本付息、支付个人销售提成等,这属于典型的非法吸收公众存款,其中以非法占有为目的的,应以集资诈骗罪定罪处罚;③以传销形式销售林地并代为管护,一般应以组织、领导传销活动罪定罪处罚。

对于销售商品(提供劳务)形式的非法吸收公众存款,应考虑:①交易目的。从提供资金方的角度看,商业交易以获取商品或者服务为目的,非法集资则以获取高额提成、分红或者返利等回报为目的。从接受资金方的角度看,商业交易以赚取交易利润为目的,非法集资则以筹集资金为目的。②交易条件。在非法集资中,接受资金方不提供真实的商品和服务,或者以次充好、以少换多,提供商品和服务价值远远低于购买方支付的资金数额,甚至予以虚拟化、证券化,使购买者不能真正行使商品的支配、使用、处分等权能;提供资金方也不把自己作为真正的消费者看待,对于商品或者服务的真实性和等价性并不在意,对于虚假销售行为具有主观明知或予以默许。

2. 本罪与保护资本市场创新之间的紧张关系。有学者认为,对非法吸收公众存款,刑法禁止 20 年但收效甚微,有部分非法吸存"往往是一种资本市场创新行为,暗合了以美国为代表的资本市场发达国家或地区证券法所认定的'投资合同'性质,因此应考虑将其纳入'证券法'规制"。对于真正的非法吸收公众存款行为,亦应以民事责任优先于刑事责任为原则,

---

[1] 中华人民共和国最高人民法院刑事审判第一、二、三、四、五庭主办:《刑事审判参考》(2008 年第 3 集·总第 62 集),法律出版社 2008 年版,第 7~15 页。

加强对公众投资者的保护。[1] 不过，现阶段我国整体的司法立场仍偏保守。比如，根据最高人民检察院指导性案例第 64 号"杨卫国等人非法吸收公众存款案"之精神，假借开展网络借贷信息中介业务之名，未经依法批准，募集不特定公众的资金设立资金池，控制、支配资金池中的资金，并承诺还本付息的，构成非法吸收公众存款罪。

【关联罪】本罪与集资诈骗罪的区别。要点是主观目的不同。本罪不具有非法占有目的，吸收公众存款在客观上也具有集资性质（把不特定人手中的资金集中到一处），但只是通过合理经营牟取息差，主观上打算归还，客观上也有能力归还吸收的存款。在合理的金融风险范围内，即使不能归还部分资金，仍未超出非法吸收公众存款的性质。如果"吸收存款"或投资之后，根本没有合理经营资金活动，而是肆意挥霍、滥用资金，主观上不想归还，客观上根本不可能归还吸收的资金，则说明行为人具有非法占有的目的，具有集资诈骗的性质。

根据《审理非法集资刑案解释》（2022 年修正）第 7 条第 2 款，使用诈骗方法非法集资，具有下列情形之一的，可认定为"以非法占有为目的"：①集资后不用于生产经营活动或者用于生产经营活动与筹集资金规模明显不成比例，致使集资款不能返还的；②肆意挥霍集资款，致使集资款不能返还的；③携带集资款逃匿的；④将集资款用于违法犯罪活动的；⑤抽逃、转移资金、隐匿财产，逃避返还资金的；⑥隐匿、销毁账目，或者搞假破产、假倒闭，逃避返还资金的；⑦拒不交代资金去向，逃避返还资金的；⑧其他可认定非法占有目的的情形。

九、伪造、变造金融票证罪

《刑法》第 177 条　有下列情形之一，伪造、变造金融票证的，处五年以下有期徒刑或者拘役，并处或者单处二万元以上二十万元以下罚金；情节严重的，处五年以上十年以下有期徒刑，并处五万元以上五十万元以下罚金；情节特别严重的，处十年以上有期徒刑或者无期徒刑，并处五万元以上五十万元以下罚金或者没收财产：

（一）伪造、变造汇票、本票、支票的；

（二）伪造、变造委托收款凭证、汇款凭证、银行存单等其他银行结算凭证的；

（三）伪造、变造信用证或者附随的单据、文件的；

（四）伪造信用卡的。

单位犯前款罪的，对单位判处罚金，并对其直接负责的主管人员和其他直接责任人员，依照前款的规定处罚。

【对象】（被仿冒的对象）金融票证。包括：①汇票、本票、支票；②委托收款凭证、汇款凭证、银行存单等银行结算凭证；③信用证或者附随的单据、文件；④信用卡。

【行为】伪造、变造金融票证。本罪中的伪造，包括：①有形伪造，即没有金融票证制作权的人，假冒他人名义，仿照真实的金融票证的样式，制作外观足以使一般人误认为是真实的金融票证；②无形伪造，即具有金融票证制作权的人，超越其制作权限，制作内容虚假的金融票证。变造，指没有权限的人对真实金融票证进行加工改制，改变其记载内容，并达到足以使一般人误认为是真实的金融票证。

根据司法解释，复制他人信用卡，将他人信用卡信息资料写入磁条介质、芯片以及伪造空白信用卡，都属于伪造信用卡的行为。

【主观】故意。

【加重犯】本罪有两档加重犯，分别以"情节严重"和"情节特别严重"为要件。具体标

---

[1] 刘为波：《非法吸收公众存款行为方式的理解与认定》，载《中国审判》2011 年第 3 期。

准参见《办理信用卡刑案解释》(2018年修正) 第1条第3款、第4款。

十、妨害信用卡管理罪·窃取、收买、非法提供信用卡信息罪

《刑法》第177条之一 有下列情形之一，妨害信用卡管理的，处三年以下有期徒刑或者拘役，并处或者单处一万元以上十万元以下罚金；数量巨大或者有其他严重情节的，处三年以上十年以下有期徒刑，并处二万元以上二十万元以下罚金：

（一）明知是伪造的信用卡而持有、运输的，或者明知是伪造的空白信用卡而持有、运输，数量较大的；

（二）非法持有他人信用卡，数量较大的；

（三）使用虚假的身份证明骗领信用卡的；

（四）出售、购买、为他人提供伪造的信用卡或者以虚假的身份证明骗领的信用卡的。

窃取、收买或者非法提供他人信用卡信息资料的，依照前款规定处罚。

银行或者其他金融机构的工作人员利用职务上的便利，犯第二款罪的，从重处罚。

（一）构成要件

1. 妨害信用卡管理罪。

【行为】妨害信用卡管理的行为可以表现为：①持有、运输伪造的信用卡，或者持有、运输伪造的空白信用卡，数量较大的；②非法持有他人信用卡，数量较大的；③使用虚假的身份证明骗领信用卡的；④出售、购买、为他人提供伪造的信用卡或者以虚假的身份证明骗领的信用卡。其中，使用虚假的身份证明骗领信用卡，指违背他人意愿，使用其居民身份证、军官证、士兵证、港澳地区居民往来内地通行证、台湾地区居民来往大陆通行证、护照等身份证明申领信用卡的，或者使用伪造、变造的身份证明申领信用卡的行为。

【主观】故意。

【罪量】根据《立案标准（二）》(2022年修正) 第25条，明知是伪造的空白信用卡而持有、运输，数量累计在10张以上的；非法持有他人信用卡，数量累计在5张以上的，才构成本罪。

【加重犯】数量巨大或者有其他严重情节。具体标准参见《办理信用卡刑案解释》(2018年修正) 第2条第2款。

2. 窃取、收买、非法提供信用卡信息罪。

【对象】他人的信用卡信息资料。作为本罪的对象，信息资料需足以伪造可进行交易的信用卡，或者足以使他人以信用卡持卡人名义进行交易。

【行为】窃取、收买或者非法提供他人信用卡信息资料。窃取，指违背他人意志，非法获取、占有他人信用卡信息资料。收买，指以财物、金钱或其他利益为对价，取得他人信用卡信息资料。非法提供，指未经信用卡持有人同意，将他人信用卡的信息资料提供给其他人的行为。非法提供的他人信用卡资料来源是否非法，在所不问。

【主观】故意，即明知是他人的信用卡信息资料而窃取、收买或者非法提供给他人。

【罪量】根据《立案标准（二）》(2022年修正) 第26条，窃取、收买或者非法提供他人信用卡信息资料，足以伪造可进行交易的信用卡，或者足以使他人以信用卡持卡人名义进行交易，涉及信用卡1张以上的，应予立案追诉。

【加重犯】数量巨大或者有其他严重情节。具体标准参见《办理信用卡刑案解释》(2018年修正) 第3条。

（二）适用

【定罪】电信诈骗案件中出现的收购、出售、出租信用卡的行为，一般不以窃取、收买、非法提供信用卡信息罪追究刑事责任。[1] 因为窃取、收买、非法提供信用卡信息罪中的"信用卡信息资料",指用于伪造信用卡的电子数据等基础信息,如有关发卡行代码、持卡人账户、密码等内容的加密电子数据;而在电信诈骗案件中,行为人非法交易信用卡的主要目的在于直接使用信用卡,而非利用其中的信息资料伪造信用卡。

【关联罪】妨害信用卡管理罪与伪造金融票证罪的关系。收集信用卡磁信息和运输伪造的空白信用卡,往往是伪造信用卡(金融票证)犯罪的环节,但刑法分则已将之类型化为独立罪名。在实践中,如果由于被警方查获等意志以外的原因,行为人尚未伪造出成品信用卡的,直接以妨害信用卡管理罪论处即可,无需援引总则规定,以伪造金融票证罪的预备犯或未遂犯定罪处罚。

【罪数】窃取、收买、非法提供信用卡信息罪是选择罪名。行为人将窃取、收买的他人信用卡的信息资料非法提供给他人的,也只以一罪论处。

十一、伪造、变造国家有价证券罪·伪造、变造股票、公司、企业债券罪

《刑法》第178条 伪造、变造国库券或者国家发行的其他有价证券,数额较大的,处三年以下有期徒刑或者拘役,并处或者单处二万元以上二十万元以下罚金;数额巨大的,处三年以上十年以下有期徒刑,并处五万元以上五十万元以下罚金;数额特别巨大的,处十年以上有期徒刑或者无期徒刑,并处五万元以上五十万元以下罚金或者没收财产。

伪造、变造股票或者公司、企业债券,数额较大的,处三年以下有期徒刑或者拘役,并处或者单处一万元以上十万元以下罚金;数额巨大的,处三年以上十年以下有期徒刑,并处二万元以上二十万元以下罚金。

单位犯前两款罪的,对单位判处罚金,并对其直接负责的主管人员和其他直接责任人员,依照前两款的规定处罚。

(一)伪造、变造国家有价证券罪

【对象】国库券或者国家发行的其他有价证券。国库券,即国家债券,指为解决急需预算支出由国家向社会公众和机构发行的,由国家财政负责还本付息的一种国家债务凭证。国家发行的其他有价证券,指国家发行的除国库券以外的,有一定货币票面价值的财产权利凭证,如国家主管机关批准发行的财政债券、国家建设债券、国家重点建设债券等。

【行为】伪造、变造国库券等国家有价证券。伪造,指仿照真实的国库券或者国家发行的其他有价证券的样式,通过印刷、复印、刻印、绘制等方法制作假的国家有价证券的行为。变造,指在真实的国库券或者国家发行的其他有价证券的基础上,通过剪接、挖补、涂改等方法,对有价证券的金额、发行期限等内容加以改变的行为。

【主观】故意。

【罪量】数额较大。具体标准参见《立案标准(二)》(2022年修正)第27条。

【加重犯】本罪有两档加重犯,分别以"数额巨大"和"数额特别巨大"为要件。

(二)伪造、变造股票、公司、企业债券罪

【对象】股票或者公司、企业债券。股票,指股份有限公司为筹集资金公开发给股东的,证明其投资入股、拥有一定权利的有价证券。公司、企业债券,指公司、企业为了筹集资金而依法发行的保证按照规定时间偿还本金和支付利息的书面债权凭证。

【行为】伪造、变造股票或者公司、企业债券。伪造,指仿照真实的股票或者公司、企业的债券制作假股票、公司或企业债券的行为。变造,指在真实的股票、公司或企业债券的基础

---

[1]《断卡行动纪要》(2022)第7条。

上，通过剪接、挖补、涂改等方法改变股票、公司或企业债券面值的行为。

【主观】故意。

【罪量】数额较大。具体标准参见《立案标准（二）》（2022年修正）第28条。

【加重犯】数额巨大。

十二、擅自发行股票、公司、企业债券罪

《刑法》第179条　未经国家有关主管部门批准，擅自发行股票或者公司、企业债券，数额巨大、后果严重或者有其他严重情节的，处五年以下有期徒刑或者拘役，并处或者单处非法募集资金金额百分之一以上百分之五以下罚金。

单位犯前款罪的，对单位判处罚金，并对其直接负责的主管人员和其他直接责任人员，处五年以下有期徒刑或者拘役。

（一）构成要件

【对象】股票或公司、企业债券。

【行为】未经国家有关主管部门批准或者注册，擅自向不特定或者多数人（200人以上）发行、变相发行股票或公司、企业债券。擅自发行，指未经《公司法》和《企业债券管理条例》所确定的审批机关的批准，不具有发行条件而发行，以及具有合法的发行条件但违反证券法等法律法规发行。

【结果·罪量】数额巨大、后果严重或者有其他严重情节。根据《立案标准（二）》（2022年修正）第29条，包括下列情形：①非法募集资金金额在100万元以上的；②造成投资者直接经济损失数额累计在50万元以上的；③募集的资金全部或者主要用于违法犯罪活动的；④其他后果严重或者有其他严重情节的情形。

【主观】故意。

（二）适用

【关联罪】本罪与欺诈发行证券罪的区别。要点是：①对象不尽相同。本罪的对象限于股票或者公司、企业债券，欺诈发行证券罪的对象还包括存托凭证等国务院依法认定的其他证券。②行为方式不同：本罪是未经国家有关主管部门批准或者注册，擅自发行股票或公司、企业债券；欺诈发行证券罪是在招股说明书、认股书或公司、企业债券募集办法中隐瞒重要事实或者编造重大虚假内容，发行证券。

【罪数】既未经国家有关主管部门批准或者注册，又采取欺诈方法发行股票或公司、企业债券，同时构成本罪与欺诈发行证券罪的，是想象竞合犯，从一重罪论处。

十三、内幕交易、泄露内幕信息罪·利用未公开信息交易罪

《刑法》第180条　证券、期货交易内幕信息的知情人员或者非法获取证券、期货交易内幕信息的人员，在涉及证券的发行，证券、期货交易或者其他对证券、期货交易价格有重大影响的信息尚未公开前，买入或者卖出该证券，或者从事与该内幕信息有关的期货交易，或者泄露该信息，或者明示、暗示他人从事上述交易活动，情节严重的，处五年以下有期徒刑或者拘役，并处或者单处违法所得一倍以上五倍以下罚金；情节特别严重的，处五年以上十年以下有期徒刑，并处违法所得一倍以上五倍以下罚金。

单位犯前款罪的，对单位判处罚金，并对其直接负责的主管人员和其他直接责任人员，处五年以下有期徒刑或者拘役。

内幕信息、知情人员的范围，依照法律、行政法规的规定确定。

证券交易所、期货交易所、证券公司、期货经纪公司、基金管理公司、商业银行、保险公司等金融机构的从业人员以及有关监管部门或者行业协会的工作人员，利用因职务便利获取的

内幕信息以外的其他未公开的信息,违反规定,从事与该信息相关的证券、期货交易活动,或者明示、暗示他人从事相关交易活动,情节严重的,依照第一款的规定处罚。

(一)内幕交易、泄露内幕信息罪

【主体】特殊主体,限于证券、期货交易内幕信息的知情人员或者非法获取了证券、期货交易内幕信息的人员和单位。

1. 根据《办理内幕信息刑案解释》(2012)第1条,证券、期货交易内幕信息的知情人员,包括:

(1)《证券法》(2019年修订)第51条规定的人员,即①发行人及其董事、监事、高级管理人员;②持有公司5%以上股份的股东及其董事、监事、高级管理人员,公司的实际控制人及其董事、监事、高级管理人员;③发行人控股或者实际控制的公司及其董事、监事、高级管理人员;④由于所任公司职务或者因与公司业务往来可以获取公司有关内幕信息的人员;⑤上市公司收购人或者重大资产交易方及其控股股东、实际控制人、董事、监事和高级管理人员;⑥因职务、工作可以获取内幕信息的证券交易场所、证券公司、证券登记结算机构、证券服务机构的有关人员;⑦因职责、工作可以获取内幕信息的证券监督管理机构工作人员;⑧因法定职责对证券的发行、交易或者对上市公司及其收购、重大资产交易进行管理可以获取内幕信息的有关主管部门、监管机构的工作人员;⑨国务院证券监督管理机构规定的可以获取内幕信息的其他人员。

内幕信息知情本身并不区分合法途径和非法途径,前述"由于所任公司职务可以获取公司有关内幕信息的人员",包括通过下属所汇报的材料,并结合自己的专业知识准确判断出被重组对象的人员。

(2)《期货交易管理条例》(2017年修订)第81条第12项规定的人员,即指由于其管理地位、监督地位或者职业地位,或者作为雇员、专业顾问履行职务,能够接触或者获得内幕信息的人员,包括:①期货交易所的管理人员以及其他由于任职可获取内幕信息的从业人员;②国务院期货监督管理机构和其他有关部门的工作人员以及国务院期货监督管理机构规定的其他人员。

2. 非法获取证券、期货交易内幕信息的人员,指除上述内幕人员以外,通过各种非法方法获取证券、期货交易内幕信息的人员,包括:①利用窃取、骗取、套取、窃听、利诱、刺探或者私下交易等手段获取内幕信息的;②内幕信息知情人员的近亲属或者其他与内幕信息知情人员关系密切的人员,在内幕信息敏感期内,从事或者明示、暗示他人从事,或者泄露内幕信息导致他人从事与该内幕信息有关的证券、期货交易,相关交易行为明显异常,且无正当理由或者正当信息来源的。与内幕信息知情人员关系密切的人员,如与内幕信息知情人员具有某种经济利益合作的大学同学。前述人员即便是被动获悉内幕信息,也应当依法认定为非法获取内幕信息的人员[1];③在内幕信息敏感期内,与内幕信息知情人员联络、接触,从事或者明示、暗示他人从事,或者泄露内幕信息导致他人从事与该内幕信息有关的证券、期货交易,相关交

---

[1] 最高人民法院指导案例第758号"赵丽梅等内幕交易案",载中华人民共和国最高人民法院刑事审判第一、二、三、四、五庭主办:《刑事审判参考》(2012年第2集·总第85集),法律出版社2012年版,第19页。

易行为明显异常[1]，且无正当理由或者正当信息来源的。

【案例】 王某、王某玉等人内幕交易、泄露内幕信息案[2]

2014年间，某基金公司总经理王某，向上市公司青某公司推荐华某公司的超声波制浆技术，并具体参与了青某公司收购该超声波制浆技术及非公开发行股票的全过程。其中，2014年8月6日至7日，王某参与了项目的考察洽谈活动，并于同月28日与青某公司、华某公司签订了《三方合作框架协议书》，约定了某基金公司、青某公司、华某公司的合作内容。2014年10月14日，青某公司公告停牌筹划重大事项。2015年1月29日，青某公司发布签订收购超声波制浆专利技术框架协议的公告。2015年2月12日，青某公司复牌并公告非公开发行股票预案。中国证监会依法认定，上述公告内容系内幕信息，内幕信息敏感期为2014年8月7日至2015年2月12日。在内幕信息敏感期内，被告人王某分别与其朋友尚某、妹妹王某玉、妹夫陈某、战友王某仪联络、接触。上述人员及王某仪的妻子王某红在青某公司内幕信息敏感期内大量买入该公司股票共计1019万余股，成交金额2936万余元，并分别于青某公司因重大事项停牌前、发布收购超声波制浆技术及非公开发行股票信息公告复牌后将所持有的青某公司股票全部卖出，非法获利共计1229万余元。法院以泄露内幕信息罪判处被告人王某有期徒刑6年6个月，并处罚金人民币1235万元；以内幕交易罪分别判处被告人尚某有期徒刑6年、陈某有期徒刑5年、王某仪有期徒刑3年、王某红有期徒刑3年、王某玉有期徒刑6个月，并处罚金不等，违法所得予以追缴。

典型意义：在指控证明过程中，要根据内幕交易行为的特征，围绕内幕信息知情人员与内幕交易行为人之间的密切关系、联络行为，相关交易行为与内幕信息敏感期的时间吻合程度、交易背离程度、利益关联程度等证明要求，有针对性地引导侦查取证，全面收集交易数据、行程轨迹、通信记录、资金往来、社会关系等相关证据。

【对象】 内幕信息。根据《刑法》第180条第3款，内幕信息的范围，依照法律、行政法规的规定确定。关于证券交易内幕信息的内涵和外延，2019年修订的《证券法》主要有两点变化：①将"公司"改为"发行人"；②将原第57条第2款所列举的8种内幕信息修改为1个参照条款，即第52条第2款规定的"本法第八十条第二款、第八十一条第二款所列重大事件属于内幕信息"。证券交易的内幕信息可分为两大类：①发生可能对上市公司、股票在国务院批准的其他全国性证券交易场所交易的公司的股票交易价格产生较大影响的重大事件；②发生可能对上市交易公司债券的交易价格产生较大影响的重大事件。关于期货交易内幕信息的内涵和外延，根据2017年修订后的《期货交易管理条例》第81条第11项，指可能对期货交易价格产生重大影响的尚未公开的信息，包括：国务院期货监督管理机构以及其他相关部门制定的对期货交易价格可能发生重大影响的政策，期货交易所作出的可能对期货交易价格发生重大影响的决定，期货交易所会员、客户的资金和交易动向以及国务院期货监督管理机构认定的对期

---

[1] 根据《办理内幕信息刑案解释》（2012）第3条，相关交易行为明显异常，要综合以下情形，从时间吻合程度、交易背离程度和利益关联程度等方面予以认定：①开户、销户、激活资金账户或者指定交易（托管）、撤销指定交易（转托管）的时间与该内幕信息形成、变化、公开时间基本一致的；②资金变化与该内幕信息形成、变化、公开时间基本一致的；③买入或者卖出与内幕信息有关的证券、期货合约时间与内幕信息的形成、变化和公开时间基本一致的；④买入或者卖出与内幕信息有关的证券、期货合约时间与获悉内幕信息的时间基本一致的；⑤买入或者卖出证券、期货合约行为明显与平时交易习惯不同的；⑥买入或者卖出证券、期货合约行为，或者集中持有证券、期货合约行为与该证券、期货公开信息反映的基本面明显背离的；⑦账户交易资金进出与该内幕信息知情人员或者非法获取人员有关联或者利害关系的；⑧其他交易行为明显异常情形。

[2] 最高人民检察院、中国证监会证券犯罪典型案例（2020年11月6日发布）。

货交易价格有显著影响的其他重要信息。

【行为】在内幕信息敏感期内，从事内幕交易或者泄露内幕信息。包括：①在内幕信息尚未公开之前买入、卖出该证券或者从事与该内幕信息有关的期货交易；②泄露内幕信息；③明示、暗示他人从事证券、期货交易活动。根据《办理内幕信息刑案解释》（2012）第 5 条，内幕信息敏感期，指内幕信息自形成至公开的期间。《证券法》（2019 年修订）第 80 条第 2 款、第 81 条第 2 款所列重大事件的发生时间，第 80 条规定的"计划""变化"以及《期货交易管理条例》（2017 年修订）第 81 条第 11 项规定的"政策""决定"等的形成时间，应当认定为"内幕信息形成之时"。影响内幕信息形成的动议、筹划、决策或者执行人员，其动议、筹划、决策或者执行初始时间，也可认定为"内幕信息的形成之时"。

内幕信息的公开，指内幕信息在国务院证券、期货监督管理机构指定的报刊、网站等媒体披露。但如果交易人是从内幕信息知情人员处获取了内幕信息，即使该信息在被获取时仅发布在非指定报刊、媒体，也不可作为抗辩事由，因为促使交易决策最主要的原因在于交易人对内幕信息知情人员这种身份的信赖。[1]

《办理内幕信息刑案解释》（2012）第 4 条规定，具有下列情形之一的，不属于《刑法》第 180 条第 1 款规定的从事与内幕信息有关的证券、期货交易：①持有或者通过协议、其他安排与他人共同持有上市公司 5%以上股份的自然人、法人或者其他组织收购该上市公司股份的；②按照事先订立的书面合同、指令、计划从事相关证券、期货交易的；③依据已被他人披露的信息而交易的；④交易具有其他正当理由或者正当信息来源的。

【主观】故意，即明知证券、期货交易内幕信息尚未公开而进行内幕交易，或者明知是证券、期货交易的内幕信息而泄露。内幕信息知情人员的近亲属或与其关系密切的人，主观上还必须知道信息的来源，即明知信息是知情人员泄露的或者是他人非法获取的。明知是内幕信息而予以传递的，即表明行为人在传递时具有故意，无论是第几手传递内幕信息，都是泄露内幕信息行为。

【罪量】情节严重。根据《立案标准（二）》（2022 年修正）第 30 条第 1 款，通常包括下列情形：①获利或者避免损失数额[2]在 50 万元以上的；②证券交易成交额在 200 万元以上的；③期货交易占用保证金数额在 100 万元以上的；④2 年内 3 次以上实施内幕交易、泄露内幕信息行为的；⑤明示、暗示 3 人以上从事与内幕信息相关的证券、期货交易活动的；⑥具有其他严重情节的。

【加重犯】情节特别严重。

【适用】1. 本罪与编造并传播证券、期货交易虚假信息罪及操纵证券、期货市场罪的界限。内幕信息应当相对真实，所泄露的信息应当与指定报刊、媒体发布的消息基本一致。如果不一致，则泄露者不构成本罪，而可能构成编造并传播证券、期货交易虚假信息罪或者操纵证券、期货市场罪。如果行为人泄露的信息根本不可能影响证券、期货交易价格，则属于绝对不能犯，不构成犯罪，应将其与刑法理论中的对象错误、相对不能犯区别对待。

2. 本罪"自动投案"和"如实供述主要罪行"的认定。只要行为人主动向基层组织或者

---

[1] 裴显鼎、逄锦温、刘晓虎：《证券犯罪若干疑难问题之研讨（下）》，载《人民法院报》2012 年 3 月 28 日，第 6 版。

[2] 在未获取股票预期价格信息的前提下，对利好型内幕信息公开后继续持股未卖，且公开当日股票价格未出现涨停的，内幕交易的违法所得应当以复牌日收盘价计算。参见最高人民法院指导案例第 920 号"王文芳泄露内幕信息、徐双全内幕交易案"，载中华人民共和国最高人民法院刑事审判第一、二、三、四、五庭主办：《刑事审判参考》（2013 年第 6 集·总第 95 集），法律出版社 2014 年版，第 8 页。

证券监管部门如实反映自身涉案情况,并自愿等候有关部门处理的,均可以认定为自动投案。行为人如实供述的内容应当包括:行为人的主体身份,所购买的相关股票的名称、数量,行为人获悉内幕信息等相关情况。在行为人如实供述内幕交易犯罪事实的前提下,作出其主要是基于专业判断而买卖相关股票的辩解,不影响对其如实供述罪行的认定。[1]

3. 建议人与被建议人行为的定性。①如果建议人建议他人从事内幕交易时拒绝透露任何与内幕信息有关的信息,只是建议他人买卖具体证券、期货的,建议人构成内幕交易罪的间接正犯,被建议人不构成内幕交易罪;②如果建议人建议他人买卖证券、期货时,为增加被建议人的确信,同时泄露内幕信息的,建议人与被建议人除了构成内幕交易罪的共犯,建议人还单独构成泄露内幕信息罪,但不并罚;③如果建议人仅暗示内幕信息的内容,却无明确建议意见的,此种情形下的建议实际上是名不副实的建议,建议人仅构成泄露内幕信息罪,被建议人构成内幕交易罪。建议人是否实际参与买卖、是否以获利为目的,不影响定罪。

(二) 利用未公开信息交易罪

【主体】特殊主体,限于证券交易所、期货交易所、证券公司、期货经纪公司、基金管理公司、商业银行、保险公司等金融机构的从业人员以及有关监管部门或者行业协会的工作人员。

【行为】利用因职务便利获取的其他未公开信息,违反规定,从事与该信息相关的证券、期货交易活动,或者明示、暗示他人从事相关交易活动。根据《办理未公开信息刑案解释》(2019)第1条,其他未公开的信息,指内幕信息以外的与证券交易活动有关的,涉及公司的经营、财务或者对该公司证券的市场供求有重大影响的信息。社会公众获得该信息后,会对证券交易活动产生重大影响。具体包括:①证券、期货的投资决策、交易执行信息;②证券持仓数量及变化、资金数量及变化、交易动向信息;③其他可能影响证券、期货交易活动的信息。难以认定的,司法机关可以在有关行政主(监)管部门的认定意见的基础上,根据案件事实和法律规定作出认定。

根据《办理未公开信息刑案解释》(2019)第4条,"明示、暗示他人从事相关交易活动",应当综合以下方面进行认定:①行为人具有获取未公开信息的职务便利;②行为人获取未公开信息的初始时间与他人从事相关交易活动的初始时间具有关联性;③行为人与他人之间具有亲友关系、利益关联、交易终端关联等关联关系;④他人从事相关交易的证券、期货品种、交易时间与未公开信息所涉证券、期货品种、交易时间等方面基本一致;⑤他人从事的相关交易活动明显不具有符合交易习惯、专业判断等正当理由;⑥行为人对明示、暗示他人从事相关交易活动没有合理解释。

【罪量】情节严重。具体标准参见《立案标准(二)》(2022年修正)第31条。

【加重犯】情节特别严重。《刑法》第180条第4款在"情节严重"之后,并未列明具体的法定刑,而是参照内幕交易、泄露内幕信息罪的法定刑。因此,本罪罪状虽然没有明确表述"情节特别严重",但应当与内幕交易、泄露内幕信息罪一样,包含"情节特别严重"的情形和量刑档次。[2]具体标准参见《办理未公开信息刑案解释》(2019)第7条。

【适用】本罪的成立不以"先买先卖"同时具备为要件。"先买先卖"是"老鼠仓"的典型特征,指基金公司、证券、期货、保险公司等资产管理机构的从业人员(主要是机构经理、

---

[1] 最高人民法院指导案例第1019号"杨治山内幕交易案",载中华人民共和国最高人民法院刑事审判第一、二、三、四、五庭主办:《刑事审判参考》(2014年第5集·总第100集),法律出版社2015年版,第3~6页。

[2] "马乐利用未公开信息交易案",最高人民法院(2015)刑抗字第1号《刑事判决书》。

操盘手），在用客户资金买入证券或者其衍生品、期货或者期权合约等金融产品前，以自己名义或假借他人名义，或者告知其亲属、朋友、关系户，先行低价买入证券、期货等金融产品，然后用客户资金拉升到高位后自己率先卖出获利，使个人以相对较低的成本牟取暴利。就本罪而言，只要行为人利用因职务便利获取的未公开信息，违反规定从事与该信息相关的证券、期货交易活动，达到情节严重的程度即可。例如：①利用所任职基金公司未公开利好信息先行或者同期买入某一股票，在所任职基金公司卖出相关股票后，行为人基于个人判断或者其他原因继续持有该股票；②行为人在所任职基金公司买入相关股票后再买入同样股票，在获悉所任职基金公司的未公开利空信息后，先于基金卖出相同股票；③在担任基金经理期间，违反规定，利用掌握的未公开的信息从事与该信息相关的证券交易活动，先于或同步多次买入、卖出相同个股。[1]

【案例】 <center>**胡某夫利用未公开信息交易案**[2]</center>

胡某夫于2007年开始在某基金管理公司中央交易室工作，先后担任交易员、副总监，负责分发、执行基金经理的指令，下单操作交易股票，具有知悉本公司股票交易信息的职务权限。2010年4月至2015年5月，胡某夫按照基金经理指令下单交易股票后，使用其胡某勋、岳父耿某刚证券账户或者指使胡某勋使用其本人证券账户，同期交易买入与本公司相同的股票，买入成交金额共计11.1亿余元、卖出金额共计人民币12.1亿余元，非法获利共计人民币4186.07万元。法院以利用未公开信息交易罪判处胡某夫有期徒刑7年，并处罚金人民币9000万元，违法所得予以追缴。

典型意义：充分认识"老鼠仓"行为对证券市场的危害，依法严肃查处犯罪。基金公司从业人员知悉未公开信息后，不论是在基金公司下单前交易，还是在基金公司下单同期交易，都属于利用未公开信息交易。

十四、编造并传播证券、期货交易虚假信息罪·诱骗投资者买卖证券、期货合约罪

《刑法》第181条 编造并且传播影响证券、期货交易的虚假信息，扰乱证券、期货交易市场，造成严重后果的，处五年以下有期徒刑或者拘役，并处或者单处一万元以上十万元以下罚金。

证券交易所、期货交易所、证券公司、期货经纪公司的从业人员，证券业协会、期货业协会或者证券期货监督管理部门的工作人员，故意提供虚假信息或者伪造、变造、销毁交易记录，诱骗投资者买卖证券、期货合约，造成严重后果的，处五年以下有期徒刑或者拘役，并处或者单处一万元以上十万元以下罚金；情节特别恶劣的，处五年以上十年以下有期徒刑，并处二万元以上二十万元以下罚金。

单位犯前两款罪的，对单位判处罚金，并对其直接负责的主管人员和其他直接责任人员，处五年以下有期徒刑或者拘役。

（一）编造并传播证券、期货交易虚假信息罪

【行为】编造并传播虚假证券、期货交易信息，扰乱证券、期货交易市场。编造，指捏造根本不存在的信息或者篡改、加工、隐瞒真实的信息。传播，指通过各种途径使信息为不特定的人或者多数人知悉。行为人必须实施了编造与传播虚假信息这两个行为，才成立本罪。如果

---

[1] 最高人民法院指导案例第941号"李旭利利用未公开信息交易案"，载中华人民共和国最高人民法院刑事审判第一、二、三、四、五庭主办：《刑事审判参考》（2014年第1集·总第96集），法律出版社2014年版，第15~16页。

[2] 最高人民检察院、中国证监会证券犯罪典型案例（2020年11月6日发布）。

行为人只编造而没有传播，或者没有编造仅是单纯传播的，不构成本罪。虚假信息必须足以影响证券、期货交易，扰乱证券、期货交易市场，否则也不构成本罪。

【结果·罪量】造成严重后果。根据《立案标准（二）》（2022年修正）第32条，包括下列情形：①获利或者避免损失数额在5万元以上的；②造成投资者直接经济损失数额在50万元以上的；③虽未达到上述数额标准，但多次编造并且传播影响证券、期货交易的虚假信息的；④致使交易价格或者交易量异常波动的；⑤造成其他严重后果的。

【主观】故意。

【关联罪】本罪与操纵证券市场罪的界限。本罪和利用虚假信息操纵证券市场（又称"蛊惑交易操纵"）客观上均实施了编造、传播虚假信息的行为，且足以造成证券价格的异常波动，但构成操纵证券市场罪，还要求行为人利用证券交易价格波动进行相关交易或谋取相关利益，且刑罚更重。对于不能证明行为人有操纵证券市场故意及从中谋取相关利益，但其编造并传播证券交易虚假信息行为扰乱证券市场秩序，造成严重后果的，可以本罪追究刑事责任。[1]

（二）诱骗投资者买卖证券、期货合约罪

【主体】特殊主体，限于证券交易所、期货交易所、证券公司、期货经纪公司的从业人员，以及证券业协会、期货业协会或者证券期货监督管理部门的工作人员。

【行为】提供虚假信息或者伪造、变造、销毁交易记录。提供虚假信息，指行为人向投资者提供可能影响证券、期货市场价格的不真实的信息。提供方式没有限制，被提供信息的投资者既可以是单人，也可以是多人。伪造、变造、销毁交易记录，指伪造、变造、销毁记载证券、期货合约交易情况的原始数据以及其他与证券、期货交易有关的记录等。提供虚假信息的行为和伪造、变造、销毁交易记录等行为，行为人只要实施了其中之一并造成严重后果的，即可成立本罪。

【结果·罪量】造成严重后果。关于后果是否严重，根据《立案标准（二）》（2022年修正）第33条予以认定。

【主观】故意，并具有诱骗投资者买卖证券、期货合约的目的。

【加重犯】情节特别恶劣。

十五、操纵证券、期货市场罪[2]

《刑法》第182条　有下列情形之一，操纵证券、期货市场，影响证券、期货交易价格或者证券、期货交易量，情节严重的，处五年以下有期徒刑或者拘役，并处或者单处罚金；情节特别严重的，处五年以上十年以下有期徒刑，并处罚金：

（一）单独或者合谋，集中资金优势、持股或者持仓优势或者利用信息优势联合或者连续买卖的；

（二）与他人串通，以事先约定的时间、价格和方式相互进行证券、期货交易的；

（三）在自己实际控制的帐户之间进行证券交易，或者以自己为交易对象，自买自卖期货合约的；

（四）不以成交为目的，频繁或者大量申报买入、卖出证券、期货合约并撤销申报的；

（五）利用虚假或者不确定的重大信息，诱导投资者进行证券、期货交易的；

（六）对证券、证券发行人、期货交易标的公开作出评价、预测或者投资建议，同时进行

---

[1]　最高人民检察院、中国证监会证券犯罪典型案例之六"滕某雄、林某山编造并传播证券交易虚假信息案"（2020年11月6日发布）。

[2]　本罪经《刑法修正案（十一）》修改。

反向证券交易或者相关期货交易的；

（七）以其他方法操纵证券、期货市场的。

单位犯前款罪的，对单位判处罚金，并对其直接负责的主管人员和其他直接责任人员，依照前款的规定处罚。

【行为】《刑法修正案（十一）》在第182条第1款第4项至第6项增补了3种操纵行为：虚假申报操纵、蛊惑交易操纵和抢帽子交易操纵。至此，操纵证券、期货市场的行为类型包括：①单独或者合谋，集中资金优势、持股或者持仓优势或者利用信息优势联合或者连续买卖的；②与他人串通，以事先约定的时间、价格和方式相互进行证券、期货交易的；③在自己实际控制的账户之间进行证券交易，或者以自己为交易对象，自买自卖期货合约的；④不以成交为目的，频繁或者大量申报买入、卖出证券、期货合约并撤销申报；⑤利用虚假或者不确定的重大信息，诱导投资者进行证券、期货交易的；⑥对证券、证券发行人、期货交易标的公开作出评价、预测或者投资建议，同时进行反向证券交易或者相关期货交易的；⑦以其他方法操纵证券、期货市场的。

利用信息优势操纵和蛊惑交易操纵的区分。《刑法》第182条第1款第1项与第5项分别规定了"利用信息优势联合或者连续买卖"和"利用虚假或者不确定的重大信息，诱导投资者进行证券、期货交易"。对于二者的区别，尚未达成一致意见。最高司法机关倾向于认为，前者本质是交易型操纵，重点在于联合或者连续买卖；后者本质是信息型操纵，其所利用的是虚假或者不确定的重大信息，不需要在二级市场进行联合或者连续买卖。[1]

根据《办理操纵市场刑案解释》（2019）第5条，下列账户应当认定为"自己实际控制的账户"：①行为人以自己名义开户并使用的实名账户；②行为人向账户转入或者从账户转出资金，并承担实际损益的他人账户；③行为人通过第①项、第②项以外的方式管理、支配或者使用的他人账户；④行为人通过投资关系、协议等方式对账户内资产行使交易决策权的他人账户；⑤其他有证据证明行为人具有交易决策权的账户。有证据证明行为人对前述第①项至第③项账户内资产没有交易决策权的除外。

【结果】影响证券、期货交易价格或者证券、期货交易量。《刑法修正案（十一）》将原来分散在各项中规定的结果要件作统一规定。具体标准参见《立案标准（二）》（2022年修正）第34条。如果连续交易、自我交易、约定交易、虚假申报等所指向的特定证券、期货的交易价格或交易量并没有发生异常波动，即没有偏离能够合理推论或计算的、资本市场正常或自然竞争所形成的交易价量，则不成立本罪，只能认定为信息披露违规、违反超仓限额等证券、期货犯罪。[2]

【主观】故意，但不是目的犯。鉴于从事证券期货交易之人皆追求获利避险，"获取不正当利益或者转嫁风险"的目的要素没有意义，且难以认定，故《刑法修正案（六）》将其删除。

【案例】 **唐某博等人操纵证券市场案**[3]

2012年5月至2013年1月间，唐某博伙同唐某子、唐某琦使用本人及其控制的数十个他

---

[1] 杨万明主编：《〈刑法修正案（十一）〉条文及配套〈罪名补充规定（七）理解与适用〉》，人民法院出版社2021年版，第149页。不同意见参见耿佳宁：《操纵证券市场罪归属根基的重塑——以控制信息操纵的评价困境切入》，载《法学家》2022年第4期。

[2] 谢杰：《市场操纵犯罪司法解释的反思与解构》，载《法学》2020年第1期。

[3] 最高人民检察院、中国证监会证券犯罪典型案例（2020年11月6日发布）。

人证券账户，不以成交为目的，采取频繁申报后撤单或者大额申报后撤单的方式，诱导其他证券投资者进行与虚假申报方向相同的交易，从而影响 3 只股票的交易价格和交易量，随后进行与申报相反的交易获利，违法所得金额共计 2581 万余元。法院以操纵证券市场罪判处被告人唐某博有期徒刑 3 年 6 个月，并处罚金人民币 2450 万元；被告人唐某子有期徒刑 1 年 8 个月，并处罚金人民币 150 万元；被告人唐某琦有期徒刑 1 年，缓刑 1 年，并处罚金人民币 10 万元。操纵证券市场违法所得 2581 万余元予以追缴。

典型意义：虚假申报操纵是当前短线操纵的常见手段，操纵者不以成交为目的，频繁申报后撤单或者大额申报后撤单，误导其他投资者作出投资决策，影响证券交易价格或者证券交易量，并进行与申报相反的交易或者谋取相关利益。要准确区分虚假申报操纵行为和合法的报撤单交易行为，着重审查判断行为人的申报目的、是否进行与申报相反的交易或者谋取相关利益，并结合实际控制账户相关交易数据，细致分析行为人申报、撤单和反向申报行为之间的关联性、撤单所占比例、反向交易数量、获利情况等，综合判断行为性质。

【加重犯】情节特别严重。具体标准参见《办理操纵市场刑案解释》（2019）第 4 条。

十六、背信运用受托财产罪·违法运用资金罪

《刑法》第 185 条之一　商业银行、证券交易所、期货交易所、证券公司、期货经纪公司、保险公司或者其他金融机构，违背受托义务，擅自运用客户资金或者其他委托、信托的财产，情节严重的，对单位判处罚金，并对其直接负责的主管人员和其他直接责任人员，处三年以下有期徒刑或者拘役，并处三万元以上三十万元以下罚金；情节特别严重的，处三年以上十年以下有期徒刑，并处五万元以上五十万元以下罚金。

社会保障基金管理机构、住房公积金管理机构等公众资金管理机构，以及保险公司、保险资产管理公司、证券投资基金管理公司，违反国家规定运用资金的，对其直接负责的主管人员和其他直接责任人员，依照前款的规定处罚。

（一）构成要件

1. 背信运用受托财产罪。

【主体】商业银行、证券交易所、期货交易所、证券公司、期货经纪公司、保险公司或者其他金融机构。本罪是单位犯罪，主体必须是单位且限于金融机构，这也是本罪与挪用公款罪、挪用资金罪的区别要点。

【行为】违背受托义务，擅自运用客户资金或者其他委托、信托的财产。擅自运用，指未得到客户授权而运用该客户的资金或者其他委托、信托的财产。本罪是金融机构单位挪用客户资金的行为。如果是个人挪用的，则视主体身份认定为挪用公款罪或者挪用资金罪。

【主观】故意。

【罪量】情节严重。根据《立案标准（二）》（2022 年修正）第 35 条，包括下列情形：①擅自运用客户资金或者其他委托、信托的财产数额在 30 万元以上；②虽未达到上述数额标准，但多次擅自运用客户资金或者其他委托、信托的财产，或者擅自运用多个客户资金或者其他委托、信托的财产；③其他情节严重的情形。

【加重犯】情节特别严重。

2. 违法运用资金罪。

【主体】特殊主体，限于社会保障基金管理机构、住房公积金管理机构等公众资金管理机构，以及保险公司、保险资产管理公司、证券投资基金管理公司。本罪是单位犯罪，只能由单位构成。

【对象】社会保障基金、住房公积金以及保险公司、基金公司的资金。

【行为】违反国家规定运用上述资金。
【主观】故意。违法运用客户资金的目的，不影响本罪的成立。
【罪量】情节严重。根据《立案标准（二）》（2022年修正）第36条，包括下列情形：①违反国家规定运用资金数额在30万元以上的；②虽未达到上述数额标准，但多次违反国家规定运用资金的；③其他情节严重的情形。
【加重犯】情节特别严重。

(二) 适用

【关联罪】违法运用资金罪与背信运用受托财产罪的区别。要点是：①主体不同。前罪的主体是社会保障基金管理机构、住房公积金管理机构等公众资金管理机构，以及保险公司、保险资产管理公司、证券投资基金管理公司；后罪的主体是商业银行、证券交易所、期货交易所、证券公司、期货经纪公司、保险公司或者其他金融机构。②对象不同。前罪的对象是社会保障基金、住房公积金以及保险公司、基金公司的资金；后罪的对象是客户资金或者其他委托、信托的财产。

十七、违法发放贷款罪

《刑法》第186条　银行或者其他金融机构的工作人员违反国家规定发放贷款，数额巨大或者造成重大损失的，处五年以下有期徒刑或者拘役，并处一万元以上十万元以下罚金；数额特别巨大或者造成特别重大损失的，处五年以上有期徒刑，并处二万元以上二十万元以下罚金。

银行或者其他金融机构的工作人员违反国家规定，向关系人发放贷款的，依照前款的规定从重处罚。

单位犯前两款罪的，对单位判处罚金，并对其直接负责的主管人员和其他直接责任人员，依照前两款的规定处罚。

关系人的范围，依照《中华人民共和国商业银行法》和有关金融法规确定。

【主体】特殊主体，限于银行或者其他金融机构及其工作人员。
【行为】违反国家规定发放贷款。违反国家规定，指违反全国人大和国务院制定的有关信贷管理的法规，如违反《民法典》《商业银行法》《贷款通则》等，不依法审查贷款条件、不依法评估贷款人的资信；或者知道借款人不符合条件，但由于人情关系或接受了借款人贿赂及某种利益，利用自己的职权擅自向其发放贷款等。银行或者其他金融机构的工作人员违反国家规定，向关系人发放贷款的，以本罪从重处罚。这里的关系人，包括：①银行或其他金融机构的董事、监事、管理人员、信贷业务人员及其近亲属；②前述人员投资或者担任高级管理职务的公司、企业和其他经济组织。
【结果·罪量】违法发放贷款数额巨大或者造成重大损失。根据《立案标准（二）》（2022年修正）第37条，数额巨大，指违法发放贷款数额在200万元以上；重大损失，指造成直接经济损失数额在50万元以上。
【主观】故意。
【加重犯】数额特别巨大或者造成特别重大损失。

十八、吸收客户资金不入账罪

《刑法》第187条　银行或者其他金融机构的工作人员吸收客户资金不入帐，数额巨大或者造成重大损失的，处五年以下有期徒刑或者拘役，并处二万元以上二十万元以下罚金；数额特别巨大或者造成特别重大损失的，处五年以上有期徒刑，并处五万元以上五十万元以下罚金。

单位犯前款罪的，对单位判处罚金，并对其直接负责的主管人员和其他直接责任人员，依照前款的规定处罚。

（一）构成要件

【主体】特殊主体，限于银行或者其他金融机构及其工作人员。

【行为】吸收客户资金不入账，指违反国家有关法律的规定，未真实记录并全面反映其业务活动和财务状况。根据2010年12月《最高人民检察院法律政策研究室关于吸收客户资金不入账犯罪法律适用问题的回复意见》，保险费属于本罪中的客户资金，保险公司及其工作人员收到保险费不入账的，属于吸收客户资金不入账。不入账，既可能是根本不入任何账户，也可能是不入法定的账户而私自设立其他保密账户。

【结果·罪量】不入账资金数额巨大或者造成重大损失。根据《立案标准（二）》（2022年修正）第38条，数额巨大，指吸收客户资金不入账，数额在200万元以上；造成重大损失，指造成直接经济损失数额在50万元以上。

【主观】故意。

【加重犯】不入账资金数额特别巨大或者造成特别重大损失。

（二）适用

【关联罪】本罪与挪用公款罪、挪用资金罪的区别。对于银行或者其他金融机构的工作人员利用职务上的便利，挪用已经记入金融机构法定存款账户的客户资金归个人使用的，或者吸收客户资金不入账，却给客户开具银行存单，客户也认为存款已存入银行，该款却被行为人以个人名义借贷给他人的，应认定为挪用公款罪或者挪用资金罪。因为在这种情况下：①事先没有与客户串通，客户无过错；②是个人行为而不是单位行为；③虽然是个人行为，但是单位（有关金融机构）应当对其职员个人的渎职行为对客户承担民事责任。在这种（金融机构职员）个人用账外客户资金非法拆借、发放贷款的情况下，单位（该金融机构）实际上承担着该笔账外资金的风险，所以，其实质是个人挪用行为。

十九、违规出具金融票证罪

《刑法》第188条　银行或者其他金融机构的工作人员违反规定，为他人出具信用证或者其他保函、票据、存单、资信证明，情节严重的，处五年以下有期徒刑或者拘役；情节特别严重的，处五年以上有期徒刑。

单位犯前款罪的，对单位判处罚金，并对其直接负责的主管人员和其他直接责任人员，依照前款的规定处罚。

【主体】特殊主体，限于银行或者其他金融机构及其工作人员。

【行为】违反规定，为他人出具信用证或其他保函、票据、存单、资信证明。违反规定，指违反应当遵守的有关金融法律、法规、规章及银行、金融机构内部制定的规章制度等。他人，包括自然人和单位。信用证，指开证银行或其他金融机构根据申请人的请求或者自己主动向一方（受益人）签发的一种书面协议。如果受益人满足了书面约定的条件，开证银行或者其他金融机构即向受益人付款的一种书面凭证。保函，指银行以其自身的信用为他人承担责任的担保文件。票据，指票据法上规定的汇票、本票、支票。存单，指银行等金融机构签发给存款人的一种存款凭证。资信证明，指证明个人或单位的财产状况、偿还能力、信用程度等情况的证明文件。

【主观】故意。

【罪量】情节严重。具体标准参见《立案标准（二）》（2022年修正）第39条。

【加重犯】情节特别严重。

二十、对违法票据承兑、付款、保证罪

《刑法》第189条 银行或者其他金融机构的工作人员在票据业务中，对违反票据法规定的票据予以承兑、付款或者保证，造成重大损失的，处五年以下有期徒刑或者拘役；造成特别重大损失的，处五年以上有期徒刑。

单位犯前款罪的，对单位判处罚金，并对其直接负责的主管人员和其他直接责任人员，依照前款的规定处罚。

【主体】特殊主体，限于银行或者其他金融机构及其工作人员。

【行为】在票据业务中，对违反票据法规定的票据予以承兑、付款、保证。承兑，指汇票付款人承诺在汇票到期日支付汇票金额的行为。付款，指票据付款人支付票据金额的行为。保证，指对已经存在的票据上的债务进行担保的行为。保证人与被保证人对持票人承担连带责任，在票据到期后，如果持票人或者收款人得不到付款的，应当由保证人足额付款。

【结果·罪量】造成重大损失，既包括给银行或者其他金融机构造成重大损失，也包括给其他票据当事人造成重大损失。根据《立案标准（二）》（2022年修正）第40条，是指造成直接经济损失数额在50万元以上。

【主观】故意，即行为人明知是违反票据法规定的票据而予以承兑、付款、保证。

【加重犯】造成特别重大损失。

二十一、逃汇罪·骗购外汇罪[1]

《刑法》第190条 公司、企业或者其他单位，违反国家规定，擅自将外汇存放境外，或者将境内的外汇非法转移到境外，数额较大的，对单位判处逃汇数额百分之五以上百分之三十以下罚金，并对其直接负责的主管人员和其他直接责任人员，处五年以下有期徒刑或者拘役；数额巨大或者有其他严重情节的，对单位判处逃汇数额百分之五以上百分之三十以下罚金，并对其直接负责的主管人员和其他直接责任人员，处五年以上有期徒刑。

《惩治外汇犯罪的决定》（1998）第1条有下列情形之一，骗购外汇，数额较大的，处五年以下有期徒刑或者拘役，并处骗购外汇数额百分之五以上百分之三十以下罚金；数额巨大或者有其他严重情节的，处五年以上十年以下有期徒刑，并处骗购外汇数额百分之五以上百分之三十以下罚金；数额特别巨大或者有其他特别严重情节的，处十年以上有期徒刑或者无期徒刑，并处骗购外汇数额百分之五以上百分之三十以下罚金或者没收财产：

（一）使用伪造、变造的海关签发的报关单、进口证明、外汇管理部门核准件等凭证和单据的；

（二）重复使用海关签发的报关单、进口证明、外汇管理部门核准件等凭证和单据的；

（三）以其他方式骗购外汇的。

伪造、变造海关签发的报关单、进口证明、外汇管理部门核准件等凭证和单据，并用于骗购外汇的，依照前款的规定从重处罚。

明知用于骗购外汇而提供人民币资金的，以共犯论处。

单位犯前三款罪的，对单位依照第一款的规定判处罚金，并对其直接负责的主管人员和其他直接责任人员，处五年以下有期徒刑或者拘役；数额巨大或者有其他严重情节的，处五年以上十年以下有期徒刑；数额特别巨大或者有其他特别严重情节的，处十年以上有期徒刑或者无期徒刑。

---

[1] 逃汇罪与骗购外汇罪是两个独立的罪名，分别由《刑法》第190条和《惩治外汇犯罪的决定》（1998）第1条所规定，鉴于两罪之间的特殊联系，拟将之合并论述。

（一）构成要件

1. 逃汇罪。

【主体】公司、企业或其他单位。

【行为】违反国家规定，擅自将外汇存放境外，或者将境内的外汇非法转移到境外。包括以下要素：①违反国家规定，指违反外汇管理法规、规章，包括《外汇管理条例》《境外外汇账户管理规定》《境内外汇账户管理规定》等。②擅自将外汇存放境外，或者将境内的外汇非法转移到境外。逃汇行为有多种形式，只要违反外汇管理法规，逃避国家外汇监管的，都是逃汇行为，但刑法只处罚"擅自将外汇存放境外"和"将境内的外汇非法转移到境外"这两种逃汇行为。

【主观】故意。

【罪量】数额较大。根据《立案标准（二）》（2022年修正）第41条，指单笔逃汇数额在200万美元以上或者累计逃汇数额在500万美元以上。

【加重犯】数额巨大或者有其他严重情节。

2. 骗购外汇罪。

【对象】外汇，指以外币表示的可用作国际清偿的支付手段和资产。包括外国货币、外币支付凭证、外币有价证券等。

【行为】骗购外汇的行为可以表现为：①使用伪造、变造的海关签发的报关单、进口证明、外汇管理部门核准件等凭证和单据的欺骗方法骗购外汇，即使用虚假的或篡改的凭证和单据骗购外汇；②重复使用海关签发的报关单、进口证明、外汇管理部门核准件等凭证和单据骗购外汇；③以其他方式骗购外汇，指除前述方法以外的其他手段，如利用签订假合同骗购外汇等。

【主观】故意。

【罪量】数额较大。根据《立案标准（二）》（2022年修正）第42条，指骗购外汇数额在50万美元以上。

【加重犯】本罪有两档加重犯，分别以"数额巨大或者有其他严重情节"和"数额特别巨大或者有其他特别严重情节"为要件。

（二）适用

【共犯】1. 根据《惩治外汇犯罪的决定》（1998）第5条，海关、外汇管理部门以及金融机构、从事对外贸易经营活动的公司、企业或者其他单位的工作人员与逃汇的行为人通谋，为其提供购买外汇的有关凭证或者其他便利的，或者明知是伪造、变造的凭证和单据而售汇、付汇的，以骗购外汇罪的共犯论，从重处罚。

2. 明知用于骗购外汇而提供人民币资金的，以骗购外汇罪的共犯论处。

【罪数】伪造、变造海关签发的报关单、进口证明、外汇管理部门核准件等凭证和单据，并用于骗购外汇的，以骗购外汇罪从重处罚，不实行数罪并罚。

二十二、洗钱罪[1]

《刑法》第191条　为掩饰、隐瞒毒品犯罪、黑社会性质的组织犯罪、恐怖活动犯罪、走私犯罪、贪污贿赂犯罪、破坏金融管理秩序犯罪、金融诈骗犯罪的所得及其产生的收益的来源和性质，有下列行为之一的，没收实施以上犯罪的所得及其产生的收益，处五年以下有期徒刑或者拘役，并处或者单处罚金；情节严重的，处五年以上十年以下有期徒刑，并处罚金：

---

[1] 本罪经《刑法修正案（十一）》修改。

(一) 提供资金帐户的；
(二) 将财产转换为现金、金融票据、有价证券的；
(三) 通过转账或者其他支付结算方式转移资金的；
(四) 跨境转移资产的；
(五) 以其他方法掩饰、隐瞒犯罪所得及其收益的来源和性质的。

单位犯前款罪的，对单位判处罚金，并对其直接负责的主管人员和其他直接责任人员，依照前款的规定处罚。

(一) 构成要件

【主体】一般主体，包括自然人和单位。《刑法修正案（十一）》将"自洗钱"行为纳入本罪的规制范围，所以，上游犯罪的行为人也可以成为本罪的主体。

【对象】毒品犯罪、黑社会性质的组织犯罪、恐怖活动犯罪、走私犯罪、贪污贿赂犯罪、破坏金融管理秩序犯罪、金融诈骗犯罪的所得及其产生的收益。

上游犯罪，指产生《刑法》第191条规定的犯罪所得及其收益的各种犯罪行为，包括以下7类：①毒品犯罪，指《刑法》分则第6章第7节之罪；②黑社会性质的组织犯罪（《刑法》第294条之罪）；③恐怖活动犯罪，包含恐怖组织的犯罪以及其他具有恐怖主义性质的爆炸、投放危险物质、放火、绑架、劫持航空器等犯罪；④走私犯罪，包含《刑法》分则第3章第1节之罪；⑤贪污贿赂犯罪，指《刑法》分则第8章全部贪污贿赂的犯罪；⑥破坏金融管理秩序犯罪，指《刑法》分则第3章第4节之罪；⑦金融诈骗犯罪，指《刑法》分则第3章第5节之罪。上述上游犯罪的"违法所得及其产生的收益"，指由上述7种犯罪行为所获取的非法利益以及由该非法利益产生的其他经济利益。

根据《审理洗钱刑案解释》（2009）第4条，本罪应以上游犯罪事实成立为认定前提。不过，上游犯罪尚未依法裁判但查证属实的，不影响本罪的审判；上游犯罪事实可以确认，因行为人死亡等原因依法不予追究刑事责任的，或者依法以其他罪名定罪处罚的，均不影响本罪的认定。

【行为】实施掩饰、隐瞒上游犯罪所得及其收益的来源和性质的行为。对应"自洗钱"行为入罪，《刑法修正案（十一）》删除了原条文中的"协助"表述。

【案例】　　　　　　　　国家工作人员受贿后妻子"自洗钱"案[1]

2001年至2015年，王某在担任某局领导期间，利用职务上的便利，为他人谋取利益，非法收受他人钱款共计人民币1190万元。在此期间，王某陆续将2168万余元现金交给妻子王甲，王甲在明知其中含有贿赂犯罪所得的情况下，仍然按照王某的指示，将上述钱款以自己的名义分别存到天津市境内19家银行、225个银行账户内，其中受贿款为990万元。据王甲供述，她按照王某的要求，将其交予的2000余万元散存于225个银行账户，自己不知道钱款是受贿所得，将钱散存于200余个账户是考虑到银行破产而规避风险。

法院认为，王甲明知王某交予其钱款系贿赂犯罪所得，仍通过提供资金账户的方式为王某掩饰、隐瞒钱款来源和性质，其行为已构成洗钱罪，且属情节严重。王甲与王某系夫妻关系，为丈夫掩饰、隐瞒受贿款的来源和性质而犯洗钱罪的主观恶性及社会危害程度相对较小，且赃款已全部退缴，酌情对其从轻处罚，决定以洗钱罪判处王甲有期徒刑6年，并处罚金50万元。

此外，为打击协助转移资金的"地下钱庄"，《刑法修正案（十一）》在191条第1款第3

---

[1] 参见殷晓章：《亲属贪腐后，他们为贿款洗钱——"自洗钱"入罪的典型案例》，载《民主与法制》2021年第40期。

项中增设"支付"方式。涉及跨境洗钱的行为，既可能是由境外向境内转移资产，也可能是由境内向境外转移资产，资产形式也不限于自基金，所以《刑法修正案（十一）》将191条第1款第4项由"协助将资金汇往国外"修改为"跨境转移资产"。[1] 至此，《刑法》规定的洗钱方式包括：①提供资金账户协助隐匿、转移、转换财产，包括开设新的银行资金账户，也包括使用自己现有的合法银行资金账户；②协助将财产转换为现金、金融票据、有价证券，也包括将现金金融票据、有价证券转换成财产；③通过转账或者其他支付结算方式协助资金转移资金，将犯罪收入与合法收入相混合，以掩饰、隐瞒其非法来源和性质；④协助将资金汇往境外，跨境转移资产；⑤以其他方法掩饰、隐瞒犯罪所得及其收益的来源和性质的。

参考《审理洗钱刑案解释》（2009）第2条，"其他方法"可包括下列情形：①通过典当、租赁、买卖、投资等方式，转移、转换犯罪所得及其收益的；②通过与商场、饭店、娱乐场所等现金密集型场所的经营收入相混合的方式，转移、转换犯罪所得及其收益的；③通过虚构交易、虚设债权债务、虚假担保、虚报收入等方式，将犯罪所得及其收益转换为"合法"财物的；④通过买卖彩票、奖券等方式，转换犯罪所得及其收益的；⑤通过赌博方式，将犯罪所得及其收益转换为赌博收益的；⑥将犯罪所得及其收益携带、运输或者邮寄出入境的；⑦通过前述规定以外的方式转移、转换犯罪所得及其收益的。

【主观】故意。虽然《刑法修正案（十一）》删除了原条文中"明知"的表述，但本罪是故意犯罪，行为人仍需明知是毒品犯罪等7类上游犯罪的所得及其产生的收益。[2] 行为人将属于《刑法》第191条规定的7类上游犯罪范围内的此种犯罪误认为彼种犯罪的，是同一构成要件范围内的对象认识错误，依据法定符合说，不影响故意的认定。

【加重犯】情节严重。

（二）适用

【关联罪】1. 本罪与掩饰、隐瞒犯罪所得、犯罪所得收益罪的关系。《审理洗钱刑案解释》（2009）第3条规定，明知是犯罪所得及其产生的收益而予以掩饰、隐瞒，构成《刑法》第312条规定的犯罪，同时又构成《刑法》第191条规定的犯罪的，依照处罚较重的规定定罪处罚。如果认为本罪的法益包括司法机关的正常活动，则其与掩饰、隐瞒犯罪所得、犯罪所得收益罪之间呈现的是特别规定与一般规定的关系。这既不符合司法解释确立的罪数处断规则，也不利于发挥想象竞合的明示机能。反之，如果认为洗钱罪的法益不包括司法机关的正常活动，则实施洗钱行为，同时触犯掩饰、隐瞒犯罪所得、犯罪所得收益罪的，属于想象竞合犯，从一重罪论处。[3]

2. 本罪与窝藏毒赃罪的关系。以《刑法》第191条规定的方式掩饰、隐瞒毒赃来源和性质的，是洗钱罪；以窝藏方式为毒品犯罪分子隐瞒毒赃的，是窝藏毒赃罪。实施掩饰、隐瞒毒赃的行为，同时触犯洗钱罪的，从一重罪处断。

---

[1] 杨万明主编：《〈刑法修正案（十一）〉条文及配套〈罪名补充规定（七）理解与适用〉》，人民法院出版社2021年版，第156、159页。

[2] 国家统一法律职业资格考试辅导用书编辑委员会组编：《2022年国家统一法律职业资格考试辅导用书·刑法》，法律出版社2022年版，第163页。

[3] 参见张明楷：《刑法学》（下），法律出版社2021年版，第1023页。

第六节 金融诈骗罪

一、集资诈骗罪[1]

《刑法》第192条　以非法占有为目的，使用诈骗方法非法集资，数额较大的，处三年以上七年以下有期徒刑，并处罚金；数额巨大或者有其他严重情节的，处七年以上有期徒刑或者无期徒刑，并处罚金或者没收财产。

单位犯前款罪的，对单位判处罚金，并对其直接负责的主管人员和其他直接责任人员，依照前款的规定处罚。

（一）构成要件

【行为】使用诈骗的方法非法集资。诈骗方法，指采取虚构资金的用途，以虚假的证明文件和高回报率为诱饵，或者其他骗取集资款的手段。非法集资，指未经有关机关批准向社会募集资金。

【主观】故意，并具有非法占有集资款的目的。如果行为人没有非法占有集资款的目的，只是夸大集资项目的前景、夸大集资回报，因事后市场风险或经营管理不善而没能兑现的，属于民事欺诈，不成立本罪。是否有非法占有集资款的目的，不能仅根据事实上有无返还集资款来认定。根据《涉互联网金融案纪要》第14条，应重点围绕融资项目真实性、资金去向、归还能力等事实进行综合判断。行为人存在以下情形之一的，原则上可以认定具有非法占有目的：①大部分资金未用于生产经营活动，或名义上投入生产经营但又通过各种方式抽逃转移资金的；②资金使用成本过高，生产经营活动的盈利能力不具有支付全部本息的现实可能性的；③对资金使用的决策极度不负责任或肆意挥霍造成资金缺口较大的；④归还本息主要通过借新还旧来实现的；⑤其他依照有关司法解释可以认定为非法占有目的的情形，如《审理非法集资刑案解释》（2022年修正）第7条第2款规定的"携带集资款逃匿""将集资款用于违法犯罪活动""抽逃、转移资金、隐匿财产，逃避返还资金""隐匿、销毁账目，或者搞假破产、假倒闭，逃避返还资金"及"拒不交待资金去向，逃避返还资金"。

【案例】　　　　　　　　　　周某集资诈骗案[2]

2011年2月，周某注册成立中宝投资公司，担任法定代表人。公司上线运营"中宝投资"网络平台，借款人（发标人）在网络平台注册、缴纳会费后，可发布各种招标信息，吸引投资人投资。投资人在网络平台注册成为会员后可参与投标，通过银行汇款、支付宝、财付通等方式将投资款汇至周某公布在网站上的8个其个人账户或第三方支付平台账户。借款人可直接从周某处取得所融资金。项目完成后，借款人返还资金，周某将收益给予投标人。运行前期，周某通过网络平台为13个借款人提供总金额约170万余元的融资服务，因部分借款人未能还清借款造成公司亏损。此后，周某除用本人真实身份信息在公司网络平台注册2个会员外，自2011年5月至2013年12月陆续虚构34个借款人，并利用上述虚假身份自行发布大量虚假抵押标、宝石标等，以支付投资人约20%的年化收益率及额外奖励等为诱饵，向社会不特定公众募集资金。所募资金未进入公司账户，全部由周某个人掌控和支配。除部分用于归还投资人到期的本金及收益外，其余主要用于购买房产、高档车辆、首饰等。这些资产绝大部分登记在周

---

[1] 本罪经《刑法修正案（十一）》修正。
[2] 最高人民检察院指导性案例第40号。

某名下或供周某个人使用。2011年5月至案发，周某通过中宝投资网络平台累计向全国1586名不特定对象非法集资共计10.3亿余元，除支付本金及收益回报6.91亿余元外，尚有3.56亿余元无法归还。案发后，公安机关从周某控制的银行账户内扣押现金1.80亿余元。

裁判要旨：网络借贷信息中介机构或其控制人，利用网络借贷平台发布虚假信息，非法建立资金池募集资金，所得资金大部分未用于生产经营活动，主要用于借旧还新和个人挥霍，无法归还所募集资金数额较大，应认定具有非法占有目的，以集资诈骗罪追究刑事责任。

具体判断中还应注意区分犯罪目的发生转变的时间节点。行为人在初始阶段仅具有非法吸收公众存款的故意，不具有非法占有目的；但在出现经营失败、资金链断裂等问题后，明知没有归还能力仍然继续吸收公众存款的，这一时间节点之后的行为应当认定为集资诈骗罪，此前的行为应当认定为非法吸收公众存款罪。关于非法占有目的认定，另参见本书非法吸收公众存款罪部分。

【罪量】数额较大。根据《立案标准（二）》（2022年修正）第44条，指集资诈骗数额在10万元以上。需要注意的是，集资诈骗的数额，以行为人实际骗取的数额计算。行为人为吸收公众资金制造还本付息的假象，在诈骗的同时对部分投资人还本付息的，集资诈骗的金额以案发时实际未兑付的金额计算。案发后，犯罪嫌疑人主动退还集资款项的，不能从集资诈骗的金额中扣除，但可以作为量刑情节考虑。行为人为实施集资诈骗活动而支付的广告费、中介费、手续费、回扣，或者用于行贿、赠与等费用，不予扣除。

【加重犯】数额巨大或者有其他严重情节。为加大对非法集资犯罪的惩处力度，《刑法修正案（十一）》调整了本罪的刑罚结构：将3个法定刑幅度调整为2个，同时将定额罚金刑修改为无限额罚金刑，还在该罪正条增设单位犯本罪的处罚条款[1]。《审理非法集资刑案解释》（2022年修正）第14条明确对自然人和单位采取统一的法定刑升格标准[2]。

（二）适用

【关联罪】本罪与非法吸收公众存款罪，擅自发行股票、公司、企业债券罪的界限。后两罪也是非法募集资金的行为，其与本罪的区别主要在于是否具有非法占有目的。本罪必须以非法占有集资款为目的，后两罪的行为人则缺乏非法占有目的，即具有返还意图。

【案例】　　　　　　　　　蔡某集资诈骗案[3]

2013年4月，蔡某委托他人注册成立一家投资管理有限公司，其任法定代表人。8月起，其租借经营场地建立一家财富网，通过刊登虚假抵押信息，对外虚假宣传公司进行高利借贷等业务并已取得相关抵押权，许诺给投资人年化利率21%的投资回报，吸引他人投资。其间，通过上述方法，获取20名被害人共计105万余元。蔡某在获取上述钱款后归个人使用，未用于任何投资经营。上海市普陀区人民检察院对蔡某于2014年3月批捕、10月起诉，法院以集资诈骗罪判处蔡某有期徒刑7年，并处罚金8万元。本案被告人利用网贷平台信息不对称的特点，发布虚假信息，骗取投资者资金，突破了P2P网络借贷平台的业务经营红线，构成集资诈骗罪。

评析：本案足以证实被告人有非法占有目的的事实：骗取的钱款作他用，未用于经营，没

---

[1] 参见李宁：《关于〈中华人民共和国刑法修正案（十一）（草案）〉的说明——2022年6月28日在第十三届全国人民代表大会常务委员会第二十次会议上》，载《中华人民共和国全国人民代表大会常务委员会公报》2021年第1期。

[2] 具体标准参见《审理非法集资刑案解释》（2022年修正）第8条。

[3] 最高人民检察院依法查处金融犯罪典型案例（2015年9月23日发布）。

有兑现回报可能。同时，由前两点决定不可能兑现高回报，印证欺骗。不过，假如被告人在被立案后以卖房、借贷等方式筹款，偿还被害人全部投资款，甚至兑现部分或全部回报，会有什么"变数"？理论上，立案后筹款偿还被害人，属于犯罪既遂后公安追赃、退赃成果，被告人有积极退赃表现，不影响行为性质。但司法上，会动摇"非法占有目的"的认定，一般不认定集资诈骗罪（高度罪），仅认定非法吸收公众存款罪（低度罪）。而且公安很可能对其不移送起诉，其中有"交易"因素：筹款帮公安为被害人解决了最大诉求，作为回报，公安不移送起诉。在起诉阶段，被告人全部退赃的，也可能换得检察院对其不起诉；如果移送起诉的罪名是集资诈骗罪，可相对不诉，也可存疑不诉。本案不过区区百万，有筹款偿还可能。如果是数千万、数亿，没有筹款偿还可能的，这种变数则不存在。

二、贷款诈骗罪

《刑法》第 193 条　有下列情形之一，以非法占有为目的，诈骗银行或者其他金融机构的贷款，数额较大的，处五年以下有期徒刑或者拘役，并处二万元以上二十万元以下罚金；数额巨大或者有其他严重情节的，处五年以上十年以下有期徒刑，并处五万元以上五万元以下罚金；数额特别巨大或者有其他特别严重情节的，处十年以上有期徒刑或者无期徒刑，并处五万元以上五十万元以下罚金或者没收财产：

（一）编造引进资金、项目等虚假理由的；
（二）使用虚假的经济合同的；
（三）使用虚假的证明文件的；
（四）使用虚假的产权证明作担保或者超出抵押物价值重复担保的；
（五）以其他方法诈骗贷款的。

（一）构成要件

【主体】一般主体，但只能是自然人，不能是单位。单位实施贷款诈骗的，不成立本罪，符合条件的，可以合同诈骗罪处罚单位；对于组织、策划、实施贷款诈骗的单位成员，根据全国人大常委会《刑法第 30 条的解释》（2014），系贷款诈骗罪与合同诈骗罪的法条竞合犯，应以贷款诈骗罪论处。

【对象】银行或其他金融机构的贷款。

【行为】诈骗银行或者其他金融机构的贷款。可以表现为：①编造引进资金、项目等理由；②使用虚假的经济合同；③使用虚假的证明文件；④使用虚假的产权证明作担保或者超出抵押物价值重复担保；⑤以其他方法诈骗贷款。

【主观】故意，并具有非法占有贷款的目的。行为人是否具有非法占有贷款的目的，是区分本罪与借贷纠纷的关键。实践中常见贷款人从银行或者其他金融机构获得贷款后，到期拖欠不还或者到期丧失还贷能力，因而发生借贷纠纷。不能将所有贷款到期不还的行为简单地认定为贷款诈骗罪，关键要看行为人贷款时主观上有无非法占有目的。该目的的认定，要综合各种因素进行判断，考虑行为人在申请贷款时是否具有履约能力、是否使用了刑法规定的诈骗手段，取得贷款后是否按照原借贷合同规定的用途或事项使用，贷款到期后是否积极设法偿还，等等。

【罪量】数额较大。根据《立案标准（二）》（2022 年修正）第 45 条，指贷款诈骗数额在 5 万元以上。

【加重犯】本罪有两档加重犯，分别以"数额巨大或者有其他严重情节"和"数额特别巨大或者有其他特别严重情节"为要件。

(二) 适用

【关联罪】本罪与骗取贷款罪的区别。要点在于是否具有非法占有贷款的目的。《审理金融犯罪案纪要》（2001）指出，根据司法实践，对于行为人通过诈骗的方法非法获取资金，造成数额较大资金不能归还，并具有下列情形之一的，可以认定为具有非法占有的目的：①明知没有归还能力而大量骗取资金的；②非法获取资金后逃跑的；③肆意挥霍骗取资金的；④使用骗取的资金进行违法犯罪活动的；⑤抽逃、转移资金、隐匿财产，以逃避返还资金的；⑥隐匿、销毁账目，或者搞假破产、假倒闭，以逃避返还资金的；⑦其他非法占有资金、拒不返还的行为。但是，在处理具体案件的时候，对于有证据证明行为人不具有非法占有目的的，不能单纯以财产不能归还就按金融诈骗罪处罚。此经验适用于包括贷款诈骗罪在内的整个金融诈骗犯罪案件"非法占有目的"的认定，非常重要。例如：

甲公司为了解决资金不足，以与虚构的单位签订供货合同的方法，向银行申请获得贷款200万元，并将该款用于购置造酒设备和原料，后因生产、销售假冒注册商标的红酒被查处，导致银行贷款不能归还。甲公司获取贷款的行为构成合同诈骗罪。判断被告单位具有"非法占有目的"的根据是将欺骗方式获得之贷款"用于违法犯罪"且导致不能归还。[1] 不过，本案认定仍存变数：被告单位以假合同获取贷款、购置造酒设备，贷款理由与用途严重不一致，具有骗取贷款性质，可成立骗取贷款罪。假如将所骗贷款用于合法造酒等经营活动，通常能排除非法占有目的，不成立贷款诈骗罪。假如将所骗贷款用于贩毒之类严重违法的犯罪活动被查导致不能归还的，可确凿认定具有非法占有目的，成立贷款诈骗罪。本案依据所骗贷款用于制售"假冒注册商标红酒"被查处不还贷，认定具有非法占有目的，尺度偏严；将尺度放宽一些，认为不具有非法占有目的，未尝不可，存在"变数"。不过，法官按照"纪要"认定，无可厚非。

变数产生的原因：①前述"纪要"出台于2001年，骗取贷款罪于2006年才增设。此后，因为有了骗取贷款罪"兜底"，贷款诈骗罪之"非法占有目的"认定尺度有所放宽。当是否具有非法占有目的判断有分歧时，往往择轻定骗取贷款罪。②合同诈骗罪包括单位主体，而贷款诈骗罪不包含，当可确凿认定非法占有目的时，认定为个人行为，就可以贷款诈骗罪规避合同诈骗罪的适用。

【案例】 **郭某升被控贷款诈骗无罪案**[2]

郭某升是糊涂楼饭庄、升宏公司的法定代表人，升宏公司系郭某升与他人为管理糊涂楼饭庄及火锅研制开发项目而共同出资（大部分为北京市糊涂楼饭庄固定资产折价，少部分为投入资金）设立。升宏公司经董事会研究决定，通过无业人员郭某瑞介绍，向招商银行中关村营业部申请贷款300万元，申请书中所列企业经营业绩、企业财务状况等项目，均按糊涂楼饭庄及分店的业绩、发展情况和财务状况进行填写。提交给银行的资产负债表、损益表中的数字，部分为会计推算和照抄郭某瑞提供的一份报表数字。此项贷款业务已由有关单位提供有效的担保保证，郭某升将贷款分别以现金形式或者以所购房产用作贷款抵押等方式用于企业经营活动。因经营不善，资金周转发生困难，郭某升在贷款到期后多次向银行表示暂无还款能力，待经营好转后再还款，至案发时，升宏公司未能偿还。检察院以贷款诈骗起诉，法院认定郭某升

---

[1] 参见前述《审理金融犯罪案纪要》（2001）"非法占有目的"认定经验之"使用骗取的资金进行违法犯罪活动的"。

[2] 中华人民共和国最高人民法院刑事审判第一庭、第二庭编：《刑事审判案例》，法律出版社2002年版，第228~232页。

无罪。

裁判要旨：应综合贷款的使用、不能归还贷款的原因以及被告人对偿还贷款的主观态度等事实来判断"非法占有目的"之有无。

三、票据诈骗罪·金融凭证诈骗罪

《刑法》第 194 条　有下列情形之一，进行金融票据诈骗活动，数额较大的，处五年以下有期徒刑或者拘役，并处二万元以上二十万元以下罚金；数额巨大或者有其他严重情节的，处五年以上十年以下有期徒刑，并处五万元以上五十万元以下罚金；数额特别巨大或者有其他特别严重情节的，处十年以上有期徒刑或者无期徒刑，并处五万元以上五十万元以下罚金或者没收财产：

（一）明知是伪造、变造的汇票、本票、支票而使用的；
（二）明知是作废的汇票、本票、支票而使用的；
（三）冒用他人的汇票、本票、支票的；
（四）签发空头支票或者与其预留印鉴不符的支票，骗取财物的；
（五）汇票、本票的出票人签发无资金保证的汇票、本票或者在出票时作虚假记载，骗取财物的。

使用伪造、变造的委托收款凭证、汇款凭证、银行存单等其他银行结算凭证的，依照前款的规定处罚。

（一）票据诈骗罪

【行为】利用金融票据进行诈骗，可以表现为：①使用伪造、变造的汇票、本票、支票。这里的"使用"，是将伪造、变造的票据作为真实票据予以利用，既可以是直接使用，如直接利用伪造、变造的金融票据骗取财物，也可以是间接使用，如将伪造、变造的金融票据作为抵押骗取财物。②使用作废的汇票、本票、支票。作废的汇票、本票、支票，指根据法律和有关规定不能使用的票据，包括过期的票据、无效的票据以及被依法宣布作废的票据。③冒用他人的汇票、本票、支票。冒用，指行为人擅自以合法持票人的名义支配、使用自己本没有支配权利的他人票据。④签发空头支票或者与其预留印鉴不符的支票，骗取财物。空头支票，指出票人所签发的支票金额超过其付款时在付款人处实有的存款金额的支票。⑤汇票、本票的出票人签发无资金保证的汇票、本票或者在出票时作虚假记载，骗取财物。出票人，指制作票据，按照法定条件在票据上签章，并按照所记载的事项承担票据责任的人。资金保证，指出票人在承兑票据时，具有按票据支付的能力。出票人签发汇票、本票时，必须具有可靠的资金保证。作虚假记载，指在汇票或本票上作不真实的记载的行为，例如在票据上记载根本不存在的付款地、出票地等。

【主观】故意，并具有非法占有目的。尽管《刑法》第 194 条没有在条文中明确规定"以非法占有为目的"，但"以非法占有为目的"是诈骗犯罪的应有之义，只是立法者在文字表述上没有特别强调而已。此目的的认定，参见本书贷款诈骗罪部分。

【罪量】数额较大。根据《立案标准（二）》（2022 年修正）第 46 条，指票据诈骗数额在 5 万元以上。

【加重犯】本罪有两档加重犯，分别以"数额巨大或者有其他严重情节"和"数额特别巨大或者有其他特别严重情节"为要件。

（二）金融凭证诈骗罪

【行为】行为人使用伪造、变造的委托收款凭证、汇票凭证、银行存单等其他银行结算凭证进行诈骗。委托收款凭证，指收款人在委托银行向付款人收取款项时所填写的书面凭证。汇款凭证,指汇款人委托银行将款项汇给外地收款人时所填写的书面凭证。银行存单,指银行向存款人开具的结算凭证。其他银行结算凭证,指除票据及上述凭证以外的各种银行结算凭证。

【案例】　　　　　　　　　**赵某某金融凭证诈骗罪**

2018年初,赵某某利用其与AJ公司负责人楚某某之间的关系,引诱楚某某将X公司资金出入Y银行,之后赵某某再利用其与Y银行工作人员冯某某的关系,说服冯某某私刻了一枚Y银行公章交给自己。同时,赵某某伪造了Y银行网上银行企业客户账户查询以及转账授权书等材料,将上述材料交给冯某某后,让冯某某违规为其办理了开户手续,将AJ公司在Y银行的账户挂到赵某某公司账户名下。截至案发,赵某某共从AJ公司的银行账户中提取300万元。法院认为,刑法意义的金融凭证应当指用于银行结算的凭证,同时还必须具有权利凭证属性,单纯的记录凭证不是金融凭证。对于在经济活动中具有货币给付和资金清算作用,并能证明银行与客户之间已受理或已办结相关支付结算业务的权利凭证,应认定为刑法意义的金融凭证。本案中,赵某某伪造企业网上银行转账授权书系金融凭证,其行为构成金融凭证诈骗罪。

【主观】故意,并以非法占有他人财物为目的。

【罪量】数额较大。根据《立案标准(二)》(2022年修正)第47条,是指金融凭证诈骗数额在5万元以上。

【加重犯】本罪有两档加重犯,分别以"数额巨大或者有其他严重情节"和"数额特别巨大或者有其他特别严重情节"为要件。

四、信用证诈骗罪

《刑法》第195条　有下列情形之一,进行信用证诈骗活动的,处五年以下有期徒刑或者拘役,并处二万元以上二十万元以下罚金;数额巨大或者有其他严重情节的,处五年以上十年以下有期徒刑,并处五万元以上五十万元以下罚金;数额特别巨大或者有其他特别严重情节的,处十年以上有期徒刑或者无期徒刑,并处五万元以上五十万元以下罚金或者没收财产:

(一)使用伪造、变造的信用证或者附随的单据、文件的;

(二)使用作废的信用证的;

(三)骗取信用证的;

(四)以其他方法进行信用证诈骗活动的。

【行为】利用信用证进行诈骗,具体表现为:①使用伪造、变造的信用证或者附随的单据、文件。既包括自己伪造、变造信用证后使用,也包括明知是他人伪造、变造的信用证而使用的情形。②使用作废的信用证。作废的信用证,主要指过期的信用证、经涂改的信用证、无效的信用证等。③骗取信用证。即以虚构事实、隐瞒真相的方法,欺骗开证银行为其开具信用证。④以其他方法进行信用证诈骗活动。

【主观】故意,并具有非法占有他人财物的目的。

【加重犯】本罪有两档加重犯,分别以"数额巨大或者有其他严重情节"和"数额特别巨大或者有其他特别严重情节"为要件。

五、信用卡诈骗罪

《刑法》第196条　有下列情形之一,进行信用卡诈骗活动,数额较大的,处五年以下有期徒刑或者拘役,并处二万元以上二十万元以下罚金;数额巨大或者有其他严重情节的,处五年以上十年以下有期徒刑,并处五万元以上五十万元以下罚金;数额特别巨大或者有其他特别严重情节的,处十年以上有期徒刑或者无期徒刑,并处五万元以上五十万元以下罚金或者没收财产:

(一)使用伪造的信用卡,或者使用以虚假的身份证明骗领的信用卡的;

（二）使用作废的信用卡的；
（三）冒用他人信用卡的；
（四）恶意透支的。

前款所称恶意透支，是指持卡人以非法占有为目的，超过规定限额或者规定期限透支，并且经发卡银行催收后仍不归还的行为。

盗窃信用卡并使用的，依照本法第二百六十四条的规定定罪处罚。

（一）构成要件

【主体】一般主体，但限于自然人，不包括单位。

【对象】信用卡。根据《信用卡的解释》（2004），《刑法》规定的"信用卡"，指由商业银行或者其他金融机构发行的具有消费支付、信用贷款、转账结算、存取现金等全部功能或者部分功能的电子支付卡，银行借记卡也属于刑法意义上的信用卡。

【行为】利用信用卡进行诈骗，可以表现为：

1. 使用伪造的信用卡，或者使用以虚假的身份证明骗领的信用卡。伪造的信用卡，指仿照信用卡的质地、版式、外观以及真信用卡所记载的有关资料，非法制作的信用卡。以虚假的身份证明骗领的信用卡，卡片本身并非伪造，只不过领取该卡时使用了虚假的身份证明。

2. 使用作废的信用卡。作废的信用卡，指因法定原因失去效用的信用卡，包括：①由于超过有效使用期限而失效；②在信用卡有效期内中途停止使用，由于办理退卡手续而失效；③由于挂失而失效。

3. 冒用他人信用卡。即非持卡人擅自以持卡人的名义使用持卡人的信用卡，包括：①拾得他人信用卡并使用的；②骗取他人信用卡并使用的；③窃取、收买、骗取或者以其他非法方式获取他人信用卡信息资料，并通过互联网、通讯终端等使用的；④其他冒用他人信用卡的情形。

4. 恶意透支。指持卡人以非法占有为目的，超过规定限额或者规定期限透支，并且经发卡银行2次有效催收后超过3个月仍不归还的情形。恶意透支有2种表现形式：一是超过规定限额透支；二是超过规定期限透支，并且有一个限制条件，即经发卡银行2次有效催收后超过3个月仍不归还。如果行为人透支但发卡银行并未有效催收，或者经发卡银行催收后立即还款的，无论持卡人主观上是否具有非法占有之目的，都不能认定为恶意透支，不成立信用卡诈骗罪。有效催收应同时符合下列条件：①在透支超过规定限额或者规定期限后进行；②催收应当采用能够确认持卡人收悉的方式，但持卡人故意逃避催收的除外；③两次催收至少间隔30日；④符合催收的有关规定或者约定。

【主观】故意，并具有非法占有他人财物的目的。对于误用他人信用卡，主观上没有非法占有目的，或者经持卡人同意后使用他人信用卡的，不能认定为本罪。对于善意透支的行为，也不能认定为本罪。善意透支与恶意透支的区别在于行为人是否以非法占有为目的。持卡人未按规定还款的，不一定具有非法占有目的，应当综合持卡人信用记录、还款能力和意愿、申领和透支信用卡的状况、透支资金的用途、透支后的表现、未按规定还款的原因等情节作出判断。具有以下情形之一的，原则上认定为"以非法占有为目的"，但有相反证据的除外：①明知没有还款能力而大量透支，无法归还的；②肆意挥霍透支的资金，无法归还的；③透支后逃匿、改变联系方式，逃避银行催收的；④抽逃、转移资金，隐匿财产，逃避还款的；⑤使用透支的资金进行违法犯罪活动的；⑥其他非法占有资金，拒不归还的行为。

【罪量】数额较大。根据《立案标准（二）》（2022年修正）第49条，包括下列情形：①使用伪造的信用卡、以虚假的身份证明骗领的信用卡、作废的信用卡或者冒用他人信用卡，进行诈骗活动，数额在5000元以上的；②恶意透支，数额在5万元以上的。恶意透支的数额，指公安机关刑事立案时尚未归还的实际透支的本金数额，不包括利息、复利、滞纳金、手续费等发卡银行收取的费用。归还或者支付的数额，应当认定为归还实际透支的本金。恶意透支，数额在5万元以上不满50万元的，在提起公诉前全部归还或者具有其他情节轻微情形的，可以不起诉，但因信用卡诈骗受过2次以上处罚的除外。

【加重犯】本罪有两档加重犯，分别以"数额巨大或者有其他严重情节"和"数额特别巨大或者有其他特别严重情节"为要件。"数额巨大"和"数额特别巨大"的标准，参见《办理信用卡刑案解释》（2018年修正）第5条、第8条。

（二）适 用

【定罪】1. 根据《刑法》第196条第3款，盗窃信用卡并使用的，以盗窃罪定罪处罚。需要注意的是，这里的"信用卡"，以真实有效的信用卡为限。如果行为人盗窃的是无效的信用卡，如伪造、作废或未激活的信用卡并使用的，则该使用行为应认定为信用卡诈骗罪。

【案例】　　　　　　　　**王某军信用卡诈骗案**[1]

王某军到其所在的某公司前台翻阅邮件，查看是否有本人申领的银行信用卡时，发现有其同事任广信的浦发银行信用卡邮件，便趁前台工作人员不备，将邮件带走。随后，王某军通过拨打银行服务电话，提供信件中银行卡卡号、初始密码及身份资料等信息将该信件内银行卡激活后，伙同被告人顾某举先后冒用该卡提取现金、刷卡消费共计人民币11 900元。

裁判要旨：窃取他人开卡邮件后，激活信用卡并使用的，应当以信用卡诈骗罪定罪。未被激活的信用卡不属于"盗窃信用卡并使用"调整的范围，因为盗窃未被激活的信用卡后并不能无条件地获取财物，还需实施冒名激活、冒名使用的欺诈行为。

无论窃取"真卡"还是"假卡"，因为卡本身的价值微不足道，如未使用的，一般没有定罪的必要。

2. 行为人冒用他人信用卡在自动取款机上进行操作，能否成立信用卡诈骗罪？有学者认为，既然是信用卡"诈骗"罪，那么，就应当有因为受骗而处分财产的人，"机器"不可能被骗，所以，《刑法》第196条中的"使用""冒用"应限定为对"人"使用、冒用。换言之，冒用他人信用卡从自动取款机上非法取得财物的，很难认定为"诈骗"，以盗窃罪论处可能更为合适。[2] 这一观点有很大的影响力。不过，司法实务对此情形一般仍以信用卡诈骗罪定罪处罚。《最高人民检察院关于拾得他人信用卡并在自动柜员机（ATM机）上使用的行为如何定性问题的批复》（2008）指出："拾得他人信用卡并在自动柜员机（ATM）上使用的行为，属于刑法第一百九十六条第一款第三项规定的'冒用他人信用卡'的情形，构成犯罪的，以信用卡诈骗罪追究刑事责任。"此批复似乎可平息该问题的争论，成为定说。

【罪数】先伪造信用卡，然后使用伪造的信用卡进行诈骗，既构成伪造金融票证罪，又构成本罪的，是牵连犯，择一重罪从重处罚。

六、有价证券诈骗罪

《刑法》第197条　使用伪造、变造的国库券或者国家发行的其他有价证券，进行诈骗活动，数额较大的，处五年以下有期徒刑或者拘役，并处二万元以上二十万元以下罚金；数额巨大或者有其他严重情节的，处五年以上十年以下有期徒刑，并处五万元以上五十万元以下罚

---

〔1〕 中华人民共和国最高人民法院刑事审判第一、二、三、四、五庭主办：《刑事审判参考》（2013年第4集·总第93集），法律出版社2014年版，第12~15页。

〔2〕 参见张明楷：《刑法学》（下），法律出版社2021年版，第1038页。

金；数额特别巨大或者有其他特别严重情节的，处十年以上有期徒刑或者无期徒刑，并处五万元以上五十万元以下罚金或者没收财产。

【主体】一般主体，但限于自然人，不包括单位。

【行为】使用伪造、变造的国库券或者国家发行的其他有价证券进行诈骗。国家有价证券，包括国库券和国家发行的其他有价证券，如国家主管机关批准发行的财政债券、国家建设债券、国家重点建设债券等。股票、公司、企业债券，不属于国家发行的有价证券。这里的"使用"，既可以是使用自己伪造、变造的国家发行的有价证券，也可以是明知是他人伪造、变造的国家发行的有价证券而使用。

【主观】故意，并具有非法占有他人财物的目的。

【罪量】数额较大。根据《立案标准（二）》（2022年修正）第50条，指有价证券诈骗数额在5万元以上。

【加重犯】本罪有两档加重犯，分别以"数额巨大或者有其他严重情节"和"数额特别巨大或者有其他特别严重情节"为要件。

【罪数】先伪造、变造国库券等有价证券，然后使用伪造、变造的有价证券进行诈骗，既构成伪造、变造国家有价证券罪，又构成本罪的，是牵连犯，择一重罪处断。

七、保险诈骗罪

《刑法》第198条　有下列情形之一，进行保险诈骗活动，数额较大的，处五年以下有期徒刑或者拘役，并处一万元以上十万元以下罚金；数额巨大或者有其他严重情节的，处五年以上十年以下有期徒刑，并处二万元以上二十万元以下罚金；数额特别巨大或者有其他特别严重情节的，处十年以上有期徒刑，并处二万元以上二十万元以下罚金或者没收财产：

（一）投保人故意虚构保险标的，骗取保险金的；

（二）投保人、被保险人或者受益人对发生的保险事故编造虚假的原因或者夸大损失的程度，骗取保险金的；

（三）投保人、被保险人或者受益人编造未曾发生的保险事故，骗取保险金的；

（四）投保人、被保险人故意造成财产损失的保险事故，骗取保险金的；

（五）投保人、受益人故意造成被保险人死亡、伤残或者疾病，骗取保险金的。

有前款第四项、第五项所列行为，同时构成其他犯罪的，依照数罪并罚的规定处罚。

单位犯第一款罪的，对单位判处罚金，并对其直接负责的主管人员和其他直接责任人员，处五年以下有期徒刑或者拘役；数额巨大或者有其他严重情节的，处五年以上十年以下有期徒刑；数额特别巨大或者有其他特别严重情节的，处十年以上有期徒刑。

保险事故的鉴定人、证明人、财产评估人故意提供虚假的证明文件，为他人诈骗提供条件的，以保险诈骗的共犯论处。

（一）构成要件

【主体】特殊主体，包括投保人、被保险人和受益人。投保人，指对保险标的具有保险利益，与保险人订立保险合同，并按照保险合同负有支付保险费义务的人。被保险人，指其财产或人身受保险合同保障，享有保险金请求权的人，投保人可以为被保险人。受益人，指人身保险合同中由被保险人或者投保人指定的享有保险金请求权的人，投保人、被保险人可以是受益人。

不同的行为方式匹配不同的犯罪主体。《刑法》第198条第1项行为之主体是投保人；第2项、第3项行为之主体可以是投保人、被保险人或受益人；第4项行为之主体是投保人和被保险人[1];第 5 项行为之主体限于投保人和受益人。隐名投保人利用名义投保人骗取保险金的,可以构成间接正犯。

【案例】 **徐某雷保险诈骗案**[2]

被告人徐某雷个人购买了一辆"凤凰"牌重型自卸货车,并挂靠在北郊运输队,再以北郊运输队的名义向中华联合财产保险公司办理了盗抢险保险业务,所有上牌、年检、保险的相关费用均由被告人徐某雷个人支出。徐某雷将自己购买的上述货车出售给他人之后,次日即向公安机关及保险公司谎报假案,称车辆失窃,并从保险公司骗得盗抢险保险金 63 130.97 元,法院认定徐某雷构成保险诈骗罪。

裁判要旨:①挂靠车辆的实际所有者作为实际投保人和被保险人,对于保险标的具有直接的保险利益关系,可以成为保险诈骗罪的主体;②车辆的实际所有者利用挂靠单位从保险公司骗得保险金的行为,属于隐名被保险人(实际投保人)利用显名被保险人(名义投保人)名义实施的保险诈骗行为,构成保险诈骗罪的间接正犯。不符合本罪主体条件的,不能成立本罪之正犯。例如,甲开办的汽车修理厂系某保险公司指定的汽车修理厂家,甲在为他人修理汽车时,多次夸大汽车毁损程度,向保险公司多报汽车修理费用,从保险公司骗取 12 万余元。因为甲不符合保险诈骗罪"投保人、被保险人或者受益人"的主体要件,故不能认定为保险诈骗罪。如果甲帮助投保人骗取保险金的,可以构成保险诈骗罪的共犯。

另根据《刑法》第 198 条第 3 款,单位也可以成为本罪的主体。但对于单位实施上述第 4 项、第 5 项之行为时,对单位只能定保险诈骗罪,而不能与故意杀人罪等其他犯罪数罪并罚,对其主管人员和其他直接责任人员,可以保险诈骗罪和其他相关罪名数罪并罚。

【行为】采取虚构保险标的、保险事故或者制造保险事故等方法,骗取保险金。可以表现为:①投保人故意虚构保险标的,骗取保险金。保险标的,指作为保险对象的财产及其有关利益或者人的寿命和身体。虚构保险标的,指虚构根本不存在或不真实的保险标的与保险人订立保险合同。②投保人、被保险人或者受益人对发生的保险事故编造虚假的原因或者夸大损失的程度,骗取保险金。保险事故,指保险合同中约定的保险责任范围内的事故。编造虚假原因,指所发生的保险事故本来是保险责任以外的原因导致,但谎称由于保险责任范围内的原因所致,向保险人骗取保险金。夸大损失的程度,指保险事故发生后,故意夸大保险标的损失的程度,骗取超出应得赔偿数额的保险金。③投保人、被保险人或者受益人编造未曾发生的保险事故,骗取保险金。④投保人、被保险人故意造成财产损失的保险事故,骗取保险金。故意造成财产损失的保险事故,指在保险合同的有效期内,人为地制造保险标的损失的保险事故,骗取保险金的行为。例如,为了骗取保险金,放火烧毁已经投保的房屋,进而骗取保险金。⑤投保人、受益人故意造成被保险人死亡、伤残或者疾病,骗取保险金。

【结果】取得保险机构支付的保险金。本罪属结果犯(也是侵害犯),以保险机构因行为人的诈骗行为陷入错误认识,对被保险人或受益人进行理赔为既遂。

【主观】故意,并具有非法占有保险金的目的。如果行为人故意制造保险事故,但并非出于骗取保险金的目的,则不构成本罪,但不排除成立其他犯罪。

【罪量】数额较大。根据《立案标准(二)》(2022 年修正)第 51 条,指保险诈骗数额

---

[1] 因为受益人是在人寿保险合同中才存在的概念,在财产保险合同中没有受益人的概念,所以,第 4 项中的"被保险人"实际上相当于受益人。

[2] 中华人民共和国最高人民法院刑事审判第一、二、三、四、五庭主办:《中国刑事审判指导案例》(第 3 卷),法律出版社 2017 年版,第 287~289 页。

在 5 万元以上。

【加重犯】本罪有两档加重犯，分别以"数额巨大或者有其他严重情节"和"数额特别巨大或者有其他特别严重情节"为要件。

（二）适用

【关联罪】本罪与贪污罪、职务侵占罪的界限。根据《刑法》第 183 条，保险公司的工作人员利用职务上的便利，故意编造未曾发生的保险事故进行虚假理赔，骗取保险金归自己所有的，以职务侵占罪定罪处罚。国有保险公司工作人员和国有保险公司委派到非国有保险公司从事公务的人员有前述行为的，以贪污罪定罪处罚。

【罪数】1. 行为人开始向保险机构提出保险理赔，为本罪的着手。通过欺骗使保险机构陷入认识错误，取得其支付的保险理赔金为既遂。行为人在着手前，虚构保险标的或恶意制造保险事故的，是保险诈骗的预备行为。该预备行为构成其他犯罪，如故意杀人罪、放火罪等，应单独定罪。如果因为涉嫌故意杀人或放火被司法机关控制，尚未开始保险索赔，则保险诈骗行为尚未着手实行，不成立保险诈骗罪，只能追究故意杀人罪或放火罪的罪责。如果已经提出保险理赔，则成立数罪。例如，李某租用某建筑公司场地开了一家酒店，并为酒店财产投了 10 万元人民币保险，后因经营不善，无力支付租金，场地被建筑公司封锁。李某决定放火烧毁酒楼，一是报复建筑公司（因酒店旁边还有建筑公司的其他建筑），二是可以获取保险赔偿金。李某放火后到保险公司理赔时被公安机关抓获归案。李某成立放火罪与保险诈骗（未遂）罪，实行数罪并罚。

2. 根据《刑法》第 198 条第 4 款，保险事故的鉴定人、证明人、财产评估人故意提供虚假的证明文件，为他人诈骗提供条件的，以保险诈骗的共犯论处。如果保险事故的鉴定人、证明人、财产评估人是《刑法》第 229 条中承担资产评估、验资、验证、会计、审计、法律服务等职责的中介组织人员，则其行为（如果情节严重）同时触犯保险诈骗罪（共犯）和提供虚假证明文件罪，属于想象竞合犯，应从一重罪论处。

第七节　危害税收征管罪

一、逃税罪

《刑法》第 201 条　纳税人采取欺骗、隐瞒手段进行虚假纳税申报或者不申报，逃避缴纳税款数额较大并且占应纳税额百分之十以上的，处三年以下有期徒刑或者拘役，并处罚金；数额巨大并且占应纳税额百分之三十以上的，处三年以上七年以下有期徒刑，并处罚金。

扣缴义务人采取前款所列手段，不缴或者少缴已扣、已收税款，数额较大的，依照前款的规定处罚。

对多次实施前两款行为，未经处理的，按照累计数额计算。

有第一款行为，经税务机关依法下达追缴通知后，补缴应纳税款，缴纳滞纳金，已受行政处罚的，不予追究刑事责任；但是，五年内因逃避缴纳税款受过刑事处罚或者被税务机关给予二次以上行政处罚的除外。

（一）构成要件

【主体】特殊主体，限于纳税人和扣缴义务人，不包括受委托代收税款人。无照经营的，不免除其纳税义务，不妨碍以逃税罪追究其刑事责任。

【行为】采取欺骗、隐瞒手段，进行虚假纳税申报或者不申报，逃避缴纳税款。可以表现为：

1. 虚假申报，通常包括：①伪造、变造、转移、藏匿、毁灭账簿凭证或者其相关资料进行纳税申报；②编造虚假计税依据，虚列支出或者转移、隐匿收入进行纳税申报的；③骗取税收优惠资格进行纳税申报[1]；等等。

2. 不申报，通常包括：①纳税人、扣缴义务人已经依法办理税务登记或者扣缴款登记，发生应税行为而不申报纳税；②依法不需要办理税务登记的纳税人发生应税行为，经税务机关依法书面通知其申报而不申报纳税；③尚未依法办理税务登记的纳税人发生应税行为，尚未依法办理扣缴税款登记的扣缴义务人已扣、已收税款，经税务机关依法书面通知其申报而不申报纳税。

【主观】故意。在单位逃税场合，法定代表人、股东、实际控制人等不知情的，不应承担刑事责任。

【罪量】《刑法》第201条为纳税人和扣缴义务人设置了不同的入罪标准：对前者，数额标准与比例标准必须同时具备；对后者，只有数额标准。根据《立案标准（二）》（2022年修正）第52条，具体指：①纳税人逃避缴纳税款数额在10万元以上，并且占各税种应纳税总额10%以上；②扣缴义务人不缴或者少缴已扣、已收税款数额在10万元以上。对多次实施逃税行为，未经处理的，按照累计数额计算。

（二）适用

【定罪】1. 《刑法》第201条第4款对第1款逃税"初犯"有条件不追究刑事责任的规定。惩治逃税主要是为了维护税收征管秩序，保证国家税收收入。对于逃税初犯，在公安机关立案以前，经税务机关依法下达追缴通知后，足额补缴应纳税款、缴纳滞纳金，并履行完毕税务机关作出的行政处罚决定的，不予追究刑事责任。纳税人缴纳税款以后，又对税务机关作出的行政处罚提起行政诉讼的，不影响《刑法》第201条第4款的适用。有逃避缴纳税款行为，税务机关没有下达追缴通知或者没有作出行政处罚决定的，适用第201条第4款不追究刑事责任；但行为人采用行贿、欺骗、抗拒检查等非法手段致使税务机关没有或者无法下达追缴通知或者作出行政处罚的除外。纳税人在税务机关批准延缓缴纳的期限内缴清税款滞纳金、罚款的，不予追究刑事责任；在批准延缓缴纳的期限届满后仍不缴清税款、滞纳金、罚款的，应当追究刑事责任。"初犯"宽大政策仅适用于该条第1款的逃税行为，不适用于第2款扣缴义务人的逃税行为。

2. 逃税与漏税的区别。逃税与漏税虽然都是少征税款，但是性质完全不同。漏税，指纳税单位或个人，由于不了解、不熟悉税法规定和财务制度或因工作粗心大意，错用税率、漏报应税项目，不计应税数量、销售金额和经营利润等原因，非故意地发生漏缴或少缴税款的行为。漏税属于一般的违法行为，其与逃税的区别在于：①逃税行为是故意实施的，并且具有不缴或少缴税款的目的，而漏税是无意识实施的，不具有不缴或少缴税款的目的；②逃税行为表现为采取欺骗、隐瞒等非法手段不缴或少缴税款，而漏税行为客观上并不存在弄虚作假等非法手段，行为也不具有欺骗性和逃避性的特点。

3. 逃税与欠税的区别。欠税，指在法律规定的纳税期限内，纳税人因无力缴纳税款而拖欠税款的行为。其与逃税的区别在于：逃税具有不缴、少缴税款的故意，并且采取非法手段偷逃税款；欠税只是因客观原因没有按时缴纳税款，并无偷逃税款的故意，也未使用非法手段。

---

[1] 例如，使用伪造、变造、盗窃的武装部队车辆号牌，不缴或者少缴应纳的车辆购置税、车辆使用税等税款，逃税数额较大并且占应纳税额10%以上的，以逃税罪定罪处罚。

4. 逃税与避税的区别。避税，指利用税法的漏洞、缺陷或模糊之处，选择有利于自己的计税方法，规避或者减轻纳税义务的行为。其与逃税的区别在于：逃税是采用违法手段，而避税虽然是钻法律的空子，其手段不属于法律明文规定允许的范围，但也不属于法律明文规定禁止的范围，只是由于立法疏忽而未纳入法律调整，日后可通过完善税法来解决。

【关联罪】本罪与虚开抵扣税款发票罪的区别。如果行为人虚开可以抵扣税款的发票不是为了用于抵扣税款，客观上也没有抵扣税款，而是作其他用途，则不能以虚开抵扣税款发票罪定性。如果行为人具有偷逃税款的主观目的，客观上实施了逃避缴纳税款的行为，则构成逃税罪。

【案例】　　　　　　　　　　芦某兴偷税案[1]

1998年12月，个体运输户芦某兴为少缴应纳税款，先后从5家运输企业（均非增值税一般纳税人，无申报抵扣税款资格）接受虚开的表明营业支出的运输发票共53张，价税合计人民币6 744 563.77元，并将上述发票全部入账，用于冲减其以旭日公司名义经营运输业务的营业额，实际偷逃税款548 371.21元，占其应纳税额的30%以上。芦某兴还将旭日公司联运发票的发票联共50张提供给其他联运企业用于偷逃税款，合计偷税税款33万余元。公诉机关以虚开抵扣税款发票罪起诉，法院认定芦某兴构成偷税罪[2]。

【共犯】税务人员利用职务上的便利，索取纳税人财物的，或者非法收受纳税人财物为纳税人谋取利益的，以受贿罪论处；违法所得虽未达到追究受贿罪的数额标准，但情节较重的，也应以受贿罪论处。税务人员与纳税人相互勾结，共同实施逃税行为，情节严重的，以逃税罪共犯论处，从重处罚。

二、抗税罪

《刑法》第202条　以暴力、威胁方法拒不缴纳税款的，处三年以下有期徒刑或者拘役，并处拒缴税款一倍以上五倍以下罚金；情节严重的，处三年以上七年以下有期徒刑，并处拒缴税款一倍以上五倍以下罚金。

（一）构成要件

【主体】特殊主体，包括纳税人和扣缴义务人，且限于自然人，单位不能成为本罪主体。对于单位集体抗税的案件，只能对抗税的领导者、组织者及主要参与者以抗税罪论处。

【行为】以暴力、威胁方法拒不缴纳税款。本罪中的暴力可以表现为：①对人实施暴力，即对履行税收职责的税务人员的人身实施暴力，例如，对征税人员实施殴打、伤害等，对人施暴的程度应限于轻伤以下；②对物实施暴力，即冲击、打砸税务机关，使税务机关不能从事正常的税收活动。威胁，指对履行税收职责的税务人员实行精神上的强制，使其不敢正常履行税收职责。例如，扬言杀害、伤害征税工作人员或其亲属等。暴力、威胁是行为手段，目的是拒绝缴纳税款。

【主观】故意。

【加重犯】情节严重。具体标准参见《审理偷税抗税刑案解释》（2002）第5条。

（二）适用

【定罪】立法上虽然没有为本罪设置罪量要素，但司法中仍存在一定的入罪门槛。根据《立案标准（二）》（2022年修正）第53条，以暴力、威胁方法拒不缴纳税款，涉嫌下列情形

---

[1] 中华人民共和国最高人民法院刑事审判第一庭、第二庭编：《刑事审判案例》，法律出版社2002年版，第258~259页。

[2] 《刑法修正案（七）》之后罪名已变更为"逃税罪"。

之一的，应予立案追诉：①造成税务工作人员轻微伤以上；②以给税务工作人员及其亲友的生命、健康、财产等造成损害为威胁，抗拒缴纳税款；③聚众抗拒缴纳税款；④以其他暴力、威胁方法拒不缴纳税款。

【共犯】无身份者与纳税人或者扣缴义务人共同实施抗税行为的，以抗税罪的共犯论处。

【罪数】1. 暴力是抗税罪的题中应有之义，所以，根据《审理偷税抗税刑案解释》（2002）第5条、第6条，抗税中因故意伤害致人轻伤的，是抗税罪的情节加重犯，不需数罪并罚；致人重伤、死亡，构成故意伤害罪、故意杀人罪的，分别依照《刑法》第234条第2款（故意伤害罪致人重伤或死亡）、第232条（故意杀人罪）的规定定罪处罚，也不实行数罪并罚。

2. 妨害公务也是抗税罪的题中应有之义，所以，因抗税而妨害公务的，也不实行数罪并罚。

三、逃避追缴欠税罪

《刑法》第203条 纳税人欠缴应纳税款，采取转移或者隐匿财产的手段，致使税务机关无法追缴欠缴的税款，数额在一万元以上不满十万元的，处三年以下有期徒刑或者拘役，并处或者单处欠缴税款一倍以上五倍以下罚金；数额在十万元以上的，处三年以上七年以下有期徒刑，并处欠缴税款一倍以上五倍以下罚金。

【主体】特殊主体，限于纳税人。

【行为·结果】在欠缴应纳税款的前提下，采取转移或者隐匿财产的手段，致使税务机关无法追缴欠缴的税款。具体包括以下要素：①欠缴应纳税款。即超过纳税期限，没有按时缴纳或者没有缴足应纳税款。②有转移和隐匿财产的行为。转移财产，通常指从开户银行、其他金融机构中提走存款或者转移到其他户头，或者改变财产的通常存放地点。隐匿财产，指将财产予以隐藏，使税务机关难以发现。③转移、隐匿财产的行为致使税务机关无法追缴欠缴的税款。无法追缴，指税务机关不一定能或不能全额追缴欠缴税款，而非绝对不能追缴。欠税数额，既非转移、隐匿财产的数额，也非欠税数额，而是指税务机关无法追缴的数额。

【主观】故意。

【罪量】逃避追缴欠税数额在1万元以上。

【加重犯】逃避追缴欠税数额在10万元以上。

四、骗取出口退税罪

《刑法》第204条 以假报出口或者其他欺骗手段，骗取国家出口退税款，数额较大的，处5年以下有期徒刑或者拘役，并处骗取税款一倍以上五倍以下罚金；数额巨大或者有其他严重情节的，处五年以上十年以下有期徒刑，并处骗取税款一倍以上五倍以下罚金；数额特别巨大或者有其他特别严重情节的，处十年以上有期徒刑或者无期徒刑，并处骗取税款一倍以上五倍以下罚金或者没收财产。

纳税人缴纳税款后，采取前款规定的欺骗方法，骗取所缴纳的税款的，依照本法第二百零一条的规定定罪处罚；骗取税款超过所缴纳的税款部分，依照前款的规定处罚。

（一）构成要件

【对象】作为国内税的产品税、增值税、营业税和特别消费税这4项特定税种的税款。

【行为】以假报出口或者其他欺骗手段，骗取国家出口退税款。根据《审理骗取出口退税刑案解释》（2002）第1条、第2条，假报出口，指以虚构已税货物出口事实为目的，具有下列情形之一的行为：①伪造或者签订虚假的买卖合同；②以伪造、变造或者其他非法手段取得出口货物报关单、出口收汇核销单、出口货物专用缴款书等有关出口退税单据、凭证；③虚开、伪造、非法购买增值税专用发票或者其他可以用于出口退税的发票；④其他虚构已税货物出口事实的行为。其他欺骗手段，指以下情形之一：①骗取出口货物退税资格的；②将未纳税或者免税货物作为已税货物出口的；③虽有货物出口，但虚构该出口货物的品名、数量、单价等要素，骗取未实际纳税部分出口退税款的；④以其他手段骗取出口退税款的。

【主观】故意，并以非法占有退税款为目的。

【罪量】数额较大。根据《立案标准（二）》（2022年修正）第55条，指骗取国家出口退税款数额在10万元以上。

【加重犯】本罪有两档加重，分别以"数额巨大或者有其他严重情节"和"数额特别巨大或者有其他特别严重情节"为要件。

（二）适用

【定罪】对于有进出口经营权的公司、企业，明知他人意欲骗取国家出口退税款，仍违反国家有关进出口经营的规定，允许他人自带客户、自带货源、自带汇票并自行报关，骗取国家出口退税款的，以本罪定罪处罚。

【案例】**中国包装进出口陕西公司、侯万万骗取出口退税案**[1]

中国包装进出口陕西公司（以下简称包装公司）总经理侯某万与骏业公司副经理林明（在逃）商定，由林明以包装公司名义实施出口贸易，包装公司提供货物出口的手续和所需单证，从中收取每收汇1美元不低于3分人民币的利润。侯某万以包装公司的名义开设结汇账户，随后将公司财务章、法人印章，以及印鉴齐全的内外销合同、报关单、外汇核销单、商业发票等空白单证交给林某。之后，侯某万指使公司财务将林某返回的单证作成自营出口业务，虚构与兴通针织公司、溢兴制衣公司等企业出口购货金额7071万元的事实，骗取国家出口退税款8 537 068.35元。法院认定，包装公司、侯某万构成骗取出口退税罪。

裁判要旨：有进出口经营权的公司将空白单证交予他人，进行违法的"四自三不见"业务（不见出口商品、不见供货货主、不见外商的情况下，允许或者放任他人自带客户、自带货源、自带汇票、自行报关），致使国家税款被骗的，应认定其具有非法占有之目的。

【共犯】货物运输代理公司、报关行、税务师事务所等中介组织违反国家有关进出口经营规定，为他人提供证明、单证、代理业务或者其他帮助，致使他人骗取国家出口退税款，构成犯罪的，以骗取出口退税罪的共犯论处。

【罪数】根据《刑法》第204条第2款，纳税人缴纳税款后，采取假报出口或其他欺骗手段，骗取所缴纳的税款的，依照逃税罪定罪处罚；骗取税款超过所缴纳的税款部分，依照骗取出口退税款的规定处罚。本罪与逃税罪的区别在于纳税人是否已经缴纳了税款。如果行为人根本没有缴纳国内税而骗取出口退税的，成立本罪。如果行为人缴纳国内税后，又采取假报出口等欺骗手段骗回所缴纳的税款的，成立逃税罪。对于骗取税款超出所缴纳的税款部分，成立本罪，与逃税罪实行数罪并罚。例如，某企业生产的一批外贸供货产品因外商原因无法出口，该企业采用伪造出口退税单证和签订虚假买卖合同等方法，骗取出口退税50万元（其中包括该批产品已征的产品税、增值税等税款19万元），对该企业应当以逃税罪和骗取出口退税罪并罚。根据《刑法》第204条第2款，被告企业已缴纳税款19万元，以假报出口方式骗回，属于逃税性质；超出已缴税款的31万元，属于骗取出口退税。

---

[1] 中华人民共和国最高人民法院刑事审判第一庭、第二庭编：《刑事审判参考》（2004年第2集·总第37集），法律出版社2004年版，第22~29页。

五、虚开增值税专用发票、用于骗取出口退税、抵扣税款发票罪

《刑法》第 205 条 虚开增值税专用发票或者虚开用于骗取出口退税、抵扣税款的其他发票的,处三年以下有期徒刑或者拘役,并处二万元以上二十万元以下罚金;虚开的税款数额较大或者有其他严重情节的,处三年以上十年以下有期徒刑,并处五万元以上五十万元以下罚金;虚开的税款数额巨大或者有其他特别严重情节的,处十年以上有期徒刑或者无期徒刑,并处五万元以上五十万元以下罚金或者没收财产。

单位犯本条规定之罪的,对单位判处罚金,并对其直接负责的主管人员和其他直接责任人员,处三年以下有期徒刑或者拘役;虚开的税款数额较大或者有其他严重情节的,处三年以上十年以下有期徒刑;虚开的税款数额巨大或者有其他特别严重情节的,处十年以上有期徒刑或者无期徒刑。

虚开增值税专用发票或者虚开用于骗取出口退税、抵扣税款的其他发票,是指有为他人虚开、为自己虚开、让他人为自己虚开、介绍他人虚开行为之一的。

(一) 构成要件

【对象】专用发票,包括增值税专用发票和用于骗取出口退税、抵扣税款的其他发票。后者指除增值税专用发票以外具有出口退税、抵扣税款功能的收付款凭证或完税凭证。

【行为】虚开增值税专用发票、用于骗取出口退税、抵扣税款发票。虚开,指在没有货物销售或没有应税劳务的情况下开具专用发票,或者虽有货物销售或应税劳务,但开具内容不实的专用发票。包括为他人虚开、为自己虚开、让他人为自己虚开、介绍他人虚开。

【主观】故意,并具有为本人或帮助他人骗取国家税款的目的。

【加重犯】本罪有两档加重犯,分别以"虚开的税款数额较大或者有其他严重情节"和"虚开的税款数额巨大或者有其他特别严重情节"为构成要件。

(二) 适用

【定罪】1. 学说认为,本罪的实质是逃税。由此形成了两条限缩本罪构成要件范围的路径:一是目的说。"不以骗取税款为目的的虚开发票行为不构成本罪。"[1] 二是危险说。"如果虚开、代开增值税等发票的行为不具有骗取国家税款的危险,那么就不宜认定构成该罪。"[2]

《全国部分法院"经济犯罪案件审判工作座谈会"综述》(2004·苏州)指出:下列几种虚开行为,一般不宜认定为虚开增值税专用发票犯罪:①为虚增营业额、扩大销售收入或者制造虚假繁荣,相互对开或环开增值税专用发票的行为;②在货物销售过程中,一般纳税人为夸大销售业绩,虚增货物的销售环节,虚开进项增值税专用发票和销项增值税专用发票,但依法缴纳增值税并未造成国家税款损失的行为;③为夸大企业经济实力,通过虚开进项增值税专用发票虚增企业的固定资产、但并未利用增值税专用发票抵扣税款,国家税款亦未受到损失的行为。2020 年《最高人民检察院关于充分发挥检察职能服务保障"六稳""六保"的意见》第 6 条也规定:"注意把握一般涉税违法行为与以骗取国家税款为目的的涉税犯罪的界限,对于有实际生产经营活动的企业为虚增业绩、融资、贷款等非骗税目的且没有造成税款损失的虚开增值税专用发票行为,不以虚开增值税专用发票罪定性处理,依法作出不起诉决定的,移送税务机关给予行政处罚。"

---

[1] 陈兴良:《虚开增值税专用发票罪:性质与界定》,载《政法论坛》2021 年第 4 期。

[2] 张明楷:《自然犯与法定犯一体化立法体例下的实质解释》,载《法商研究》2013 年第 4 期。

【案例】　　　　　　　张某强虚开增值税专用发票案[1]

2004年，张某强与他人合伙成立个体企业某龙骨厂，张某强负责生产经营活动。因某龙骨厂系小规模纳税人，无法为购货单位开具增值税专用发票，张某强遂以他人开办的鑫源公司名义对外签订销售合同。2006年至2007年间，张某强先后与6家公司签订轻钢龙骨销售合同，购货单位均将货款汇入鑫源公司账户，鑫源公司并为上述6家公司开具增值税专用发票共计53张，价税合计4 457 701.36元，税额647 700.18元。法院一审认定被告人张某强构成虚开增值税专用发票罪，在法定刑以下判处张某强有期徒刑3年，缓刑5年，并处罚金人民币5万元。张某强在法定期限内没有上诉，检察院未抗诉。法院依法逐级报请最高人民法院核准。最高人民法院经复核认为，张某强以其他单位名义对外签订销售合同，由该单位收取货款、开具增值税专用发票，不具有骗取国家税款的目的，未造成国家税款损失，其行为不构成虚开增值税专用发票罪，法院认定张某强构成虚开增值税专用发票罪属适用法律错误。最高人民法院据此裁定，不核准并撤销一审刑事判决，将本案发回重审。法院重审后，依法宣告张某强无罪。

要点：张某强借用其他企业名义为其自己企业开具增值税专用发票，虽不符合当时的税收法律规定，但张某强并不具有骗取国家税款的目的，其行为未对国家造成税收损失，不具有社会危害性。

对于抵扣税款的行为人（受票方）与他人之间有真实货物交易，且票与货的价格和金额相符，但受票方与开票方之间无对应关系，也就是说张三供货、李四开票的行为（包括如实代开），是否具有虚开性质，存在分歧。[2] 本书认为，关键看有没有造成税收损失的可能，例如，甲销售100万元的煤给乙，甲本应给乙开具100万煤款和17万税款的发票，乙本应付款117万元给甲。而实际甲仅收100万元煤款而没有给乙开票，乙也仅支付了100万元的煤款，而没有支付17万元的税款。甲、乙发生了这笔100万元煤炭购销，却没有产生增值税收，肯定会造成增值税收流失。所以，一般应认定为虚开，除非有第三人代开票并如实纳税。

2. 立法上虽然没有为本罪设置罪量要素，但司法中仍存在一定的入罪门槛。根据《立案标准（二）》（2022年修正）第56条，虚开的税款数额在10万元以上，或者造成国家税款损失数额在5万元以上的，应予立案追诉。

【关联罪】本罪与逃税罪的区别。本罪与逃税罪虽然本质上都是危害税收征管、逃避税收，但属于性质不同的犯罪，这直观体现在两罪差异明显的法定刑配置上：本罪法定最高刑为无期徒刑，而逃税罪法定最高刑为7年有期徒刑。法定最高刑的悬殊差距反映出立法者对二者危害性的不同评价，因此应当严格区分。

区分二者的关键不在于是否逃税以及是否使用增值税发票，而在于是否通过"抵扣税款"来骗取税款，这需要对增值税的抵扣规定有一个了解。增值税，指因提供产品或劳务等产生增值而缴纳的税种，而一个企业提供产品（或劳务）增值的部分实际受付出部分的制约：付出越多，增值越小；反之亦然。当一个企业既是卖方又是买方时，不仅作为卖方负担增值税，而且作为买方也负担了对方（另一卖方）加在产品中的增值税。让企业承担这种双重税赋显然不合理，所以，增值税条例中规定了"抵扣"制度：一个企业缴纳的增值税额仅仅是其当期销项（卖出）税额减去当期进项（买进）税额的余额部分（或差额部分），即允许企业以当期进项（因买进而承担的）增值税额抵扣其（因卖出产品）增值而应缴纳的增值税额。例如：

A公司获得抵扣税款资格后，从税务机关领取可抵扣（增值税）税款的发票（主要是增

---

[1] 最高人民法院（2016）最高法刑核51732773号刑事裁定书。
[2] 陶维俊：《虚开增值税专用发票行为认定标准探析》，载《中国检察官》2015年第22期。

值税专用发票），如果 A 公司卖给 B 公司一台机器价格 100 万元，按 17% 的税率计算，增值税额是 17 万元（销项税额）。A 公司需给 B 公司开具增值税发票，其上载明：机器价格 100 万元，增值税 17 万元。A 公司就此项交易向 B 公司收取 117 万元。A 公司是该发票的出票方；B 公司是该发票的受票方。A 公司就该笔交易（销项税额）承担缴纳 17 万元的纳税义务。B 公司作为受票方，就该笔交易作为进项税额可以用于抵扣税款。假如 A 公司同期为制造机器从 C 公司买进了 50 万元的零件，C 公司需给 A 公司开具增值税发票，其上载明：零件价格 50 万元，增值税额为 8.5 万元。A 公司作为受票方，可凭该进项税额 8.5 万元抵扣销项税额，即原本应缴纳增值税 17 万元，经使用进项税额 8.5 万元抵扣，实际只需交纳 8.5 万元增值税。

如果行为人仅仅虚开了可抵扣税款的发票，偷逃税收，但不是直接用于抵扣税款，而是通过虚开做大支出成本，降低收入，从而达到偷逃税的目的，属于逃税行为，而不是特定的以虚开发票直接抵扣税款（增值税）的方式逃税，不构成罪。对于以"变票"方式虚开增值税专用发票的行为，如果行为人只是利用增值税专用发票的票证功能隐瞒生产加工环节，进行虚假的消费税纳税申报，使得国家应征的消费税税款未能实现，也不宜认定为本罪，以逃税罪论处即可。

【案例】　　　　　　　　杨某某以"变票"方式逃税案[1]

就本案而言，杨某某的"变票"行为有通过虚构交易环节，且在虚构的交易环节中虚假开具增值税专用发票并进行抵扣的行为。但杨某某通过"变票"向下游公司虚开增值税专用发票并不是为了利用增值税专用发票的抵扣功能从国家骗取税款，而是为了帮助下游公司从生产燃料油公司"转变"为流通燃料油公司，进而逃避缴纳消费税，即上述虚构交易环节、虚开增值税专用发票、"变票"的行为，都是最终实现逃避缴纳消费税的手段。下游公司从杨某某公司取得的虚开的增值税专用发票用于抵扣，因其抵扣的税款是其在上一交易环节所缴纳的增值税，因此在增值税专用发票整个流转线条上不存在增值税被骗的结果，即国家税款实质上没有被骗取。因此，杨某某虽然实施了虚开增值税专用发票的行为，但其主观上不具有骗取国家税款的目的，客观上也没有造成国家税款被骗取，其行为不构成虚开增值税专用发票。法院以逃税罪判处杨某某有期徒刑 6 年（原审以虚开增值税专用发票罪判处无期徒刑）。

【罪数】非法购买增值税专用发票或者购买伪造的增值税专用发票又虚开或者出售的，分别以虚开增值税专用发票罪、出售伪造的增值税专用发票罪、非法出售增值税专用发票罪定罪处罚，不实行数罪并罚。

六、虚开发票罪

《刑法》第 205 条之一　　虚开本法第二百零五条规定以外的其他发票，情节严重的，处二年以下有期徒刑、拘役或者管制，并处罚金；情节特别严重的，处二年以上七年以下有期徒刑，并处罚金。

单位犯前款罪的，对单位判处罚金，并对其直接负责的主管人员和其他直接责任人员，依照前款的规定处罚。

【对象】《刑法》第 205 条所规定以外的其他发票。这里的"以外"应理解为表面构成要件要素。本罪的对象与《刑法》第 205 条规定的专用发票并非对立互斥。比如，不以骗取国家税款为目的虚开增值税专用发票的，不成立虚开增值税专用发票罪，但可以本罪定罪处罚。

【行为】虚开发票。虚开，指没有实际经营业务而为他人、为自己、让他人为自己开具发票。司法经验中，下列情形应认定为虚开：①有实际经营业务，但为他人、为自己、让他人为

---

[1] 安徽省亳州市中级人民法院（2019）皖 16 刑初 27 号刑事判决书。

自己开具与实际经营业务的货物品名、服务名称、货物数量、金额不符的发票的；②进行了实际经营活动，但违反规定让销售方以外的第三方为自己开具发票的；③介绍他人虚开发票的。

【主观】故意。

【罪量】情节严重。根据《立案标准（二）》（2022年修正）第57条，包括下列情形：①虚开发票金额累计在50万元以上的；②虚开发票100份以上且票面金额在30万元以上的；③5年内因虚开发票受过刑事处罚或者2次以上行政处罚，又虚开发票，数额达到第①、②项标准60%以上的。

【加重犯】情节特别严重。

【罪数】本罪的客体是发票管理制度而非税收征管制度，不以有逃税行为、意图危害税收征管为必要。虚开其他发票逃税，既构成本罪，又构成逃税罪等犯罪的，属于牵连犯，择一重罪处断。

七、持有伪造的发票罪

《刑法》第210条之一　明知是伪造的发票而持有，数量较大的，处二年以下有期徒刑、拘役或者管制，并处罚金；数量巨大的，处二年以上七年以下有期徒刑，并处罚金。

单位犯前款罪的，对单位判处罚金，并对其直接负责的主管人员和其他直接责任人员，依照前款的规定处罚。

【行为】持有伪造的发票。伪造的发票，包括有形伪造和无形伪造的发票。

【主观】故意，即明知是伪造的发票而持有。

【罪量】数量较大。数量较大的标准因所对应的真票种类而有所不同，具体而言：①持有伪造的增值税专用发票或者可以用于骗取出口退税、抵扣税款的其他发票50份以上且票面税额累计在25万元以上的；②持有伪造的增值税专用发票或者可以用于骗取出口退税、抵扣税款的其他发票票面税额累计在50万元以上的；③持有伪造的第①项规定以外的其他发票100份以上且票面金额在50万元以上的；④持有伪造的第①项规定以外的其他发票票面金额累计在100万元以上的。[1]

【加重犯】数量巨大。

八、本节其他危害税收征管罪

《刑法》第206条　伪造或者出售伪造的增值税专用发票的，处三年以下有期徒刑、拘役或者管制，并处二万元以上二十万元以下罚金；数量较大或者有其他严重情节的，处三年以上十年以下有期徒刑，并处五万元以上五十万元以下罚金；数量巨大或者有其他特别严重情节的，处十年以上有期徒刑或者无期徒刑，并处五万元以上五十万元以下罚金或者没收财产。

单位犯本条规定之罪的，对单位判处罚金，并对其直接负责的主管人员和其他直接责任人员，处三年以下有期徒刑、拘役或者管制；数量较大或者有其他严重情节的，处三年以上十年以下有期徒刑；数量巨大或者有其他特别严重情节的，处十年以上有期徒刑或者无期徒刑。

《刑法》第207条　非法出售增值税专用发票的，处三年以下有期徒刑、拘役或者管制，并处二万元以上二十万元以下罚金；数量较大的，处三年以上十年以下有期徒刑，并处五万元以上五十万元以下罚金；数量巨大的，处十年以上有期徒刑或者无期徒刑，并处五万元以上五十万元以下罚金或者没收财产。

《刑法》第208条第1款　非法购买增值税专用发票或者购买伪造的增值税专用发票的，处五年以下有期徒刑或者拘役，并处或者单处二万元以上二十万元以下罚金。

---

[1]《立案标准（二）》（2022年修正）第65条。

《刑法》第 209 条　伪造、擅自制造或者出售伪造、擅自制造的可以用于骗取出口退税、抵扣税款的其他发票的，处三年以下有期徒刑、拘役或者管制，并处二万元以上二十万元以下罚金；数量巨大的，处三年以上七年以下有期徒刑，并处五万元以上五十万元以下罚金；数量特别巨大的，处七年以上有期徒刑，并处五万元以上五十万元以下罚金或者没收财产。

伪造、擅自制造或者出售伪造、擅自制造的前款规定以外的其他发票的，处二年以下有期徒刑、拘役或者管制，并处或者单处一万元以上五万元以下罚金；情节严重的，处二年以上七年以下有期徒刑，并处五万元以上五十万元以下罚金。

非法出售可以用于骗取出口退税、抵扣税款的其他发票的，依照第一款的规定处罚。

非法出售第三款规定以外的其他发票的，依照第二款的规定处罚。

（一）构成要件

1. 伪造、出售伪造的增值税专用发票罪。

【行为】伪造或者出售伪造的增值税专用发票。本罪之伪造取广义，包括变造增值税发票的行为。出售，指将伪造的增值税专用发票出卖给他人。伪造并出售同一增值税专用发票的，以伪造、出售伪造的增值税专用发票罪论处，数量不重复计算。

2. 非法出售增值税专用发票罪。

【对象】本罪的对象限于真实的增值税专用发票。非法出售伪造的增值税专用发票的，成立出售伪造的增值税专用发票罪。

【行为】非法出售增值税专用发票。非法出售，指违反国家对增值税专用发票的管理规定，以获取对价为目的，向他人转让增值税专用发票。

3. 非法购买增值税专用发票、购买伪造的增值税专用发票罪。

【行为】非法购买增值税专用发票或者购买伪造的增值税专用发票。非法购买，指不按照我国发票管理法规规定，在指定的税务机关购买，而是从指定的税务机关以外的单位或者个人处购买增值税专用发票。本罪是选择罪名，非法购买真、伪两种增值税专用发票的，仍成立一罪，数额累计计算，不实行数罪并罚。

4. 非法制造、出售非法制造的用于骗取出口退税、抵扣税款发票罪·非法出售用于骗取出口退税、抵扣税款发票罪。

【对象】用于骗取出口退税、抵扣税款的其他发票，指用于骗取出口退税、抵扣税款的非增值税专用发票，如运输发票、农产品收购发票等。出售真实的此类发票，成立非法出售用于骗取出口退税、抵扣税款发票罪；出售伪造的或擅自制造的此类发票，成立本罪。

【行为】伪造、擅自制造或者出售伪造、擅自制造的可以用于骗取出口退税、抵扣税款的其他发票。本罪之伪造取广义，变造行为也在其中。

5. 非法制造、出售非法制造的发票罪·非法出售发票罪。

【对象】不具有出口退税、抵扣税款功能的普通发票。出售真实的此类发票，成立非法出售发票罪；出售伪造的或擅自制造的此类发票，成立本罪。

【行为】伪造、擅自制造或者出售伪造、擅自制造的普通发票。本罪之伪造取广义，变造行为也在其中。

（二）适用

【处罚】非法出售增值税专用发票份数和票面额分别达到不同的量刑档次的，应适用哪档法定刑？

【案例】　　　　　　邓某蓉非法出售增值税专用发票案[1]

陈某亮等人为非法出售增值税专用发票，非法注册成立了两家公司并骗取了一般纳税人资格。随后，陈某亮结识了邓某蓉（系海淀区国税局干部），请托邓某蓉雇人在海淀区国税局为上述两家公司领购增值税专用发票。邓某蓉在明知领购规定、行为后果的情况下，仍为陈某亮领购增值税专用发票275份（均系万元版）。法院以非法出售增值税专用发票罪对邓某蓉判处有期徒刑7年，并处罚金20万元。

裁判要旨：非法出售增值税专用发票份数和票面额分别达到不同的量刑档次的，应适用处罚较重的规定进行量刑。

【罪数】根据《刑法》第208条第2款，非法购买增值税专用发票或者购买伪造的增值税专用发票又虚开或者出售的，分别以虚开增值税专用发票、用于骗取出口退税、抵扣税款发票罪，出售伪造的增值税专用发票罪和非法出售增值税专用发票罪论处。

第八节　侵犯知识产权罪

一、假冒注册商标罪[2]

《刑法》第213条　未经注册商标所有人许可，在同一种商品、服务上使用与其注册商标相同的商标，情节严重的，处三年以下有期徒刑，并处或者单处罚金；情节特别严重的，处三年以上十年以下有期徒刑，并处罚金。

（一）构成要件

【对象】他人已注册的商标。如果假冒他人已注销的或超过保护期的注册商标的，不成立本罪。《商标法》（2019年修正）第4条第2款规定："本法有关商品商标的规定，适用于服务商标。"1997年《刑法》保护的对象仅限于商品商标，《刑法修正案（十一）》将服务商标一并纳入保护范围。

【行为】未经注册商标所有人许可，在同一种商品、服务上使用与其注册商标相同的商标。

1. 未经注册商标所有人许可，是本罪成立的前提。《商标法》（2019年修正）第43条第1款规定："商标注册人可以通过签订商标使用许可合同，许可他人使用其注册商标……"因此，如果行为人经商标所有人许可后使用其注册商标的，是合法行为，不存在侵犯注册商标专用权的问题。

2. 在同一种商品、服务上使用与他人注册商标相同的商标。具体包括：

（1）行为人所使用的与他人注册商标相同的商标针对同一种商品、服务。同一种商品，指同一品种的商品或者完全相同的商品。关于同一种商品的认定，《办理知识产权刑案意见》（2011）第5条指出，名称相同的商品以及名称不同但指同一事物的商品，可以认定为同一种商品。名称，指国家工商行政管理总局商标局在商标注册工作中对商品使用的名称，通常即《商标注册用商品和服务国际分类》中规定的商品名称。名称不同但指同一事物的商品，指在功能、用途、主要原料、消费对象、销售渠道等方面相同或者基本相同，相关公众一般认为是

---

[1] 中华人民共和国最高人民法院刑事审判第一庭、第二庭编：《刑事审判参考》（2005年第2集·总第43集），法律出版社2005年版，第21~23、25页。

[2] 本罪经《刑法修正案（十一）》修改。

同一种事物的商品。认定是否属于同一种商品，应当在权利人注册商标核定使用的商品和行为人实际生产销售的商品之间进行比较。同一种服务的认定比同一种商品的认定更复杂。因为服务不同于商品，并无实体产品作为对照，对比两项服务是否相同的难度会更大。有观点认为，在涉嫌假冒服务商标的场合，"可以比对国家知识产权局编著的《类似商品和服务区分表》，如果根据该表，侵权服务与被侵权服务分列为不同种类的，不宜认定为相同服务。例如，同为4056法律服务项下的450201'调解'和450211'诉讼服务'，这二者不宜认定为相同服务"。[1]

（2）行为人所使用的商标与他人的注册商标相同。根据《办理知识产权刑案解释》（2004）第8条，相同的商标，指与被假冒的注册商标完全相同，或者与被假冒的注册商标在视觉上基本无差别，足以对公众产生误导的商标。《办理知识产权刑案解释（三）》（2020）进一步规定，有下列情形之一的，可认定为"与其注册商标相同的商标"：①改变注册商标的字体、字母大小写或者文字横竖排列，与注册商标之间基本无差别的；②改变注册商标的文字、字母、数字等之间的间距，与注册商标之间基本无差别的；③改变注册商标颜色，不影响体现注册商标显著特征的；④在注册商标上仅增加商品通用名称、型号等缺乏显著特征要素，不影响体现注册商标显著特征的；⑤与立体注册商标的三维标志及平面要素基本无差别的；⑥其他与注册商标基本无差别、足以对公众产生误导的商标。

（3）使用，指将注册商标或假冒的注册商标用于商品、服务、商品包装或容器以及产品说明书、商品交易文书，或者将注册商标或假冒的注册商标用于广告宣传、展览以及其他商业活动等。在类似的商品、服务上使用与他人注册商标相同或者相似的商标的，以及在同一种商品、服务上使用与他人注册商标相似的商标的，不成立本罪。

【主观】故意，即行为人明知自己未经注册商标所有人许可，而在同一种商品或服务上使用了与其注册商标相同的商标。根据司法经验，以明显低于市场价格进货或者销售，或者被发现后转移、销毁物证或者提供虚假证明虚假情况的，通常可以认定行为人"明知"。出于何种动机、目的，在所不问。

【罪量】情节严重。[2]

【加重犯】情节特别严重。具体标准参照《办理知识产权刑案解释》（2004）第1条第2款。

（二）适用

【定罪】1. 商标与商品装潢的区别。商标一般附着于装潢之上，有些企业虽然不制作假冒其他企业的注册商标，但却制造该产品的装潢，以达到使消费者混淆、欺骗消费者的目的。因此，也有学者主张，假冒他人商品装潢的，视同假冒他人商标，但该主张在理论界未获认可。通说观点认为，只要商标不同，即使擅自制造、使用了他人商品的独特装潢，也不成立本罪。反之，如果使用了与他人注册商标相同的商标，即使没有使用他人商品的装潢，也可能成立本罪。

2. 与不正当竞争行为的界限。根据《反不正当竞争法》第6条，不正当竞争行为包括下

---

[1] 时延安、陈冉、敖博：《〈刑法修正案（十一）〉评注与案例》，中国法制出版社2021年版，第215~216页。

[2] 由于假冒注册商标罪，销售假冒注册商标的商品罪，非法制造、销售非法制造的注册商标标识罪，假冒专利罪，侵犯商业秘密罪等侵犯知识产权罪，已由经济犯罪侦查局转为食品药品犯罪侦查局管辖，2022年修订《立案标准（二）》时，为了保证其在经济犯罪上的纯粹性，删除了前述侵犯知识产权罪的立案追诉标准。现阶段，关于是否应予立案追诉，可参照《办理知识产权刑案解释》（2004）和《办理知识产权刑案解释（三）》（2020）的相关规定。

列使人误认为是他人商品或与他人存在特定联系的混淆行为：①擅自使用与他人有一定影响的商品名称、包装、装潢等相同或者近似的标识；②擅自使用他人有一定影响的企业名称（包括简称、字号等）、社会组织名称（包括简称等）、姓名（包括笔名、艺名、译名等）；③擅自使用他人有一定影响的域名主体部分、网站名称、网页等。这几种行为是不正当竞争行为，而非假冒他人注册商标行为，不成立本罪。

3. 正当使用的抗辩事由。最高人民检察院指导性案例第 99 号"广州卡门事业有限公司涉嫌销售假冒注册商标的商品立案监督案"在"指导意义"部分指出，办理侵犯知识产权犯罪案件，应注意审查是否存在不构成知识产权侵权的法定情形。如《商标法》第 59 条规定的商标描述性使用、在先使用，《著作权法》第 24 条规定的合理使用，第 25 条、第 35 条第 2 款、第 42 条第 2 款、第 46 条第 2 款规定的法定许可，《专利法》第 67 条规定的现有技术、第 75 条规定的专利先用权等正当合理使用的情形，防止不当启动刑事追诉。

【罪数】生产、销售伪劣商品同时假冒他人注册商标，两行为若存在牵连关系的，择一重罪处断，不实行数罪并罚。

二、销售假冒注册商标的商品罪[1]

《刑法》第 214 条　销售明知是假冒注册商标的商品，违法所得数额较大或者有其他严重情节的，处三年以下有期徒刑，并处或者单处罚金；违法所得数额巨大或者有其他特别严重情节的，处三年以上十年以下有期徒刑，并处罚金。

（一）构成要件

【对象】假冒注册商标的商品，指未经注册商标所有人许可，使用与其注册商标相同的商标的同一种商品。至于这种假冒商品的质量优劣，与正牌商品的差异如何，不影响本罪的成立。

【行为】销售假冒注册商标的商品。销售，指以一切形式出卖假冒注册商标的商品的行为，既包括零售，也包括批发；既包括自销，也包括代销。但如果是将假冒注册商标的商品无偿赠送他人，或者购买假冒注册商标的商品供自己消费的，不成立本罪。

【主观】故意，即行为人明知自己销售的是假冒注册商标的商品。行为人只要已经意识到销售的可能是假冒注册商标的商品，且没有在心理上加以否定即可认定"明知"，不要求确知销售的是假冒注册商标的商品。根据《办理知识产权刑案解释》（2004）第 9 条第 2 款，具有下列情形之一的，应当认定为属于《刑法》第 214 条规定的"明知"：①知道自己销售的商品上的注册商标被涂改、调换或者覆盖的；②因销售假冒注册商标的商品受到过行政处罚或者承担过民事责任，又销售同一种假冒注册商标的商品的；③伪造、涂改商标注册人授权文件或者知道该文件被伪造、涂改的；④其他知道或者应当知道是假冒注册商标的商品的情形。

【罪量】违法所得数额较大或者有其他严重情节。《刑法修正案（十一）》放宽了本罪入罪条件，将原法条中"销售金额数额较大"修改为"违法所得数额较大或者有其他严重情节"。需要注意的是，这一修改并非抛弃了原有"销售金额数额较大"的入罪情形；相反，"销售金额数额较大"仍可解释为"其他严重情节"的情形之一。[2] 违法所得，指销售假冒注册商标的商品后所得和应得的全部违法收入。在计算制造、储存、运输和未销售的假冒注册商标侵权产品价值时，对于已经制作完成但尚未附着（含加贴）或者尚未全部附着（含加贴）假冒注册商标标识的产品，如果有确实、充分证据证明该产品将假冒他人注册商标，其价值计

---

[1] 本罪经《刑法修正案（十一）》修改。
[2] 许永安主编：《中华人民共和国刑法修正案（十一）解读》，中国法制出版社 2021 年版，第 175 页。

入应得的违法收入。

【加重犯】违法所得数额巨大或者有其他特别严重情节。

（二）适用

【共犯】事先与假冒注册商标者通谋，按照分工，负责销售假冒注册商标的商品的，以假冒注册商标罪的共犯论处。

【罪数】1. 先假冒注册商标，又销售自己假冒注册商标的商品的，后行为被前行为所吸收，只以假冒注册商标罪论处，不实行数罪并罚。

2. 假冒注册商标的商品通常是伪劣产品，因此，实施一个销售行为可能同时触犯本罪和销售伪劣产品罪，此时成立想象竞合犯，从一重罪论处。

三、非法制造、销售非法制造的注册商标标识罪[1]

《刑法》第215条　伪造、擅自制造他人注册商标标识或者销售伪造、擅自制造的注册商标标识，情节严重的，处三年以下有期徒刑，并处或者单处罚金；情节特别严重的，处三年以上十年以下有期徒刑，并处罚金。

【对象】注册商标标识，指文字、图形或其组合构成的商标图样的物质实体，是表明注册商标的商品或服务显著特征的识别标记。

【行为】伪造、擅自制造他人注册商标标识或者销售伪造、擅自制造的注册商标标识。

【主观】故意。

【罪量】情节严重。关于情节是否严重，可参照《办理知识产权刑案解释》（2004）第3条第1款予以认定。

【加重犯】情节特别严重。关于情节是否特别严重，可参照《办理知识产权刑案解释》（2004）第3条第2款予以认定。

【罪数】1. 非法制造注册商标标识，并将其用于同种商品或服务的，属于牵连犯，应在非法制造注册商标标识罪与假冒注册商标罪中择一重罪论处。

2. 非法制造注册商标标识，但只将一部分标识用于同种商品或服务，而将另一部分标识出售的，既构成非法制造、销售非法制造的注册商标标识罪，又构成假冒注册商标罪，实行数罪并罚。

四、假冒专利罪

《刑法》第216条　假冒他人专利，情节严重的，处三年以下有期徒刑或者拘役，并处或者单处罚金。

【行为】假冒他人专利。根据《办理知识产权刑案解释》（2004）第10条，可以表现为：①未经许可，在其制造或者销售的产品、产品的包装上标注他人专利号的；②未经许可，在广告或者其他宣传材料中使用他人的专利号，使人将所涉及的技术误认为是他人专利技术的；③未经许可，在合同中使用他人的专利号，使人将合同涉及的技术误认为是他人专利技术的；④伪造或者变造他人的专利证书、专利文件或者专利申请文件的。

注意假冒专利与冒充专利的区别。冒充专利，指将非专利产品冒充专利产品或者将非专利方法冒充专利方法。行为人所冒充的专利根本不存在，只是对自己生产的非专利产品凭空捏造一个不存在的专利标记或专利号，谎称为专利产品。冒充专利的，不成立本罪。

【主观】故意。

【罪量】情节严重。根据《办理知识产权刑案解释》（2004）第4条，包括下列情形：

---

[1] 本罪经《刑法修正案（十一）》修改。

①非法经营数额在 20 万元以上或者违法所得数额在 10 万元以上；②给专利权人造成直接经济损失在 50 万元以上；③假冒 2 项以上他人专利，非法经营数额在 10 万元以上或者违法所得数额在 5 万元以上；④其他情节严重的情形。

五、侵犯著作权罪[1]

《刑法》第 217 条　以营利为目的，有下列侵犯著作权或者与著作权有关的权利的情形之一，违法所得数额较大或者有其他严重情节的，处三年以下有期徒刑，并处或者单处罚金；违法所得数额巨大或者有其他特别严重情节的，处三年以上十年以下有期徒刑，并处罚金：

（一）未经著作权人许可，复制发行、通过信息网络向公众传播其文字作品、音乐、美术、视听作品、计算机软件及法律、行政法规规定的其他作品的；

（二）出版他人享有专有出版权的图书的；

（三）未经录音录像制作者许可，复制发行、通过信息网络向公众传播其制作的录音录像的；

（四）未经表演者许可，复制发行录有其表演的录音录像制品，或者通过信息网络向公众传播其表演的；

（五）制作、出售假冒他人署名的美术作品的；

（六）未经著作权人或者与著作权有关的权利人许可，故意避开或者破坏权利人为其作品、录音录像制品等采取的保护著作权或者与著作权有关的权利的技术措施的。

（一）构成要件

【行为】侵犯他人著作权或与著作权有关的权利[2]，具体表现为：

1. 未经著作权人许可，复制发行、通过信息网络向公众传播其文字作品、音乐、美术、视听作品、计算机软件及法律、行政法规规定的其他作品。《刑法修正案（十一）》明确了对美术作品著作权的保护。美术作品，指绘画、书法、雕塑、建筑等以线条、色彩或者其他方法构成的有审美意义的平面或立体的造型艺术作品。关于"其他作品"的范围，存在扩张与限缩两种解释立场。《刑法修正案（十一）》反映出扩张倾向，由于 2020 年修正后的《著作权法》对本法未列明的表达是否属于作品，不再囿于有无其他法律、行政法规规定这一形式标准，而是需要实质考察其是否属于在文学、艺术或科学领域具有独创性并能以一定形式表现的智力成果，所以，《刑法》第 217 条第 1 项在"其他作品"之前添加前置法限定，反而使得该兜底规定的外延更宽。"未经著作权人许可"指没有得到著作权人授权或者伪造、涂改著作权人授权许可文件或者超出授权许可范围的情形。《办理知识产权刑案意见》（2011）指出，"未经著作权人许可"一般应当依据著作权人或者其授权的代理人、著作权集体管理组织、国家著作权行政管理部门指定的著作权认证机构出具的涉案作品版权认证文书，或者证明出版者、复制发行者伪造、涂改授权许可文件或者超出授权许可范围的证据，结合其他证据综合予以认定。根据《办理知识产权刑案解释（三）》（2020），在涉案作品种类众多且权利人分散的案件中，上述证据确实难以一一取得，但有证据证明涉案复制品系非法出版、复制发行的，且出版者、复制发行者不能提供获得著作权人许可的相关证明材料的，可以认定为"未经著作权人许可"。但有证据证明权利人放弃权利、涉案作品的著作权不受我国著作权法保护，或者著作权保护期限已经届满的除外。根据《办理知识产权刑案解释（二）》（2007）的规定，复制发

---

[1] 本罪经《刑法修正案（十一）》修改。
[2] 为了与《著作权法》（2020 年修正）区分狭义著作权与邻接权的立法模式相匹配，《刑法修正案（十一）》将原条文中的"侵犯著作权"修改为"侵犯著作权或者与著作权有关的权利"。

行，包括复制、发行或者既复制又发行。发行，指通过出售、出租等方式向公众提供一定数量的作品复制件。侵权产品的持有人通过广告征订等方式推销侵权产品的，属于发行。发行，包括总发行、批发、零售、通过信息网络传播以及出租、展销等活动。《刑法修正案（十一）》明确将"通过信息网络向公众传播"作为与"复制发行"并列的一种行为模式，具体指"以有线或者无线方式向公众提供，使公众可以在其选定的时间和地点获得作品的行为"。[1]

2. 出版他人享有专有出版权的图书。出版，指将作品编辑加工后，经过复制向公众发行的行为。专有出版权，指图书出版者对著作权人交付的作品，根据出版合同而享有的，由著作权人转让或许可使用的，在合同有效期和约定地区内独家享有并排除他人出版某一作品的权利。

3. 未经录音录像制作者许可，复制发行、通过信息网络向公众传播其制作的录音录像。录音录像制作者，指制作录音制品、制作录像作品的人。

4. 未经表演者许可，复制发行录有其表演的录音录像制品，或者通过信息网络向公众传播其表演。表演者权作为一项重要的邻接权，在我国长期以来未得到有效的刑法保护，《刑法修正案（十一）》增设侵犯表演者权的行为类型，补足了这一短板。"未经表演者许可"是成立犯罪的关键，经表演者许可而未经著作权人许可的，不宜作为犯罪处理。

5. 制作、出售假冒他人署名的美术作品。不同于修订后的第1项"未经著作权人许可，复制发行、通过信息网络向公众传播其美术作品"侧重保护美术作品的著作权，本行为类型侧重于保护著作权项下的署名权；而且，制作不同于复制，把自己的美术作品署上他人名字、把第三人的美术作品署上他人名字，属于制作行为但并非复制行为[2]。

6. 未经著作权人或者与著作权有关的权利人许可，避开或者破坏权利人为其作品、录音录像制品等采取的保护著作权或者与著作权有关的权利的技术措施。《著作权法》（2020年修正）允许权利人以保护著作权或与著作权有关的权利为目的采取技术措施，且规定未经权利人许可，任何组织或者个人不得故意避开或者破坏技术措施。为与《著作权法》的修正相衔接，《刑法修正案（十一）》作出相应规定。鉴于对权利人技术措施的保护可能影响著作权的开放性，公众难以自由获取知识和信息，[3]《刑法》在处罚未经许可避开或破坏上述技术措施的行为时，应尤其强调"以营利为目的"要件，避免对合理使用制度的过度限制。

【主观】故意，并以营利为目的。以刊登收费广告等方式直接或者间接收取费用的情形，属于"以营利为目的"。根据《办理知识产权刑案意见》（2011）第10条，除销售外，具有下列情形之一的，可以认定为"以营利为目的"：

1. 以在他人作品中刊登收费广告、捆绑第三方作品等方式直接或者间接收取费用的；

2. 通过信息网络传播他人作品，或者利用他人上传的侵权作品，在网站或者网页上提供刊登收费广告服务，直接或者间接收取费用的；

【案例】 **王某豪侵犯著作权案**[4]

王某豪自2008年3月起，未经批准在网络上设立"去听去听"音乐网，提供音乐试听。其中有包括环球唱片有限公司、华纳国际音乐股份有限公司等享有版权的677首歌曲。上述在

---

[1] 时延安、陈冉、敖博：《〈刑法修正案（十一）〉评注与案例》，中国法制出版社2021年版，第241页。
[2] 参见王作富主编：《刑法分则实务研究（中）》，中国方正出版社2010年版，第703~704页。
[3] 参见马治国、赵龙：《价值冲突：公共领域理论的式微与著作权扩张保护的限度》，载《山东社会科学》2020年第10期。
[4] 最高人民法院侵犯知识产权和制售假冒伪劣商品典型案例（2010年12月9日）。

线试听的歌曲，王某豪均没有合法权源。2009 年 3 月至 2009 年 6 月期间，王某豪在该网站植入广告，并获取广告费用 12 837.05 元。法院认定，王某豪以营利为目的，未经著作权人许可，将他人享有著作权的音乐作品上传网络，为互联网用户提供试听等服务，情节严重，其行为构成侵犯著作权罪。判处有期徒刑 6 个月，缓刑 1 年，并处罚金 1.5 万元，追缴犯罪所得。

3. 以会员制方式通过信息网络传播他人作品，收取会员注册费或者其他费用的；

4. 其他利用他人作品牟利的情形。

【罪量】违法所得数额较大或者有其他严重情节。参照《办理知识产权刑案解释》（2004）第 5 条第 1 款和《办理知识产权刑案解释（二）》（2007）第 1 条，违法所得数额较大，指数额在 3 万元以上；其他严重情节，指下列情形之一：①非法经营数额在 5 万元以上；②擅自复制发行他人作品数量合计在 500 张（份）以上；③其他情节严重的情形。

【加重犯】违法所得数额巨大或者有其他特别严重情节。具体标准参照《办理知识产权刑刑案解释》（2004）第 5 条第 2 款和《办理知识产权刑案解释（二）》（2007）第 1 条。

（二）适用

【定罪】提供"私服"的行为包含了刑法意义上的复制与发行，在性质上属于取代获得游戏合法授权运营商的网络盗版行为，构成侵犯著作权罪。"外挂代练"的行为方式不符合侵犯著作权罪之客观构成要件，不构成侵犯著作权罪。[1] 以制作辅助操作类外挂为例，《刑法修正案（十一）》在修订本罪时，将"故意避开或者破坏权利人为其作品、录音录像制品等采取的保护著作权或者与著作权有关的权利的技术措施"纳入刑法规制范畴，有学者据此认为，应通过"研发网络外挂程序须以原有程序为基础，存在复制网络数据的客观事实"判定此行为构成侵犯著作权罪。[2] 但也有观点主张，在制作辅助操作类外挂的过程中，程序代码的核心是拦截 Sock 技术程序、拦截 API 技术程序、键盘和鼠标模拟程序等新技术的加持，具有原创性，脱离了原有游戏代码的支撑，且并没有故意避开游戏对著作权的保护措施，不存在破坏行为，而是另起炉灶，以全新程序代码的方式编写软件用于模拟操作，其制作本身更应该被视为"二次创作"而非"复制发行"，不成立侵犯著作权罪。[3]

司法实务中，提供"私服"或者"外挂代练"，同时触犯计算机数据类罪名的，以非法获取计算机信息系统数据罪等定罪处罚。

【关联罪】本罪与非法经营罪的区别。根据《办理知识产权刑案解释（二）》（2007）第 2 条第 3 款，非法出版、复制、发行他人作品，侵犯著作权构成犯罪的，按照侵犯著作权罪定罪处罚。这意味着根据特别规定优于一般规定的处断原则，排斥适用非法经营罪。过去因为侵犯著作权罪违法所得数额和非法侵犯版权较难查证，往往对非法出版、复制、发行他人作品的行为按照非法经营罪处罚。上述司法解释强调对侵犯著作权罪与非法经营罪的区分，不可随意适用非法经营罪替代侵犯著作权罪。

【案例】 **葛某卫侵犯著作权案**[4]

葛某卫伙同他人收集鹭江出版社等多家出版社的《高中课时训练》等书籍，作为样本提供给某印刷厂大量印刷，之后通过学校销售给学生，得销售款近 60 万元。经该省新闻出版局

---

[1] 《最高人民法院研究室关于如何适用法发〔1996〕30 号司法解释数额标准问题的电话答复》（法研〔2014〕179 号）。

[2] 参见喻海松：《网络外挂罪名适用的困境与转向——兼谈〈刑法修正案（十一）〉关于侵犯著作权罪修改的启示》，载《政治与法律》2021 年第 8 期。

[3] 参见刘艳红：《人工智能时代网络游戏外挂的刑法规制》，载《华东政法大学学报》2022 年第 1 期。

[4] 福建省泉州市中级人民法院（2004）泉刑终字第 484 号刑事判决书。

鉴定，葛某卫销售的书籍均属非法出版物。法院以侵犯著作权罪判处葛某卫5年6个月有期徒刑，并处罚金5万元。

要点："非法出版物"有两种不同意义的"非法"：①未得新闻出版机关的书刊出版的行政许可，是行政违法；②未获得著作权人的许可，是著作权违法。鹭江等多家出版社《高中课时训练》等书籍，有书刊批准文号，其盗印本不违反新闻出版管制法，但侵犯了作者的著作权或有关出版社的版权。葛某卫盗版他人合法出版的书籍，其违法性在于侵犯著作权，所以应定侵犯著作权罪。如果张三编著并出版发行《花姐秘闻》一书未获得新闻出版行政许可，具有行政非法性，涉嫌非法经营。如果李四盗版《花姐秘闻》一书发行，则具有双重非法性（未得出版许可和未得著作权人许可），属于想象竞合犯，择一重罪处罚。侵犯著作权（盗版）而后又销售该侵权复制品（盗版品）的，销售是盗版的当然结果行为，只定侵犯著作权罪一罪。

六、销售侵权复制品罪[1]

《刑法》第218条　以营利为目的，销售明知是本法第二百一十七条规定的侵权复制品，违法所得数额巨大或者有其他严重情节的，处五年以下有期徒刑，并处或者单处罚金。

（一）构成要件

【对象】《刑法》第217条规定的侵权复制品。

【行为】销售上述侵权复制品。销售，指将侵权复制品以批发、零售等方式卖给他人。本罪在司法实践中适用频率极低，原因之一是司法解释对侵犯著作权罪中的"发行"作扩大解释，容纳了一部分销售侵权复制品的行为。事实上，立法者之所以将本罪从侵犯著作权罪中独立出来，主要目的在于打击"二手"销售和零售侵权复制品的行为，避免一律适用侵犯著作权罪处罚过重。

【罪量】违法所得数额巨大或者有其他严重情节。为了实现本罪打击"二手"销售和零售侵权复制品行为之目的，《刑法修正案（十一）》降低了本罪的入罪门槛，不再限于"违法所得数额巨大"，行为人多次销售侵权复制品或者尚未销售的侵权复制品货值达到违法所得数额巨大标准3倍以上的，也可因"有其他严重情节"而追究刑事责任。

（二）适用

【罪数】1. 实施《刑法》第217条规定的侵犯著作权行为，又销售该侵权复制品，构成犯罪的，以侵犯著作权罪定罪处罚，不实行数罪并罚。

2. 实施《刑法》第217条规定的侵犯著作权行为，又销售其他侵权复制品，构成犯罪的，实行数罪并罚。

七、侵犯商业秘密罪[2]

《刑法》第219条　有下列侵犯商业秘密行为之一，情节严重的，处三年以下有期徒刑，并处或者单处罚金；情节特别严重的，处三年以上十年以下有期徒刑，并处罚金：

（一）以盗窃、贿赂、欺诈、胁迫、电子侵入或者其他不正当手段获取权利人的商业秘密的；

（二）披露、使用或者允许他人使用以前项手段获取的权利人的商业秘密的；

（三）违反保密义务或者违反权利人有关保守商业秘密的要求，披露、使用或者允许他人使用其所掌握的商业秘密的。

明知前款所列行为，获取、披露、使用或者允许他人使用该商业秘

---

[1] 本罪经《刑法修正案（十一）》修改。

[2] 本罪经《刑法修正案（十一）》修改。

密论。

本条所称权利人，是指商业秘密的所有人和经商业秘密所有人许可的商业秘密使用人。

(一) 构成要件

【对象】商业秘密。《刑法修正案（十一）》删除了原法条第3款关于商业秘密的定义，所以，对商业秘密的理解，需参考作为前置法的《反不正当竞争法》（2017年修订、2019年修正）。现行《反不正当竞争法》第9条第4款规定："本法所称的商业秘密，是指不为公众所知悉、具有商业价值并经权利人采取相应保密措施的技术信息、经营信息等商业信息。"较之旧法，修订后的《反不正当竞争法》取消了"实用性"要件，并对"价值性"要件作出调整，同时扩充了商业信息的范围。《刑法修正案（十一）（草案）》一审稿曾以上述规定为蓝本，对《刑法》中商业秘密的定义作出修改，但最终稿选择删除此定义，以避免《刑法》对前置法的"跟随性"修改，保证《刑法》的安定性。[1]

【行为】侵犯他人商业秘密，可以表现为：

1. 以盗窃、贿赂、欺诈、胁迫、电子侵入或者其他不正当手段获取权利人的商业秘密。《刑法修正案（十一）》颁布之前，《办理知识产权刑案解释（三）》（2020）第3条曾对"盗窃"商业秘密作出扩大解释，包括"采取非法复制、未经授权或超越授权使用计算机信息系统等方式窃取商业秘密"的行为。《刑法修正案（十一）》将"电子侵入"方式单独叙明，从而可将未经授权或超越授权侵入服务器、云盘等信息系统获取商业秘密的行为直接归入此类型，不必再扩大解释"盗窃"。此外，本次修法对以"贿赂"和"欺诈"方式侵犯商业秘密的行为，也予以叙明。本项中的"其他手段"不包括反向工程。行为人通过技术手段对公开渠道取得的产品进行拆卸、分析或获得该产品的有关技术信息。

2. 披露、使用或者允许他人使用以盗窃、贿赂、欺诈、胁迫、电子侵入或其他不正当手段获取的权利人的商业秘密。披露不要求公之于众，将商业秘密告知权利人的特定竞争对手，也属于披露。允许他人使用不要求有偿，将商业秘密无偿交给他人使用的，也在此列。

3. 违反保密义务或者违反权利人有关保守商业秘密的要求，披露、使用或者允许他人使用其所掌握的商业秘密。《刑法修正案（十一）》将旧法中的"违反约定"修改为"违反保密义务"。根据《商业秘密保护规定（征求意见稿）》第14条第2款，"保密义务"或者"权利人有关保守商业秘密的要求"包括但不限于：①通过书面或口头的明示合同或默示合同等在劳动合同、保密协议、合作协议等中与权利人订立的关于保守商业秘密的约定；②权利人单方对知悉商业秘密的持有人提出的要求，包括但不限于对通过合同关系知悉该商业秘密的相对方提出的保密要求，或者对通过参与研发、生产、检验等知悉商业秘密的持有人提出的保密要求；③在没有签订保密协议、劳动合同、合作协议等情况下，权利人通过其他规章制度或合理的保密措施对员工、前员工、合作方等提出的其他保守商业秘密的要求。

4. 明知前述违法行为而获取、披露、使用或者允许他人使用该商业秘密。

【主观】故意。《刑法修正案（十一）》删除了《刑法》原第219条第1款第4项中"应知前款所列行为"的刑法推定。应知而不知，侵犯他人商业秘密的，属于过失，不构成本罪。

【罪量】情节严重。《刑法修正案（十一）》颁布之前，成立本罪必须"给商业秘密的权利人造成重大损失"。考虑到该损失在实践中难以认定和证明，《刑法修正案（十一）》将罪量要素由"给商业秘密的权利人造成重大损失"修改为"情节严重"，大大降低了本罪的入罪难度。通过网络散布商业秘密，使之彻底丧失秘密性的，或者向国外商贸竞争对手泄露商业秘

---

[1] 时延安、陈冉、敖博：《刑法修正案（十一）评注与案例》，中国法制出版社2021年版，第264页。

密，可能危及国家经济利益等情形，均可因"情节严重"成立本罪。[1]

"给权利人造成重大损失"只是"情节严重"的情形之一，根据《办理知识产权刑案解释（三）》（2020）第4条第1款，具体包括：①给商业秘密的权利人造成损失数额或者因侵犯商业秘密违法所得数额在30万元以上的；②直接导致商业秘密的权利人因重大经营困难而破产、倒闭。

【加重犯】情节特别严重。"造成特别严重后果"只是"情节特别严重"的情形之一，根据《办理知识产权刑案解释（三）》（2020）第4条第2款，指给商业秘密的权利人造成损失数额或者因侵犯商业秘密违法所得数额在250万元以上。

（二）适用

【定罪】对"可能合法取得商业秘密"的排除。最高人民检察院指导性案例第102号"金义盈侵犯商业秘密案"在"指导意义"部分指出，由于商业秘密的非公开性和犯罪手段的隐蔽性，认定被告人是否实施了侵犯商业秘密的行为往往面临证明困境。在被告人不作有罪供述时，为查明犯罪事实，检察机关应注意引导公安机关从被告人使用的信息与权利人的商业秘密是否实质上相同、是否具有知悉和掌握权利人商业秘密的条件、有无取得和使用商业秘密的合法来源，全面客观收集证据。特别是要着重审查被告人是否存在合法取得商业秘密的情形，应注意围绕辩方提出的商业秘密系经许可、承继、自行研发、受让、反向工程等合法方式获得的辩解，引导公安机关收集被告人会计账目、支出凭证等能够证明是否有研发费用、资金投入、研发人员工资等研发成本支出的证据；收集被告人所在单位研发人员名单、研发资质能力、实施研发行为、研发过程的证据；收集有关商业秘密的转让合同、许可合同、支付转让费、许可费的证据；收集被告人是否通过公开渠道取得产品并实施反向工程对产品进行拆卸、测绘、分析的证据，以及被告人因传承、承继商业秘密的书证等证据。通过证据之间的相互印证，排除被告人获取、使用商业秘密来源合法的可能性的，可以证实其实施侵犯商业秘密的犯罪行为。

【关联罪】1. 本罪与假冒注册商标罪、假冒专利罪、侵犯著作权罪的区别。要点是：①对象不同。本罪的对象是商业秘密，后三罪的对象分别是商标权、专利权和著作权（或者与著作权有关的权利）；②行为表现不同。本罪客观方面表现为以不法手段获取商业秘密，或者非法披露、使用或者允许他人使用商业秘密，后三罪则主要表现为假冒行为。

行为人采用不正当手段获取他人商业秘密后，又使用该商业秘密制造产品并假冒他人注册商标的，属于一行为触犯数罪名，从一重罪论处。

2. 本罪与商业间谍犯罪的区别。为境外窃取、刺探、收买、非法提供商业秘密罪由《刑法修正案（十一）》所增设，专门规制"为境外的机构、组织、人员窃取、刺探、收买、非法提供商业秘密"的行为。两罪的相同之处是都实施了获取或非法提供商业秘密的行为，但本罪的行为方式更为丰富。

八、为境外窃取、刺探、收买、非法提供商业秘密罪[2]

《刑法》第219条之一 为境外的机构、组织、人员窃取、刺探、收买、非法提供商业秘密的，处五年以下有期徒刑，并处或者单处罚金；情节严重的，处五年以上有期徒刑，并处罚金。

（一）构成要件

【行为】本罪旨在规制商业间谍行为，即为境外的机构、组织、人员窃取、刺探、收买、

---

[1] 参见潘莉：《侵犯商业秘密罪：如何界定"情节严重"》，载《检察日报》2020年11月25日，第3版。
[2] 本罪由《刑法修正案（十一）》增设。

非法提供商业秘密。窃取，指违背权利人意愿以平和方式取得商业秘密。参照《办理知识产权刑案解释（三）》（2020）对侵犯商业秘密罪中"盗窃"的理解，本罪中的"窃取"也包括采取非法复制、未经授权复制或者超越授权使用计算机信息系统等方式取得商业秘密。刺探，指使用探听、侦察、搜集、骗取等方式取得商业秘密，以抢劫或抢夺方式取得商业秘密的，也可理解为刺探行为。[1] 收买，指利用金钱、物质或者其他利益换取商业秘密。非法提供，指违反规定，擅自向境外机构、组织或个人提供商业秘密。

【主观】故意。行为人对其所窃取、刺探、收买、非法提供的信息属于商业秘密，以及是为境外机构、组织、人员实施上述行为有明知。至于动机和目的如何，不影响本罪的成立。

【加重犯】情节严重。

（二）适用

【罪数】行为人窃取、刺探、收买、非法提供的商业秘密同时属于国家秘密，则可能同时触犯数个罪名，除了本罪之外，还可能构成故意泄露国家秘密罪，非法获取国家秘密罪，为境外窃取、刺探、收买、非法提供国家秘密、情报罪。在这种情况下，应从一重罪论处。

第九节　扰乱市场秩序罪

一、损害商业信誉、商品声誉罪

《刑法》第 221 条　捏造并散布虚伪事实，损害他人的商业信誉、商品声誉，给他人造成重大损失或者有其他严重情节的，处二年以下有期徒刑或者拘役，并处或者单处罚金。

（一）构成要件

【对象】他人的商业信誉、商品声誉。他人，指捏造并散布者以外的主体，并不限于竞争对手，也可以是非竞争对手，包括自然人和单位。商业信誉，指社会对他人在商业活动中的可信赖程度、价值和地位的客观评价。商品声誉，指社会对商品的良好评价。

【行为】捏造并散布虚伪事实，损害他人的商业信誉、商品声誉。捏造，指虚构、编造不符合真实情况或并不存在的事实。散布，指使不特定或多数人知悉行为人所捏造的虚伪事实。捏造和散布必须同时具备。

【结果·罪量】给他人造成重大损失或者有其他严重情节。本罪中的"重大损失"，是因商业信誉、商品声誉受损而产生的直接经济损失，如企业商誉显著降低、销售额和利润严重减少、上市公司股票价格大幅度下跌以及其他无形资产的价值显著降低，不应包括被害人为了恢复受到损害的商业信誉、商品声誉所投入的资金（如广告费用）或者为制止不法侵害事件而扩大的开支（如诉讼费用）等间接经济损失，这些间接经济损失一般只在量刑或者附带民事诉讼赔偿时酌情加以考虑。[2]

根据《立案标准（二）》（2022 年修正）第 66 条，重大损失，指给他人造成直接经济损失数额在 50 万元以上；其他严重情节，指虽未达到上述数额标准，但造成公司、企业等单位停业、停产 6 个月以上，或者破产。

【主观】故意。

---

[1] 时延安、陈冉、敖博：《〈刑法修正案（十一）〉评注与案例》，中国法制出版社 2021 年版，第 278 页。
[2] 指导案例第 85 号"王宗达损害商业信誉、商品声誉案"，载中华人民共和国最高人民法院刑事审判第一庭、第二庭编：《刑事审判案例》，法律出版社 2002 年版，第 305 页。

（二）适用

【定罪】对于消费者及新闻单位等对经营者的产品质量、服务质量进行合理评价、批评的，不属于捏造与散布虚伪事实的行为。消费者使用过激的方式维权，可能对他人商誉造成不利影响，但不构成本罪。例如，甲所购某名牌轿车行驶不久，发动机就发生故障，经多次修理仍未排除。甲用牛车拉着该轿车在闹市区展示。甲不构成损害商品声誉罪。因为该产品（汽车）确实有瑕疵，厂商自身应该承受由此对商誉发生的不利影响，甲充其量也只是"维权过激"。对于没有损害他人商誉的故意，而是听信他人谣传、散布虚伪事实，甚至对谣传进行某种程度的加工并散布的行为，也不宜认定为本罪。

【罪数】为了损害他人的商誉，在自己生产的伪劣产品上假冒他人优质产品的注册商标，造成他人重大损失的，属于想象竞合犯，应从一重罪即以假冒注册商标罪论处。

二、虚假广告罪

《刑法》第 222 条　广告主、广告经营者、广告发布者违反国家规定，利用广告对商品或者服务作虚假宣传，情节严重的，处二年以下有期徒刑或者拘役，并处或者单处罚金。

（一）构成要件

【主体】特殊主体，只能由广告主、广告经营者、广告发布者构成，单位也可以成为本罪的主体。根据《广告法》的规定，广告主，指为推销商品或提供服务，自行或委托他人设计、制作、发布广告的单位或个人；广告经营者，指受委托提供广告设计、制作、代理服务的法人、其他经济组织或者个人；广告发布者，指为广告主或者广告主委托的广告经营者发布广告的法人或其他经济组织。

【行为】违反国家规定，利用广告对商品或者服务作虚假宣传。根据《广告法》第 2 条，该法的适用对象是在中华人民共和国境内，商品经营者或者服务提供者通过一定媒介和形式直接或者间接地介绍自己所推销的商品或者服务的商业广告活动。因此，本罪中的广告，指的是商业性广告。作虚假宣传，指广告的内容与真实情况不相符，主要包括：①对商品或者服务作夸大失实的宣传；②对商品或者服务作语义含糊、令人误解的宣传。

【主观】故意。

【罪量】情节严重。具体标准参见《立案标准（二）》（2022 年修正）第 67 条。

（二）适用

【定罪】商业广告，或多或少都有夸大的性质，所以不能将凡具有夸大性质的广告都认定为虚假广告。具体认定时，要考察是否达到情节严重的程度，对于虽为虚假广告，但情节并不严重的，不能成立本罪。至于情节是否严重，应从多方面进行综合评价，如作虚假广告的手段、动机、次数、持续时间、造成的结果与影响等。例如，广告商乙在拍摄某减肥药广告时，以肥胖的郭某当替身拍摄减肥前的画面，再以苗条的影视明星刘某作代言人夸赞减肥效果。事后查明，该药具有一定的减肥作用，乙不构成虚假广告罪。因为乙制作广告虽然有虚假成分，但产品毕竟有一定的减肥效果，是夸大宣传。夸大宣传的广告不是虚假广告，另外，也可认为乙的行为尚未达到"情节严重"的程度，不构成犯罪。

【关联罪】本罪与诈骗罪的区别。要点是：本罪虽然利用广告对商品或者服务作虚假宣传，但广告中所宣传的商品或服务毕竟是真实存在的；诈骗罪则是通过虚构事实、隐瞒真相的方法，骗取被害人的财物，行为人在广告中所宣称的商品或服务是根本不存在的。如果推销的商品或者服务根本不存在，利用虚假广告骗取财物的，以诈骗罪论处。

【罪数】行为人利用虚假广告为自己生产、销售的伪劣产品作不实宣传或者利用广告生产、销售伪劣产品的，可以认定为行为人的手段行为又触犯了其他罪名，属于牵连犯，只以一重罪论处，即认定为生产、销售伪劣产品罪。

三、串通投标罪

《刑法》第 223 条　投标人相互串通投标报价，损害招标人或者其他投标人利益，情节严重的，处三年以下有期徒刑或者拘役，并处或者单处罚金。

投标人与招标人串通投标，损害国家、集体、公民的合法利益的，依照前款的规定处罚。

【主体】特殊主体，限于招标人和投标人。本罪是必要的共犯，只有两个以上的主体之间相互串通投标时，才可能成立本罪。

【行为·结果】本罪的行为方式包括：①投标人相互串通投标报价，损害招标人或者其他投标人的利益。串通投标报价，指投标人之间相互串通，在投标过程中抬高或压低投标报价。②投标人与招标人串通投标，损害国家、集体、公民的合法权益。串通投标，指投标人与招标人私下勾结，事先根据招标底价确定投标报价、中标价格及其他事宜。

根据最高人民检察院指导性案例第 90 号"许某某、包某某串通投标立案监督案"，刑法未规定串通拍卖行为构成犯罪，所以，对于串通拍卖的，不能以本罪定罪处罚。

【主观】故意。至于犯罪目的如何，不影响本罪的成立。

【罪量】情节严重。根据《立案标准（二）》（2022 年修正）第 68 条，包括下列情形：①损害招标人、投标人或者国家、集体、公民的合法利益，造成直接经济损失数额在 50 万元以上的；②违法所得数额在 20 万元以上的；③中标项目金额在 400 万元以上的；④采取威胁、欺骗或者贿赂等非法手段的；⑤虽未达到上述数额标准，但 2 年内因串通投标受过 2 次以上行政处罚，又串通投标的；⑥其他情节严重的情形。

四、合同诈骗罪

《刑法》第 224 条　有下列情形之一，以非法占有为目的，在签订、履行合同过程中，骗取对方当事人财物，数额较大的，处三年以下有期徒刑或者拘役，并处或者单处罚金；数额巨大或者有其他严重情节的，处三年以上十年以下有期徒刑，并处罚金；数额特别巨大或者有其他特别严重情节的，处十年以上有期徒刑或者无期徒刑，并处罚金或者没收财产：

（一）以虚构的单位或者冒用他人名义签订合同的；

（二）以伪造、变造、作废的票据或者其他虚假的产权证明作担保的；

（三）没有实际履行能力，以先履行小额合同或者部分合同的方法，诱骗对方当事人继续签订和履行合同的；

（四）收受对方当事人给付的货物、货款、预付款或者担保财产后逃匿的；

（五）以其他方法骗取对方当事人财物的。

（一）构成要件

【行为】在签订、履行合同的过程中，使用欺诈手段，骗取对方当事人数额较大财物。"在签订、履行合同的过程中"，这是合同诈骗罪的突出特点。从实质理解，应是当事人在从事市场经济活动过程中通过签订、履行合同，实现商品、服务交易的经济目的。首先，合同诈骗罪的"合同"不限于经济合同，而是指在市场经济领域内，人们借以发生关系的、签订与履行活动均受市场秩序制约的合同。[1] 包括书面和口头的合同，不包括与市场秩序无关以及主要不受市场调整的各种"合同""协议"，如不具有交易性质的赠与合同、婚姻、监护、收养、抚养等有关身份关系的协议，以及主要受劳动法、行政法调整的劳务合同、行政合同。其

---

〔1〕 指导案例第 875 号"郭松飞合同诈骗案"，载中华人民共和国最高人民法院刑事审判第一、二、三、四、五庭主办：《刑事审判参考》（2013 年第 4 集·总第 93 集），法律出版社 2014 年版，第 21 页。

次,行为人非法占有的财物应当是与合同签订、履行有关的财物,如合同标的物、定金、预付款、担保财产、货款等。如果行为人在与他人签订或履行合同的过程中,以其他与合同无关的事由为借口骗取他人钱财的,则不是合同诈骗。

根据《刑法》第 224 条,合同诈骗行为可以表现为:①以虚构的单位或者冒用他人名义签订合同;②以伪造、变造、作废的票据或者其他虚假的产权证明作担保;③没有实际履行能力,以先履行小额合同或者部分合同的方法,诱骗对方当事人继续签订或者履行合同;④收受对方当事人给付的货物、货款、预付款或者担保财产后逃跑;⑤以其他方法骗取对方当事人财物。

【主观】故意,并具有非法占有他人财物的目的。认定非法占有目的时,应关注:①行为人是否采用了《刑法》第 224 条所列举的欺诈手段。使用法定欺诈手段骗取了财物且不归还的,一般可肯定非法占有目的。②综合签订合同前后的各种表现及各种因素予以认定,例如,行为人在签订合同时有无履约能力,在签订合同后有无履行合同的实际行动,未能履行合同的原因,骗取钱款的去向、用途,有无逃匿行为等。

【案例】 **刘某基合同诈骗案**[1]

刘某基与他人约定购买防护林的林权,但在林权转至自己名下之后,始终未缴清约定款项。在委托评估机构进行评估时,刘某基擅自改变林地的公益性质,指使评估人员出具与事实严重不符的评估报告。刘某基持该评估报告注册成立了凯瑞投资公司并任法定代表人,意图以林权证为担保向银行申请贷款,但屡被拒绝。在公司并无资金来源的情况下,刘某基到叶集改革发展试验区商谈投资合同,谎称自己在其他地方还有林地,并且无视自己名下的林地属防护林、不能进行大规模商业采伐的事实,签订了年产 18 万立方米的木材加工投资协议以及 6000 万元的工程施工合同,在合同签订后,推脱不履行,并将对方的履约保证金 150 万元的小部分用于购置车辆、电脑等设备,大部分用于还债或者其他消费。法院认定刘某基犯合同诈骗罪,判处有期徒刑 12 年,并处罚金 5 万元。

裁判要旨:对行为人是否具有非法占有之目的,可从以下几个方面分析:①是否具有签订、履行合同的条件,是否创造虚假条件;②在签订合同时有无履约能力;③在签订和履行合同过程中有无诈骗行为;④在签订合同后有无履行合同的实际行为;⑤对取得财物的处置情况,是否有挥霍、挪用及携款潜逃等行为。

【罪量】数额较大。根据《立案标准(二)》(2022 年修正)第 69 条,指合同诈骗数额在 2 万元以上。

【加重犯】本罪有两档加重犯,分别以"数额巨大或者有其他严重情节"和"数额特别巨大或者有其他特别严重情节"为要件。

(二) 适用

【定罪】1. 兜底条款的适用。分歧主要在于,《刑法》第 224 条的叙明行为类型对兜底条款的适用是否有限制意义?肯定说主张,对本罪兜底条款的解释理应受到叙明类型"最大公约数"的限制,履行合同的欺诈获利,不符合同类解释要求,不构成合同诈骗罪;[2] 否定说则认为,合同诈骗罪"以非法占有为目的,在签订、履行合同过程中,骗取对方当事人财物"

---

[1] 中华人民共和国最高人民法院刑事审判第一、二、三、四、五庭主办:《刑事审判参考》(2010 年第 5 集·总第 76 集),法律出版社 2011 年版,第 24~27 页。

[2] 参见蔡道通:《合同诈骗罪中"兜底条款"的限制解释研究——以骗逃部分铁路运费案为中心的分析》,载《政治与法律》2022 年第 3 期。

的项前规定,足以明确本罪的构成要件,法条叙明的行为类型对兜底条款的适用并无实质意义。[1]

本书认为,合同诈骗罪所欲惩罚的是既不合乎交易目的也无合理对价的行为,《刑法》第224条前4项所勾勒的同质内容"不履行合同或不能履行合同"构成了对本罪兜底条款适用的基本限制。行为人实际履行了合同,只不过因履行过程存在欺诈因素,致使对方当事人遭受财产损失的,[2] 不宜以合同诈骗罪论处。

2. 合同诈骗罪与经济合同纠纷的界限。最高人民法院《营造法治环境通知》(2017)强调,严格合同诈骗罪的构成要件,防止随意扩大适用。对于在合同签订、履行过程中产生的民事争议,如无确实充分的证据证明符合犯罪构成的,不得作为刑事案件处理。行为人利用合同陷阱收取对方当事人违约金的行为,[3] 不宜认定为本罪。一方面,订立合同的双方都应认真审查、慎重行事,倘因自己的行为过错导致义务的加重,则应由其自己承担不利后果;另一方面,基于刑法的谦抑性,对于合同陷阱,受损方完全可以通过民事的、经济的途径加以解决。

最高人民检察院在指导性案例第91号"温某某合同诈骗立案监督案"中重申,办理涉企业合同诈骗犯罪案件,应当严格区分合同诈骗与民事违约行为的界限。要注意审查涉案企业在签订、履行合同过程中是否具有非法占有目的和虚构事实、隐瞒真相的行为,准确认定是否具有诈骗故意。要点是查清涉案钱款的真实用途:①钱款用途与签订、履行合同的事由、用途不一致的,是认定骗取财物的重要根据;钱款用途与合同约定一致的,不能认定为骗取。②钱款用于挥霍、赌博、还旧债等非经营性活动导致没有能力归还的,表明行为人不打算归还,具有非法占有目的;钱款用于经营活动但因经营风险导致不能还款的,表明行为人有为获得还款能力而努力,不能认定非法占有。此外,行为人骗取财物之后,以转移隐匿财产或逃匿失联方式逃避还款的,也是认定非法占有的重要依据。在认定非法占有目的方面,有以下指导案例可供参考。

【案例】 谭某合同诈骗案[4]

谭某利用自己是煤气公司业务推销员的身份,先后以每吨低于公司当时定价300~1000元不等的价格,私下与纸箱厂签订液化石油气买卖协议。在收取预付款后,谭某向纸箱厂出具了盖有未经授权使用的煤气公司发票专用章、财务专用章的收据,随后向其所在公司以正常价格购买液化石油气后送至纸箱厂。谭某以先履行部分合同的方法与纸箱厂继续签订和履行液化石油气买卖协议,先后11次与纸箱厂达成共计358吨的石油气买卖协议,收取预付款1 556 400元,案发时仅向纸箱厂交货164.1041吨,向煤气公司支付购买石油气款1 077 790.71元,将余款478 609.29元非法占为己有,后谭某到公安机关投案自首。法院以合同诈骗罪判处谭某有期徒刑3年,并处罚金4000元。

裁判要旨:对于冒用公司名义以低于市场价格与他人签订买卖协议,收取预付款后截留自

---

[1] 参见张明楷:《合同诈骗罪行为类型的边缘问题》,载《东方法学》2020年第1期。

[2] 例如,某国际货代企业通过电脑软件修改、贴纸复印等手段制作虚假的国际货物到达海运提货单,填写虚假的货物运单信息,将本是国内出口的货物伪造成过境货物进行虚假申报(出口套过境),骗逃(由于出口套过境而少交的)铁路运费数额特别巨大。

[3] 例如,甲以某公司经销处名义,先后与30家企业签订购销合同,其明知对方公司没有取得质量体系认证,却在合同中设置了对方需随货附质量体系认证的条款。对方因没有仔细审查就签了合同,致使最终无法履约而导致双倍返还定金。

[4] 中华人民共和国最高人民法院刑事审判第一、二、三、四、五庭主办:《刑事审判参考》(2009年第5集·总第70集),法律出版社2010年版,第17~23页。

用的,应从两个方面认定非法占有目的:①现有证据是否足以证明被告人所称的款项用途、归还贷款的行为;②从被告人收入、家庭经济条件、合同所涉货物价格的涨落情况,判断被告人是否明知自己无能力填补收受货款与履行合同成本之间的巨额差价。

【案例】　　　　　　　　王某强被控合同诈骗无罪案[1]

王某强在普天公司任职并实际控制该公司。2005年1月,普天公司与唐某签订了浅水湾4套房屋的销售合同(实际上是以4套房屋折抵数额过高的双方之间另3套房屋买卖的逾期交房违约金,此外,公司还与唐某达成了总额200万元的和解协议)。自2005年12月起,普天公司连年出现巨额亏损。2007年8月~2008年8月,普天公司在为唐某保留了其中1套房屋的前提下,将其余3套房屋转卖给3名新客户,又在擅自决定将本公司的另一套房屋调整给李某之后,将已经出售给李某的1套房屋再出售给郭某。普天公司通过以上两项转卖行为,骗取郭某等4名二手购房客户的款项共计155万元,用于支付公司诉讼费、债务、房租、职工工资等。2008年9月,王某强代表普天公司与另一公司签订协议,将普天公司股权及土地等资产予以转让,并约定了该公司应当承担的债务总额。检察院以合同诈骗罪起诉,法院认定王某强无罪。

裁判要旨:在一房二卖情况下,应从以下几个方面考察非法占有目的:①一房二卖行为的起因。行为人是否自认为财产属于本人而使用不正当手段取回?是否因面临经营困境而急需资金?②行为人有无将房屋交付二手购房者的真实意思表示?③转卖之后,一手购房者在房源上是否有保障?④如果发生了股权、资产转让等公司变更事项,应考察行为人是否实施了转移、隐匿资产的行为?是否与受让方就公司债务作出充分约定?

【特殊类型】1."两头骗"合同诈骗案件的处理。"两头骗",指行为人通过第一个行为骗取财物后,又以此为工具实施第二个欺骗行为。这类案件的既遂,应以前一行为中行为人对物取得实际控制为准。以骗取车辆质押贷款类案件为例,行为人先以租车名义骗取车辆,再通过伪造证件、谎称受车主委托等手段,将车辆质押向他人借款。前一行为无疑构成合同诈骗罪,但对于后一行为是否构成本罪则存在争议。本书认为,后一行为只是对赃物的非法处置、变现行为,不另外构成犯罪。理由在于:①在行为性质上,出借人尽管受到一定的欺诈,但借贷关系真实存在,如果被告人不能归还,出借人可以通过质押物受偿的方式实现债权;②在行为关联上,后一行为只是将通过前一行为获取的赃物予以非法处置、变现,并未侵害新的法益,如对此论以合同诈骗罪,则有违重复评价原则。

【案例】　　　　　　　　周某文、陈某芳合同诈骗案[2]

周某文、陈某芳先骗取被害人房产,再以房产为抵押向他人借款,用于偿还个人欠款及挥霍。法院认为:本案被害人仅包括最初的卖房人即原房主,而抵押权人属于善意取得,其债权因房屋抵押手续而有实现的保障。虽然因被告人无法归还欠款,抵押权人的债权也受到了侵害,但其源于被告人不按期履行还款的合同义务,性质上仅属于民事违约。

2. 骗取他人担保申请贷款,无偿还能力后致使担保人承担担保责任的,一般以合同诈骗罪论处。如果行为人提供虚假担保或者重复担保,骗取银行或者其他金融机构贷款的,则应以贷款诈骗罪论处。[3]

---

[1]　中华人民共和国最高人民法院刑事审判第一、二、三、四、五庭主办:《刑事审判参考》(2014年第2集·总第97集),法律出版社2014年版,第24~32页。

[2]　中华人民共和国最高人民法院刑事审判第一、二、三、四、五庭主办:《刑事审判参考》(2013年第4集·总第98集),法律出版社2014年版,第30~32页。

[3]　指导案例第352号"秦文虚报注册资本、合同诈骗案",载中华人民共和国最高人民法院刑事审判第一、二、三、四、五庭主办:《中国刑事审判指导案例》(第3卷),法律出版社2017年版,第448页。

3. 承运人预谋非法占有被承运货物，在履行承运合同过程中偷偷将承运货物调包的，构成合同诈骗罪。类似地，挂靠轮船公司的个体船主，在履行承运合同过程中，采用以次充好的方式骗取收货方收货并向货主足额支付货款及运费的，也构成合同诈骗罪。[1]

【关联罪】1. 本罪与诈骗罪的界限。区分本罪与诈骗罪不能简单地以有无合同为标准。诈骗罪也可能以合同的方式实施，本罪也可能不以书面合同的方式存在。区分二者的关键在于：本罪中的合同以经济合同为限，必须能够体现一定的市场秩序，并且结合该合同的具体情况，考察其行为是否符合扰乱市场秩序的特征，从而认定是否构成本罪。

2. 本罪与金融诈骗罪的界限。《刑法》中的各种金融诈骗罪都可能利用合同的形式来实施，例如，贷款诈骗利用贷款合同实施，保险诈骗利用保险合同实施。这种情况属于法条竞合犯。既然刑法对金融诈骗罪作了特别规定，那么，按照特别法优先的处断原则，应以金融诈骗罪论处。但由于单位不能构成贷款诈骗罪，当单位以贷款合同的形式诈骗贷款时，不成立贷款诈骗罪，只能适用本罪。

五、组织、领导传销活动罪

《刑法》第 224 条之一组织、领导以推销商品、提供服务等经营活动为名，要求参加者以缴纳费用或者购买商品、服务等方式获得加入资格，并按照一定顺序组成层级，直接或者间接以发展人员的数量作为计酬或者返利依据，引诱、胁迫参加者继续发展他人参加，骗取财物，扰乱经济社会秩序的传销活动的，处五年以下有期徒刑或者拘役，并处罚金；情节严重的，处五年以上有期徒刑，并处罚金。

（一）构成要件

【行为】组织、领导传销活动。《刑法》只把组织、领导传销的行为规定为犯罪，参加传销的行为不认为是犯罪。

1. 组织、领导传销活动，指在传销活动中实施组织、领导行为。根据《办理传销案意见》(2013) 第 2 条，下列人员应认定为传销活动的组织者、领导者：①起发起、策划、操纵作用的人员；②承担管理、协调等职责的人员；③承担宣传、培训等职责的人员；④曾因组织、领导传销活动受过刑事处罚，或者 1 年以内因组织、领导传销活动受过行政处罚，又直接或者间接发展参与传销活动人员在 15 人以上且层级在 3 级以上的人员；⑤其他对传销活动的实施、传销组织的建立、扩大等起关键作用的人员。

以单位名义实施组织、领导传销活动犯罪的，对于受单位指派，仅从事劳务性工作的人员，一般不予追究刑事责任。

2. 传销活动具有以下特征：

（1）缴费获得加入资格。传销活动以推销商品、提供服务等经营活动为名，要求参加者以缴纳费用或者购买商品、服务等方式获得加入资格，即所谓的"入门费"。入门费构成非法获利的来源。通常采取要求参加者高价购买商品的方式，如用数千元买进成本不过百元的产品；也有直接以"入会费""会员费"的名义收取费用的。

（2）组成层级、以发展人员作为计酬返利依据。这种计酬机制通常从两个途径使参加者获利：①从本人吸收的新参加者缴纳的入门费中直接获利；②从"下线"吸收的新参加者缴纳的入门费中提成获利。本人吸收的参加者是本人的"下线"，本人成为其"上线"，"下线"吸收的成员成为本人的"下下线"，由此形成"金字塔式"提成级层。"上线"可以从"下

---

[1] 指导案例第 808 号"吴某合同诈骗案"，载中华人民共和国最高人民法院刑事审判第一、二、三、四、五庭主办：《刑事审判参考》(2012 年第 6 集·总第 89 集)，法律出版社 2013 年版，第 8~9 页。

线"、下线的下线（以此类推）提成获利。这种计酬方式产生的激励机制就是不断吸收新成员。吸收的成员越多，收入越高，本人下线吸收的成员越多，本人级别越高、提成的范围越大，最初启动某项传销活动的人，能够直接或间接地从几乎全体参加者的入门费中获利。努力成为上线、坐收暴利也成为诱惑他人加入传销的诱饵。这种计酬方式还可以虚构出"发横财"远景，即如果自己发展的金字塔下线以几何级数增加，其提成最高可达到千万，这种虚妄发财的梦想诱惑部分人狂热投入传销中。因此，组成层级以人数计酬提成，既是传销诱惑力的源泉，也成为传销的重要特征。

（3）骗取财物。根据《办理传销案意见》（2013）第3条，传销活动的组织者、领导者采取编造、歪曲国家政策，虚构、夸大经营、投资、服务项目及盈利前景，掩饰计酬、返利的真实来源或者其他欺诈手段，实施《刑法》第224条之一规定的行为，从参与传销活动人员缴纳的费用或者购买商品、服务的费用中非法获利的，应当认定为骗取财物。参与传销活动人员是否认为"被骗"，不影响骗取财物的认定。

【案例】 叶某生等组织、领导传销活动案[1]

2011年6月，叶某生等人成立宝乔公司，先后开发"经销商管理系统网站""金乔网商城网站"（以下简称金乔网）。以网络为平台，通过招商会、论坛等形式，宣传、推广金乔网的经营模式。金乔网的经营模式是：①经上线经销商会员推荐并缴纳保证金成为经销商会员，无需购买商品，只需发展下线经销商，根据直接或者间接发展下线人数获得推荐奖金，晋升级别成为股权会员，享受股权分红。②经销商会员或消费者在金乔网经销商会员处购物消费满120元以上，向宝乔公司支付消费金额10%的现金，即可注册成为返利会员参与消费额双倍返利，可获一倍现金返利和一倍的金乔币（虚拟电子货币）返利。③金乔网在全国各地设立省、地区、县（市、区）三级区域运营中心，各运营中心设区域代理，由经销商会员负责本区域会员的发展和管理，享受区域范围内不同种类业绩一定比例的提成奖励。

2011年11月，叶某松经他人推荐加入金乔网，缴纳三份保证金并注册了三个经销商会员号。因发展会员积极，经金乔网审批成为浙江省区域总代理，负责金乔网在浙江省的推广和发展。截至案发，金乔网注册会员3万余人，其中注册经销商会员1.8万余人。在全国各地发展省、地区、县三级区域代理300余家，涉案金额1.5亿余元。其中，叶某松直接或间接发展下线经销商会员1886人，收取浙江省区域会员保证金、参与返利的消费额10%现金、区域代理费等共计3000余万元，通过银行转汇给叶某生。叶某松通过抽取保证金推荐奖金、股权分红、消费返利等提成的方式非法获利70余万元。

要旨：组织者或者经营者利用网络发展会员，要求被发展人员以缴纳或者变相缴纳"入门费"为条件，获得提成和发展下线的资格。通过发展人员组成层级关系，并以直接或者间接发展的人员数量作为计酬或者返利的依据，引诱被发展人员继续发展他人参加，骗取财物，扰乱经济社会秩序的，以组织、领导传销活动罪追究刑事责任。

【罪量】根据《办理传销案意见》（2013）第1条，组织、领导的传销活动人员在30人以上且层级在3级以上的，对组织者、领导者，应追究刑事责任。"层级"和"级"，指组织者、领导者与参与传销活动人员之间的上下线关系层次，而非组织者、领导者在传销组织中的身份等级。对传销组织内部人数和层级数的计算，以及对组织者、领导者直接或者间接发展参与传销活动人员人数和层级数的计算，包括组织者、领导者本人及其本层级在内。办理组织、领导传销活动刑事案件中，确因客观条件的限制无法逐一收集参与传销活动人员的言词证据的，可

---

[1] 最高人民检察院指导性案例第41号。

以结合依法收集并查证属实的缴纳、支付费用及计酬、返利记录,视听资料,传销人员关系图,银行账户交易记录,互联网电子数据,鉴定意见等证据,综合认定参与传销的人数、层级数等犯罪事实。

【加重犯】情节严重。具体标准参见《办理传销案意见》(2013)第4条。

(二)适用

【定罪】团队计酬式传销活动的认定。定性的关键在于是依据"销售商品数"还是"发展人头数"计酬。根据《办理传销案意见》(2013)第5条,传销活动的组织者或者领导者通过发展人员,要求传销活动的被发展人员发展其他人员加入,形成上下线关系,并以下线的销售业绩为依据计算和给付上线报酬,牟取非法利益的,是团队计酬式传销活动。以销售商品为目的、以销售业绩为计酬依据的单纯团队计酬式传销活动,不作为犯罪处理。形式上采取团队计酬方式,但实质上属于以发展人员的数量作为计酬或者返利依据的传销活动,应以组织、领导传销活动罪定罪处罚。

【案例】甲、乙、丙、丁等人以某生物科技有限公司连锁销售的形式,销售保健品(每份成本15元),其销售模式为"五级三节制":高级业务员(A级600份以上)、业务经理(B级65~599份)、业务主任(C级10~64份)、业务组长(D级3~9份)、实习业务员(E级1~2份)。并且规定,购买第一份份额和产品的价格是3800元,以后购买份额的价格都是3300元,然后根据级别和发展的下线申购的份额款获得提成。甲、乙、丙、丁发展了400余人,涉案金额500余万元。甲、乙、丙、丁的行为构成组织、领导传销罪,因为其符合组织、领导传销的要件:①有层级;②依层级发展人数计酬;③传销活动人员在30人以上且层级在3级以上;④甲、乙、丙、丁等人起组织、领导作用。

评析:本案的隐蔽性在于,以销售"保健品份数"分层、计酬掩盖以"发展人员"分层、计酬。判断是传销还是团队计酬的关键在于是依据"销售商品数"还是"发展人头数"计酬。本案中,"保健品"价格脱离商品价值,是道具,都在各级"业务员"手里,没有销售给业务员以外的人。各级"业务员"获利来源是所发展的下线业务员购买的份额数计酬提成。

【关联罪】本罪与非法经营罪的区别。鉴于《刑法修正案(七)》已经将组织、领导传销活动的行为单独规定为犯罪,故对此类行为,即使未达到本罪的追诉标准,不构成组织、领导传销活动罪,亦不宜再以非法经营罪追究刑事责任。[1] 但如果行为人组织、领导传销活动却没有骗取财物,因而不符合本罪构成要件的,仍可能以非法经营罪定罪处罚。

【罪数】通过传销手段向社会公众非法吸收资金,构成非法吸收公众存款罪或者集资诈骗罪,同时又构成组织、领导传销活动罪的,依照处罚较重的规定定罪处罚。

六、非法经营罪

《刑法》第225条 违反国家规定,有下列非法经营行为之一,扰乱市场秩序,情节严重的,处五年以下有期徒刑或者拘役,并处或者单处违法所得一倍以上五倍以下罚金;情节特别严重的,处五年以上有期徒刑,并处违法所得一倍以上五倍以下罚金或者没收财产:

(一)未经许可经营法律、行政法规规定的专营、专卖物品或者其他限制买卖的物品的;

(二)买卖进出口许可证、进出口原产地证明以及其他法律、行政法规规定的经营许可证或者批准文件的;

(三)未经国家有关主管部门批准非法经营证券、期货、保险业务的,或者非法从事资金

---

[1] 指导案例第865号"曾国坚等涉嫌非法经营无罪案",载中华人民共和国最高人民法院刑事审判第一、二、三、四、五庭主办:《刑事审判参考》(2013年第3集·总第92集),法律出版社2014年版,第65~67页。

支付结算业务的;

(四) 其他严重扰乱市场秩序的非法经营行为。

(一) 构成要件

【行为】违反国家规定,实施非法经营行为,扰乱市场秩序。

1. 违反国家规定。根据《刑法》第96条,指违反全国人民代表大会及其常务委员会制定的法律和决定,国务院制定的行政法规、规定的行政措施、发布的决定和命令。不包括地方性法规和中央各部委的规章。根据《关于国家规定的通知》(2011),国务院规定的行政措施应当由国务院决定,通常以行政法规或者国务院制发文件的形式加以规定。以国务院办公厅名义制发的文件,符合以下条件的,亦应视为刑法中的"国家规定":①有明确的法律依据或者同相关行政法规不相抵触;②经国务院常务会议讨论通过或者经国务院批准;③在国务院公报上公开发布。

《关于国家规定的通知》(2011) 特别指出,各级人民法院在刑事审判工作中,对有关案件所涉及的"违反国家规定"的认定,要依照相关法律、行政法规及司法解释的规定准确把握。对于规定不明确的,要按照本通知的要求审慎认定。对于违反地方性法规、部门规章的行为,不得认定为"违反国家规定"。对被告人的行为是否"违反国家规定"存在争议的,应当作为法律适用问题,逐级向最高人民法院请示。

2. 实施非法经营行为,扰乱市场秩序,可以表现为:

(1) 未经许可经营法律、行政法规规定的专营、专卖物品或者其他限制买卖的物品。在我国,专营、专卖的物品主要包括烟草、金银、麻醉药品等;其他限制买卖的物品一般包括煤炭、原油等,这种限制买卖物品的种类随着国家政治经济的发展变化将不断调整,对于行为时需经行政许可,但审理期间相关行政审批项目被取消的,不构成非法经营罪。[1] 对于有证但超范围和地域经营是否入罪,应当区分情况处理:如果有证经营行为人进货购买的物品在国家计划范围内,并未侵犯国家的特许经营秩序,则属于"倒卖"行为,予以行政处罚即可;但如果其进货购买的物品在国家计划范围外,如走私"专供出口卷烟"(不允许回购、禁止在国内销售),行为人虽有经营许可证,但该证只是证明其有经营资质,超出经营范围和地域从国家计划范围外进货的行为,严重影响我国烟草市场秩序,有实质违法性。[2] 关于租借许可证经营的问题,也不应一概而论:租借许可证在合法渠道内进货并经营的行为人,只是在准入资格上有缺陷,不宜入罪;但对于未在合法渠道进货的,则可考虑入罪。

(2) 买卖进出口许可证、进出口原产地证明以及其他法律、行政法规规定的经营许可证或者批准文件。

(3) 未经国家有关主管部门批准,非法经营证券、期货或者保险业务或者非法从事资金支付结算业务。这里的"非法从事资金支付结算业务",指未经批准而从事银行专营的各种支付结算和资金清算业务的行为。"通常认为该规定专指地下钱庄",不包括单纯的票据中介。"票据中介是把汇票当成商品而非支付工具,所实施的票据出票、承兑、兑付、贴现等均在银行完成,票据中介只是票据流通的一个环节,不属于刑法规定的'资金支付结算业务',简单把银行内部管理的结算概念套用至刑法上存在问题。……银监会政策法规部以及公安部经侦局

---

[1] 指导案例第862号"于润龙涉嫌非法经营无罪案",载中华人民共和国最高人民法院刑事审判第一、二、三、四、五庭主办:《刑事审判参考》(2013年第3集·总第92集),法律出版社2014年版,第44页。

[2] 刘霞、陈蕾、陈洁淼:《涉烟草非法经营罪中的"未经许可"应从犯罪本质理解》,载《人民检察》2021年第16期。

批复对票据中介'非法从事资金支付结算业务'的函复意见，从行业内部的规范来说虽有一定分量，但却并不是法律或行政法规，也不具有司法解释的效力。……后经咨询有关专家，其认为从银行业务的角度来看，单纯从事买卖银行承兑汇票的行为不应该作为支付结算行为看待，因此不构成犯罪。"[1]

(4) 其他严重扰乱市场秩序的非法经营行为。《刑法》第225条虽然列举规定了多种非法经营的行为表现，但最后还是采取"其他严重扰乱市场秩序的非法经营行为"的概括立法模式，使其构成要件具有开放性，成为惩治经济犯罪的兜底条款。同时也产生了严格解释、适用的要求：一方面，适用兜底条款，应以行为在扰乱市场秩序方面与叙明的非法经营行为具有相当性为前提；另一方面，只有在案件事实不符合法条叙明类型的情况下，才能考虑适用兜底条款，一旦案件事实符合任一叙明类型，则排斥兜底条款的适用。

《关于国家规定的通知》（2011）特别指出："各级人民法院审理非法经营犯罪案件，要依法严格把握刑法第二百二十五条第（四）的适用范围。对被告人的行为是否属于刑事第二百二十五条第（四）规定的'其它严重扰乱市场秩序的非法经营行为'，有关司法解释未作明确规定的，应当作为法律适用问题，逐级向最高人民法院请示。"据此，"其他扰乱市场秩序"的扩张适用，必须遵循司法解释、指导案例。在没有司法解释、指导案例的情况下，其扩张适用权限在最高人民法院。

【案例】　　　　　　　　**王某军被控非法经营无罪案**[2]

2014年11月至2015年1月期间，王某军未办理粮食收购许可证，未经工商行政管理机关核准登记并颁发营业执照，擅自在临河区白脑包镇附近村组无证照违法收购玉米，将所收购的玉米卖给巴彦淖尔市粮油公司杭锦后旗蛮会分库，非法经营数额218 288.6元，非法获利6000元。原审法院认为，王某军违反国家法律和行政法规规定，未经粮食主管部门许可及工商行政管理机关核准登记并颁发营业执照，非法收购玉米，非法经营数额较大，其行为构成非法经营罪。宣判后，王某军未上诉，检察机关未抗诉，判决发生法律效力。最高人民法院于2016年12月16日指令内蒙古自治区巴彦淖尔市中级人民法院对本案进行再审。巴彦淖尔市中级人民法院于2017年2月14日作出再审判决，以"王某军的行为虽违反当时的国家粮食流通管理规定，但尚未达到严重扰乱市场秩序的危害程度，不具备与《刑法》第225条规定的非法经营罪相当的社会危害性和刑事处罚的必要性"为由，宣告无罪。

要点：①对于《刑法》第225条第4项兜底条款的适用，应重点考虑相关行为是否与《刑法》第225条叙明的非法经营行为具有相当的社会危害性、刑事违法性和刑事处罚必要性；②判断违反行政管理规定的经营行为是否构成非法经营罪，还需审查该行为是否属于严重扰乱市场秩序。应严格区分违规经营和非法经营。对于虽违反行政管理规定，但尚未严重扰乱市场秩序的经营行为，不应以非法经营罪定罪处罚。

【主观】故意。

【罪量】情节严重。具体标准参见《立案标准（二）》（2022年修正）第71条。

【加重犯】情节特别严重。

(二) 适用

【定罪】1. 无证经营成品油行为的定性问题。实践中，曾有2种认定非法经营罪的思路：

---

[1] 史卫忠、李莹：《银行承兑汇票中介业务不宜认定为非法经营罪》，载《检察日报》2012年7月27日，第3版。

[2] 最高人民法院指导性案例第97号。

一是基于成品油许可，二是基于危险化学品许可。在 2019 年国务院放开成品油市场准入与 2020 年商务部废止《成品油市场管理办法》之后，只余"违反国务院《危险化学品安全管理条例》规定，未经许可从事危险化学品生产、经营活动"这一条思路。但细究起来，无证经营成品油对《危险化学品安全管理条例》之违反，侵害的主要是公共安全法益，而非市场特许秩序，以非法经营罪定罪处罚实际是在立法难以推进的情况下回应现实处罚需求的权宜之计。[1]《刑法修正案（十一）》增设危险作业罪，其中规定未经依法批准或许可，擅自从事危险物品生产、经营、储存等高度危险的生产作业活动，具有发生重大伤亡事故或者其他严重后果的现实危险的，处 1 年以下有期徒刑、拘役或者管制。汽油和"闭杯闪点≤60℃的柴油"均在《危险化学品名录》中，属于危险化学品，故无证生产、经营、储存、运输汽油和"闭杯闪点≤60℃的柴油"，具有发生重大伤亡事故或者其他严重后果的现实危险的，可成立危险作业罪，无需再动用非法经营罪。[2]

2. 非法放贷行为的定性问题。根据《办理非法放贷刑案意见》（2019）第 1 条，违反国家规定，未经监管部门批准，或者超越经营范围，以营利为目的，经常性地向社会不特定对象发放贷款，扰乱金融市场秩序，情节严重的，依照《刑法》第 225 条第 4 项的规定，以非法经营罪定罪处罚。对于该意见以非法经营罪直接规制非法放贷行为的做法，有学者表示反对，认为既偏离了重点打击非法放贷行为所伴生或者次生之罪这一刑事规制的应然目标，又忽视了小额贷款公司从事非法发放高利贷业务与民间高利贷之间的差异，将非法经营罪中的"未经许可"与行政法上的"超范围经营"画等号。[3]

本书认为，应从严掌握司法解释的相关规定。首先，通过放宽"特定对象"的认定标准来限制"不特定对象"的外延；对于亲属关系与单位内部人员身份，不应根据与放贷人的亲疏关系而限缩成立范围；对于朋友关系，不应将基于物质利益而保持交往、通过网络交往的情形完全排除在外。其次，完善"营利目的"的评价依据，明确该目的与利率高低、放贷对象是否特定不存在必然联系，应具体结合放贷人的生活来源、谋取高息的手段、担保物的处分价格、违约金高低、放贷行为的组织性予以认定。

七、强迫交易罪

《刑法》第 226 条　以暴力、威胁手段，实施下列行为之一，情节严重的，处三年以下有期徒刑或者拘役，并处或者单处罚金；情节特别严重的，处三年以上七年以下有期徒刑，并处罚金：

（一）强买强卖商品的；

（二）强迫他人提供或者接受服务的；

（三）强迫他人参与或者退出投标、拍卖的；

（四）强迫他人转让或者收购公司、企业的股份、债券或者其他资产的；

（五）强迫他人参与或者退出特定的经营活动的。

（一）构成要件

【行为】以暴力、威胁手段，实施《刑法》第 226 条规定的强迫交易行为。可以表现为：

---

[1] 参见马春晓：《轻罪立法时代无证经营成品油行为的刑法定性——基于建构性刑法解释的展开》，载《法学》2022 年第 3 期。

[2] 参见王勇：《刑法修正案（十一）的蝴蝶效应——以对认定非法经营罪、违法所得的影响为例》，载《检察日报》2020 年 12 月 31 日，第 3 版。

[3] 参见王志远：《非法放贷行为刑法规制路径的当代选择及其评判》，载《中国政法大学学报》2021 年第 1 期。

①强买强卖商品；②强迫他人提供或者接受服务；③强迫他人参与或者退出投标、拍卖；④强迫他人转让或者收购公司、企业的股份、债券或者其他资产；⑤强迫他人参与或者退出特定的经营活动。

1. 暴力、威胁手段。本罪中的暴力，指对他人的身体施加有形力，但不以达到足以压制对方的程度为必要。威胁，指以告知向对方施加某种恶害使对方感到恐惧，也不以达到足以压制对方的程度为必要。根据《办理黑恶势力案意见》（2018）第17条，黑恶势力为谋取不法利益或形成非法影响，有组织地采用滋扰、纠缠、哄闹、聚众造势等手段扰乱正常的工作、生活秩序，使他人产生心理恐惧或者形成心理强制的，可认定为"威胁"。相比抢劫的暴力、胁迫，本罪的暴力、威胁的标准应当略微降低一点。暴力、威胁手段达到足以压制被害人或使其畏惧的程度，无疑也属于本罪的暴力、威胁。不过，有可能超出强迫交易的范围，同时触犯抢劫、敲诈勒索等犯罪。

2. 强迫他人交易。本罪中的强迫，既包括他人本无交易意愿、强要他人接受，也包括他人虽有交易意愿，但强要他人接受不公平价格、不合理方式等情形。而且，不限于强迫与行为人本人交易，强迫与第三人交易的，也成立本罪。

【主观】故意。

【罪量】情节严重。既包括强迫交易造成被害人轻微伤，也包括强迫交易数额在1万元以上或者造成直接经济损失2000元以上的情形。具体标准参见《立案标准（一）补充规定》（2017）第5条。

【加重犯】情节特别严重。

（二）适用

【关联罪】本罪与抢劫罪、敲诈勒索罪的关系。司法实践倾向于对立关系说，认为区分此罪与彼罪的关键在于有无真实交易。《审理抢劫抢夺刑案意见》（2005）第9条规定，从事正常商品买卖、交易或者劳动服务的人，以暴力、胁迫手段迫使他人交出与合理价钱、费用相差不大的钱物，情节严重的，以强迫交易罪定罪处罚；以非法占有为目的，以买卖、交易、服务为幌子采用暴力、胁迫手段迫使他人交出与合理价钱、费用相差悬殊的钱物的，以抢劫罪定罪处刑。《强迫借贷适用法律批复》（2014）也指出，以暴力、胁迫手段强迫他人借贷，属于《刑法》第226条第2项规定的"强迫他人提供或者接受服务"，情节严重的，以强迫交易罪追究刑事责任；以非法占有为目的，以借贷为名采用暴力、胁迫手段获取他人财物，符合《刑法》第263条或者第274条规定的，以抢劫罪或者敲诈勒索罪追究刑事责任。

与实践立场不同，有学者主张竞合关系说，即本罪与抢劫罪、敲诈勒索罪之间不是对立关系，符合本罪的犯罪构成时，并不当然排除抢劫罪、敲诈勒索罪的成立，反之亦然。应当注重犯罪之间的想象竞合。[1]

本书认为，强迫交易罪的法定最高刑为7年有期徒刑，无法容纳故意致人重伤、死亡的情形，所以，行为人使用致人重伤、死亡程度的暴力强迫他人交易的，不成立本罪；对于以致人轻伤、轻微伤程度的暴力、威胁强迫他人交易的，可能同时触犯本罪与抢劫罪、敲诈勒索罪，应从一重罪论处。

八、伪造、倒卖伪造的有价票证罪·倒卖车票、船票罪

《刑法》第227条 伪造或者倒卖伪造的车票、船票、邮票或者其他有价票证，数额较大的，处二年以下有期徒刑、拘役或者管制，并处或者单处票证价额一倍以上五倍以下罚金；数

---

[1] 参见张明楷：《刑法学》（下），法律出版社2021年版，第1102页。

额巨大的，处二年以上七年以下有期徒刑，并处票证价额一倍以上五倍以下罚金。

倒卖车票、船票，情节严重的，处三年以下有期徒刑、拘役或者管制，并处或者单处票证价额一倍以上五倍以下罚金。

（一）伪造、倒卖伪造的有价票证罪

【对象】车票、船票、邮票或者其他有价票证。根据《邮票解释》（2000），对变造或者倒卖变造的邮票数额较大的，应按本罪定罪处罚。根据《IC电话卡答复》（2003），非法制作或者出售非法制作的IC电话卡，数额较大的，也以本罪定罪处罚。

【行为】伪造、倒卖伪造的有价票证。本罪中的伪造采广义，还包括变造车票、船票等有价票证的行为。倒卖，一般指低价买进高价卖出或者转手贩卖。

【主观】故意。

【罪量】数额较大。具体标准参见《立案标准（一）》（2008）第29条。

【加重犯】数额巨大。

（二）倒卖车票、船票罪

【对象】车票、船票。本罪的对象限于真实的车票、船票，不包括伪造的票证，也不包括飞机票。

【行为】倒卖。一般指低价买进高价卖出或者转手贩卖。

【主观】故意。

【罪量】情节严重。具体标准参见《立案标准（一）》（2008）第30条。

九、非法转让、倒卖土地使用权罪

《刑法》第228条　以牟利为目的，违反土地管理法规，非法转让、倒卖土地使用权，情节严重的，处三年以下有期徒刑或者拘役，并处或者单处非法转让、倒卖土地使用权价额百分之五以上百分之二十以下罚金；情节特别严重的，处三年以上七年以下有期徒刑，并处非法转让、倒卖土地使用权价额百分之五以上百分之二十以下罚金。

【行为】违反土地管理法规，非法转让、倒卖土地使用权。根据《刑法第228、342、410条的解释》（2009年修正），违反土地管理法规，指违反《土地管理法》《森林法》《草原法》等法律以及有关行政法规中关于土地管理的规定。非法转让土地使用权，指行为人在合法取得土地使用权后，违反国家土地管理法规规定，未经批准擅自将土地转让给他人的行为。非法倒卖土地使用权，指土地受让者违反国家土地管理法规，擅自将土地转手卖给他人，从中谋取差价的行为。

【主观】故意，并以牟利为目的。

【罪量】情节严重。具体标准参见《立案标准（二）》（2022年修正）第72条。

【加重犯】情节特别严重。具体标准参见《审理土地资源刑案解释》（2000）第2条。

十、提供虚假证明文件罪·出具证明文件重大失实罪[1]

《刑法》第229条　承担资产评估、验资、验证、会计、审计、法律服务、保荐、安全评价、环境影响评价、环境监测等职责的中介组织的人员故意提供虚假证明文件，情节严重的，处五年以下有期徒刑或者拘役，并处罚金；有下列情形之一的，处五年以上十年以下有期徒刑，并处罚金：

（一）提供与证券发行相关的虚假的资产评估、会计、审计、法律服务、保荐等证明文件，情节特别严重的；

---

[1]　两罪经《刑法修正案（十一）》修改。

（二）提供与重大资产交易相关的虚假的资产评估、会计、审计等证明文件，情节特别严重的；

（三）在涉及公共安全的重大工程、项目中提供虚假的安全评价、环境影响评价等证明文件，致使公共财产、国家和人民利益遭受特别重大损失的。

有前款行为，同时索取他人财物或者非法收受他人财物构成犯罪的，依照处罚较重的规定定罪处罚。

第一款规定的人员，严重不负责任，出具的证明文件有重大失实，造成严重后果的，处三年以下有期徒刑或者拘役，并处或者单处罚金。

（一）构成要件

1. 提供虚假证明文件罪。

【主体】特殊主体，包括承担资产评估、验资、验证、会计、审计、法律服务、保荐、安全评价、环境影响评价、环境监测等职责的中介组织及其工作人员。《刑法修正案（十一）》扩大了本罪的主体范围，旨在"加大对保荐等中介机构在证券发行、重大资产交易中提供虚假证明文件等犯罪的惩治力度，提高资本市场违法违规成本"，[1] 同时维护重大工程安全评价、环境影响评价、环境监测领域的市场秩序，保证公共安全。参考《药品注册材料造假案解释》（现已失效）第1条，药物非临床研究机构、药物临床试验机构、合同研究组织的工作人员，也可成为本罪的主体。

【行为】提供虚假证明文件。

【主观】故意。

【罪量】情节严重。具体标准参见《立案标准（二）》（2022年修正）第73条。

【加重犯】《刑法》第229条第1款规定了以下加重事由：①提供与证券发行相关的虚假的资产评估、会计、审计、法律服务、保荐等证明文件，情节特别严重的；②提供与重大资产交易相关的虚假的资产评估、会计、审计等证明文件，情节特别严重的；③在涉及公共安全的重大工程、项目中提供虚假的安全评价、环境影响评价等证明文件，致使公共财产、国家和人民利益遭受特别重大损失的。

2. 出具证明文件重大失实罪。

【主体】特殊主体。本罪的主体与提供虚假证明文件罪相同，即承担资产评估、验资、验证、会计、审计、法律服务、保荐、安全评价、环境影响评价、环境监测等职责的中介组织及其人员。

【行为】严重不负责任，出具的证明文件重大失实。

【结果·罪量】造成严重后果。根据《立案标准（二）》（2022年修正）第74条，指给国家、公众或者其他投资者造成直接经济损失数额在100万元以上等情形。

【主观】过失。

（二）适用

【罪数】经《刑法修正案（十一）》调整，提供虚假证明文件，同时索取他人财物或者非法收受他人财物构成犯罪的，不再作为提供虚假证明文件罪的加重犯，而是依照处罚较重的规定定罪处罚。

---

[1] 李宁：《关于〈中华人民共和国刑法修正案（十一）（草案）〉的说明——2020年6月28日在第十三届全国人民代表大会常务委员会第二十次会议上》，载《中华人民共和国全国人民代表大会常务委员会公报》2021年第1期。

十一、逃避商检罪

《刑法》第 230 条　违反进出口商品检验法的规定，逃避商品检验，将必须经商检机构检验的进口商品未报经检验而擅自销售、使用，或者将必须经商检机构检验的出口商品未报经检验合格而擅自出口，情节严重的，处三年以下有期徒刑或者拘役，并处或者单处罚金。

【行为】违反进出口商品检验法的规定，逃避商品检验，将必须经商检机构检验的进口商品未报经检验而擅自销售、使用，或者将必须经商检机构检验的出口商品未报经检验合格而擅自出口。

【主观】故意，即行为人明知是必须经商检机构检验的进口商品，却未报经检验而擅自销售、使用，或者明知是必须经商检机构检验的出口商品，未报经检验合格而擅自出口。

【罪量】情节严重。具体标准参见《立案标准（二）》（2022 年修正）第 75 条。

第四章
侵犯公民人身权利、民主权利罪

侵犯公民人身权利、民主权利罪，指侵犯公民人身和与人身直接有关的权利，非法剥夺或者妨害公民自由行使依法享有的管理国家事务和参加社会政治活动的权利以及妨害婚姻家庭的行为。

犯罪侵害的对象大抵有两类：一是人；二是物。本章之罪包括了主要的对人犯罪，因此属于常见的、基本的犯罪。古代约法三章，"杀人者死，伤人及盗抵罪"，说明再简约的刑法也少不了惩治侵犯人身的犯罪。刑法基本理论，比如故意、过失、共犯、未完成罪、罪数的理论等，很多都是依托本章之罪而演绎和诠释的，所以，掌握这类犯罪的法律要件和处罚规则，对于掌握刑法的基本理论也具有重要意义。

第一节 侵犯他人生命、健康的犯罪

一、故意杀人罪

《刑法》第 232 条 故意杀人的，处死刑、无期徒刑或者十年以上有期徒刑；情节较轻的，处三年以上十年以下有期徒刑。

（一）构成要件

【客体】他人的生命权。人类出于维护自身生存、繁衍的需要，无论在伦理上还是法律上，都把人的生命视为至尊的价值而予以保护，禁止非法剥夺生命的行为。在现代，人人平等的观念日益深入人心，因此，一切非法剥夺他人生命的行为，不论被害人的肤色、种族、性别、年龄如何，都是对我国法律所保护的生命权益的侵害。

故意杀人罪是典型的结果犯，必须发生死亡结果，才能构成既遂。反之，行为人已经着手实行杀人行为，但由于意志以外的原因没有造成死亡结果的，是未遂犯。例如，甲把仇人乙击昏、掩埋后满意而归，乙数小时后从土里活着爬出报警。甲系故意杀人未遂，属于实行终了的未遂。

【对象】他人。

1. 他人，指有生命的自然人。关于生命起始的时间有多种观点，如阵痛说、一部分露出说、全部露出说、断带说、发声说、独立呼吸说等。在我国，独立呼吸说是通说。独立呼吸说以胎儿脱离母体能够独立呼吸作为生命起始的标志。因此，堕胎不具有杀人的性质，非法堕胎属于非法进行节育手术的犯罪行为。其他故意造成孕妇流产、胎儿死亡的行为，也不具有杀人的性质，只能作为对孕妇的损害结果加以考虑。如对孕妇实施伤害、强奸等犯罪而导致胎儿流产、死亡的，作为伤害、强奸孕妇的加重结果或者情节。关于生命结束的时间，原则上以人的生命已经不可逆转为标准。传统观点以心脏停止跳动或呼吸停止为标志。也就是认为心跳或呼吸不可逆转地停止，标志着人的生命已经不可逆转地结束了，即死亡。这也是我国的通说。随着医学技术和医学伦理观念的发展，出现了脑死亡说，该说以大脑发生不可逆转地丧失生命为死亡的标准。如果以脑死亡说为标准，在某些场合可能把死亡的时间适当提前。脑死亡说在我国、在世界尚未取得通说地位。

2. 他人，指杀人者以外的人。这意味着：

（1）被害人的差异不影响行为的性质。在有的国家，根据对象的不同，规定了不同的杀人罪，如普通杀人罪、杀婴罪、杀害尊亲属罪。在我国刑法中，对故意杀人罪没有作这样的分类，故意杀害何种人对罪名不产生影响。

（2）不包括自杀。自杀在伦理上固然不可取，但是在法律上不属于犯罪行为。对于诱骗、教唆、帮助、逼迫他人"自杀"的定性，存在一些似是而非的观念。这些观念可能产生于对自杀、他杀的模糊认识。自杀的基本特征之一是自杀者按照自己的意志决定结束自己的生命，并清楚地认识到自己行为的意义。故意杀人罪是一种杀害他人的犯罪，行为人必须有杀害他人的故意和行为。从这个意义上讲，在诱骗、教唆、帮助、逼迫他人"自杀"的场合，只有当案件具有他杀的实质而徒有"自杀"的表象时，才可能构成故意杀人罪。如张三出于杀人目的将毒药冒充治病的药物欺骗李四自己服用，或者残酷折磨被害人迫使其"选择"自尽的，又或者煽动、教唆、帮助邪教组织人员自杀的，属于具有自杀表象而实为他杀的情况。在这个意义上的"自杀"案件中，才存在故意杀人罪的问题。

【行为】非法剥夺他人生命，指一切非法的足以致人死亡的行为。在现代刑法广泛惩罚不能犯未遂的背景下，这里的"足以致人死亡"，指在"常识"意义上能够造成死亡结果，不以实际能够造成死亡为必要。例如，甲意图用毒药谋杀乙，因毒药失效在该场合实际上不可能致乙死亡，也是杀人行为。因为毒药能致人死亡是常识。国外判例如，M 为杀其夫 B，将杀虫剂"德特莫尔"从一个喷雾罐里喷到 B 的午后点心上。喷两次各约一秒。B 咬了一口，因味苦吐了，没再吃。法庭查明：喷雾罐中化螟松的有效成分共 0.85 毫升，而致死量需 40 克。德国最高法院认定甲成立杀人未遂。[1] 作为对极端主义、恐怖主义的反应，刑事立法注重防患于未然，将惩罚限度提前，杀人危险的认定应相应提前到抽象危险，不以有具体危险为必要。如果使用在"常识"上不可能造成死亡的方式，如用诅咒、巫蛊之类的方式"杀人"，则不是杀人行为。因为这是超自然、违背常识的方法，不可能致人死亡。

一般而言，开始实行能够剥夺他人生命的行为，为本罪的着手。认定着手，要结合行为人的杀人方式。在刀杀、棒杀时，举刀要砍、刺他人或者举棒要击打他人之际是着手；在枪杀时，正要扣动扳机射击他人之际是着手，因为此刻开始危及人身安全。而在此之前，行为人准备刀枪等犯罪工具，持械接近、尾随他人，在特定的地点守候他人，都是杀人准备行为。关于毒杀的着手时间点，有两个学说：①向被害人的食物投放毒药之际是着手；②被害人将要饮食有毒食物是着手。早先，"投放说"影响较大，现在"即将饮食说"也很有力。"投放说"较为合理，杀人着手的实质标准是开始危及生命，投放毒药到食物中，被害人或其他人随时可能误食中毒，足见客观上已经危及他人生命；同时足以显示行为人杀人的主观决意，由预谋、计划、准备，跃进到实行阶段。"投放说"也较简明且易统一尺度。投放毒物之后，行为人无需添加其他行动，被害人即将饮食或很可能会饮食或很可能被其他人误食，应认定开始危及他人生命，达到杀人着手的程度。如果投放毒物之后，还需添加或借助其他行动才能危及他人生命的，如投放毒物后需要邮寄给被害人的，或者投放毒药于酒中，待来日宴请时伺机给被害人饮用的，又或者投放毒于茶叶中，择日将该茶叶送给被害人饮用的，不能认为着手。

杀人行为包括作为和不作为。不作为只有在与作为的杀人行为相当时，才能评价为杀人行

---

[1] [德]克劳斯·罗克辛著，何庆仁、蔡桂生译：《德国最高法院判例 刑法总论》，中国人民大学出版社 2012 年版，第 146~147 页。

为。例如，某对夫妇生下畸形儿，不想让他留在人间，但又不忍心下手杀害（如果亲自把孩子溺死或者掐死则属于作为犯），于是就把孩子放在家中，不予照料喂养，致其死亡。对于结束孩子生命（即法律禁止的杀人），该夫妇没有采取积极的作为去实施（如溺、掐），而只是不哺育，属于不作为。该不作为致婴儿死亡与溺、掐致死（作为）相当，应认定为故意杀人行为。相反，如果这对夫妇将婴儿放到医院、救助站、公园门口或显眼处，希望有人抱走且很可能被人发现并抱走，但长时间没有被人抱走而死亡，该不作为（不履行抚养义务）与作为的杀人行为不相当，不成立本罪，但不排除成立遗弃罪。

【主观】故意，包括两方面的内容：

1. 行为事实层面的故意：①认识内容是明知自己的行为会造成他人死亡；②意志因素是希望或者放任他人死亡。死亡结果是本罪故意的核心内容。这种故意是行为人主观的认识和意志，即使与实际的情形不一致，例如，把已经死亡的人误认为是有生命的人进行杀害的，也成立杀人故意。

2. 行为价值层面的认识，即行为人意识到行为的非法性。杀人在伦理道德上的恶性人人皆知，行为人只要认识到杀人事实，就足以判定其有危害性或违法性认识。除非行为人基于阻却违法性事由而杀人，表明自己缺乏非法性认识，排除杀人故意。例如，在紧急避险、执行法令或职务时，行为人自认行为合法而排除杀人故意。行为人杀死假想的不法侵害人（假想防卫），有判决认为仅成立过失致人死亡罪，不成立故意杀人罪。

杀人故意，包括直接故意和间接故意。杀人的直接故意，指明知自己的行为会造成他人死亡，并且希望该死亡结果发生。直接故意支配下的杀人行为，可称之为蓄意杀人或者谋杀。直接故意杀人的，无论事实上是否发生了希望的死亡结果，都应当认定为故意杀人罪。根据具体情况，可以按照本罪的预备犯、未遂犯或中止犯从宽处罚。杀人的间接故意，指明知自己的行为会造成他人死亡而放任该死亡结果发生。被放任之死亡结果没有发生时，是否成立间接故意杀人罪？存在分歧。例如，乙扒窃被民警丙抓获扭送，乙同伙甲见状持刀上前朝丙颈背胸腹连扎十余刀，直至丙不支、倒地松开乙，甲乙一同逃脱。若丙死亡，甲肯定构成故意杀人罪，也无需考虑直接故意还是间接故意。实际案情是：丙因抢救得力、及时而侥幸生还。甲疯狂扎丙10余刀、刀刀刺向要害、毫无顾忌，足以认定明知会致丙死亡而放任（对致人死亡持间接故意）。如果不能认定甲有杀人的直接故意，甲是故意杀人未遂还是故意伤害（重伤、残疾）？本书认为，认定为故意伤害罪较妥。毕竟，客观没有发生死亡结果，也不能证实主观希望死亡结果发生。本罪的客体是生命法益，故意伤害罪的客体是健康法益，事实上造成了伤害而没有发生死亡，也不能证实行为人希望该死亡结果发生的，认定为故意伤害罪较为简明，易于统一司法尺度。

掌握故意内容对认定本罪具有重要意义。本罪的故意是针对"杀人行为"和"致人死亡结果"的故意，而杀人行为必须是在放任他人死亡的意志支配下实施的具有足以致人死亡的物理能量的行为。引起或导致死亡结果的"举止"，未必本身都具有足以致人死亡的物理力量，即未必都是杀人行为，对该举止的故意，不是本罪的故意。

1. 本身不足以致人死亡的举止，如推搡、撕扯、拳打、脚踢、掌掴等偶然与其他因素遭遇，如被害人跌倒磕碰致死，或者被害人患有高血压、心脏病，肢体冲突加情绪激动致病发而死，不能证实行为人有意利用有关因素或对"致人死亡"明知的，不具有杀人故意。

2. 即使故意实施足以剥夺他人生命的行为致人死亡，如暴力刀刺、棒击、砖砸、连续拳打脚踢等，若不能证实行为人对"致人死亡"是明知的，仍然不是故意杀人。

【案例】 **王某佰、韩某、王某央故意伤害案**[1]

王某佰与逄某先各自承包了本村沙地售沙。王某佰因逄某先卖沙价格较低、影响自己的经营，即预谋找人教训逄某先。2003年10月8日16时许，王某佰纠集了韩某、王某央等5人，在地头树林内将4根铁管分发，并指认了田里干活的逄某先。韩某、王某央等5人随即冲入田地殴打逄某先。其间，韩某掏出随身携带的尖刀捅刺被害人逄某先腿部数刀，致其双下肢多处锐器创伤，致失血性休克死亡。法院以故意伤害罪判处王某佰有期徒刑10年，剥夺政治权利3年；韩某有期徒刑12年。本案各被告人明显具有伤害的故意，实施伤害行为致被害人死亡，不能证实对"致人死亡"有故意的，不成立故意杀人罪。

要点：故意的举止致人死亡，只有证实行为人对自己故意举止本身具有足以致人死亡的物理力量和致人死亡两点皆有明知，才能认定杀人故意。不了解这一点，无以区分《刑法》第232条之故意杀人致死与第234条之故意伤害致死、第233条之过失致死，甚至不能区分故意杀人致死和意外事件致死。

(二) 适用

【定罪】1. 行为人有明确的杀人故意，也实施了杀人行为，但因意志以外的原因未能造成死亡或者伤害结果，成立故意杀人罪（未遂）。例如，甲男因恋爱乙女不成，写下绝命书，发誓与乙女"阳间不成阴间成"。然后带上刀子、绳子、农药到乙女家，喊出乙女，用刀子向乙女要害部位猛扎。乙女倒地后，又拿石头向其头部砸。甲男见众人赶到相救，不得不慌张逃走。先上吊自杀，绳断未遂；继而又喝农药，仍自杀未逞。乙女因及时获救未死。从整个案情看，甲男的杀人犯意坚决明确，只是由于意志以外的原因没有造成死亡结果，应当认定为故意杀人罪（未遂）。

如果不能证实行为人有明确的杀人故意，造成轻伤以上结果的，通常以故意伤害罪定罪处罚。不过，在连轻伤结果也没有的情况下，鉴于司法习惯不处罚故意伤害未遂，案件定性选项只有故意杀人罪（未遂）与无罪，往往会出现偏差，把连故意伤害罪（未遂）都不成立的行为，勉强"升格"为故意杀人罪（未遂）。

【案例】 **王某强故意杀人（未遂）案**

王某强（男，25岁）与王某婷（女，24岁，爱卡汽车网编辑）上班乘坐地铁途中相识并互换联系方式。到达单位后二人互加QQ聊天，其间因谈论个人交友、汽车等问题发生争执，王某婷遂在新浪微博上转发二人聊天记录，并辱骂王某强。王某强见到上述微博后要求王某婷马上删除，王某婷要求王某强道歉，王某强向其道歉后，王某婷删除部分微博，之后王某强通过QQ、短信继续交涉，要求全部删除，但王某婷予以拒绝。当日14时许，王某强按照王某婷名片上的地址到达王某婷所在公司14层楼，通过公司前台约出王某婷。二人在楼道内谈话，王某强继续要求王某婷删除微博剩余内容，王某婷予以拒绝。谈话期间，王某强右手在衣兜内握住平日携带的折叠水果刀（该刀平时与其钥匙放在一起，刀刃长约5厘米，展开长约15厘米，已起获），王某婷察觉王某强神色有异，转身离开。王某强用左手拉拽王某婷致被害人倒地，后王某强压在王某婷身上，右手拿出水果刀往其头部扎划，王某婷用手阻挡，仍被划伤。其间，王某婷多名同事赶至现场将二人拉开，王某强手中水果刀被夺下，群众当即报警，民警赶至现场将王某强抓获。经诊断，王某婷头部多发软组织挫伤，前额皮肤划伤长3.5厘米，深0.1厘米；左耳后皮肤划伤约1厘米，深0.3厘米；右手腕皮肤划伤长2厘米。后经依法鉴

---

[1] 中华人民共和国最高人民法院刑事审判第一、二、三、四、五庭主办：《刑事审判参考》（2006年第5集·总第52集），法律出版社2007年版，第5~7页。

定为轻微伤。

评析：本案中，王某强的行为客观上不足以致命，主观上不足以证实有"致人死亡"的故意，不成立故意杀人罪。鉴于仅造成被害人轻微伤，未达到故意伤害罪"轻伤"的立案标准，不成立故意伤害罪，属于《治安管理处罚法》（2012年修正）第43条之殴打他人的违法行为。

2. 经（被害人）同意杀人。得到被害人真实有效同意将其杀死，如注射毒药致其死亡，或者将被害人从高楼上推下致其坠亡，属于经同意杀人。通说认为，经被害人同意不能阻却杀人、重伤害行为的非法性，故不影响故意杀人罪的成立，被害人同意仅能作为量刑因素。例如，甲老汉中风卧床多年，其妻乙因年迈无力照料甲。甲求死，乙遂将甲勒死。法院认为，乙成立故意杀人罪，但鉴于经被害人同意且情状可悯，对乙免予刑事处罚。

3. 参与自杀。自愿且自己（动手）结束自己的生命，不为罪。参与自杀之"参与"，包括教唆（欺骗、诱惑）、精神鼓励、物质帮助等方式，从心理上、物理上促成他人自杀。自杀不为罪，按理参与自杀亦不为罪。但是学说、实务均持审慎态度，严格限定"自杀"条件：其一，被害人自己动手结束自己生命，非他人实施。他人实施剥夺生命行为，则属于经同意杀人。其二，被害人结束自己生命是基于"有效的自杀意思"[1]。有效的自杀意思包括：①正常辨认、控制自己行为能力人的自杀意思，精神病人、未成年人等不能辨认、控制自己行为的人的自杀意思无效。②被害人认识且愿意自杀。③自杀意思是意志自由状态下形成。逼迫、欺骗他人产生自杀意思，包括以相约自杀的方式诱骗他人产生自杀意思，严重影响意志自由的情形，该自杀意思无效。例如，甲与乙、丙夫妇交往甚密，某日乙、丙吵架。甲建议乙假装上吊自杀吓唬其妻丙一下，甲在旁会适时相救。乙上吊后，甲故意不施救，乙死亡。甲的行为成立故意杀人罪。

【案例】　　　　　　　　**刘某枝故意杀人案**[2]

刘某枝之夫秦某明患重病长年卧床，一直由刘某枝扶养和照料。某日，刘某枝因秦某明病痛叫喊影响他人休息，与其发生争吵。后刘某枝将农药（敌敌畏）倒入杯中给秦某明，秦某明自行服下中毒死亡。本案被害人在困境下、情绪波动中饮毒自尽，不是意志自由状态下的选择，不是有效的自杀意思。此外，考虑到刘某枝有摆脱照料抚养义务的趋利动因，也不能阻却其成立故意杀人罪。法院以故意杀人罪判处刘某枝有期徒刑7年，剥夺政治权利1年。

要点：在他人因遭遇失业、失恋、患病、失去亲人等重大生活不幸、变故而萌生、流露自杀念头时，乘势提供自杀帮助或者教唆、鼓励他人自杀，不应排除故意杀人罪的帮助、教唆的适用。因为：①有违珍惜生命的基本伦理，在他人遭遇人生危机时，常人常规做法是劝慰珍惜生命。②他人遭遇人生危机时，辨认、控制能力会暂时降低，意志自由受到危机干扰，不在正常状态。利用他人意志不自由的状态，教唆、帮助他人自杀且导致自杀身亡结果的，可以故意杀人罪定罪处罚。

此外，值得注意的是，引起他人自杀但并无此故意的，不构成故意杀人罪。如果该行为本身不具有犯罪性质，则不构成犯罪。如果该行为本身具有犯罪性质，如侮辱、诽谤，强制猥亵，暴力干涉婚姻自由，刑讯逼供，非法拘禁，强奸，拐卖妇女、儿童等，则应按照行为自身的性质进行评价，引起他人自杀作为量刑情节处理。

---

[1]　［日］山口厚著，王昭武译：《刑法各论》，中国人民大学出版社2011年版，第15页。
[2]　中华人民共和国最高人民法院刑事审判第一、二、三、四、五庭主办：《刑事审判参考》（2012年第1集·总第84集），法律出版社2012年版，第11~12页。

4. 安乐死。给他人施行安乐死，属于经同意杀人；为他人施行安乐死提供帮助，属于帮助自杀。安乐死的特殊性在于：对于濒临死亡且遭受病痛折磨的人，为了维护尊严、解脱病痛而为其施行或帮助其施行结束生命。安乐死在我国没有合法化，因此施行或帮助施行安乐死，不阻却故意杀人罪。安乐死之利让不少人倡导其合法化。不过，对能否正确掌控安乐死制度，人们缺乏信心，合法化进程缓慢。社会福利、医疗保障是安乐死合理、公正施行的基础。没有这个基础，安乐死合法化可能是灾祸。

需要注意的是，医生为了减缓病人的痛苦而给予适量麻醉、镇静药物，或者对于抢救无望的病人停止抢救，又或者为脑死亡的病人撤除维持装置的，虽然可能加快病人的死亡进程，但属于符合医疗常规的行为，不是施行或帮助安乐死。

【罪数】刑法中的许多故意犯罪，尤其是暴力性故意犯罪，往往伴随侵害他人生命的行为或结果，对此，应当分不同情况处理：

1. 按有关犯罪的加重犯定罪处罚。常见的如：犯强奸罪，抢劫罪，绑架罪，拐卖妇女、儿童罪的过程中暴力致被害人死亡的，这种情形也被称为有关犯罪的结果加重犯，包含行为人对死亡结果具有故意或过失的心态。

2. 犯放火、爆炸、决水、投放危险物质罪或者以危险方法危害公共安全罪致人死亡的，犯破坏交通工具、破坏交通设施罪、破坏易燃易爆设备罪、破坏电力设备罪、劫持航空器罪致人死亡的，这类情形是上述放火等危害公共安全犯罪危险犯的加重犯。通说认为，这类情形致人死亡与故意杀人罪是法条竞合犯。按照整体法优于局部法的原则，适用危害公共安全罪的加重犯条款定罪处罚，排斥故意杀人罪。[1]

需要注意的是，并非所有以放火、爆炸、决水、投放危险物质等方式故意杀人的，均触犯放火罪、爆炸罪、决水罪、投放危险物质罪或者以危险方法危害公共安全罪。这些犯罪是否成立，关键在于是否足以危害公共安全。例如，张三为杀害李四，把毒药投放到食堂的饭锅里，因足以危害公共安全，构成投放危险物质罪；造成人员中毒伤亡的，是投放危险物质的后果，不再以故意杀人罪论处。若张三仅将毒药投放在李四的饭碗里，则是故意杀人罪，投毒不过是杀害特定人的手段。又如，甲驾车遇见仇人乙在路边行走，故意将乙撞死，仅构成故意杀人罪。若甲为了报复社会，驾驶汽车在闹市故意冲撞无辜群众，撞死、撞伤多人，则应以危险方法危害公共安全罪定罪处罚。

3. 按"转化"后的犯罪一罪论处。在犯非法拘禁罪、刑讯逼供罪、暴力取证罪、虐待被监管人罪、聚众斗殴罪等的过程中，故意使用暴力致被害人死亡的，法定以故意杀人罪定罪处罚。对此，可以理解为是故意杀人的重犯罪行为吸收了前述轻犯罪行为。也有学者通俗地称之为"转化罪"，即由原本犯的非法拘禁、刑讯逼供等罪转化为故意杀人罪。

4. 准结合犯。根据《刑法》第239条第2款，绑架又杀害人质的，不单独评价故意杀人罪，而是以加重的绑架罪（处无期徒刑或者死刑，并处没收财产）一罪定罪处罚。

5. 按想象竞合犯从一重罪处罚。在犯妨害公务罪、袭警罪、寻衅滋事罪等的过程中，故意杀害他人的，可视为想象竞合犯，从一重罪即故意杀人罪论处。

6. 数罪并罚。在强奸、抢劫行为实行终了后，另生犯意，如为了灭口、泄愤报复而将被

---

[1] 此问题涉及法律结构、竞合犯的认定及其法律适用的选择。通说认为，危害公共安全罪包容故意杀人的犯罪行为，且性质重于故意杀人罪。所以，当使用放火、爆炸等方式杀害他人且危害公共安全时，排斥故意杀人罪的适用。假如转换观念，把故意杀人视为最严重的犯罪，在法律结构上设置不为任何罪包容，则不论以何种方式杀人、产生何种效果，都以故意杀人罪论处。

害人杀害的，另成立故意杀人罪，与强奸罪、抢劫罪实行数罪并罚。此外，犯走私罪（分则第3章第2节）、走私毒品罪、组织他人偷越国（边）境罪，使用暴力手段抗拒稽查致人死亡，或者犯组织、领导恐怖组织罪，组织、领导黑社会性质组织罪又实施故意杀人行为的，均应当与有关犯罪数罪并罚。

【处罚】1. "情节较轻"的故意杀人罪。《刑法》第232条规定，故意杀人，情节较轻的，处3年以上10年以下有期徒刑。司法实务中，故意杀人罪的"减轻犯"，一般指基于义愤杀人、激情杀人、家庭矛盾激化杀人、溺婴、受嘱托的杀人、防卫过当杀人等情形。

【案例】 **姚某英故意杀人案**[1]

徐某生与姚某英结婚多年，期间徐某生经常无故打骂、虐待妻子。2010年以来，徐某生殴打姚某英更为频繁和严重。同年5月10日晚，徐某生又寻机对姚某英进行长时间打骂，次日凌晨5时许，姚某英趁徐某生熟睡之际，从家中楼梯处拿出一把铁榔头，朝徐某生头、面部等处猛击数下，后用衣服堵住其口、鼻部，致徐某生当场死亡。当日8时30分许，姚某英到衢州市公安局衢江分局上方派出所投案。法院认为，姚某英因长期遭受虐待和家庭暴力而杀夫，可认定为故意杀人罪中的情节较轻。其社会危害性相对较小，且具有自首情节，认罪态度较好，家中又尚有未成年的女儿需要抚养，根据犯罪情节和悔罪表现，对其适用缓刑不致再危害社会，遂以故意杀人罪判处有期徒刑1年，缓刑5年。

2. 故意杀人罪的量刑、死刑适用。故意杀人罪是侵犯公民人身权利最为严重的犯罪，也是伦理道德上最为邪恶的犯罪，所以我国《刑法》对其规定了极为严厉的法定刑。以往对犯故意杀人罪既遂（导致死亡结果）的，适用死刑较为普遍，反映出"杀人偿命"的观念。近二十几年来，由于我国重视控制死刑适用，情况有较大改变。最高人民法院《维护农村稳定座谈会纪要》（1999）指出："要准确把握故意杀人犯罪适用死刑的标准。对故意杀人犯罪是否判处死刑，不仅要看是否造成了被害人死亡结果，还要综合考虑案件的全部情况。对于因婚姻家庭、邻里纠纷等民间矛盾激化引发的故意杀人犯罪，适用死刑一定要十分慎重……"同时还强调，"被告人有法定从轻处罚情节的，一般不应判处死刑立即执行"。此外，被害人有严重过错的，也是不判处死刑的重要理由。自此，故意杀人罪的死刑适用有所减少。

《贯彻宽严相济政策》（2010）指出："实践中，故意杀人、伤害案件从性质上通常可分为两类：一类是严重危害社会治安、严重影响人民群众安全感的案件，如极端仇视国家和社会，以不特定人为行凶对象的；一类是因婚姻家庭、邻里纠纷等民间矛盾激化引发的案件。对于前者应当作为严惩的重点，依法判处被告人重刑直至判处死刑。对于后者处理时应注意体现从严的精神，在判处重刑尤其是适用死刑时应特别慎重，除犯罪情节特别恶劣、犯罪后果特别严重、人身危险性极大的被告人外，一般不应当判处死刑。对于被害人在起因上存在过错，或者是被告人案发后积极赔偿，真诚悔罪，取得被害人或其家属谅解的，应依法从宽处罚，对同时有法定从轻、减轻处罚情节的，应考虑在无期徒刑以下裁量刑罚。同时应重视此类案件中的附带民事调解工作，努力化解双方矛盾，实现积极的'案结事了'，增进社会和谐，达成法律效果与社会效果的有机统一……严格控制和慎重适用死刑……对于罪行极其严重，但只要有法定、酌定从轻情节，依法可不立即执行的，就不应当判处死刑立即执行……共同犯罪中，多名被告人共同致死一名被害人的，原则上只判处一人死刑。"

《刑法修正案（八）》设置限制减刑的死缓后，适用特别死缓取代死刑（立即执行），最

---

[1] 中华人民共和国最高人民法院刑事审判第一、二、三、四、五庭主办：《刑事审判参考》（2010年第5集·总第76集），法律出版社2011年版，第30~31页。

高人民法院指导性案例第 4 号"王志才故意杀人案"和第 12 号"李飞故意杀人案"皆为典例。这两个案件都没有核准执行死刑，而是改判特别死缓。现阶段，对故意杀人罪适用死刑（立即执行），主要是出于情仇、利益或卑劣动机的"谋杀"案、雇凶谋杀案等。对于因邻里、婚姻家庭等纠纷矛盾激化，冲动或突发的杀人案，一般以死缓或无期徒刑取代。其中，被害方的压力或谅解有一定的影响。因为对非预谋杀人案不适用死刑，符合控制死刑政策，只有被害方诉求是不得不考虑的因素。

二、故意伤害罪

《刑法》第 234 条　故意伤害他人身体的，处三年以下有期徒刑、拘役或者管制。

犯前款罪，致人重伤的，处三年以上十年以下有期徒刑；致人死亡或者以特别残忍手段致人重伤造成严重残疾的，处十年以上有期徒刑、无期徒刑或者死刑。本法另有规定的，依照规定。

（一）构成要件

【客体】他人身体健康。对他人身体健康的损害达到轻伤程度，是司法机关刑事立案的主要标准。根据《人体损伤程度鉴定标准》（2013），"轻伤"不轻，如颅脑轻伤一级包括：①头皮创口或者瘢痕长度累计 20.0 厘米以上；②颅骨凹陷性或者粉碎性骨折；③颅底骨折伴脑脊液漏；等等。颅脑轻伤二级包括：①头皮创口或者瘢痕长度累计 8.0 厘米以上；②颅骨骨折；③外伤性蛛网膜下腔出血；等等。再如，手部轻伤一级包括：①一手拇指离断或者缺失未超过指间关节；②一手除拇指外的食指和中指离断或者缺失均超过远侧指间关节。手部轻伤二级包括：①除拇指外的一个指节离断或者缺失；②两节指骨线性骨折或者一节指骨粉碎性骨折（不含第 2~5 指末节）；等等。

【行为】伤害他人身体，指作用于他人身体，造成组织、器官结构一定程度损害或者部分功能障碍的行为。行为人自伤、自残的，一般不为罪；除非法律有特殊规定，如"战时自伤身体，逃避军事义务的"，成立《刑法》第 434 条之战时自伤罪。

【主观】伤害故意，指认识到自己的行为会使他人人体组织或者器官功能受到损伤，而希望或者放任该伤害结果发生。故意伤害罪之下，还有治安违法的殴打和伤害。因此，本罪之故意，应是对他人身体造成相当严重程度损害的故意。故意实施推搡、撕扯、殴打行为，仅有治安违法性质，不足以评价为本罪的伤害行为和伤害故意。

【加重犯】1. 伤害行为造成重伤结果。包括以下情形：①使人肢体残废或者毁人容貌的；②使人丧失听觉、视觉或者其他器官损伤和功能丧失；③其他对于人身体健康有重大伤害的。

2. 伤害行为造成死亡结果。即使故意伤害致人死亡，仍定故意伤害一罪。故意伤害致死与故意杀人致死虽然都造成了死亡结果，常人眼里都是"命案"，但在量刑上存在差异，通常前者量刑较轻，不判死刑是常规。不过，根据司法经验，"对于下列故意伤害致人死亡的被告人，如果没有从轻情节，可以适用死刑立即执行。如暴力恐怖犯罪、黑社会性质组织犯罪、恶势力犯罪以及其他暴力犯罪中故意伤害他人的首要分子；起组织、策划作用或者为主实施伤害行为、罪行最严重的主犯；聚众'打砸抢'伤害致人死亡的首要分子；动机卑劣而预谋伤害致人死亡的，等等"。[1]

3. 以特别残忍手段致人重伤造成严重残疾。严重残疾不是指一般的重伤，根据司法经验，一般为重于 6 级的残疾。常见的特别残忍手段有：①挖人眼睛，割人耳、鼻，挑人脚筋，砍人手足，剜人髌骨；②以刀划或硫酸等腐蚀性溶液严重毁人容貌；③电击、烧烫他人要害部位；

---

[1] 周道鸾、张军主编：《刑法罪名精释》（上），人民法院出版社 2013 年版，第 519 页。

等等。对于以特别残忍手段致人严重残疾的，既可以适用 10 年以上有期徒刑或者无期徒刑，也可以适用死刑立即执行。[1]

(二) 适用

【定罪】法院受理伤害案件要求提供轻伤以上的伤情鉴定，这相当于从程序上直接否定了伤害未遂的可罚性。不过，在学说上还是有观点认为，对伤害未遂（结果不够轻伤）的，不排除定罪处罚的可能性。行为人明显具有重伤意图，并实施了相应的行为，只是由于意志以外的原因没有造成轻伤以上结果，或者使用毒物损害他人健康，因为意志以外的原因未能造成轻伤以上结果的，可以考虑追究刑事责任。教唆未成年人实施故意伤害行为，即使未造成轻伤以上结果，对教唆者仍可以故意伤害罪定罪处罚。

【案例】　　　　　　　　**吴某友故意伤害案**[2]

2001 年 1 月上旬，吴某友雇请无业青年胡某围、方某（均不满 18 周岁）欲重伤李某德，并带领胡某围、方某指认李某德并告之其回家的必经路线。1 月 12 日晚 10 时许，李某德在骑自行车回家的路上，被携带钢管守候在此的胡、方等人殴打，连人带车被打翻在路边田地里，经法医鉴定为轻微伤甲级。法院认为，因被教唆人实施的伤害行为后果较轻，尚不构成故意伤害罪，故可对吴某友从轻或减轻处罚。吴某友教唆未满 18 周岁的人实施故意伤害犯罪，应当从重处罚，遂对吴某友判处有期徒刑 6 个月。

【关联罪】本罪和故意杀人罪的区别。在暴力攻击致人死亡案件中，应认定为故意杀人罪还是故意伤害罪（致死）？对此常有分歧。例如，甲、乙二人在饭店因为酒后身体发生碰撞而起争执，继而发展成打斗，甲掏出匕首朝乙连扎数刀离去，乙死亡。这类案件，客观上使用了足以致人死伤的暴力造成死亡结果，可是突发暴力冲突的起因、过程难以证实行为人主观上有杀人的直接故意，这类偶发的冲突按理不至于引起杀人的动机。对此，在不能证实行为人存在杀人直接故意或杀人动机的情况下，只能诉诸杀人间接故意的认定。通常，行为人使用致命工具打击致命部位致人死亡，能够认识到自己的行为会造成他人死亡或者伤残结果，死亡与伤害的结果都在认识之中、放任之下，当事实上发生了死亡结果时，就可认定行为人对该死亡结果是"明知"且"放任"的，具有杀人的间接故意。

【案例】　　　　　　**陈某国、余某华故意杀人案**[3]

余某华因怀疑同宿舍工友王某义窃取其洗涤用品而与王发生纠纷，遂打电话给亦在温州市务工的被告人陈某国，要陈某国前来"教训"王某义。次日晚 8 时许，陈某国携带尖刀伙同同乡吕某双（另案处理）来到某鞋业有限公司门口与余某华会合，此时，王某义与被害人胡某旺及武某刚正从门口经过，经余某华指认，陈某国即上前责问并殴打胡某旺，余某华、吕某双也上前分别与武某刚、王某义对打。其间，陈某国持尖刀朝胡某旺的胸部、大腿等处连刺 3 刀，致被害人胡某旺左肺破裂、左股动静脉离断，急性失血性休克死亡。一审法院认为，陈某国、余某华构成故意杀人罪，判处陈某国死刑，附加剥夺政治权利终身；余某华有期徒刑 15 年，附加剥夺政治权利 5 年。陈某国、余某华均以没有杀人的故意、定性不准、量刑过重为由提出上诉。二审法院认为，陈某国事先携带尖刀，在与被害人争吵中连刺被害人 3 刀，其中，

---

[1] 参见周道鸾、张军主编：《刑法罪名精释》（上），人民法院出版社 2013 年版，第 519 页。
[2] 中华人民共和国最高人民法院刑事审判第一庭、第二庭编：《刑事审判参考》（2002 年第 5 辑·总第 28 辑），法律出版社 2002 年版，第 25~26 页。
[3] 中华人民共和国最高人民法院刑事审判第一、二、三、四、五庭主办：《刑事审判参考》（2006 年第 5 集·总第 52 集），法律出版社 2007 年版，第 1~3 页。

左胸部、左大腿的两处创伤均为致命伤，足以证明陈某国对被害人的死亡后果持放任心态，原审据此对陈某国定故意杀人罪并无不当。余某华、陈某国均供述余某华仅要求陈某国前去"教训"被害人，没有要求陈某国携带凶器；在现场斗殴时，余某华没有与陈某国进行商谋，且没有证据证明其知道陈某国带着凶器前往；余某华也没有直接协助陈某国殴打被害人。原判认定余某华有杀人故意的依据不足，应对其以故意伤害罪判处（量刑部分不变）。

要点：①陈某国对"致胡某旺死亡"从常情判断不成立直接故意，只能认定是否成立"间接故意"；陈某国使用致命工具打击致命部位致胡某旺死亡的事实，足以说明其具有"放任死亡结果"的间接故意。②现有证据不足以认定余某华对"致胡某旺死亡"有故意，所以仅成立故意伤害罪。

将本案案情稍加修改，如果陈某国在事后真诚地、积极地抢救被害人，那么，即使被害人因为抢救无效而死亡，在陈某国的事后表现足以证实其没有"放任"他人死亡的情况下，也可否定杀人故意，仅成立故意伤害罪（致人死亡）。类似的情况如：职工食堂厨师甲看不惯乙挑拣馒头，就说乙，乙怒而将馒头砸甲，甲顺手抄起手边的厨刀砍向乙，正中颈部。甲见乙颈部鲜血涌出后，立即抱起乙打车送医院抢救，乙因抢救无效死亡。从甲的行为过程和事后表现可以看出，甲砍乙是瞬间冲动之举，不足以认定杀人故意。

区分故意伤害罪和故意杀人罪的实际意义是处罚轻重不同。对于故意杀人罪，处罚较为严厉，在造成死亡结果的场合（既遂），判处死刑较为普遍；对于故意伤害罪，处罚较轻，适用死刑属于例外情况。《贯彻宽严相济政策》（2010）指出："实践中一些致人死亡的犯罪是故意杀人还是故意伤害往往难以区分，在认定时除从作案工具、打击的部位、力度等方面进行判断外，也要注意考虑犯罪的起因等因素。对于民间纠纷引发的案件，如果难以区分是故意杀人还是故意伤害时，一般可考虑定故意伤害罪。"有时是否应当适用死刑的考虑反过来影响杀人伤害"两可"命案定性的尺度，倾向于不判死刑的，尺度上偏向于定故意伤害罪；反之，倾向于判处死刑的，尺度上偏向于定故意杀人罪，这是导致两罪定性尺度摇摆的重要原因。

【罪数】1. 其他罪的结果加重犯。《刑法》中有些条文将"致人重伤"或者"致人死亡"作为加重犯事由，例如，犯拐卖妇女、儿童罪，强奸罪，抢劫罪的过程中暴力致人重伤、死亡等。这类情形虽然也具有故意伤害致人重伤或者死亡的性质，但应按照有关刑法条文的规定定罪量刑，故意伤害罪不再单独评价。

2. 法条竞合犯与"转化犯"。《刑法》中还有大量的条款包含有伤害的内容，存在法条竞合现象。如刑讯逼供、暴力取证、非法拘禁、虐待被监管人、聚众斗殴等犯罪，包含有故意伤害致人轻伤的内容。因此，在实施上述犯罪的过程中，伤害他人致轻伤的，直接按有关犯罪定罪处罚，不定故意伤害罪。但是，如果造成重伤结果，则通常按照故意伤害罪（一罪）定罪处罚。这种情形可称之为"转化犯"。

3. 按想象竞合犯从一重罪处罚。行为人在妨害公务、袭警、寻衅滋事等犯罪的过程中，故意伤害致他人重伤的，可视为想象竞合犯，从一重罪（故意伤害罪）论处。

三、过失致人死亡罪

《刑法》第233条　过失致人死亡的，处三年以上七年以下有期徒刑；情节较轻的，处三年以下有期徒刑。本法另有规定的，依照规定。

（一）构成要件

【客体】他人的生命权。过失行为未造成死亡结果，仅造成重伤结果的，不成立本罪，可构成过失致人重伤罪。

【行为·结果】造成他人死亡。本罪的行为定型性不强，罪状符合性判断的重点在于，死亡结果可归属于行为人的"举止"。

【主观】过失，包括疏忽大意的过失和过于自信的过失。

【减轻犯】情节较轻。

(二) 适用

【关联罪】1. 本罪与故意伤害罪（致人死亡）的区别。要点是造成死亡结果的行为性质不同：本罪行为不具有伤害性质，后罪行为具有伤害性质。

如果行为人具有伤害故意，并实施了相应的伤害行为，过失（或非故意地）导致死亡结果的，应当认定为故意伤害罪。例如，甲、乙二人在单位财务室发生争吵继而发展为拳脚互殴，其间甲一拳击中乙额头致乙后脑勺撞到财务室铁门，法医鉴定乙面额骨折、构成轻伤，死因是后脑撞击铁门脑腔出血致死。甲拳击面额致轻伤，达到故意伤害罪程度，但是对死亡结果没有故意，成立故意伤害罪（致人死亡）。如果行为本身不具有伤害性质，而是由于日常生活、工作中粗心轻率行为不慎造成死亡结果，则属于本罪。例如，张某和赵某长期一起赌博。某日二人在工地发生争执，张某推了赵某一把，赵某倒地后，后脑勺正好碰到石头上，导致颅脑损伤，经抢救无效死亡。由于张某对赵某的推搡、撕扯既不是故意杀人行为也不是故意伤害行为，至多可认定为过失致人死亡罪。

【案例】 **杨某过失致人死亡案**[1]

2008年12月4日14时许，杨某驾驶轻型货车至吴某琴的杂货店送桶装水，杨某将水卸在吴某琴店门口，吴某琴要求杨某将桶装水搬入店内，遭到拒绝。随后杨某驾驶车辆欲离开，吴某琴遂用右手抓住汽车的副驾驶室车门、左手抓住车厢挡板，阻止其离开。杨某见状仍驾车向前低速行驶数米并右转弯，致吴某琴跌地后遭汽车右后轮碾轧，吴因腹部遭重力碾轧造成左肾破裂、多发骨折致失血性休克，经送医院抢救无效，于当日死亡。一审法院以过失致人死亡罪判处杨某有期徒刑4年。检察院以故意伤害罪提起抗诉，二审维持原判。

要点：驾车驶离是日常生活行为，无事实证据表明行为人有杀、伤被害人的故意，不成立故意杀人罪或者故意伤害罪。简言之，以伤害性质的行为过失致人死亡的，是故意伤害罪；以不具有伤害性质的行为（包括以治安违法程度的殴打、伤害行为）过失致人死亡的，是过失致人死亡罪。

【案例】 **季某兵过失致人死亡案**[2]

季某兵在某装饰公司锅炉房，因打开水与被害人汪某龙发生争执，继而相互推搡扭打。在推搡扭打过程中，季某兵拎起放于锅炉房边上的一个油漆桶甩向汪某龙，致盛放桶内的香蕉水泼洒在汪身上，香蕉水随即起火燃烧，季、汪二人均被烧着。嗣后，两人被送往医院救治，汪某龙因高温热作用致休克而死亡。二审法院认为，季某兵的行为构成过失致人死亡罪，判处4年有期徒刑。

评析：季某兵的"推搡扭打"行为至多属于不足以致人轻伤的治安违法行为，该故意举止致汪某龙死亡，既不能证实有"致人死亡"故意，不成立故意杀人罪，也不足以认定达到故意伤害的程度，也不成立故意伤害罪（致人死亡）。

2. 本罪与故意杀人罪的区别。要点是罪过形式不同：本罪主观上是过失，后罪主观上是

---

[1] 中华人民共和国最高人民法院刑事审判第一、二、三、四、五庭主办：《刑事审判参考》（2010年第4集·总第75集），法律出版社2011年版，第31~32页。

[2] 中华人民共和国最高人民法院刑事审判第一、二、三、四、五庭主办：《刑事审判参考》（2012年第6集·总第89集），法律出版社2013年版，第29~30页。

故意。难点是过于自信的过失致人死亡与间接故意杀人之界限。尤其需要注意：故意举止致人死亡，未必是故意杀人罪（参见本书故意杀人罪部分）。

【案例】　　　　　　　　　**蒋某、李某过失致人死亡案**[1]

蒋某、李某受人雇佣驾驶农用车在无锡华新村村道上行驶时，与徐某勤驾驶的农用车对向相遇，双方为了让道问题发生争执并扭打。尔后，徐某勤持手机打电话，蒋某、李某以为徐某勤纠集人员，即上车调转车头欲驾车离开现场。徐某勤见状，即冲上前拦在农用车前方并抓住右侧反光镜，意图阻止蒋某、李某离开。蒋某、李某将徐某勤拉至车后，由李某拉住徐某勤，蒋某上车驾驶该车以约20公里的时速缓慢行驶。后李某放开徐某勤，跳上该车的后车厢。徐某勤见状迅速追赶，双手抓住该车的右侧护栏欲爬上该车。蒋某从驾驶室的后视窗看到徐某勤的一只手抓在右侧护栏上，但未停车。李某为了阻止徐某勤爬进车厢，将徐某勤的双手沿护栏扳开，徐某勤面朝下右倾跌地，被该车的右后轮当场碾轧致死。该车开出十余米时，李某将此事告知蒋某并下车先行离开。蒋某见状将农用车开到厂里后逃离无锡。检察院以故意杀人罪起诉。法院认为，虽然蒋某、李某的共同目的是摆脱徐某勤的纠缠，但二人之间并无共同实施犯罪的意思联络。在危害结果可能发生的情况下，蒋某、李某分别违反了应有的预见义务和应尽的避免义务，从而导致了徐某勤死亡结果的发生，遂分别以过失致人死亡罪判处蒋某、李某有期徒刑4年6个月、3年6个月。

要点：区分过于自信的过失与间接故意，关键要看行为人对危害结果的态度。前者是行为人认为凭借一定的主客观条件可以避免死亡结果的发生，后者则是行为人对前述条件并不考虑，并在明知死亡结果可能发生的情况下仍实施其行为。

3. 本罪与意外事件的区别。要点是：在本罪中，行为人对死亡结果是应当预见而没有预见，或者已经预见但轻信能够避免；在意外事件的情况下，死亡结果是由于不能预见的原因所引起。简言之，在本罪中，对于引起他人死亡，行为人主观上有罪过；在意外事件的情况下，行为人主观上没有罪过，不应承担刑事责任。例如，乙因无钱住店翻墙进入甲家车库，在院内露天堆放的塑料薄膜上睡觉，后为躲雨钻入塑料薄膜下。甲于深夜开车回车库，倒车时将睡在塑料薄膜下的乙轧死。由于甲没有预见也不可能预见乙会在深夜藏于自家院内塑料薄膜下，故其对致乙死亡没有过失，不构成过失致人死亡罪。

【罪数】1. 法条竞合犯。过失致人死亡，法律另有规定的，依照有关规定定罪处罚。《刑法》分则中有大量的特别规定包含过失致人死亡的内容，如医疗事故致人死亡的，交通肇事致人死亡的，失火、过失爆炸、过失投放危险物质致人死亡的，重大责任事故致人死亡的，玩忽职守致人死亡的。对此，法律有特别规定的，按照特别规定来处理，不定过失致人死亡罪。

值得注意的是，《刑法》第233条作为过失致人死亡的一般规定，其法定刑明显重于《刑法》中其他包含过失致人死亡内容的特别规定。这种一般规定与特别规定在处罚上的"倒挂"，会促使被告方努力谋求特别条款的适用。

2. 结果加重犯。有些故意犯罪的结果加重犯包含过失致人死亡的内容，如强奸、抢劫致人死亡的，非法行医致就诊人死亡的，非法拘禁致人死亡的，暴力干涉婚姻自由致人死亡的，组织、运送他人偷越国（边）境造成被组织人死亡的，生产、销售、提供假药、劣药、有毒有害食品等致人死亡的。对此，不单独评价过失致人死亡罪，直接按照相关故意犯罪的结果加重犯论处。

---

[1] 中华人民共和国最高人民法院刑事审判第一、二、三、四、五庭主办：《刑事审判参考》（2007第4集·总第57集），法律出版社2007年版，第27~28页。

四、组织出卖人体器官罪

《刑法》第234条之一 组织他人出卖人体器官的,处五年以下有期徒刑,并处罚金;情节严重的,处五年以上有期徒刑,并处罚金或者没收财产。

未经本人同意摘取其器官,或者摘取不满十八周岁的人的器官,或者强迫、欺骗他人捐献器官的,依照本法第二百三十四条、第二百三十二条的规定定罪处罚。

违背本人生前意愿摘取其尸体器官,或者本人生前未表示同意,违反国家规定,违背其近亲属意愿摘取其尸体器官的,依照本法第三百零二条的规定定罪处罚。

(一) 构成要件

【客体】人体器官移植的管理制度。根据国务院2007年颁发的《人体器官移植条例》第3条,任何组织或者个人不得以任何形式买卖人体器官,不得从事与买卖人体器官有关的活动。因此,即使得到器官供体合法有效同意而买卖器官的,仍然违法。

【行为】组织他人出卖人体器官。组织,指安排、管理他人出卖其人体器官。他人,指出卖自己身体器官的人。组织他人出卖,意味着把出卖自己人体器官的行为及单纯购买他人器官的行为,均排除在外。

【主观】故意。

【加重犯】情节严重。

【案例】 **王某涛等组织出卖人体器官案**[1]

王某涛纠集刘某、孙某玉、李某伟至泰兴市黄桥镇等地,组织他人出卖活体肾脏。刘某、孙某玉主要利用互联网发布收购肾源广告;李某伟主要负责收取供体的手机和身份证、为供体提供食宿、安排供体体检及抽取配型血样等;王某涛主要负责联系将肾脏卖出。四名被告人先后组织朱某瑞、徐某等多名供体出卖活体肾脏,朱某瑞在石家庄市一家医院实施了肾脏移植手术,得3.5万元,经鉴定,其左侧肾脏缺失,构成重伤;徐欣在孙友玉招揽及王某涛的安排下,在印度尼西亚雅加达市一家医院实施了肾脏移植手术,得款3.8万元,后因无法联系其损伤程度未能鉴定;王某涛从这两起移植手术中得款3.8万元并用于钟某志、杨某东等供体的食宿支出。案发时,钟某志、杨某东尚未实施肾脏移植手术。法院以组织出卖人体器官罪判处王某涛有期徒刑5年,并处罚金人民币4万元。

要点:行为人只要实施了组织他人出卖人体器官的行为,即可构成本罪,不应以损害结果的发生作为认定既遂的标准。具有以下情形之一的,可认定为情节严重:①在医疗机构中执业的医务人员组织出卖的;②组织多人或者多次出卖人体器官的;③通过网络发布信息招揽、组织出卖的;④组织未成年人出卖人体器官的;⑤造成出卖人或者受移植人重伤、死亡等严重后果的;⑥组织他人出卖人体器官非法获利数额巨大的;⑦组织他人出卖人体器官造成恶劣的社会影响的。

(二) 适用

【关联罪】本罪与故意伤害罪、故意杀人罪的关系。有观点认为,本罪与后两罪是对立关系,区分的关键在于,有无获得被组织出卖人体器官的他人(器官供体)合法有效同意。获得合法有效同意的,是本罪;"未经本人同意摘取其器官,或者摘取不满18周岁的人的器官,或者强迫、欺骗他人捐献器官的",是故意伤害罪或故意杀人罪。但这种理解可能导致处罚失衡。例如,甲劝诱乙(15周岁)出卖阑尾换手机,乙同意,甲遂摘取乙的阑尾,转卖给丙。

---

[1] 中华人民共和国最高人民法院刑事审判第一、二、三、四、五庭主办:《刑事审判参考》(2013年第6集·总第95集),法律出版社2014年版,第80~82、84页。

经鉴定，乙为轻伤。按照上述观点，不满18周岁的乙无法形成合法有效的同意，甲成立故意伤害罪（致人轻伤），法定最高刑仅为3年有期徒刑，在处罚上轻于已取得他人合法有效同意的组织出卖行为。本书认为，本罪的违法性来自于对禁止器官买卖规定的违反，无论是否违背器官活体供体的意志，组织出卖人体器官的行为均侵犯了我国人体器官移植管理制度。因此，本罪之成立，不以存在器官供体的真实有效同意为前提。只不过在未取得器官供体真实有效同意的情况下，可能另成立故意伤害罪、故意杀人罪，从一重罪论处。前例中的甲同时触犯本罪与故意伤害罪（致人轻伤），是想象竞合犯，以本罪定罪处罚。

五、过失致人重伤罪

《刑法》第235条　过失伤害他人致人重伤的，处三年以下有期徒刑或者拘役。本法另有规定的，依照规定。

（一）构成要件

【客体】他人身体健康。过失行为未造成重伤结果仅造成轻伤结果的，不是犯罪。

【行为·结果】造成他人重伤。本罪的行为定型性不强，罪状符合性判断的重点在于，重伤结果可归属于行为人的"举止"。

【主观】过失，包括疏忽大意的过失和过于自信的过失。

（二）适用

【关联罪】1. 本罪与过失致人死亡罪的区别。要点是结果不同。本罪的结果限于重伤。过失致人重伤后，经过一段时间因伤势过重不治身亡的，应以死亡结局为准，认定为过失致人死亡罪。

2. 本罪与故意伤害罪的区别。要点是：①罪过形式不同。对于重伤结果，本罪是过失，后罪是故意。②行为内容不同。本罪的行为本身没有伤害性质，后罪的行为带有伤害性质。

【罪数】《刑法》中有一些过失犯罪条款包含有过失致人重伤的内容，如医疗事故致就诊人伤残、非法拘禁致人重伤的结果加重犯等。对于这些"本法另有规定"的情况，直接按有关犯罪定罪处罚，不适用过失致人重伤罪。

六、遗弃罪

《刑法》第261条　对于年老、年幼、患病或者其他没有独立生活能力的人，负有扶养义务而拒绝扶养，情节恶劣的，处五年以下有期徒刑、拘役或者管制。

（一）构成要件

【客体】被扶养人依法规定的受扶养的权利。1979年《刑法》中，遗弃罪属于妨害婚姻、家庭罪，但在1997年《刑法》修订以后，立法取消了妨害婚姻、家庭罪的章名，将其所辖之罪归入侵犯公民人身权利、民主权利罪。在这种情况下，遗弃罪的客体其实已超出婚姻家庭范畴，包括因职务、业务关系而形成的扶养关系中被扶养人的合法权益。

【对象】年老、年幼、患病或者其他没有独立生活能力的人。包括：①丧失劳动力、无生活来源而需要他人经济上予以供给的人；②有经济收入，但生活不能自理需要他人照顾的人；③因年幼而无独立生活能力的人。

【主体】特殊主体，限于对被遗弃者负有法定扶养义务的人。在法律上不负有法定义务而拒绝扶养的，不是本罪。这里的"扶养义务"不限于亲属间的法定扶养义务，也包括因家庭关系之外的职务、业务要求而生的扶养义务，"王益民等遗弃案"即为典例。

【案例】 **王某民等遗弃案**[1]

1996年至1999年8月间,刘某新、田某莲、沙某丹、胡某基、于某枝,在乌鲁木齐精神病福利院院长王某民的指派下,安排该院工作人员将精神病福利院的28名"三无"公费病人遗弃在甘肃省及新疆昌吉附近。被遗弃的"三无"公费病人中,只有杜某新已安全回到家中,其他27名被遗弃的病人均下落不明。一审法院认为,王某民等人身为福利院的工作人员,对依赖于福利院生存、救助的"无家可归、无依可靠、无生活来源"的公费病人,负有特定扶养义务,应当依据其各自的职责,积极履行监管、扶养义务,而不应将被扶养中的28名病人遗弃,拒绝监管和扶养。王某民等人的行为均已触犯遗弃罪。二审法院维持原判。

要点:遗弃罪的主体是法律上对被遗弃者有扶养义务的人。本案中的被告人依据国家法律、行政法规,担负着对精神病福利院公费病人的监护、扶养的义务,与病人之间已形成了监护、扶养与被监护、扶养的关系,具备特定的扶养义务主体资格。

【行为】 拒绝扶养。本罪是纯正不作为犯,指对没有独立生活能力的人拒绝履行扶养义务。

【主观】 故意。

【罪量】 遗弃行为"情节恶劣"的,才构成犯罪。一般认为,拒绝履行扶养义务,从而使被扶养人陷于极端困难的境地,生命、健康受到严重威胁或损害的,属于"情节恶劣"。根据实践经验,"情节恶劣"包括但不限于以下情形:①具有对被害人长期不予照顾、不提供生活来源;②驱赶、逼迫被害人离家,致使被害人流离失所或者生存困难;③遗弃患严重疾病或者生活不能自理的被害人;④遗弃致使被害人身体严重损害或者造成其他严重后果。

(二)适用

【关联罪】 1. 本罪与虐待罪的区别。要点是:①行为方式不同。本罪是以消极的不作为形式拒绝履行应尽的扶养、扶助义务,虐待罪往往是以积极的作为形式对被害者施以肉体摧残或精神折磨。②对象不尽相同。本罪的对象不限于家庭成员,但需年老、年幼、患病或没有独立生活能力;虐待罪的对象可以是家庭中的任何成员。

行为人对没有独立生活能力的家庭成员,既有打骂等积极虐待行为,又有不予供养等不履行扶养义务的情况,同时触犯虐待罪和遗弃罪的,择一重罪论处。

2. 本罪与故意杀人罪的区别。《办理家暴案意见》(2015)第17条指出:"要根据被告人的主观故意、所实施行为的时间与地点、是否立即造成被害人死亡,以及被害人对被告人的依赖程度等进行综合判断。对于只是为了逃避扶养义务,并不希望或者放任被害人死亡,将生活不能自理的被害人弃置在福利院、医院、派出所等单位或者广场、车站等行人较多的场所,希望被害人得到他人救助的,一般以遗弃罪定罪处罚。对于希望或者放任被害人死亡,不履行必要的扶养义务,致使被害人因缺乏生活照料而死亡,或者将生活不能自理的被害人带至荒山野岭等人迹罕至的场所扔弃,使被害人难以得到他人救助的,应当以故意杀人罪定罪处罚。"

---

[1] 参见国家法官学院、中国人民大学法学院编:《刑事审判案例要览》(2003年刑事审判案例卷),人民法院出版社、中国人民大学出版社2004年版,第218~224页。

第二节　侵犯妇女、儿童性权利、人格尊严的犯罪

一、强奸罪[1]

《刑法》第236条　以暴力、胁迫或者其他手段强奸妇女的，处三年以上十年以下有期徒刑。

奸淫不满十四周岁的幼女的，以强奸论，从重处罚。

强奸妇女、奸淫幼女，有下列情形之一的，处十年以上有期徒刑、无期徒刑或者死刑：

（一）强奸妇女、奸淫幼女情节恶劣的；

（二）强奸妇女、奸淫幼女多人的；

（三）在公共场所当众强奸妇女、奸淫幼女的；

（四）二人以上轮奸的；

（五）奸淫不满十周岁的幼女或者造成幼女伤害的；

（六）致使被害人重伤、死亡或者造成其他严重后果的。

（一）构成要件

【客体】妇女性自主决定权及幼女身心健康。国家保护妇女性自主决定权（即同意或不同意性交的权利）不受侵犯，因此，男性使用强制手段违背妇女意志与其发生性交的，侵犯了妇女的性自主决定权。此外，鉴于幼女身心尚未发育健全，国家提供特别保护，禁止男性与其发生性行为，使幼女身心免受侵害。

性行为的发生标志着强奸罪的既遂，其与未遂的界限因行为对象的不同而有所区别。在强奸的对象是妇女的场合，通常采取"插入说"或者"结合说"作为认定既遂的标准。传统观念评价强奸在于侵犯妇女贞操，而是否失去贞操在于是否被插入。所以，强奸妇女达到插入程度的，是强奸既遂；反之，已经着手强奸但因为意志以外的原因未能插入的，是强奸未遂。当被害人是幼女时，通说采"接触说"作为认定既遂的标准，即只要双方发生性器官接触，即视为奸淫既遂；反之，已经着手奸淫但因意志以外的原因双方性器官没有达到接触程度的，是未遂。被害人是幼女还是妇女，既遂标准不同，一方面是因为生理发育程度不同，另一方面体现了对幼女的特别保护。不过，在1997年《刑法》增设猥亵儿童罪之后，对幼女性器官仅达到接触程度就认为强奸既遂，可能导致奸淫与猥亵的界限不清。本书主张，奸淫幼女应是意图插入且达到一定程度的插入时，才为强奸既遂；没有插入意图且仅有接触的，应认定为猥亵。

【对象】一切女性。在我国，过去一直将奸淫幼女当作一个独立的罪名，因此，强奸罪的对象限于已满14周岁的妇女。《罪名补充规定》（2002）取消了《刑法》第236条中奸淫幼女罪的罪名设置。自此，奸淫幼女行为一并纳入强奸罪。强奸罪的对象范围也因而扩大到一切女性，不仅包括已满14周岁的妇女，也包括不满14周岁的幼女。

男性不是本罪的对象，违背男性意志与其性交的，不成立本罪，但不排除构成强制猥亵罪、猥亵儿童罪或者故意伤害罪等。已死亡的女性属于尸体，也不是本罪的对象。故意"奸尸"的，不成立强奸罪，有判决以侮辱尸体罪论处。

【主体】年满14周岁具有刑事责任能力的男性。《刑法》第236条之强奸，对象限于女性，

---

[1]　本罪经《刑法修正案（十一）》修改。

强奸方式限于男性生殖器插入妇女阴道或者接触幼女生殖器，属于最狭义强奸[1]。据此，强奸（正犯）之主体似乎仅限男性。[2] 女性教唆或帮助男性实行强奸，可以成立强奸罪的共犯（教唆犯或帮助犯）。不过，如果扩大强奸实行行为的范围，把暴力、胁迫压制被害女性帮助男性完成性交的行为也视为实行行为，则强奸（正犯）之主体就不限于男性。

关于丈夫能否成为强奸妻子的主体，司法实践通常要审查婚姻关系是否正常存续。强抢女性为妻或者收买被拐卖的女性为妻并骗取婚姻登记的，这种婚姻徒具合法的形式，不排除成立强奸罪。此外，在分居或离婚诉讼期间，丈夫可成为强奸妻子的主体。[3] 但在婚姻关系正常存续期间，丈夫强行与妻子性交的，一般不认定为强奸罪。理由主要有二：①男女结为夫妻意味同意性交；②夫妻之间、卧房之内发生的事情，是否违背意志，不便查证，按照家庭暴力案件处理更为合理，构成伤害、侮辱、非法拘禁等犯罪的，应当以伤害、侮辱、非法拘禁等罪名追究刑事责任。

【行为】以暴力、胁迫或者其他手段强奸妇女，或者奸淫幼女。本罪的暴力、胁迫或其他手段，应达到足以违背妇女意志强迫性交的程度。暴力，指对被害妇女人身非法施加有形强制力。胁迫，指对被害妇女进行精神强制。如以行凶报复、揭发隐私、加害亲属等相威胁使妇女不敢反抗；利用职权、从属关系或者孤立无援的环境条件挟制妇女。其他手段，指使用暴力、胁迫以外的足以压制被害妇女反抗（从而实施强奸）的手段。如将妇女药物麻醉或灌醉酒使其不知反抗；利用妇女患重病、熟睡不知反抗之机；组织、利用会道门、邪教组织或者利用迷信恐吓、欺骗妇女。

强奸罪属于侵犯人身类犯罪，开始实施侵犯被害人人身的行为才算着手。一般来说，对女性实施暴力、胁迫时，强奸已着手。但以电话、恐吓信的方式威胁女性强要性关系的，不是强奸的着手。[4] 同理，在使用麻药、迷药或利用醉酒等其他手段强奸时，应以开始性侵为着手；已使被害人陷入不能、不知反抗状态，但因意志以外的原因未能开始性侵的，是强奸的预备犯。

通说认为，强奸罪的本质特征或不成文要件是"违背妇女意志"，即违背妇女自愿性交的意思。《办理强奸案解答》（1984，现已失效）曾强调："在认定是否违背妇女意志时，不能以被害妇女作风好坏来划分。强行与作风不好的妇女发生性行为的，也应定强奸罪。"此外，"认定强奸罪不能以被害妇女有无反抗表示作为必要条件。对妇女未作反抗表示或者反抗表示不明显的，要具体分析，精心区别"。对于不能辨认自己行为的智力残疾或者精神残疾妇女，只要行为人实施奸淫行为，不问是否违背其意志，也不问是否使用了暴力、胁迫以及其他强制手段，就具备强奸罪的客观要件。[5] 被害人是幼女的，只要行为人实施了奸淫行为，不问女性是否同意，也不问是否使用了暴力、胁迫或者其他强制手段，就具备强奸罪的客观要件。因

---

[1] 有些国家和地区采取广义的强奸概念，指对他人违背意志的性侵入，相应地，强奸的对象和主体均不限性别。

[2] 随着"强奸罪不是亲手犯"观念的确立，女性可成为强奸罪的间接正犯。例如，甲女诱导10周岁的乙男强奸丙女，甲女构成强奸罪，是间接正犯。又如，丁女以杀害相威胁迫使互不相识的戊女与己男性交供其观看，虽然丁女没有亲自实施奸淫行为，但实际上是利用他人作为犯罪工具，也属于强奸罪的间接正犯。

[3] 石耀辉、伍红梅：《非正常婚姻状态下强奸罪的构成》，载《人民司法》2011年第24期。

[4] 罗开卷、彭涛、赵拥军：《强奸未遂还是强奸预备？》，载《人民法院报》2015年10月15日，第7版。

[5] 《办理强奸案解答》（1984，现已失效）指出："明知妇女是精神病患者或者痴呆者（程度严重的）而与其发生性行为的，不管犯罪分子采取什么手段，都应以强奸罪论处。与间歇性精神病患者在未发病期间发生性行为，妇女本人同意的，不构成强奸罪。"

为幼女尚不具备辨认自己性行为的能力,其生理也尚未发育成熟到适宜发生性行为的程度。出于对幼女身心健康的保护,使其免受不当性行为的侵害,《刑法》第236条第2款规定,奸淫不满14周岁的幼女的,不仅以强奸论,还从重处罚。

【主观】故意。

1. 强行奸淫妇女的故意包含以下认知内容:①明知违背妇女意志。行为人知道妇女对性关系表示拒绝或不同意,可认为违背妇女意志。妇女表示拒绝或不同意性关系的方式包括言语、表情、身体动作等。妇女对性关系表示同意,即使不是真心愿意,也不能认定行为人有强奸故意。②意图性交,即意图发生男女生殖器交合的性关系。如果意图性交之外的性行为,则属于猥亵故意。

2. 奸淫幼女的故意。没有使用暴力、胁迫等手段、经幼女"同意"性交的,需明知对方是未满14周岁的幼女;确实不知的,不成立强奸罪。关于"明知"的认定,《惩治性侵未成年意见》(2013)第19条规定,知道或者应当知道对方是不满14周岁的幼女,而实施奸淫等性侵害行为的,应当认定行为人"明知"对方是幼女。对于不满12周岁的被害人实施奸淫等性侵害行为的,应当认定行为人"明知"对方是幼女。对于已满12周岁不满14周岁的被害人,从其身体发育状况、言谈举止、衣着特征、生活作息规律等观察可能是幼女,而实施奸淫等性侵害行为的,应当认定行为人"明知"对方是幼女。前述"意见"对于被害人是未满12周岁的,采取了司法认定上的"严格责任",不接受被告人不知幼女的辩解。"对于已满12周岁的幼女实施奸淫等性侵害行为的,如无极其特殊的例外情况,一般均应认定行为人明知被害人是幼女。这里的极其特殊的例外情况,具体可从以下三个方面把握:①客观上被害人身体发育状况、言谈举止、衣着、生活作息规律等特征确实接近妇女;②必须确有证据或者合理依据证明行为人根本不可能知道被害人是幼女;③行为人已经足够谨慎行事,仍然对幼女年龄产生了误认,即使其他正常人处在行为人的场合,也难以避免这种错误判断。比如,与发育较早、貌似成人、虚报年龄的已满12周岁不满14周岁的幼女,在谈恋爱和正常交往过程中,双方自愿发生了性行为,确有证据证实行为人不可能知道对方是幼女的,才可以采纳其不明知的辩解,但应特别严格掌握。相反,如果行为人采取引诱、欺骗等方式,或者根本不考虑被害人是否是幼女,而甘冒风险对被害人进行奸淫等性侵害的,一般都应认定行为人明知被害人是幼女,以实现对幼女的特殊保护,堵塞惩治犯罪的漏洞。"[1]

使用暴力、胁迫或者其他手段,违背幼女意志与幼女性交的,不问行为人是否明知是幼女。行为人确实不知的,仍成立强奸罪,只是不适用《刑法》第236条第2款的"从重处罚"。

【加重犯】本罪的加重事由包括:

1. 强奸妇女、奸淫幼女情节恶劣。根据司法经验,"情节恶劣"一般指强奸手段残酷、多次强奸、因强奸引起被害人自杀或精神失常等情形。

2. 强奸妇女、奸淫幼女多人。指强奸妇女、奸淫幼女3人以上。

3. 在公共场所当众强奸妇女、奸淫幼女。指在车站、码头、公园、影剧院、歌舞厅等公共场所当着他人的面进行强奸。为了加强对未成年人的保护,严惩性侵未成年人的犯罪,《惩治性侵未成年意见》(2013)第23条作扩大解释,不以在场人实际看见为必要:"在校园、游泳馆、儿童游乐场等公共场所对未成年人实施强奸……犯罪,只要有其他多人在场,不论在场人员是否实际看到,均可以依照刑法第二百三十六条第三款……的规定,认定为在公共场所

---

[1] 薛淑兰、赵俊甫、肖凤:《〈关于依法惩治性侵害未成年人犯罪的意见〉有关问题的解读》,载《人民法院报》2014年1月4日,第4版。

'当众'强奸……"

4. 二人以上轮奸。指二人以上同一时间轮流强奸同一妇女或幼女。同一时间，指同一轮流强奸作案过程，不以同一场所为必要。如甲、乙共谋轮奸丙女，甲强奸后又将丙女挟持到乙的房间由乙强奸，仍属于同一时间。成立轮奸，以主观有轮奸认识为必要。乙帮助甲强奸丙女，甲强奸后离开现场，乙临时起意强奸丙的，如果甲确实不知情，仅乙构成轮奸，甲成立强奸罪的基本犯，但不属于轮奸。又如，甲把丙女灌醉后强奸，甲离去，乙利用丙醉酒实施强奸，如果甲、乙互不知情，则二人均不构成轮奸。

轮奸是否以二人以上强奸既遂（二人以上达于插入程度）为必要？分歧颇多。有观点认为，二人以上着手轮奸即成立轮奸，应适用加重法定刑处罚。皆未既遂的，同时适用未遂或中止情节；仅部分共犯人未既遂的，对该共犯人适用未遂或中止情节；预备轮奸未着手的，不成立轮奸。另有学者主张，轮奸以二人以上既遂为必要。本书赞同后一种意见。主要是考虑到，对轮奸情节，应作限缩解释方能符合罪刑相适应原则，与《刑法》第236条其他加重事由及强奸共犯的适用保持平衡。具体而言：①轮奸加重的重要理由是生理上对被害人伤害更大，而只有（二人以上插入）既遂才能产生这种生理性伤害；没有二人以上插入，与一人帮助、另一人强制性交的共犯差不多，如乙暴力帮助甲强奸丙女，与甲、乙共谋轮奸丙女但甲插入、乙未逞，对丙女的伤害差不多。②据此，对于未遂者，以轮奸情节同时适用总则未遂犯的规定予以处罚，相较单纯的帮助犯显失平衡；对于既遂者，以轮奸情节在10年以上有期徒刑、无期徒刑或死刑这一幅度内量刑亦不公平。③一人以强奸意思、一人以猥亵意思共同性侵丙女，与甲、乙共谋轮奸丙女但甲插入、乙未逞，对丙女的伤害也差不多；若认为"二人以上着手轮奸即成立轮奸"，则二者在处罚上差别很大，前者系基本犯，适用3年以上10年以下有期徒刑，而后者系加重犯未遂，适用10年以上有期徒刑、无期徒刑或死刑及总则未遂犯的规定。

5. 奸淫不满10周岁的幼女或者造成幼女伤害。《刑法》第236条第3款第5项由《刑法修正案（十一）》新增，规定了两种加重事由。此二事由为择一关系，奸淫不满10周岁幼女，无论是否造成幼女伤害，均成立强奸罪的加重犯。这里的"伤害"，不限于重伤、死亡，否则会与"致使被害人重伤、死亡"的加重事由重合，丧失单独规定的必要性。

6. 致使被害人重伤、死亡或者造成其他严重后果。强奸致人重伤、死亡，指强奸中的暴力、胁迫或其他手段造成被害人重伤、死亡或者奸淫行为造成幼女重伤、死亡。强奸造成其他严重后果，包括因强奸导致被害人精神失常，或者造成被害人怀孕分娩、堕胎等其他严重危害被害人身心健康的严重后果。行为人出于报复、灭口等动机，在实施强奸的过程中，杀死或伤害被害女性的，应分别定罪，实行数罪并罚。

（二）适用

【定罪】1. 强奸与同意的性交（以下简称"和奸"）之区分。和奸，指非婚男女的自愿性交，不为罪；强奸则是违背意愿的性交，构成犯罪。妇女想要还是不想要该性交的意志，是内心愿望，需要通过外在的举止表现，认定起来存在两种倾向：①妇女没有表示"同意"或没有得到妇女"同意"就认为违背妇女意志；②妇女表示"不同意"，如说"不"或抗拒，才认为违背妇女意志。鉴于成立强奸罪需要行为人有违背妇女意志或者妇女不同意该性关系的认知，应当以妇女有不同意表示为必要，但不需妇女有强烈反抗。

近来，网络约会的很多，男女网友约会开房，双方通常会理解为有意"一夜情"。女方应清晰明确表示"不同意"性关系，才能认定男方有强奸故意。在歌厅、酒吧等娱乐场所，可能会有女性陪酒陪唱，其中还有兼职"出台"卖淫的。对于其间经常发生的指控利用女方醉酒强奸（轮奸）的案件，也需要女方有清晰明确的"不同意"性关系的表示，才能认定男方有强奸认识。因为陪酒陪唱到深夜，之后还随客人去"开房"或"上门"，足以使男方以为女方有意卖淫。女方没有明确清晰的"不同意"性关系表示，也没有醉酒到不能表达意思的程度，不能认定男方有强奸故意。另外，有长期陪酒陪唱经历的，一般了解自己的酒量，也有自我保护、应酬客人的能力。认定被告人利用被害人陷入醉态强奸，应当要求女方因醉酒达到不能或不知拒绝性关系的程度。

在男方说女方愿意而女方说不愿意的"一对一"案件中，妇女报案时间早晚相当关键。妇女报案及时，首先多少能印证妇女对刚刚发生的性关系不愿意；其次，更易取得一些强制行为的证据，如衣裳遭撕扯的痕迹、暴力压制与反抗中在身体上形成的痕迹、案发现场凌乱的状况等；再次，妇女刚刚遭到性侵，其心情尚未平复状态下的陈述显得较真实、可信。相反，数天之后才报案，妇女的控告失去了上述优势，成为双方各执一词的"一对一"案件，往往因证据不足而无法立案。

【案例】　　　　　　　　　　　**陈某被控强奸无罪案**[1]

陈某与某女为分属不同部门的同一银行工作人员，两人曾在之前的几次单位活动中有过接触，且行为亲昵。2004年某日中午，陈某、某女以及其他同事在酒店就餐，席间两人言行、神情亲密，均无喝醉迹象。就餐结束后，陈某、某女手挽手出入电梯，与其他几位同事来到本单位用于存放礼品的酒店房间，其他同事将多余的礼品搬出房间后陆续离开，某女打电话让其男友来接送并告知了房间号码。在其他同事离去后，房间内仅留下陈某及某女，陈某即将房门关上。之后，同事周某因忘拿衣服而折回该房间并敲门，陈某出来开门且表情较为尴尬，某女当时坐在床上。周某离去后，陈某又关上房门并与某女发生了性关系。其间，某女的男友到达该房间门口按门铃并敲门，见无反应便让服务员开门。陈某与某女听到门铃声后，即将被子盖在身上并保持安静。某女的男友进去后，发现两人裸体躺在床上，即与陈某争执并扭打，陈某逃离现场，男友用力将某女推倒在床上后离开并报案。一审法院以强奸罪判处陈某有期徒刑3年，二审法院宣告陈某无罪。

裁判要旨：强奸案件中的直接证据，往往只有被告人供述和被害人陈述。在这种"一对一"的情况下，不应简单地采信这两者，而应先将这两者进行比较分析，寻找矛盾之处；再将这两者与间接证据进行比较分析，确定各个证据的证明力。

2. 根据司法解释，女方控告"男友"强奸的，应当具体分析。如果查证属实的，尽管女方曾自愿与男方发生过性关系，但不影响该强奸罪的成立。常见的情形是：男女之间原本发生过性关系，女方因为顾忌舆论的压力，或者不想造成家庭关系的破裂，或者想建立新的恋爱关系等，提出与男方断绝和奸关系。而男方不仅不尊重女方的意愿，反而继续纠缠，进而对女方实施暴力胁迫行为强行奸淫的，如果女方及时报案、查证属实，对后来的强奸行为可以认定为强奸罪。不能仅仅根据男女之间有过和奸关系就排除强奸的可能。相反，如果女方后来因为和奸关系暴露，为了表示自己的清白或者在家人的压力之下，把与对方和奸的行为说成强奸的，也不能仅凭女方的一面之词就认定为强奸罪。

如果女方控告男方对其曾经实施过强奸，但在指控的强奸事实发生之后，与男方又发生和奸行为、保持和奸关系的，一般不采信女方的指控。因为后来发生的和奸行为、保持的和奸关系以及案发当时没有及时控告，都导致女方的强奸指控证据不足。

3. 试探和奸未成与强奸未遂、中止的界限。在因为邻居、同学、同事、朋友等关系而相

---

[1] 中华人民共和国最高人民法院刑事审判第一、二、三、四、五庭主办：《刑事审判参考》（2006年第3集·总第50集），法律出版社2006年版，第19~23页。

识的男女之间，有时发生男方意图与女方和奸，而通过语言甚至拉扯动作一厢情愿地表示要与女方发生性交的意思。如果一旦女方有拒绝、反对、厌恶的表示，即停止纠缠的，通常属于试探和奸的性质，不宜认定为强奸未遂或者强奸中止。

4. 少男的越轨行为与强奸罪的界限。已满14周岁不满16周岁的人偶尔与幼女发生性行为，情节轻微、未造成严重后果的，不认为是犯罪，可责成家长和学校严加管教。但是，如果已满14周岁不满16周岁的少男与不满14周岁的幼女发生性交，情节严重或者造成严重后果，则应以强奸罪追究刑事责任。所谓情节严重，一般指使用一些具有强制性手段或者奸淫多名幼女等情形。造成严重后果，一般指导致幼女怀孕，严重影响身心健康或者造成幼女自杀等情形。

【共犯】二人以上轮奸，即使其中一人未达到刑事责任年龄，也不影响轮奸成立。需要注意：轮奸是强奸罪法定加重事由，不是独立罪名。

【案例】　　　　　　　　　李某强奸案[1]

2000年7月某日中午，李某（犯罪时未满16周岁）伙同未成年人申某某（犯罪时13周岁）将幼女王某（1992年5月21日出生）领到东柞村村民张松岭家的玉米地里，先后对王某实施轮流奸淫。同年11月2日，因被害人亲属报案，李某被抓获。一审法院认定，李某存在轮奸情节，以奸淫幼女罪判处李某有期徒刑8年；二审法院改判强奸罪，判处有期徒刑6年。

裁判要旨：与不满14周岁的人轮流奸淫同一幼女的，应认定为轮奸。这是因为轮奸比单独实施的强奸犯罪更为严重，若坚持"轮奸"的行为人必须构成强奸共同犯罪（共同实行犯），参与轮奸的人都必须具备犯罪主体的一般要件，显然既不利于保护被害人的合法权益，也有违立法本意。

本案的裁判要旨在不法与责任分立方面作得仍不够彻底。其实，二人共同强奸，其中一人未达刑事责任年龄，不影响强奸共同犯罪的成立。比如，甲（15周岁）帮助乙（13周岁）强奸丙，二人共同实施强奸罪的客观行为即可成立共同犯罪，不必均具有刑事责任能力。乙虽然实行了强奸但未达到刑事责任年龄，不负刑事责任；甲成立乙强奸的帮助犯，如果作用很小，应当适用从犯规定从宽处罚。二人轮奸同理，其中一人未达刑事责任年龄，不影响轮奸事实的发生。申某某参与了轮奸但未达到刑事责任年龄，不负刑事责任；李尧成立强奸罪，且适用轮奸情节。

【罪数】1. 行为人在强奸的过程中，因为使用暴力压制反抗或者因为强奸行为粗暴致使被害人重伤、死亡或者造成其他严重后果的，属于本罪的结果加重犯，以强奸罪一罪定罪处罚。如果行为人在强奸行为实施终了后，为了杀人灭口或者泄愤报复或者满足变态心理，又对被害人实施杀害、伤害行为的，应当以强奸罪与故意杀人罪、故意伤害罪数罪并罚。

2. 行为人在收买被拐卖的妇女、幼女之后又对其实施强奸行为，或者强奸后迫使其卖淫的，应当数罪并罚。但是，对于在拐卖妇女、儿童过程中奸淫被拐卖的被害人的，应将强奸作为拐卖妇女、儿童罪的法定加重情节，不实行数罪并罚。

二、负有照护职责人员性侵罪[2]

《刑法》第236条之一　对已满十四周岁不满十六周岁的未成年女性负有监护、收养、看护、教育、医疗等特殊职责的人员，与该未成年女性发生性关系的，处三年以下有期徒刑；情

---

[1] 中华人民共和国最高人民法院刑事审判第一庭、第二庭编：《刑事审判参考》（2004年第1集·总第36集），法律出版社2004年版，第27~30页。

[2] 本罪由《刑法修正案（十一）》增设。

节恶劣的，处三年以上十年以下有期徒刑。

有前款行为，同时又构成本法第二百三十六条规定之罪的，依照处罚较重的规定定罪处罚。

（一）构成要件

【客体】 被照护少女的身心健康和特殊职责的可信赖性。已满14周岁不满16周岁的未成年女性尚处于生长发育过程中，其生活经验、社会阅历浅，对性的认知能力尚存在欠缺，在面对一些特定关系人利用特殊职责等便利条件侵扰时，尚不具备完全的自我保护能力。为了进一步保护该年龄段女性的身心健康，《刑法修正案（十一）》增设本罪。[1] 本罪的危害本质在于，滥用照护所形成的支配地位或特殊信赖关系对该特定年龄段的未成年女性进行性剥削。[2]

【对象】 处于他人照护下的已满14周岁不满16周岁的未成年女性。

【主体】 特殊主体，即对已满14周岁不满16周岁的未成年女性负有监护、收养、看护、教育、医疗等特殊职责的人员。但不限于法条所列举的几类常见的特殊职责人员，其他与法条所列举人员性质相当的主体，如管教人员或者社区矫正人员，也可成为本罪的主体。关键在于，能够对特定少女形成支配地位或者与之建立特殊信赖关系。一般来说，负有特殊职责的人员须基于法律规定或者民事法律行为的约定等而与少女形成某种关系。单纯认识少女的邻居、杂货店店主等，不符合本罪的主体要件。本罪中的特殊职责，应当是具体职责而非抽象职责。例如，学校老师负有教育学生的职责，不等于校内所有员工都能成为本罪的主体。

【行为】 与被照护少女发生性关系。关于是否以狭义性交为限，存在肯定说[3]与否定说[4]的对立。本书倾向于肯定说。经被照护少女同意与其发生性交之外的性行为（如亲吻、抚摸性器官、口交等）的，不宜以本罪论处。

关于本罪是否排斥强制手段，也存在分歧。有观点认为，本罪之成立，应以被照护少女同意为前提。[5] 一旦行为人采取强制手段与其发生性关系，则不构成本罪。另有观点认为，本罪之成立，不问是否采取强制手段。行为人没有采取强制手段，经被照护少女同意与之性交的，成立本罪；行为人采取强制手段违背被照护少女意志与之性交的，可能同时触犯本罪与强奸罪，从一重罪论处。[6] 在本书看来，后一种观点更为可取。因为如果采纳前一种观点，则不存在"有前款（负有照护职责人员性侵）行为，同时又构成本法第236条规定之罪（强奸罪）"的情形，《刑法》第236条之一第2款的规定有被架空之虞。

【主观】 故意。行为人必须明知被照护女性不满16周岁。至于是否需要认识到被照护女性已满14周岁，在所不问；否则，可能导致处罚漏洞。例如，负有照护职责的甲男认为15周岁的乙女只有13周岁，而与其"自由恋爱"发生性关系。在评价甲男的行为时，由于乙女已满14周岁，故不属于《刑法》第236条第2款的"奸淫幼女"；由于没有采取强制手段，故不属

---

[1] 王爱立主编：《中华人民共和国刑法条文说明、立法理由及相关规定》，北京大学出版社2021年版，第886页。

[2] 参见劳东燕主编：《刑法修正案（十一）条文要义：修正提示、适用指南与案例解读》，中国法制出版社2021年版，第193页。

[3] 参见国家统一法律职业资格考试辅导用书编辑委员会组编：《2022年国家统一法律职业资格考试辅导用书·刑法》，法律出版社2022年版，第187页；付立庆：《负有照护职责人员性侵罪的法网范围》，载《国家检察官学院学报》2022年第2期。

[4] 参见劳东燕主编：《刑法修正案（十一）条文要义：修正提示、适用指南与案例解读》，中国法制出版社2021年版，第194页。

[5] 胡云腾、徐文文：《〈刑法修正案（十一）〉若干问题解读》，载《法治研究》2021年第2期。

[6] 参见周光权：《刑法各论》，中国人民大学出版社2021年版，第39页。

于《刑法》第236条第1款的"强奸妇女";如果认为本罪的故意需包含对"被照护女性已满14周岁"之认识,则甲男不符合主观要件,也无法构成本罪。处罚漏洞由此产生。

【加重犯】情节恶劣。

(二) 适用

【罪数】本罪与强奸罪不是对立关系。犯本罪,同时构成强奸罪的,属于想象竞合犯,从一重罪论处。[1] 所以,《刑法修正案(十一)》增设本罪,与《惩治性侵未成年意见》(2013) 第21条第2款"对已满十四周岁的未成年女性负有特殊职责的人员,利用其优势地位或者被害人孤立无援的境地,迫使未成年被害人就范,而与其发生性关系的,以强奸罪定罪处罚"的规定并不矛盾。

三、强制猥亵、侮辱罪·猥亵儿童罪

《刑法》第237条　以暴力、胁迫或者其他方法强制猥亵他人或者侮辱妇女的,处五年以下有期徒刑或者拘役。

聚众或者在公共场所当众犯前款罪的,或者有其他恶劣情节的,处五年以上有期徒刑。

猥亵儿童的,处五年以下有期徒刑;有下列情形之一的,处五年以上有期徒刑:

(一) 猥亵儿童多人或者多次的;

(二) 聚众猥亵儿童的,或者在公共场所当众猥亵儿童,情节恶劣的;

(三) 造成儿童伤害或者其他严重后果的;

(四) 猥亵手段恶劣或者有其他恶劣情节的。

(一) 构成要件

1. 强制猥亵、侮辱罪。

【客体】他人的性尊严。

【对象】(1) 强制猥亵的对象:他人。本罪中的"他人"指除自己以外的任何性别的人,包括女人、男人、"中性人"。

(2) 强制侮辱的对象:妇女。可扩大解释为女性。

【主体】一般主体,包括与被害人同性别的人。

【行为】以暴力、胁迫或者其他方法,违背他人意志强制猥亵他人、侮辱妇女。在公共场所故意裸露身体,但不强制他人观看的,不是本罪,属于治安违法行为。本罪中的其他方法,指除暴力、胁迫以外的足以违背他人意志对他人实施性侵犯的方法,如使用麻醉、灌醉酒的方法,假借治病施展巫医骗术的方法,以及趁他人重病昏迷之际或者熟睡之际实施猥亵、侮辱等。

猥亵他人、侮辱妇女,指使用性交以外的方法侵犯他人性自由、性尊严、性羞耻心的性侵犯行为,即具有性意义的侵犯行为,如抠摸、亲吻、搂抱、剥衣、鸡奸、口交等。既包括行为人对他人实施,也包括强迫被害人自行猥亵,以及强迫被害人对自己或第三人实施。本罪之行为均以"强制"为必要,且猥亵他人与侮辱妇女均需具有性侵犯性质。在"他人"涵盖"妇女"的情况下,二者实难区分。或许对被害妇女具有性侵犯意义但行为人却不具有性动机的情形,可以归入强制侮辱妇女的范围。如妻子当众剥光"小三"的衣服,对被害女性有性羞辱意义,但行为人却没有性动机。

【主观】故意。区别于强奸罪的性交故意,本罪的主观方面限于性交以外的性侵犯。

【加重犯】本罪有以下加重事由:

---

[1] 参见张明楷:《刑法学》(下),法律出版社2021年版,第1144页。

（1）聚众或者在公共场所当众。聚众，指纠集3人以上。公共场所，一般指公众自由出入的场所。如广场、公共汽车上、公园等场所。当众，一般解释为"当着众人面""当着多人面"。当众实施性侵害犯罪虽不要求其他在场的多人实际看到，但基于"当众"概念的一般语义及具有此情节即升格法定刑幅度的严厉性，其他在场的多人一般要在行为人实施犯罪地点视力所及的范围之内。换言之，性侵害行为处于其他在场人员随时可能发现、可以发现的状况。经《刑法修正案（九）》修正，强制猥亵的对象由"妇女"扩展为"他人"，并增加"或者有其他恶劣情节的"的加重事由。为了加强对未成年人的保护、严惩性侵未成年人的犯罪，《惩治性侵未成年意见》（2013）第23条作扩大解释，不以在场人看见为必要："在校园、游泳馆、儿童游乐场等公共场所对未成年人实施……猥亵犯罪，只要有其他多人在场，不论在场人员是否实际看到，均可以依照刑法……第二百三十七条的规定，认定为在公共场所'当众'……强制猥亵、侮辱妇女，猥亵儿童。"

（2）其他恶劣情节。其他恶劣情节指"聚众或者在公共场所当众"猥亵、侮辱之外的恶劣情节。参照强奸罪加重犯的规定和猥亵罪犯人格特点，一般指：①猥亵多人或多次猥亵；②强制性侵入、严重损害被害人身心健康的情形，如强制鸡奸、口交、使用器物性侵入。有的国家将强奸概念扩大为"性侵入"，如《法国刑法典》第222-23条规定："以暴力、强迫、威胁或乘人不备，对他人施以任何性质的性侵入行为，构成强奸罪。"[1] 本书认为，相对于狭义强奸（强制异性生殖器交合），其他强制性侵入对被害人的伤害可能更大，因为更不自然。所以，对于强制性侵入严重损害被害人身心健康的猥亵行为，可认定为具有其他恶劣情节。

2. 猥亵儿童罪[2]。

【客体】儿童的身心健康。

【对象】儿童，指不满14周岁的人。既包括男童，也包括女童。猥亵行为对儿童身心健康危害很大，影响儿童的正常发育和成长，所以《刑法》对儿童给予特殊保护。

【行为】猥亵儿童，指对儿童实施性骚扰、性侵犯的行为。不论行为人与被害人性别是否相同，也不论是否采取强制手段。以暴力、胁迫或者其他方法强制猥亵儿童的，也成立本罪。

【主观】故意。明知对方是不满14周岁的儿童而实施猥亵。

【加重犯】《刑法修正案（十一）》将原法条中"猥亵儿童的，依照前两款的规定从重处罚"删除，让猥亵儿童罪的法定刑独立于强制猥亵、侮辱罪。同时，在原有规定的基础上，明确了以下法定刑加重事由：

（1）猥亵儿童多人或者多次。多人，指猥亵3名以上儿童。多次，指猥亵儿童3次以上。

（2）聚众猥亵儿童或者在公共场所当众猥亵儿童，情节恶劣。聚众猥亵儿童或在公共场所猥亵儿童的，并非一律适用升格的法定刑，只有达到"情节恶劣"程度的，才是加重犯。对于实践中发案率较高的在公共交通工具上猥亵儿童，但犯罪刚着手就被及时制止，或者行为人认罪悔罪态度较好的，不宜认定为情节恶劣。[3]

（3）造成儿童伤害或者其他严重后果。造成儿童伤害，不需要达到轻伤以上的程度。其他严重后果，可以包括对儿童的心理伤害。

（4）猥亵手段恶劣或者有其他恶劣情节。

---

[1] 朱琳译：《最新法国刑法典》，法律出版社2016年版，第95页。
[2] 本罪经《刑法修正案（十一）》修改。
[3] 周光权：《刑法各论》，中国人民大学出版社2021年版，第43页。

【案例】 <center>**邹某某猥亵儿童案**[1]</center>

邹某某与黄某甲、黄某乙的母亲徐某为同乡，2015年双方结识后常有往来。2017年暑假期间，邹某某将黄某甲（男，时年5岁）带至其居住的房屋，播放淫秽视频给黄某甲观看，并对黄某甲的生殖器实施猥亵。后邹某某趁受徐某所托照看黄某甲、黄某乙（男，时年7岁）的机会，对两名被害人生殖器实施猥亵，并播放淫秽视频给二人一同观看。此后至2019年，邹某某多次采取上述类似方式分别或者同时对黄某甲、黄某乙实施猥亵。2019年2月1日，被害人母亲发现被害人表现异常后报警，邹某某被抓获归案。公安机关从邹某某使用的手机中查获多张黄某甲、黄某乙裸体照片和多名身份不明男童生殖器照片以及大量淫秽视频。法院认为，邹某某利用与被害人家庭熟悉的机会或受委托照看儿童的机会，长期对两名不满10周岁的幼童实施猥亵，其行为已构成猥亵儿童罪，且手段恶劣，并导致两名被害人受到严重心理创伤，属于猥亵儿童"情节恶劣"，应予从严惩。法院以猥亵儿童罪判处邹某某有期徒刑10年。

评析：本案及审理均发生在《刑法修正案（十一）》生效前，法院在案件审理过程中，根据被告人实施猥亵的手段、性质、情节及造成的后果，依法适用《刑法》第237条原第2款、第3款规定的猥亵"有其他恶劣情节"，对被告人在5年以上有期徒刑幅度内从重判处，于法有据，罪刑相当，而且与《刑法修正案（十一）》依法加大惩治力度，明确列举猥亵"手段恶劣或有其他恶劣情节""造成其他严重后果"等加重情节的立法精神也完全契合，实现了法律效果与社会效果的统一。

（二）适用

【定罪】正当医疗行为与强制猥亵行为的区分。

【案例】 <center>**王某鹏强制猥亵、猥亵儿童案**[2]</center>

2012年5月28日至5月31日，甘肃省肃北县某中学组织学生在肃北县医院体检。王某鹏利用自己作为尿检项目检验医生的便利，超出尿检医生的职责范围，以"体检复查"为名，对14名已满14周岁的女学生和7名不满14周岁的女学生抚摸胸腋部和下腹部、腹股沟区，将裤子脱至大腿根部查看生殖器，用手在阴部进行按压抚摸，对个别女学生以棉签插入阴部擦拭的方式提取所谓"分泌物"，进行猥亵。法院以强制猥亵罪判处王某鹏有期徒刑3年，以猥亵儿童罪判处有期徒刑4年，决定执行有期徒刑6年。

裁判要旨：应从两个方面区分正常的医疗检查与猥亵犯罪行为。首先，医疗检查是在遵循相关医疗规范的前提下，对病人进行必要、科学的医务检查和诊治；而猥亵犯罪需要具备猥亵的故意，可以通过医疗检查是否明显超越职责范围、是否系医疗诊治所必需的检查手段等方面予以分析。其次，应考察是否使用了强制或者欺骗等不正当手段。医务人员如利用特殊身份、特定场所，通过有针对性的语言或者行为暗示等方式，可对妇女、儿童的身体或者精神形成强制力，使其不能、不敢或者不知反抗，因此，不能完全以被害人是否明显反抗作为认定其是否自愿接受身体检查的依据。

【关联罪】1. 强制猥亵罪与强奸未遂的界限。强奸罪是强制猥亵罪的特别类型。我国《刑法》取最狭义"强奸"，即男性对女性强制实行"生殖器交合"，因此，怀有这种强制性交（强奸）意图、着手实行未得逞的，成立强奸罪（未遂）。怀有狭义性交之外的性侵犯意图，对他人（包括男性和女性）强制实施性侵犯的，是强制猥亵、侮辱罪。在尚未达到插入程度

---

[1]《未成年人司法保护典型案例》，载《人民法院报》2021年3月3日，第3版。
[2] 中华人民共和国最高人民法院刑事审判第一、二、三、四、五庭主办：《刑事审判参考》（2014年第3集·总第98集），法律出版社2014年版，第53~56页。

时，认定强奸意图，主要看有没有欲行插入的表现。行为人开始性侵行为，但没有欲行插入表现且本人否认强奸意图的，只能退而求其轻，以强制猥亵定性。

2. 强制猥亵、侮辱罪与侮辱罪的区别。要点在于是否具有"性侵犯"的性质。强制猥亵、侮辱行为，当然有损他人尊严、人格，具有侮辱性质。《刑法》给予性尊严更强的保护，所以，对以性侵方式损害他人尊严的行为给予更严厉的惩罚，适用特别的、性质较严重的强制猥亵、侮辱罪。侮辱他人不具有性侵犯性质，因而也不触犯强制猥亵、侮辱罪的，属于侮辱罪的适用范围。过去，较多考虑强制猥亵、侮辱罪与流氓罪之间的立法沿革关系，依据是否具有"流氓"动机区分。现在，强制猥亵罪的对象扩大到包括男性在内的一切人，仍根据行为人动机来界分显然不妥。因为：①动机是主观的，不好认定；②无法说明两罪悬殊的法定刑配置。《刑法》对强制猥亵、侮辱罪设置的法定最高刑为15年有期徒刑，对侮辱罪仅规定了最高3年有期徒刑的法定刑且要求告诉才处理。对这两种都有侮辱性的行为，刑法评价如此悬殊的要点在哪里？应该是性侵害上。因此，依据行为是否在客观上具有性侵犯性质进行区分，符合刑法评价，且标准明确、易于操作。

第三节 侵犯他人人身自由、人格尊严的犯罪

一、非法拘禁罪

《刑法》第238条 非法拘禁他人或者以其他方法非法剥夺他人人身自由的，处三年以下有期徒刑、拘役、管制或者剥夺政治权利。具有殴打、侮辱情节的，从重处罚。

犯前款罪，致人重伤的，处三年以上十年以下有期徒刑；致人死亡的，处十年以上有期徒刑。使用暴力致人伤残、死亡的，依照本法第二百三十四条、第二百三十二条的规定定罪处罚。

为索取债务非法扣押、拘禁他人的，依照前两款的规定处罚。

国家机关工作人员利用职权犯前三款罪的，依照前三款的规定从重处罚。

(一) 构成要件

【客体】他人的人身自由或者被保护、监护状态。人身自由，指人按照本人意志行动的自由，即在法律允许的范围内按照自己的意志决定自己身体活动的自由。人身自由权是一项受到宪法保护的权利。我国《宪法》第37条规定："中华人民共和国公民的人身自由不受侵犯。任何公民，非经人民检察院批准或者决定或者人民法院决定，并由公安机关执行，不受逮捕。禁止非法拘禁和以其他方法非法剥夺或者限制公民的人身自由，禁止非法搜查公民的身体。"对他人人身自由的侵犯，以实际控制住被害人为既遂。

被保护、监护状态，指没有意志或行动自由能力的人受保护、监护的状态，如婴幼儿、未成年人、精神病人等，缺乏意志自由、行动自由能力，处在家庭、机构、监护人的保护、看护、监护之下。《刑法》第238条第3款规定，为索取债务非法扣押、拘禁他人的，依照非法拘禁罪处罚。对于为索债而扣押儿童的，仅暂扣并非使儿童长久脱离家庭或监护人，多适用该款定罪处罚，而不以拐骗儿童罪论处。以偷盗、欺骗、诱拐等方式使婴幼儿、精神病人、缺乏行动自由能力的未成年人等脱离保护、监护环境的，属于状态犯，以使被害人脱离保护、监护环境为既遂。

【对象】他人。不以被害人有意志自由、行动自由能力为必要。精神病人等心智障碍人及婴幼儿均可成为本罪的对象。

【行为】拘禁他人或者以其他方法剥夺他人人身自由。拘禁，指通过暴力、胁迫手段束缚他人身体活动。"拘"，即强制控制他人身体使他人身体活动不自由，如扭臂膀、挟持、捆绑等。"禁"，即将他人束缚于一定范围，常见如关押、捆系于柱子、树木等固定物上。拘禁是剥夺人身自由的通俗表述和常见形式。以其他方法剥夺人身自由，指以拘禁以外的方法（如喂安眠药、将他人投放于荒岛等）剥夺他人自由。剥夺他人自由，不包括仅限制他人人身自由的情形。例如，威胁或者强求他人作为或者不作为，对他人自由有所侵犯，但没有达到剥夺的程度。再如，将他人双手铐住即放行，仅限制人身自由，同样未达到剥夺人身自由的程度。这里的"剥夺"自由，应以达到实际剥夺程度（即以被害人意识到按照自己意志决定身体活动遭到干涉、妨害）为必要。据此，被害人未认识到行动自由受限的，没有被剥夺自由。例如，甲发现债务人乙投宿于旅店某客房内，向债权人丙报告，同时将门反锁防逃跑，直到丙到来方打开门锁。乙没有意识到门被反锁不能自由行动，甲的行为仅有剥夺人身自由的可能性，未达到实际剥夺的程度，不是本罪的拘禁行为。

【主观】故意，即明知自己的行为会产生剥夺他人人身自由的结果，并且希望或者放任这种结果发生。过失不能构成本罪。鉴于非法拘禁是一种单纯侵犯他人人身自由的犯罪，所以，出于何种目的拘禁他人，在法律上没有特别限定。不过，如果出于勒索财物的目的或者出于贩卖妇女、儿童的目的，则超出了本罪主观要件的范围，构成其他侵犯自由的犯罪。

《刑法》第238条第3款规定，为索取债务非法扣押、拘禁他人的，按照非法拘禁罪定罪处罚。该条款为注意规定，提示法官对这种行为只按非法拘禁罪处罚，不按照绑架罪处罚。鉴于行为人索取债务是为了实现自己的权利，没有非法占有他人财物的目的。该款"为索取债务"的表述其实并未给本罪添加特别的目的要求。这里的"债务"，既包括合法债务，也包括高利贷、赌债等法律不予保护的债务。根据《为索取非法债务非法拘禁解释》（2000），行为人为索取高利贷、赌债等法律不予保护的债务而非法扣押、拘禁他人的，也以非法拘禁罪定罪处罚。在无法查清被害人是否存在债务的情况下，要根据被告人的真实意思，审查其是否存在认识错误。如果被告人确信被害人对其负有债务的，从有利于被告人和坚持主客观相统一原则出发，应认定被告人构成非法拘禁罪，而非绑架罪。

【案例】 **罗某伟等非法拘禁案**[1]

罗某伟因怀疑王某祥等3人在管理其经营的石渣生意期间，在账目上造假、侵吞款项，遂与蒋鼎、"阿三"等人将王某祥等3人带至佛岭水库洋山庙边上，质询账目收支情况，并使用拳脚、持棍殴打王某祥等3人，致王某祥构成轻伤二级。后罗某伟与王某祥达成协议，将罗某伟怀疑的账目上被侵吞的3万余元与其欠王某祥的3万余元抵销，整个过程持续4个小时左右。法院以非法拘禁罪判处罗某伟有期徒刑9个月。

【罪量】本罪是继续犯。犯罪既遂后，对他人人身自由的侵害处在持续（不间断）状态。这意味着，犯罪既遂但犯罪行为未必结束。只有当不法状态（他人被剥夺自由）解除，犯罪行为才结束。

剥夺、限制他人人身自由轻微的，可以适用《治安管理处罚法》（2012年修正）第40条处拘留或罚款。非法剥夺他人人身自由达到较为严重程度的，成立非法拘禁罪。对普通主体，非法拘禁行为没有明确的立案标准。《渎职侵权案立案标准》（2006）规定，国家机关工作人员利用职权非法拘禁，涉嫌下列情形之一的，应予立案：①非法剥夺他人人身自由24小时以

---

[1] 中华人民共和国最高人民法院刑事审判第一、二、三、四、五庭主办：《刑事审判参考》（2014年第4集·总第99集），法律出版社2015年版，第47~48页。

上的;②非法剥夺他人人身自由,并使用械具或者捆绑等恶劣手段,或者实施殴打、侮辱、虐待行为的;③非法拘禁,造成被拘禁人轻伤、重伤、死亡的;④非法拘禁,情节严重,导致被拘禁人自杀、自残造成重伤、死亡,或者精神失常的;⑤非法拘禁3人次以上的;⑥司法工作人员对明知是没有违法犯罪事实的人而非法拘禁的;⑦其他非法拘禁应予追究刑事责任的情形。该立案标准可供参照。利用职权的非法拘禁轻于未利用职权的非法拘禁,因为毕竟由公职人员依公权力实施,仍有一定的法度,仅仅滥权而已,对被害人及其家属危害性较小。相反,非利用职权的非法拘禁,常见如讨债尤其是讨要高利贷者,从业人员良莠不齐,暴力倾向严重,往往使被拘禁人人身安全受到严重威胁。因此,对于普通主体非法拘禁的案件,一般以8小时作为罪与非罪的界限;对于黑恶势力有组织地多次短时间非法拘禁他人的案件,《办理黑恶犯罪案意见》(2018) 以3次以上且每次持续4小时以上或者累计时间在12小时以上作为立案追诉标准。

【加重犯】根据《刑法》第238条第2款前半段,非法拘禁致人重伤或者死亡的,是本罪的结果加重犯。致人重伤、死亡,指在使用暴力手段非法拘禁他人的过程中,过失致被拘禁人重伤、死亡。如捆绑过紧或是关押、照顾不周,过失造成被拘禁人重伤、死亡的结果。这种情况仍然认定为非法拘禁一罪,重伤、死亡结果作为本罪的法定加重情节。如果明知用以拘禁他人的暴力手段可能致人死亡,仍采取该手段致使被害人死亡的,不是本罪的结果加重犯,可能同时触犯本罪(基本犯)与故意杀人罪,从一重罪(故意杀人罪)论处。

(二) 适用

【定罪】合法的拘禁行为,不构成犯罪。成立本罪必须具有非法性。由于人身自由是公民享有的一项宪法权利,所以,在没有履行法律手续或者经过正当的法律程序的情况下,任何剥夺他人人身自由的行为都是非法的。即使是经法律授权实施拘留、逮捕的强制措施的公安、司法机关,在履行拘留、逮捕职权时,如果违反法定程序剥夺他人人身自由的,也具有非法性。但是,公安司法机关人员依法采取逮捕、拘留措施,公民扭送现行的犯罪人,精神病院医生对精神病人采取管束措施等,都属于合法行为,不能认定为本罪。公安司法机关在履行职责时出现一些手续上的瑕疵的,也不认为具有非法性,不发生非法拘禁的问题。此外,宾馆、饭店为了避免遭受难以挽回的损失,对于拒绝或者不能付费的顾客不得已进行滞留的行为,属于一种紧急情况下的自救行为,排除非法性。

【关联罪】本罪与其他侵犯人身自由犯罪的区别。要点是目的和行为方式不同。本罪是侵犯自由类犯罪的基本类型,对主观目的和侵犯自由的方式均无特别的限定;绑架罪、拐骗儿童罪与拐卖妇女、儿童罪则对主观目的或者行为方式有特别限定。拐骗儿童罪限于拐骗儿童脱离家庭或者监护人,绑架罪限于以勒索财物或其他不法要求为目的,拐卖妇女、儿童罪则限于以出卖为目的。因此,行为人非法拘禁他人,并具有出卖、勒索目的,或者具有使儿童脱离家庭、监护人特征的,应按照其他侵犯自由的犯罪定罪处罚。

【罪数】1. 对被拘禁人进行殴打、侮辱没有造成重伤、死亡结果的,仍然属于非法拘禁罪(基本犯)。根据《刑法》第238条第1款,殴打、侮辱行为作为从重量刑情节掌握。

2. 非法拘禁,使用暴力致人伤残、死亡的,不是本罪的加重犯,直接以故意伤害罪或者故意杀人罪定罪处罚。故意对被拘禁人实施拘禁以外的暴力伤害或杀害行为,并直接造成伤残、死亡结果的,既触犯非法拘禁罪(基本犯),也触犯故意伤害罪或故意杀人罪,按理来说应当数罪并罚。但因为《刑法》第238条第2款拟制规定的存在,直接以故意伤害或故意杀人一罪论处。

二、绑架罪

《刑法》第239条 以勒索财物为目的绑架他人的，或者绑架他人作为人质的，处十年以上有期徒刑或者无期徒刑，并处罚金或者没收财产；情节较轻的，处五年以上十年以下有期徒刑，并处罚金。

犯前款罪，杀害被绑架人的，或者故意伤害被绑架人，致人重伤、死亡的，处无期徒刑或者死刑，并处没收财产。

以勒索财物为目的偷盗婴幼儿的，依照前两款的规定处罚。

（一）构成要件

【客体】他人的人身权和第三人的自决权。绑架罪的特点是扣押人质，以释放人质为条件或者以继续扣押、加害人质相威胁，向担忧人质安全的第三人勒索财物或其他不法利益，不仅侵害人质的人身权利，同时还侵犯第三人的自决权。这里的"第三人"，通常是担忧人质安危的亲友，也包括其他个人、组织、政府机构和国家。

【行为】绑架他人，指以暴力、胁迫或者其他方法劫持他人作为人质。偷盗不满1周岁的婴儿和偷盗不满6周岁的幼儿，作为人质勒索赎金或者提出其他不法要求的，属于绑架他人作为人质。

绑架他人作为人质，即以人质为筹码或者意图以人质为筹码，向关切人质人身安全的"第三人"提出索财要求或其他不法要求，是绑架罪的实质特征，也是绑架罪与非法拘禁罪、抢劫罪及拐卖妇女、儿童罪区别的要点。不必是本人直接通知（勒索）第三人，通过人质之口通知（勒索）第三人亦可，如甲持刀将乙逼入山中，令乙通知其母拿20万赎人，同样侵犯第三人（乙母）的自决权，是绑架行为。

《刑法》按照不法要求的类型将绑架分为：①"以勒索财物为目的绑架他人"，即赎金型绑架，这是最常见的绑架类型。②"绑架他人作为人质"，即出于（赎金之外的）其他不法意图绑架人质，如劫持人质，要求释放犯人、割让领土、改变政策等。

【主观】故意，并以勒索财物或者提出其他不法要求为目的。本罪是"短缩的二行为犯"，对人质形成实力控制，即为既遂，不以提出勒索财物等不法要求为必要，更不需实现上述不法目的。

【减轻犯】情节较轻。绑架既遂后自动释放人质的，通说认为不成立犯罪中止，但可适用《刑法》第239条"情节较轻"的规定予以宽大处理。

（二）适用

【定罪】本罪是极凶恶的犯罪，其基本犯的法定最低刑为10年有期徒刑，绑架过程中杀伤被绑架人的，不单独评价而是作为加重的绑架罪处罚，足以说明本罪是最严重的犯罪之一。绑架他人作为人质，以扣押、加害人质相威胁索要巨额赎金，不仅严重侵害人质，也使想营救人质的亲友深陷两难困境，人质和营救者都受制于绑架者的"要价"，这是绑架罪与非法拘禁罪不同之处。如果要价很低、可轻易满足，那么人质容易脱险，营救者也不会为难，与非法拘禁罪危害性接近。对绑架罪的认定，应当与《刑法》对该罪的重大危害性评价相称。一般来说，成立绑架罪需要勒索巨额赎金或者有重大不法要求。如果索取赎金数额不大，或者仅有其他微不足道的不法要求，情节显著轻微危害不大的，可不认为是犯罪。例如，扣住岳母要求妻子从娘家返回；为女友筹人工流产费用，而绑架堂弟向其叔叔索要3000元赎金等。

【关联罪】1. 本罪与非法拘禁罪的区别。《刑法》第238条第3款规定，为索债而绑架、扣押人质的，以非法拘禁罪论处。索取超出债务范围的财物的，构成何罪应当具体分析：如果债务范围本身存在争议或超出债务范围不大，总体判断索要财物的数量还是以债务为依据的，仍可按照非法拘禁罪定罪处罚；如果超出债务范围过大，索要的金额完全不受债务纠纷额的制约，甚至以索债为名，绑架人质非法索取巨额财产，则应按照绑架罪定罪处罚。

常有雇人索债或绑架的案件，对于被雇者，应分别以非法拘禁罪或绑架罪的共犯论处。有时，雇主以勒索财物为目的，却对被雇者谎称为了索债而扣押人质。此时，由于被雇者不明雇主绑架的真相，仅有为他人索债而扣押人质的故意，不成立绑架罪的共犯，可单独论以非法拘禁罪。有时，雇主为索债而雇用他人帮助扣押人质，被雇者在扣押人质的过程中，撇开雇主直接向人质亲友勒索与债务无关的财物。此时，对被雇者应单独以绑架罪论处。

2. 本罪与敲诈勒索罪的区别。在勒索财物上，二者相同。区别的要点在于，是否使用绑架人质的方式索取财物。本罪是以绑架人质的方式敲诈勒索财物，敲诈勒索罪则是以绑架人质以外的方式敲诈勒索财物。行为人以谎称绑架人质的方式索取财物的，仍属于敲诈勒索罪，因为行为人没有实施绑架行为。如果为了勒索财物绑架人质，致人质死亡或者杀害人质之后，向被害人亲属或其他人谎称人质仍然活着，继续勒索的，应当认定为绑架罪。

3. 本罪与抢劫罪的区别。要点在于是否将人质置于自己实力支配下向第三人索要赎金。对被害人施加暴力、迫使在场第三人交付财物的，因为没有达到将被害人置于实力支配的程度，也没有索要赎金的性质，是抢劫而非绑架。例如，甲持西瓜刀冲入某银行储蓄所，将刀架在储蓄所保安乙的脖子上，喝令储蓄所职员丙交出现金1万元，储户丁见状拿出1万元扔给甲。甲是抢劫罪[1]。此外，劫持被害人并强取被害人所控制的财物的，因为没有向第三人索要赎金，不涉及第三人自决权，是抢劫而非绑架。例如，甲某晚将老板乙从工厂绑架至市郊一空房内，将乙的双手铐在窗户铁栏杆上，强迫乙答应交付3万元的要求。约4小时后，甲强行将乙带回工厂，乙从保险柜取出仅有的2万元交给甲。甲虽对乙有劫持、扣押等侵犯人身自由的行为，但仅仅是从乙的控制下直接取得财物，没有将乙作为人质向第三人勒索赎金，成立抢劫罪[2]。

【罪数】1. 犯绑架罪，杀害被绑架人的，或者故意伤害被绑架人，致人重伤、死亡的，按理来说另构成故意杀人罪或者故意伤害罪，但由于《刑法》第239条第2款的拟制规定，定绑架一罪，处无期徒刑或者死刑，并处没收财产。

（1）杀害被绑架人，指犯绑架罪过程中，故意杀害被绑架人。绑架过程中，自绑架人质时起至人质获释时为止。如果不是在犯绑架罪过程中而是因其他缘故杀害他人后，临时起意谎称绑架被害人勒索财物的，不适用前述拟制规定。例如，甲与乙因借款发生纠纷，争执中甲将乙打死。甲给乙妻打电话，谎称将乙绑架，索要10万元赎金。甲的杀人行为构成故意杀人罪，取财行为构成敲诈勒索罪与诈骗罪的想象竞合犯，应按数罪并罚处理。杀害，指故意杀害，即具有故意杀人罪的性质。《刑法》第239条将"杀害被绑架人"与"故意伤害被绑架人"并列作为加重事由，从前后段关系可推出该"杀害"限于故意杀害，不包括过失致人质死亡。杀害的对象以被绑架人为限。犯绑架罪，杀害人质之外的人（如前来解救人质的警察）的，不适用《刑法》第239条第2款，应另定故意杀人罪，与绑架罪实行并罚。

实践中常见的情形有：①为勒索财物或其他不法要求绑架人质，杀害人质后隐瞒事实真相向第三人勒索的。例如，甲、乙为勒索财物绑架邻居5岁儿童丙，因为丙哭闹带在身边不方便，就将丙杀害掩埋。之后打电话给丙的父亲，声称绑架丙，索要10万元赎金。②因勒索条件未得满足或报复人质亲友报警而杀害人质的。③勒索到赎金为灭口而杀害人质的。例如，人

---

[1] 抢劫的暴力不以施加于财物占有人或交付人为限，也可通过施加于第三人劫取财物。
[2] 抢劫的暴力，可包含为劫取财物而约束被害人人身自由的情形。

质亲属支付赎金100万元满足了绑匪要求，但绑匪非但不如约释放人质，还将人质杀害。绑匪仍属于拟制的绑架一罪。理由是：其一，人质未获释，绑架行为未实行终了，仍在绑架犯罪过程中；其二，在可适用法定最高刑为无期徒刑或死刑的场合，按绑架一罪处罚，更利于作出严厉判罚。这是实质理由，因为绑匪违背承诺杀害人质，凶残且无信，应当给予最为严厉的惩罚，择重法[1]而适用，符合罪刑均衡原则。

关于杀害被绑架人是否以被绑架人被杀害致死为必要，曾有分歧。在《刑法修正案（九）》将《刑法》第239条第2款的法定刑修正为"处无期徒刑或者死刑"之后，该"杀害"不以杀害致死为必要，包括杀害未遂，估计不会有分歧了。杀害被绑架人未遂的，仍成立第239条第2款的绑架罪，但可参照犯罪未遂规定酌情从宽处罚。

【案例】　　　　　　　　　　**王某平绑架案**[2]

王某平找到其表弟之子高某蓬（10周岁）并骗走，随后挟持高某蓬乘车先后到河南安阳、山西长治、河北武安等地。其间，王某平用事先准备好的手机亲自或胁迫高某蓬多次向高家打电话索要现金5万元。在索要未果的情况下，王某平将高某蓬挟持到一火车隧道内，乘高某蓬不备，用石头砸击其头部，将其击昏后放入下水道内，并用水泥板盖住后逃离现场。不久后，高某蓬被铁路工人发现，抢救后脱险，经法医鉴定属轻伤。一审法院认为，王某平以勒索财物为目的，将被害人打昏后放在下水道内杀害被绑架人，手段恶劣，情节严重，其行为虽未造成被害人死亡，但所犯罪行严重，不足以从轻处罚，以绑架罪判处王某平死刑，剥夺政治权利终身，并处没收个人全部财产。二审法院维持原判。

（2）故意伤害被绑架人，致人重伤、死亡，指犯绑架罪过程中，故意伤害被绑架人致其重伤、死亡。伤害结果限于"重伤"或者"死亡"，伤害对象限于"被绑架人"。犯绑架罪，故意伤害人质之外的人，或者故意伤害人质致其轻伤的，不适用《刑法》第239条第2款的拟制规定，应另定故意伤害罪，与绑架罪实行并罚。

2. 绑架过程中又当场劫取被害人随身携带的财物的，根据《审理抢劫抢夺刑案意见》（2005），同时触犯绑架罪和抢劫罪两罪名，应择一重罪定罪处罚。该"意见"将数罪拟制为一罪，有必要严格限制其适用范围。对于劫取被害人随身携带的财物后又将其绑架为人质勒索赎金的，构成抢劫罪与绑架罪，实行数罪并罚。

三、拐卖妇女、儿童罪

《刑法》第240条　拐卖妇女、儿童的，处五年以上十年以下有期徒刑，并处罚金；有下列情形之一的，处十年以上有期徒刑或者无期徒刑，并处罚金或者没收财产；情节特别严重的，处死刑，并处没收财产：

（一）拐卖妇女、儿童集团的首要分子；

（二）拐卖妇女、儿童三人以上的；

（三）奸淫被拐卖的妇女的；

（四）诱骗、强迫被拐卖的妇女卖淫或者将被拐卖的妇女卖给他人迫使其卖淫的；

（五）以出卖为目的，使用暴力、胁迫或者麻醉方法绑架妇女、儿童的；

（六）以出卖为目的，偷盗婴幼儿的；

---

[1] 较之于绑架罪（基本犯）与故意杀人罪数罪并罚（可能判处有期徒刑），第239条第2款规定的绑架罪（只能判处无期徒刑或者死刑）是重法。

[2] 中华人民共和国最高人民法院刑事审判第一、二、三、四、五庭主办：《中国刑事审判指导案例》（第2卷），法律出版社2017年版，第673~674页。

（七）造成被拐卖的妇女、儿童或者其亲属重伤、死亡或者其他严重后果的；
（八）将妇女、儿童卖往境外的。

拐卖妇女、儿童是指以出卖为目的，有拐骗、绑架、收买、贩卖、接送、中转妇女、儿童的行为之一的。

（一）构成要件

【客体】妇女、儿童在本来生活状态下的行动自由、身体安全和人身不受买卖的人格尊严[1]。

【案例】　　　　　　　　李某祥拐卖妇女案[2]

1994年4月间，从某县农村出来找工作的妇女刘某某、黄某某妯娌二人被他人拐骗到刘某胜（同案被告人，已判刑）家。刘某胜伙同他人将黄某某卖给了王某某为妻，在欲将刘某某卖给一名年龄较大的男人为妻时，由于刘某某哭闹不愿而未得逞。此后，刘某胜找到李某祥并商定以1700元的价格将刘某某卖给李某祥作妾。李某祥将刘某某带回家中后，遭到其妻的强烈反对，同时又得知刘某某已婚已育，遂表示要么将刘某某送回家，要么将其退回给刘某胜。刘某某因黄某某随其一道出来也被拐卖掉，既怕一人回家无法交代，又怕被送回刘某胜处被刘殴打，故要求李某祥将其再转卖他人。李遂将刘某某以人民币1800元转卖给刘某某为妻。一审法院以拐卖妇女罪判处李某祥有期徒刑5年。

要点：应收买的被拐卖妇女的要求，将其再转卖给他人的行为，仍成立拐卖妇女罪。

【对象】妇女和儿童。妇女，既包括具有我国国籍的妇女，也包括具有外国国籍和无国籍的妇女。被拐卖的外国妇女没有身份证明的，不影响本罪的成立。儿童，指一切不满14周岁的人，包括男童和女童。

【行为】拐骗、绑架、收买、贩卖、接送、中转妇女、儿童。只要实行其中一种行为，即构成拐卖妇女、儿童罪。绑架，指以暴力、胁迫或者麻醉等方式劫持妇女或者使儿童脱离家庭、监护人。拐骗不限于欺骗、引诱，而是与绑架相对，指以平和方式使妇女、儿童脱离本来的生活环境。收买，特指以出卖为目的收买。

【主观】故意，并以出卖为目的。贩卖行为的出卖目的，已包含于故意当中。拐骗、绑架、收买、接送、中转妇女、儿童的行为，只有在出卖目的的支配下，才能构成本罪。不以出卖为目的，拐骗儿童脱离家庭、监护人的，是拐骗儿童罪；收买妇女、儿童的，是收买被拐卖的妇女、儿童罪。以勒索财物为目的，绑架妇女、儿童的，是绑架罪。

本罪是"短缩的二行为犯"。虽然主观上要求以出卖为目的，但犯罪既遂不以实际卖出为必要。例外情况是实行行为仅有"贩卖"的案件，如父母出卖亲生子女或者路边捡拾婴儿带回家抚养后又出卖的，必须实际卖出，犯罪才既遂。

【加重犯】本罪有以下加重事由：

1. 拐卖妇女、儿童集团的首要分子。
2. 拐卖妇女、儿童3人以上。
3. 奸淫被拐卖的妇女。这是指拐卖妇女、儿童的犯罪分子在拐卖过程中，与被害女性发

---

[1] 有学者对作为买卖人口犯罪保护法益的人格尊严予以进一步阐释，将其界定为"直接被买卖之特定被害人与间接被冒犯的人类全体以人身不可买卖性为核心的人格尊严整体"，并从以人身不可买卖性为核心的人格尊严整体立场出发，否定特定被害人同意他人将自己出卖的意志决定之有效性。参见梁根林：《买卖人口犯罪的教义分析：以保护法益与同意效力为视角》，载《国家检察官学院学报》2022年第4期。

[2] 中华人民共和国最高人民法院刑事审判第一庭、第二庭编：《刑事审判参考》（2003年第1辑·总第30辑），法律出版社2003年版，第69~72页。

生性关系的行为。不论行为人是否使用暴力或者威胁手段，也不论被害女性是否有反抗行为。[1]

4. 诱骗、强迫被拐卖的妇女卖淫或者将被拐卖的妇女卖给他人迫使其卖淫。包括对被拐卖的妇女、儿童犯有引诱卖淫（或引诱幼女卖淫）、强迫卖淫的罪行。根据《刑法修正案（九）》对《刑法》第358条第3款的修改，强迫妇女卖淫又将被害妇女出卖的，不是本罪的加重犯，应分别定强迫卖淫罪和拐卖妇女罪，实行数罪并罚。

5. 以出卖为目的，使用暴力、胁迫或者麻醉方法绑架妇女、儿童。

6. 以出卖为目的偷盗婴、幼儿。这是指违背监护人意志，非法从监护人支配下带走婴、幼儿。婴儿指不满1周岁的人；幼儿指已满1周岁不满6周岁的人。

7. 造成被拐卖的妇女、儿童或者其亲属重伤、死亡或者其他严重后果。指由于犯罪分子拐卖妇女、儿童的行为，直接、间接造成被拐卖的妇女、儿童或者其亲属重伤、死亡或者其他严重后果的。例如，由于犯罪分子采取拘禁、捆绑、虐待等手段，致使被害人重伤、死亡的；由于犯罪分子的拐卖行为以及在拐卖中的侮辱、殴打等行为引起的被害人或其亲属精神失常或者其他严重后果的；犯罪分子在强抢妇女、儿童时被亲属阻拦，对亲属实施暴力行为导致亲属重伤、死亡的；等等。

8. 将妇女、儿童卖往境外。包括卖往外国和我国台、港、澳地区。

另根据《刑法》第240条第1款，情节特别严重的，处死刑，并处没收财产。这里的"情节特别严重"，指具有前述8项加重事由之一且情节特别严重的情形，不能扩大适用。

（二）适用

【定罪】1. 凡是拐卖妇女、儿童的，不论在哪个环节，只要以出卖为目的，有拐骗、绑架、收买、贩卖、接送、中转妇女、儿童行为之一的，均应以本罪立案侦查；也不论拐卖人数多少，是否获利，只要实施拐卖妇女、儿童行为的，均应以本罪立案侦查。《严惩拐卖犯罪意见》（2010）第14条规定："犯罪嫌疑人、被告人参与拐卖妇女、儿童犯罪活动的多个环节，只有部分环节的犯罪事实查证清楚、证据确实、充分的，可以对该环节的犯罪事实依法予以认定。"

2. 有出卖妇女、儿童的行为即足以定罪，不问妇女、儿童的来源。根据《严惩拐卖犯罪意见》（2010）第15、16条，有下列情形之一的，应以拐卖儿童罪论处：①以出卖为目的强抢儿童；②捡拾儿童后予以出卖；③以抚养为目的偷盗婴幼儿或者拐骗儿童，后予以出卖；④以非法获利为目的，出卖亲生子女。

3. 出卖与送养的界限。关于出卖亲生子女的处罚尺度，有一个从宽大到严厉的变化过程。最初，出卖亲生或收养子女的，可不作为犯罪处理。"对于出卖子女确属情节恶劣的，可按遗弃罪处罚。"[2] 后来，对以营利为目的，出卖不满14周岁子女，情节恶劣的，以拐卖儿童罪论处。[3] 再后来，《严惩拐卖犯罪意见》（2010）去掉"情节恶劣"条件，对以营利为目的，出卖不满14周岁子女的，以拐卖儿童罪论处。同时，《严惩拐卖犯罪的意见》（2010）第17条规定，要严格分区借送养之名出卖亲生子女与民间送养行为的界限。区分的关键在于行为人是否具有非法获利的目的。应当通过审查将子女"送"人的背景和原因、有无收取钱财及收取

---

[1] 王爱立主编：《中华人民共和国刑法条文说明、立法理由及相关规定》，北京大学出版社2021年版，第903页。

[2] 1999年10月27日最高人民法院《维护农村稳定座谈会纪要》。

[3] 2000年3月20日最高人民法院、最高人民检察院、公安部等六部门《拐卖妇女儿童案通知》。

钱财的多少、对方是否具有抚养目的及有无抚养能力等事实，综合判断行为人是否具有非法获利的目的。具有下列情形之一的，可以认定属于出卖亲生子女，应当以拐卖儿童罪论处：①将生育作为非法获利手段，生育后即出卖子女的；②明知对方不具有抚养目的，或者根本不考虑对方是否具有抚养目的，为收取钱财将子女"送"给他人的；③为收取明显不属于"营养费""感谢费"的巨额钱财将子女"送"给他人的；④其他足以反映行为人具有非法获利目的的"送养"行为的。不是出于非法获利目的，而是迫于生活困难，或者受重男轻女思想影响，私自将没有独立生活能力的子女送给他人抚养，包括收取少量"营养费""感谢费"的，属于民间送养行为，不能以拐卖妇女、儿童罪论处。对私自送养导致子女身心健康受到严重损害，或者具有其他恶劣情节，符合遗弃罪特征的，可以遗弃罪论处；情节显著轻微危害不大的，可由公安机关依法予以行政处罚。

4. 通过介绍婚姻、介绍收养儿童索取财物的，不构成本罪。在日常生活中，行为人为他人介绍婚姻或者介绍收养儿童，索取或者收受财物乃人之常情，也是一种普遍的习俗，不认为是犯罪。在介绍婚姻的场合，通常尊重妇女的意愿，男女双方了解对方的基本情况，并且没有剥夺妇女人身自由的行为，收取的财物数额与买卖妇女的"价金"也有明显的差别，通常要低一些。在介绍收养的场合，通常尊重儿童亲生父母或监护人的意愿，考虑儿童的利益，其收取的财物数额往往与买卖儿童的"价金"也有明显的差别。但是，如果是借介绍婚姻或收养儿童名义拐卖妇女、儿童的，应当以本罪追究刑事责任。

【关联罪】1. 本罪与诈骗罪的界限。妇女与他人事先通谋，假装被卖，收取买方钱财后伺机逃离收买人家的。貌似拐卖妇女，实属诈骗行为。

2. 本罪与绑架罪的区别。要点是：①目的不同。本罪以出卖为目的，绑架罪则以勒索财物或其他不法要求为目的。②客体不完全相同。本罪侵犯的是被拐卖人的人身权利，绑架罪侵犯的不仅是被绑架人的人身权利，还侵犯了第三人的自决权。③对象不同。本罪的对象限于妇女、儿童，绑架罪的对象则包括妇女、儿童在内的一切人。

3. 本罪与收买被拐卖的妇女、儿童罪的界限。区分两罪的要点在于是否有出卖的意图或者行为。以出卖为目的收买的，或者有出卖行为的，是本罪。排除出卖目的和行为的收买行为，才构成收买被拐卖的妇女、儿童罪。

"拐卖"与"收买"，一方卖、另一方买，是典型"对向犯"。因对向行为（如"卖"与"买"）互为前提，《刑法》把双向行为都规定为犯罪的，分别定罪，不认定为共犯。因此，即使收买者与拐卖者事先通谋，收买者也不成立拐卖者（人贩子）拐卖妇女、儿童罪的共犯。例如，甲听说乙常年有小孩卖，便与乙联系、约交易时间地点，然后以6万元买下1名婴儿。甲、乙不是共同犯罪，应各定其罪。即使甲向乙预约、求购，也不构成共犯。但是，如果为了自己买来收养，而唆使本无拐卖儿童意思的人从外地偷来婴儿转卖给自己，可成立拐卖儿童罪的教唆犯，因为其实施了引起他人拐卖意图的行为。

4. 本罪与拐骗儿童罪的区别。拐骗儿童罪不以具有出卖目的为要件，是比较轻的犯罪；拐卖儿童罪以出卖目的为要件，是比较重的犯罪。拐骗不满14岁的人脱离家庭、监护人且不能证实有出卖目的的，是拐骗儿童罪。以出卖为目的拐骗儿童的，是拐卖儿童罪；后又产生收养意图未实际卖出的，不影响犯罪的成立。而且，以出卖为目的的拐骗儿童，当然包容单纯的拐骗儿童（使儿童脱离家庭、监护人），不另定拐骗儿童罪。以收养为目的拐骗儿童，后又出卖的，因事实上有出卖儿童的行为，以拐卖儿童罪[1]论处。

【共犯】《严惩拐卖犯罪意见》(2010) 第21条、第22条指出：①明知他人拐卖妇女、儿童，仍然向其提供被拐卖妇女、儿童的健康证明、出生证明或者其他帮助的，以拐卖妇女、儿童罪的共犯论处。②明知他人系拐卖儿童的"人贩子"，仍然利用从事诊疗、福利救助等工作的便利或者了解被拐卖方情况的条件，居间介绍的，以拐卖儿童罪的共犯论处。认定是否"明知"，应根据证人证言、犯罪嫌疑人、被告人及其同案人供述和辩解，结合提供帮助的人次，以及是否明显违反相关规章制度、工作流程等，予以综合判断。

对于本罪的共犯，应根据各被告人在共同犯罪中的分工、地位、作用，参与拐卖的人数、次数，以及分赃数额等，准确区分主从犯。对于组织、领导、指挥拐卖妇女、儿童的某一个或者某几个犯罪环节，或者积极参与实施拐骗、绑架、收买、贩卖、接送、中转妇女、儿童等犯罪行为，起主要作用的，应认定为主犯。对于仅提供被拐卖妇女、儿童信息或者相关证明文件，或者进行居间介绍，起辅助或者次要作用，没有获利或者获利较少的，一般可认定为从犯。对于各被告人在共同犯罪中的地位、作用区别不明显的，可不区分主从犯。

【罪数】在拐卖妇女、儿童的过程中，奸淫被拐卖的女性，或者强迫、引诱被拐卖的妇女、儿童卖淫的，是本罪的加重犯。因此，即使另触犯强奸罪、强迫卖淫罪、引诱卖淫罪、引诱幼女卖淫罪，也不实行数罪并罚。但在法定加重事由之外，对被拐卖者实施其他犯罪的，比如杀害被拐卖的妇女、儿童的，应以本罪与故意杀人罪数罪并罚。

四、收买被拐卖的妇女、儿童罪

《刑法》第241条　收买被拐卖的妇女、儿童的，处三年以下有期徒刑、拘役或者管制。

收买被拐卖的妇女，强行与其发生性关系的，依照本法第二百三十六条的规定定罪处罚。

收买被拐卖的妇女、儿童，非法剥夺、限制其人身自由或者有伤害、侮辱等犯罪行为的，依照本法的有关规定定罪处罚。

收买被拐卖的妇女、儿童，并有第二款、第三款规定的犯罪行为的，依照数罪并罚的规定处罚。

收买被拐卖的妇女、儿童又出卖的，依照本法第二百四十条的规定定罪处罚。

收买被拐卖的妇女、儿童，对被买儿童没有虐待行为，不阻碍对其进行解救的，可以从轻处罚；按照被买妇女的意愿，不阻碍其返回原居住地的，可以从轻或者减轻处罚。

(一) 构成要件

【客体】妇女、儿童以人身不受买卖为核心的人格尊严。[2] 本罪之成立，不要求剥夺或者限制妇女、儿童的人身自由。就妇女、儿童的人身自由而言，本罪是抽象危险犯。

【对象】被拐卖的妇女、儿童。

【行为】收买被拐卖的妇女、儿童。本罪的"收买"不以出卖为目的。

【主观】故意，即明知是被拐卖的妇女、儿童而收买。如果收买人对此不明知，则不构成本罪。

(二) 适用

【定罪·处罚】在我国，拐卖妇女、儿童的犯罪之所以猖獗，与长期以来存在着收买妇女、儿童的"市场需求"有关，所以，《刑法》将收买行为作为独立罪名予以处罚。而且，经

---

[1] 按理来说，前行为构成拐骗儿童罪，后行为构成拐卖儿童罪，应实行数罪并罚。但根据《严惩拐卖犯罪意见》(2010) 第15条第2款，以拐卖儿童一罪论处。

[2] 参见罗翔：《论买卖人口犯罪的立法修正》，载《政法论坛》2022年第3期。

《刑法修正案（九）》修改，本罪的处罚尺度有所变化，趋于严厉。修订前的规定是："收买被拐卖的妇女、儿童，按照被买妇女的意愿，不阻碍其返回原居住地的，对被买儿童没有虐待行为，不阻碍对其进行解救的，可以不追究刑事责任。"收买者往往因此规定免受刑事追诉。《刑法修正案（九）》将"可以不追究刑事责任"修正为"可以从轻处罚""可以从轻或者减轻处罚"，显然期望对收买者严肃追诉。

近期，围绕《刑法》对本罪的法定刑配置是否过轻的问题，学界展开了激烈争论。有学者认为，刑事立法对收买犯罪给予较低的不法评价并配置轻刑，是导致司法宽纵收买犯罪的首要原因，并提出应从立法层面明确传达收买犯罪是重罪的价值立场，适当提升本罪的法定刑。[1] 但也有学者立基于刑法教义学，强调对拐卖妇女、儿童罪与收买被拐卖的妇女儿童罪之行为性质和危害程度，不能简单地以法定刑轻重对比加以说明，而应围绕《刑法》对两罪的基本构成要件和加重构成事由进行全面比较，特别是在关涉犯罪场合中还应结合包容犯、转化犯、竞合犯、并合犯的法理，为现行法中两罪的刑罚轻重提供合理解释。[2]

【共犯】《严惩拐卖犯罪意见》（2010）第31条、第21条、第22条指出：①多名家庭成员或者亲友共同参与出卖亲生子女，或者"买人为妻""买人为子"构成收买被拐卖的妇女、儿童罪的，一般应当在综合考察犯意提起、各行为人在犯罪中所起作用等情节的基础上，依法追究其中罪责较重者的刑事责任。对于其他情节显著轻微危害不大，不认为是犯罪的，依法不追究刑事责任；必要时可以由公安机关予以行政处罚。②明知他人收买被拐卖的妇女、儿童，仍然向其提供被收买妇女、儿童的户籍证明、出生证明或者其他帮助的，以收买被拐卖的妇女、儿童罪的共犯论处，但是，收买人未被追究刑事责任的除外。③明知他人系拐卖儿童的"人贩子"，仍然利用从事诊疗、福利救助等工作的便利或者了解被拐卖方情况的条件，居间介绍的，以拐卖儿童罪的共犯论处。认定是否"明知"，应当根据证人证言、犯罪嫌疑人、被告人及其同案人供述和辩解，结合提供帮助的人次，以及是否明显违反相关规章制度、工作流程等，予以综合判断。

帮助收买者实施强奸、伤害、非法拘禁被收买妇女、儿童等犯罪的，应分别以各罪的共犯论处，不构成收买被拐卖的妇女、儿童罪的共犯。

【罪数】1. 收买被拐卖的妇女、儿童又出卖的，根据《刑法》第241条第5款，应以拐卖妇女、儿童罪论处，不实行数罪并罚。

2. 收买被拐卖的妇女、儿童，并对被收买者实施强奸、非法拘禁、伤害、侮辱等犯罪的，根据《刑法》第241条第2款、第3款和第4款，另构成强奸罪、非法拘禁罪、故意伤害罪、侮辱罪等，且应与收买被拐卖的妇女、儿童罪实行数罪并罚。此时，收买者尽管自以为与被收买的妇女已成为"夫妻"，但因其婚姻自始就不合法，故不能排除强奸罪的成立。同理，收买者可能自认为与被收买的儿童是"一家人"，具有监护权，但这也不能排除非法拘禁罪、故意伤害罪等的成立。如果司法实务能够真正激活《刑法》第241条第2款、第3款和第4款，严肃认定强奸、故意伤害、非法拘禁等重罪，并贯彻数罪并罚的处断规则，则有可能在现行法语境下扭转对收买者处罚过轻的局面，实现罪刑均衡。[3]

---

[1] 劳东燕：《买卖人口犯罪的保护法益与不法本质——基于对收买被拐卖妇女罪的立法论审视》，载《国家检察官学院学报》2022年第4期。

[2] 陈兴良：《关涉他罪之对合犯的刑罚比较：以买卖妇女、儿童犯罪为例》，载《国家检察官学院学报》2022年第4期。

[3] 参见车浩：《收买被拐妇女罪的刑罚需要提高吗?》，载《中国法律评论》微信公众号，最后访问日期：2022年4月15日。

五、聚众阻碍解救被收买的妇女、儿童罪

《刑法》第 242 条 以暴力、威胁方法阻碍国家机关工作人员解救被收买的妇女、儿童的，依照本法第二百七十七条的规定定罪处罚。

聚众阻碍国家机关工作人员解救被收买的妇女、儿童的首要分子，处五年以下有期徒刑或者拘役；其他参与者使用暴力、威胁方法的，依照前款的规定处罚。

（一）构成要件

【行为】聚众阻碍国家机关工作人员解救被收买的妇女、儿童。聚众，指为首召集、指挥 3 人以上。

【主观】故意。

（二）适用

【定罪】鉴于阻碍解救行为多发生于偏远落后地区，多为收买人的相邻亲友，缺乏违法性意识，《刑法》仅把在聚众阻碍解救中发挥首要分子作用的行为规定为本罪。其他参与者以暴力、威胁方法阻碍国家机关工作人员解救的行为，以处罚较轻的妨害公务罪（或者袭警罪）论处。

【关联罪】1. 本罪与妨害公务罪的界限。聚众阻碍解救被拐卖的妇女、儿童本来就具有妨害公务的性质，但鉴于这是一种与收买被拐卖的妇女、儿童行为相伴而生的犯罪现象，故《刑法》将其作为单独的犯罪类型。因此，对于聚众阻碍的首要分子，认定为本罪。其他参与者如果使用暴力、威胁方法阻碍解救，符合妨害公务罪（或者袭警罪）要件的，对其以妨害公务罪（或者袭警罪）论处。如果没有使用暴力、威胁方法阻碍解救的，则不认为是犯罪。因此，在一桩聚众阻碍解救的案件中，可能认定两种性质的犯罪，首要分子认定为本罪，其他参与者因为使用暴力、威胁方法阻碍解救，成立妨害公务罪（或者袭警罪）。

2. 本罪与拐卖妇女、儿童罪共犯的界限。本罪是帮助"收买人"阻碍解救"被收买人"。如果是帮助"拐卖人"阻碍警方解救"被拐卖人"，则性质不同：事先通谋的，应以拐卖妇女、儿童罪的共犯论处；没有事先通谋的，可成立窝藏、包庇罪。

六、非法搜查罪·非法侵入住宅罪

《刑法》第 245 条 非法搜查他人身体、住宅，或者非法侵入他人住宅的，处三年以下有期徒刑或者拘役。

司法工作人员滥用职权，犯前款罪的，从重处罚。

（一）构成要件

1. 非法搜查罪。

【客体】他人的人身权利或者与人身权利有关的住宅不受侵犯权。

【对象】他人的身体或者住宅。

【行为】非法搜查，指无搜查权的人，私自对他人的人身、住宅进行搜查，包括执法人员未经合法授权，擅自进行的搜查。经合法授权执行搜查的过程中，存在法律手续上的细微瑕疵的，或者没有严格遵循搜查程序的，不具有本罪的非法性，不构成本罪。例如，应出示搜查证的，没有出示；在搜查时，应当让被搜查人或家属、邻居或其他见证人在场，但未这样做；搜查妇女身体，按规定应由女工作人员进行，实际未照规定执行。这些均属于合法搜查中的违规现象，不构成非法搜查罪。

【主观】故意。

2. 非法侵入住宅罪。

【客体】公民居住安宁不受侵犯的权利。在我国《刑法》中，非法侵入住宅罪被规定于侵

犯公民人身权利罪一章，这意味着本罪的客体是公民的居住安宁，而非住宅所体现的财产价值（所有权等）。因此，侵入住宅行为只有在严重妨害他人居住安宁的情况下，才被认为是犯罪。未经许可进入他人住宅，但没有妨害他人居住安宁的，不是本罪。

【对象】他人住宅。住宅，即"户"，指供人生活起居的与外界相对隔离的住所。其特征表现为供他人家庭生活和与外界相对隔离两个方面：前者为功能特征，后者为场所特征。包括封闭的院落、牧民的帐篷、渔民作为家庭生活场所的渔船、为生活租用的房屋等。一般情况下，不包括集体宿舍、旅店宾馆、临时搭建的工棚等，但在特定情况下，如果确实具有上述两个特征，也可认为是住宅。非法侵入住宅以外的场所的，不能成立本罪，但不排除构成其他犯罪，如聚众扰乱社会秩序罪。

【行为】非法侵入，指未经主人同意、没有正当理由擅自闯入他人住宅，影响他人生活安宁，或者未经许可无意进入他人住宅，经主人要求退出仍拒绝退出的行为。

【主观】故意。

（二）适用

【定罪】《刑法》第245条虽然没有"情节严重"的罪量规定，但以非法搜查罪、非法侵入住宅罪追究刑事责任，仍需达到一定的标准。没有达到该标准的，可适用《治安管理处罚法》（2012年修正）第40条第3项，认定为治安违法行为。

根据《渎职侵权案立案标准》（2006），国家机关工作人员利用职权非法搜查，涉嫌下列情形之一的，应予立案：①非法搜查他人身体、住宅，并实施殴打、侮辱等行为的；②非法搜查，情节严重，导致被搜查人或者其近亲属自杀、自残造成重伤、死亡，或者精神失常的；③非法搜查，造成财物严重损坏的；④非法搜查3人（户）次以上的；⑤司法工作人员对明知是与涉嫌犯罪无关的人身、住宅非法搜查的；⑥其他非法搜查应予追究刑事责任的情形。非法搜查罪虽然不是真正身份犯，但可参考针对国家机关工作人员的立案标准。

对于非法侵入他人住宅的行为，通常来说，只有在行为人的人身危险性较大，没有正当理由擅自闯入他人住宅，或者经要求退出仍不退出，无理搅闹时，才能构成犯罪。否则，情节显著轻微危害不大的，不认为是犯罪。

【处罚】司法工作人员滥用职权，犯非法搜查罪、非法侵入住宅罪的，从重处罚。司法工作人员具备此从重处罚的情节，应以滥用职权为条件。司法工作人员没有滥用职权的，不能据此从重处罚。此外，该从重处罚情节仅及于有身份者一身，不及于其他人。所以，非司法工作人员与司法工作人员共同犯非法搜查罪、非法侵入住宅罪的，对无身份者不适用此从重处罚的规定。

【罪数】1. 以非法搜查为目的非法侵入他人住宅，并实施了非法搜查行为的，因该非法侵入住宅行为是非法搜查应有的（伴随）内容，只成立非法搜查一罪。

2. 怀有犯他罪之故意非法侵入他人住宅，并已经着手实行了强奸、杀人、盗窃等犯罪的，该非法侵入住宅（入户）行为是其他犯罪的必经过程，因被吸收而不独立成罪。怀有犯他罪之故意非法侵入他人住宅，但尚未着手实行强奸、杀人、盗窃等犯罪即被发觉的，该非法侵入住宅行为同时构成非法侵入住宅罪与欲之罪的预备犯，择一重罪论处。

3. 非法侵入他人住宅实施抢劫，属于《刑法》第263条之入户抢劫型加重犯。这也被称为"包容的一罪"，即非法侵入住宅（入户）被包容于《刑法》第263条抢劫罪的加重情节之中，不再单独评价。

七、强迫劳动罪

《刑法》第244条 以暴力、威胁或者限制人身自由的方法强迫他人劳动的，处三年以下有期徒刑或者拘役，并处罚金；情节严重的，处三年以上十年以下有期徒刑，并处罚金。

明知他人实施前款行为，为其招募、运送人员或者有其他协助强迫他人劳动行为的，依照前款的规定处罚。

单位犯前两款罪的，对单位判处罚金，并对其直接负责的主管人员和其他直接责任人员，依照第一款的规定处罚。

（一）构成要件

【客体】他人的劳动自由。关于本罪之客体，学界存在"意思决定自由说"与"意思活动自由说"的对立。对本罪客体的认识关系着本罪既遂时间点的确定。"意思决定自由说"认为，他人关于是否劳动的意思决定自由一旦受到侵犯，即可认定犯罪既遂，不以他人已经开始劳动为必要；[1]"意思活动自由说"则主张，只有他人确实开始了被强迫的现实劳动，才算侵犯到了刑法所保护的劳动权利，才可认定犯罪既遂。[2] 本书认为，结合本罪的立法沿革及法定刑配置情况，后一种观点更为合理。《刑法》原第244条（强迫职工劳动罪）经《刑法修正案（八）》修正后变为强迫劳动罪，法定刑也有提高，使其成为类似于"奴役罪"的严重罪行。又鉴于《立案标准（一）补充规定》（2017）第6条规定"以暴力、威胁或者限制人身自由的方法强迫他人劳动的，应予立案追诉"，即未附加额外的罪量要求，故不宜设置过低的既遂门槛，更不宜将本罪矮化为我国的"胁迫罪"。

【行为】强迫他人劳动或者协助强迫他人劳动。具体表现为：①以暴力、威胁或限制人身自由的方法强迫他人劳动；②通过招募、运送人员等方式协助强迫他人劳动。《刑法》第244条第2款规定，以招募、运送人员等方式"协助"强迫他人劳动的，依照该条第1款的规定处罚。这表明《刑法》将强迫劳动的"帮助"行为规定为独立的犯罪类型，无需再适用总则共犯的相关规定。

【主观】故意。

【加重犯】情节严重。关于何为情节严重，立法和司法解释无明确规定。对此，实务中可结合以下情形进行认定：①被强迫劳动者人数在10人以上的；②被强迫劳动者属于未成年人、严重残疾人、精神智力障碍达到限制民事行为能力程度的人或者其他处于特别脆弱状况的人，且人数在3人以上的；③以非人道的恶劣手段对他人进行摧残、精神折磨，强迫其劳动的；④强迫他人在爆炸性、易燃性、放射性、毒害性等危险环境下从事劳动或从事常人难以忍受的超强度体力劳动的；⑤因强迫劳动造成被害人自残、自杀、精神失常等严重后果，但尚不构成故意杀人罪、故意伤害罪等其他严重犯罪的；⑥强迫劳动持续时间较长的；⑦因强迫劳动被劳动行政部门、公安机关处理、处罚过，又实施强迫劳动构成犯罪的；⑧强迫他人无偿劳动，或所支付的报酬与他人劳动付出明显不成比例，行为人从中获利数额巨大的，数额巨大的标准似可参考盗窃罪数额巨大的标准确定；⑨其他能够反映行为人主观恶性深、动机卑劣以及强迫程度高、对被害人身心伤害大的情节。

（二）适用

【罪数】1. 经《刑法修正案（八）》修改，《刑法》原第244条（强迫职工劳动罪）成为"奴役罪"，处罚把他人当奴隶役使的罪行，且法定刑也有提高。因此，使用限制乃至剥夺人

---

[1] 参见曾文科：《强迫劳动罪法益研究及应用》，载陈兴良主编：《刑事法判解》（第15卷），人民法院出版社2014年版，第214页。

[2] 参见蔡桂生：《强迫劳动罪的结构和既遂标准》，载陈兴良主编：《刑事法判解》（第19卷），人民法院出版社2019年版，第283~285页。

身自由的方法强迫他人劳动的,无需另定非法拘禁罪。

2. 在强迫他人劳动过程中,又对被害人实施其他故意犯罪(如故意伤害、故意杀害)的,另成立故意伤害罪、故意杀人罪,与强迫劳动罪实行数罪并罚。

八、雇用童工从事危重劳动罪

《刑法》第244条之一 违反劳动管理法规,雇用未满十六周岁的未成年人从事超强度体力劳动的,或者从事高空、井下作业的,或者在爆炸性、易燃性、放射性、毒害性等危险环境下从事劳动,情节严重的,对直接责任人员,处三年以下有期徒刑或者拘役,并处罚金;情节特别严重的,处三年以上七年以下有期徒刑,并处罚金。

有前款行为,造成事故,又构成其他犯罪的,依照数罪并罚的规定处罚。

(一)构成要件

【对象】不满16周岁的未成年人。

【行为】违反劳动管理法规,雇用未满16周岁的未成年人从事超强度体力劳动,或者从事高空、井下作业,或者在爆炸性、易燃性、放射性、毒害性等危险环境下从事劳动。本罪的行为包含以下要素:①违反劳动法规雇用不满16周岁的未成年人,简称雇用"童工"。②从事危险或者超强度体力劳动。危险劳动,指高空、井下作业,或者在爆炸性、易燃性、放射性、毒害性等危险环境下的劳动;超强度体力劳动,指国家规定的第4级体力劳动强度的劳动。

【主观】故意,即明知是不满16周岁的未成年人而非法雇用从事危重劳动。

【罪量】情节严重。根据《立案标准(一)》(2008)第32条,包括:①造成未满16周岁的未成年人伤亡或者对其身体健康造成严重危害的;②雇用未满16周岁的未成年人3人以上的;③以强迫、欺骗等手段雇用未满16周岁的未成年人从事危重劳动的;④其他情节严重的情形。

(二)适用

【罪数】犯本罪,造成人员伤亡事故,又构成其他犯罪(如重大责任事故罪、重大劳动安全事故罪等)的,依照数罪并罚的规定处罚。

第四节 侵犯他人人格、名誉的犯罪

一、侮辱罪·诽谤罪

《刑法》第246条 以暴力或者其他方法公然侮辱他人或者捏造事实诽谤他人,情节严重的,处三年以下有期徒刑、拘役、管制或者剥夺政治权利。

前款罪,告诉的才处理,但是严重危害社会秩序和国家利益的除外。

通过信息网络实施第一款规定的行为,被害人向人民法院告诉,但提供证据确有困难的,人民法院可以要求公安机关提供协助。

(一)构成要件

1. 侮辱罪。

【客体】他人的名誉和人格尊严。名誉包括:①外部名誉,指对人的社会性评价;②名誉感情(主观名誉);③内部名誉,指人类与生俱来的人的尊严。一般认为,内部名誉不可能被侵犯。此外,假定的名誉也是名誉。例如,张三虽暗中通过违法犯罪活动大肆攫取不义之财,但却是家喻户晓的"慈善家",张三作为"慈善家"的名誉也在本罪的保护范围之内。

【对象】特定的他人。他人,以自然人为限,不包括法人,[1] 但当以法人为对象的侮辱行为构成对其中特定自然人名誉之贬损时,可成立本罪。特定,不要求指名道姓,只要侮辱的内容能使人知道是针对谁即可。例如,描写真人真事的文学作品,对特定人进行侮辱或披露隐私损害其名誉的;或者虽未写明真实姓名和住址,但以特定人为描写对象,文中有侮辱或披露隐私的内容,致其名誉受到损害,情节严重的,均应认定为本罪。

【行为】以暴力或其他方法公然侮辱他人。暴力,指用身体强制的方法对他人进行侮辱,例如,当众打耳光,逼迫他人爬行或者做其他有辱人格的动作。其他方法,指用暴力以外的方法侮辱,如使用语言、身体动作、文字、图画等方式辱骂、嘲弄、丑化他人等。公然,指能够为不特定多人所闻所见。在秘密状态下对他人施加暴力或者其他行为损害他人尊严的,不构成本罪。[2] 这里的"公然",不以实际上被多人所闻所见或者被害人在场为必要。在公然侮辱他人后,被害人的名誉是否实际遭受损害,也不影响本罪的成立。

【主观】故意。如果行为人没有损害他人名誉的故意,如教师批评、教育学生,家长训斥子女等,虽然也使他人名誉受损,但不能认定为本罪。

【罪量】情节严重。侮辱行为只有情节严重的,才构成犯罪,所以,轻微的侮辱行为,如一般的谩骂、戏弄他人等行为,不作为犯罪处理。情节严重,主要指采取暴力方法侮辱他人,或者暴力殴打并游街示众等情形。在以其他方法侮辱他人的场合,主要指影响恶劣或者后果严重的情形,如严重损害公共利益或伤害公众感情引起公愤,或者引起被害人自杀、精神失常等。

2. 诽谤罪。

【客体】他人的名誉和人格尊严。

【对象】特定的他人。具体理解参见侮辱罪的相关内容。

【行为】捏造事实诽谤他人。捏造事实,指虚构事实。如果散布、传播某种真实情况,不是诽谤,但不排除构成侮辱。诽谤他人,指散布、传播足以损害他人名誉、人格的虚假情况,既可以是书面形式,也可以是口头形式。

诽谤行为的要点有二:①散布虚假事实损害他人名誉;②所散布之诽谤信息不以本人捏造为必要。根据《办理网络诽谤等刑案解释》(2013)第1条,具有下列情形之一的,应当认定为"捏造事实诽谤他人":①捏造损害他人名誉的事实,在信息网络上散布,或者组织、指使人员在信息网络上散布,即"捏造并散布"诽谤;②将信息网络上涉及他人的原始信息内容篡改为损害他人名誉的事实,在信息网络上散布,或者组织、指使人员在信息网络上散布,即"篡改并散布"诽谤;③明知是捏造的损害他人名誉的事实,在信息网络上散布,情节恶劣,以"捏造事实诽谤他人"论,即"明知虚假事实而散布"诽谤。

【主观】故意。在散布非本人捏造或篡改事实的场合,要求明知虚假事实。如果无意贬损他人名誉、人格,只是因为道听途说,以讹传讹,尽管在客观上也贬损了他人的名誉和人格,但不构成诽谤罪。

网络诽谤案件中,应结合行为人的身份、职业、生活经历、一贯表现等因素,综合判断其

---

[1] 关于"作为名誉权主体的人能否包括法人"的问题,日本通说持肯定态度。但也有少数学者认为,"法人不过是作为经济活动的单位而被赋予了拟制人格,至多能成为经济活动的主体,并且,只有在散布'虚假流言'或者使用'诡计'的情形下,才会成为毁损'信用'的被害人。对于作为财产权主体的法人而言,真正重要的是'信用',……,因此,更难以想象,法人能成为'不问有无该事实'也应受到保护的'名誉'的主体"。参见[日]松宫孝明著,王昭武、张小宁译:《刑法各论讲义》,中国人民大学出版社2018年版,第127页。

[2] 但不排除该行为构成其他罪,如故意伤害罪或者强制猥亵、侮辱罪等。

是否明知是虚假事实。对此应严格把握，不能过高要求普通网民对所转发信息真实性的审查义务。但对于行为人有特定身份，根据法律法规延伸出特定义务的情况，比如新闻从业人员对所发消息真实性未尽审查义务，短期内大量发布诽谤不同自然人的信息，就可以认定其具有诽谤的主观"明知"。[1]

【罪量】情节严重。主要指手段恶劣或者后果严重的情况，如引起被害人自杀、精神失常的；造成恶劣的社会影响或政治影响的；等等。根据《办理网络诽谤等刑案解释》（2013）第2条，利用信息网络诽谤他人，具有下列情形之一的，应当认定为"情节严重"：①同一诽谤信息实际被点击、浏览次数达到5000次以上，或者被转发次数达到500次以上的；②造成被害人或者其近亲属精神失常、自残、自杀等严重后果的；③2年内曾因诽谤受过行政处罚，又诽谤他人的；④其他情节严重的情形。

（二）适用

【定罪】诽谤罪以捏造事实即事实虚假为要件，如果情况真实，即使有损他人名誉，也不成立诽谤罪。侮辱罪不以事实虚假为必要，情况真实但严重损害他人名誉、人格的，不排除成立侮辱罪。如果情况真实，但事关公共利益，有揭露的必要，则可出于保护公共利益的需要，舍弃保护虚名，在刑法上视为合法。这是为保障公民的知情权、批评权、舆论监督权而作出的合理取舍。例如，为了公共利益，在新闻报道或者评论文章中就事关公共利益的问题进行报道、评论，内容真实或者基本属实的，不能认为是侮辱行为。此外，①因自卫、自辩或保护合法权益；②公务员因职务而报告；③对于可受公评之事而为的适当评论等，也可阻却侮辱罪、诽谤罪的成立。

【关联罪】1. 诽谤罪与侮辱罪的区别。要点是：①诽谤以事实虚假为要件，侮辱不以事实虚假为要件。散布真实的事实有损他人名誉的，不成立诽谤罪，但不排除成立侮辱罪。②侮辱罪以公然为要件，诽谤罪不以公然为要件。

2. 诽谤罪与损害商业信誉、商品声誉罪的区别。要点是：①诽谤罪的目的是损害自然人的名誉，损害商业信誉、商品声誉罪的目的是损害他人或者单位的商业信誉。②诽谤罪的对象限于自然人，损害商业信誉、商品声誉罪的对象还包括单位的商业信誉、商品声誉。

3. 侮辱罪与故意伤害罪的区别。要点是：①侮辱罪意在损害他人的名誉、人格尊严，故意伤害罪意在损害他人健康。②侮辱罪不要求造成伤害的结果，故意伤害罪则一般要造成轻伤以上的结果。在行为人使用暴力方法侮辱他人的场合，如果没有造成轻伤以上结果，则通常只能以侮辱罪追究刑事责任，不涉及故意伤害罪的问题。

【罪数】1. 暴力侮辱同时造成轻伤以上结果的，从一重罪（故意伤害罪）论处。

2. 《办理网络诽谤等刑案解释》（2013）第5条第1款指出："利用信息网络辱骂、恐吓他人，情节恶劣，破坏社会秩序的，依照刑法第二百九十三条第一款第二项的规定，以寻衅滋事罪定罪处罚。"因为寻衅滋事罪明显重于侮辱罪，所以，即使行为同时触犯侮辱罪，也应按照想象竞合的处断原则，择一重罪论处。不过，如果是自诉的，只能起诉侮辱罪。

3. 非法拘禁他人又有侮辱情节的，以非法拘禁罪从重处罚，不实行数罪并罚。但收买被拐卖的妇女、儿童，又有侮辱行为且情节严重的，应当以收买被拐卖的妇女、儿童罪与侮辱罪数罪并罚。

【告诉才处理】原则上，侮辱罪、诽谤罪均为"告诉才处理"的犯罪。例外情况是，侮

---

〔1〕 最高人民法院指导案例第966号"秦志晖诽谤、寻衅滋事案"，载中华人民共和国最高人民法院刑事审判第一、二、三、四、五庭主办：《刑事审判参考》（2014年第2集·总第97集），法律出版社2014年版，第63~63页。

辱、诽谤行为"严重危害社会秩序和国家利益"。

根据《办理网络诽谤等刑案解释》(2013) 第3条，利用信息网络诽谤他人，具有下列情形之一的，应当认定为"严重危害社会秩序和国家利益"：①引发群体性事件的；②引发公共秩序混乱的；③引发民族、宗教冲突的；④诽谤多人，造成恶劣社会影响的；⑤损害国家形象，严重危害国家利益的；⑥造成恶劣国际影响的；⑦其他严重危害社会秩序和国家利益的情形。司法解释列明的6种情形之共同特征是，关注诽谤行为对社会秩序和国家利益造成的严重影响，即诽谤行为的后果。

关于兜底条款的涵摄范围，另有观点指出，除了从"结果"的角度来评价"危害社会秩序"，当"行为"本身具有"危害社会秩序"的性质和风险时，也可成为公诉的对象。"原则上自诉的诽谤罪，在结果的危害程度或者行为本身危害性已经超出了特定的个别被害人承受的场合，就不再仅仅是对个人法益的侵害，而成为一种危害社会秩序的犯罪，对此当然也就应与其他绝大多数犯罪一样适用公诉机制。"[1]

【案例】　　　　　　　　　　　　**郎某、何某诽谤案**[2]

2020年7月7日18时许，郎某在杭州市余杭区某小区东门快递驿站内，使用手机偷拍正在等待取快递的被害人谷某，并将视频发布在某微信群。后郎某、何某分别假扮快递员和谷某，捏造谷某结识快递员并多次发生不正当性关系的微信聊天记录。为增强聊天记录的可信度，郎某、何某还捏造"赴约途中""约会现场"等视频、图片。7月7日至7月16日期间，郎某将上述捏造的微信聊天记录截图39张及视频、图片陆续发布在该微信群，引发群内大量低俗、侮辱性评论。8月5日，上述偷拍的视频以及捏造的微信聊天记录截图27张被他人合并转发，并相继扩散到110余个微信群（群成员约2.6万人）、7个微信公众号（阅读数2万余次）及1个网站（浏览量1000次）等网络平台，引发大量低俗、侮辱性评论，严重影响了谷某的正常工作生活。8月至12月，此事经多家媒体报道引发网络热议，其中，仅微博话题"被造谣出轨女子至今找不到工作"阅读量就达4.7亿次、话题讨论5.8万人次。

2020年8月7日，谷某就郎某、何某涉嫌诽谤向杭州市公安局余杭分局报案。8月13日，余杭分局作出对郎某、何某行政拘留9日的决定。10月26日，谷某委托诉讼代理人向杭州市余杭区人民法院提起刑事自诉。12月14日，法院立案受理。12月22日，杭州市余杭区人民检察院建议公安机关立案侦查。12月25日，余杭分局对郎某、何某涉嫌诽谤罪立案侦查。12月26日，谷某向余杭区人民法院撤回起诉。2021年4月30日，法院以诽谤罪判处郎某、何某有期徒刑1年，缓刑2年。

指导意义：①准确把握网络诽谤犯罪"严重危害社会秩序"的认定条件。网络涉及面广、浏览量大，一旦扩散，往往造成较大社会影响，与传统的发生在熟人之间、社区传播形式的诽谤案件不同，通过网络诽谤他人，诽谤信息经由网络广泛传播，严重损害被害人人格权，如果破坏了公序良俗和公众安全感，严重扰乱网络社会公共秩序的，应当认定为《办理网络诽谤等刑案解释》(2013) 第3条规定的"其他严重危害社会秩序……的情形"。②被害人已提起自诉的网络诽谤犯罪案件，因同时侵害公共利益需要适用公诉程序办理的，应当依法处理好程序转换。

二、煽动民族仇恨、民族歧视罪

《刑法》第249条　煽动民族仇恨、民族歧视，情节严重的，处三年以下有期徒刑、拘役、

---

[1] 车浩：《诽谤罪的法益构造与诉讼机制》，载《中国刑事法杂志》2021年第1期。
[2] 最高人民检察院指导性案例第137号。

管制或者剥夺政治权利；情节特别严重的，处三年以上十年以下有期徒刑。

（一）构成要件

【客体】各民族平等、团结、互助、和谐的关系。我国《宪法》（2018）第4条第1款明确规定："中华人民共和国各民族一律平等。国家保障各少数民族的合法的权利和利益，维护和发展各民族的平等团结互助和谐关系。禁止对任何民族的歧视和压迫，禁止破坏民族团结和制造民族分裂的行为。"而且，煽动民族仇恨、民族歧视也是国际刑法惩治的罪行。

【行为】煽动民族仇恨或民族歧视。煽动，指以各种形式对不特定多数人进行鼓动、宣扬。

【主观】故意。

【罪量】情节严重。

【加重犯】情节特别严重。根据司法经验，指由于煽动引发民族冲突、暴动或其他严重后果的。

（二）适用

【关联罪】1. 本罪与煽动分裂国家罪的界限。参照《反间谍法实施细则》（2017）第8条，借煽动民族仇恨、民族歧视，"制造民族纠纷，煽动民族分裂，危害国家安全的"，属于"间谍行为以外的其他危害国家安全行为"，应以煽动分裂国家罪定罪处罚。

2. 本罪与侮辱罪、诽谤罪的区别。要点是：①客体不同。本罪的客体是宪法确立的民族关系，后两罪的客体是特定公民的人格尊严。②行为表现形式不同。本罪须使用公开煽动方式，并以某个民族或种族为对象；后两罪的对象是特定个人。③主观方面不同。本罪的行为人具有煽动民族仇恨和民族歧视的故意，后两罪的行为人以贬损他人人格为目的。

三、出版歧视、侮辱少数民族作品罪

《刑法》第250条 在出版物中刊载歧视、侮辱少数民族的内容，情节恶劣，造成严重后果的，对直接责任人员，处三年以下有期徒刑、拘役或者管制。

（一）构成要件

【客体】各民族平等、团结、互助、和谐的关系及少数民族群众的尊严。

【行为】在出版物中刊载歧视、侮辱少数民族的内容。

【结果】造成严重后果。

【主观】故意。

【罪量】情节恶劣。

（二）适用

【关联罪】1. 本罪与煽动民族仇恨、民族歧视罪的区别。要点是：①本罪的对象限于少数民族，后罪的对象是所有民族，包括煽动少数民族对人数占多数民族的仇视。②行为人在出版物中刊载歧视性内容时，仅有损少数民族的平等地位和尊严的，是本罪；足以引起民族间的敌意和歧视的，是后罪。③本罪以贬损少数民族尊严、平等地位为目的，后罪具有煽动民族仇恨和民族歧视的目的。

2. 本罪与侮辱罪、诽谤罪的区别。要点是：①本罪的客体是各民族平等、团结、互助、和谐的关系及少数民族群众的尊严，后两罪的客体是特定他人的名誉、人格尊严。②本罪的对象限于少数民族，后两罪的对象是特定个人。

第五节　侵犯他人民主权利的犯罪

一、破坏选举罪

《刑法》第 256 条　在选举各级人民代表大会代表和国家机关领导人员时，以暴力、威胁、欺骗、贿赂、伪造选举文件、虚报选举票数等手段破坏选举或者妨害选民和代表自由行使选举权和被选举权，情节严重的，处三年以下有期徒刑、拘役或者剥夺政治权利。

（一）构成要件

【客体】公民的选举权和被选举权。

【对象】选举，指依据《全国人民代表大会和地方各级人民代表大会选举法》《全国人大常委会关于县级以下人民代表大会代表直接选举的若干规定》《全国人民代表大会组织法》《地方各级人民代表大会和地方各级人民政府组织法》等法律规定，为选举各级人民代表大会代表和国家机关领导人所进行的选举活动。包括：①各级人民代表大会代表的选举活动，指乡（镇）以上人民代表大会代表的选举活动；②国家机关领导人员的选举活动，指乡（镇）、街道以上国家机关领导人员的选举活动。除此以外的其他选举活动，如厂矿企业对厂长、经理的选举，党团组织和其他人民团体的选举，居民委员会、村民委员会委员的选举等，不在本罪的规制范围内。

【行为】本罪的行为方式有二：①以暴力、威胁、欺骗、贿赂、伪造选举文件、虚报选举票数或者编造选举结果等手段破坏选举工作；②妨害选民和代表自由行使选举权和被选举权。

【主观】故意。有意造成选举活动不能正常进行或者破坏选举结果的真实性、合法性。过失不构成本罪，如误计选票、介绍候选人情况失实等。

【罪量】破坏选举行为情节严重的，才构成犯罪。如果仅有轻微的干扰选举正常进行的行为，对选举活动的正常进行和结果没有产生严重影响的，系违法行为，不构成犯罪。参照最高人民检察院《渎职侵权案立案标准》（2006）[1]的规定，"情节严重"包括：①致使选举无法正常进行，或者选举无效，或者选举结果不真实的；②产生不真实的选举结果或者强行宣布合法选举无效、非法选举有效的；③聚众冲击选举场所或者故意扰乱选举场所秩序，使选举工作无法进行的；等等。

（二）适用

【罪数】1. 使用暴力手段破坏选举，其暴力行为可能同时触犯其他罪名，如故意伤害罪、妨害公务罪等，应从一重罪论处，不实行数罪并罚。

2. 使用贿买手段破坏选举的，可能同时触犯行贿罪等，应从一重罪论处，不实行数罪并罚。

二、非法剥夺公民宗教信仰自由罪·侵犯少数民族风俗习惯罪

《刑法》第 251 条　国家机关工作人员非法剥夺公民的宗教信仰自由和侵犯少数民族风俗习惯，情节严重的，处二年以下有期徒刑或者拘役。

（一）构成要件

1. 非法剥夺公民宗教信仰自由罪。

【客体】他人的宗教信仰自由权。即信仰或不信仰宗教的自由权利，信仰这种宗教或那种

---

[1] 本罪虽然是一般主体，但检察机关对国家机关工作人员的立案标准可供参考。

宗教的权利，以及进行这种或那种宗教活动的自由权利。这是宪法赋予公民的基本权利。

【主体】国家机关工作人员。

【行为】非法剥夺公民的宗教信仰自由。非法剥夺，指以暴力、威胁等方法，制止他人信仰宗教、加入宗教团体，或者强迫他人放弃宗教信仰、退出宗教团体，或者强迫他人信仰某种宗教，加入某种宗教团体或者搅乱宗教仪式、破坏宗教场所等行为。

【主观】故意。

【罪量】情节严重，指手段恶劣、后果严重或者造成严重社会影响。没有达到情节严重程度的非法剥夺他人宗教信仰自由的行为，不构成犯罪，但应由主管部门给予批评教育或者给予必要的行政处分。

2. 侵犯少数民族风俗习惯罪。

【客体】少数民族的风俗习惯。我国《宪法》（2018）第 4 条第 4 款规定，各民族都有保持或者改革自己的风俗习惯的自由。保障这种自由对于维护全国各民族不论人数多少一律平等的权利，对于增进全国各民族的团结，具有重要的政治意义。因此，对我国少数民族在长期历史发展中形成的，在服饰、饮食、婚姻、丧葬、礼仪等方面的风俗习惯，应当尊重，不得侵犯。否则，可能触犯刑法。

【主体】国家机关工作人员。

【行为】侵犯少数民族风俗习惯。

【主观】故意。如果行为人不是有意侵犯，而是由于言行不慎或者不知晓，而侵犯少数民族的某种风俗习惯，不认为是犯罪。

【罪量】情节严重，指手段恶劣、后果严重或者造成严重社会影响。

（二）适用

【定罪】合法的宗教活动和利用合法宗教活动进行非法活动的界限。在我国，宗教信仰自由是一项神圣的宪法权利，正当的宗教活动受到国家法律的保护。但是，利用宗教活动进行违法乃至犯罪行为则是法律所禁止的行为。如利用宗教活动进行诈骗钱财、造谣惑众、强奸妇女等行为，就是犯罪行为，应当受到刑事追究。实践证明，只有严厉制裁以宗教活动为名进行的违法犯罪行为，才能切实保证公民宗教信仰自由权利的实现。

三、侵犯通信自由罪

《刑法》第 252 条　隐匿、毁弃或者非法开拆他人信件，侵犯公民通信自由权利，情节严重的，处一年以下有期徒刑或者拘役。

（一）构成要件

【客体】公民的通信自由权，包括通信安全和通信秘密两个方面。

【对象】他人的信件。包含电子邮件以及微信等即时通信软件中的语音信息。

【行为】隐匿、毁弃或者开拆他人信件。隐匿，指将信件予以截留或隐匿而不送交收件人的行为。毁弃，指将他人信件予以撕毁、抛弃，致使他人无法查收的行为。开拆，指擅自使信件启封的行为，不要求偷看其中内容。实施隐匿、毁弃、开拆行为之一的，即构成本罪。

【主观】故意。即明知是他人信件而隐匿、毁弃或开拆。动机是否恶劣，只是量刑时要参考的酌定情节，不影响本罪的成立。

【罪量】情节严重。司法实践中，一般指隐匿、毁弃或者非法开拆他人信件次数较多、数量较大或者后果严重等情形。

（二）适用

【定罪】隐匿、毁弃、开拆信件的行为，应当具有非法性；有法律依据而实施上述行为的，不构成本罪。例如，根据我国《刑事诉讼法》（2018 年修正）第 143 条，侦查人员经公安机关或者人民检察院批准扣押犯罪嫌疑人的邮件、电报的，行为具有合法性，不成立本罪。

【罪数】侵犯通信自由与盗窃、诈骗的牵连及数罪并罚问题。①非法开拆他人信件，侵犯公民通信自由，情节严重，并从中窃取少量财物，或者窃取汇款、汇款支票，骗取汇兑款数额不大的，以侵犯通信自由罪从重处罚；②非法开拆他人信件，侵犯公民通信自由，情节严重，并从中窃取财物数额较大的，应按照重罪吸收轻罪的原则，以盗窃罪从重处罚；③非法开拆他人信件，侵犯公民通信自由，情节严重，并从中窃取汇票或汇款支票，冒名骗取汇兑款数额较大的，应依照《刑法》关于侵犯通信自由罪和诈骗罪的规定，实行数罪并罚。对第③种情况，最高人民检察院批复以诈骗罪而非盗窃罪定罪处罚，似乎是把"窃取汇票或汇款支票"作为侵犯通信自由罪的事实根据，因此单就"冒名骗取汇兑款"的行为，论以诈骗罪。

四、私自开拆、隐匿、毁弃邮件、电报罪

《刑法》第 253 条　邮政工作人员私自开拆或者隐匿、毁弃邮件、电报的，处二年以下有期徒刑或者拘役。

犯前款罪而窃取财物的，依照本法第二百六十四条的规定定罪从重处罚。

（一）构成要件

【客体】公民的通信自由权和国家邮政工作人员职务行为的合规性。

【主体】特殊主体，限于邮政工作人员。即国家邮电部门的干部、营业人员、分拣员、发行员、接发员、押运员，以及依法从事公务的邮电代办人员与乡邮员等。只有这些与信件、电报、邮袋、包裹有直接联系的特定工作人员，才能成为本罪主体，非邮政工作人员或虽系邮电部门工作人员但不与邮件、电报接触的，如党、团、工会、食堂等工作人员，不能成为本罪主体。

【对象】客户交邮电部门邮寄、发送的邮件、电报。邮件，指邮电部门传递过程中的函件（包括信函、明信片、印刷品、盲人读物）和包件。传递中的报纸杂志和汇票，也应视为邮件。电报，包括明码电报和密码电报。

【行为】利用职务上的便利，私自开拆、隐匿、毁弃邮件、电报。私自开拆，指擅自开拆他人邮件、电报的行为。隐匿，指将邮件、电报予以截留或隐匿而不送交收件人的行为。毁弃，指将邮件、电报予以撕毁、抛弃，致使他人无法查收的行为。至于作案中是否私拆、隐匿、毁弃三者兼有或只实施其一，不影响本罪的成立。

【主观】故意。过失不构成本罪，如因疏忽大意而遗失、积压邮件、电报的，不构成本罪，可由行政主管部门处理。出于何种动机，一般不影响本罪的成立。

（二）适用

【定罪】私自开拆、隐匿、毁弃邮件、电报的行为，应当具有非法性；有法律依据而实施上述行为的，不构成本罪。例如，根据我国《刑事诉讼法》（2018 年修正）第 143 条，公安机关、检察机关在必要的时候，可通知邮电机关将犯罪嫌疑人的邮件、电报检交扣押。邮政工作人员依照这一规定扣押邮件、电报的，属于合法行为。此外，虽属故意私拆邮件、电报，但情节显著轻微危害不大的，也不构成本罪。

【关联罪】本罪与侵犯通信自由罪的区别。要点是：①客体不同。本罪的客体是公民的通信自由权和国家邮政工作人员职务行为的合规性，后罪的客体仅为公民的通信自由权。②主体不同。本罪的主体是邮政工作人员，后罪是一般主体。③行为方式不同。本罪要求利用邮电工作职务之便，后罪不要求利用职务之便，不论是在什么时间、地点、条件下，采用什么手段，只要是故意隐匿、毁弃、开拆他人邮件、电报，情节严重的，都构成侵犯通信自由罪。

【罪数】犯本罪，从中窃取财物的，以盗窃罪从重处罚。私拆邮件是窃取的手段行为，属于牵连犯，不实行数罪并罚。以往邮政工作人员的职务被视为公务性质，经管的邮件属于公共财产，私拆邮件从中窃取财物的，多以贪污罪定罪处罚。现在，鉴于邮政工作人员（如邮递员）基本属于"劳务性"工作，不具有从事公务性质，《刑法》第253条第2款规定以盗窃罪定罪处罚。

当前快递、物流公司的业务飞速增长，其工作人员利用经管、递送邮件、货物的职务便利窃取财物的，如何定性处罚？本书认为，鉴于《立案标准（二）》（2022年修正）第76条将职务侵占罪定罪起点标准确定为3万元，如果将利用职务或工作便利"监守自盗"的行为一律论以职务侵占罪，将会产生处罚漏洞（或失衡）。因此，对于仅利用工作之便窃取财物的快递员、分拣员等，以盗窃罪定罪处罚更为妥当。

五、侵犯公民个人信息罪

《刑法》第253条之一 违反国家有关规定，向他人出售或者提供公民个人信息，情节严重的，处三年以下有期徒刑或者拘役，并处或者单处罚金；情节特别严重的，处三年以上七年以下有期徒刑，并处罚金。

违反国家有关规定，将在履行职责或者提供服务过程中获得的公民个人信息，出售或者提供给他人的，依照前款的规定从重处罚。

窃取或者以其他方法非法获取公民个人信息的，依照第一款的规定处罚。

单位犯前三款罪的，对单位判处罚金，并对其直接负责的主管人员和其他直接责任人员，依照各该款的规定处罚。

（一）构成要件

【客体】公民的个人信息权。[1]

【对象】公民个人信息，不包括死者的个人信息。根据《办理侵犯个人信息刑案解释》（2017）第1条，公民个人信息，指以电子或者其他方式记录的能够单独或者与其他信息结合识别特定自然人身份或者反映特定自然人活动情况的各种信息，包括姓名、身份证件号码、通信通讯联系方式、住址、账号密码、财产状况、行踪轨迹等。根据《办理电诈案意见（二）》（2021）第5条第1款，具有信息发布、即时通讯、支付结算等功能的互联网账号密码、个人生物识别信息，也属于公民个人信息。《办理侵犯个人信息案指引》（2018）指出，经过处理无法识别特定自然人且不能复原的信息，虽然也可能反映自然人活动情况，但与特定自然人无直接关联，不属于公民个人信息。对于企业工商登记等信息中所包含的手机、电话号码等信息，应当明确该号码的用途。其中，由公司购买、使用的手机、电话号码等信息，不属于个人信息的范畴，从而严格区分"手机、电话号码等由公司购买，归公司使用"与"公司经办人

---

[1] 关于本罪的客体，学界分歧明显。相关代表性文献参见刘艳红：《侵犯公民个人信息罪法益：个人法益及新型权利之确证——以〈个人信息保护法（草案）〉为视角之分析》，载《中国刑事法杂志》2019年第5期；劳东燕：《个人信息法律保护体系的基本目标与归责机制》，载《政法论坛》2021年第6期；欧阳本祺：《侵犯公民个人信息罪的法益重构：从私法权利回归公法权利》，载《比较法研究》2021年第3期；姜涛：《新罪之保护法益的证成规则——以侵犯公民个人信息罪的保护法益论证为例》，载《中国刑事法杂志》2021年第3期；冀洋：《法益自决权与侵犯公民个人信息罪的司法边界》，载《中国法学》2019年第4期；马永强：《侵犯公民个人信息罪的法益属性确证》，载《环球法律评论》2021年第2期。

在工商登记等活动中登记个人电话、手机号码"两种不同情形。[1]

【案例】 **柯某侵犯公民个人信息案**[2]

2016年1月起,柯某开始运营"房利帮"网站并开发同名手机APP,以对外售卖上海市二手房租售房源信息为主营业务。运营期间,柯某对网站会员上传真实业主房源信息进行现金激励,吸引掌握该类信息的房产中介人员(另案处理)注册会员并向网站提供信息,有偿获取了大量包含房屋门牌号码及业主姓名、电话等非公开内容的业主房源信息。柯某在获取上述业主房源信息后,安排员工冒充房产中介人员逐一电话联系业主进行核实,将有效的信息以会员套餐形式提供给网站会员付费查询使用。上述员工在联系核实信息过程中亦未如实告知业主获取、使用业主房源信息的情况。自2016年1月至案发,柯某通过运营"房利帮"网站共非法获取业主房源信息30余万条,以会员套餐方式出售获利达人民币150余万元。法院以侵犯公民个人信息罪判处柯某有期徒刑2年,缓刑4年,并处罚金人民币160万元。

指导意义:①包含房产信息和身份识别信息的业主房源信息属于公民个人信息。业主房源信息包括房产坐落区域、面积、售租价格等描述房产特征的信息,也包含门牌号码、业主电话、姓名等具有身份识别性的信息,上述信息组合,使业主房源信息符合公民个人信息"识别特定自然人"的规定。②获取限定使用范围的信息需信息主体同意、授权。对生物识别、宗教信仰、特定身份、医疗健康、金融账户、行踪轨迹等敏感个人信息,进行信息处理须得到信息主体明确同意、授权。对非敏感个人信息,如上述业主电话、姓名等,应当根据具体情况作出不同处理。信息主体自愿、主动向社会完全公开的信息,可以认定同意他人获取,在不侵犯其合法利益的情况下可以合法、合理利用。但限定用途、范围的信息,如仅提供给中介供服务使用的,他人在未经另行授权的情况下,非法获取、出售,情节严重的,应当以侵犯公民个人信息罪追究刑事责任。③认定公民个人信息数量,应当在全面固定数据基础上有效甄别,筛除模糊、无效及重复信息。

【行为】违反国家有关规定,向他人出售、提供公民个人信息或者非法获取公民个人信息。《刑法修正案(九)》将原第253条之一的"违反国家规定"修改为"违反国家有关规定",后者的范围明显更广。国家规定仅限于全国人大及其常委会制定的法律和决定,国务院制定的行政法规、规定的行政措施、发布的决定和命令;而国家有关规定还包括部门规章,这些规定散见于金融、电信、交通、教育、医疗、统计、邮政等领域的法律、行政法规或部门规章中。本罪的行为方式实质上包括两大类:一是提供公民个人信息,二是非法获取公民个人信息。"出售"只是"提供"的常见类型之一。

1. 关于何为"提供",立法和司法解释均未给出定义式规定。一般认为,提供,指使他人能够取得、知悉公民个人信息的行为。根据《办理侵犯个人信息刑案解释》(2017)第3条,向特定人提供公民个人信息,以及通过信息网络或者其他途径发布公民个人信息的,应认定为本罪中的提供行为;未经被收集者同意,将合法收集的公民个人信息向他人提供的,也属于提供公民个人信息,但经过处理无法识别特定个人且不能复原的除外。

2. 非法获取,指以窃取或者其他方法取得公民个人信息的行为。根据《办理侵犯个人信

---

[1]《个人信息保护法》(2021)第4条第1款规定,个人信息是以电子或者其他方式记录的与已识别或者可识别的自然人有关的各种信息,不包括匿名化处理后的信息。本书认为,尽管司法解释与《个人信息保护法》(2021)对个人信息的定义在内容和方式上存在一定差异,但它们在本质上仍具有同一性,都重视信息的"可识别性",即通过该信息已识别或者可识别特定自然人。

[2] 最高人民检察院指导性案例第140号。

息案指引》(2018),这里的"其他方法",指窃取以外,与窃取行为具有同等危害性的方法,其中,购买是最常见的非法获取手段。本罪通常表现为电信网络诈骗的上游犯罪,诈骗分子通过网络向他人购买公民个人信息,并将之用于诈骗或者转发给其他同伙用于诈骗,诈骗分子购买公民个人信息的行为属于非法获取,其同伙接收公民个人信息的行为也属于非法获取。同时,一些房产中介、物业管理公司、保险公司、担保公司的业务员往往与同行通过QQ、微信群互相交换各自掌握的客户信息,这种交换行为本质上也是非法获取。同理,行为人在履行职责、提供服务过程中,违反国家有关规定,未经他人同意收集公民个人信息,或者收集与提供的服务无关的公民个人信息的,是本罪的非法获取行为。

【主观】故意。至于目的和动机为何,不影响本罪的成立。

【罪量】情节严重。关于"窃取或者以其他方法非法获取公民个人信息"是否需要与"违反国家有关规定提供公民个人信息"一样,只有"情节严重"的才成立犯罪,学界存在分歧。[1] 本书认为,《办理侵犯个人信息刑案解释》(2017)第5条的规定表明,无论是非法获取公民个人信息,还是违反国家规定提供公民个人信息,成立犯罪均需"情节严重"。

关于情节严重的具体认定标准,根据《办理侵犯个人信息刑案解释》(2017)第5条第1款,主要涉及几个方面:

1. 信息类型和数量。①行踪轨迹信息、通信内容、征信信息、财产信息,此类信息与公民人身、财产安全直接相关,数量标准为50条以上,且仅限于上述4类信息,不允许扩大范围。对于财产信息,既包括银行、第三方支付平台、证券期货等金融服务账户的身份认证信息,也包括存款、房产、车辆等财产状况信息。②住宿信息、通信记录、健康生理信息、交易信息等可能影响公民人身、财产安全的信息,数量标准为500条以上,此类信息也与人身、财产安全直接相关,但重要程度要弱于行踪轨迹信息、通信内容、征信信息、财产信息。对"其他可能影响人身、财产安全的公民个人信息"的把握,应当确保所适用的公民个人信息涉及人身、财产安全,且与"住宿信息、通信记录、健康生理信息、交易信息"在重要程度上具有相当性。③除上述两类信息以外的其他公民个人信息,数量标准为5000条以上。

2. 违法所得数额。对于违法所得,可直接以犯罪嫌疑人出售公民个人信息的收入予以认定,不必扣减其购买信息的犯罪成本。对于犯罪嫌疑人无法说明合法来源的用于专门实施侵犯公民个人信息犯罪的银行账户或第三方支付平台账户内资金收入,可综合全案证据认定为违法所得。

3. 信息用途。公民个人信息被他人用于违法犯罪活动的,不要求他人的行为必须构成犯罪,只要行为人明知他人非法获取公民个人信息用于违法犯罪活动即可。

4. 主体身份。如果行为人系将在履行职责或者提供服务过程中获得的公民个人信息出售或者提供给他人,则涉案信息数量、违法所得数额只要达到一般主体的50%,即可认为情节严重。

5. 主观恶性。曾因侵犯公民个人信息受过刑事处罚或者2年内受过行政处罚,又非法获取、出售或者提供公民个人信息的,可认定为情节严重。

(二)适用

【罪数】1. 非法获取公民个人信息又出售或者提供的,以侵犯公民个人信息罪一罪论处,不实行数罪并罚,公民个人信息的条数也不重复计算。向不同单位或者个人分别出售、提供同

---

[1] 肯定说参见张明楷:《刑法学》(下),法律出版社2021年版,第1202页;否定说参见周光权:《刑法各论》,中国人民大学出版社2021年版,第82页。

一公民个人信息的，仍以侵犯公民个人信息罪一罪论处，不实行数罪并罚，但公民个人信息的条数累计计算。

2. 设立用于实施出售、提供或者非法获取公民个人信息违法犯罪活动的网站、通讯群组，情节严重的，以非法利用信息网络罪定罪；同时构成侵犯公民个人信息罪的，应认定为侵犯公民个人信息罪。

3 违反国家有关规定，采用技术手段非法侵入合法存储公民个人信息的单位数据库窃取公民个人信息，同时触犯本罪和非法获取计算机信息系统数据罪的，择一重罪论处。

【处罚】违反国家有关规定，将在履行职责或者提供服务过程中获得的公民个人信息，出售或者提供给他人的，从重处罚。

第六节　借国家机关权力侵犯他人权利的犯罪

一、诬告陷害罪

《刑法》第 243 条　捏造事实诬告陷害他人，意图使他人受刑事追究，情节严重的，处三年以下有期徒刑、拘役或者管制；造成严重后果的，处三年以上十年以下有期徒刑。

国家机关工作人员犯前款罪的，从重处罚。

不是有意诬陷，而是错告，或者检举失实的，不适用前两款的规定。

（一）构成要件

【客体】他人的人身权利和司法机关的正常活动。诬告陷害他人，一方面，损害他人的人格、名誉，使他人面临刑事追究的危险甚至受到刑事追究，严重侵犯被诬陷人的人身权利；另一方面，虚假的告发往往会耗费公安、司法机关的资源，干扰司法机关的正常工作。在特定历史背景下，诬告陷害之风一度猖獗，不仅严重破坏了人们的信任感和安全感，也严重损害了国家的威信。因此，这种犯罪行为不仅危害严重，也深为人民群众所痛恨。一般认为，虚假告发到达有关部门，就认为本罪既遂，不以被害人受到刑事追究为必要。

【对象】他人，指行为人以外的所有的人。包括犯罪嫌疑人、刑事被告人和正在服刑的罪犯。仅捏造犯罪事实告发，没有指明犯罪人是谁，是虚报案情，不构成本罪。如果通过告发的事实可以明显地看出诬陷对象，即使没有指名道姓，也认为是诬陷特定的人。

【行为】捏造事实诬告陷害他人。

1. 捏造犯罪事实，即虚构他人犯罪的事实。如果告发的情况是真实的而非捏造的，不构成犯罪。犯罪事实，指依据《刑法》规定，应当或者足以引起刑事追究的事实。存在犯罪事实但有虚构、夸大成分的，不属于捏造犯罪事实。

2. 将捏造的他人的犯罪事实向司法机关或有关单位告发。因为只有向有关单位告发才有可能使他人受到刑事追究，也才能够反映出行为人使他人受刑事追究的犯罪意图。因此，开始虚假告发为本罪着手；在告发以前，捏造犯罪事实、制作告发材料的，是预备行为。

告发的机关通常是公安机关或司法机关，向其他足以引起刑事追究的机关、机构或者组织告发的，也可构成本罪。例如，向纪检监察部门告发他人有贪污、受贿、挪用公款的犯罪事实，意图通过这种途径转交公安、司法机关追究他人刑事责任。

【主观】故意，并具有意图使他人受到刑事追究的目的。刑事追究，指公安、检察、审判机关按照法律规定的程序，对相关犯罪事实进行侦查、起诉、审判。被诬陷人是否实际受到刑事追究，不影响本罪的成立。行为人的犯罪动机如何，也不影响本罪的成立。过失不构成本罪。

【罪量】情节严重。主要指诬陷造成的后果比较严重，捏造他人犯罪的事实比较严重，诬告的手段比较恶劣等情形。如果诬告他人，情节轻微危害不大，不宜追究刑事责任。

【加重犯】造成严重后果。一般指造成被诬陷人死亡或者出现重大错案等情形。

(二) 适用

【定罪】1. 与错告、检举失实的区分。错告，指错误地指控他人有犯罪行为并予以告发的情况。检举失实，指检举揭发他人犯罪，与实际情况不一致或者不完全一致的情况。错告、检举失实与诬告行为虽然在客观上均有告发的内容与实际不一致的情况，但是行为人在主观上有根本区别：错告、检举失实的行为人没有虚构犯罪事实、陷害他人的故意；诬告陷害罪则必须具有捏造犯罪事实、陷害他人的故意。

2. 与一般诬陷行为的区别。主要涉及两个方面的问题：①捏造他人违法、违纪、违反道德的事实，进行告发，意图使他人受到党纪、政纪的处分，或者干扰他人任职升迁的，因不具备诬告陷害罪的主客观要件，不认为是犯罪。例如，甲、乙系国家机关工作的同事，平时有隙。为报复乙，甲向公安机关作虚假匿名举报，诬告乙曾在一歌舞厅嫖娼，有"陪侍女"丙为证。公安机关调查时，丙也作出虚假指证，乙因而受到公安机关的行政处罚。甲捏造乙"嫖娼"的事实，在我国法律上属于违法事实而不是犯罪事实。所以，甲的行为不具备捏造"犯罪事实"的要件，不可能构成诬告陷害罪。但不排除成立诽谤罪。②诬告陷害他人未达到情节严重程度的，也不构成犯罪。

【关联罪】本罪与诽谤罪的区别。本罪要求编造犯罪事实向有关机关告发，意图使他人受刑事追究。如果编造的不是犯罪事实，客观上不可能使他人受刑事追究，不构成本罪。如果编造了他人犯罪事实并散布、传播，但没有向司法机关告发，不至于妨碍国家机关的活动，也不足以证明行为人有使他人受刑事追究之意图的，不成立本罪，但不排除构成诽谤罪。

【罪数】在实施诬告陷害犯罪过程中，也可能捏造一些证据，甚至向司法机关作伪证，触犯伪证罪。对于该伪证行为，可视为诬告陷害犯罪行为的组成部分，不需另行处罚。在实施诬告陷害犯罪过程中，往往也会产生损害被诬陷人人格、名誉的结果，具有诽谤的性质。这是诬告陷害罪本身具有的危害，也不需另行追究诽谤罪的刑事责任。

【处罚】国家机关工作人员犯本罪的，从重处罚。在此，法律没有要求该国家工作人员利用职务便利或滥用职权。

二、刑讯逼供罪·暴力取证罪

《刑法》第 247 条　司法工作人员对犯罪嫌疑人、被告人实行刑讯逼供或者使用暴力逼取证人证言的，处三年以下有期徒刑或者拘役。致人伤残、死亡的，依照本法第二百三十四条、第二百三十二条的规定定罪从重处罚。

(一) 构成要件

1. 刑讯逼供罪。

【客体】公民的人身权利和司法机关的正常活动。在现代社会，公民的人身权利和人格被奉为至高无上的价值。为了逼取口供而有意摧残、折磨他人，是对人类尊严最严重的侵犯之一。尤其是代表国家行使公权的司法工作人员实施这类践踏人权的行为，影响更为恶劣。有鉴于此，刑讯逼供行为不仅被各国法律规定为犯罪，也属于国际法上的犯罪，被视为一种侵犯国际社会人权价值准则的犯罪。另外，经验表明，几乎所有的冤案都与刑讯逼供有关。因此，刑讯逼供行为也是一种严重妨害司法活动的犯罪。

【主体】特殊主体，限于司法工作人员。即具有侦查、检察、审判、监管职责的工作人员。不具有司法工作人员身份的人，如治安联防队员、单位聘用的保安人员以及其他干部群众，不属于本罪的主体。

【对象】犯罪嫌疑人、刑事被告人。即在刑事诉讼中被指控有犯罪行为而被司法机关依法追究刑事责任的人。在立案侦查阶段的，通常称为犯罪嫌疑人；在起诉、审判阶段的，通常称为被告人。正在服刑的罪犯，一般不属于本罪的对象；但正在服刑的罪犯，如果又因为涉嫌其他犯罪而被立案侦查、起诉和审判的，则会再次处于犯罪嫌疑人、刑事被告人的地位，可能成为本罪的对象。

【行为】刑讯逼供，指对犯罪嫌疑人、被告人使用肉刑或者变相肉刑，逼取口供的行为。肉刑，指故意地直接对人体组织或器官进行摧残以造成肉体痛苦的方法，如对人进行捆绑、殴打。变相肉刑，指使用肉刑以外的摧残、折磨人的身体、意志的方法，如长时间罚站、冻饿、昼夜连续审讯，甚至使用专门刑具或折磨方法进行刑讯逼供。

【主观】故意，并具有逼取口供的目的。逼取口供，指迫使犯罪嫌疑人、被告人坦白交代自己的罪行。这是本罪主观方面的关键内容，也是与其他犯罪区别的重要标志之一。如果目的是利用司法职权报复他人，不构成本罪，但不排除成立故意伤害罪。

2. 暴力取证罪。

【客体】公民的人身权利和司法机关的正常活动。

【主体】特殊主体，限于司法工作人员。

【对象】证人。了解案情的被害人也属于证人，因此，逼取被害人陈述的，可构成本罪。不了解案情，但被司法人员当作证人的人，也属于本罪的对象。

【行为】对证人使用暴力逼取证言。

【主观】故意，并具有逼取证人证言的目的。

(二) 适用

【立案】《刑法》第247条虽然没有规定罪量要素，但并非所有刑讯逼供、暴力取证的行为都需追究刑事责任。

1. 根据《渎职侵权案立案标准》(2006) 的规定，国家机关工作人员刑讯逼供涉嫌下列情形之一的，应予立案：①以殴打、捆绑、违法使用械具等恶劣手段逼取口供的；②以较长时间冻、饿、晒、烤等手段逼取口供，严重损害犯罪嫌疑人、被告人身体健康的；③刑讯逼供造成犯罪嫌疑人、被告人轻伤、重伤、死亡的；④刑讯逼供，情节严重，导致犯罪嫌疑人、被告人自杀、自残造成重伤、死亡，或者精神失常的；⑤刑讯逼供，造成错案的；⑥刑讯逼供3人次以上的；⑦纵容、授意、指使、强迫他人刑讯逼供，具有上述情形之一的；⑧其他刑讯逼供应予追究刑事责任的情形。

2. 根据《渎职侵权案立案标准》(2006) 的规定，国家机关工作人员暴力取证涉嫌下列情形之一的，应予立案：①以殴打、捆绑、违法使用械具等恶劣手段逼取证人证言的；②暴力取证造成证人轻伤、重伤、死亡的；③暴力取证，情节严重，导致证人自杀、自残造成重伤、死亡，或者精神失常的；④暴力取证，造成错案的；⑤暴力取证3人次以上的；⑥纵容、授意、指使、强迫他人暴力取证，具有上述情形之一的；⑦其他暴力取证应予追究刑事责任的情形。

【关联罪】1. 暴力取证罪与刑讯逼供罪的区别。要点是：①对象不同。前罪的对象是证人，后罪的对象是犯罪嫌疑人、被告人。②目的不同。前罪以逼取证言为目的，后罪以逼取口供为目的。

2. 刑讯逼供罪与非法拘禁罪的区别。要点是：①客体不同。前罪的客体是公民的人身权利和司法机关的正常活动,后罪的客体是他人的人身自由。②主体不同。前罪是特殊主体,后罪是一般主体。③对象不同。前罪的对象限于犯罪嫌疑人、被告人,后罪没有特定对象的限制。④行为方式不同。前罪是利用司法职权拷打他人,后罪的行为则不限于利用司法职权。⑤目的不同。前罪的目的是逼取口供,后罪不要求有特定目的。

鉴于两罪在构成要件方面存在以上种种差别,通常不难正确区分。只是在实践中遇到国家机关工作人员利用职权侵犯公民人身权利的案件,该定何罪,较易混淆。例如,司法工作人员插手经济纠纷替人追债的,或者私设公堂拷问他人的。对此,区别的要点是看有无严重侵犯公民人身自由的情形。非法拘禁罪在侵害他人人身自由方面必须具有严重的非法性,如没有经过正当的法律程序、未取得合法手续而逮捕、拘禁他人;刑讯逼供罪通常在公民的人身自由方面没有严重的非法性,如对犯罪嫌疑人、被告人的逮捕、拘留均有合法手续,其非法性主要表现在拷打他人方面。

【罪数】根据《刑法》第247条,刑讯逼供、暴力取证致人伤残、死亡的,依照本法第234条、第232条的规定定罪从重处罚,不再单独评价刑讯逼供罪、暴力取证罪。

刑讯逼供、暴力取证致人伤残,指刑讯逼供、暴力取证行为直接造成被害人重伤、残疾的结果。对此,应认定为故意伤害罪。如果因刑讯引起被害人自伤自残发生严重后果的,一般作为量刑情节予以考虑。

刑讯逼供、暴力取证致人死亡,指刑讯逼供、暴力取证的行为直接造成被害人死亡的结果。鉴于刑讯逼供、暴力取证多因急于破案,实务处理较通常的故意杀人、故意伤害犯罪宽容。在因果关系的认定上,要求刑讯、暴力取证行为直接造成死亡结果。被害人因遭刑讯、暴力取证自杀身亡的,被害人疾病因刑讯、暴力取证诱发而死亡的,多认为死亡与刑讯、暴力取证行为没有因果关系,不成立故意杀人罪或故意伤害罪,只能按照刑讯逼供罪、暴力取证罪定罪处罚。而且,即便在适用转化犯规定的场合,具体定性也大多是故意伤害罪,回避认定故意杀人罪的取向十分明显。原因有二:①刑讯、暴力取证多因急于破案,比谋杀、凶杀的恶性要小;②如果定性故意杀人罪,依《刑法》第247条"从重处罚",可能判处死刑。例如,某派出所民警甲接到关于某旅店老板乙涉嫌组织卖淫的举报,即前往该旅店,但没有碰见乙,便将怀疑是卖淫女的服务员丙带回派出所连夜审讯,要她交待从事卖淫以及乙组织卖淫活动的事。由于丙拒不承认,甲便指使其他民警对丙进行多次殴打、逼其交待,丙于次日晨死于审讯室。法医出具的尸检报告称"因受外力击打造成下肢大面积皮下出血,引起患有心脏功能障碍的丙心力衰竭而死"。甲的行为具有暴力取证的性质,致人死亡的,一般按故意伤害罪从重处罚。

三、虐待被监管人罪

《刑法》第248条 监狱、拘留所、看守所等监管机构的监管人员对被监管人进行殴打或者体罚虐待,情节严重的,处三年以下有期徒刑或者拘役;情节特别严重的,处三年以上十年以下有期徒刑。致人伤残、死亡的,依照本法第二百三十四条、第二百三十二条的规定定罪从重处罚。

监管人员指使被监管人殴打或者体罚虐待其他被监管人的,依照前款的规定处罚。

(一)构成要件

【客体】被监管人的人身权利和监管机关的正常管理活动。

【主体】特殊主体,限于监管人员。即监狱、拘留所、看守所等监管机构的具有监管人犯的职务的人员。本罪主体以具有监管人犯的职务为必要,但不必具有国家工作人员身份。根据1994年1月10日最高人民检察院《聘用或委托人员批复》(现已失效),受监管机关正式聘用或委托实际履行监管职务的人员是有监管人犯职务的人员,即使不具有国家工作人员身份,也可成立本罪。《聘用或委托人员批复》现已失效，但可参照《失职致使在押人员脱逃案解释》（2001），虽未被正式聘用，但受委托履行监管职责的过程中符合相应犯罪构成的，可成立相关罪名。

【对象】被监管人，即依法被关押于监管场所失去人身自由的人。包括：①在监狱中服刑的已决犯；②在监狱、拘留所关押的未决的犯罪嫌疑人、被告人；③因违反治安管理处罚法被拘留的人；④其他依法被监管人员，如在戒毒所依法接受强制隔离戒毒的人员。依法接受社区矫正的人员，不属于本罪的对象。

【行为】殴打或者体罚虐待被监管人。既可以本人实施，也可以指使被监管人殴打或者体罚虐待其他被监管人。

【主观】故意。

【罪量】情节严重。根据《渎职侵权案立案标准》（2006）的规定，具体包括：①以殴打、捆绑、违法使用械具等恶劣手段虐待被监管人的；②以较长时间冻、饿、晒、烤等手段虐待被监管人，严重损害其身体健康的；③虐待造成被监管人轻伤、重伤、死亡的；[1] ④虐待被监管人，导致被监管人自杀、自残造成重伤、死亡，或者精神失常的；⑤殴打或者体罚虐待3人次以上的；⑥指使被监管人殴打、体罚虐待其他被监管人，具有上述情形之一的；⑦其他情节严重的情形。

【加重犯】情节特别严重。

（二）适用

【定罪】根据《监狱法》等监管法规，对违反监管秩序的被监管人依法使用械具、禁闭等强制措施，属于合法行为。由此带来的痛苦，不认为是本罪的体罚虐待。

【关联罪】本罪与刑讯逼供罪的区别。要点是：①对象不同。本罪的对象是被监管人，后罪的对象是犯罪嫌疑人、被告人。②目的不同。后罪须以逼取口供为目的，本罪不要求特定目的。

【罪数】1.《刑法》第248条第2款规定，监管人员指使被监管人殴打或者体罚虐待其他被监管人的，以本罪定罪处罚。这种情形无疑具有"教唆"他人伤害的特征，但是鉴于这种情形被立法和司法解释均认定为虐待被监管人罪的实行行为，因此，不定故意伤害罪（教唆）。

2.《刑法》第248条第1款规定，虐待被监管人致其伤残、死亡的，依照《刑法》第234条（故意伤害罪）、第232条（故意杀人罪）定罪从重处罚，虐待被监管人罪不再单独评价。

四、报复陷害罪

《刑法》第254条 国家机关工作人员滥用职权、假公济私，对控告人、申诉人、批评人、举报人实行报复陷害的，处二年以下有期徒刑或者拘役；情节严重的，处二年以上七年以下有期徒刑。

（一）构成要件

【客体】公民的控告权、申诉权、批评监督权和国家机关工作人员职务行为的正当行使。

【主体】特殊主体，限于国家机关工作人员。

【对象】控告人、申诉人、批评人、举报人。这些报复陷害的对象，可能是国家工作人

---

[1] 注：此项中"虐待造成被监管人轻伤、重伤、死亡的"只针对达到刑事"立案"的标准而言的。如果立案后查明、认定案件事实符合《刑法》第248条第1款"致人伤残、死亡"的规定，应依照《刑法》第234条（故意伤害罪）、第232条（故意杀人罪）定罪，从重处罚。

员,也可能是普通公民。

【行为】滥用职权,假公济私,对控告人、申诉人、批评人、举报人进行报复陷害。假公济私是滥用职权的典型表现之一,通常指以执行公务、履行职责为名,利用职权对有关人员进行迫害。报复陷害的具体方式多种多样,如利用职权借故将他人降职、减薪甚至开除公职,或者利用职权借故给予党纪、政纪的处罚等。

【主观】故意。过失不构成本罪。

(二)适用

【定罪】《刑法》第254条虽然没有规定罪量要素,但并非所有报复陷害行为都需追究刑事责任。根据《渎职侵权案立案标准》(2006)的规定,具有下列情形之一的,应予追诉:①报复陷害,情节严重,导致控告人、申诉人、批评人、举报人或者其近亲属自杀、自残造成重伤、死亡,或者精神失常的;②致使控告人、申诉人、批评人、举报人或者其近亲属的其他合法权利受到严重损害的;③其他报复陷害应予追究刑事责任的情形。

在工作中,如果行为人没有打击报复的恶意,仅仅是因为工作方法简单粗暴、不了解情况,对涉及控告人、申诉人、批评人、举报人的事务作出不当处理,即使造成了一些不良的影响、后果的,也不能按犯罪处理。另外,行为人虽然有利用职权打击报复控告人、申诉人、批评人、举报人的行为,但是如果情节、后果轻微的,一般也不按犯罪处理。

【关联罪】本罪与诬告陷害罪的区别。要点是:①主体不同。本罪的主体必须是国家机关工作人员,诬告陷害罪是一般主体。②对象不同。本罪的对象限于控告人、申诉人、批评人、举报人;诬告陷害罪的对象可以是包括犯人在内的任何人,没有身份限制。③行为方式不同。本罪必须利用职务、滥用职权,进行报复陷害或打击报复;诬告陷害罪则无此要求。④主观方面不同。本罪中行为人通常有陷害他人的目的,但不限于让被害人受到刑事追究;诬告陷害罪中行为人必须具有使他人受到刑事追究的目的。

五、打击报复会计、统计人员罪

《刑法》第255条 公司、企业、事业单位、机关、团体的领导人,对依法履行职责、抵制违反会计法、统计法行为的会计、统计人员实行打击报复,情节恶劣的,处三年以下有期徒刑或者拘役。

(一)构成要件

【客体】会计人员、统计人员的人身权利、民主权利和国家正常的会计工作、统计工作制度。

【主体】特殊主体,限于公司、企业、事业单位、机关、团体的领导人。

【对象】依法履行职责,抵制违反《会计法》《统计法》行为的会计、统计人员。

【行为】打击报复上述会计、统计人员。

【主观】故意。

【罪量】情节恶劣。

(二)适用

【关联罪】本罪与报复陷害罪的区别。要点是:①客体不同。本罪的客体主要是会计、统计工作制度,报复陷害罪的客体主要是公民的控告权、申诉权、批评监督权和国家机关工作人员职务行为的正当行使。②主体不同。本罪的主体是公司、企业、事业单位、机关、团体的领导人,报复陷害罪的主体是国家机关工作人员。③对象不同。本罪的对象是会计、统计人员,报复陷害罪的对象是控告人、申诉人、批评人、举报人。

第七节 妨害婚姻家庭、监护制度的犯罪

一、暴力干涉婚姻自由罪

《刑法》第257条 以暴力干涉他人婚姻自由的，处二年以下有期徒刑或者拘役。

犯前款罪，致使被害人死亡的，处二年以上七年以下有期徒刑。

第一款罪，告诉的才处理。

（一）构成要件

【客体】他人的婚姻自由。包括结婚和离婚自由。

【行为】以暴力干涉他人婚姻自由。本罪限定采取暴力方式干涉婚姻自由。通过非暴力方式干涉婚姻自由的，或者仅以潜在暴力相威胁干涉婚姻自由的，属于违反婚姻法的行为，不构成本罪。暴力，指捆绑、殴打、禁闭、强抢等对人身实行强制或打击的方法，使被干涉者屈从干涉者的意志，不能行使婚姻自由的权利。本罪的暴力不包括杀害、伤害、强奸等情形。

【主观】故意。过失不构成本罪。至于动机为何，不影响本罪的成立，只能在量刑时酌情考虑。

【加重犯】根据《刑法》第257条第2款，犯暴力干涉婚姻自由罪，致使被害人死亡的，是本罪的加重犯。致使被害人死亡，指被害人因婚姻自由受到干涉而自杀，或行为人在实施暴力干涉过程中过失致人死亡。行为人虽故意暴力干涉婚姻自由，但对其行为所引起的死亡结果却非希望或放任。如果因干涉婚姻自由的目的不能实现，故意将被害人重伤或杀害的，应以故意伤害罪或者故意杀人罪论处。

（二）适用

【定罪】本罪与抢亲行为的界限。对于抢亲行为，要作具体的分析，区分不同情况进行处理。属于少数民族地区民族习俗的，应进行宣传教育，不能一律视为犯罪行为。对于女方不同意恋爱、结婚，而以抢亲的暴力手段达到结婚目的的，应按暴力干涉婚姻自由罪论处。如果没有合法的婚姻关系，女方不同意与之结婚，而采取暴力手段，将女方抢来强行与之发生性行为，女方告发的，应以强奸罪论处。

【告诉才处理】告诉才处理的规定，仅适用于本罪的基本犯。根据《刑法》第98条，告诉才处理，指被害人告诉才处理。如果被害人因受强制、威吓无法告诉的，人民检察院和被害人的近亲属也可以告诉。

二、重婚罪

《刑法》第258条 有配偶而重婚的，或者明知他人有配偶而与之结婚的，处二年以下有期徒刑或者拘役。

（一）构成要件

【客体】一夫一妻的婚姻制度和他人的婚姻家庭关系。我国婚姻法确立了一夫一妻的婚姻制度。这种制度有利于贯彻男女权利的平等、维护家庭的稳定和子女的合法权益，也有利于社会的安定与繁荣。已经有配偶而与他人重婚，或者明知他人有配偶而与之结婚，都是对我国一夫一妻婚姻制度的破坏。这不仅会损害重婚人原有配偶的合法权益，也会妨害家庭的稳定、未成年子女的健康成长。

【主体】构成重婚罪，至少有一方应当是已经有配偶的人。有配偶的人，指已经依法登记结婚的人。仅有事实婚姻关系的人，不属于有配偶的人，这类主体又与其他无配偶的人再次或

多次建立事实婚姻关系或法律婚姻关系的，不构成重婚罪。编造配偶下落不明、恶意申请宣告配偶死亡，申请人与被申请人的婚姻关系实质上并未消灭，申请人仍属于有配偶的人。

【行为】重婚或者与有配偶的人结婚。具体指：①有配偶而重婚；②没有配偶的人，与有配偶的人结婚。与他人结婚，包括两种情况：①登记结婚，即通过办理结婚登记手续，取得了结婚证书，正式建立了在形式上具备合法婚姻要件的婚姻关系。因为我国婚姻法禁止重婚，所以这种具备合法形式的重婚，通常是使用欺骗方法办理结婚登记手续，获取结婚证书的。②事实婚。事实婚，指虽然没有进行登记结婚，但正式以夫妻名义共同生活，通常表现为对外以"夫妻"自居，彼此以"夫妻"相待，在事实上如同"夫妻"一样地同居生活。民政部在1994年2月1日发布的《婚姻登记管理条例》（现已失效）中虽然明确否认这种事实婚姻的法律效力，但这只是宣告事实婚姻在民事关系方面无效，不排除事实婚姻在刑事法律方面可以构成重婚罪的效果。有配偶的人与他人以夫妻名义同居生活的，或者明知他人有配偶而与之以夫妻名义同居生活的，可以重婚罪定罪处罚。

外籍行为人与外籍配偶在境外结婚后，又在我国境内与他人以夫妻名义同居的行为，符合重婚罪的构成特征。一方面，其在外国的婚姻关系被我国法律所承认；另一方面，其在我国境内的重婚行为，客观上已导致其同时拥有"两个妻子"，明显侵犯了我国的一夫一妻制度。因此，应纳入我国刑法的规制范围。

【案例】**法兰克·巴沙勒·米伦等重婚案**[1]

法兰克·巴沙勒·米伦于1991年8月24日在英国与Josephine Millen注册结婚，且婚姻关系一直延续至今。2005年，米伦在我国经商期间结识罗某婷并产生感情。在罗某婷明知米伦已经注册结婚的情况下，双方仍以夫妻名义同居。2006年两人举办婚宴，宴请亲朋好友并公开他们之间的夫妻关系。后两人在广州市生育2名儿女。2013年2月26日，米伦与罗某婷向公安机关投案。法院以重婚罪对两人判处拘役6个月，缓刑6个月。

【主观】故意。有配偶者只要与他人重婚就足以认定重婚故意，但有配偶者误以为原配死亡而与他人结婚的，没有重婚故意，不构成本罪。无配偶者必须明知他人已经有配偶而与之结婚。如果因被欺瞒不知对方已有配偶的，因缺乏重婚故意，不构成本罪。无论动机为何，不影响本罪的成立。

（二）适用

【定罪】1. 妇女因陷于困境而重婚的，不认为是犯罪。这包括但不限于：①因被拐卖而流落外地和他人重婚的；②因为逃避包办婚姻而流落外地重婚的；③遭受家庭虐待而流落外地重婚的；④因为生活所迫，逃荒要饭，流落他乡重婚的。因为妇女在上述特定的困境中没有选择的自由，即使在形式上具备了重婚的特征，也应当予以宽恕。

2. 对重婚行为的酌情处理。重婚毕竟是一种性质轻微的犯罪行为，不一定都追究刑事责任。对于重婚者主动解除或经劝说、批评教育后解除非法婚姻关系的，也可酌情不作为犯罪处理。

三、破坏军婚罪

《刑法》第259条 明知是现役军人的配偶而与之同居或者结婚的，处三年以下有期徒刑或者拘役。

利用职权、从属关系，以胁迫手段奸淫现役军人的妻子的，依照本法第二百三十六条的规

---

[1] 中华人民共和国最高人民法院刑事审判第一、二、三、四、五庭主办：《刑事审判参考》（2014年第2集·总第97集），法律出版社2014年版，第66~68页。

定定罪处罚。

（一）构成要件

【客体】现役军人的婚姻关系。现役军人，指有军籍的正在中国人民解放军或者人民武装警察部队服役的军人。复员退伍军人、转业军人、人民警察以及在军事部门、人民武装警察部队中工作但没有军籍的工作人员，以及正在服刑的军人，都不属于现役军人。根据中共中央2018年3月21日印发的《深化党和国家机构改革方案》之要求，公安消防部队不再属于武警部队序列，相关人员全部退出现役。

【对象】现役军人的配偶，指已依法与现役军人结婚或者虽未办理登记手续，但已形成事实婚的人。我国《刑法》对军婚的保护范围仅限于军人的配偶，与现役军人有婚约的，不能视为现役军人的配偶。

【行为】与现役军人配偶同居或者结婚。结婚，指与现役军人配偶登记结婚或者公开以"夫妻"名义共同生活。同居，指与现役军人配偶在一定时期内姘居，包括在较长时间里公开或者秘密地在一起生活，这种关系以不正当的两性关系为基础，往往还有经济上或生活上的某些特殊关系。偶尔与现役军人配偶发生通奸行为的，不属于同居，不认为是犯罪。

【主观】故意，即明知对方是现役军人配偶，而与之结婚或者同居。行为人确实不知对方是现役军人配偶，由于受对方欺骗蒙蔽，不明真相而与之结婚或者同居的，不构成本罪。

（二）适用

【关联罪】本罪与重婚罪的区别。要点是：①客体不同。本罪的客体是现役军人的婚姻关系，重婚罪的客体是一夫一妻的婚姻制度和他人的婚姻家庭关系。②对象不同。本罪的对象限于现役军人的配偶，重婚罪的对象没有这种限制。③行为方式不完全相同。本罪包括"结婚"和"同居"两种方式，重婚罪限于"结婚"。

明知是现役军人配偶而与之结婚的，属于法条竞合犯，应当按照特别法（破坏军婚罪）论处。现役军人与其他现役军人的配偶结婚的，也应以破坏军婚罪论处。但是，如果两个现役军人发生重婚关系，而重婚双方的配偶都不是现役军人的，应以重婚罪论处，因为这种行为侵犯的不是现役军人的合法婚姻关系，不宜定破坏军婚罪。

四、虐待罪

《刑法》第260条　虐待家庭成员，情节恶劣的，处二年以下有期徒刑、拘役或者管制。

犯前款罪，致使被害人重伤、死亡的，处二年以上七年以下有期徒刑。

第一款罪，告诉的才处理，但被害人没有能力告诉，或者因受到强制、威吓无法告诉的除外。

（一）构成要件

【客体】家庭成员的人身权利和在家庭关系中应当享有的平等权利。家庭是人们成长、生活的基本单元，也是社会生活的基础，维护良好的家庭关系对于保障公民的权利，促进社会的发展、进步具有重要的意义。在现代社会中，人们日益认识到家庭暴力对人权尤其是妇女、儿童等弱势成员的人权的严重危害性。因此，应当重视对虐待行为的惩治，制止家庭暴力，切实保障家庭成员应当享有的各种权利。《办理家暴案意见》（2015）指出："发生在家庭成员之间，以及具有监护、扶养、寄养、同居等关系的共同生活人员之间的家庭暴力犯罪，严重侵害公民人身权利，破坏家庭关系，影响社会和谐稳定。"

【主体·对象】虐待行为应发生于共同生活的家庭成员之间。通常是在家庭中处于强势的一方虐待弱势的一方，如家长虐待未成年的子女、丈夫虐待妻子、成年子女虐待老人等。不是共同生活的家庭成员之间的虐待，不构成本罪。离婚后仍以"夫妻"名义在同一家庭中共同生活、共同抚养子女、履行夫妻间权利义务的，属于本罪中的"家庭成员"。被虐待的家庭成员是否有独立生活能力，不影响本罪的成立。

【案例】　　　　　　　　　　朱某春虐待案[1]

朱某春与刘某于2007年11月协议离婚，但仍以夫妻名义共同生活。2006年至2011年期间，朱某春多次因感情问题以及家庭琐事对刘某进行殴打，某日又因女儿教育问题和怀疑女儿非自己亲生等事项再次与刘某发生争执，拿皮带对刘某进行殴打，致使刘某持匕首自杀。朱某春随即将刘某送医院抢救。经鉴定，刘某体表多处挫伤，因被锐器刺中左胸部致心脏破裂大失血，抢救无效死亡。法院以虐待罪判处朱某春有期徒刑5年。

【行为】虐待家庭成员。虐待，指折磨、摧残家庭成员身心健康的行为。虐待具有经常性和连续性的特点，即行为人在相当长的时间里对共同生活的家庭成员，进行持续或者连续的肉体摧残或精神折磨，致使被害人的身心遭受严重创伤，通常表现为经常性的打骂、捆绑、冻饿、有病不给医治、强迫超体力劳作、限制自由等。在一个虐待故意支配下，这些折磨和摧残的方式，可能同时进行，也可能交替进行，但在整体上可以评价为一个虐待行为。

【主观】故意，即有意对被害人进行肉体或者精神上的折磨和摧残。虐待的动机多种多样，不论出于何种动机，均不影响本罪的成立。

【罪量】虐待行为"情节恶劣"的才构成犯罪。根据《办理家暴案意见》（2015）第17条，具有下列情形之一的，属于"情节恶劣"：①虐待持续时间较长、次数较多；②虐待手段残忍；③虐待造成被害人轻微伤或者患较严重疾病；④对未成年人、老年人、残疾人、孕妇、哺乳期妇女、重病患者实施较为严重的虐待行为。

【加重犯】根据《刑法》第260条第2款，犯虐待罪，致使被害人重伤、死亡的，是本罪的加重犯。关于如何区分虐待致人重伤、死亡的加重犯与故意伤害罪、故意杀人罪，《办理家暴案意见》（2015）第17条指出，要根据被告人的主观故意、所实施的暴力手段与方式、是否立即或者直接造成被害人伤亡后果等进行综合判断。对于被告人主观上不具有侵害被害人健康或者剥夺被害人生命的故意，而是出于追求被害人肉体和精神上的痛苦，长期或者多次实施虐待行为，逐渐造成被害人身体损害，过失导致被害人重伤或者死亡的；或者因虐待致使被害人不堪忍受而自残、自杀，导致重伤或者死亡的，属于《刑法》第260条第2款规定的虐待"致使被害人重伤、死亡"，应当以虐待罪定罪处罚。对于被告人虽然实施家庭暴力呈现出经常性、持续性、反复性的特点，但其主观上具有希望或者放任被害人重伤或者死亡的故意，持凶器实施暴力，暴力手段残忍，暴力程度较强，直接或者立即造成被害人重伤或者死亡的，应当以故意伤害罪或者故意杀人罪定罪处罚。

本书认为，虐待与伤害、杀害之间不是对立互斥关系。使用暴力程度较高的虐待行为，致人重伤、死亡的，以故意伤害罪、故意杀人罪论处。在日常性虐待过程中，突发杀伤故意，实施杀伤行为的，构成故意伤害罪或者故意杀人罪。是否数罪并罚，需具体分析：如果抛开该次故意伤害或者故意杀害被虐待人的行为，行为人平日的虐待还没有达到情节恶劣构成虐待罪的程度，那就不应实行数罪并罚，只需要以一个故意伤害罪或者故意杀人罪论处，平日的虐待行为可作为量刑情节考虑。如果抛开该次故意伤害或者故意杀害被虐待人的行为，行为人平日的虐待行为足以评价为情节恶劣、构成虐待罪程度的，那就应当实行数罪并罚。总之，注意不要将该次故意伤害或者故意杀害被虐待人的行为，既作为认定故意伤害罪或者故意杀人罪的事实

---

[1] 中华人民共和国最高人民法院刑事审判第一、二、三、四、五庭主办：《刑事审判参考》（2014年第3集·总第98集），法律出版社2014年版，第125~126页。

根据，又作为认定虐待行为"情节恶劣"的事实根据。

（二）适用

【告诉才处理】《刑法修正案（九）》进一步限缩原第260条"第1款罪，告诉的才处理"的规定，明确被害人没有能力告诉，或者因受到强制、威吓无法告诉的，不适用告诉才处理。被虐待的未成年人，因年幼无法行使告诉权的，属于被害人没有能力告诉，应按照公诉案件处理，由检察机关依法提起公诉。[1]

《办理家暴案意见》（2015）第1条、第3条、第6条、第8条指出：针对家庭暴力持续反复发生，不断恶化升级的特点，司法机关应当依法及时有效干预，不能以家务事为由而置之不理，互相推诿。"公检法"接到家庭暴力的报案、控告或者举报后应当"迅速审查、立案和转处"。在处理人身伤害、虐待、遗弃、婚姻家庭、继承等行政、民事案件过程中，一旦发现家庭暴力的犯罪线索，应当将案件转为刑事案件办理。据此，司法机关对虐待罪"告诉才处理"，已非消极的不告不理，而是为保护弱势被害人采取比公诉案更为积极的干预姿态。虐待案件"告诉才处理"的核心如《办理家暴案意见》（2015）第3条、第8条、第9条所言，是"尊重被害人的程序选择权""尊重被害人意愿……在立案、采取刑事强制措施、提起公诉、判处刑罚、减刑、假释时，应当充分听取被害人意见"，以及"通过代为告诉充分保障被害人自诉权"。

五、虐待被监护、看护人罪

《刑法》第260条之一　对未成年人、老年人、患病的人、残疾人等负有监护、看护职责的人虐待被监护、看护的人，情节恶劣的，处三年以下有期徒刑或者拘役。

单位犯前款罪的，对单位判处罚金，并对其直接负责的主管人员和其他直接责任人员，依照前款的规定处罚。

有第一款行为，同时构成其他犯罪的，依照处罚较重的规定定罪处罚。

【客体】被监护、看护者的人身权利和监护、看护职责。

【主体】特殊主体，限于对未成年人、老年人、患病的人、残疾人等负有监护、看护职责的人。包括个人和单位，如托儿所、幼儿园、学校等机构及负有监护、看护婴幼儿、学生职责的人员，养老院对在院老人负有监护、看护职责的人员，医院中对病人等负有监护、看护职责的医生、护士等。"这种监护、看护职责，通常是基于合同、雇用、服务等关系确定，也可以通过口头约定、志愿性的服务等形式确定，如邻居受托或自愿代人照顾老人、儿童。"[2]

【对象】未成年人、老年人、患病的人、残疾人等被看护、监护的人。未成年人，指不满18周岁的人。老年人，根据《老年人权益保障法》（2018）的规定，指60周岁以上的人。患病的人，指因病需要监护、看护的人。残疾人，根据《残疾人保障法》（2018）的规定，指在心理、生理、人体结构上，某种组织、功能丧失或者不正常，全部或者部分丧失以正常方式从事某种活动能力的人，包括视力残疾、听力残疾、言语残疾、肢体残疾、智力残疾、精神残疾、多重残疾和其他残疾的人。

【行为】虐待被监护、看护的人。虐待，指采取殴打、冻饿、限制人身自由、恐吓、侮辱、谩骂等手段，对被监护、看护人的身体和精神进行摧残、折磨。鉴于处在监护、看护之下的未成年人、老人、病人、残疾人中有生活不能自理者，虐待的含义应根据被监护、看护人的生活

---

[1] 参见最高人民检察院指导性案例第44号"于某虐待案"。
[2] 王爱立主编：《中华人民共和国刑法条文说明、立法理由及相关规定》，北京大学出版社2021年版，第971页。

自理能力状况和监护、看护人的具体职责进行判断，对于完全不能生活自理的老人、婴幼儿、严重的精神病患者等，恶意不予护理使之处在痛苦、不人道的生活状态中的，也可认定为本罪的虐待。

【主观】故意。需要行为人认识到自己对被害人负有监护、看护职责。至于是否出于报复动机，在所不问。

【罪量】情节恶劣。具体标准可参照《办理家暴案意见》(2015)第17条对虐待罪、遗弃罪"情节恶劣"的规定。

六、拐骗儿童罪

《刑法》第262条 拐骗不满十四周岁的未成年人，脱离家庭或者监护人的，处五年以下有期徒刑或者拘役。

（一）构成要件

【客体】儿童在本来的家庭或者监护状态下的身心健康。

【对象】不满14周岁的未成年人。

【行为】拐骗不满14周岁的未成年人脱离家庭或者监护人。拐骗，指采用蒙骗、利诱、窃取、抢取或其他方法使儿童脱离家庭或者监护人。行为人可以直接对儿童本人实施欺骗、引诱、暴力掳走等，也可以对其家长或者监护人进行蒙骗，将儿童拐走。为了收养而使用暴力强抢儿童的，也属于拐骗行为。捡拾他人遗弃的儿童后加以抚养的，不是拐骗。

【主观】故意。行为人必须认识到拐骗的对象不满14周岁。

（二）适用

【关联罪】本罪与拐卖儿童罪、绑架罪的关系。客观上拐骗了儿童，但无法证明行为人有特殊目的的，以本罪论处。以出卖为目的拐骗儿童的，是拐卖儿童罪。以勒索财物或者其他不法要求为目的，绑架儿童为人质的，是绑架罪。拐骗儿童后又出卖的，或者拐骗儿童后又向其亲属索要赎金的，以拐卖儿童罪或者绑架罪论处，本罪不再单独评价。

【罪数】拐骗儿童脱离家庭或者监护人，又非法拘禁被拐骗人的，以拐骗儿童罪与非法拘禁罪数罪并罚。拐骗儿童罪是状态犯而非继续犯，[1] 其客体是儿童在本来的家庭或监护状态下的身心健康，不问是否侵犯到儿童的行动自由。

七、组织残疾人、儿童乞讨罪

《刑法》第262条之一 以暴力、胁迫手段组织残疾人或者不满十四周岁的未成年人乞讨的，处三年以下有期徒刑或者拘役，并处罚金；情节严重的，处三年以上七年以下有期徒刑，并处罚金。

【客体】残疾人和儿童的身心健康。残疾人在身体或心智方面存在缺陷：一方面，因为缺乏谋生能力而容易被人利用从事乞讨活动；另一方面，又因缺乏自我保护能力较容易受到盘剥、侵害。不满14周岁的未成年人因为体力、心智尚未发育成熟，自我保护能力较弱，同样较易被人利用从事乞讨活动。残疾人和未成年人属于社会弱势群体和需要重点保护的对象，因此，强制他们从事乞讨活动，将进一步加剧恶化社会弱势群体的生存状态，必须严厉禁止；行为人以强制方式组织残疾人和未成年人乞讨，从中牟利或者寄生，在道义上也是十分邪恶的，因此对行为人需要通过刑事法律予以惩处。

【对象】残疾人和不满14周岁的未成年人。

【行为】以暴力、胁迫手段组织残疾人或者不满14周岁的未成年人乞讨。《刑法》中的

---

[1] 陈洪兵：《区分即成犯、状态犯与继续犯的再审视》，载《中南大学学报（社会科学版）》2012年第3期。

"组织"行为，通常指控制、支配 3 人以上从事某种活动。据此，本罪的组织行为，应指控制、支配 3 个以上的残疾人或不满 14 周岁的未成年人从事乞讨活动。关于暴力或胁迫手段，考虑到残疾人和不满 14 周岁的未成年人生存和自我保护能力较弱，采取体罚、剥夺衣食或不提供必要衣食的方式迫使他们乞讨，或者因为乞讨不得力就采取体罚、剥夺衣食或不提供必要衣食的方式对待他们的，即属于本罪的暴力或者胁迫。

【主观】故意。不以具有牟利目的为必要。

【加重犯】情节严重。一般指使用暴力、胁迫的手段较为严重；严重损害被害人身心健康；组织的人数较多；通过对被组织者苛刻盘剥而非法获利数额巨大等。

八、组织未成年人进行违反治安管理活动罪

《刑法》第 262 条之二　组织未成年人进行盗窃、诈骗、抢夺、敲诈勒索等违反治安管理活动的，处三年以下有期徒刑或者拘役，并处罚金；情节严重的，处三年以上七年以下有期徒刑，并处罚金。

（一）构成要件

【客体】未成年人的身心健康和治安秩序。鉴于一些不法分子组织未成年人从事扒窃、抢夺等违反治安管理活动的情况，严重危害社会治安秩序，损害未成年人的身心健康，经《刑法修正案（七）》增加本罪名。

【对象】未成年人，指不满 18 周岁的人。未成年人是否达到刑事责任年龄、是否具有刑事责任能力，在所不问。

【行为】组织未成年人进行盗窃、诈骗、抢夺、敲诈勒索等违反治安管理活动。组织，指控制、支配 3 个以上的未成年人进行违反治安管理活动。盗窃、诈骗、抢夺、敲诈勒索等违反治安管理活动，指违反治安管理处罚法但尚未达到构成犯罪程度的行为。例如，甲在火车站以帮忙找工作为由，将赵、钱、孙、李 4 人（均为 15 周岁）带至自己租住的房屋，提供食宿，但要求 4 人跟他去抢东西，并买来蓝色校服让 4 人穿上，称这样抢东西的时候不容易引起注意。甲详细地向 4 人教授了如何确定目标、抢夺的具体方法、抢完后如何逃跑、如何与其联系，以及被警察抓获后应对的方法等，还威胁 4 人，如果不去抢，就要挨饿，甚至挨打。某晚 9 时许，甲带着 4 人来到某公交汽车站台附近伺机作案。其中，赵某抢夺一游客提包被抓获，财物价值 200 元。本案中，赵、钱、孙、李不满 16 周岁，对抢夺不负刑事责任；而且，由于抢夺的财物数额不够较大，属于治安违法行为，没有达到抢夺罪的程度，对甲也不能以抢夺罪的间接正犯定罪处罚。此时，可以本罪追究甲的刑事责任。

【主观】故意。不以具有牟利目的为必要。

【加重犯】情节严重。

（二）适用

【定罪】如果被组织的未成年人盗窃、诈骗、抢夺、敲诈勒索符合各该罪的罪量要求的，对其组织者应分情况处理：①未成年人达到刑事责任年龄、具有刑事责任能力构成犯罪的，对组织者仍应以共犯论处。如甲组织 17 周岁的乙、丙、丁盗窃，数额较大的，甲、乙、丙、丁构成盗窃罪的共同犯罪。甲是教唆犯，乙、丙、丁是实行犯。对甲按照教唆不满 18 周岁的人犯罪，从重处罚。②未成年人没有达到刑事责任年龄的，对组织者单独定罪处罚。如甲组织 15 周岁的乙、丙、丁盗窃，数额较大的，乙、丙、丁不负刑事责任，对甲以盗窃罪论处。通说把甲的行为视为间接正犯。若采取非通说仍将甲视为共犯的，则甲为教唆犯，对甲按照教唆不满 18 周岁的人犯罪，从重处罚。③未成年人不具有刑事责任能力的，对组织者以间接正犯单独定罪处罚。如甲组织没有辨认能力的 17 周岁精神病人乙、丙、丁盗窃，数额较大的，乙、丙、

丁不负刑事责任，对甲以盗窃罪实行犯论处。

总之，被组织的未成年人的行为在客观上达到了构成犯罪之标准的，本罪不再适用。对组织者，要么以盗窃共犯论处，要么以盗窃间接正犯论处。在此之外，另有其他组织未成年人从事违反治安管理活动的行为并构成本罪的，依法实行数罪并罚。

第五章

侵犯财产罪

《刑法》分则第 5 章"侵犯财产罪"第 263 条至第 276 条之一规定了 13 个罪名,根据目的和侵财表现做以下分类:①非法占有(所有)他人财物的犯罪,包括盗窃罪、抢夺罪、聚众哄抢罪、抢劫罪、诈骗罪、敲诈勒索罪、侵占罪、职务侵占罪;②毁损他人财物、拒付劳动报酬的犯罪,包括故意毁坏财物罪、破坏生产经营罪、拒不支付劳动报酬罪;③挪用他人财物的犯罪,包括挪用资金罪、挪用特定款物罪。以上分类标示出对财产法益侵害程度、样态差异,体现出危害性和处罚轻重着眼点。因此,"有无利用、排除意思""是否侵犯占有"以及"是否违背他人意思"成为认定侵犯财产罪的焦点。

这类犯罪是常见多发的犯罪,也正因为常见多发,司法机关积累了丰富的实践经验,集中表达于司法解释中,如《办理盗窃案解释》(2013)、《办理抢夺案解释》(2013)、《审理抢劫案解释》(2000)、《审理抢劫案意见》(2016)、《审理抢劫抢夺刑案意见》(2005)等,需要深入细致地掌握。这些司法解释不仅提供了处理本章犯罪案件的参照,也集中反映了我国司法人员处理刑事案件的思维方式,其中许多解决问题的方式、结论,代表了我国司法人员处理各类刑事案件的习惯。从对象上讲,犯罪无非是对人和物的侵犯;从手段上讲,无非是暴力和诡诈的方式。本章之罪包括了以暴力和诡诈方式侵财的基本类型,如抢劫、抢夺、诈骗、盗窃、敲诈勒索等,是掌握其他章节之罪的基础。因此,掌握本章之罪的法律要点和处理本章之罪的司法经验,是掌握我国刑法及其特点的关键环节,具有重要的意义。现将非法占有(所有)他人财物的犯罪根据"夺取他人占有物""基于交付而取得他人占有物""不破坏占有的不法取得"进行区分,简列如下:

1. 盗窃罪、抢夺罪、抢劫罪的共同点是"违背他人意志夺取(或侵犯)他人占有",区别是暴力程度不同。抢劫的暴力程度最强,达到足以压制他人的程度;抢夺虽然也有暴力性,但没有达到抢劫的暴力程度;盗窃则是违背他人意志平和地取得占有。

2. 诈骗罪和敲诈勒索罪的共同点是基于他人"交付"财物而取得财物占有。区别在于:诈骗是通过欺骗使他人陷入错误而交付,敲诈勒索则是使用恐吓方式迫使他人交付。

3. 侵占罪的特点是不夺取他人的占有,其对象是"他人脱离占有之物"(保管物、遗忘物、埋藏物)。职务侵占罪的显著特点是利用职务上的便利,侵吞本人经管的单位财物。

第一节 违背意志夺取占有型犯罪

一、盗窃罪

《刑法》第 264 条 盗窃公私财物,数额较大的,或者多次盗窃、入户盗窃、携带凶器盗窃、扒窃的,处三年以下有期徒刑、拘役或者管制,并处或者单处罚金;数额巨大或者有其他严重情节的,处三年以上十年以下有期徒刑,并处罚金;数额特别巨大或者有其他特别严重情节的,处十年以上有期徒刑或者无期徒刑,并处罚金或者没收财产。

(一) 构成要件

【客体】存在"本权说"（客体是所有权）和"占有权说"（客体是占有状态）的分歧。差异体现在本人所有但在他人占有下的财物、盗贼占有的赃物、非法持有的违禁品等能否成为盗窃罪的对象？目前，实务中多持肯定立场，如窃取毒贩所持毒品的，成立盗窃罪。又如，因对方不付租金而偷拿回自己出租物的，或者因对方违约而窃取质押物的，也可以成立盗窃罪。

何时可以认为财物占有发生转移，关系着盗窃罪既遂时点的选定。目前理论上存在着"控制说"与"失控说"。"控制说"从犯罪人取得财物的角度考虑盗窃既遂，"失控说"从被害人失去财物的角度考虑盗窃既遂。从法理上讲，既遂的实质标准应当是法益遭受侵害，故"失控说"在法理上较占优势。从操作上讲，犯罪人控制之际是被害人失控之时；反之，被害人失控之时往往是犯罪人控制之际，二者存在着相互依存、相互印证的关系。所以，按照司法经验，行为人实际取得、转移、隐藏赃物，排除原权利人对财物的实际控制的，应成立犯罪既遂。不过，对既遂与未遂的划分，仍需具体问题具体分析：①对形状较小，容易搬动或隐藏的财物，如现金、手表、珠宝等，行为人接触并实际控制为既遂，如攥在手中、放入口袋，可认定行为人既遂，排除权利人对财物的控制。②对体积大，搬运、隐藏较为困难的物品，如家庭的冰箱、电视、电脑，公司企业的机器设备、大宗原材料，一般以搬出财物占有人能够实际控制的场所为既遂，如以行为人拿出户外、室外，偷出库房外（或厂矿的大门、院墙外）为既遂，或以放到交通工具上为既遂。③商店内盗窃的，小件物品以拿离柜台为既遂，大件物品以出店门为既遂。④在超市等开架售货的地方盗窃商品，以出收银台为既遂。⑤在铁路货运过程中盗窃，通常以将特定物品拿离特定车厢为既遂。

因为司法解释计算盗窃数额指"窃取"的数额，这多少含有自犯罪人控制角度（得到）计算盗窃数额，所以，司法实务总是有意无意地偏向"控制说"。最高人民法院研究室对盗窃既遂标准基本采取"控制说"，同时强调以被害人财产损失为既遂实质标准，其既遂标准倾向于收缩。"盗窃罪系财产犯罪，根据传统认识、社会一般观念，应当将造成他人财产损失补充解释为该罪的构成要件要素；对实施盗窃行为但没有实际造成他人财产损失的，不应认定为盗窃既遂，只能认定为盗窃未遂。否则，难以为社会公众所理解、认同，也难以体现、贯彻罪责刑相适应的刑法基本原则。……即对多次盗窃、入户盗窃、携带凶器盗窃或者扒窃，未使被害人失去对财物的控制的，应当认定为盗窃未遂。"[1] 本书大体上同意司法实务的意见，但有一点需要提醒注意：根据司法解释，盗窃未遂情节严重的应当定罪处罚，反推过去，若盗窃未遂情节不严重的就不定罪处罚。所以，在以数额较大财物为目标的场合，盗窃是既遂还是未遂关涉罪与非罪的酌量，应当慎重。对于在公共场所扒窃、入户盗窃的，如果行为人具有盗窃技能，主观恶性深，对治安危害大，则有必要对未遂从严掌握。

【对象】他人占有的公私财物。

1. 财物，一般指可管理且有价值（经济效用）之物。电力、煤气、天然气等无体物和人的骨头、头发、血液及其替用品（如假牙、假发）均具有此属性，是本罪中的财物。关于"有价值"的标准，存在客观说与主观说的分歧，通说采主观说，即不必有客观的、经济上的交换价值，具有主观情感价值之物，如纪念品、礼品、祭葬品、文物赝品、已到报废期的汽车、金融机构回收准备销毁的纸币等，也可成为本罪的对象。

关于盗窃对象是否包括财产性利益，存在分歧。首先需要区分财产性利益与网络虚拟财

---

[1] 胡云腾、周加海、周海洋：《〈关于办理盗窃刑事案件适用法律若干问题的解释〉的理解与适用》，载《人民司法》2014年第15期。

产。最高人民法院研究室倾向于否定包括游戏装备、Q币、金豆在内的"网络虚拟财产"之财产性,认为其不是盗窃罪的对象。"对于盗窃虚拟财产的行为,如确需刑法规制,可以按照非法获取计算机信息系统数据等计算机犯罪定罪处罚,不应按盗窃罪处理。"[1] 与虚拟财产不同,盗打电话、盗用他人电话号码、盗用他人网络账号,将电信卡非法充值后使用,盗窃税票、欠条、权利凭证,如存单存折、信用卡、提货单等,盗划他人银行账户、"支付宝"账户、"微信"钱包中的资金的,司法实务往往以盗窃罪定罪处罚,表明本罪的对象被扩张到财产性利益,且得到普遍认可。《办理盗窃案解释》(2013)第5条也规定,盗窃不记名、不挂失的有价支付凭证、有价证券、有价票证的,应按票面数额和盗窃时应得的孳息、奖金或者奖品等可得收益一并计算盗窃数额;盗窃记名的有价支付凭证、有价证券、有价票证,已经兑现的,按照兑现部分的财物价值计算盗窃数额;没有兑现,但失主无法通过挂失、补领、补办手续等方式避免损失的,按照给失主造成的实际损失计算盗窃数额。

【案例】 **张某容、屈某强盗窃案**[2]

2003年底,张某容利用其在舅舅刘某彬家当保姆的机会,偷配了刘家大门和铁门的钥匙。2004年2月某天,张某容乘刘家无人之机,使用其私配的钥匙进入刘家,将刘某彬放在卧室柜子里的15万元定期存折及客厅桌子上的身份证复印件盗走。事后,张某容将此情况告知了屈某强,并让屈某强帮忙取钱,后者表示同意,并约定取出钱后二人均分。因为领取大额定期存单需要存款人和取款人的身份证,张某容便找人伪造了两张身份证,一张为刘某彬的,一张为印有屈某强照片的名为漆某的身份证。屈某强使用存折和两张假身份证来到中国银行大渡口区茄子溪储蓄所,将存折上的15.2万元本金及利息共计154 704元转为活期存折。随后,屈某强又分别在中国银行马王乡储蓄所、袁家岗储蓄所、两路口储蓄所、杨家坪储蓄所、杨家坪自动取款机上将154 704元取走。法院认定,张某容与屈某强构成盗窃罪。

评析:盗窃支票、汇票、本票、存单、存折、汇款单等金融票证的,其性质仍是盗窃,之后又持窃取的金融票证去冒领的,可能使用诈骗的手段,通常认为这是当然的兑付行为,而不需要另外再定诈骗罪。但是,将冒领兑现的金额作为盗窃既遂的金额,前提是行为人没有对有关金融票据进行伪造、变造。如果对窃取的空白支票进行伪造,则其非法获取财物的主要手段就不是盗窃而是金融凭证诈骗。由于空白支票几无价值,而且蒙受损失的也不是支票的主人,而是被假支票欺骗的银行,所以应以金融凭证诈骗罪论处。上述理解也呼应了《刑法》第196第3款"盗窃信用卡并使用的,依照本法第二百六十四条的规定定罪处罚"(即以盗窃罪定罪处罚)的立法规定。

2. 占有,指对财物的支配、控制状态,不以占有者所有为必要,也不必达到持有程度,只要能够控制、支配即可。盗窃罪是从他人控制下"取得"他人财物,这与侵占相区别,侵占是将已持有的他人财物予以侵吞。根据生活经验,下列财物是"占有"物:①支配范围内的财物,如住宅、院落内的财物,手持、肩背的财物。②根据社会一般观念推定支配的财物,如放置于公共场所桌椅上、交通工具行李架上的行李、提包、衣物等财物,停放路边的车辆及车内的财物,安放于庙宇的佛像。③能够归家的牲畜、宠物,如马、牛、狗。④本人失去支配

---

[1] 胡云腾、周加海、周海洋:《〈关于办理盗窃刑事案件适用法律若干问题的解释〉的理解与适用》,载《人民司法》2014年第15期。对此,有学者持反对意见,认为虚拟财产可以成为盗窃罪的对象。参见张明楷:《非法获取虚拟财产的行为性质》,载《法学》2015年第3期。

[2] 中华人民共和国最高人民法院刑事审判第一、二、三、四、五庭主办:《刑事审判参考》(2006年第5集·总第52集),法律出版社2007年版,第22~24页。

但落入第三人支配或支配范围的财物,如乘客遗忘于出租车后备箱的财物,属于出租车司机占有。⑤他人明确表现出占有意思的财物,[1]如从高层阳台掉落但在主人注视下的钱包。占有人存在上下级关系的,如对店中货物,认为店主占有货物,伙计只是辅助占有。伙计窃取店中财物的,侵犯了店主占有,可成立盗窃罪。

他人占有的财物,不限于合法占有,也包括他人不法占有的财物,如赃物等违法所得,毒品、假币等违禁品。窃取他人占有的这类财物的,同样可构成盗窃罪,不计数额,根据情节轻重量刑。盗窃违禁品又以违禁品实施其他犯罪的,应以盗窃罪与具体实施的其他犯罪实行数罪并罚。

【行为】盗窃,指违背他人意志,平和地取得他人占有的财物。盗窃行为的要点是:①违背他人意志。这是盗窃罪与诈骗罪区别的要点。诈骗虽然也是平和地取得他人财物,但不违背他人意志,行为人是因他人"自愿交付"而取得财物。②平和地即非暴力地取得。鉴于抢夺、抢劫也是违背他人意志取财,所以,此"非暴力地"指以抢夺、抢劫之外的方式违背他人意志取财。既违背他人意志又不使用暴力取得他人占有物,常见的方式即为"秘密窃取"。但是,秘密窃取只是盗窃案件的通常情形,并非盗窃罪的法律要件。盗窃罪的非暴力性,是它与抢劫罪、抢夺罪、敲诈勒索罪区别的要点:抢劫罪是暴力强取;抢夺罪是公然夺取;敲诈勒索罪是以威胁、要挟方式索取,都具有不同程度的暴力性。

从刑法保护财产占有的角度,可将《刑法》第264条(盗窃罪)视为保护财产占有的基本条款,以非法占有为目的从他人占有下非法取得他人财物,不属于抢劫、抢夺、敲诈勒索、骗取、侵占等特定方式的,可归属于盗窃方式。立法和司法对盗窃的扩张适用也表明其基本条款的地位。根据《刑法》第265条,盗接他人通信线路、复制他人电信码号或者明知是盗接、复制的电信设备、设施而使用的,也是盗窃行为;有关司法解释规定,盗用他人网络账号、将电信卡非法充值后使用的,也以盗窃论。

就客观方面而言,《刑法》第264条规定了以下具体类型:

1. 盗窃公私财物数额较大。根据《办理盗窃案解释》(2013)第1条,数额较大,指盗窃财物价值1000元至3000元以上。各省、自治区、直辖市高级人民法院、人民检察院根据本地区经济发展状况,并考虑社会治安状况,在1000~3000元幅度内,确定本地区执行的具体数额标准,如北京市定为2000元,上海、广东定为3000元。盗窃数额较大的标准,以盗窃行为地的为准。在跨地区运行的公共交通工具上盗窃,盗窃地点无法查证的,应当根据受理案件所在地确定的数额标准认定。盗窃数额,指行为人窃取的公私财物的数额。

盗窃公私财物,具有《办理盗窃案解释》(2013)第2条规定的情形之一,如曾因盗窃[2]受过刑事处罚的,[3]或者在医院盗窃病人或其亲友财物的,数额较大的标准减半掌握。[4]

---

[1] 在事实性支配较弱的情形下,占有意思对占有状态的判断尤为重要。参见周光权:《财物占有的意思与犯罪界限》,载《法学评论》2018年第5期。

[2] 《〈关于办理盗窃刑事案件适用法律若干问题的解释〉的理解与适用》一文中指出:"此'盗窃',应理解为仅指构成第264条之盗窃罪,且以盗窃罪被定罪处罚。不包括因盗窃枪支、盗窃电力设备而竞合盗窃的情形。"

[3] 《〈关于办理盗窃刑事案件适用法律若干问题的解释〉的理解与适用》一文中指出:"为强化对此类屡教不改者的惩治效果而设置的。……对根据本条已构成盗窃罪的行为人,如同时符合累犯成立条件的,依法从重处罚,并不存在双重从重问题。……在具体量刑时,要掌握好从重处罚的幅度,不宜增加过多的刑罚量。"

[4] "数额减半"主要考虑:①增加"数额"以外因素定罪的权重,避免唯数额论;②吸纳因"劳教"废止而分流的盗窃案。盗窃案曾占"劳教"案的40%。劳教废止后,部分案件分流至治安管理处罚法,部分分流至刑法。

2. 多次盗窃。根据《办理盗窃案解释》(2013) 第 3 条,指 2 年内盗窃 3 次以上,且单次盗窃或多次盗窃累计都没有达到数额较大。例如,甲盗窃 3 次每次价值 300 元,可以依据"多次盗窃"定罪处罚。如果单次盗窃或多次盗窃累计达到数额较大的,如甲盗窃 3 次,每次财物价值 3000 元,则直接依据盗窃数额较大定罪处罚,多次盗窃可作为量刑情节予以适当考虑。"3 次盗窃行为并不要求均为'未经处理的',如 3 次中有受过刑事处罚或者行政处罚的,也应该算在'3 次以内'。"[1] 这种计次方法较为合理:①已受过处罚的再犯比未经处理的再犯,更有屡教不改性质;②劳教废止后,需要分流部分屡教不改的盗窃犯归刑法处罚。

3. 入户盗窃。这是指非法进入供他人家庭生活,与外界相对隔离的住所盗窃。"适用中应注意:①必须是非法入户后实施盗窃的,才能认定为'入户盗窃';如是经被害人允许入户,其后见财起意,实施盗窃的,不属'入户盗窃'。②某一处所是否属于户,应结合具体情况作出认定。他人单独生活居住的居所,属于户;集体宿舍、旅店宾馆、工棚等,不属于户,但如其中的一个或者几个房间被确定为供他人家庭生活所用的居室,实际上具有住室的性质,且与外界相对隔离,就可以认定为户。"[2]

4. 携带凶器盗窃。这是指携带枪支、爆炸物、管制刀具等国家禁止个人携带的器械盗窃,或者为了实施违法犯罪,携带其他足以危害他人人身安全的器械盗窃的。"适用中需注意:①对于携带国家禁止个人携带的器械以外的其他器械盗窃的,应当根据行为人携带该器械的目的、该器械的通常用途等判断其是否具有足以危害他人人身安全的危险性,认定是否属于'携带凶器盗窃'。如携带镊子、刀片等盗窃工具,或者随身携带挂在钥匙圈上的小水果刀等,或者下班途中携带装有钳子、扳手等的工具箱进行盗窃的,不宜认定为'携带凶器盗窃';符合扒窃特征的,可以扒窃论处;行为人使用所携带的器械对他人进行威胁、伤害的,可以按转化型抢劫论处。②'携带凶器盗窃'应理解为实施盗窃行为时随身携带了凶器。虽然准备了凶器,但实施盗窃时并未将凶器带在身边,如将凶器留在停放在路边的车里,人离车寻找目标,实施盗窃、抗拒抓捕时均不能随手触及凶器,不足以危害他人人身安全的,不宜认定为'携带凶器盗窃'。至于携带的凶器是否在盗窃时对外显露,不影响行为的认定。"[3]

5. 扒窃。这是指在公共场所或者公共交通工具上盗窃他人随身携带的财物。生活经验中熟悉的扒窃类型如:在公共汽车、火车、轮船等公共交通工具上窃取他人衣兜、提包中的财物;在商场、车站、码头、过街天桥、菜市场、步行街等公共场所"掏兜""掏包"作案等。扒窃不以具有技术性、惯常性、秘密性为必要,也不限于窃取体积微小的财物。对于财物随身性的判断,存在"身体接触说"与"触手可及说"的分歧。最高人民法院研究室认为:"应当限缩解释为未离身的财物,即被害人的身体应当与财物有接触,如装在衣服口袋内的手机、钱包,手提、肩背的包,坐、躺、倚靠时与身体有直接接触的行李等。"这样限缩解释主要是考虑到,扒窃被害人贴身财物,一方面表明罪犯胆大、主观恶性深,另一方面也易威胁人身安全。[4] 国家统一法律职业资格考试辅导用书编辑委员会则认为,除他人带在身上的财物外,

---

[1] 陈国庆、韩耀元、宋丹:《解读"两高"关于办理盗窃刑事案件司法解释》,载《检察日报》2013 年 6 月 5 日,第 3 版。

[2] 胡云腾、周加海、周海洋:《〈关于办理盗窃刑事案件适用法律若干问题的解释〉的理解与适用》,载《人民司法》2014 年第 15 期。

[3] 胡云腾、周加海、周海洋:《〈关于办理盗窃刑事案件适用法律若干问题的解释〉的理解与适用》,载《人民司法》2014 年第 15 期。

[4] 胡云腾、周加海、周海洋:《〈关于办理盗窃刑事案件适用法律若干问题的解释〉的理解与适用》,载《人民司法》2014 年第 15 期。

其置于身边附近的财物,如在飞机、火车、地铁上置于货架上、床底下的财物,也属于他人随身携带的财物。[1] 本书更倾向于"身体接触说"。

【主观】故意,并具有非法占有目的。

1. 明知是他人占有的财物。在发生事实认识错误的场合,确实不知是他人占有物而"捡取"的,不具备盗窃故意,不成立盗窃罪;但拒不退还的,可能成立侵占罪。

【案例】　　　　　　　机场清洁工梁某"捡拾"巨额黄金案

2008年12月9日早8时许,东莞某珠宝公司员工王某在深圳机场办理行李托运手续时中途离开,将一个装有约15公斤黄金首饰的小纸箱放在行李手推车上方的篮子内,并单独停放在柜台前1米的黄线处。现场监控视频显示,王某离开33秒后,机场清洁工梁某出现在手推车旁。大约半分钟后,梁某将纸箱搬进机场一间厕所。王某约4分钟后返回,发现纸箱不见了,遂报警。深圳检察院认为,梁某的行为虽然也有盗窃的特征,但构成盗窃罪的证据不足,更符合侵占罪的构成特征。法院认为,梁某构成侵占罪。

评析:控方认为梁某具有盗窃性质,即肯定该黄金首饰是他人占有物,而非遗忘物。控方又称认定盗窃"证据不足",似指认定梁某主观"明知他人占有物"证据不足,因梁某辩称是"捡"不是"偷"。

2. 非法占有财物之目的,指剥夺被害人占有并由自己或第三人占有、利用的意思。非法占有,并不限于为盗窃者本人占有,盗窃之后交由他人占有的,仍属非法占有,窃取钻戒赠与女友的即为典例。剥夺(被害人)占有不以永久剥夺为必要,暂时剥夺被害人占但附条件归还的,也认为是非法占有。例如,甲从停放轿车上撬下号牌多副,打算让被害人交钱"赎回"。又如,乙窃取某住宅小区电梯主板10块,藏匿于小区内隐蔽地点后致电物业,要求物业打5万元到某卡号内才"完璧归赵"。利用的意思,不以按照财物用途利用为必要,如窃取他人衣柜烧火取暖,或者男子窃取女人衣物满足变态瘾癖等情形,均可肯定行为人对财物的利用意思。此外,盗接他人通信线路、复制他人电信码号而使用的场合,需以牟利为目的。

本人所有的财物在他人合法占有下的,视同他人的财物,以非法占有为目的盗窃的,不排除成立盗窃罪。但不能证实非法占有目的的,不认定为盗窃罪。

【案例】　　　　　　　　　　叶某言等盗窃案[2]

叶某言因非法营运,其合法所有的轿车被某县交通管理所查扣,存放在S停车场。5天后的某晚,叶某言等人至S停车场,换掉被链条锁住的轿车轮胎,将轿车(价值9.2万元)开走,并销赃得款2.5万元。约3个月后,叶某言向该县交通管理所申请赔偿,获赔11.65万元。法院认定叶某言构成盗窃罪,判处有期徒刑10年6个月,剥夺政治权利2年,并处罚金5000元。

【案例】　　　　　　　陆某忠、刘某非法处置扣押的财产案[3]

陆某忠在一起买卖纠纷案中被判支付对方当事人2.5万元。为此,法院将其价值10万元的轿车扣押于法院停车场,若陆某忠不履行判决,将拍卖该车。陆某忠担心该车被贱卖,于是将该车偷回。公安2日后将车追回。法院以非法处置扣押的财产罪判处陆某忠1年有期徒刑。

---

[1] 参见国家统一法律职业资格考试辅导用书编辑委员会组编:《2022年国家统一法律职业资格考试辅导用书·刑法》,法律出版社2022年版,第216页。

[2] 中华人民共和国最高人民法院刑事审判第一庭、第二庭编:《刑事审判参考》(2005年第2集·总第43集),法律出版社2005年版,第37~40页。

[3] 中华人民共和国最高人民法院刑事审判第一、二、三、四、五庭主办:《中国刑事审判指导案例》(第5卷),法律出版社2017年版,第237~238页。

评析：陆案的"裁判要旨"强调，"如果有证据证明行为人窃取人民法院扣押的财物后，有向人民法院提出索赔的目的，或者已经获得赔偿的情况，则应当以盗窃罪定罪处罚；反之，如果没有非法占有目的，把自己所有而被司法机关扣押的财产擅自拿走，则不能以盗窃罪处理"，其中暗含将"索赔目的"与"非法占有目的"等同之意，在说理上似有疑问，但确为罪刑均衡的权宜之计。因为我国《刑法》对盗窃罪等侵财犯罪采取以数额升格法定刑及总则严格限定减轻处罚的立法模式，一旦肯定陆某忠对车辆的非法占有目的，以盗窃罪论处，其将面临3年以上10年以下有期徒刑的处罚，可能过于严苛。

3. 对盗窃数额发生认识错误，比如窃取价值数十万元的金表、玉器、文物等却不知其价值的，通常不影响按照被盗财物的实际价值定罪处罚。但不排除极为特殊的场合接受认识错误的辩解。

【案例】 **沈某某盗窃案**[1]

2002年12月2日晚，沈某某与潘某进行完卖淫嫖娼准备离开时，乘潘不备，顺手将潘某放在床头柜上的嫖资及一只"伯爵牌"手表拿走，后藏匿于其租住房屋的灶台内。次日上午，潘某醒后发现手表不见，便通过他人约见了沈某某，声称：该表虽不值钱但对自己意义很大，如果退还，自己愿送2000元。沈某某坚决否认拿了该表。潘某报案后，公安机关将已收拾好行李（手表仍在灶台内，被告人未携带或藏入行李中）准备离开某市的沈某某羁押。沈某某供述了自己拿走潘某手表的事实及该手表的藏匿地点，且一直不能准确说出所盗手表的牌号、型号等具体特征，并认为该表只值六七百元；拿走手表是因为性交易中潘某行为粗暴，自己为了发泄不满。经鉴定，涉案手表价值123 879.84元。法院认为，沈某某当时没有认识到其所盗手表的实际价值，其认识到的价值只是"数额较大"，而非"数额特别巨大"，且犯罪情节轻微，故以盗窃罪对其免予刑事处罚。

裁判要旨：被盗物品价值大又容易被误以为小的时候，才会产生认识错误问题。盗窃罪中的认识错误应从以下方面分析：①从主观考察，即行为人是否认识到或应当认识到，这涉及其出身、年龄、职业、见识、阅历等状况，以及其行为前后表现；②从手段考察，如果行为人采取扒窃、入室盗窃、撬锁盗窃等特定手段进行盗窃，即推定具有概括性的故意，以实际价值认定其盗窃数额。但是，行为人辩称其不知财物的真实价值且主动退回，也有充分理由相信其辩解的，则应对退回部分不作犯罪处理；③从场合特定性考察，即只能发生在行为人有合理机会接触被盗物品的"顺手牵羊"场合。

【加重犯】本罪有两档加重犯，分别以"数额巨大或者有其他严重情节"和"数额特别巨大或者有其他特别严重情节"为要件。具体标准参见《办理盗窃案解释》（2013）第1条、第6条。

就数额加重犯而言，疑难点主要在于，根据《办理盗窃案解释》（2013）：盗窃公私财物数额巨大，指盗窃财物在3万~10万元以上的；其他严重情节，指具有《办理盗窃案解释》（2013）第2条第3~8项规定情形之一，或者入户盗窃、携带凶器盗窃，数额达到"数额巨大"50%。数额特别巨大，指盗窃财物在30万~50万元以上的；其他特别严重情节，指盗窃公私财物，具有《办理盗窃案解释》（2013）第2条第3~8项规定情形之一，或者入户盗窃、携带凶器盗窃，数额达到"数额特别巨大"50%的。

以数额巨大的财物为目标，但盗窃未遂的，是以行为人意图盗窃的目标财物价值作为确定

---

[1] 中华人民共和国最高人民法院刑事审判第一庭、第二庭编：《刑事审判参考》（2004年第5集·总第40集），法律出版社2005年版，第15~17、21~22页。

基准刑的依据，还是一律以数额较大作为确定基准刑的依据？最高人民法院研究室主张："应当根据目标财物价值作为确定基准刑的依据，在此基础上，依照刑法总则有关犯罪未遂的处罚规定，从轻或者减轻处罚。否则，势必存在不当的双重从宽问题。"[1] 但本书认为，这种做法存在重复评价之虞。根据《办理盗窃案解释》(2013) 第12条第1款，盗窃未遂的，只有以数额巨大的财物为目标或者以珍贵文物为目标的，才能追究刑事责任，相当于将"以数额巨大的财物为盗窃目标"作为罪量要素在入罪时予以考虑。此时，若再将之当作法定刑升格事由，则属于对被告人不利的重复评价。因此，不能以"盗窃目标"的总体价值作为量刑依据，只有行为人占有并能与周围其他财物相区分开的部分，才属于量刑的判断依据。例如，甲潜入单位财务室意欲窃取保险柜中的百万现金未得手即被抓获的，乙窃取信用卡内有存款百万但未支用的，丙窃取百万定期存单但未兑取的，这些"百万"都不计入盗窃数额，也不能以此为据确定基准刑。

(二) 适用

【定罪】根据《办理盗窃案解释》(2013)：

1. 经《刑法修正案(八)》修正后，盗窃行为分两大类：①普通盗窃，以盗窃"数额较大"财物或者"多次"盗窃为入罪要件。②特殊盗窃，包括入户盗窃、携带凶器盗窃及扒窃，入罪不以数额较大或者多次为要件。需要注意：特殊盗窃虽不以数额较大为要件，但仍要求窃取"相当价值"(即值得刑法保护)的财物。如果只窃取1张餐巾纸、3根牙签、2个苹果的，不值得刑罚惩罚。

2. 盗窃未遂，具有下列情形之一的，应当依法追究刑事责任：①以数额巨大的财物为盗窃目标的；②以珍贵文物为盗窃目标的；③其他情节严重的情形。"对多次盗窃、入户盗窃、携带凶器盗窃或者扒窃未遂，仍应依据《办理盗窃案解释》(2013) 第12条第1款的规定，决定应否追究刑事责任；重点是要适用好《办理盗窃案解释》(2013) 第12条第1款第3项的规定。如行为人深夜通过翻窗、撬锁方式潜入他人住所盗窃的，即便未窃取到财物，也可认定其属于《办理盗窃案解释》(2013) 第12条第1款第3项规定的具有'其他情节严重的情形'，以盗窃未遂追究其刑事责任；反之，如确因饥饿等原因，扒窃少量财物，结果又未遂的，不追究刑事责任，由公安机关予以行政处罚，则更符合宽严相济刑事责任。"[2]

3. 近亲属相盗似乎成为司法解释上的"告诉才处理"。偷拿家庭成员或者近亲属财物的，应综合考虑盗窃次数、盗窃财物的价值、给被盗亲属造成的损失、行为人和被盗亲属的关系远近及案发后的反应等情况，慎重确定是否有追究刑事责任的必要。获得谅解的，一般不必追究刑事责任；即使追究，也应酌情从宽。

4 偷开他人机动车的，按照以下规定处理：①偷开机动车，导致车辆丢失的，以盗窃罪定罪处罚；②为盗窃其他财物，偷开机动车作为犯罪工具使用后非法占有车辆，或者将车辆遗弃导致丢失的，被盗车辆的价值计入盗窃数额；③为实施其他犯罪，偷开机动车作为犯罪工具使用后非法占有车辆，或者将车辆遗弃导致丢失的，以盗窃罪和其他犯罪数罪并罚；将车辆送回未造成丢失的，按照其所实施的其他犯罪从重处罚。可见，偷开机动车定盗窃罪的关键是"导致车辆丢失"，具体指车辆脱离被害人控制且未能及时找回。

---

[1] 胡云腾、周加海、周海洋：《〈关于办理盗窃刑事案件适用法律若干问题的解释〉的理解与适用》，载《人民司法》2014年第15期。

[2] 胡云腾、周加海、周海洋：《〈关于办理盗窃刑事案件适用法律若干问题的解释〉的理解与适用》，载《人民司法》2014年第15期。

【罪数】1. 根据《办理盗窃案解释》（2013）第 11 条，盗窃公私财物并造成财物损毁的，按照下列规定处理：

（1）采用破坏性手段盗窃公私财物，造成其他财物损毁的，以盗窃罪从重处罚；同时构成盗窃罪和其他犯罪的，择一重罪从重处罚。例如，为盗窃而使用破坏手段，同时触犯破坏电力设备罪，破坏广播电视设施、公用电信设施罪，破坏交通设施罪，破坏易燃易爆设备罪，破坏生产经营罪等的，属于想象竞合犯，择一重罪处罚。

（2）实施盗窃犯罪后，为掩盖罪行或者报复等，故意毁坏其他财物构成犯罪的，以盗窃罪和构成的其他犯罪数罪并罚。例如，盗窃后为毁灭罪迹而放火的，构成盗窃和放火二罪，实行数罪并罚。此时，已不是一行为犯数罪，而是数行为犯数罪的典型情形。

（3）盗窃行为未构成犯罪，但损毁财物构成其他犯罪的，以其他犯罪定罪处罚。如盗窃广播电视设施、公用电信设施价值数额不大，但是构成危害公共安全犯罪的，以破坏广播电视设施、公用电信设施罪定罪处罚。

2. 窃取国家秘密的，盗窃枪支、弹药、爆炸物的，窃取国有档案的，盗窃国家机关公文、证件、印章的，盗窃武装部队公文、证件、印章的，盗掘古文化遗址、古墓葬的，关涉罪名与本罪之间是法条竞合关系，优先适用特别规定。

二、抢夺罪

《刑法》第 267 条　抢夺公私财物，数额较大的，或者多次抢夺的，处三年以下有期徒刑、拘役或者管制，并处或者单处罚金；数额巨大或者有其他严重情节的，处三年以上十年以下有期徒刑，并处罚金；数额特别巨大或者有其他特别严重情节的，处十年以上有期徒刑或者无期徒刑，并处罚金或者没收财产。

携带凶器抢夺的，依照本法第二百六十三条的规定定罪处罚。

（一）构成要件

【对象】他人占有的公私财物。本人所有但在他人占有下的财物，也可成为本罪的对象。

【案例】　　　　　　　　　李某波抢夺案[1]

李某波在文园停车场乘保管员不备，将其向典当公司借款 65 000 元而提供质押的轿车强行开走，之后携车逃匿，且未向典当公司清偿上述借款。文园停车场向典当公司赔偿经济损失及支付相关诉讼费用共计 90 206 元。法院认为，抢夺本人因质押而被第三人保管的财物属于非法占有，以抢夺罪判处李某波有期徒刑 3 年，缓刑 5 年。

【行为】抢夺，指强行夺取他人紧密占有的财物。对于抢夺行为，需从罪名设置体系中把握。《刑法》规定有盗窃罪、抢劫罪，抢夺罪介于二者之间，要求使用了一定程度的暴力夺取财物，但没有达到抢劫所需的压制、排除被害人反抗。

【主观】故意，并以非法占有为目的。

【罪量】数额较大或者多次抢夺。根据《办理抢夺案解释》（2013）第 1 条，数额较大，指抢夺财物价值在 1000~3000 元以上。各省、自治区、直辖市在前述数额幅度内，确定本地区执行的具体数额标准。抢夺公私财物，具有《办理抢夺案解释》（2013）第 2 条规定的情形之一，如曾因抢劫、抢夺或者聚众哄抢受过刑事处罚，或者抢夺救灾、抢险、防汛、优抚、扶贫、移民、救济款物的，数额较大的标准减半掌握。

参考《办理盗窃案解释》（2013）第 3 条，多次抢夺，指 2 年内抢夺 3 次以上，单次或多

---

[1] 中华人民共和国最高人民法院刑事审判第一、二、三、四、五庭主办：《刑事审判参考》（2013 年第 6 集·总第 95 集），法律出版社 2014 年版，第 91~94 页。

次抢夺累计数额都没有达到数额较大。如果单次或多次累计达到数额较大的,直接依据抢夺数额较大入罪。

【加重犯】本罪有两档加重犯,分别以"数额巨大或者有其他严重情节"和"数额特别巨大或者有其他特别严重情节"为要件。抢夺公私财物,导致他人重伤或者自杀的,属于"有其他严重情节"。抢夺公私财物,导致他人死亡的,属于"有其他特别严重情节"。

鉴于抢夺致人伤亡的加重犯之法定刑与《刑法》第234条故意伤害罪致人重伤、死亡的法定刑相近,因此,抢夺致人重伤、死亡,包括抢夺过失致人重伤、死亡和抢夺故意致人重伤、死亡。此情节加重可作类似结果加重掌握,无需考虑以过失致人死亡罪、过失致人重伤罪、故意伤害罪定罪处罚。但抢夺过程中另生杀伤犯意,另施杀伤行为的,应另以故意伤害罪、故意杀人罪论,与抢夺罪实行数罪并罚。

(二) 适用

【关联罪】1. 本罪与盗窃罪的界限。盗窃、抢夺的共同点是:以非法占有为目的、违背他人意志、非法取得他人占有物。《刑法》第267条第2款"携带凶器抢夺以抢劫论"的规定,以及《办理抢夺案解释》(2013)"抢夺致人重伤、死亡的,是抢夺罪加重犯"的规定,都表明抢夺包含一定程度的暴力性和对人身安全的威胁,这是抢夺与盗窃区别的关键。暴力夺取他人紧密占有物,尚未达到抢劫程度的,应认定为抢夺;违背他人意志取得他人占有物,没有暴力,不威胁人身安全的,是盗窃。

本书认为,界分盗窃与抢夺,应当考虑"实益",缩小抢夺而扩大盗窃的范围。定性抢夺还是盗窃的主要实益(即评价差异)有以下情况:①"携带凶器"作案时,定性"抢夺"的,以抢劫论;定性"盗窃"的,仍是盗窃罪。②在公共场所对他人随身携带财物作案且不够数额较大的,定性"抢夺"是治安违法行为;定性"盗窃"即属于"扒窃",是犯罪行为。③"入户"作案且数额不够较大的,定性"抢夺"是治安违法行为;定性"盗窃"则是犯罪行为。④携带凶器"入户"作案时,若定性"抢夺"则以抢劫论,且属于"入户抢劫";若定性"盗窃",仅成立盗窃罪。[1] 关于这种错综复杂的定性差异形成的处罚难局,以下两例较为典型:

【例1】甲潜入他人房间欲盗窃,忽见床上坐起一老妪,哀求其不要拿她的东西。甲不理睬而继续翻找,拿走一条银项链(价值400元)。

评析:对甲拿走项链的行为,如果定性抢夺,因数额不够较大,不构成犯罪;如果定性盗窃,则因入户盗窃,即使数额不够较大,也构成犯罪。两相比较,入户且公然比"秘密"严重,定"入户盗窃"构成犯罪比定抢夺不构成犯罪更合理。如果给甲加上携带凶器作案的因素,区分实益便发生重大变化。对拿走项链的行为,如果定性抢夺,则成立抢劫罪,且是"入户抢劫",应在10年有期徒刑以上适用刑罚;如果定性盗窃,则仅是盗窃罪。换言之,定性抢夺后,携带凶器的是抢劫罪加重犯,没有携带凶器的不构成犯罪,要么畸重,要么畸轻,不能得出合理结论。

【例2】乙在地铁车门即将关闭之际,将他人手中的手机(价值800元)夺取下车逃走。

评析:对乙夺走手机的行为,如果定性扒窃,即使数额不够较大,也构成犯罪;如果定性抢夺,因数额不够较大,不构成犯罪。如果给乙加上携带凶器作案的因素,区分实益同样会发生重大变化。对夺走手机的行为,如果定性抢夺,则成立抢劫罪,且是"在公共交通工具上抢劫",应在10年有期徒刑以上适用刑罚;如果定性盗窃,则仅是盗窃罪。换言之,定性抢夺

---

[1] 阮齐林:《论盗窃与抢夺界分的实益、倾向和标准》,载《当代法学》2013年第1期。

后，携带凶器的是抢劫罪加重犯，没有携带凶器的不构成犯罪，要么畸重，要么畸轻，不能得出合理结论。

以上两例中，一旦定性抢夺，则处罚要么畸轻、要么畸重。怎样才能避开"窘境"得出合理结论？唯有适当限缩抢夺、扩张盗窃。立法规定携带凶器抢夺以抢劫论，司法解释将致人重伤、死亡作为抢夺罪加重犯，说明抢夺包含暴力侵害人身因素，只有具有暴力侵害人身因素的夺取他人占有物的行为才能认定为抢夺。反之，不具有暴力侵害人身因素的违背他人意志夺取占有物的行为，定不上抢夺，只能退一步认定为盗窃。

传统观点认为，盗窃的特点是"秘密窃取"，抢夺的特点是"公然夺取"，进而秘密性和公然性成为盗窃与抢夺的界分点。1998年出台的《审理盗窃案解释》（现已失效）规定，盗窃罪是"秘密窃取"财物的行为，影响极大，几乎使"秘密"成为盗窃罪的要件。值得注意的是，《办理盗窃案解释》（2013）没有给盗窃罪下定义，似乎放弃了1998年解释中"秘密窃取"的观点。鉴于盗窃与抢夺界分的实益，对于"公然"夺取财物但不具有暴力侵害人身因素的行为，认定为盗窃更合理，目前的大趋势也是如此。尤其是在货币存储、支付电子化的大背景下，取得财物往往需要被害人"配合"，更是难谈"秘密"进行。例如，行为人欺骗他人点击事先已植入"木马"程序的链接或者欺骗他人输入名为验证码实为付款金额的数字，划走其网银账户中资金的，因被害人对财物没有处分意识，不成立诈骗罪，实践中一般以盗窃罪论处。这类案件中取得财物的方式正是平和且公然。

2. 本罪与抢劫罪的界限。两罪都能包容一定的对人暴力，但抢劫罪的暴力程度更高。实践中的"飞车抢"究竟是抢夺还是抢劫，要看暴力是否足以压制、排除被害人反抗。例如，驾驶机动车、非机动车夺取他人财物，具有下列情形之一的，应以抢劫罪定罪处罚：①夺取他人财物时因被害人不放手而强行夺取的；②驾驶车辆逼挤、撞击或者强行逼倒他人夺取财物的；③明知会致人伤亡仍然强行夺取并放任造成财物持有人轻伤以上后果的。[1] 在以下情况中，则通常以抢夺罪论处（可能成立加重犯）：①夺取财物行为将被害人无意中带摔；②夺取财物后逃离现场时，无意中碰撞被害人；③在夺取他人佩戴的项链、耳环等首饰时，因首饰牵连致被害人颈部、耳部受损伤。

三、抢劫罪

《刑法》第263条　以暴力、胁迫或者其他方法抢劫公私财物的，处三年以上十年以下有期徒刑，并处罚金；有下列情形之一的，处十年以上有期徒刑、无期徒刑或者死刑，并处罚金或者没收财产：

（一）入户抢劫的；
（二）在公共交通工具上抢劫的；
（三）抢劫银行或者其他金融机构的；
（四）多次抢劫或者抢劫数额巨大的；
（五）抢劫致人重伤、死亡的；
（六）冒充军警人员抢劫的；
（七）持枪抢劫的；
（八）抢劫军用物资或者抢险、救灾、救济物资的。

（一）构成要件

【客体】复杂客体，包括他人的财产权利和人身权利。侵害客体是既遂的实质标准，《审

---

[1]《办理抢夺案解释》（2013）第6条。

理抢劫抢夺刑案意见》（2005）采纳"复杂客体说"，认为发生劫取财物或者致人轻伤两种结果之一的，属抢劫既遂。未抢到财物但造成重伤、死亡的，属结果加重犯，既不适用总则未遂犯的规定，也不数罪并罚。

【对象】他人占有的公私财物。鉴于《刑法》单独规定有抢劫枪支、弹药罪，故对抢劫枪支、弹药的行为，不以抢劫罪论处。

【行为】以暴力、胁迫或者其他方法抢劫公私财物。抢劫的"着手"，通常是开始暴力、胁迫行为。在此之前，为了抢劫财物而跟踪尾随被害人、守候被害人、接近被害人，伺机开始暴力、胁迫的抢劫行为的，都属于预备行为。

抢劫行为包含3个要素：①暴力、胁迫或者其他方法；②压制被害人反抗；③强取被害人占有物。分述如下：

1. 暴力、胁迫或者其他方法中，暴力，指对人身使用有形力，如殴打、扼脖、抱摔、捆绑、拘禁等；胁迫，指使用暴力对人施加精神强制，如持刀枪棍棒等器具迫使他人交出或放弃占有的财物；其他方法，指与暴力、胁迫相当的其他足以使他人不能反抗、不知反抗的取财方法，常见的如用药物麻醉、强行灌醉酒等方式使被害人不知反抗。没有使用暴力、胁迫或者其他方法的，不成立抢劫罪。例如，甲夜晚潜入商店内盗窃时，被值班老汉乙发现喊"抓贼"，甲不理睬，仍大摇大摆地从货架取走几件商品离去。甲取得财物的过程中没有暴力、胁迫行为，不成立抢劫罪。

2. 压制被害人反抗。以暴力、胁迫方法压制他人反抗取得他人占有物，是典型的抢劫手段。压制被害人反抗，致使被害人难以反抗或不敢反抗。对财物占有人之外的人施暴，用以压制、排除财物占有人反抗，迫使其交出财物的，属于劫取财物。例如，甲将乙随行的儿子丙举起，命乙交出车钥匙让甲将车开走，是抢劫行为。如果使用暴力直接夺取财物，没有用于抑制人的反抗强取财物的，不是抢劫，而是抢夺。

认定压制被害人反抗，主要根据社会一般观念上足以压制被害人反抗、取走财物的手段，如行为人持刀近身抵住被害人身体或者扼住被害人脖子，强取其占有物，正常情况下，人们一般难以抗拒或者不敢抵抗的，可认定为足以压制反抗。使用了一般足以压制反抗的暴力、胁迫，但因被害人异常强悍而没有起到压制效果的，不影响将行为定性为抢劫。例如，甲持刀抵住乙腰部喝令乙交出钱包，乙异常强悍（如是擒拿高手），但乙认为甲是故人之子，虽然未受压制仍将现金交出，甲持刀打劫的行为一般足以压制反抗，尽管对乙未能达成实际压制效果，照样认定为抢劫。只是关于乙未受压制而交出现金，甲属于既遂还是未遂，存在分歧。本书认为，对甲可以抢劫罪（未遂）和敲诈勒索罪（既遂）的想象竞合犯论处。使用一般不足以压制反抗的暴力、胁迫，通常也就不是抢劫行为，也不能认定具有抢劫故意。即使因被害人异常胆小而起到压制效果，也不成立抢劫罪，可认定为敲诈勒索、抢夺、盗窃等罪。但如果知道被害人异常胆小并有意利用取得压制效果的，不排除成立抢劫罪。

从实质上讲，抢劫是重暴力犯罪，其法定最低刑为3年有期徒刑，入户、在公共交通工具上抢劫等加重犯法定最低刑为10年有期徒刑，所以，抢劫的暴力、胁迫应达到相当严重、激烈的程度，与《刑法》配置的起步3年以上乃至10年以上的处罚相称。从体系上讲，未达这样的暴力、胁迫程度迫使他人交付财物的，是敲诈勒索；未达这样的暴力、胁迫程度夺取他人财物的，是抢夺、盗窃。

3. 暴力、胁迫或其他方法用于压制反抗强取财物，与取得财物之间有因果关系。包括但不限于：①通过压制反抗夺取财物；②通过压制反抗迫使被害人交出财物；③拿走已被压制反抗的被害人逃走之后落下的财物；④趁已被压制住反抗的被害人不注意，拿走财物；⑤出于夺取财物的故意,杀死被害人之后取走财物。

暴力、胁迫抢劫时,拿走尚未被压制反抗的被害人逃跑中掉下的财物的,因不是强取的结果,属抢劫未遂。使用其他方法使他人不能或者不知反抗而取其财物的,该不能或者不知反抗状态必须由犯罪分子的行为直接造成。如果该状态是被害人自己或者第三人造成的,如被害人自行饮酒至醉,或者因心脏病、癫痫病发作而不省人事,行为人利用他人意识丧失状态取走财物的,不是抢劫的"其他方法",而应成立盗窃等非暴力犯罪。

另根据《审理抢劫抢夺刑案意见》(2005),挟强奸、故意伤害、故意杀人犯罪的暴力,当面公然夺取尚未丧失意识的被害人随身携带财物的,其取财行为另成立抢劫罪;强奸、故意伤害、故意杀人过程中,暗取被害人遗落财物的,或者致被害人死亡后即刻取走被害人遗落现场财物的,认为强奸及杀伤的暴力与取财无关,不成立抢劫罪。

【案例】 **郭某周故意伤害、抢夺案**[1]

2009年6月下旬,在平艺陶瓷厂务工的郭某周被辞退,郑某才到该厂接替他的工作。郭某周认为其被辞退系郑某才从中作梗所致,对郑某才怀恨在心,遂决意报复。2009年7月3日上午,郭某周携带菜刀来到平艺陶瓷厂附近路口守候。当郑某才驾驶摩托车途经该路口时,郭某周上前质问郑某才并向其索要"赔偿款"1万元遭拒,郭某周遂持刀将郑某才的头部和手臂砍致轻伤。郑某才被砍伤后弃车逃进平艺陶瓷厂,郭某周持刀追赶未成,遂返回现场将郑某才的豪爵牌摩托车(价值4320元)骑走,后以1000元卖掉。检察院以故意伤害罪、抢劫罪起诉,法院认定其构成故意伤害罪、抢夺罪,分别判处有期徒刑2年、1年6个月。

裁判要旨:实施故意伤害行为,被害人逃离后行为人临时起意取走被害人遗留在现场的财物,对后行为,不应认定为抢劫罪。

【主观】故意,并以非法占有为目的。故意的内容是使用暴力、胁迫或者其他方法压制被害人反抗夺取他人财物。此外,没有非法占有目的,不构成抢劫罪。例如,甲、乙双方订立购销合同,甲依约交付货物后,乙违约迟迟不付货款。甲担心乙赖账,就带人到对方库房强行取回自己交付的货物,且不再向乙提出付款要求。甲显然不具有非法占有他人财物之目的,不成立抢劫罪。

【转化型抢劫】《刑法》第269条规定:"犯盗窃、诈骗、抢夺罪,为窝藏赃物、抗拒抓捕或者毁灭罪证而当场使用暴力或者以暴力相威胁的,依照本法第二百六十三条的规定定罪处罚。"

这种为"窝藏赃物、抗拒抓捕、毁灭罪证"而使用暴力或者以暴力相威胁,显然不符合第263条"暴力、胁迫夺取财物"的特征,由立法拟制以抢劫罪论处,是准抢劫罪,司法解释称之为"转化型抢劫",意思是由原来的盗窃等转化为抢劫。转化型抢劫罪有3个要点:

1. 犯盗窃、诈骗、抢夺罪。根据《审理未成年人刑案解释》(2006)第10条,已满14周岁不满16周岁的人盗窃、诈骗、抢夺他人财物,为窝藏赃物、抗拒抓捕或者毁灭罪证,当场使用暴力,故意伤害致人重伤或者死亡,或者故意杀人的,不适用《刑法》第269条转化型抢劫的规定,而应分别以故意伤害罪或者故意杀人罪定罪处罚。

此外,《审理抢劫案意见》(2016)指出,主要是指行为人已经着手实施盗窃、诈骗、抢夺行为,一般不考察盗窃、诈骗、抢夺行为是否既遂。但是所涉财物数额明显低于"数额较大"的标准,又不具有《审理抢劫抢夺刑案意见》(2005)第5条所列5种情节之一的,不构

---

[1] 中华人民共和国最高人民法院刑事审判第一、二、三、四、五庭主办:《中国刑事审判指导案例》(第4卷),法律出版社2017年版,第385~387页。

成抢劫罪。《审理抢劫抢夺刑案意见》（2005）第5条所列5种情形包括：①盗窃、诈骗、抢夺接近"数额较大"标准的；②入户或在公共交通工具上盗窃、诈骗、抢夺后在户外或交通工具外实施上述行为的；③使用暴力致人轻微伤以上后果的；④使用凶器或以凶器相威胁的；⑤具有其他严重情节的。行为人实施盗窃、诈骗、抢夺行为，未达到数额较大，但具有上述情节之一的，可依照《刑法》第269条以抢劫罪定罪处罚。例如，甲在教室窃取乙的手机（价值800元）被当场发现，乙急忙抓捕，甲把乙打倒在地，经鉴定乙为轻微伤。本案中，甲盗窃数额虽然不够"较大"，但其使用暴力致人轻微伤，属"情节严重"，构成（转化型）抢劫罪。

2. 当场使用暴力或者以暴力相威胁。当场，根据《审理抢劫案意见》（2016）的规定，"是指在盗窃、诈骗、抢夺的现场以及行为人刚离开现场即被他人发现并抓捕的情形"。一般要求在时间与场所上与盗窃、诈骗、抢夺行为相连接。不过，如果在时间与场所上有一定距离，但是从现场被持续追踪等不间断延长的状况下实施的，则也可理解为"当场"。例如，甲抢夺乙的项链，被群众发现并追击。甲在逃至离现场500多米处时，发现还有人在后面追击，就停下对这个追击者施加暴力，应当认定为"当场"。如果在盗窃、诈骗、抢夺犯罪完成以后，在其他场合被人认出是犯罪分子或者销赃时被失主撞见，实施了暴力拒捕行为的，不认为是"当场"，不转化为抢劫罪。如果该暴力拒捕行为造成伤亡结果的，按照故意伤害罪、故意杀人罪定罪处罚。

需要注意：暴力或者以暴力相威胁，也应具有足以压制他人不能或者不敢夺回赃物、进行抓捕、扣留罪证的威力。如果不具有此种威力，不转化为抢劫罪。例如，甲在公共场所窃取乙的提包后被发现，乙紧追，甲手中揉成一团的废报纸朝后一扔，乙不知何物闪身避开后未再追赶。鉴于这种特定场合下"扔纸团"的暴力程度极低，通常不足以压制他人，故不宜认定为"当场使用暴力"。《审理抢劫案意见》（2016）指出："对于以摆脱的方式逃脱抓捕，暴力强度较小，未造成轻伤以上后果的，可不认定为'使用暴力'，不以抢劫罪论处。"

3. 为窝藏赃物、抗拒抓捕或者毁灭罪证。只有具备前述目的之一的，才能以抢劫论。如果不是出于以上目的，不是转化型抢劫罪。窝藏赃物，指防护盗窃、诈骗、抢夺到手的财物，这种情形也称"事后抢劫"。事后，指盗窃、诈骗、抢夺的犯罪行为已经实行终了，出于窝藏赃物的目的而实施了暴力、威胁。虽然盗窃、诈骗、抢夺既遂，但为了窝藏赃物而当场使用暴力或以暴力相威胁，并且被害人最终将财物取回的，应当在认定为事后抢劫的基础上认定为抢劫未遂。如果盗窃、诈骗、抢夺的犯罪行为正在实行中，犯罪人尚未取得财物就实施暴力、胁迫行为，并通过暴力、胁迫排除反抗取得财物，则不是"事后抢劫"，应直接适用《刑法》第263条认定抢劫罪。

【案例】甲、乙二人入户行窃，正在卧室翻找钱物之时，户主丙（女）外出回家。甲从卧室窜出，捂住丙的嘴将其按倒在地。乙从地上捡起一个酒瓶朝丙头上砸了一下，见酒瓶破碎后，又从地上捡起一把菜刀，用刀背朝丙的脖子、背部连砍两下，致丙当场昏迷。之后甲、乙二人继续翻找钱物并携带翻找的财物离去。

评析：甲、乙二人对丙使用暴力，不是为了窝藏赃物，因为赃物尚未到手；也不是为了抗拒抓捕，因为丙并没有对他们实施抓捕行动；也不是为了毁灭罪证。甲、乙二人属于犯意转化而非事后抢劫，他们为非法占有财物而对丙实行暴力，排除障碍后取财，符合《刑法》第263条之"暴力夺取财物"的特征，是抢劫罪（但不是转化型抢劫）。

抗拒抓捕，指使用暴力抗拒司法人员或者任何公民特别是失主对其的抓捕、扭送。这包括已经盗窃、诈骗、抢夺到财物之后抗拒抓捕的情形，也包括尚未获取财物仅仅为避免被抓捕而抗拒的情形。行为人一般性的撞击、挣脱、摆脱行为不能认定为"抗拒抓捕"，只有足以压制他人使其不能抓捕、放弃抓捕的情况，才属此类情形。毁灭罪证，指湮灭作案现场遗留的痕迹、物品等罪证。为了毁灭罪证而当场使用暴力夺取罪证的，属于"毁灭罪证"。但为灭口而杀害证人、被害人的，不属于"毁灭罪证"，另成立故意杀人罪。

【携带凶器抢夺】《刑法》第267条第2款规定："携带凶器抢夺的，依照本法第二百六十三条的规定定罪处罚。"

携带凶器抢夺，指行为人随身携带枪支、爆炸物、管制刀具等国家禁止个人携带的器械进行抢夺，或者为了实施犯罪而携带其他器械进行抢夺的行为。其要点是：

1. 行为人随身携带枪支、爆炸物、管制刀具等违禁器械抢夺的，以抢劫论。因为随身携带法律禁止个人随身携带的器械（违禁器械），本身就具有违法性，对此从严认定。携带违禁器械抢夺的，不问是否有在犯罪中使用的意图，都以抢劫论处。

2. 行为人随身携带违禁器械以外的器械抢夺的，须具备"为了实施犯罪准备"的条件才能以抢劫论。但有证据证明该器械确实不是为了实施犯罪准备的，不定抢劫罪。按照一般的理解，携带"凶器"抢夺，行为人主观上通常是具有在犯罪中使用的意图或者至少有"必要时"使用的意图；在客观上处在随时可用的状态。如果行为人携带凶器，但有证据表明并非用于犯罪的，不认为是携带凶器抢夺。例如，甲是木匠，背着工具包去干活的路上，临时起意抢夺，被抓获后查出工具包中有一把斧头。这种情形就不宜认定为携带凶器抢夺，因而不成立抢劫罪。

3. 行为人将随身携带凶器有意加以显示、能为被害人所察觉的，表明行为人实际上已经超出"携带"的范围在实际"使用"该凶器（威胁他人）强要财物，所以，直接适用《刑法》第263条以抢劫罪定罪处罚。

4. 行为人携带凶器抢夺后，在逃跑过程中为窝藏赃物、抗拒抓捕或者毁灭罪证而当场使用暴力或者以暴力相威胁的，适用《刑法》第267条第2款（携带凶器抢夺）的规定，以抢劫论处。

【加重犯】本罪有以下加重事由：

1. 入户抢劫。对"户"的理解，应掌握"供他人家庭生活"和"与外界相对隔离"两方面特征。一般情况下，集体宿舍、旅店宾馆、临时搭建的工棚等，不应认定为"户"，但在特定情况下，如果确实具有上述两个特征的，也可以认定为"户"。对于部分时间从事经营、部分时间用于生活起居的场所，行为人在非营业时间强行入内抢劫或者以购物等为名骗开房门入内抢劫的，应认定为入户抢劫。对于部分用于经营、部分用于生活且之间有明确隔离的场所，行为人进入生活场所实施抢劫的，应认定为入户抢劫；若场所之间没有明确隔离，行为人在营业时间入内实施抢劫的，不认定为入户抢劫，但在非营业时间入内实施抢劫的，应认定为入户抢劫。

【案例】 **黄某松抢劫案**[1]

黄某松在街道上见龚某向其招嫖，遂起意抢劫。随龚某来到其出租房内发生性关系后，持事先准备的弹簧刀进行威胁并劫得龚黄金戒指两枚（价值1091元），现金300余元。

要旨：案发时，龚某已在站街招嫖，并没有在其出租房内进行家庭生活，而是将该出租房作为从事卖淫活动的场所，此时该出租房发挥的是性交易场所的功能，而非家庭生活功能，因此不属于"入户抢劫"。

---

[1] 中华人民共和国最高人民法院刑事审判第一、二、三、四、五庭主办：《刑事审判参考》（2013年第2集·总第91集），法律出版社2014年版，第27页。

关于入户目的的非法性，司法解释掌握尺度逐渐变宽。根据《审理抢劫案意见》（2016）的规定，以侵害户内人员的人身、财产为目的，入户后实施抢劫，包括入户实施盗窃、诈骗等犯罪而转化为抢劫的，均应认定为入户抢劫。因访友办事等原因经户内人员允许入户后，临时起意实施抢劫，或者临时起意实施盗窃、诈骗等犯罪而转化为抢劫的，不应认定为入户抢劫。这一规定，改变了《审理抢劫抢夺刑案意见》（2005）将入户抢劫中的"入户"限定于抢劫等犯罪目的的规定，扩大为"以侵害户内人员的人身、财产为目的"。换言之，即使不以犯罪为目的，而只是出于一般违法意图，只要是为了侵害户内人员的人身、财产而入户，并在户内实施抢劫的，均可认定为入户抢劫。这样规定，有利于强化对公民住宅安全的保护。对于子女进入父母的居室内抢劫，虽然在形式上符合入户抢劫的构成特征，但由于他们属于共同生活的家庭成员，无论子女进入父母的居室是否得到同意，都不属于非法侵入；同时，从我国的传统伦理道德观念来看，无论子女是否成年或者与父母分开另住，子女进入父母的卧室或者住宅，都是正常的，因此，不宜认定为入户抢劫。

在转化型抢劫的场合，暴力或者以暴力相威胁必须发生在户内，才是入户抢劫。盗窃、诈骗、抢夺发生在户内，但暴力、胁迫发生在户外的，不能认定为入户抢劫。

2. 在公共交通工具上抢劫。《审理抢劫案意见》（2016）指出："'公共交通工具'，包括从事旅客运输的各种公共汽车，大、中型出租车，火车，地铁，轻轨，轮船，飞机等，不含小型出租车。对于虽不具有商业营运执照，但实际从事旅客运输的大、中型交通工具，可认定为'公共交通工具'。接送职工的单位班车、接送师生的校车等大、中型交通工具，视为'公共交通工具'。'在公共交通工具上抢劫'，既包括在处于运营状态的公共交通工具上对旅客及司售、乘务人员实施抢劫，也包括拦截运营途中的公共交通工具对旅客及司售、乘务人员实施抢劫，但不包括在未运营的公共交通工具上针对司售、乘务人员实施抢劫。以暴力、胁迫或者麻醉等手段对公共交通工具上的特定人员实施抢劫的，一般应认定为'在公共交通工具上抢劫'。"

在公共交通工具上盗窃、诈骗、抢夺后，为了窝藏赃物、抗拒抓捕或者毁灭罪证，又在公共交通工具上当场使用暴力或者以暴力相威胁的，属于在公共交通工具上抢劫。但暴力、胁迫未发生在公共交通工具上的，不能认定此加重情节。

3. 抢劫银行或者其他金融机构。根据《审理抢劫案解释》（2000），指抢劫银行或者其他金融机构的经营资金、有价证券和客户的资金等。抢劫正在使用中的银行或者其他金融机构的运钞车的，视为抢劫银行或者其他金融机构。

4. 多次抢劫或者抢劫数额巨大。多次抢劫，指抢劫3次以上。《审理抢劫抢夺刑案意见》（2005）第3条指出，对于"多次"的认定，应以行为人实施的每一次抢劫行为均已构成犯罪为前提，综合考虑犯罪故意的产生及犯罪行为实施的时间、地点等因素，客观分析、认定。对于行为人基于一个犯意实施抢劫犯罪的，如在同一地点同时对在场的多人实施抢劫的；或者基于同一犯意在同一地点实施连续抢劫犯罪的，如在同一地点连续地对途经此地的多人进行抢劫；又或者在一次犯罪中对一栋居民楼中的几户居民连续实施入户抢劫的，一般应认定为一次犯罪。

"抢劫数额巨大"之认定，根据《审理抢劫案意见》（2016），应参照各地认定盗窃罪数额巨大的标准执行。抢劫数额以实际抢劫到的财物数额为依据。抢劫信用卡后使用、消费的，以行为人实际使用、消费的数额为抢劫数额。由于行为人意志以外的原因无法实际使用、消费的部分，不计入抢劫数额，只作为量刑情节予以考虑。通过银行转账或者电子支付、手机银行等支付平台获取抢劫财物的，以行为人实际获取的财物为抢劫数额。所抢信用卡中存款数额巨大但未实际使用、消费额未达到数额巨大的，不是抢劫数额巨大。为抢劫其他财物，劫取机动车辆当作犯罪工具或者逃跑工具使用的，被劫取机动车辆的价值应计入抢劫数额。

5. 抢劫致人重伤、死亡。此即抢劫罪的结果加重犯。典型的情形是在抢劫过程中使用暴力压制反抗造成被害人重伤、死亡。2001年5月26日施行的最高人民法院《抢劫杀人案批复》对此有所扩张，指出："行为人为劫取财物而预谋故意杀人，或者在劫取财物过程中，为制服被害人反抗而故意杀人的，以抢劫罪定罪处罚。"所以，行为人为劫取财物而预谋故意杀人的，如甲为抢取乙的财物，埋伏在路边，从背后一枪或一刀将乙杀害，取走乙的财物，也属于抢劫罪的结果加重犯。[1] 但是，行为人实施抢劫后，为灭口而故意杀人的，另成立故意杀人罪，与抢劫罪实行数罪并罚。

6. 冒充军警人员抢劫。《审理抢劫案意见》（2016）指出："认定'冒充军警人员抢劫'，要注重对行为人是否穿着军警制服、携带枪支、是否出示军警证件等情节进行综合审查，判断是否足以使他人误以为是军警人员。对于行为人仅穿着类似军警的服装或仅以言语宣称系军警人员但未携带枪支、也未出示军警证件而实施抢劫的，要结合抢劫地点、时间、暴力或威胁的具体情形，依照常人判断标准，确定是否认定为'冒充军警人员抢劫'。军警人员利用自身的真实身份实施抢劫的，不认定为'冒充军警人员抢劫'，应依法从重处罚。"此规定有其道理，真警察利用警察身份抢劫，警察身份暴露在明处，对其抢劫暴力程度往往起到约束作用，故其真警察身份并不产生特别的危险、危害。

需要特别注意：为适用此情节，相关行为必须具备"抢劫"要件，即实施了暴力、胁迫等足以压制他人反抗的行为。假冒军警人员以罚没、扣押财物的名义非法占有他人财物，没有实施足以使人不敢反抗的暴力、胁迫行为的，不成立抢劫罪，可成立诈骗罪、敲诈勒索罪、招摇撞骗罪。

7. 持枪抢劫。这是指行为人使用枪支或者向被害人显示持有、佩戴的枪支进行抢劫的行为。枪支的概念和范围，适用《枪支管理法》的规定。可见，持枪抢劫中的"枪"应理解为真枪，不包括假枪。使用玩具枪使他人误认为是真枪，足以压制、排除其反抗的，属于抢劫罪的"暴力、胁迫"，但不是持枪抢劫的加重犯。

8. 抢劫军用物资或者抢险、救灾、救济物资。

（二）适用

抢劫罪兼有侵犯财产与侵犯人身的性质，是侵犯财产和侵犯人身这两大犯罪基本类型的"交接点"，涉及侵犯财产罪与侵犯人身罪的区别。并且，盗窃、诈骗、抢夺在一定情况下还可以"转化为"抢劫罪，又涉及侵犯财产罪之间的区别。因此，要熟练判断各种犯罪，不能不掌握抢劫罪的认定。以下主要根据《审理抢劫抢夺刑案意见》（2005）介绍有关认定问题。

【定罪】1. 对于强拿硬要少量物品，情节显著轻微危害不大的行为，可不认为构成抢劫罪。由于《刑法》对抢劫罪规定的法定最低刑为3年有期徒刑，处罚比较严厉。所以，对于强索少量财物、抢吃少量食品等行为，尤其是高年级学生偶尔强抢低年级学生少量财物的，根据《刑法》第13条的"但书"规定，不应以抢劫罪论处。

2. 对于当事人之间因为存在民事、婚姻、邻里之类的纠纷，而发生的强拿、扣留对方财物的行为，通常不认为是抢劫罪。比如，因为有借贷纠纷，债权人公开拿走或者扣留对方财物用以抵债。再如，因为一方毁弃婚约，另一方索取彩礼不成而拿走对方与彩礼价值相当的财

---

[1] 过去对于"为劫取财物而预谋故意杀人的"究竟是认定为抢劫罪的结果加重犯还是认定为故意杀人罪存在争议，自从最高人民法院作出相关批复后，才有定论。

物。这种情形貌似抢劫，但行为人没有非法占有他人财物的目的，不构成抢劫罪。当然，如果使用这种不当手段超过法律容忍限度的，可以构成非法侵入住宅、侮辱、故意伤害等其他犯罪。

3. 抢劫本人所有但在他人合法占用下的财物，不排除成立抢劫罪。关键在于认定是否具有非法占有目的。在抢劫"他人所有"财物时，非法占有目的较为明显、较容易认定；在抢劫本人所有财物时，往往"事出有因"，认定非法占有目的需特别慎重。如果行为人没有非法占有目的，强取他人合法占用下的本人财物的，不认为是抢劫罪。例如，甲的汽车被交警扣押于交警队院内。晚间，甲偷取院门钥匙欲将车盗走，被值班员乙发现后上前制止。甲即殴打乙，将乙捆绑，用毛巾、手帕、布条堵、勒乙某的口鼻，致乙某窒息死亡。对此案，法院认为甲盗回自己的汽车不具有非法占有的目的，不构成盗窃罪，故其当场使用暴力的行为也不能转化为抢劫罪。所以，只能就其杀伤行为追究刑事责任。

【关联罪】1. 本罪与故意伤害罪、非法拘禁等侵犯人身犯罪的界限。行为人为索取债务使用暴力、暴力威胁等手段的，一般不以抢劫罪定罪处罚。构成故意伤害等其他犯罪的，依照《刑法》第234条等规定处理。其道理是："索债"表明行为没有非法占有他人财物的意思，不成立抢劫罪，故只能就其手段（以违法犯罪的方式维权）论罪。侵犯人身自由的，可成立非法拘禁罪；暴力造成他人轻伤以上后果的，可成立故意伤害罪。行为人仅以"本人所输赌资"或"本人所赢赌债"为抢劫对象，其定性规则类似于索取不受法律保护的高利贷，也不以抢劫罪定罪处罚。因暴力行为而构成故意伤害罪、非法拘禁罪的，依照相应规定论处。但是，抢劫他人赌资或者赌场赌资（即非本人输赢之赌资赌债）的，以抢劫论，同时不排除追究其赌博罪责。

2. 本罪与故意杀人罪的界限。"图财害命"是抢劫罪还是故意杀人罪，关键看杀人行为是否为夺取他人占有物的手段。为获取被害人占有下的财物而杀害被害人排除占有进而取财的，是抢劫。此时，杀人是抢劫手段，致人死亡的，成立抢劫致人死亡的加重犯。如果为了获取财物或者财产性利益，如为争夺遗产而杀害其他继承人的，为了赖掉债务而杀害债权人的，为了骗取保险金而杀害被保险人的，为了侵吞他人委托保管物而杀害委托人的等，属于贪利动机的杀人行为，其杀人行为不是夺取财物占有、排除被害人对财物占有的手段，不是抢劫罪，是故意杀人罪。

3. 本罪与寻衅滋事强拿硬要财物行为的区别。强抢他人财物的，未必都成立抢劫罪，行为人本无抢劫作案的意图，借故或因事生非，强要、强抢与所借之故相称的财物的，通常不以抢劫罪论处。例如，甲在"黑摩的"较为集中的场所，向过往的"黑摩的"司机每人收取2元过路费，对不从者则显示出插在腰间的匕首予以威胁，共收取7人、14元后被抓获。再如，甲的轿车与乙的摩的发生剐蹭，二人争吵期间，甲要求乙修车，并让乙看清楚其车牌让乙知道自己不好惹，其后还掏出刀子架在乙脖子上，从摩的盒子中取走100余元。甲的行为尽管很暴力，但因确有修车的争执且仅取修车相当的钱财，同时伴有逞强斗气等因素，明显与抢劫不相当，定寻衅滋事似乎更合理。

如前所述，司法实践中，对于未成年人使用或威胁使用轻微暴力强抢少量财物的行为，一般不以抢劫罪定罪处罚。其行为符合寻衅滋事罪特征的，可以按照寻衅滋事罪定罪处罚。例如，未成年在校生在学校或学校周边区域，强拿硬要学生财物的，可不定抢劫罪。如果次数较多、数额较大，情节恶劣的，可按照寻衅滋事罪定罪处罚。行为人在自己生活、工作熟悉的"地盘"如市场、小区、广场、公园、学校等，实施"欺生""欺负弱小"等"霸凌"行为，索要少量财物的，通常也不定抢劫罪。

【共犯】数人共同实施盗窃、诈骗、抢夺犯罪,其中部分行为人为窝藏赃物、抗拒抓捕或者毁灭罪证而当场使用暴力或者以暴力相威胁的,对于其余行为人是否以抢劫罪共犯论处,关键要看其与实施暴力或者以暴力相威胁的行为人是否形成共同犯意,是否为实施暴力或者以暴力相威胁的行为人提供帮助。基于一定意思联络,对后者提供帮助或实际成为帮凶的,可以抢劫罪共犯论处。

【罪数】1. 绑架过程中又当场劫取被害人随身携带财物的,同时触犯绑架罪和抢劫罪两罪名,应择一重罪论处。

2. 抢劫后,为灭口、泄愤报复而故意杀害、故意伤害被害人的,以抢劫罪和故意杀人罪、故意伤害罪分别定罪,实行数罪并罚。

3. 怀杀人目的(而非劫取财物的目的)实施杀人行为后,"临时起意"取走被害人随身携带的财物,或者为掩盖罪行而取走被害人随身携带的财物。首先,杀人行为已成立故意杀人罪。其次,拿走被害人(死者)财物据为己有的,是盗窃或者侵占。认为死者因没有占有意识而不能占有财物的,主张定侵占;认为死者仍能占有财物的,主张定盗窃。根据《审理抢劫抢夺刑案意见》(2005)第8条,杀人后临时起意取走被害人财物的,取财行为定性盗窃,不纠缠于"死者"是否有占有能力,这是妥当的。因为被害人刚刚还有占有能力,是杀害行为夺去了被害人的占有能力并当场取走其原有的财物,对杀害行为者而言,仍是夺取他人占有物,是盗窃,不涉及死者是否具有占有能力的问题。前述杀人行为后临时起意取财,是一种特殊情形。若在一般情形下,行为人只实施了取走死者(尸体)上附着的遗物的,因死者没有占有意识而不能占有财物,故行为人不成立盗窃罪。最后,拿走被害人财物毁弃的,是故意毁坏财物。

4. 只有故意伤害的意图(原本没有抢劫故意),在对他人实施伤害过程中,"临时起意"非法占有被害人随身携带的财物。首先,伤害行为已成立故意伤害罪。其次,取财行为如果发生在被害人尚未丧失神志之时,另成立抢劫罪;如果发生在被害人已昏迷之后,具有盗窃性质,数额较大的,另成立盗窃罪,均实行数罪并罚。

5. 实施强奸犯罪时,临时起意挟强奸暴力当面掠取被害人财物的,另成立抢劫罪;乘被害人昏迷或死亡的无意识状态,临时起意掠走其财物的,另成立盗窃罪,均实行数罪并罚。

四、聚众哄抢罪

《刑法》第268条 聚众哄抢公私财物,数额较大或者有其他严重情节的,对首要分子和积极参加的,处三年以下有期徒刑、拘役或者管制,并处罚金;数额巨大或者有其他特别严重情节的,处三年以上十年以下有期徒刑,并处罚金。

(一)构成要件

【行为】聚众哄抢公私财物。聚众哄抢,指多人因偶然事件触发聚集到一起,公然夺取或窃取公私财物归各自占有。多人因偶然事件触发而聚集,是本罪的特征之一,也是其与抢夺的共同犯罪的不同之处。聚众哄抢的常见情形包括:偶遇运输船舶搁浅,货主请附近村民帮助抢救货物,渐渐演化成哄抢行为;某工厂、工地长期无人管理,众人聚集前往将值钱之物洗掠一空;等等。

【主观】故意,并以非法占有为目的。

【罪量】数额较大或者有其他严重情节。

【加重犯】数额巨大或者有其他特别严重情节。

(二)适用

【定罪】在聚众哄抢中,实施组织、指挥、策划行为,起首要分子作用的,或者积极参加实施聚众哄抢行为的,应当追究刑事责任。对于一般参加者,不认为犯罪。

【关联罪】1. 本罪与抢夺罪的区别。聚众哄抢是因偶然事件触发而发生的群体性抢夺行为,哄抢的财物归参与哄抢者本人或单位非法占有。这与数人事先通谋主动寻找机会抢夺作案的情形不同。所以,《刑法》在聚众哄抢的定罪处罚上作了严格的限定,只有首要分子和积极参加的,才成立犯罪。此外,对于这种因偶然事件触发的群体性失范的行为,不按照共犯"部分行为,全部责任"追究各参与者的罪责。

2. 本罪与抢劫罪的区别。在聚众哄抢时,当场使用暴力、威胁的,不适用《刑法》第269条以抢劫论的规定。因为适用《刑法》第269条的前提是"犯盗窃、诈骗、抢夺罪",不能想当然地认为包含聚众哄抢行为。如果聚众哄抢者实施暴力哄抢财物的,考虑到这是因偶然事件触发的群体性失范行为,一般也不宜认定为抢劫罪。

【共犯】本罪属于必要的共犯。鉴于《刑法》第268条对首要分子和积极参加的没有专门规定有差别的法定刑,不排斥适用总则共犯的有关规定,如对于积极参加的,可适用从犯的规定。

第二节 基于交付取得占有型犯罪

一、诈骗罪

《刑法》第266条 诈骗公私财物,数额较大的,处三年以下有期徒刑、拘役或者管制,并处或者单处罚金;数额巨大或者有其他严重情节的,处三年以上十年以下有期徒刑,并处罚金;数额特别巨大或者有其他特别严重情节的,处十年以上有期徒刑或者无期徒刑,并处罚金或者没收财产。本法另有规定的,依照规定。

(一)构成要件

【客体】公私财物的占有。对本罪的既遂标准,司法实务亦是采"失控+控制说",这体现在司法解释和有关指导案例中。《办理电诈案指引》(2018)指出:一般情形下,诈骗款项转出后即时到账构成既遂。但随着银行自助设备、第三方支付平台陆续推出"延时到账""撤销转账"等功能,被害人通过自助设备、第三方支付平台向犯罪嫌疑人指定账户转账,可在规定时间内撤销转账,资金并未实时转出。此种情形下被害人并未对被骗款项完全失去控制,而犯罪嫌疑人亦未取得实际控制,应认定为未遂。

【对象】他人占有的财物。财产性利益也可成为本罪对象。例如,使用伪造、变造、盗窃的武装部队车辆号牌,骗免养路费、通行费等各种规费的,可成立诈骗罪。[1]

【行为】诈骗公私财物。诈骗,指虚构事实或者隐瞒真相欺骗他人,使对方误解而交付财物。

1. 诈骗或欺骗,指就"事实"进行虚假表述。事实,指可以验证的、过去或现在的具体事件或状态。例如,G公司在工商银行有3亿元存款,张三拥有T公司50%股权,X公司定于今年5月5日上市,H煤矿储量10亿吨。科学实验、专业知识验证的事件或状态也是事实。例如,经科学验证、鉴定X保健产品具有治疗高血压功效,治愈率80%。根据科学、自然规律,将来必定发生的事件,也属于事实。例如,今年3月8日将发生日全食。"事实既可以是

---

[1]《审理武装部队车辆号牌刑案解释》(现已失效)第3条第2项。

外在的，也可以是内在的。内在的事实包括内心的确信、认知以及主观目的等。"[1] 因此，内心的还款意图、付款意图、履约意图等，也属于事实。

认定就事实作虚假表述、进行欺骗时，需注意：

（1）"纯粹的价值判断并不是事实，就价值判断进行欺骗的，不能成立诈骗罪。同样，单纯的观点表达也并非对事实的陈述，不构成诈骗。"[2] 例如，夸自己的房子如何好、具有巨大升值潜力等，属于对事物是非好坏优劣之类的价值判断或评判，不是事物有无真假的表述。又如，店主在柜台内陈列了两块标价5万元的玉石，前一顾客讲价后以3万元购买一块，后一顾客讲价后以3000元购买另一块。众所周知，玉石价格本就没有统一标准，店主标价只代表自己的价值判断，而非陈述事实。再如，在劝人买其房产时，说房子对人如何重要，并且是财产保值的最好方式等，属于观点表述，不是事实表述。不过，价值判断、观点表达如果基于事实就超出纯价值判断、观点表达范围，则属于事实表达。例如，说A公司定于某日上市因而有投资价值，"公司上市"是事实表述，如果"公司上市"虚假，则就事实进行了欺骗。

（2）"这里的'事实'必须是过去或现在的事实。行为人向他人谎称将来会发生的事件的，原则上不成立诈骗。"[3] 例如，说B公司将来会扭亏为盈具有还款能力，或者称B矿山将探明更大储量等，诱人贷款或者投资，这不成立欺骗，"因为未来的事件欠缺确定性以及与当前状态的关联性"，不能证实真伪。

（3）诈骗行为包括引起错误的欺诈和维持错误的欺诈两种情形。在后一种情形中，行为人不能仅是单纯地利用他人的既存错误，还应对错误在程度上予以放大、增强，或者作为保证人没有履行说明义务将错误清除。换言之，除了以虚假表述影响原本没有错误认识的他人外，当他人可能存在误解时，有揭露真相义务的主体隐瞒真相的，也属于欺骗。例如，甲收到乙方货物后未及时确认，乙方担心物流出问题遂询问甲是否已收货。甲有义务告知实情却谎称没有收到，导致乙方再次发货。

（4）虚假表述，需要达到足以令人误解、处分财产的程度，才成立诈骗。常人按照常识即能辨别真伪或者不至于上当的虚假表述，不是刑事欺诈。因为我国的刑事犯罪门槛较高，《刑法》在破坏市场经济秩序罪中规定有大量的经营性欺诈犯罪，如虚假广告罪、销售假冒注册商标商品罪、生产销售伪劣产品罪等。人们在买卖、借贷、投资等金钱往来中应有常人的谨慎，人人皆知"王婆卖瓜自卖自夸""买者需谨慎"，商家吹嘘自家商品、虚标价格，虽有虚假但不是刑事诈骗。对现有事实没有虚假表述，仅是不能兑现承诺的，也属于诈骗。例如，甲签了分期付款协议购买汽车，然后没有付款的；或者甲获得贷款后没能偿还，虽然当初就不打算付款、偿贷，但没有其他虚假表述的，属于恶意违约行为，不构成诈骗罪。

2. 骗取被害人"交付"（处分）财物而非法占有财物，骗得财物"交付"是犯罪人取得、被害人丧失财物占有的必要环节。如果虽有欺骗行为，也发生了财物交付，但财物交付与欺骗行为之间没有因果关系，例如，甲曾借给好友乙1万元，但在乙还款时未要回借条，1年后甲故意拿借条要乙还款，乙明知此事但碍于情面，又给了甲1万元，甲只成立诈骗未遂。

交付，指出于被害人的意思发生占有转移的处分。具体含义是：

（1）占有转移的处分或者"占有的交割"。如果不是"占有交割"意义上的处分，不是交付。例如，甲向售货员乙要了一款名贵西服，谎称到试衣间试穿，乘机溜出商店，将西服占

---

[1] 王钢：《德国刑法诈骗罪的客观构成要件——以德国司法判例为中心》，载《政治与法律》2014年第10期。
[2] 王钢：《德国刑法诈骗罪的客观构成要件——以德国司法判例为中心》，载《政治与法律》2014年第10期。
[3] 王钢：《德国刑法诈骗罪的客观构成要件——以德国司法判例为中心》，载《政治与法律》2014年第10期。

有。乙虽将西服交到甲手中，但没有让甲拿出商店的意思，不是交付，所以，甲非法占有该西服不是骗取，而是窃取。欺骗被害人将财物放置于行为人可自由支配的地方的，可认为是交付。

（2）交付是基于被害人意思的占有转移，因此，受骗者对交付财物的内容应有认知（处分意识）。因误解交付之物的内容而处分的，不是交付。例如，甲把手机放入装满苹果的购物袋底部，交售货员乙称重后按照苹果的价格付款。乙不知袋中有手机，甲非法取得手机不是基于乙同意的交付，不是骗取，而是窃取。在"误解"的宽严程度上，学说上存在严格掌握与大体一致的分歧。"严格掌握说"认为，受骗者应对交付的对象、数量、价值等有全面的认识，不仅要认识到其在处分一定的财物，还必须对处分对象的特殊性、具体性有较为清楚的意识，才能认定具有处分意识。[1] 本书主张"大体一致说"，因为"诈骗罪所保护的法益并不是静态的财产控制关系，而是财产作为交换手段、目的达到手段的价值，所以，诈骗罪中的认识错误只能是针对'为什么作出财产处分'的动机错误，而不能是针对'被处分的财产是什么''被处分的财产有多少'等的认识错误。"[2] 在受骗者没有认识到财产的真实价值、数量、重量但认识到处分了一定的财产时，应认为具有处分意识；没有意识到财产的种类、性质而处分的，不宜认为有处分意识，属于窃取行为。有关的指导案例亦支持该标准。

【案例】　　　　　　　　葛某友等诈骗案[3]

葛某友等人在从纺织公司收购碎布料的过程中，先在运输车辆上装入 1.5 吨重的石头给"空车"过磅，随后偷偷把石头卸掉再装载碎布料过磅，然后根据两次过磅结果之差计算车上碎布料重量，使得每次交易均从纺织公司额外运走 1.5 吨碎布料，先后 7 次骗得碎布料共计 10.5 吨，价值 5.25 万元。检察院以盗窃罪起诉，法院认定葛某友等人构成诈骗罪。

（3）交付者具有相应的处分能力。欺骗没有处分财物意思能力的孩童、精神病人交付的，不属于诈骗罪意义上的"交付"，行为人非法获取财物的方式不是骗取，而是窃取。

（4）受骗交付人具有作出财物占有转移处分的权限。受骗交付人和财产损失人可以是不同主体，定性诈骗，关键在于受骗交付人有转移财物占有的处分权限。此即"三角诈骗"，诉讼欺诈是其典型情况。在诉讼诈骗案件中，法官是受骗者和财产处分人，民事被告是财产损失的被害人。《刑法修正案（九）》在《刑法》第 307 条之一增设虚假诉讼罪，其第 3 款规定，有虚假诉讼行为，"非法占有他人财产或者逃避合法债务，又构成其他犯罪的，依照处罚较重的规定定罪从重处罚"。这里的"构成其他犯罪"，一般指构成诈骗罪或者合同诈骗罪。[4] 当然，如果受骗者没有转移财物占有的处分权限，则骗取其"处分"，不是诈骗罪意义上的交付。例如，甲见他人将摩托车停在路边，对乙谎称该车是自己的，请乙把该车推入甲的院子里。乙对该车无处分权限，甲非法占有该车不是骗取，而是利用乙窃取他人财物的间接正犯。

---

[1] 周光权教授在最新版的《刑法各论》中，似乎放弃了严格的处分意识说（参见周光权：《刑法各论》，中国人民大学出版社 2016 年版，第 126 页），转而采纳缓和的处分意识说（参见周光权：《刑法各论》，中国人民大学出版社 2021 年版，第 144 页）。

[2] 袁国何：《诈骗罪中的处分意识：必要性及判别》，载《法学研究》2021 年第 3 期。

[3] 最高人民法院刑事审判第一、二、三、四、五庭主办：《刑事审判参考》（2014 年第 6 集·总第 101 集），法律出版社 2015 年版，第 96~97 页。

[4] 《刑法修正案（九）》对虚假诉讼的具体规定，平息了由《伪造证据答复》（2002）引发的关于"诉讼欺诈通常不能按诈骗罪论处"之争议。

【案例】 **邹某敏替换商家收款二维码案**[1]

2017年2月至3月间，邹某敏先后在商场门口的奶茶店、菜市场等多个街道的店铺、摊位，乘无人注意之机，将上述店铺、摊位上的微信收款二维码调换（覆盖）为自己的微信二维码，从而获取顾客通过微信扫描支付给上述商家的钱款。经查明，邹某敏获取被害人的钱款共计6983.03元。检察院以诈骗罪起诉，但法院认定为盗窃罪。

评析：邹某敏的行为以诈骗罪论处为宜。①行为对象为顾客电子账户中的电子钱币（债权），该电子钱币的占有转移（由顾客账户转移到邹某敏账户），基于顾客以扫码支付方式的交付（处分），符合诈骗罪的行为结构。②被骗交付人（顾客）与蒙受损失人（商家）不是同一人，属于三角诈骗，仍是诈骗性质。③行为不具有盗窃性质。一方面，电子钱币由顾客账户（占有）转移至邹某敏账户（占有），不是邹某敏违背顾客意志窃取的结果，而是顾客处分的结果；另一方面，商家始终都未曾占有过顾客支付的、被非法占有的电子钱币，没有窃取商家占有财物的事实。

【主观】故意，并以非法占有为目的。

【罪量】数额较大。根据《办理诈骗案的解释》（2011）第1条，指诈骗数额在3000～1万元以上。各省、自治区、直辖市高级人民法院、人民检察院可以结合本地区经济社会发展状况，在3000～1万元的数额幅度内，确定本地区执行的具体数额标准。比如，北京市的数额较大标准定在5000元以上。另根据《办理诈骗案的解释》（2011）第5条，诈骗未遂，以数额巨大的财物为诈骗目标的，或者具有其他严重情节的，才应当定罪处罚。电信诈骗，即利用发送短信、拨打电话、互联网等电信技术手段对不特定多数人实施诈骗，具体数额难以查证，但具有下列情形之一的，应认定为《刑法》第266条规定的"其他严重情节"，以诈骗罪（未遂）定罪处罚：①发送诈骗信息5000条以上的；②拨打诈骗电话500人次以上的；③诈骗手段恶劣、危害严重的。

【加重犯】1. 数额巨大或者有其他严重情节。根据《办理诈骗案的解释》（2011）第1条，这里的"数额巨大"，指诈骗数额在3万～10万元以上。

2. 数额特别巨大或者有其他特别严重情节。根据《办理诈骗案的解释》（2011）第1条，《刑法》第266条的"数额特别巨大"，指诈骗数额在50万元以上。

（二）适用

【定罪】司法实践中，应正确认定诈骗罪，将其与民事欺诈准确区分。一般可从欺骗内容、欺骗程度和欺骗结果三个方面予以界分：①欺骗内容。民事欺诈是个别事实或者局部事实的欺骗，诈骗犯罪则是整体事实或者全部事实的欺骗。②欺骗程度。如果行为人采用的欺骗手段达到了使他人产生错误认识并处分财物的程度，构成诈骗罪；如果行为人虽然采用欺骗手段，但并没有达到使他人无对价交付财物的程度，则可能只构成民事欺诈。③欺骗结果，也可以从主观上理解为非法占有目的。民事欺诈行为中，当事人主观上也有谋取不正当利益的目的，但这种利益是通过民事行为实现的；而诈骗犯罪是以非法占有为目的的犯罪，行为人谋取的不是民事行为的对价利益，而是对方当事人的财物。

【案例】 **黄某章被控诈骗无罪案**[2]

2010年11月，黄某章以工厂生产需要资金周转，扩大生产为理由，向被害人林某平借款

---

[1] 福建省石狮市人民法院（2017）闽0581刑初1070号刑事判决书。
[2] 中华人民共和国最高人民法院刑事审判第一、二、三、四、五庭主办：《刑事审判参考》（总第124集），法律出版社2020年版，第61～63页。

共计500万元。2011年4月、6月间黄某章又以同样理由向林某平借款500万元。2011年6月,林某平要求黄某章提供抵押担保,黄某章将伪造的黄金鞋模公司土地证和三本房产证抵押给林某平。2012年5月8日,黄某章再次书写欠条,约定1000万元款于2012年10月8日前还清,并加盖黄金鞋模公司公章,同日黄某章还伪造黄金鞋模公司同意以公司的房地产权证作为抵押的股东会决议,交给林某平。至2012年5月16日,黄某章共归还林某平279.5万元。在本案审理期间,林某平以黄金鞋模公司承担担保责任诉至本院,法院判决黄金鞋模公司向林某平赔偿损失人民币1000万元及利息。后林某平据此参与某执行案件拍卖余款分配,分得173.65万元。

2009年,黄某章以其房产及其弟黄某锋、黄某杨的房产等作为抵押向工商银行莆田市分行申请贷款560万元,至2012年9月24日到期。2012年6月14日,黄某章仍以上述房产为抵押向工商银行莆田市分行申请贷款600万元。次日,黄某章以"其正在申请贷款600万元,手续已经审批"及届时将会用该笔贷款偿还被害人薛某辉为由,向薛某辉借款560万元,并用于偿还其之前在中国工商银行莆田市江口支行的贷款。黄某章于当日写下欠条,并注明以黄金鞋模公司担保。2012年6月18日,黄某章持房产证到房管部门办理解除抵押时,被房管部门发现该房产证系伪造,未能办理解押。工商银行的600万元贷款未能发放。薛某辉无力追回欠款,于同月23日以黄某章诈骗向公安机关报案。一审法院认为,黄某章以非法占有为目的,虚构事实、隐瞒真相,骗取他人财物数额特别巨大,其行为已构成诈骗罪。

二审法院改判黄某章无罪。理由是:"黄某章高息向他人借款,并出具借据,借款资金用于股市投资和偿还银行贷款等合法经营活动。认定黄某章具有非法占有为目的依据不足,其确有虚构部分事实或者隐瞒真相的行为,但其实施这一行为并非为了实现非法占有的目的,故其行为不符合诈骗罪的构成要件,应属于民事欺诈行为,由此与债权人产生的纠纷,应通过民事诉讼方式予以解决,不应予以刑事追究。"

【关联罪】1. 本罪与盗窃罪的区别。要点在于取得他人占有物是否违背他人意志。违背他人意志的,是窃取;不违背他人意志的,是骗取。由于违背他人意志取财违法程度较高,所以,即使使用了诈术,也应认定为窃取。例如,甲、乙素不相识,在公共场合甲谎称有急事"借用"乙手机打电话,乙将手机递给甲,甲乘机携手机溜走。甲是窃取还是骗取?应看甲取得(手机)占有剥夺乙(对手机)占有的关键方式。如果甲未经乙同意(许可)就将手机带走,是窃取。如果甲经乙同意将手机带走,甲带走手机基于乙的同意处分,是合法的;只有甲通过欺骗得乙(同意甲带手机走)的处分,才涉嫌犯罪(诈骗)、排斥盗窃。违背他人意志(不经他人同意)取得他人财物本身就具有非法性,而经他人同意取得他人财物本身不具有非法性,只有存在欺骗时才具有非法性。行为人非法取得他人占有物,不论是否使用了欺骗手段,只要符合窃取特征,表明其行为具有非法性(窃取)且危害性超过了骗取,就应定盗窃,排斥诈骗。虽有"骗"的因素,但属于盗窃而非诈骗的情形还包括:①以驱鬼为由,诱骗对方拿出430元及价值1840元金首饰作为道具,交给甲"施法驱鬼",甲将上述财物用纸包好后,在"施法"过程用事先准备好的相同纸包调换装有财物纸包,待"施法"完毕,将假纸包交还被害人,并嘱咐3日后才能打开,随后将被害人的财物带离现场。②被害人驾车带乙去海边游玩。到达后,被害人欲游泳。乙谎称"我在车里休息,你把车钥匙给我",后趁被害人游泳,将该车开往外地卖给他人。③丙冒充银行客服发送短信,称被害人手机银行即将失效,需重新验证,被害人信以为真,按短信提示输入银行卡号、密码等信息后,又将收到的编号为135423的"验证码"输入手机页面,后发现,其实是将135 423元汇入了乙的银行账户。

【案例】 臧某泉等盗窃、诈骗案[1]

事实1：2010年6月1日，郑某玲骗取被害人金某195元后，获悉金某的建设银行网银账户内有305 000余元存款且无每日支付限额，遂电话告知被告人臧某泉，预谋合伙作案。臧某泉赶至网吧后，以尚未看到金某付款成功的记录为由，发送给金某一个交易金额标注为1元而实际植入了支付305 000元的计算机程序的虚假链接，谎称金某点击该1元支付链接后，其即可查看到付款成功的记录。金某在诱导下点击了该虚假链接，其建设银行网银账户中的305 000元随即通过臧某泉预设的计算机程序，经上海快钱信息服务有限公司的平台支付到臧某泉提前在福州海都阳光信息科技有限公司注册的"kissal23"账户中。

事实2：2010年5月至6月间，臧某泉、郑某玲、刘某分别以虚假身份开设无货可供的淘宝网店铺，并以低价吸引买家。三被告人事先在网游网站注册一账户，并对该账户预设充值程序，充值金额为买家欲支付的金额，后将该充值程序代码植入到一个虚假淘宝网链接中。与买家商谈好商品价格后，三被告人各自以方便买家购物为由，将该虚假淘宝网链接通过阿里旺旺聊天工具发送给买家。买家误以为是淘宝网链接而点击该链接进行购物、付款，并认为所付货款会汇入支付宝公司为担保交易而设立的公用账户，但该货款实际通过预设程序转入网游网站在支付宝公司的私人账户，再转入被告人事先在网游网站注册的充值账户中。三被告人获取买家货款后，在网游网站购买游戏点卡、腾讯Q币等，然后将其按事先约定统一放在臧某泉的"小泉先生哦"的淘宝网店铺上出售套现，所得款均汇入臧某泉的工商银行卡中，由臧某泉按照获利额以约定方式分配。

法院认定，事实1构成盗窃罪，事实2构成诈骗罪。

要旨：行为人利用信息网络，诱骗他人点击虚假链接而实际通过预先植入的计算机程序窃取财物构成犯罪的，以盗窃罪定罪处罚；虚构可供交易的商品或者服务，欺骗他人点击付款链接而骗取财物构成犯罪的，以诈骗罪定罪处罚。

2.《刑法》中规定了数种特殊的诈骗罪名，如《刑法》分则第3章第5节规定的金融诈骗罪中包括8个特殊诈骗罪名：①集资诈骗罪；②贷款诈骗罪；③票据诈骗罪；④金融凭证诈骗罪；⑤信用证诈骗罪；⑥信用卡诈骗罪；⑦有价证券诈骗罪；⑧保险诈骗罪。其他章节还规定有合同诈骗罪和骗取出口退税罪，加上招摇撞骗罪和冒充军人招摇撞骗罪，一共有12个特殊的诈骗罪名。在此，应将诈骗理解为一类犯罪，整体掌握。属于法条竞合犯的，应根据特别法优先的处断原则，按特别条款定罪处罚，排斥第266条诈骗罪的适用。[2] 此外，在贪污罪中也可能含有利用职务之便骗取公共财产的情形，与诈骗罪在使用欺骗手段上也有交叉关系。

3. 诈骗罪（广义的诈骗包含合同诈骗罪、金融诈骗罪等）与商业交易欺诈犯罪的区别。要点是有无交易的形式和内容。许多犯罪尤其是经济犯罪都具有欺诈性，如生产、销售伪劣商品的犯罪（10个）和非法经营罪、虚假广告罪、假冒注册商标罪、假冒专利罪、侵犯著作权

---

[1] 最高人民法院指导性案例第27号。
[2] 《办理诈骗案的解释》（2011）第8条规定："冒充国家机关工作人员进行诈骗，同时构成诈骗罪和招摇撞骗罪的，依照处罚较重的规定定罪处罚。"关于诈骗罪与招摇撞骗罪的关系，存在法条竞合例外说与想象竞合说的对立。比较《刑法》第266条（诈骗罪）和第279条（招摇撞骗罪）不难发现，诈骗罪的法定最高刑为无期徒刑，而招摇撞骗罪的法定最高刑为10年有期徒刑，一般法（诈骗罪）可能重于特别法（招摇撞骗罪）。通说对此的解释是，当招摇撞骗骗取的财物"数额特别巨大"时，从罚当其罪的角度考虑，突破法条竞合犯特别法优先的处断原则，例外地择一重罪（诈骗罪）论处（参见高铭暄、马克昌主编：《刑法学》，北京大学出版社、高等教育出版社2017年版，第530页）。但这样一来，法条竞合犯与想象竞合犯在处断原则上相同，导致两者的区分变得无趣和模糊。所以，也有部分学者主张，直接以想象竞合犯掌握即可。

罪等。但商业活动中的欺诈一般具有交易的形式和内容。例如，在销售货品时以假充真、以次充好，声称卖的是特等大米，结果实际履行的是劣质大米，其中虽然有欺诈，但毕竟还有交易内容和形式，属于生产、销售伪劣产品罪；如果声称出售大米，签订合同、收取预付款后即逃之夭夭，没有交易的内容和形式，则属于合同诈骗罪。又如，声称出售人造金刚石，收到货款后用一袋沙子向客户交货的，就超出了造假、售假的范围，纯属诈骗（合同诈骗）。再如，甲号称可以生产能使水变油的产品，客户买回后使用，发现根本没有这种功效，法院认为，甲构成生产、销售伪劣产品罪，而不是合同诈骗罪。类似的情形还有：①甲打出广告、印制虚假保单，声称能办理汽车保险业务，收取大量客户的保费后开出假的保单，但甲在保单上留有自己的电话，在他那里投保车险的客户遇到问题打电话找来，甲尚能出面应付，进行理赔。甲对客户显然存在欺诈，但法院认为，甲没有非法占有保费的目的，仅是没有承保资格擅自办理保险业务，属于非法经营行为。假如甲在收取保费之后卷款潜逃，其行为即具有诈骗性质。②画家乙临摹了著名画家范某的油画并署上范某的名字，通过画廊以5万元出售给田某，乙非法获利3万元。"制作、出售假冒他人署名的美术作品"属于《刑法》第217条规定的侵犯著作权行为之一，一般不以诈骗罪论处。

有学者将诈骗类犯罪称为"非法占有型诈骗"，而将工商交易中的欺诈犯罪称为"经营型欺诈"，这倒能简明地表示出二者的差异。"经营型欺诈"的特点是有经营的形式和内容，以非法方式"营利"，形象点说是"挂羊头卖狗肉"；"非法占有型诈骗"的特点是没有交易形式和内容，形象点说是"空手套白狼"。

【共犯】根据《办理诈骗案的解释》（2011）第7条和《办理电诈案意见》（2016）第4条第3项、第4项，明知他人实施（电信网络）诈骗犯罪，具有下列情形之一的，以共同犯罪论处，但法律和司法解释另有规定的除外：①提供信用卡、资金支付结算账户、手机卡、通讯工具的；②非法获取、出售、提供公民个人信息的；③制作、销售、提供"木马"程序和"钓鱼软件"等恶意程序的；④提供"伪基站"设备或相关服务的；⑤提供互联网接入、服务器托管、网络存储、通讯传输等技术支持，或者提供支付结算等帮助的；⑥在提供改号软件、通话线路等技术服务时，发现主叫号码被修改为国内党政机关、司法机关、公共服务部门号码，或者境外用户改为境内号码，仍提供服务的；⑦提供资金、场所、交通、生活保障等帮助的；⑧帮助转移诈骗犯罪所得及其产生的收益，套现、取现的；⑨负责招募他人实施（电信网络）诈骗犯罪活动，或者制作、提供诈骗方案、术语清单、语音包、信息等的。

根据《办理电诈案意见》（2016）第3条第5款和《办理电诈案意见（二）》（2021）第11条，事前通谋，明知是（电信网络）诈骗犯罪所得及其产生的收益，实施下列行为之一的，以共同犯罪论处：①通过使用销售点终端机具（POS机）刷卡套现等非法途径，协助转换或者转移财物的；②帮助他人将巨额现金散存于多个银行账户，或在不同银行账户之间频繁划转的；③多次使用或者使用多个非本人身份证明开设的信用卡、资金支付结算账户、收款码、网络支付接口等或者多次采用遮蔽摄像头、伪装等异常手段，帮助他人转账、套现、取现的；④为他人提供非本人身份证明开设的信用卡、资金支付结算账户后，又帮助他人转账、套现、取现的；⑤以明显异于市场的价格，电商平台预付卡、虚拟货币、手机充值卡、游戏点卡、游戏装备等转换财物、套现的；⑥协助转换或者转移财物，收取明显高于市场的"手续费"的。

对于共同犯罪的认定，司法机关在具体掌握上整体趋严。根据《办理电诈案指引》（2018）的规定，重点审查帮助转换或者转移财物行为人是否在诈骗犯罪既遂之前与实施诈骗犯罪嫌疑人共谋，或者虽无共谋但明知他人实施犯罪而提供帮助。对于帮助者明知的内容和程度，并不要求其知悉被帮助者实施诈骗行为的具体细节，其只要认识到对方实施诈骗犯罪行为即可。《断卡行动纪要》（2022）强调了涉"两卡"（即手机卡、信用卡）犯罪案件中诈骗罪共同犯罪与帮助信息网络犯罪活动罪的区分问题：明知他人利用信息网络实施犯罪，仅向他人出租、出售信用卡，未实施其他行为，达到情节严重标准的，可以帮助信息网络犯罪活动罪论处；明知他人实施电信网络诈骗犯罪，（且）参加诈骗团伙或者与诈骗团伙之间形成较为稳定的配合关系，长期为他人提供信用卡或者转账取现的，（才）可以诈骗罪（共同犯罪）论处。

二、敲诈勒索罪

《刑法》第274条　敲诈勒索公私财物，数额较大或者多次敲诈勒索的，处三年以下有期徒刑、拘役或者管制，并处或者单处罚金；数额巨大或者有其他严重情节的，处三年以上十年以下有期徒刑，并处罚金；数额特别巨大或者有其他特别严重情节的，处十年以上有期徒刑，并处罚金。

（一）构成要件

【客体】他人的财产权和自决权。暴力、威胁方法应引起"双重结果"："中间结果"涉及被害人的心理，即暴力、威胁干扰了其意思决定自由；"最终结果"涉及被害人的财产，即其财产损失。[1]

【行为】敲诈勒索公私财物。敲诈勒索，指以暴力、威胁方法迫使他人交付财物。暴力，指实施暴力并表示之后还会继续实施，足以令人产生恐惧心理。暴力既可以直接针对被害人实施，也可以针对第三人实施，但在对第三人实施暴力的情况下，要以对被害人形成胁迫为必要。威胁，指告知对方足以使对方产生惧怕心理的不利后果（恶害）。"恐吓者，将来恶害之通知也。"[2]

1. 告知威胁（不利后果·恶害）的方式和内容没有限定。写"恐吓信"、打"恐吓电话"、托第三人转告等均可。告知威胁的内容，包括对他人及其亲友人身、财产、名誉、家庭安宁、信用、隐私暴露等的不利后果，如告知对方将要绑架他的孩子，烧毁他的房子，曝光对方卖淫嫖娼、通奸的隐私，举报对方犯罪等。

2. 所告知的不利后果，并不要求其内容本身不法。因为敲诈勒索罪是侵犯财产罪，其非法性在于"非法占有财物"，而非威胁内容本身。换言之，关键不在于暴力或者威胁本身是否正当合法，而在于所欲达到的获取财产之目的是否恰当。比如，举报犯罪之"威胁"本身正当合法，但若作为非法占有他人财物的手段，则具有侵犯财产性质。因为被害人有心理压力，不是心甘情愿，其交付财物的意思决定自由受到扭曲。又如，记者以揭露工厂违规排污相威胁索要财物。因为记者并没有权利因工厂违规排污而取财，故其行为具有非法占有的性质和意图，成立敲诈勒索罪。与他人发生纠纷，要求到公安机关解决纠纷或者向法院提起诉讼的，因手段正当且存在解决纠纷的诉求，不成立敲诈勒索罪。

3. 所告知的不利后果能否实际实现、是否亲自实施，在所不问。但是，如果所告知的不利后果由第三人实施，则告知者必须能影响第三人，至少被害人能推测告知者对第三人有影响力。所告知的不利后果来自于灾祸，或者完全不受行为人操控的，不成立敲诈勒索罪，但不排除构成诈骗罪。例如，甲、乙发生口角争执，丙得知后找到乙，谎称自己帮甲传话"若乙不拿出5万元以表歉意，（甲）就找人揍乙"，乙害怕被打，就将5万元给丙托其转交给甲。本例中，是否"找人揍乙"完全不在丙的控制范围内，丙告知乙的所谓"恶害"仅仅是虚构事实，不具有敲诈勒索性。

---

[1] Giovanni Fiandaca, Enzo Musco, *Diritto penale. Parte speciale*, Vol. II, tomo secondo, Bologna, 2019, 156.

[2] 林东茂：《刑法综览》，中国人民大学出版社2009年版，第352页。

4. 威胁的程度,足以令人恐惧、畏惧。一方面,单纯令人感到有压力或者为难的,不是威胁;另一方面,没有达到足以抑制反抗的程度。"恐吓的主要意义在于心理威吓,尚未动用武力。接受讯息之人是否屈服,是否因此将财物或财产利益交出,尚有斟酌余地。"[1] 如果达到足以压制对方反抗的程度,则属抢劫。认定是否达到足以令人恐惧的程度,宜采取客观标准,即足以使一般人感到恐惧。不过,不足以令一般人恐惧的不利后果,如果与其他事情结合产生恐惧效果的,也是敲诈行为。例如,曝光未婚男女约会照,一般人不会在乎,不会感到恐惧、畏惧,但对偶像明星而言,可能使其产生恐惧心理。

【主观】故意,并具有非法占有财物的目的。为行使财产权而使用暴力、威胁手段,不成立敲诈勒索罪。例如,讨债时使用了暴力、威胁手段,虽然方式不当,但缺乏非法占有他人财物的目的,不构成本罪。又如,为讨要高利贷等非法债务,在债务人居住、办公场所喷漆、洒粪便等,是告知恶害,但放贷者有事实性债权,不成立本罪,可以催收非法债务罪等追究其手段行为的罪责。

【罪量】数额较大或者多次敲诈勒索。根据《办理敲诈案解释》(2013) 第 1 条,数额较大,指敲诈勒索数额在 2000~5000 元以上。具有《办理敲诈案解释》(2013) 第 2 条所列情形之一的,如利用或者冒充国家机关工作人员、军人、新闻工作者等特殊身份敲诈勒索,数额较大的标准减半掌握。多次,指 2 年以内敲诈勒索 3 次以上。以"多次"作为入罪根据暗含一前提,即单次或者累计的敲诈勒索所得均未达到数额较大的标准。

【加重犯】本罪有两档加重犯,分别以"数额巨大或者有其他严重情节"和"数额特别巨大或者有其他特别严重情节"为要件。根据《办理敲诈案解释》(2013) 第 1 条,数额巨大,指敲诈勒索数额在 3 万~10 万元以上;数额特别巨大,指敲诈勒索数额在 30 万~50 万元以上。

(二) 适用

【定罪】1. 行使权利与敲诈勒索的界限。我国《刑法》中的敲诈勒索罪属于非法占有他人财物的犯罪,因此,行使或者维护自己的权利,没有严重逾越权利范围非法占有他人财物的,即便使用了非法手段,也不成立本罪。如债权人使用暴力、威胁手段讨债的,被拆迁人采取上访、示威、媒体曝光、举报开发商违法犯罪等方式讨要拆迁补偿费的,民工用堵门堵车方式讨要工资、工程款的,消费者购买到不合格产品以媒体曝光等方式要求退货、赔偿的,均不成立敲诈勒索罪。正如最高人民法院指导案例第 509 号"夏某理等被控敲诈勒索无罪案"的判决所言:"虽然被告人以(举报开发商违法)要挟为手段索赔并获取了巨额钱财,但其索赔是基于在房屋拆迁、坟墓搬迁中享有一定的民事权利提出的,故不足以认定敲诈勒索罪。"[2]

【案例】**王某雨被控敲诈勒索无罪案**[3]

王某雨与张某华经法院判决离婚时,并未就财产分割及子女抚养问题进行处理。后王某雨要求分割夫妻财产,张某华不予理睬。王某雨便以通话、寄信等手段,称若不解决"经济问题",就向检察机关检举揭发张某华的行贿行为。法院认为,王某雨的目的系分割夫妻共同财产,不成立敲诈勒索罪。

不过,如果行使权利或者维权严重脱离权利范围、明显背离权利行使目的,使用威胁手段非法获取他人财产的,因目的和手段都不具有正当性,可能成立敲诈勒索罪。例如,李某购买

---

[1] 林东茂:《刑法综览》,中国人民大学出版社 2009 年版,第 352 页。
[2] 中华人民共和国最高人民法院刑事审判第一、二、三、四、五庭主办:《刑事审判参考》(2008 年第 5 集·总第 64 集),法律出版社 2009 年版,第 50~51 页。
[3] 北京市丰台区人民法院 (2005) 丰刑初字第 1785 号刑事判决书。

几袋"今麦郎"方便面,发现过期且调料包中有结晶,即向方便面厂商索赔450万元,以示对产品质量问题的惩罚。在协商过程中,李某一再向厂商表示"今麦郎"方便面存在汞超标、使用工业用盐、食用后致癌等问题,并声称要在媒体上曝光。一方面,"索赔"数额450万元完全脱离了产品交易价格;另一方面,"种种质量问题"是李某编造和臆想的,其编造虚假质量问题毁损他人商誉的手段不具有不正当性。本例中,李某以曝光不存在的产品质量问题相要挟,索要"天价"赔偿,明显背离了维权索赔的目的,成立敲诈勒索罪。又如,甲在某餐馆就餐时从菜中吃到一个苍蝇,要求餐馆赔偿30万元精神损失费,否则就要组织众人天天到餐馆闹事。顾客吃到苍蝇显然受到损害,有权要求餐厅补偿(如免费换菜或者免单),但索赔30万元明显超出了权利范围、背离权利行使的目的,且其手段(来闹事)也不正当,超出了社会容忍程度,是敲诈勒索。需要注意:虽然顾客索要30万元"天价"赔偿,但如果采取到法院起诉的方式,或者在媒体实事求是地曝光,没有夸张虚构,其手段本身正当或者没有超出社会容忍限度的,不宜认定为敲诈勒索罪。

国外有判例掌握尺度较严,无论行为人客观上是否有权利基础,只要追求不当目的,即可成立敲诈勒索罪,意大利最高法院2011年第43317号判决即为典例。该案被告人是一家摄影公司的负责人,在其开展业务活动的过程中取得了一些体育界、演艺界及经济学界名人的照片。随后,被告人威胁照片所涉名人向其支付"拍摄报酬",否则就在报纸上曝光其照片。米兰地方法院认为,上述行为符合"威胁"的典型特征,构成敲诈勒索罪。但米兰上诉法院指出,那些可能被曝光的名人照片,结合具体情况来看并不具有危害当事人名誉的可能,不会对所谓"被害人"的选择自由造成真正的压力,故不构成敲诈勒索罪。意大利最高法院否定了米兰上诉法院的意见,强调:"向他人提出欲行使本人某项权利的行为,当其旨在追求那些不被法律认可或者不适当的目的时,也会变得违法,同样构成敲诈勒索罪。"

2. 利用他人的过错,索取没有法律根据的财物,是否构成敲诈勒索罪?如商店抓住小偷以"送官法办"威胁小偷,索取被盗物品十倍、百倍的"罚款""赔偿"。关键在于被威胁的小偷意思决定自由是否被扭曲。小偷在"公了"与"私了"之间权衡,如果其认为"私了"有利而宁愿选择高额赔偿,意思决定自由没有被扭曲,则行为人不是敲诈勒索;如果店主抓住小偷不放,强要脱离被盗物品价值的"天价"赔偿,则有敲诈勒索性质。又如,丈夫捉奸并向"奸夫"索要"补偿",如果使用暴力胁迫手段索要,"奸夫"支付赔偿显然违背其意志,则行为具有敲诈勒索性;如果没有使用暴力胁迫手段强要,则具有谅解性质,不成立敲诈勒索罪。再如,情人索要"分手费"的,如果以现实紧迫的重大不利相要挟强要,具有敲诈勒索性质;如果要挟不具有现实紧迫性,未超出社会一般意义的"谈判"范围,则给钱仍是权衡利弊后作出的自主选择,不成立敲诈勒索罪。

以"陈某某敲诈勒索演员吴某某案"为例,法院认为,陈某某的行为分为两个阶段:第一阶段,陈某某在要求对方签订分手补偿协议之时,显然也以披露相关隐私为要挟索财,但对于是否接受等关键要素,吴某某仍有协商余地,客观上双方也达成了分期给付的协议,陈某某的要挟手段对于吴某某并无紧迫性,故总体上仍属于双方自愿的产物;但在第二阶段,陈某某单方违背已达成的协议,要求将钱款一次性给付到位,并以继续曝光吴某某隐私相威胁。与第一阶段相比,第二阶段的胁迫程度具有现实的急迫性,从而导致双方关系由"自愿给付"转化为"强制索要",同时结合陈某某所具有的非法占有目的,可认定其行为性质在此节点发生根本变化,由此满足敲诈勒索罪的入罪条件。

【关联罪】1. 本罪与抢劫罪的区别。要点是暴力程度不同。如果暴力达到了足以压制对方使其不能抗拒、不敢抗拒、不得不交付财物的程度,则是抢劫罪。尚未达到抢劫程度的,是敲诈勒索罪。

【案例】 <center>林某明等敲诈勒索案[1]</center>

2004年6月中旬，在首饰厂工作并住该厂宿舍的覃某发现自己的皮带（价值100余元）失踪，经寻找发现在隔壁宿舍陈某仁的床上，怀疑系其所偷，故将此事告诉同宿舍的工友。次日上午，覃某与同宿舍工友林某明等人找到陈某仁，责问皮带来源并提出要报公司保安部门处理，陈某仁提出要私了，林某明便叫陈某仁一同出外吃早餐并解决该事。吃完早餐后，林某明等人与陈某仁一起回厂。路上，林某明将陈某仁叫到一边并打了他两耳光。陈某仁承认盗窃皮带事实后，林某明又要求其赔偿自己宿舍被盗其他财物的损失，陈某仁表示同意。此后，林某明与同宿舍工友均称失窃了财物，要求陈某仁赔偿5000元并当天交付，陈某仁因现金不足便写下欠条。当天下午，陈某仁交给林某明2000元，被林某明用于与工友吃饭、赌博。检察院以抢劫罪提起公诉。法院认为，林某明既使用了暴力又使用了要挟手段，但被害人主要是因害怕被告发、被单位除名才被迫交出财物，因此，林某明构成敲诈勒索罪。

要点：在使用暴力手段索要财物时，应以是否足以压制被害人反抗，区分敲诈勒索罪与抢劫罪。

2. 本罪与绑架罪的界限。绑架罪是敲诈勒索罪和非法拘禁罪的结合，即以非法拘禁人质的方式向第三人敲诈勒索财物。因此，以扣押人质这种特定方式勒索他人财物的，是绑架罪；声称绑架人质（而实际未实施绑架），并以此相威胁勒索财物的，是敲诈勒索罪。此外，在因捉奸、抓小偷或者与他人发生纠纷时，行为人扣押人质索要财物的，虽然有非法拘禁、索要财物的行为，但不一定都成立绑架罪，尚未对他人形成实力控制或者没有以他人为质向第三人勒索财物的，可考虑以敲诈勒索罪论处。

【案例】 <center>熊某华等人捉奸后索取财物案[2]</center>

2001年1月27日下午，熊某华跟踪其妻子熊某至本市某宾馆大厦内，见其妻在服务台办理房间登记入住手续，便立即打电话约其兄，并由其兄又邀约"民子""宝宝"等3人赶往该宾馆门口会合。5人会面后，即一起闯入该宾馆607房间，发现熊某正和张某某在一起，即对张某某一通拳打脚踢，经鉴定，张某某的损伤程度为轻微伤甲级。之后，熊某华责问张某某如何解决此事，张某某表示不知熊某已婚，并提出给熊某华2万元了结此事。熊某华则表示要了结此事，张某某至少得拿出10万元，威胁张某某立即打电话去筹钱，并强迫张某某当场写下10万元的欠条。张某某只得打电话给朋友黄某某，以自己急需钱用为由，让黄某某送4.5万元到朋友陈某处，再转交给熊某华。嗣后，在熊某华的安排下，由熊某华之兄与"民子"等人将张某某带往江西耐火材料厂附近的一房屋内看押，由"宝宝"前往陈某处取走4.5万元。由于张某某的朋友报案，熊某华被抓获，张某某被放回，其他同案人潜逃。检察院以熊某华犯绑架罪起诉。法院终审认定敲诈勒索罪，判处熊某华有期徒刑5年。

评析：①熊某华等人进门时对"奸夫"一通拳打脚踢，按常情判断应属一时激愤，不能肯定行为目的系勒索财物。②张某某在与其朋友的通话中是"以自己急需用钱为由"让朋友送钱，熊某华等人没有以张某某为质向第三人勒索财物，不是绑架。③作为婚姻关系中被出轨的一方，熊某华向"奸夫"索要"补偿费"，与赌徒向其"手下败将"索要赌债，不能完全同

---

[1] 中华人民共和国最高人民法院刑事审判第一、二、三、四、五庭主办：《中国刑事审判指导案例》（第4卷），法律出版社2017年版，第470~471页。

[2] 中华人民共和国最高人民法院刑事审判第一庭、第二庭编：《刑事审判参考》（2002年第1辑·总第24辑），法律出版社2002年版，第67~68页。

等视之。因为赌债虽不受民法保护，但确系事实性财产权益；而所谓"被出轨补偿费"非但没有法律根据，背后也无事实性债权债务关系作为支撑，即难以认定出轨行为给被出轨方带来了需要用金钱补偿的损害。所以，熊某华向"奸夫"索要"补偿费"，虽属"事出有因"，但不能将"被出轨"之因直接等同于"足以排除非法占有的财产权因素"。如果张某某自愿给付，具有协商谅解性质，不是敲诈勒索；但在张某某不愿给付的情况下，以殴打、扣押方式强要财物的，可成立敲诈勒索罪。

3. 本罪与诈骗罪的区别。诈骗，是通过虚构的事实使他人误解，从而仿佛"自愿"地交付财物；敲诈勒索，则是通过威胁使他人感到恐惧、畏惧而被迫交付财物。两罪在通过被害人"交付"而取得他人财物这点上相同。但诈骗是因为一方欺骗，另一方上当受骗而仿佛自愿交付；敲诈勒索则是一方威胁，另一方因惧怕而被迫交付。这正是敲诈勒索罪的危害性大于诈骗罪的地方。在使用威胁方式勒索财物时，行为人也可能虚构威胁恐吓对方。比如，甲听说乙的孩子失踪了，就打电话给乙谎称："你的孩子在我手里，拿10万元赎人，否则就将其杀掉！"乙为使其子免遭杀害而交付10万元。事实上，甲并没有绑架乙的孩子，其发出的威胁是虚构的，完全具备诈骗罪的要件。不过，两罪并非对立互斥关系。上例中，甲的行为也符合使用威胁手段使人感到恐惧进而索财的特征，通常认为，是想象竞合犯，应择一重罪论处[1]。

【共犯】明知他人实施敲诈勒索犯罪，为其提供信用卡、手机卡、通讯工具、通讯传输通道、网络技术支持等帮助的，以本罪的共犯论处。

第三节 侵占、挪用型犯罪

一、侵占罪

《刑法》第270条 将代为保管的他人财物非法占为己有，数额较大，拒不退还的，处二年以下有期徒刑、拘役或者罚金；数额巨大或者有其他严重情节的，处二年以上五年以下有期徒刑，并处罚金。

将他人的遗忘物或者埋藏物非法占为己有，数额较大，拒不交出的，依照前款的规定处罚。

本条罪，告诉的才处理。

（一）构成要件

【客体】财物的所有权及其他本权。因为侵占罪不侵犯他人占有，所以，其客体只能是他人的所有权及其他本权。

【对象】他人脱离占有之物，包括动产和不动产：①代为保管的他人财物；②他人的遗忘物；③他人的埋藏物。遗忘物，指物主有意放置但因忘记拿走而脱离占有之物。其特征是物主若能及时发现遗忘了物品，能够回想起来遗忘的物品和地点，恢复占有。埋藏物，指埋藏在地下的财物。

侵占的实质是非法占有（他人）"脱离占有物"。本人受托保管物，当然是他人脱离占有物。遗忘物脱离主人占有，但若被第三人占有的，仍属于他人占有物。例如，甲遗忘在机场安检口的手机，落入机场安检的占有下，安检转交失物招领处，又落入失物招领处的占有下，不是脱离占有物。所以，从安检人员处或者失物招领处窃取或者骗取该手机的，是盗窃、诈骗，

---

[1] 一般认为，敲诈勒索罪的危害性较大，故通常以敲诈勒索罪定罪处罚。

不是侵占。埋藏物也需具备脱离占有的特征，才是侵占的对象。例如，在建房时偶然挖到一坛金子或者珍贵文物，据为己有、拒不交还所有人或者国家的，是侵占。埋藏物未必都是脱离占有物，如妻子将丈夫受贿款100万元埋藏于别墅花园中，仍属于他人占有物；他人在野地埋藏储存土豆、大白菜、红薯等，也属于他人占有物。

不法原因的委托物，如帮人行贿的中间人私自截留的贿赂款、受托保管的他人用于非法经营的资金等，可以成为侵占罪的对象。因为无论合法原因委托还是不法原因委托，委托物的所有权都不发生转移；而且，我国《刑法》中的委托物侵占不是背信类犯罪，[1] 不应以委托关系的违法性为由否定侵占罪的成立。例如，某地城乡建设综合执法局中队长甲发现其监察管辖范围的乙无证实施违法建筑，遂要求乙停工等候处理。乙请求丙向甲说情，并委托其将4.5万元贿赂款转送给甲。丙拿到钱后贪念乍起，留下1.5万元，仅将3万元送给甲。对于该1.5万元贿赂款，丙成立侵占罪。[2] 受委托保管的赃物，也可成为本罪的对象，只不过因为明知是赃物而予以保管，行为同时构成掩饰、隐瞒犯罪所得罪，通常以掩饰、隐瞒犯罪所得罪论处。

【行为】将代为保管的他人财物或者遗忘物、埋藏物非法占为己有，拒不退还。非法占为己有，指将脱离占有的他人之物仿佛所有权人一样占有、支配、使用，即侵吞。拒不退还，指经权利人请求之后，仍不退还，包括明确拒绝退还和承诺退还但实际不退还。当然，有时财物占有人因为对请求退还人有合理的根据，怀疑其不是权利人时，可以拒绝退还。相反，权利人提出退还请求，并举证证明自己为权利人时，占有人仍不退还的，构成拒不退还。

拒不退还，具有多重意义：①确证行为人具有非法占为己有的意图；②在侵占非特定物（如现金）的场合，即使行为人已将受托保管或者捡拾的那笔钱用光，只要能以等额现金退还的，就不认为是侵占，因为在此种情形下，行为人意图侵吞还是挪用，难以分辨和证实；③限制刑事处罚范围，以便与刑法惩罚的其他犯罪的危害性相称。行为人可能使用欺骗手段作为拒不退还的借口，比如，谎称未曾发生为他人保管财物之事，或者谎称保管物被盗、抢、丢失、灭失等，以实现非法据为己有的目的，这种情形不是诈骗，而是侵占。

【主观】故意，并具有非法占有目的。

【罪量】数额较大。司法实务一般比照职务侵占罪的立案标准，鉴于《立案标准（二）》（2022年修订）第76条调低了职务侵占罪的立案标准，本罪的入罪起点数额在掌握上也应有所变化。

【加重犯】数额巨大或者有其他严重情节。

（二）适用

【定罪】1.《刑法》规定侵占罪的对象之一是"遗忘物"，因此，捡拾他人遗失物的，属于不当得利，不认为是犯罪。所谓遗忘物，指物主暂时遗忘的物品，其特征是物主"有意放置，忘记拿走"。因为是"有意放置"，物品往往放在适当的地点，如他人家中、衣帽架上、旅馆客房内、他人办公室内、餐馆的桌椅上、商店柜台等处，物主一般会很快回想起来遗忘的物品和地点，恢复控制。而遗失物则往往是由于疏忽而无意识地失落的财物。因为物主在失落时没有意识到，所以物品往往不在适当的地方，物主往往不能确定在何处遗失，自然较难恢复控制。捡拾他人的遗失物据为己有的，不属于侵占行为。不过，应当注意到：在域外刑法中，

---

[1] 我国《刑法》对委托物侵占与遗忘物侵占配置了相同的法定刑，这意味着《刑法》第270条第1款保护的客体并非委托信任关系，而是财物的所有权。参见王钢：《不法原因给付对于认定财产犯罪的影响——立足于财产概念与"非法"占有的考察》，载《法学家》2017年第3期。

[2] 如果丙自始既有非法占有贿赂款的犯意，只是谎称会帮乙转交，以此骗取财物的，是诈骗，而非侵占。

侵占罪的对象之一是"遗失物",范围较广,包含"遗忘物"在内。有的著述按照域外法的理解,不区分遗失物和遗忘物,认为它们均属于侵占罪的对象。关于我国《刑法》中的作为侵占罪对象的"遗忘物"是否包含"遗失物",也有不同的看法。通说认为,我国《刑法》规定侵占罪的对象是"遗忘物",是有意缩小侵占罪的处罚范围。因此,此处遗忘物的概念不同于遗失物的概念,对侵占遗失物的行为,《刑法》不认为成立犯罪。

他人走失的动物,通常认为是遗失物。但他人放养、并未走失的动物,既不属于遗失物,也不属于遗忘物,而是他人占有物,是盗窃罪的对象。

2. 财产性利益可成为侵占罪的对象。将银行卡借给他人使用后,通过挂失方式将银行卡内的他人资金擅自取走的,是侵占行为。

【案例】 **曹某洋侵占案**[1]

2011年10月,曹某洋的邻居王某申与其商定,用曹某洋及其家人的身份证办理4张银行卡供王某申的亲戚张某转账使用,并许诺每张卡给曹某洋200元的"好处费"。办好银行卡后,张某拿走银行卡并设定了密码。2012年2月1日,曹某洋不愿意将其母亲杨某梅名下的招商银行卡给张某使用,遂与杨某梅等人到银行将以杨某梅名义开立的银行卡挂失并冻结了账户内资金,曹某洋在此过程中得知该账户内有50万元。张某得知该银行卡被挂失后,找到曹某洋表示愿意给好处费,但就取消挂失协商未果。后曹某洋、杨某梅以曹某洋名义补办了新银行卡并重新设定了密码,再通过转账将杨某梅账户内的资金转入该新银行卡内。检察院以盗窃罪起诉曹某洋,法院认定构成侵占罪。

评析:本案属于对代为保管物的侵占。①虽然杨某梅名下的银行卡由张某持有,但卡内的资金却随时处于曹某洋及其家人的控制之下,后者可随时将该银行卡挂失从而占有卡内资金,曹某洋亦实施了挂失、补卡及支取资金的行为。②卡内资金属于曹某洋及其家人受委托代为保管的张某的财产性利益。③曹某洋明知杨某梅名下银行卡内的钱是张某存入,仍然私自支取且在张某发现后拒绝了还款请求,具有非法占有他人财产之意图。

【关联罪】 1. 本罪与盗窃罪、诈骗罪的区别。它们都是非法侵犯他人财产的犯罪,都具有非法占有的目的。分析法律要件,它们存在以下差别:①对象范围不同。本罪限于他人的代为保管物、遗忘物、埋藏物,其共同点是他人脱离占有之物;后两罪的对象是他人占有物。②犯意产生的时间不同。本罪中的侵吞犯意产生于已占有他人财物之后,后两罪的犯意产生于占有他人财物之前。③行为方式不同。本罪是将已脱离他人占有之物"侵吞",其不法性不在于改变占有关系而在于非法侵吞;后两罪的不法性在于将他人占有之物转移为自己占有,非法性体现于夺取占有。这是侵占罪的不法程度低于盗窃罪、诈骗罪的原因,也是与后两罪区别的要点。行为人因为受托保管或者因为偶然捡拾遗忘物、发现埋藏物而取得财物占有之后,非法侵吞已经占有之物的,是侵占;行为人非法取得他人财物的占有的,是盗窃、诈骗犯罪。

【案例】 **杨某被控侵占无罪案**[2]

自诉人赵某良(袜厂业主)诉称,自2007年上半年开始,其将袜子分批交由杨某父亲杨某新的定型厂定型。同年8月下旬,其发现有人在出售自己厂里生产的袜子,遂报案。公安机关经侦查发现,系杨某将赵某良交付杨作新定型的袜子盗卖给他人。公安机关追回袜子62包,

---

[1] 中华人民共和国最高人民法院刑事审判第一、二、三、四、五庭主办:《刑事审判参考》(2013年第6集·总第95集),法律出版社2014年版,第119页。

[2] 中华人民共和国最高人民法院刑事审判第一、二、三、四、五庭主办:《刑事审判参考》(2009年第5集·总第70集),法律出版社2010年版,第60~61页。

每包300~500双，价值共计87 420元以上。法院认为，尽管杨某新经营的袜子加工厂在组织形式上系家庭经营，但实际上系由其夫妇共同经营，二人并未将赵某良委托加工的袜子交由杨某保管，杨某对该批袜子未形成事实上的占有，故杨某的盗卖行为不符合侵占罪的构成特征，遂判决杨某无罪。

评析：该批袜子系赵某良委托杨某新夫妇代为保管之物，在夫妇二人的占有之下。杨某的行为其实属于盗窃父母占有的财物，属于亲属相盗类型。根据《办理盗窃案解释》（2013）第8条，被害人即杨某父母不告诉的，一般不追究刑事责任。

关于占有的判断，应熟悉以下情形。他人住宅、办公室、宿舍的财物属于主人占有下的财物，这种占有与主人是否在场无关。其他人（如仆人、客人、前来商谈事务的人、清洁工、同宿舍的人）未经许可拿取主人财物的，不是侵占，而是盗窃。例如，甲受雇于乙家做保姆，乙将出国半年，叮嘱甲看好家。在乙出国期间，甲将乙的财物拿走非法占有，属于盗窃。因为乙住宅里的财物，始终处在乙本人占有之下。再如，钟点工甲按时到乙家干活，乙出去购物，留下钟点工甲一人在家，甲乘机拿走了乙的名贵手表，这也是盗窃。推而广之，企业厂矿区内的生产设备、原材料、办公设备，机关、公司办公室中的办公设备，认为在单位占有之下，车间工人、办公室的职员将其非法据为己有的，应属于窃取，而非侵占。

停车场负有看守职责的保安、职员，不是客户停放车辆的占有者，只是看守者。停放于车场的车辆以及车内之物，均在停车人的占有下，不是脱离占有之物。同理，在火车站雇请"小红帽"之类的人帮助搬运行李、货物等，主人跟随押货押车的，也应认为行李、货物在主人占有之下。搬运工人乘机摆脱货主占有财物的，属于盗窃。

数人对财物共同保管的场合，其中一人未经他人同意变共同占有为单独占有的，构成盗窃罪；共有物由某一人保管，该人出于取得意思将财物转至个人单独占有的，构成侵占罪。

财物不由所有人占有，而由所有人以外的第三人占有的场合，行为人以窃取手段对这种占有关系加以侵害的，也构成盗窃罪。例如，甲、乙同到丙家造访，甲先行告辞，将手机遗忘在丙家的茶几上，乙将该手机拿走，是盗窃，而非侵占。因为该手机处在丙的占有下。只有丙家人据为己有的，可成立侵占。再如，旅客将行李遗忘在客房里，该行李实际处在酒店的占有下。从这个意义上讲，"遗忘物"并非都是侵占的对象，只有脱离了占有的遗忘物才是侵占的对象。其道理简单如同"失物招领处"保管的遗忘物不是侵占的对象。

在公共汽车、大型客轮、火车等凭票即可进入的公共场所，其行李架、货架上放置的财物，如果物主在场，应认为是他人占有之物，不是遗忘物。例如，临时停车时，乘客下车购物、吃饭、观光的，只要还会返回车上，他们放置于行李架上的财物就仍在物主的支配、控制之下；如果物主离去，将行李、物品忘在行李架、货架上，则属于遗忘物，不法取得者可成立侵占罪。

乘客将财物遗忘于出租车的事情也经常发生。出租车司机侵占乘客的遗忘物，是侵占罪。存在争议的是：后上车的乘客拿走先前乘客遗忘在出租车后座上的财物，如何定性？第一种观点认为是盗窃。理由是：其他乘客遗忘在出租车中的财物实际落入司机的占有中，其他乘客拿取，是从第三人（司机）占有下窃取。第二种观点认为，出租车后座属于公共空间，其中的遗忘物不在任何人的占有下，任何发现人都是占有人，非法据为己有的，属于侵占。争论的焦点在于，先前乘客遗忘在出租车后座上的财物是在他人（司机）占有下，还是脱离了任何人的占有？学者多持第一种观点，司法实务较认同第二种观点。本书认为，第一种观点更为合理。小型出租车后座是不是"公共空间"，是永远说不清的问题，关键在于侵占罪扩张适用的利弊。我国《刑法》对侵占罪作了双重限制：一是拒不退还才构罪；二是告诉才处理，基本堵塞了追究侵占罪的可能性。如果无法追究从出租车拿走其他乘客遗忘物的行为，则不利于培育公民尊重他人财产权的规范意识。

另一有争议的问题是：死者对其随身携带之物是否存在占有？对此，要具体分析。杀人者在杀人后当场取走被害人携带财物的，实务中一般以盗窃论。除此以外的情形，通常否认死者对财物的占有，将其随时携带的财物非法占为己有的，应是侵占性质。[1] 如果死者在自己家中，因其家中的财物不属于脱离占有物，入户取其财的，是窃取。

2. 本罪与盗掘古文化遗址、古墓葬罪的界限。我国《刑法》专门规定有盗掘古文化遗址、古墓葬罪，因此，"盗古墓"（清代及其以前的具有重大文化价值的墓葬）不是侵占，而是盗掘古文化遗址、古墓葬罪。普通墓葬中的陪葬品，是否脱离占有之物存在争议。司法上，对这类"盗墓"行为，一般认为是盗窃性质。本书认为，年代久远的"无名墓葬"的陪葬物，应属于脱离占有物；而对于后代仍常去祭奠的墓葬，肯定其中的陪葬品是他人占有物较为妥当。

【告诉才处理】《刑法》第270条第3款规定，犯侵占罪，告诉的才处理。立法的初衷在于限制本罪的处罚范围，给私人自由处分的权利。不过，这实际上很难操作。如果人赃俱获，当事人能把东西拿回来，往往不愿控告。如果不是人赃俱获，东西拿不回来，当事人确实想控告，但又没有证据，想控告也控告不了，因为个人调查、取证在现实中困难重重。基于此，不宜过分扩张侵占罪的适用范围，侵蚀盗窃罪、诈骗罪的成立空间。

此外，告诉才处理的规定使得职务侵占罪与侵占罪的区别变得十分重要。因为如属侵占，国家无权公诉，检察机关、公安机关就得退卷、撤案。所以，公安机关、检察机关在办理涉嫌职务侵占案时，都必须先取得被告人身份的证据。

与立法将本罪设置为亲告罪的初衷相左，我国司法实务对侵占罪存在明显的扩张适用倾向。这种倾向可能与贪污罪的扩张适用有关。我国《刑法》中侵占类犯罪的规定起源于贪污罪，中华人民共和国成立初期的《惩贪条例》（现已失效）规定了一个很大的"贪污"概念，凡国家工作人员利用职务便利侵吞、盗窃、骗取、套取公共财物的，都属贪污。当时的背景是，除国家机关外，大多数厂矿企业等也是公有的，这导致当时贪污罪涵盖的主体、对象、手段都十分宽广。在改革开放之后，非公有制经济蓬勃发展，出于处罚之需要，1995年《全国人民代表大会常务委员会关于惩治违反公司法的犯罪的决定》（现已失效）首次确立了职务侵占罪，将不符合贪污罪主体规定的人员从贪污罪中分离出来，纳入职务侵占罪的范围，故其手段沿袭贪污罪的习惯性理解，包含侵吞、窃取、骗取手段。最后，1997年《刑法》补充规定了侵占罪，用以处罚非职务关系的侵占行为。司法中对贪污、职务侵占手段以及行为人经管的本单位财物之宽泛理解，也渗透到对侵占行为的评价中，可能导致侵占罪适用范围的不当扩张，以致侵蚀到盗窃罪、诈骗罪的成立空间。如前所述，由于《刑法》对侵占行为的刑事追诉设置了双重条件（拒不退还才构罪+告诉才处理），实践中会出现"没证据的愿意控告，但控告不了；有证据能控告的，不愿控告"的矛盾局面，故不宜过分扩张侵占罪的适用范围。具体而言，对侵占罪"已占有他人财物"之前提，应作狭义理解。换言之，适用本罪，应绝对排斥破坏他人占有的窃取、骗取手段。

---

[1] 此时，可能涉及对《刑法》第270条第2款中"遗忘物"的扩大解释，即不限于物主"有意放置，忘记拿走"之物，而是包括"非基于物主本意而脱离占有之物"。类似主张参见张明楷：《刑法学》（下），法律出版社2021年版，第1266页；周光权：《刑法各论》，中国人民大学出版社2021年版，第159页。

二、职务侵占罪[1]

《刑法》第271条 公司、企业或者其他单位的工作人员,利用职务上的便利,将本单位财物非法占为己有,数额较大的,处三年以下有期徒刑或者拘役,并处罚金;数额巨大的,处三年以上十年以下有期徒刑,并处罚金;数额特别巨大的,处十年以上有期徒刑或者无期徒刑,并处罚金。

国有公司、企业或者其他国有单位中从事公务的人员和国有公司、企业或者其他国有单位委派到非国有公司、企业以及其他单位从事公务的人员有前款行为的,依照本法第三百八十二条、第三百八十三条的规定定罪处罚。

(一) 构成要件

【客体】公司、企业或者其他单位的财物所有权。

【对象】因职务关系而占有、经管的本单位财物。

【主体】特殊主体,限于公司、企业或者其他单位的人员(以下简称"单位人员"),但不包括《刑法》第271条第2款之国家工作人员。单位人员如果属于依法从事公务的国家工作人员,则是贪污罪的主体。其他单位的人员包括村委会、居委会中的非国家工作人员及村民小组组长等。单位人员,通常是单位雇用、聘用的人员,既包括正式职工、合同工,又包括临时工。即使用工合同到期之后未续签,只要行为人仍在实际行使职责,即可成为本罪的主体。非单位人员受单位委托经手、保管单位财物的,是侵占罪的主体,不是本罪的主体。

关于单位是否包括没有法人资格的私营合伙企业,是否包括个体经营户,学界存在争议。本书认为,这里的"单位"是被害人,不应受单位犯罪之"单位"概念的约束,而应作广义或者扩张的理解,包括各种雇用、聘用人员的经济实体。换言之,职务侵占罪之职务,应理解为行为人临时或者长期受雇于他人从事某种职业活动的业务工作,不必拘泥于被害人是不是严格意义的单位。这种理解的意义在于限缩侵占罪的适用范围,有利于维护经济体的利益,增进对雇员的信任。

【行为】利用职务上的便利,将本单位财物非法占为己有。利用职务上的便利,指利用本人职务上主管、负责、经管财物的便利,或者利用在职务上有隶属关系的单位其他人员的职务便利。如经理主管公司的全面工作,具有管理、支配、使用单位财物的职务;会计、出纳负有经管单位现金的职责;保管员具有管理、经手单位财物的职责等。

该职务便利是否要求具有"管理性",要求有多大程度的管理性?掌握的标准不尽一致。我国在1995年《全国人民代表大会常务委员会关于惩治违反公司法的犯罪的决定》(现已失效)中才确立职务侵占罪。在本罪确立之初,因循贪污罪职务便利的理解,认为不包括劳务、劳动工作产生的便利。对这些从事劳务性工作的单位人员侵占经手单位财物的,往往以盗窃罪论处。但随着时间的推移,对职务侵占罪之"职务"的理解,逐渐呈现扩大的趋向。单位人员不论其职务有无管理性,都属于本罪之"职务"。

需要注意的是,《办理贪贿案解释》(2016)将职务侵占罪"数额较大"的起点由原来的5000元至1万元调整为6万元,"数额巨大"的起点调整为100万元,尽管《立案标准(二)》(2022年修订)第76条将入罪起点调低至3万元,本罪与盗窃罪、诈骗罪在定罪量刑标准上仍然存在较大"落差"。以《办理贪贿案解释》(2016)的颁布为契机,学界开始反思因循贪污罪解释职务侵占罪的思路,尝试限缩职务侵占、扩张盗窃与诈骗。具体到"利用职务

---

[1] 本罪经《刑法修正案(十一)》修改。

上的便利"这一要素，即是将之与"利用工作上的方便"严格区分。前者以利用单位委托其负责、主管、经管单位财物的职务之便为限。这种职责与侵占罪中的"保管"之责相同。不具有这种职责的单位人员，仅仅利用在单位工作，使用劳动工具、搬运货物等经手、过手单位财物的便利，或者利用熟悉单位环境、方便出入、易获信任的便利，非法占有本单位财物的，不属于"利用职务上的便利"，应定性为盗窃、诈骗，而非职务侵占。[1] 最高人民检察院、公安部虽然于 2022 年 4 月修改了《立案标准（二）》，将本罪"数额较大"的起点由 6 万元降为 3 万元，但与盗窃罪、诈骗罪的罪量标准仍有较大差距，故仍需延续适当限缩职务侵占罪的基本思路，严格解释"利用职务上的便利"。

相应地，本罪中的"占为己有"，限于将本人或者在本人支配控制下的其他人员负责、主管、经管的本单位财物侵吞。《刑法》第 271 条没有具体表述占为己有的手段，但因循第 270 条侵占罪（而非第 382 条贪污罪）的规定，应具有"侵吞受托保管物"的根本属性，排斥对他人占有物的窃取、骗取行为。

【主观】故意，并具有非法占有单位财物的目的。

【罪量】数额较大。根据《立案标准（二）》（2022 年修订）第 76 条，指职务侵占在 3 万元以上。

【加重犯】本罪有两档加重犯，分别以"数额巨大"和"数额特别巨大"为要件。

（二）适用

【关联罪】本罪与侵占罪、贪污罪、盗窃罪、诈骗罪之间的关系。以往司法扩张适用职务侵占罪，缩小适用盗窃罪、诈骗罪。认为职务侵占罪包含利用职务便利"窃取""骗取"单位财物的行为，与盗窃罪、诈骗罪属于法条竞合犯，应优先适用职务侵占罪定罪处罚，排斥盗窃罪、诈骗罪的适用。其源头是惩治贪污罪的规定和司法实践，自 1952 年《惩贪条例》（现已失效）中确立贪污罪名始，国家工作人员利用职务上便利"侵吞、盗窃、骗取、套取"公共财物的，以贪污论，排斥盗窃等罪名的适用。1995 年《全国人民代表大会常务委员会关于惩治违反公司法的犯罪的决定》（现已失效）首次确立职务侵占罪名，其适用一直因循着一种惯性思维：利用职务便利窃取、骗取公司、企业等单位财产，因不具有国家工作人员主体身份不能定贪污罪的，以职务侵占罪论处。最高人民法院发布的一系列指导案例也遵循上述界分尺度，第 452 号"贺豫松职务侵占案"[2] 和第 516 号"刘宏职务侵占案"[3] 均为典例。

以往司法尺度实际上是将职务侵占罪理解为"非国家工作人员贪污"，而非"单位人员侵占"。这种理解没有法条和法理根据，且面临着不得不改的现实。首先，从体系解释看，《刑法》第 382 条明文规定贪污含"窃取""骗取"方式，但《刑法》第 271 条却没有明文表述职务侵占含"窃取""骗取"方式，此二法条文字表述的差异当属立法者有意为之而非疏漏，说明职务侵占罪不包含"窃取""骗取"行为有法律文本上的根据。其次，《刑法》中职务侵占罪（第 271 条）规定于侵占罪（第 270 条）之后，表明二者关联更紧密。从文义解释来看，侵占罪之法律要点在于将自己占有的他人财物非法侵吞，在仅获取"所有"不夺取"占有"的意义上，不法程度低于盗窃、诈骗，故侵占罪不能包含"窃取""骗取"。职务侵占罪作为侵

---

[1] 参见阮齐林、温建康：《职务侵占罪与盗窃罪之比较研究》，载《人民检察》2017 年第 9 期。

[2] 火车站行包房装卸工贺豫松当班装卸旅客托运行李包裹时，用掏芯手段窃取电脑、手机、电磁炉等价值 45 871 元。

[3] 公司仓库有两个门锁，刘宏和刘某各持有一把钥匙，刘宏使用本人所持钥匙，并撬开另一把门锁，窃得公司财物，价值 56 209 元。

占罪的特别类型，应当同样具有不夺取"占有"的侵吞属性，且不法程度低于盗窃、诈骗，不能包含"窃取""骗取"行为。最后，刑法评价也说明，职务侵占罪不法程度低于盗窃、诈骗。《刑法修正案（十一）》虽将职务侵占罪的法定刑与盗窃罪、诈骗罪拉平，但司法解释确立的入罪数额起点仍明显高于后两者。在刑法规范上，职务侵占罪的不法程度远远低于盗窃、诈骗，而在刑法适用上却认为职务侵占罪包含"窃取""骗取"方式，以低度不法包含高度不法形成的"倒挂"式执法，违背法理情理。因此，必须调整以往职务侵占罪的司法尺度，严格限缩其适用范围。一方面，严格区分"利用职务上的便利"和"利用工作上的方便"；另一方面，严格区分"侵吞本人经管、主管、负责的单位财物"和"窃取、骗取他人经管、主管、负责的单位财物"。

有必要重新梳理职务侵占罪与侵占罪、贪污罪、盗窃罪、诈骗罪之间关系。职务侵占罪应为侵占罪的特别类型，而非贪污罪的一般类型。换言之，职务侵占罪与侵占罪是法条竞合关系，与盗窃罪、诈骗罪是对立互斥关系。据此，单位存放于车间、库房、料场、货架、行包房、金库等处的财物，由厂主、店主或者车间、库房、料场等主管负责人以及门卫、保安占有；封缄于行李、包裹内的财物，同时还在主人占有下。单位人员利用工作便利窃取、骗取上述财物的，属于窃取、骗取他人占有物，成立盗窃罪、诈骗罪，排斥职务侵占罪的适用。二人以上共同保管的单位财物，应认为是全体保管人共同占有的财物，保管人之一窃取、骗取的，也属于对他人占有的侵犯，成立盗窃罪、诈骗罪，不成立职务侵占罪。以新尺度审查"贺豫松职务侵占案"和"刘宏职务侵占案"，盗窃罪的定性更为准确。

【共犯】与单位人员勾结，利用单位人员的职务便利，共同将该单位的财物非法占为己有，数额较大的，以职务侵占罪的共犯论处。

三、挪用资金罪[1]

《刑法》第 272 条　公司、企业或者其他单位的工作人员，利用职务上的便利，挪用本单位资金归个人使用或者借贷给他人，数额较大、超过三个月未还的，或者虽未超过三个月，但数额较大、进行营利活动的，或者进行非法活动的，处三年以下有期徒刑或者拘役；挪用本单位资金数额巨大的，处三年以上七年以下有期徒刑；数额特别巨大的，处七年以上有期徒刑。

国有公司、企业或者其他国有单位中从事公务的人员和国有公司、企业或者其他国有单位委派到非国有公司、企业以及其他单位从事公务的人员有前款行为的，依照本法第三百八十四条的规定定罪处罚。

有第一款行为，在提起公诉前将挪用的资金退还的，可以从轻或者减轻处罚。其中，犯罪较轻的，可以减轻或者免除处罚。

（一）构成要件

【客体】公司、企业或者其他单位资金的使用权和收益权。

【对象】公司、企业或者其他单位资金。资金，指以货币、金融票证、有价证券等形式存在的财产，包括人民币、外国货币以及支票、股票、国库券等金融票证、有价证券。这类财产的特点是具有流通性或者可直接兑现成货币。筹建公司临时账户上的资金，属于公司资金。

【主体】特殊主体，限于公司、企业或者其他单位的人员，不包括《刑法》第 272 条第 2 款规定之国家工作人员。单位人员如果属于依法从事公务的国家工作人员，则是挪用公款罪的主体。本罪主体限于个人，不包括单位。因此，为了本单位利益，集体研究决定或者负责人决定将单位资金借给他人使用的，不构成本罪。例如，厂长为了本厂的利益，把资金挪给工商局

---

[1] 本罪经《刑法修正案（十一）》修改。

长的亲戚做生意,实质上是单位行为,不宜以本罪论处。

【行为】利用职务上的便利,挪用单位资金归个人使用或者借贷给他人。挪用,指不按照单位资金正常的用途和资金使用权限程序使用资金。违反资金用途和程序的正当性是挪用的两个必要特征。

挪用本单位资金归个人使用或者借贷给他人,根据《立案标准(二)》(2022年修订)第77条第2款,包括下列情形:①将本单位资金供本人、亲友或者其他自然人使用的;②以个人名义将本单位资金供其他单位使用的;③个人决定以单位名义将本单位资金供其他单位使用,谋取个人利益的。

【案例】 **张某中被控挪用资金无罪案**[1]

1997年3月,张某中与泰康公司董事长陈某1、中期公司董事长田某1商定,用泰康公司的4000万元资金申购新股谋利。同年3月27日,泰康公司的4000万元资金转至物美集团关联公司卡斯特投资咨询中心在国泰证券公司北京方庄营业部开设的股票账户,张某1根据张某中的安排具体负责申购新股。为规避风险,泰康公司计财部与卡斯特投资咨询中心签订了委托投资国债协议及抵押合同。同年7月,因中国人民银行检查,张某中、陈某1与田某1商定,再从泰康公司转出5000万元至中期公司所兼管的河南国投公司。河南国投公司将4000万元转至卡斯特投资咨询中心账户,用于向泰康公司归还前次4000万元款项。同年8月19日,卡斯特投资咨询中心归还了泰康公司4000万元。同年9月3日、9日,卡斯特投资咨询中心和河南国投公司又分两次共归还泰康公司5000万元。法院认为,张某中与陈某1、田某1共谋,并利用陈某1职务上的便利,将陈某1所在泰康公司4000万元资金转至卡斯特投资咨询中心股票交易账户进行营利活动的事实清楚,证据确实。但原判认定张某中挪用资金归个人使用、为个人谋利的事实不清、证据不足。故原判认定张某中的行为构成挪用资金罪,属于认定事实和适用法律错误,应当依法予以纠正。

要点:资金在单位之间流转,反映的是单位与单位的资金往来,认定"归个人使用"进而成立挪用资金罪,必须同时具备"个人决定"与"为个人谋利"两个要件。

【主观】故意,但不具有非法占有单位资金的目的。

【罪量】挪用资金用于不同活动的,立法为其匹配了不同的罪量要求:

1. 挪用资金数额较大,超过3个月未归还。通常称为"超期未还型",包括3个条件:①数额较大。根据《立案标准(二)》(2022年修订)第77条,指5万元以上。②挪用时间超过3个月。③尚未归还,即案发前未归还。挪用资金后尚未投入实际使用的,只要同时具备"数额较大"和"超过3个月未还"之要件,即应认定为挪用资金罪,但可酌情从轻处罚。

2. 挪用资金数额较大,进行营利性活动。通常称为"营利活动型",包括2个条件:①数额较大。根据《立案标准(二)》(2022年修订)第77条,指5万元以上。②进行营利性活动。包括挪用资金存入银行,用于集资、购买股票、国债等,挪用资金归个人用于公司、企业注册资本验资证明。"营利活动型"不以超期未还为入罪条件。

3. 挪用资金进行非法活动。通常称为"非法活动型",不以超期未还为入罪条件,而且,挪用资金数额在3万元以上的,即可追究刑事责任。

【加重犯】《刑法修正案(十一)》调整了本罪的法定刑配置,由原来的两档增加为三档,同时,删除了原法条第1款中"数额较大不退还"的加重事由。修订后的挪用资金罪包含两档加重犯,分别以"数额巨大"和"数额特别巨大"为要件。

---

[1] 最高人民法院(2018)最高法刑再3号刑事判决书。

(二) 适用

【关联罪】1. 本罪与挪用公款罪的区别。要点在于行为主体是否属于国家工作人员。

2. 本罪与职务侵占罪的区别。要点在于是否具有非法占有目的。本罪仅以临时使用单位资金为目的，打算归还，侵犯的是单位资金的管理使用权和收益权；职务侵占罪则以非法占有为目的，侵犯的是单位财物的所有权。此外，两罪的对象范围也不尽相同。本罪的对象限于单位资金；职务侵占罪的对象则无此限制，只要是单位财物即可。

【处罚】考虑到民营企业发展和内部治理的实际情况，出于追赃和保护涉案企业财产的需要，[1]《刑法修正案（十一）》在《刑法》第 272 条第 3 款增设从宽处罚的规定。行为人在提起公诉前将挪用的资金退还的，可以从轻或者减轻处罚；其中，犯罪较轻的，可以减轻或者免除处罚。

四、挪用特定款物罪

《刑法》第 273 条 挪用用于救灾、抢险、防汛、优抚、扶贫、移民、救济款物，情节严重，致使国家和人民群众利益遭受重大损害的，对直接责任人员，处三年以下有期徒刑或者拘役；情节特别严重的，处三年以上七年以下有期徒刑。

（一）构成要件

【客体】国家关于特定款物专用的财经管理制度。

【对象】特定款物，指用于救灾、抢险、防汛、优抚、扶贫、移民、救济款物。另根据最高人民检察院的相关批复，失业保障金、下岗职工基本生活保障金，以及预防、控制突发传染性疫情等灾害的救灾、优抚、救济等款物，也属于特定款物。款物，包括资金和物资。

【主体】经管特定款物的单位。

【行为】挪用特定款物。挪用，指不经合法批准，擅自将经管的特定款物改作他用。但本条的"挪用"，只是改变了特定款物的指定用途，排斥挪归个人使用。因为挪归个人使用，触犯更重的挪用公款罪或者挪用资金罪。照此理解，本罪之挪用，实为改变了特定款物的指定用途，将之挪作其他公用的单位行为。常见的情形如用于经济开发、经商、修建"面子"工程等。

【结果·罪量】致使国家和人民群众利益遭受重大损害，情节严重。根据立案标准，包括下列情形：①挪用特定款物价值在 5000 元以上；②造成国家和人民群众直接经济损失数额在 5 万元以上；③虽未达到上述数额标准，但造成人民群众的生产、生活严重困难。这只是立案追诉的最低要求，实际中掌握的标准可能高得多。

【主观】故意，即明知是特定款物而改变其指定用途，挪作他用。

（二）适用

【关联罪】本罪与挪用公款罪的区别。要点在于是否挪归个人使用。如果挪归个人使用，即使是特定款物，也应以挪用公款罪论处，并且根据《刑法》第 384 条第 2 款从重处罚；将特定款物挪用于非指定用途和非个人使用的，才属于本罪之"挪用"。例如，某地遭水灾，国家拨了 3 亿元救济款，有关领导没有将之发放给灾民或者投入到救济救灾活动中，而是拿去盖县委礼堂、宿舍、招待所等，严重影响灾民生活。盖县委礼堂、集体宿舍、招待所，都是公共的用途或者非个人使用，没有挪归个人使用，所以，不构成挪用公款罪，只能以本罪论处。如果不是特定款物，这种挪作其他公用的行为只是违反专款专用的财经纪律问题。正因为是特定款物，即使不是挪归个人使用，也可作为犯罪处理。

---

[1] 参见许永安主编：《中华人民共和国刑法修正案（十一）解读》，中国法制出版社 2021 年版，第 273 页。

第四节 毁坏、拒付型犯罪

一、故意毁坏财物罪

《刑法》第275条 故意毁坏公私财物，数额较大或者有其他严重情节的，处三年以下有期徒刑、拘役或者罚金；数额巨大或者有其他特别严重情节的，处三年以上七年以下有期徒刑。

（一）构成要件

【客体】公私财产的安全。如果毁坏财物的行为危害公共安全，则可能成立更为严重的危害公共安全类犯罪。

【对象】公私财物，指一切作为财产所有权的标的物，包括动产和不动产，也包括动物。本罪是毁财犯罪的基本类型。对于《刑法》另有规定之物，如机器设备，耕畜，界碑，界桩，永久性测量标志，国家机关公文、证件、印章，珍贵文物等，对其毁损成立特别的毁损罪。

【行为】毁坏公私财物。毁坏，指造成公私财物效用减少、丧失的行为。包括：①造成财物物理性或外形损伤，导致财物效用减损，如砸毁车辆、刺破轮胎，撕毁字画，用油墨油漆喷涂他人建筑物、汽车、广告牌、字画等。②造成财物灭失，如将钻戒抛入大海，将汽车弃于荒漠，放飞他人宠物鸟，将他人池鱼放跑入湖海，将牛奶倾倒，或者虽然没有造成物理或外形破坏，但导致被害人丧失对该财物的占有、利用，蒙受损失。③其他造成财物效用、价值减少、丧失的行为，如低价抛售他人股票造成他人财产损失，将粪便投入他人餐具使其不愿再用该餐具等。

【主观】故意，并自始至终没有对他人财物经济价值占有利用的意思。尤其是夺取他人占有物后毁损的，排除占有利用意思非常重要。例如，甲冲到乙家将乙的电脑搬到户外砸毁，若自始没有占有利用意思，则虽有入户夺取行为，仍然是毁损性质；若自始以非法占有为目的，入户取得电脑，出户时遭遇户主，为毁灭证据而砸毁的，是盗窃性质。又如，擅自操作他人股票账户，低抛高吸，造成他人财产损失的，因没有非法占有目的，构成故意毁坏财物罪；相反，非法操作他人股票账户与自己交易，低抛高吸，造成他人损失而自己从中获利的，具有非法占有目的，应以盗窃罪定罪处罚。

【罪量】数额较大或者有其他严重情节。根据《立案标准（一）》（2008）第33条，包括下列情形：①造成公私财物损失5000元以上；②毁坏公私财物3次以上；③纠集3人以上公然毁坏公私财物；④其他情节严重的情形。故意毁坏公私财物未达到上述程度的，按民事侵权案件处理。

【加重犯】数额巨大或者有其他特别严重情节。

（二）适用

【关联罪】毁损型犯罪与非法占有型犯罪的区别。要点是行为人对财物有无利用意思。单就危害性而言，毁损行为使他人的财产权遭到无可挽回的损害，重于非法占有型犯罪，但是法律后果却明显较轻。原因在于：毁损型犯罪一般"损人不利己"，没有强烈的诱惑力驱使人去犯这种罪，往往是"事出有因"，所以，罪责较轻且不需要重刑遏制。反之，盗窃、抢劫等非法占有型犯罪"损人利己"，有强烈的驱动力，其罪责较重且需要较重刑罚阻遏。两类犯罪罪责处罚轻重有别，也是法律识别的实益和要点。从他人占有下夺取财物毁损的，若能排除占有利用的意思，则只承担毁损的罪责；否则，应科以非法占有型犯罪的罪责。

以非法占有为目的，窃取、抢取他人财物后，消费、使用、赠与、毁灭的，属于非法占有他人财物后对赃物的处分行为，这种后续行为通常已包含在对盗窃罪、抢劫罪等非法占有型犯罪的评价之中，不再另行处罚。所以，也被称为"事后不可罚的行为"。以毁损他人财物为目的（能排除占有利用意思），暗中或公然毁坏他人财物的，只以故意毁坏财物罪等毁损型犯罪论处。例如，甲将乙价值数万元的名贵手表强行从手腕上捋下，掷于地毁之，通常以故意毁坏财物罪论处。不能认为甲从乙腕上捋下手表，同时构成抢劫罪，这与非法占有他人财物又出于某种原因而毁弃的性质不同。

二、破坏生产经营罪

《刑法》第276条 由于泄愤报复或者其他个人目的，毁坏机器设备、残害耕畜或者以其他方法破坏生产经营的，处三年以下有期徒刑、拘役或者管制；情节严重的，处三年以上七年以下有期徒刑。

（一）构成要件

【客体】工农业生产经营活动和生产工具、生产资料的安全。

【对象】机器设备、耕畜以及其他生产工具、生产资料。

【行为】毁坏机器设备、残害耕畜或者以其他方法破坏生产经营。其他方法，指毁坏机器设备、残害耕畜之外，足以妨害生产经营活动，危及生产工具、资料、设施等安全的方法，如毁坏种植大棚等农业生产设施，毁坏种子、禾苗，切断电源导致停工停产等。

【主观】故意，并具有泄愤报复或者其他个人目的。其他个人目的，主要指逃避劳动、谋求私利或者其他非法利益等目的。

【加重犯】情节严重。

（二）适用

【定罪】《刑法》第276条虽未明确规定罪量要求，但根据《立案标准（一）》（2008）第34条，具有下列情形之一的，才立案追诉：①造成公私财物损失在5000元以上；②破坏生产经营3次以上；③纠集3人以上公然破坏生产经营；④其他破坏生产经营应予追究刑事责任的情形。

【关联罪】1. 本罪与故意毁坏财物罪的界限。两罪是法条竞合关系。破坏生产经营的行为同时造成财物毁损的，依照特别法优先的处断原则，以本罪论处，排斥故意毁坏财物罪。本罪的对象通常是用于生产经营的机器设备、耕畜、生产资料、种子或者禾苗等。因此，破坏与生产经营无关的设备不构成本罪的，可以故意毁坏财物罪定罪处罚。这里的"生产经营"，限于工农业生产活动，所以，毁坏商场设备、商品，影响商业经营活动的，不构成本罪，可能成立故意毁坏财物罪。

2. 本罪与放火罪、爆炸罪、破坏电力设备罪、破坏易燃易爆设备罪等危害公共安全罪的区别。要点在于是否足以危害公共安全。如果使用放火、爆炸等危险方法破坏生产经营，并危害公共安全的，或者毁坏特定的公共设施（如电力设备、易燃易爆设备），并危害公共安全的，应以相应的危害公共安全罪定罪处罚。

【案例】**窦某故意毁坏财物案**

歌手窦某对《新京报》的报道不满，到该报社交涉未果，一怒之下将报社内的电视、电脑等摔砸在地。当晚6点左右，窦某在报社门前，向一记者的丰田牌轿车泼洒汽油，随后点火烧车。此后窦某拨打"110"电话自首。法院认定，窦某的行为构成故意毁坏财物罪，但鉴于犯罪情节轻微、自首、主动向被害方赔礼道歉、积极赔偿损失，有悔罪表现，免予刑事处罚。

要点：放火烧车不足以引起危害公共安全的火灾的，不构成放火罪，但不排除成立故意毁坏财物罪。

总之，毁损型犯罪主要有三类（种）：第一类（种）是放火罪、破坏电力设备罪等危害公共安全的犯罪；第二类（种）是破坏生产经营罪，破坏界碑、界桩罪，破坏永久性测量标志罪，故意损毁文物罪，故意损毁名胜古迹罪等；第三类（种）是故意毁坏财物罪。如果行为可能触犯这三类（种）罪，应依次审查，最后考虑定故意毁坏财物罪。

三、拒不支付劳动报酬罪

《刑法》第 276 条之一 以转移财产、逃匿等方法逃避支付劳动者的劳动报酬或者有能力支付而不支付劳动者的劳动报酬，数额较大，经政府有关部门责令支付仍不支付的，处三年以下有期徒刑或者拘役，并处或者单处罚金；造成严重后果的，处三年以上七年以下有期徒刑，并处罚金。

单位犯前款罪的，对单位判处罚金，并对其直接负责的主管人员和其他直接责任人员，依照前款的规定处罚。

有前两款行为，尚未造成严重后果，在提起公诉前支付劳动者的劳动报酬，并依法承担相应赔偿责任的，可以减轻或者免除处罚。

【客体】劳动者获取报酬的权利。

【主体】一般主体。不具备用工资格的单位或个人（包工头），可成为本罪的主体。[1]

【行为】以转移财产、逃匿等方法逃避支付劳动者的劳动报酬或者有能力支付而不支付劳动者的劳动报酬。劳动者的劳动报酬，根据《拒不支付劳动报酬刑案解释》（2013）第 1 条，指劳动者依照《劳动法》等法律的规定应得的劳动报酬，包括工资、奖金、津贴、补贴、延长工作时间的工资报酬及特殊情况下支付的工资等。

本罪是纯正不作为犯，不履行向劳动者支付报酬的义务，即是本罪的实行行为。对支付义务的不履行，可以表现为：①以转移财产、逃匿等方式[2]逃避支付；②有能力支付而不支付。

【主观】故意。

【罪量】1. 经政府有关部门责令支付仍不支付。为了限制刑事处罚范围，立法为本罪设置了"政府有关部门责令支付"的前置条件。只有经政府有关部门责令支付仍不支付的，才构成本罪。根据《拒不支付劳动报酬刑案解释》（2013）第 4 条，经人力资源社会保障部门或者政府其他有关部门依法以限期整改指令书、行政处理决定书等文书责令支付劳动者的劳动报酬后，在指定的期限内仍不支付的，应当认定为"经政府有关部门责令支付仍不支付"，但有证据证明行为人有正当理由未知悉责令支付或者未及时支付劳动报酬的除外。行为人逃匿，无法将责令支付文书送交其本人、同住成年家属或者所在单位负责收件的人的，如果有关部门已通过在行为人的住所地、生产经营场所等地张贴责令支付文书等方式责令支付，并采用拍照、录像等方式记录的，应视为"经政府有关部门责令支付"。

2. 数额较大。对于"数额较大"，《立案标准（一）补充规定》（2017）第 7 条第 1 款延续《拒不支付劳动报酬刑案解释》（2013）第 3 条"期限+数额"与"人数+数额"二选一的模式，规定了 2 种情形：①拒不支付 1 名劳动者 3 个月以上的劳动报酬且数额在 5000 元至 2 万元以上的；②拒不支付 10 名以上劳动者的劳动报酬且数额累计在 3 万元至 10 万元以上的。另根

---

[1] 最高人民法院指导性案例第 28 号"胡克金拒不支付劳动报酬案"。

[2] 根据《拒不支付劳动报酬刑案解释》（2013）第 2 条，转移财产、逃匿等方式，具体包括：①隐匿财产、恶意清偿、虚构债务、虚假破产、虚假倒闭或者以其他方法转移、处分财产；②逃跑、藏匿；③隐匿、销毁或者篡改账目、职工名册、工资支付记录、考勤记录等与劳动报酬相关的材料。

据《立案标准（一）补充规定》（2017）第7条第2款，不支付劳动者的劳动报酬，尚未造成严重后果，在刑事立案前支付，并依法承担相应赔偿责任的，可不予立案。

【加重犯】造成严重后果。根据《拒不支付劳动报酬刑案解释》（2013）第5条，包括下列情形：①造成劳动者或者其被赡养人、被扶养人、被抚养人的基本生活受到严重影响、重大疾病无法及时医治或者失学的；②对要求支付劳动报酬的劳动者使用暴力或者进行暴力威胁的；③造成其他严重后果的。

第六章

妨害社会管理秩序罪

妨害社会管理秩序罪,指妨害国家机关对社会的管理活动,破坏社会正常秩序,情节严重的行为。社会管理秩序是个含义十分广泛的概念,《刑法》中规定的各类犯罪都从不同方面破坏了社会管理秩序,本章犯罪所侵犯的社会管理秩序是一种除国家安全、公共安全、经济秩序等以外的狭义的社会管理秩序。本章犯罪共分9节。

第一节 扰乱公共秩序罪

一、妨害公务罪·袭警罪

《刑法》第277条 以暴力、威胁方法阻碍国家机关工作人员依法执行职务的,处三年以下有期徒刑、拘役、管制或者罚金。

以暴力、威胁方法阻碍全国人民代表大会和地方各级人民代表大会代表依法执行代表职务的,依照前款的规定处罚。

在自然灾害和突发事件中,以暴力、威胁方法阻碍红十字会工作人员依法履行职责的,依照第一款的规定处罚。

故意阻碍国家安全机关、公安机关依法执行国家安全工作任务,未使用暴力、威胁方法,造成严重后果的,依照第一款的规定处罚。

暴力袭击正在依法执行职务的人民警察的,处三年以下有期徒刑、拘役或者管制;使用枪支、管制刀具,或者以驾驶机动车撞击等手段,严重危及其人身安全的,处三年以上七年以下有期徒刑。

(一)构成要件

1. 妨害公务罪。

【客体】合法公务的正常执行。执行职务的活动必须具有合法性,妨害没有合法性的职务活动的,不成立本罪。但是,国家机关工作人员执行职务在形式上有细枝末节缺陷的,不属于违法执行公务。

【对象】本罪的对象包括:①正在依法执行职务的国家机关工作人员;[1] ②正在依法执行代表职务的全国及地方各级人民代表大会代表;③在自然灾害和突发事件中正在依法履行职责的红十字会工作人员。

【行为】本罪的行为包括:

(1)以暴力、威胁方法阻碍国家机关工作人员依法执行职务。所谓暴力,是指对正在依

---

[1] 包括《刑法》第93条第1款规定的人员以及全国人大常委会《渎职罪主体解释》(2002)中的人员。另根据2000年4月24日最高人民检察院《妨害公务罪认定批复》,依照法律、行政法规的规定执行行政执法职务的国有事业单位人员以及国家机关中受委托从事行政执法活动的事业编制人员,也可成为本罪的对象。

法执行职务的国家机关工作人员进行袭击或者人身强制，如殴打、捆绑、伤害、禁闭等。这里的暴力，只要足以阻碍执行职务即可成立。不仅包括直接施加于国家机关工作人员人身的暴力，也包括针对其间接施用的暴力。例如，在城管执行扣押时，当着城管的面将被押物品砸毁或者朝城管脚下猛掷石块。所谓威胁，指以使国家机关工作人员产生畏惧的心理、不敢依法执行职务为目的，告知当场或将对其加害的情形，加害的内容通常为对国家机关工作人员本人或者亲属的人身侵害，或者对其财产、名誉的侵害等。加害的内容只要足以使人产生畏惧心理就能成立威胁，至于是否因此而实际使国家机关工作人员产生了畏惧心理，在所不问。

（2）以暴力、威胁方法阻碍人大代表依法执行代表职务。《全国人民代表大会和地方各级人民代表大会代表法》（2015）第5条第1款规定："代表依照本法的规定在本级人民代表大会会议期间的工作和在本级人民代表大会闭会期间的活动，都是执行代表职务。"

（3）在自然灾害和突发事件中，以暴力、威胁方法阻碍红十字会工作人员依法履行职责。自然灾害，指由于自然力的破坏作用而发生的致使人的生命、财产遭受重大损害或危险的情况，如地震、洪水、海啸、山崩等自然现象造成的破坏或危险。突发事件，指由于人为的原因所发生的严重危及不特定多数人生命、健康的紧急状态，如战争冲突、暴乱、骚乱、重大疫情等。

（4）使用暴力、威胁以外的方法，阻碍国家安全机关、公安机关的人员依法执行国家安全任务，造成严重后果。使用暴力、威胁以外的方法，主要指公民和组织依法有义务提供便利条件或者其他协助，拒不提供或者拒不协助，也包括欺骗国家安全机关、公安机关，干扰办案等行为。造成严重后果，一般指使国家安全工作任务受挫，未能及时制止、侦破危害国家安全的犯罪，致使严重危害国家安全的犯罪分子漏网、脱逃等情形。

【主观】故意，即明知是国家机关工作人员、人大代表、红十字会工作人员、国家安全机关工作人员正在依法执行职务，而以暴力、威胁或者其他方法阻碍，希望迫使其停止执行职务或者改变执行职务。如果不知其正在执行职务，或者虽明知但不意在阻碍其执行职务，而是基于其他目的，则不构成本罪。构成其他犯罪的，按其触犯的罪名定罪处罚。例如，甲见乙、丙二人挟持其弟丁，以为二人在欺负丁，上前就对乙、丙进行殴打致轻伤。事后才知乙、丙为执行公务的国家安全机关工作人员，正在扭送有犯罪嫌疑的丁。甲因缺乏妨碍公务的故意，不成立本罪。

2. 袭警罪[1]。

【客体】合法警务的正常执行和人民警察的人身安全。

【对象】正在依法执行职务的人民警察。包括治安警察、交通警察、司法警察等各类警察。暴力袭击正在单独执行职务的辅警的，既不构成本罪也不构成妨害公务罪，因为辅警不具有执法主体资格，单独执行职务时不属于执行公务。[2] 警察在场，袭击正在配合警察执行职务的辅警的，是妨害公务但不是袭警。正在依法执行职务，指民警正在依法履行《人民警察法》第6条规定的职责。根据《人民警察法》第19条，民警在非工作期间遇有紧急情况，应当履行职责，因此，不分是否在工作期间、工作场所，民警只要在依法履行职责的，即可成为本罪的对象。民警因其履职行为在事后遭到报复的，不适用本罪。

【行为】暴力袭击正在依法执行职务的民警。暴力袭击不仅包括人身攻击，也包括对物体

---

[1] 本罪由《刑法修正案（十一）》增设。
[2] 参见杨万明主编：《〈刑法修正案（十一）〉条文及配套〈罪名补充规定（七）〉理解与适用》，人民法院出版社2021年版，第280页。

施加暴力。[1] 常见的情形如对民警人身施加撕咬、踢打、抱摔、投掷等有形力，或者打砸、毁坏、抢夺民警正在使用的警用车辆、警械等警用装备。暴力的程度应与民警正在执行的公务之性质、样态等存在某种相当关系。一般认为，需达到使民警不能执行职务或者执行职务明显有困难的程度。若不问暴力程度，只要暴力袭警即成立本罪，则有悖于本罪意在保证民警正常执法的立法本意，且与《刑法》对其他妨害公务行为的处罚失衡。

【主观】故意，即明知民警正在依法执行职务而以暴力袭击。

【加重犯】《刑法修正案（十一）》在增设袭警罪时，为该罪设置了加重犯。使用枪支、管制刀具，或者以驾驶机动车撞击等手段，严重危及民警人身安全的，处3年以上7年以下有期徒刑。严重危及人身安全，指可能造成执行职务的民警、有关人员人身伤亡的情形。具有这种危险是适用升格法定刑的条件。在采取"驾驶机动车撞击等手段"的情况下，如果行为人主观上没有危及民警人身安全的故意、客观上不足以造成人身伤亡，则不构成本罪的加重犯。例如，甲发现前方查酒驾，急倒车试图躲避，隐蔽于其后路旁的警车冲出拦截，甲的车尾与警车车头发生碰撞。但甲在倒车时并未发现后方有警车，而且，车辆碰撞轻微，不足以危及车内民警的人身安全，甲不构成袭警罪，更谈不上构成加重犯。

（二）适用

【定罪】1. 对于群众因提出合理要求不能满足，或者对政策不理解，或者因执行职务者态度生硬而与国家机关工作人员发生争吵、顶撞、纠缠的，不宜视为妨害公务罪。即使对于蛮不讲理、干扰公务执行的行为，也应根据其危害程度，确定是给予治安管理处罚还是以本罪追究刑事责任。司法实务认定妨害公务行为构成犯罪，通常需要具有较为严重的危害程度。暴力行为造成执行公务人员轻微伤以上结果的，或者阻碍公务执行造成较严重后果的，是立案追究刑事责任的一般尺度。

2. 暴力阻碍民警执行职务，情节显著轻微危害不大的，可适用《治安管理处罚法》（2012年修正）第15条予以处罚。

【关联罪】1. 妨害公务罪与袭警罪的关系。一般认为，二者是法条竞合关系，前者是一般规定，后者是特别规定，暴力袭击正在依法执行职务的民警，以袭警罪排斥妨害公务罪的适用。对正在依法执行职务的民警虽未实施暴力袭击，但以暴力相威胁的，或者使用暴力、威胁以外的方法，阻碍民警依法执行国家安全任务，造成严重后果的，未触犯袭警罪的特别规定，可适用一般规定，以妨害公务罪定罪处罚。

2. 妨害公务罪、袭警罪与《刑法》中其他包含妨害公务内容的犯罪之关系。前两罪是一般规定，其他罪（如抗税罪、劫夺被押解人员罪、组织越狱罪、暴动越狱罪、扰乱法庭秩序罪、破坏监管秩序罪等）是特别规定，根据法条竞合的原理，应优先适用特别规定。此外，聚众阻碍解救被收买的妇女、儿童罪及煽动暴力抗拒法律实施罪往往具有教唆妨害公务的性质，也应适用专门规定处罚，不以妨害公务罪或者袭警罪的教唆犯论处。但根据《刑法》第242条第2款，首要分子以外的其他参与者，使用暴力、威胁方法实施聚众阻碍解救被收买的妇女、儿童活动的，可以妨害公务罪或者袭警罪论处。

3. 妨害公务罪、袭警罪与故意伤害罪、故意杀人罪等的界限。对执行职务的国家机关工作人员进行事后报复的，不是妨害公务罪、袭警罪。区别的关键在于行为的特定场合。前两罪实行于国家机关工作人员正在执行职务之时；后几罪实行于执行职务结束以后。对后者，构成

---

[1] 杨万明主编：《〈刑法修正案（十一）〉条文及配套〈罪名补充规定（七）〉理解与适用》，人民法院出版社2021年版，第277页。

什么罪，按什么罪处罚。如杀伤国家机关工作人员的，按照故意伤害罪、故意杀人罪论处；故意毁损财物构成犯罪的，按照故意毁坏财物罪论处。

【罪数】1. 妨害公务罪的暴力无法容纳故意伤害致人重伤或者杀害的行为，如果以严重程度相当于杀伤的暴力方式阻碍执行职务，造成公务人员伤亡的，则另构成故意伤害罪或者故意杀人罪，与妨害公务罪想象竞合，从一重罪处断。在造成轻伤结果的场合，仍以妨害公务罪为重，只需以妨害公务罪论处。

2. 使用枪支、管制刀具，或者以驾驶机动车撞击等手段妨害民警执行职务，造成人身伤亡或者重大财产损失，同时构成故意伤害罪、故意杀人罪或者以危险方法危害公共安全罪的，与袭警罪（加重犯）想象竞合，择一重罪论处。

3. 在犯罪过程中，以暴力、威胁方法抗拒公务人员检查，通常以所犯之罪与妨害公务罪或袭警罪数罪并罚。例如，在走私过程中以暴力、威胁方法抗拒缉私的，以走私罪与妨害公务罪（或者袭警罪）数罪并罚（第157条第2款）；又如，犯《刑法》分则第3章第1节之生产、销售伪劣商品罪（共10个罪），暴力抗拒缉查的，也实行数罪并罚。但法律有特别规定的，例外不并罚。例如，在组织偷越国（边）境、运送他人偷越国（边）境犯罪中，以暴力、威胁方法抗拒检查的，该暴力、威胁抗拒检查行为作为加重情节而不并罚；还有走私、贩卖、运输、制造毒品，暴力抗拒缉查的，也是作为加重情节而不并罚。但是，如果故意杀伤缉查人员，则需与故意杀人罪、故意伤害罪数罪并罚。

二、煽动暴力抗拒法律实施罪

《刑法》第278条　煽动群众暴力抗拒国家法律、行政法规实施的，处三年以下有期徒刑、拘役、管制或者剥夺政治权利；造成严重后果的，处三年以上七年以下有期徒刑。

（一）构成要件

【客体】国家法律、行政法规的正常实施。

【行为】煽动群众暴力抗拒国家法律、行政法规实施。煽动，指以鼓动性言词或文字引导、劝诱、挑动、促使群众实施某种行为。煽动行为的对象是不特定群众，人数至少在3人以上。煽动的内容必须是要他人用暴力抗拒国家法律、行政法规实施，没有煽动使用暴力的，不构成本罪。煽动群众采取暴力方式对抗法令实施，具有扰乱公共秩序的性质，可以本罪追究刑事责任，不问被煽动的群众是否实际实施了被煽动的内容。

【主观】故意。

【加重犯】造成严重后果。一般指所煽动的暴力行为导致人身伤亡、财产损失，导致社会动荡不安、公共秩序混乱，或者严重妨碍了法律、行政法规实施。

（二）适用

【关联罪】本罪与煽动分裂国家罪、煽动颠覆国家政权罪的区别。要点是犯罪目的和煽动内容不同。本罪以阻碍某项法律、行政法规实施为目的，煽动群众使用暴力抗拒该项法律、行政法规的实施；后两罪则是以分裂国家或者倾覆国家政权和社会主义制度为目的，煽动民族分裂、地方割据或者煽动推翻人民民主专政政权和社会主义制度。

三、招摇撞骗罪

《刑法》第279条　冒充国家机关工作人员招摇撞骗的，处三年以下有期徒刑、拘役、管制或者剥夺政治权利；情节严重的，处三年以上十年以下有期徒刑。

冒充人民警察招摇撞骗的，依照前款的规定从重处罚。

（一）构成要件

【行为】冒充国家机关工作人员招摇撞骗。冒充国家机关工作人员，指冒充国家机关中依法从事公务的人员的身份或者职位。既可以是非国家机关工作人员冒充国家机关工作人员，如工人、农民、待业人员、脱逃犯冒充国家机关干部；也可以是一般国家机关工作人员冒充具有特定职位的上级国家机关工作人员。如果冒充的不是国家机关工作人员，而是普通党员、高干子弟或者战斗英雄、劳动模范等进行诈骗活动的，不构成本罪。所谓招摇撞骗，就是利用假冒的身份或者职位，到处炫耀，进行种种欺骗活动，往往具有多次性和连续性的特点。

【主观】故意，并以骗取某种非法利益为目的。本罪的表现形式多种多样，既包括骗取钱财，也包括骗取荣誉称号、政治待遇、职位、学位、经济待遇、城市户口等。如果不具有获取某种非法利益的目的，不构成本罪。

【加重犯】冒充国家机关工作人员招摇撞骗，情节严重的，是本罪的加重犯。一般指骗取财产数额巨大，手段特别恶劣，严重损害国家机关信誉和被害人利益，或者一贯招摇撞骗，屡教不改等情形。

(二) 适用

【关联罪】1. 本罪与诈骗罪的区别。本罪限于以冒充国家机关工作人员的方式骗取各种利益，既包括财产性利益，也包括非财产性利益；诈骗罪的对象以财物和财产性利益为限，并且要求达到一定数额，但不必以冒充国家机关工作人员的方式骗取。如果行为人以冒充国家机关工作人员的方式招摇撞骗，骗取了包括财产在内的各种利益，则应择一重罪论处。例如，招摇撞骗数额特别巨大的财物的，以诈骗罪定罪处罚。

2. 根据司法经验，行为人冒充正在执行公务的人民警察"抓赌""抓嫖"，没收赌资或者罚款的行为，构成犯罪的，以招摇撞骗罪从重处罚；在实施上述行为时使用暴力或者暴力威胁的，以抢劫罪定罪处罚。

【案例】 梁某珍招摇撞骗案[1]

2001年11月，梁某珍与王某相识，梁某珍谎称自己是安徽省公安厅刑警队重案组组长，骗得王某与其恋爱并同居。为骗取王某及其家人、亲戚的信任，梁某珍先后伪造了安徽省公安厅文件、通知、荣誉证书、审查登记表，印制了职务为池州市公安局副局长的名片和刑警执法证，购买了仿真玩具手枪，盗取了警服、警帽等。在骗取王某及其家人、亲戚的信任后，梁某珍以种种谎言骗得王某家人及亲戚现金39 750元。2002年5月，梁某珍又冒充安徽省公安厅刑警，骗取另一受害人张某与其恋爱并发生性关系。后以请人吃饭为由，骗取张某现金500元。2002年8月，梁某珍冒充池州市公安局副局长前往潜山县，骗取了该县人大、公安局有关领导的信任，陪同其游玩。法院认为，梁某珍多次冒充人民警察招摇撞骗，骗取钱款及其他非法利益，严重妨害了国家机关的正常管理活动，侵犯了公民的合法权益，情节严重，已构成招摇撞骗罪，判处其有期徒刑10年。

四、伪造、变造、买卖国家机关公文、证件、印章罪·盗窃、抢夺、毁灭国家机关公文、证件、印章罪·伪造公司、企业、事业单位、人民团体印章罪·伪造、变造、买卖身份证件罪

《刑法》第280条 伪造、变造、买卖或者盗窃、抢夺、毁灭国家机关的公文、证件、印章的，处三年以下有期徒刑、拘役、管制或者剥夺政治权利，并处罚金；情节严重的，处三年以上十年以下有期徒刑，并处罚金。

伪造公司、企业、事业单位、人民团体的印章的，处三年以下有期徒刑、拘役、管制或者剥夺政治权利，并处罚金。

---

[1] 中华人民共和国最高人民法院刑事审判第一、二、三、四、五庭主办：《中国刑事审判指导案例》（第5卷），法律出版社2017年版，第12~13页。

伪造、变造、买卖居民身份证、护照、社会保障卡、驾驶证等依法可以用于证明身份的证件的，处三年以下有期徒刑、拘役、管制或者剥夺政治权利，并处罚金；情节严重的，处三年以上七年以下有期徒刑，并处罚金。

（一）构成要件

1. 伪造、变造、买卖国家机关公文、证件、印章罪。

【对象】国家机关的公文、证件、印章。公文，指以国家机关的名义制作的，用于联系公务、指导工作、处理问题的书面文件，包括指示、决议、通知、命令、决定、请示报告、信函、电文等。这些公文都是以制作公文的国家机关的名义，加盖该国家机关的公章发布的，或者以指定的负责人的名义代表该国家机关签发的。证件，指国家机关制作、颁发的用以证明身份、职务、权利义务关系或其他有关事项的凭证，如工作证、结婚证、户口迁移证、营业执照等。印章，指国家机关刻制的以文字、图记表明主体同一性的公章、专用章等。它们是国家机关行使职权的符号和标记。用于国家机关公务的私人印鉴、图章，也视为公务印章。国家机关中使用的与其职权无关的印章，不属于公务印章，如收发室表示物品收讫的印章。

【行为】伪造、变造、买卖。

（1）本罪之伪造，在狭义上讲，指没有制作权限的人冒用国家机关名义制作国家机关公文、证件、印章。这被称为"有形伪造"。另外，还应当肯定有制作权限的人以国家机关名义制作内容虚假的公文、证件、印章的，即所谓"无形伪造"也属于本罪之伪造。因为《刑法》将"变造"国家机关公文、证件、印章的行为也规定为犯罪，意味着《刑法》希望对国家机关公文、证件、印章予以较为严密的保护，将无形伪造包含在本罪伪造的范围内，符合该立法本意。伪造的程度，达到足以使人认为是国家机关的公文、证件、印章即可，不必要求主体（制作机关的名称）完全一致，也不必要求伪造的外观与真实的完全一致。例如，行为人伪造一份名为"北京市海淀区公安局"的公文，盖有"北京市海淀区公安局"字样的印章，尽管与真实名称"北京市公安局海淀分局"不一致，但只要足以使人认为是海淀区公安分局公文即可。擅自制作不存在的国家机关证件、印章的，能否认定为本罪的伪造？对此有肯定说和否定说的对立。肯定说认为，"由于本罪的法益是国家机关公文、证件、印章的公共信用，而（上述）印章所显示的是国家机关，故上述行为客观上侵犯了国家机关印章的公共信用，宜认定为伪造国家机关印章罪"。[1] 否定说认为，本罪成立的前提"是该公文、证件、印章有真实的机关存在"，虚构机关之名伪造的，不成立本罪。[2] 否定说似乎是我国司法实务的通说。

（2）本罪之变造，指没有制作权限的人非法改变国家机关公文、证件部分内容，使其产生不同的证明效果。

（3）本罪之买卖，指出售和购买行为，通常认为有出售或购买行为之一即可。买卖的对象，通常是形式完整的国家机关公文、证件、印章。如果形式上存在明显残缺、起不到相应的证明作用，不属于本罪的对象。最高人民检察院研究室《买卖空白边境证答复》（2002）指出："对买卖尚未加盖发证机关的行政印章或者通行专用章印鉴的空白《中华人民共和国边境管理区通行证》的行为，不宜以买卖国家机关证件罪追究刑事责任。国家机关工作人员实施上述行为，构成犯罪的，可以按滥用职权等相关犯罪依法追究刑事责任。"此外，买卖的对象不限于真实的国家机关公文、证件、印章。例如，1998年12月29日全国人大常委会《惩治外汇犯罪的决定》第2条规定，买卖伪造、变造的海关签发的报关单、进口证明、外汇管理部门核

---

[1] 张明楷：《刑法学》（下），法律出版社2021年版，第1361页。
[2] 周道鸾、张军主编：《刑法罪名精释》（下），人民法院出版社2013年版，第689页。

准件等凭证和单据或者国家机关的其他公文、证件、印章的，依照《刑法》第280条的规定定罪处罚。这种立场值得赞同，实务中也有对买卖伪造的汽车牌照之行为以买卖国家机关证件罪处罚的案例。

【主观】故意，即明知是国家机关的公文、证件、印章而有意伪造、变造、买卖。

【加重犯】情节严重。主要指伪造、变造、买卖重要国家机关的公文、证件、印章；多次或者大量伪造、变造、买卖国家机关的公文、证件、印章；因其伪造、变造、买卖公文、证件、印章行为而严重损害国家机关的利益和声誉；伪造、变造、买卖公文、证件、印章，意图用于其他严重犯罪或者牵连其他犯罪等情形。

2. 盗窃、抢夺、毁灭国家机关公文、证件、印章罪。

【对象】国家机关的公文、证件、印章。本罪的对象限于国家机关制作的公文、证件、印章。盗窃、抢夺、毁灭伪造、变造的公文、证件、印章的，不构成本罪。

【行为】盗窃、抢夺、毁灭。本罪之毁灭，指使国家机关的公文、证件、印章丧失证明效用的行为，如撕毁公安机关制作的讯问笔录，朝政府刚刚张贴的拆迁公告上泼墨致使公告完全无法辨认等。

【主观】故意，即明知是国家机关的公文、证件、印章而盗窃、抢夺、毁灭。

【加重犯】情节严重。主要指多次或者大量盗窃、抢夺、毁灭国家机关公文、证件、印章；盗窃、抢夺、毁灭国家机关重要的公文、证件、印章；造成恶劣政治影响或者重大经济损失；盗窃、抢夺、毁灭国家机关公文、证件、印章进行其他违法犯罪活动等情形。

3. 伪造公司、企业、事业单位、人民团体印章罪。

【对象】公司、企业、事业单位、人民团体的印章。本罪之印章，指公司、企业、事业单位、人民团体刻制的以文字、图记表明其主体同一性的印章或某种特殊用途的专用印章。伪造印章，包括伪造印信和印文。伪造非国家机关单位的文书、证件的，不构成犯罪，但在文书、证件上伪造了印文的，应以本罪论处。

【行为】伪造。变造、买卖、盗窃、抢夺、毁灭公司、企业、事业单位、人民团体印章的，不构成犯罪。

【主观】故意。

4. 伪造、变造、买卖身份证件罪。

【对象】居民身份证、护照、社会保障卡、驾驶证等依法可以用于证明身份的证件。居民身份证和护照是专门的身份证件，社会保障卡与居民身份证使用同一号码，驾驶证使用身份证号码作为识别码。这几类证件都具有权威性、统一性、广泛性。其他依法可以用于证明身份的证件，指与《刑法》明文列举的证件在权威性、统一性、广泛性方面相当的证件。现阶段，应按照本条明文列举的4类证件掌握，除此之外不宜以本罪论处；必要时，可适用《刑法》第280条第1款、第2款定罪处罚。[1]

【行为】伪造、变造、买卖。

【主观】故意。

【加重犯】情节严重。主要指大量伪造身份证件，伪造身份证件出售获利巨大，伪造、变造身份证件造成严重危害后果等情形。

---

[1] 雷建斌主编：《〈中华人民共和国刑法修正案（九）〉释解与适用》，人民法院出版社2015年版，第256~257页。

(二) 适用

【定罪】1. 根据司法解释，下列情形以伪造、变造、买卖国家机关公文、证件、印章罪定罪处罚：①伪造、变造、买卖海关签发的报关单、进口证明、外汇管理机关的核准件等凭证或者购买伪造、变造的上述凭证的；[1] ②伪造、变造、买卖林木采伐许可证、木材运输证件，森林、林木、林地权属证书，占用或者征用林地审核同意书、育林基金等缴费收据以及其他国家机关批准的林业证件构成犯罪的；[2] ③伪造、变造、买卖机动车入户、过户、验证的有关证明文件的；[3] ④伪造、变造、买卖机动车行驶证、登记证书，累计3本以上的。[4] 另外，根据最高人民检察院法律政策研究室《政府临时性机构公文答复》(2003) 的规定，伪造、变造、买卖各级人民政府设立的行使行政管理权的临时性机构的公文、证件、印章，构成犯罪的，也应以伪造、变造、买卖国家机关公文、证件、印章罪追究刑事责任。

2. 目前，社会上伪造高等院校学历、学位证明牟利的活动较为严重，假文凭泛滥。但是，假文凭属于事业单位文书，不在伪造国家机关公文罪的规制范围内，导致法律适用上的困惑。针对这种情况，《办理高等院校学历证明刑案解释》(2001) 规定，对于伪造高等院校印章制作学历、学位证明的行为，应当依照《刑法》第280条第2款的规定，以伪造事业单位印章罪定罪处罚。明知是伪造高等院校印章制作的学历、学位证明而贩卖的，以伪造事业单位印章罪的共犯论处。据此，惩治伪造、帮助伪造"假文凭"行为，必须以伪造高等院校印章为前提。

【共犯】伪造国家机关公文、证件、印章往往需要一定的技能，方能达到以假乱真的程度，社会上常见的情形是，行为人专门从事伪造公文、证件、印章的活动牟利，并形成一个"地下"行业。对这类情形以伪造国家机关公文、证件、印章罪或者伪造身份证件罪论处自无争议，这种地下行业的"从业人员"，除伪造者外，往往还有街头揽活、送活、收费的辅助人员，对这些购销的辅助活动，也应评价为伪造的共犯，同样争议不大。但是，伪造的共犯与买卖行为的界分，争议较大，值得探讨。首先，对购买"制成品"的，因为没有提供样式等参与伪造行为，不能以伪造的共犯论处，只能考虑是否成立买卖国家机关公文、证件、印章罪。但是，学界在该罪是否包含"伪造品"上，存在分歧，本书持肯定的观点。其次，对于伪造行业的相对方（即买方）既有"购买"行为又有一定的"伪造"（帮助）行为的，应认定为伪造行为（共犯）还是买卖行为（单独犯）？对此，司法实务做法不一，有的案件认定为伪造国家机关公文、证件、印章罪（单独犯），[5] 有的案件则以伪造国家机关公文、证件、印章罪的共犯论处。[6]

【罪数】1. 伪造、变造、买卖国家机关公文、证件、印章而后使用的，其使用行为可能又构成其他犯罪，如诈骗罪、招摇撞骗罪、骗购外汇罪等，属于典型的手段行为与目的行为的牵连犯，择一重罪处断。这种类型的牵连犯及其处断原则在我国学说和实务上得到广泛认可。例如，伪造、变造海关签发的报关单、进口证明、外汇管理部门核准件等凭证和单据，并用于骗

---

[1]《审理外汇刑案解释》(1998) 第2条。
[2]《审理森林资源刑案解释》(2000) 第13条。
[3]《机动车案规定》(1998) 第6条。
[4]《办理机动车相关刑案解释》(2007) 第2条。但是，伪造民用机动车号牌的，不成立本罪。
[5] 参见《梅某某诈骗、伪造公文、印章案》，载刘家琛主编：《新刑法案例评析》（下），人民法院出版社2002年版，第1029页。
[6] 参见《刘某伪造居民身份证、伪造国家机关印章案》，载胡云腾主编：《刑法条文案例精解》，法律出版社2004年版，第410页。

购外汇的,以骗购外汇罪从重处罚。[1]

2. 行为人为实施诈骗等犯罪而伪造或者购买国家机关公文、证件、印章,未能着手实行诈骗犯罪即案发的,该行为既属于诈骗罪的预备行为,又属于伪造、买卖国家机关公文、证件、印章罪的实行行为,一般以实行行为定罪处罚。统观案件事实,只有伪造或者购买一个行为,故属于想象竞合犯(一罪的实行行为同时是另一罪的预备行为),而非牵连犯。

五、使用虚假身份证件、盗用身份证件罪

《刑法》第280条之一 在依照国家规定应当提供身份证明的活动中,使用伪造、变造的或者盗用他人的居民身份证、护照、社会保障卡、驾驶证等依法可以用于证明身份的证件,情节严重的,处拘役或者管制,并处或者单处罚金。

有前款行为,同时构成其他犯罪的,依照处罚较重的规定定罪处罚。

【行为】在依照国家规定应当提供身份证明的活动中,使用伪造、变造的或者他人的居民身份证、护照、社会保障卡、驾驶证等依法可以用于证明身份的证件。使用、冒用行为必须发生在国家规定应当提供身份证明的活动中。例如,《居民身份证法》(2011年修正)第14条第1款规定,有下列情形之一的,公民应当出示居民身份证证明身份:①常住户口登记项目变更;②兵役登记;③婚姻登记、收养登记;④申请办理出境手续;⑤法律、行政法规规定需要用居民身份证证明身份的其他情形。使用,指出具、出示、提供等各种能使相对方感知身份证件内容的行为。盗用,指冒充他人身份、非法使用他人身份证件,不以该身份证件系盗窃取得为必要。

【主观】故意。

【罪量】情节严重。一般指多次使用、盗用,使用、盗用造成侵害他人权益的后果,或者为进行其他犯罪活动而使用、盗用等情形。

六、冒名顶替罪[2]

《刑法》第280条之二 盗用、冒用他人身份,顶替他人取得的高等学历教育入学资格、公务员录用资格、就业安置待遇的,处三年以下有期徒刑、拘役或者管制,并处罚金。

组织、指使他人实施前款行为的,依照前款的规定从重处罚。

国家工作人员有前两款行为,又构成其他犯罪的,依照数罪并罚的规定处罚。

(一)构成要件

【客体】高等学历教育入学、公务员录用、就业安置的公正性。本罪是妨害社会管理秩序罪,不是侵犯公民人身权利、民主权利罪。因此,已取得他人同意的冒名顶替行为,同样可构成本罪。

【行为】1. 盗用、冒用他人身份,顶替他人取得的高等学历教育入学资格、公务员录用资格、就业安置待遇。盗用他人身份,指以被顶替人不知晓的方式将他人身份为自己所用的行为。冒用他人身份,指自己使用他人身份的行为。"盗用"实际是"冒用"的特殊类型,只是由于在这类案件中,行为人通常在被顶替人不知情的情况下实施冒名顶替行为,故立法者特别将"盗用"行为单独列出。[3]

高等学历教育入学资格,指接受全日制或者非全日制形式专科教育、本科教育、研究生教育的入学资格。公务员录用资格,主要指被录用为依法履行公职、纳入国家行政编制、由国家

---

[1]《惩治外汇犯罪的决定》(1998)第1条。
[2] 本罪由《刑法修正案(十一)》增设。
[3] 时延安、陈冉、敖博:《刑法修正案(十一)评注与案例》,中国法制出版社2021年版,第369页。

负担工资福利的工作人员的资格,以及被录用为参照公务员法管理的、法律法规授权的具有公共事务管理职能的事业单位中除工勤人员以外的工作人员的资格。就业安置待遇,指依照法律法规、政策由政府对特殊主体予以安排就业、照顾就业等优待。例如,对退役军人、被征地农民、退役运动员的就业安置,以及对于受灾群众、下岗人员、残疾人等特定群体人员的安置待遇。就业安置待遇,限于提供工作机会的待遇。

2. 组织、指使他人实施前述冒名顶替行为。根据《刑法》第280条之二第2款,组织、指使他人冒名顶替的,是本罪的实行行为,且应从重处罚。

【主观】故意。

(二)适用

【罪数】国家工作人员实施冒名顶替行为或者组织、指使他人实施冒名顶替行为,又构成其他犯罪的,依照数罪并罚的规定处罚。例如,国家工作人员受贿后,帮助他人实施冒名顶替行为的,以本罪和受贿罪数罪并罚。

七、非法生产、买卖警用装备罪

《刑法》第281条 非法生产、买卖人民警察制式服装、车辆号牌等专用标志、警械,情节严重的,处三年以下有期徒刑、拘役或者管制,并处或者单处罚金。

单位犯前款罪的,对单位判处罚金,并对其直接负责的主管人员和其他直接责任人员,依照前款的规定处罚。

【对象】人民警察制式服装、车辆号牌等专用标志、警械。人民警察制式服装,指国家依法规定其特有的样式专供人民警察穿着以便标志其身份、依法执行警务的服装,即警服。车辆号牌,指为了便于管理而制作的用于标明汽车归属、类型、排列顺序等的牌照。专用标志,主要指警衔标志、警服专用标志(如现行警服纽扣以及帽徽、领花、符号、领带、领带卡等)、警徽、警灯。警械,指人民警察按照规定装备的警棍、催泪弹、高压水枪、特种防暴枪、手铐、脚镣、警绳等警用器械。

【行为】非法生产、买卖。指违反《人民警察法》(2012年修正)第36条,未经许可擅自生产、买卖警用装备。

【罪量】情节严重。具体标准参见《立案标准(一)》(2008)第35条。

八、非法获取国家秘密罪·非法持有国家绝密、机密文件、资料、物品罪

《刑法》第282条 以窃取、刺探、收买方法,非法获取国家秘密的,处三年以下有期徒刑、拘役、管制或者剥夺政治权利;情节严重的,处三年以上七年以下有期徒刑。

非法持有属于国家绝密、机密的文件、资料或者其他物品,拒不说明来源与用途的,处三年以下有期徒刑、拘役或者管制。

(一)构成要件

1. 非法获取国家秘密罪。

【对象】国家秘密。包括法定的绝密、机密、秘密三种级别的国家秘密。国家秘密以外的情报、信息等,不属于本罪的对象。

【行为】以窃取、刺探、收买方法非法获取国家秘密。非法获取,指依法不应知悉、取得某项国家秘密的人而知悉、取得该项国家秘密;或者依法可以知悉某项国家秘密的人员未经办理手续取得该项国家秘密。本罪的非法获取,必须使用窃取、刺探、收买方法之一知悉、取得国家秘密。

【主观】故意,即明知是国家秘密而非法获取。行为人以盗窃财物的故意,无意中获得国家秘密的,属于不同构成要件间的事实认识错误,阻却本罪的故意。

【加重犯】情节严重。一般指非法获取国家绝密级秘密，非法获取秘密导致泄露、扩散，造成严重后果或者非法获取大量国家秘密等情形。

2. 非法持有国家绝密、机密文件、资料、物品罪。

【对象】国家绝密、机密文件、资料、物品。本罪的对象限于绝密和机密这两个级别的文件、资料或者其他物品，不包括秘密级的文件、资料或者其他物品。非法持有秘密级文件、资料或者其他物品的，不构成本罪。另外，本罪的对象必须是存在于一定的载体或者实物上的国家绝密或者机密，即载有国家绝密、机密的文件、资料或者本身含有国家绝密、机密的物品。仅非法知悉国家绝密、机密，而没有非法持有其载体或者实物的，不构成本罪。

【行为】非法持有属于国家绝密、机密的文件、资料或者其他物品，拒不说明来源与用途。非法持有，指不应知悉某项国家绝密、机密的人员携带、存放属于该项国家绝密、机密的文件、资料和其他物品的，或者可以知悉某项国家绝密、机密的人员，未经办理手续私自携带、留存属于该项国家绝密、机密的文件、资料和其他物品的。拒不说明来源与用途，指经调查询问仍不肯说明所非法持有之机密、绝密的来源与用途。这里的"来源"，包括持有者所知的一切来源，主要是原始来源，但也可以是持有者所知的其他来源。非法持有者不知原始来源而说明其获取持有的来源的，如拾得、受托保管、受赠等，应认为已说明来源。这里的"用途"，包括非法持有者所知的他人打算的用途及其本人打算的用途。只要非法持有人如实交代所知的用途，就应认为已说明用途。如果非法持有者对其所知的来源与用途作了虚假"说明"，即"说明"内容与其所知情况不一致，则实质上仍是拒不说明来源与用途。只有同时具备"非法持有"与"拒不说明来源与用途"这两个要素，才可构成本罪。

【主观】故意。故意的内容包括：①已知或者被告知所持有的是属于国家绝密、机密的文件、资料或者其他物品；②明知其来源与用途，在间接获得持有的场合，不要求持有者明知原始来源；③已知调查询问的人员是在依法行使侦查该项绝密、机密的来源与用途的职权。持有人主观上缺乏必要的故意内容而拒不说明来源与用途的，不构成本罪。

(二) 适用

【关联罪】1. 非法获取国家秘密罪与为境外窃取、刺探、收买、非法提供国家秘密、情报罪的区别。要点在于是否为境外的机构、组织、个人实施非法获取国家秘密的行为或者是否将所非法获取的国家秘密提供给境外的机构、组织、个人。由于所非法获取的国家秘密泄露、扩散，而被境外机构、组织、个人知悉、取得的，只要行为人对此情形不是故意的，仍应定非法获取国家秘密罪。

2. 非法获取国家秘密罪与盗窃罪、侵犯商业秘密罪的区别。要点是对象不同。本罪限于国家秘密；盗窃罪的对象是不包含国家秘密的财物；侵犯商业秘密罪的对象是商业秘密。

3. 非法持有国家绝密、机密文件、资料、物品罪与其他涉及国家秘密犯罪的区别。因犯间谍罪，为境外窃取、刺探、收买、非法提供国家秘密、情报罪，非法获取国家秘密罪而持有国家绝密、机密文件、资料、物品的，属于有关涉密犯罪应有的内容，不认为是数罪。在本人拒不说明来源与用途且无法证实构成其他涉密犯罪的情况下，才以非法持有国家绝密、机密文件、资料、物品罪论处。

【罪数】非法获取国家秘密，而后又泄漏该国家秘密的，既构成非法获取国家秘密罪，又构成故意泄露国家秘密罪，属于牵连犯，应择一重罪论处。因为此二罪法定刑相同，通常根据具体案件中危害程度较重的行为定罪处罚。例如，行为人出于牟利目的窃取国家秘密并向多人出售，其目的和危害主要体现在泄漏国家秘密上，以故意泄露国家秘密罪论处较为适宜。

九、非法生产、销售专用间谍器材、窃听、窃照专用器材罪

《刑法》第283条 非法生产、销售专用间谍器材或者窃听、窃照专用器材的,处三年以下有期徒刑、拘役或者管制,并处或者单处罚金;情节严重的,处三年以上七年以下有期徒刑,并处罚金。

单位犯前款罪的,对单位判处罚金,并对其直接负责的主管人员和其他直接责任人员,依照前款的规定处罚。

【对象】专用间谍器材或者窃听、窃照专用器材。专用间谍器材,指《反间谍法实施细则》(2017)第18条规定的进行间谍活动特殊需要的下列器材:①暗藏式窃听、窃照器材;②突发式收发报机、一次性密码本、密写工具;③用于获取情报的电子监听、截收器材;④其他专用间谍器材。专用间谍器材的确认,由国务院国家安全主管部门负责。根据《窃听窃照器材和伪基站设备规定》(2014)第3条、第4条,窃听专用器材,指以伪装或者隐蔽方式使用,经公安机关依法进行技术检测后作出认定性结论,有以下情形之一的:①具有无线发射、接收语音信号功能的发射、接收器材;②微型语音信号拾取或者录制设备;③能够获取无线通信信息的电子接收器材;④利用搭接、感应等方式获取通讯线路信息的器材;⑤利用固体传声、光纤、微波、激光、红外线等技术获取语音信息的器材;⑥可遥控语音接收器件或者电子设备中的语音接收功能,获取相关语音信息,且无明显提示的器材(含软件);⑦其他具有窃听功能的器材。窃照专用器材,指以伪装或者隐蔽方式使用,经公安机关依法进行技术检测后作出认定性结论,有以下情形之一的:①具有无线发射功能的照相、摄像器材;②微型针孔式摄像装置以及使用微型针孔式摄像装置的照相、摄像器材;③取消正常取景器和回放显示器的微小相机和摄像机;④利用搭接、感应等方式获取图像信息的器材;⑤可遥控照相、摄像器件或者电子设备中的照相、摄像功能,获取相关图像信息,且无明显提示的器材(含软件);⑥其他具有窃照功能的器材。

【行为】非法生产、销售,指在未经国家有关部门特别许可的情况下,擅自生产、销售的行为。鉴于专用间谍器材和窃听、窃照专用器材的特殊功能,为了维护国家安全、公共安全和保障公民隐私,国家对专用间谍器材和窃听、窃照专用器材实行特许经营制度,未经许可不得生产、销售。

【主观】故意,即明知是专用间谍器材或者窃听、窃照专用器材而非法生产、销售。过失不构成本罪。

【加重犯】情节严重。

【罪数】根据《办理伪基站案意见》(2014),非法生产、销售的"伪基站"设备,经鉴定属于专用间谍器材的,以非法生产、销售间谍专用器材罪论处;同时构成非法经营罪的,以非法经营罪追究刑事责任。

十、非法使用窃听、窃照专用器材罪

《刑法》第284条 非法使用窃听、窃照专用器材,造成严重后果的,处二年以下有期徒刑、拘役或者管制。

（一）构成要件

【对象】窃听、窃照专用器材。具体理解参见非法生产、销售窃听、窃照专用器材罪的相关内容。

【行为】非法使用,指未经授权、许可,以伪装或者隐蔽方式使用窃听、窃照专用器材,严重扰乱社会秩序、侵犯他人隐私或者其他权益的行为。

【结果·罪量】造成严重后果。一般指因窃取他人隐私而造成他人精神失常、家庭破裂以

及受害人自杀等后果。此外，因窃取他人隐私而知悉国家秘密的，或者因窃取党和国家领导人的隐私而引发信任危机的，也应视为造成严重后果。非法使用窃听、窃照专用器材，但未造成严重后果的，不构成本罪。

【主观】故意。至于是否出于获取他人隐私的目的，不影响本罪的成立。

(二) 适用

【定罪】随着现代电子技术的高速发展，音像器材日益微型化，导致窃听、窃照专用器材与日常生活电子用品如手持电话、摄像机、录音机之间的差别难以界分。这种根据使用"工具"确定犯罪性的立法难以操作。

【罪数】非法使用窃听、窃照专用器材窃取国家秘密或者情报、商业秘密，又构成其他犯罪的，属于手段行为（使用窃听、窃照专用器材）与目的行为（非法获取国家秘密、侵犯商业秘密）的牵连，择一重罪处断。

十一、组织考试作弊罪·非法出售、提供试题、答案罪·代替考试罪

《刑法》第284条之一 在法律规定的国家考试中，组织作弊的，处三年以下有期徒刑或者拘役，并处或者单处罚金；情节严重的，处三年以上七年以下有期徒刑，并处罚金。

为他人实施前款犯罪提供作弊器材或者其他帮助的，依照前款的规定处罚。

为实施考试作弊行为，向他人非法出售或者提供第一款规定的考试的试题、答案的，依照第一款的规定处罚。

代替他人或者让他人代替自己参加第一款规定的考试的，处拘役或者管制，并处或者单处罚金。

(一) 构成要件

1. 组织作弊罪。

【客体】法律规定的国家考试之诚信秩序。根据《办理组织作弊刑案解释》（2019）第4条，组织考试作弊，在考试开始之前被查获，但已经非法获取考试试题、答案或者具有其他严重扰乱考试秩序情形的，应认定为本罪既遂。

【行为】在法律规定的国家考试中，组织作弊，或为他人组织考试作弊提供作弊器材或其他帮助。根据《办理组织作弊刑案解释》（2019）第1条，法律规定的国家考试包括：①普通高等学校招生考试、研究生招生考试、高等教育自学考试、成人高等学校招生考试等国家教育考试；②中央和地方公务员录用考试；③国家统一法律职业资格考试、国家教师资格考试、注册会计师全国统一考试、会计专业技术资格考试、资产评估师资格考试、医师资格考试、执业药师职业资格考试、注册建筑师考试、建造师执业资格考试等专业技术资格考试；④其他依照法律由中央或者地方主管部门以及行业组织的国家考试。前述考试涉及的特殊类型招生、特殊技能测试、面试等考试，属于"法律规定的国家考试"。法律规定的国家考试不以国家统一组织实施考试为必要，如中央机关及其直属机构公务员的录用，由中央公务员主管部门负责组织（考试）；地方各级机关公务员的录用，由省级公务员主管部门负责组织（考试）。

组织（考试）作弊，指纠集多人、分工合作从事考试作弊行为。（考试）作弊，指以不正当手段获得试题答案、考试成绩的行为。根据《国家教育考试违规处理办法》（2012），教育考试中作弊包括抄袭答案、替考、交换试卷答卷等。另根据《审理兴奋剂刑案解释》（2019）第4条，在普通高等学校招生、公务员录用等法律规定的国家考试涉及的体育、体能测试等体育运动中，组织考生非法使用兴奋剂的，也属于组织考试作弊行为。

根据《刑法》第284条之一第2款，为他人在法律规定的国家考试中组织作弊提供作弊器材或者其他帮助的，以本罪论处。这原本是组织考试作弊的共犯行为，但《刑法》分则将之正犯化。根据《办理组织作弊刑案解释》（2019）第3条第1款，作弊器材，指具有避开或者突破考场防范作弊的安全管理措施，获取、记录、传递、接收、存储考试试题、答案等功能的程序、工具，以及专门设计用于作弊的程序、工具。其他帮助行为，指提供考试作弊器材之外的帮助组织考试作弊的行为，包括在考试作弊组织者的指挥下，招募作弊考生，使用作弊器材摄录、传送试卷、答案，解答试题制作作弊答案等。

【主观】故意。适用《刑法》第284条之一第2款认定组织作弊的，行为人须明知他人组织考试作弊而提供作弊器材或者其他帮助。

【加重犯】情节严重。具体标准参见《办理组织作弊刑案解释》（2019）第2条。

2. 非法出售、提供试题、答案罪。

【对象】法律规定的国家考试的试题、答案。根据《办理组织作弊刑案解释》（2019）第6条，非法出售、提供的试题不完整或者答案与标准答案不完全一致的，不影响本罪的成立。

【行为】向他人非法出售、提供法律规定的国家考试的试题、答案。他人，既包括组织考试作弊的人，也包括其他为实施考试作弊而寻求获取试题或答案的人。本罪实际是以非法出售、提供试题、答案方式帮助他人"实施考试作弊行为"，因此，不为实施考试作弊行为而提供试题、答案的，不成立本罪。

【主观】故意，即明知他人用于实施特定考试的作弊活动，仍向其提供试题、答案。

【加重犯】情节严重。具体标准参见《办理组织作弊刑案解释》（2019）第5条。

3. 代替考试罪。

【行为】代替他人或者让他人代替自己参加法律规定的国家考试。本罪是典型的对合犯，《刑法》同时处罚考生和替考"枪手"，且对二者配置了相同的法定刑。

【主观】故意。

（二）适用

【罪数】1. 以窃取、刺探、收买方法非法获取法律规定的国家考试的试题、答案，又组织考试作弊或者非法出售、提供试题、答案，分别符合《刑法》第282条和《刑法》第284条之一规定的，以非法获取国家秘密罪和组织考试作弊罪或者非法出售、提供试题、答案罪数罪并罚。[1]

【案例】**王某军等非法出售、提供试题、答案案**[2]

王某军系国家一级建造师职业资格考试命题专家组成员。翁某能与王某军均任职某高校，系多年好友。2017年7月，翁某能唆使王某军利用参与考试命题的便利，获取一级建造师市政专业考试的试题、答案。王某军在获取考试内容后，在考试教材上对考试内容进行标注，对超出考试大纲范围的"冒浆的处置""跑模的原因"等知识点列明答题要点，并交与翁某能。事后，翁某能交付王某军赃款120万元。翁某能获取考试试题、答案之后，先后联系了从事考试培训服务的许某勇和杨某全、刘某夫妻，约定开办封闭式小班培训，收取高昂学费。翁某能以听声不见人的方式授课，另安排其兄翁某荣负责课堂管理，学员需统一穿浴袍上课，禁止携带通信工具，开课前需对学员进行搜身，课后统一回收纸张并销毁。事后，许某勇培训班收取学费50万元，翁某能分得40万元，许某勇分得10万元。杨某全、刘某培训班收取学费120万元，翁某能分得120万元。法院判决王某军犯非法获取国家秘密罪，非法出售、提供试题、答案罪，决定执行有期徒刑5年6个月，并处罚金150万元；翁某能犯非法获取国家秘密罪，非

---

[1]《办理组织作弊刑案解释》（2019）第9条。

[2] 参见高沿江：《非法出售、提供试题、答案罪的适用》，载《人民司法》2021年第14期。

法出售、提供试题、答案罪,决定执行有期徒刑5年3个月,并处罚金120万元;其余被告人犯非法出售、提供试题、答案罪,判处3年3个月至8个月不等的有期徒刑,并处罚金。

要点:获取考试重点和出售、提供试题、答案之间存在明显的界限,系两个独立的犯罪行为,应当分别定罪,实行数罪并罚。

2. 行为人所出售、提供的试题、答案属于国家秘密的,同时触犯非法出售、提供试题、答案罪和故意泄露国家秘密罪,择一重罪处断。[1]

【处罚】根据《办理组织作弊刑案解释》(2019)第7条第2款,代替考试,犯罪情节较轻,确有悔罪表现,综合考虑行为人替考情况以及考试类型等因素,认为符合缓刑适用条件的,可以宣告缓刑;犯罪情节轻微的,可以不起诉或者免予刑事处罚;情节显著轻微危害不大的,不以犯罪论处。

十二、非法侵入计算机信息系统罪・非法获取计算机信息系统数据、非法控制计算机信息系统罪・提供侵入、非法控制计算机信息系统程序、工具罪

《刑法》第285条 违反国家规定,侵入国家事务、国防建设、尖端科学技术领域的计算机信息系统的,处三年以下有期徒刑或者拘役。

违反国家规定,侵入前款规定以外的计算机信息系统或者采用其他技术手段,获取该计算机信息系统中存储、处理或者传输的数据,或者对该计算机信息系统实施非法控制,情节严重的,处三年以下有期徒刑或者拘役,并处或者单处罚金;情节特别严重的,处三年以上七年以下有期徒刑,并处罚金。

提供专门用于侵入、非法控制计算机信息系统的程序、工具,或者明知他人实施侵入、非法控制计算机信息系统的违法犯罪行为而为其提供程序、工具,情节严重的,依照前款的规定处罚。

单位犯前三款罪的,对单位判处罚金,并对其直接负责的主管人员和其他直接责任人员,依照各该款的规定处罚。

(一)非法侵入计算机信息系统罪

1. 构成要件。

【对象】国家重点保护的计算机信息系统,即国家事务、国防建设、尖端科学技术领域的计算机信息系统。计算机信息系统,简称"计算机系统",指具备自动处理数据功能的系统,包括计算机、网络设备、通信设备、自动化控制设备等。非法侵入国家重点保护范围以外的计算机系统的,不构成本罪。

【行为】违反国家规定,侵入国家事务、国防建设、尖端科学技术领域的计算机信息系统。非法侵入,指无权进入该计算机信息系统的人员,擅自操作进入该计算机信息系统。通常表现为以破解密码或窃取、刺探、骗取密码的方式,操作进入计算机信息系统。只要有非法侵入行为,即具备本罪的行为要素,一旦进入,即属犯罪既遂。

【主观】故意,即明知是国家重要的计算机信息系统而非法侵入。无意闯入后,经警示仍不退出的,亦视为故意非法侵入。

---

[1] 类似观点参见张明楷:《刑法学》(下),法律出版社2021年版,第1371页。需要注意的是,《〈刑法修正案(九)〉时间效力解释》(2015)第6条规定:"对于2015年10月31日以前……非法向他人出售或者提供考试试题、答案,根据修正前刑法应当以……故意泄露国家秘密罪等追究刑事责任的,适用修正前刑法的有关规定。但是,根据修正后刑法第二百八十四条之一的规定处刑较轻的,适用修正后刑法的有关规定。"此处从旧兼从轻原则的运用似乎表明,最高人民法院将非法出售、提供试题、答案罪与故意泄露国家秘密罪理解为法条竞合关系(前者是特别规定),而非想象竞合。

2. 适用。

【罪数】（1）违反国家规定，侵入国防建设、尖端科学技术领域的军事通信计算机信息系统，尚未对军事通信造成破坏的，依照非法侵入计算机信息系统罪规定定罪处罚；对军事通信造成破坏，同时构成非法侵入计算机信息系统罪、破坏计算机信息系统罪、破坏武器装备、军事设施、军事通信罪规定的犯罪的，依照处罚较重的规定定罪处罚。[1]

（2）侵入国家重点保护的计算机信息系统窃取国家秘密或者实施其他犯罪的，应视为牵连犯，择一重罪处断。

（二）非法获取计算机信息系统数据、非法控制计算机信息系统罪

1. 构成要件。

【对象】计算机信息系统或者其中存储、处理或传输的数据。

【行为】本罪的行为方式包括：①非法获取他人计算机信息系统中的数据；②非法控制他人计算机信息系统。非法控制，指擅自使他人计算机信息系统执行本人发出的指令。明知是他人非法控制的计算机信息系统，而对该计算机信息系统的控制权加以利用的，也属于非法控制行为。无论是非法获取计算机信息系统数据还是非法控制计算机信息系统，均应通过非法侵入或者其他技术手段实现。侵入的实质含义是行为人在没有得到许可的情况下，违背计算机信息系统控制人或权利人的意愿，进入其无权进入的系统。既可以是非法用户（无权访问特定信息系统的用户）通过冒充合法用户、破解密码、盗取密码等方式侵入信息系统，也可以是合法用户（有权访问特定信息系统的用户）的越权访问，如超出授权范围使用账户、密码登录计算机信息系统。[2] 其他技术手段，应与侵入具有相当性。通过植入木马程序，非法获取网站服务器的控制权限，进而以修改、增加系统数据的方式向相关计算机信息系统上传网页链接代码的，应认定为"采用其他技术手段"非法控制计算机信息系统的行为。[3]

【主观】故意。

【罪量】情节严重。具体标准参见《办理计算机刑案解释》（2011）第1条第1款。

【加重犯】情节特别严重。具体标准参见《办理计算机刑案解释》（2011）第1条第2款。

2. 适用。

【关联罪】本罪与非法侵入计算机信息系统罪的区别。要点在于侵入的对象不同。后罪须侵入国家事务、国防建设、尖端科学技术领域的计算机信息系统，本罪则无此限制。非法侵入《刑法》第285条第1款规定的计算机信息系统，并窃取数据或者非法控制，情节严重的，同时构成本罪。

【罪数】（1）非法侵入计算机信息系统，窃取他人商业秘密、网络游戏等数据并非法利用，构成侵犯商业秘密罪、侵犯著作权罪的，具有牵连关系，择一重罪处断。

（2）侵入他人计算机信息系统窃取他人网银账户中的资金，同时构成盗窃罪的，应以盗窃罪论处。如果既窃取数据又窃取财物的，实行数罪并罚。但对于窃取他人账户"Q币""网游"的宝物、兵器、财富等网络虚拟财产的行为，最高人民法院研究室倾向于以非法获取计算机信息系统数据罪定罪处罚，否定盗窃罪的成立。

---

[1]《审理军事通信刑案解释》（2007）第6条第3款。
[2] 参见最高人民检察院指导性案例第36号"卫梦龙、龚旭、薛东东非法获取计算机信息系统数据案"。
[3] 最高人民法院指导性案例第145号"张竣杰等非法控制计算机信息系统案"。

（三）提供侵入、非法控制计算机信息系统程序、工具罪

【行为】本罪的行为方式包括：

1. 提供专门用于侵入、非法控制计算机信息系统的程序、工具。根据《办理计算机刑案解释》（2011）第 2 条，具有下列情形之一的程序、工具，应认定为"专门用于侵入、非法控制计算机信息系统的程序、工具"：①具有避开或者突破计算机信息系统安全保护措施，未经授权或者超越授权获取计算机信息系统数据的功能的；②具有避开或者突破计算机信息系统安全保护措施，未经授权或者超越授权对计算机信息系统实施控制的功能的；③其他专门设计用于侵入、非法控制计算机信息系统、非法获取计算机信息系统数据的程序、工具。这里的"提供"，既包括有偿提供，也包括免费提供；既包括向特定人提供，也包括向不特定人提供，如将程序、工具放到网上供人免费下载使用。鉴于本罪中的"专门"工具只能作为入侵或者非法控制之用，本身具有违禁性，对"提供"应作扩张把握。

2. 为他人实施侵入、非法控制计算机信息系统的违法犯罪行为提供程序、工具。这里的"提供"，对象限于实施或者图谋实施侵入、非法控制计算机信息系统的违法犯罪的人，但所提供的"程序、工具"不必专门用于侵入、非法控制计算机信息系统。

【主观】故意。因为专门的非法侵入、控制工具必然会被他人用于实施侵入、非法控制计算机信息系统的违法犯罪活动，所以，行为人只要明知是专门的入侵、控制工具而提供的，即具备本罪之故意。在提供非专门入侵、控制工具的场合，行为人须明知他人实施侵入、非法控制计算机信息系统的违法犯罪行为而为其提供，才具有本罪之故意。

【罪量】情节严重。具体标准参见《办理计算机刑案解释》（2011）第 3 条第 1 款。

【加重犯】情节特别严重。具体标准参见《办理计算机刑案解释》（2011）第 3 条第 2 款。

十三、破坏计算机信息系统罪

《刑法》第 286 条　违反国家规定，对计算机信息系统功能进行删除、修改、增加、干扰，造成计算机信息系统不能正常运行，后果严重的，处五年以下有期徒刑或者拘役；后果特别严重的，处五年以上有期徒刑。

违反国家规定，对计算机信息系统中存储、处理或者传输的数据和应用程序进行删除、修改、增加的操作，后果严重的，依照前款的规定处罚。

故意制作、传播计算机病毒等破坏性程序，影响计算机系统正常运行，后果严重的，依照第一款的规定处罚。

单位犯前三款罪的，对单位判处罚金，并对其直接负责的主管人员和其他直接责任人员，依照第一款的规定处罚

（一）构成要件

【行为·结果】本罪的行为·结果（的组合）包括以下情形：

1. 违反国家规定，破坏计算机信息系统功能、数据、应用程序，造成系统不能正常运行，后果严重。后果严重的具体标准参见《办理计算机刑案解释》（2011）第 4 条第 1 款。

2. 故意制作、传播计算机病毒等破坏性程序，影响系统正常运行，后果严重。根据《办理计算机刑案解释》（2011）第 5 条，具有下列情形之一的，应认定为"计算机病毒等破坏性程序"：①能够通过网络、存储介质、文件等媒介，将自身的部分、全部或者变种进行复制、传播，并破坏计算机系统功能、数据或者应用程序；②能够在预先设定条件下自动触发，并破坏计算机系统功能、数据或者应用程序；③其他专门设计用于破坏计算机系统功能、数据或者应用程序的程序。"后果严重"的具体标准参见《办理计算机刑案解释》（2011）第 6 条第 1 款。

【主观】故意,即明知自己的行为会发生影响计算机系统正常运行等危害结果,并且希望或者放任这种结果的发生。

【加重犯】后果特别严重。根据《办理计算机刑案解释》(2011)第 4 条第 2 款和第 6 条第 2 款,作为法定刑升格条件的"后果特别严重",同样要区分"破坏计算机信息系统功能、数据或者应用程序"和"故意制作、传播计算机病毒等破坏性程序"两种行为方式掌握。

(二) 适用

【定罪】司法实践中典型的破坏计算机信息系统行为包括:①"DNS 劫持",即通过修改路由器、浏览器设置、锁定主页或者弹出新窗口等技术手段,强制网络用户访问指定网站;[1] ②冒用购物网站买家身份,进入网站内部评价系统删改购物评价;[2] ③锁定智能手机终端;[3] ④用棉纱等物品堵塞环境质量监测采样设备,干扰采样;[4] ⑤违反国家规定,对企业的机械远程监控系统功能进行破坏。[5]

【关联罪】1. 本罪与非法控制计算机信息系统罪的区别。要点在于是否造成计算机信息系统功能实质破坏或者不能正常运行。[6] 通过修改、增加计算机信息系统数据,对该系统实施非法控制,但未造成计算机信息系统功能实质破坏或者不能正常运行的,不应认定为本罪,符合《刑法》第 285 条第 2 款规定的,以非法控制计算机信息系统罪论处。

2.《刑法》第 287 条规定:"利用计算机实施金融诈骗、盗窃、贪污、挪用公款、窃取国家秘密或者其他犯罪的,依照本法有关规定定罪处罚。"我国《刑法》目前规定的计算机犯罪仅为针对计算机的犯罪,即以计算机信息系统为侵害对象的犯罪,没有将把计算机作为犯罪手段、工具的行为规定为独立的犯罪类型,故以计算机作为工具实施犯罪的,按照其他犯罪定罪处罚。例如,某银行职员在银行营业所旁租房,把自己的笔记本电脑偷偷接到银行计算机系统上。在营业所上班开机后,即通过解密、操作等技术手段往自己的账户输入资金,共计 48 万元,构成盗窃罪。如果因利用计算机实施盗窃,导致信息系统不能正常运行,后果严重的,应择一重罪论处。

十四、拒不履行信息网络安全管理义务罪

《刑法》第 286 条之一　网络服务提供者不履行法律、行政法规规定的信息网络安全管理义务,经监管部门责令采取改正措施而拒不改正,有下列情形之一的,处三年以下有期徒刑、拘役或者管制,并处或者单处罚金:

(一) 致使违法信息大量传播的;
(二) 致使用户信息泄露,造成严重后果的;
(三) 致使刑事案件证据灭失,情节严重的;
(四) 有其他严重情节的。

单位犯前款罪的,对单位判处罚金,并对其直接负责的主管人员和其他直接责任人员,依照前款的规定处罚。

有前两款行为,同时构成其他犯罪的,依照处罚较重的规定定罪处罚。

---

[1] 最高人民法院指导性案例第 102 号"付宣豪、黄子超破坏计算机信息系统案"。
[2] 最高人民检察院指导性案例第 34 号"李骏杰等破坏计算机信息系统案"。
[3] 最高人民检察院指导性案例第 35 号"曾兴亮、王玉生破坏计算机信息系统案"。
[4] 最高人民法院指导性案例第 104 号"李森等破坏计算机信息系统案"。
[5] 最高人民法院指导性案例第 103 号"徐强破坏计算机信息系统案"。
[6] 参见最高人民法院指导性案例第 145 号"张竣杰等非法控制计算机信息系统案"。

(一) 构成要件

【主体】特殊主体，限于网络服务提供者。根据《办理信息网络刑案解释》(2019) 第1条，包括提供下列服务的单位和个人：①网络接入、域名注册解析等信息网络接入、计算、存储、传输服务；②信息发布、搜索引擎、即时通讯、网络支付、网络预约、网络购物、网络游戏、网络直播、网站建设、安全防护、广告推广、应用商店等信息网络应用服务；③利用信息网络提供的电子政务、通信、能源、交通、水利、金融、教育、医疗等公共服务。

【行为】本罪是不作为犯，表现为不履行法律、行政法规规定的信息网络安全管理义务，经监管部门责令采取改正措施而拒不改正。根据《办理信息网络刑案解释》(2019) 第2条第1款，监管部门责令采取改正措施，指网信、电信、公安等依照法律、行政法规的规定承担信息网络安全监管职责的部门，以责令整改通知书或者其他文书形式，责令网络服务提供者采取改正措施。

【结果·罪量】有下列情形之一的，应予立案：①致使违法信息大量传播；[1] ②致使用户信息泄露，造成严重后果；[2] ③致使刑事案件证据灭失，情节严重；[3] ④有其他严重情节[4]。

【主观】故意，即明知被监管部门责令采取改正措施仍拒不改正。

(二) 适用

【定罪】关于非法提供VPN"翻墙"软件的行为定性，实践中有3种意见，由常见到罕见依次为：①构成提供侵入、非法控制计算机信息系统的程序、工具罪。[5] VPN软件具有避开或者突破计算机信息系统安全保护措施，绕开我国互联网防火墙的监管，非法访问境外互联网网站等功能，属于"其他专门设计用于侵入、非法控制计算机信息系统、非法获取计算机信息系统数据的程序、工具"。②构成非法经营罪。[6] 擅自经营VPN业务，属于违反国家规定，未经许可经营国际电信业务或者通信数据业务的非法经营行为，扰乱电信市场管理秩序，情节严重的，构成非法经营罪。③构成本罪。[7] VPN软件提供方作为网络服务提供者，应遵守法律、行政法规规定的信息网络安全管理义务，如果其不履行相关信息网络安全管理义务，经监督部门责令采取改正措施而拒不改正，情节严重的，构成本罪。

本书认为，以本罪论处较为适宜。第一种意见的不妥之处在于，VPN作为一种通用技术，并不属于专门用于侵入、非法控制计算机信息系统的工具，该技术本身也不具有侵入或者非法控制计算机信息系统的功能。第二种意见的不妥之处在于，《审理电信市场案解释》(2000) 等司法解释规定了多种"擅自经营国际电信业务或者涉港澳台电信业务"的情形，但非法提供VPN软件的行为是否属于司法解释叙明的"私自设置国际通信出入口"类型，存在疑问。

十五、非法利用信息网络罪

《刑法》第287条之一　利用信息网络实施下列行为之一，情节严重的，处三年以下有期

---

[1] 具体标准参见《办理信息网络刑案解释》(2019) 第3条。
[2] 具体标准参见《办理信息网络刑案解释》(2019) 第4条。
[3] 具体标准参见《办理信息网络刑案解释》(2019) 第5条。
[4] 具体标准参见《办理信息网络刑案解释》(2019) 第6条，包括对绝大多数用户日志未留存或者未落实真实身份信息认证义务，2年内经多次责令改正拒不改正等情形。
[5] 参见广东省中山市第二人民法院 (2021) 粤2072刑初2211号刑事判决书。
[6] 参见安徽省合肥市包河区人民法院 (2018) 皖0111刑初885号刑事判决书。
[7] 参见上海市浦东新区人民法院 (2018) 沪0115刑初2974号刑事判决书；湖北省荆州市荆州区人民法院 (2018) 鄂1003刑初150号刑事判决书。

徒刑或者拘役，并处或者单处罚金：

（一）设立用于实施诈骗、传授犯罪方法、制作或者销售违禁物品、管制物品等违法犯罪活动的网站、通讯群组的；

（二）发布有关制作或者销售毒品、枪支、淫秽物品等违禁物品、管制物品或者其他违法犯罪信息的；

（三）为实施诈骗等违法犯罪活动发布信息的。

单位犯前款罪的，对单位判处罚金，并对其直接负责的主管人员和其他直接责任人员，依照第一款的规定处罚。

有前两款行为，同时构成其他犯罪的，依照处罚较重的规定定罪处罚。

（一）构成要件

【行为】实施《刑法》第287条之一规定的非法利用信息网络行为之一：①设立用于实施诈骗、传授犯罪方法、制作或者销售违禁物品、管制物品等违法犯罪活动的网站、通讯群组的；②发布有关制作或者销售毒品、枪支、淫秽物品等违禁物品、管制物品或者其他违法犯罪信息的；③为实施诈骗等违法犯罪活动发布信息的。

根据《办理信息网络刑案解释》（2019）第7条、第8条和第9条，这里的违法犯罪，包括犯罪行为和属于《刑法》分则规定的行为类型但尚未构成犯罪的违法行为。用于实施诈骗、传授犯罪方法、制作或者销售违禁物品、管制物品等违法犯罪活动的网站、通讯群组，指以实施违法犯罪活动为目的而设立或者设立后主要用于实施违法犯罪活动的网站、通讯群组。发布信息，指利用信息网络提供信息的链接、截屏、二维码、访问账号密码及其他指引访问服务。

【主观】故意。

【罪量】情节严重。具体标准参见《办理信息网络刑案解释》（2019）第10条。

（二）适用

【罪数】1. 根据《审理毒品案解释》（2016）第14条，利用信息网络，设立用于组织他人吸食、注射毒品的网站、通讯群组，发布组织他人吸食、注射毒品的违法活动信息，情节严重的，应以本罪定罪处罚。由于本罪及帮助信息网络犯罪活动罪实际上是传授犯罪方法、贩卖毒品、非法买卖制毒物品等犯罪的预备行为或者帮助行为，因此，当这两罪与传授犯罪方法、贩卖毒品、非法买卖制毒物品等犯罪发生竞合时，应依照处罚较重的规定定罪处罚。

2. 根据《办理组织作弊刑案解释》（2019）第11条，设立用于实施考试作弊的网站、通讯群组或者发布有关考试作弊的信息，情节严重的，应以本罪定罪处罚；同时构成组织考试作弊罪，非法出售、提供试题、答案罪，非法获取国家秘密罪等其他犯罪的，依照处罚较重的规定定罪处罚。

十六、帮助信息网络犯罪活动罪

《刑法》第287条之二　明知他人利用信息网络实施犯罪，为其犯罪提供互联网接入、服务器托管、网络存储、通讯传输等技术支持，或者提供广告推广、支付结算等帮助，情节严重的，处三年以下有期徒刑或者拘役，并处或者单处罚金。

单位犯前款罪的，对单位判处罚金，并对其直接负责的主管人员和其他直接责任人员，依照第一款的规定处罚。

有前两款行为，同时构成其他犯罪的，依照处罚较重的规定定罪处罚。

（一）构成要件

【行为】为他人利用信息网络实施的犯罪，提供互联网接入、服务器托管、网络存储、通讯传输等技术支持，或者提供广告推广、支付结算等帮助。根据司法经验，《刑法》第287条之二未叙明的"帮助"行为还包括：①收购、出售、出租信用卡、银行账户、非银行支付账户、具有支付结算功能的互联网账号密码、网络支付接口、网上银行数字证书；②收购、出售、出租他人手机卡、流量卡、物联网卡。[1]

【主观】故意，即明知他人利用信息网络实施犯罪而提供帮助。根据《办理信息网络刑案解释》（2019）第11条，为他人实施犯罪提供技术支持或者帮助，具有下列情形之一的，可以认定"明知"，但有相反证据的除外：①经监管部门告知后仍然实施有关行为；[2] ②接到举报后不履行法定管理职责；③交易价格或者方式明显异常；④提供专门用于违法犯罪的程序、工具或者其他技术支持、帮助；⑤频繁采用隐蔽上网、加密通信、销毁数据等措施或者使用虚假身份，逃避监管或者规避调查；⑥为他人逃避监管或者规避调查提供技术支持、帮助；⑦其他足以认定行为人明知的情形。根据司法经验，"其他足以认定行为人明知的情形"包括：收购、出售、出租单位银行结算账户、非银行支付机构单位支付账户，或者电信、银行、网络支付等行业从业人员利用履行职责或提供服务便利，非法开办并出售、出租他人手机卡、信用卡、银行账户、非银行支付账户等情形。[3]

【罪量】情节严重。具体标准参见《办理信息网络刑案解释》（2019）第12条。

（二）适用

【定罪】涉"两卡"（即手机卡、信用卡）案件中，要避免简单客观归罪，仅以行为人有出租、出售"两卡"行为就直接认定"明知"，进而成立本罪。特别是对于交易双方存在亲友关系等信赖基础，一方确系偶尔向另一方出租、出售"两卡"的，要根据在案事实证据，审慎认定"明知"。可着重审查行为人是否具有以下特征及表现，综合全案证据，对其构成"明知"与否作出判断：①跨省或多人结伙批量办理、收购、贩卖"两卡"；②出租、出售"两卡"后，收到公安机关、银行业金融机构、非银行支付机构、电信服务提供者等相关单位部门的口头或书面通知，告知其所出租、出售的"两卡"涉嫌诈骗、洗钱等违法犯罪，行为人未采取补救措施，反而继续出租、出售；③出租、出售的"两卡"因涉嫌诈骗、洗钱等违法犯罪被冻结，又帮助解冻，或者注销旧卡、办理新卡，继续出租、出售；④出租、出售的具有支付结算功能的网络账号因涉嫌诈骗、洗钱等违法犯罪被查封，又帮助解封，继续提供给他人使用；⑤频繁使用隐蔽上网、加密通信、销毁数据等措施或者使用虚假身份，逃避监管或者规避调查；⑥事先串通设计应对调查的话术口径的；⑦曾因非法交易"两卡"受过处罚或者信用惩戒、训诫谈话，又收购、出售、出租"两卡"等。[4]

【关联罪】本罪与上下游犯罪共犯的关系。通说认为，本罪将以往依据刑法总则共同犯罪规定、按照有关犯罪共犯论处的行为，作为独立罪名固定于刑法分则当中，此后凡属本条规定之帮助信息网络犯罪行为，则应认定为本罪，排斥适用共犯规定以开设赌场罪、传播淫秽物品牟利罪、诈骗罪等定罪处罚。实务机关倾向于根据行为人的主观明知内容和客观行为表现，区分本罪与上下游犯罪的共犯，其中暗含对立互斥、非此即彼的观念：①明知他人实施电信网络诈骗犯罪，参加诈骗团伙或者与诈骗团伙之间形成较为稳定的配合关系，长期为他人提供信用卡或者转账取现的，以诈骗罪论处；②行为人向他人出租、出售信用卡后，在明知是犯罪所得

---

[1]《办理电诈案意见（二）》（2021）第7条。
[2] 例如，在公安机关调查案件过程中，电商平台经销商被明确告知其交易对象涉嫌电信网络诈骗犯罪，仍与其继续交易。
[3]《办理电诈案意见（二）》（2021）第8条第2款。
[4]《断卡行动纪要》（2022）第1条。

及其收益的情况下，又代为转账、套现、取现等，或者为配合他人转账、套现、取现而提供刷脸等验证服务的，以掩饰、隐瞒犯罪所得、犯罪所得收益罪论处；③明知他人利用信息网络实施犯罪，仅向他人出租、出售信用卡，未实施其他行为，达到情节严重标准的，以本罪论处。[1]

但是，根据《刑法》第287条之二第3款，犯本罪的，还可能同时构成其他犯罪，应择一重罪论处。这说明本罪与上下游犯罪的共犯之间不是对立互斥关系，不宜将本罪的立法技术简单总结为帮助行为正犯化。在此基本认识之下，有学者提出帮助犯量刑规则说，并将前述第3款限缩解释为"同时构成法定刑高于本罪的其他犯罪"。根据该说，信息网络帮助行为同时构成本罪和上下游犯罪的帮助犯的，如果上下游犯罪的法定刑较低，则不适用《刑法》第287条之二第3款，即不应以本罪论处。[2]

在本书看来，帮助行为正犯化说和帮助犯量刑规则说基于同一解释前见——帮助即帮助犯。然而，《办理信息网络刑案解释》（2019）第12条第2款规定，确因客观条件限制无法查明被帮助对象是否达到犯罪的程度，但支付结算、提供资金、违法所得等数额达到情节严重标准的5倍以上的，以本罪论处。其中反映出独立处罚信息网络帮助行为的实践取向。这种取向与区分制参与体系、共犯从属性理论存在天然冲突。[3] 突破"帮助即帮助犯"的解释前见，可以考虑将本罪的设立看作我国刑法理论向单一参与体系靠拢的标志之一。

十七、扰乱无线电通讯管理秩序罪

《刑法》第288条　违反国家规定，擅自设置、使用无线电台（站），或者擅自使用无线电频率，干扰无线电通讯秩序，情节严重的，处三年以下有期徒刑、拘役或者管制，并处或者单处罚金；情节特别严重的，处三年以上七年以下有期徒刑，并处罚金。

单位犯前款罪的，对单位判处罚金，并对其直接负责的主管人员和其他直接责任人员，依照前款的规定处罚。

【行为】违反国家规定，擅自设置、使用无线电台（站），或者擅自占用频率，干扰无线电通讯秩序。根据《办理无线电刑案解释》（2017）第1条，擅自设置、使用无线电台（站），或者擅自使用无线电频率，干扰无线电通讯秩序，包括下列情形：①未经批准设置无线电广播电台（又称"黑广播"），非法使用广播电视专用频段的频率的；②未经批准设置通信基站（又称"伪基站"），强行向不特定用户发送信息，非法使用公众移动通信频率的；③未经批准使用卫星无线电频率的；④非法设置、使用无线电干扰器的；⑤其他擅自设置、使用无线电台（站），或者擅自使用无线电频率，干扰无线电通讯秩序的情形。

【罪量】情节严重。具体标准参见《办理无线电刑案解释》（2017）第2条。

【加重犯】情节特别严重。具体标准参见《办理无线电刑案解释》（2017）第3条。

【罪数】1. 擅自设置、使用无线电台（站），或者擅自使用无线电频率，同时构成其他犯罪的，按照处罚较重的规定定罪处罚。

2. 明知他人实施诈骗等犯罪，使用"黑广播""伪基站"等无线电设备为其发送信息或者提供其他帮助，同时构成其他犯罪的，按照处罚较重的规定定罪处罚。

十八、聚众扰乱社会秩序罪·聚众冲击国家机关罪·扰乱国家机关工作秩序罪·组织、资助非法聚集罪

---

[1] 参见《断卡行动纪要》（2022）第5条。
[2] 参见张明楷：《刑法学》（下），法律出版社2021年版，第1386页。
[3] 参见江溯：《帮助信息网络犯罪活动罪的解释方向》，载《中国刑事法杂志》2020年第5期。

《刑法》第 290 条　聚众扰乱社会秩序，情节严重，致使工作、生产、营业和教学、科研、医疗无法进行，造成严重损失的，对首要分子，处三年以上七年以下有期徒刑；对其他积极参加的，处三年以下有期徒刑、拘役、管制或者剥夺政治权利。

聚众冲击国家机关，致使国家机关工作无法进行，造成严重损失的，对首要分子，处五年以上十年以下有期徒刑；对其他积极参加的，处五年以下有期徒刑、拘役、管制或者剥夺政治权利。

多次扰乱国家机关工作秩序，经行政处罚后仍不改正，造成严重后果的，处三年以下有期徒刑、拘役或者管制。

多次组织、资助他人非法聚集，扰乱社会秩序，情节严重的，依照前款的规定处罚。

(一) 构成要件

1. 聚众扰乱社会秩序罪。

【行为】聚众扰乱党政机关、企业、事业单位和人民团体正常活动。聚众，指纠集 3 人以上在同一时间或者空间聚合在一起。扰乱，指非法破坏、妨害有关机关单位正常活动的行为。包括暴力性扰乱和非暴力性扰乱。前者如闯入办公场所，殴打、威胁有关人员，毁坏财物，强行留置有关人员等；后者如在办公场所哄闹、纠缠、辱骂，占据生产、工作场所或通道等。

【结果·罪量】聚众扰乱社会秩序，情节严重，致使工作、生产、营业和教学、科研、医疗无法进行，造成严重损失的，才成立本罪。

【主观】故意。由于本罪是聚众性犯罪，因而进行扰乱必须基于众行为人的共同故意。众行为人往往是意图通过扰乱活动，给有关机构、单位和领导施加压力，以实现自己的无理要求。要求的具体内容或者动机可能各不相同，但不影响犯罪的成立。

2. 聚众冲击国家机关罪。

【行为·结果】聚众冲击国家机关、致国家机关工作无法进行，造成严重损失。包括 2 个要素：①聚众冲击国家机关，指 3 人以上强行进入国家机关进行扰乱活动或者 3 人以上在国家机关进行扰乱拒不退去的行为。现实中一般表现为倚仗人多势众，强行冲入国家机关、占据办公场所、封堵出入通道，或者在国家机关单位的门前、院内肆意哄闹等。②致使国家机关工作无法进行、造成严重损失。重大损失，一般指妨碍重大公务活动，致伤国家工作人员，造成工作长期停顿、较大财产损失及严重政治影响等。

【主观】故意。

3. 扰乱国家机关工作秩序罪。

【定义】多次扰乱国家机关工作秩序，经行政处罚后仍不改正，造成严重后果的行为。

4. 组织、资助非法聚集罪。

【定义】多次组织、资助他人非法聚集，扰乱社会秩序，情节严重的行为。

(二) 适用

【定罪】1. 聚众扰乱社会秩序、聚众冲击国家机关带有群众性，情况比较复杂，处理时务必慎重。对于因待业下岗生活困难而到有关部门抗议、示威、请愿，影响有关单位工作秩序，但情节尚未达到严重程度的，不应作为犯罪处理。对于群众到国家机关进行合法示威、请愿活动，没有暴力冲击行为的，也不能认定为犯罪。为了体现区别对待的政策，《刑法》规定只处罚聚众扰乱社会秩序或者聚众冲击国家机关的首要分子与积极参加者，不处罚一般参加者。

2. 《处理信访中违法犯罪意见》(2019) 指出：在信访活动中或者以信访为名，在各级党委、人大、政协、行政、监察、审判、检察、军事机关，厂矿、商场等企业单位，学校、医院、报社、电视台、科研院所等事业单位，工会、妇联等社会团体单位，机场、车站、码头等重要交通场站，或者在上述场所周边的其他公共场所，聚众实施统一着装、佩戴统一标识、静坐滞留、张贴散发材料、喊口号、打横幅、穿状衣等行为，或者实施跳楼、服毒等自杀、自伤行为以及扬言实施自杀、自伤行为，情节严重，致使工作、生产、营业和教学、科研、医疗活动无法进行，造成严重损失的，对首要分子和其他积极参加者，以聚众扰乱社会秩序罪定罪处罚。

在信访活动中或者以信访为名，在各级党委、人大、政协、行政、监察、审判、检察、军事机关，聚众实施强行冲闯、围堵大门通道、围攻、辱骂工作人员，强占办公场所，投掷石块杂物等冲击国家机关行为，致使国家机关工作无法进行，造成严重损失的，对首要分子和其他积极参加者，以聚众冲击国家机关罪定罪处罚。

在信访活动中或者以信访为名，个人多次扰乱国家机关的工作秩序，经行政处罚后仍不改正，造成严重后果的，以扰乱国家机关工作秩序罪定罪处罚。

组织、资助非法聚集。多次组织、资助他人到各级党委、人大、政协、行政、监察、审判、检察、军事机关，厂矿、商场等企业单位，学校、医院、报社、电视台、科研院所等事业单位，工会、妇联等社会团体单位，机场、车站、码头等重要交通场站，或者到上述场所周边的其他公共场所，非法聚集，扰乱社会秩序，情节严重的，以组织、资助非法聚集罪定罪处罚。

【关联罪】1. 聚众冲击国家机关罪与妨害公务罪的区别。要点是：①对象不同。前罪的对象是国家机关，后罪的对象是正在依法执行职务的国家机关工作人员。②行为方式不同。前罪须以聚众冲击的方式实现，后罪无此限制。从实质上讲，前罪妨害的是国家机关的工作秩序，后罪妨害的则是某项具体的职务活动。

2. 聚众冲击国家机关罪与聚众扰乱社会秩序罪的区别。要点是：①对象不同。前罪的对象限于国家机关；后罪的对象除了国家机关，还包括企业、事业单位和人民团体。②行为方式不同。前罪虽然也是一种扰乱，但侧重于暴力扰乱，并且通常需要人数较多才能构成冲击；而后罪包括暴力性扰乱和非暴力性扰乱，并且不必人数较多。

【罪数】聚众犯罪往往会造成人员伤亡、公共财物毁损等结果，同时触犯其他罪名的，应择一重罪论处。

十九、聚众扰乱公共场所秩序、交通秩序罪

《刑法》第291条　聚众扰乱车站、码头、民用航空站、商场、公园、影剧院、展览会、运动场或者其他公共场所秩序，聚众堵塞交通或者破坏交通秩序，抗拒、阻碍国家治安管理工作人员依法执行职务，情节严重的，对首要分子，处五年以下有期徒刑、拘役或者管制。

【行为】本罪包含两种聚众扰乱行为：①聚众扰乱车站、码头、民用航空站、商场、公园、影剧院、展览会、运动场或者其他公共场所秩序；②聚众堵塞交通或者破坏交通秩序。这两种聚众行为均需与抗拒、阻碍国家治安管理工作人员依法执行职务的行为相结合，才能构成本罪。从罪状内部的关联性来看，一方面，本罪中的"聚众""抗拒、阻碍"两种行为在逻辑上具有关联性，应当同时具备；另一方面，"国家治安管理工作人员"所涵盖的范围十分广泛，既包括治安民警，又包括交通民警和其他依法执行治安管理职务的工作人员[1]，而"执行职务"指的则是对本罪特定秩序的管理与维护。

【罪量】情节严重。

---

[1] 王爱立主编：《中华人民共和国刑法条文说明、立法理由及相关规定》，北京大学出版社2021年版，第1136页。

【关联罪】本罪与聚众扰乱社会秩序罪的区别。本罪发生在公共场所、交通要道，侵犯的是公共场所秩序、交通秩序，只处罚首要分子；聚众扰乱社会秩序罪发生在党政机关、企业、事业单位和人民团体，侵犯的是正常的工作、生产、营业和教学、科研、医疗秩序，既处罚首要分子也处罚积极参加者。

二十、投放虚假危险物质罪·编造、故意传播虚假恐怖信息罪·编造、故意传播虚假信息罪

《刑法》第291条之一 投放虚假的爆炸性、毒害性、放射性、传染病病原体等物质，或者编造爆炸威胁、生化威胁、放射威胁等恐怖信息，或者明知是编造的恐怖信息而故意传播，严重扰乱社会秩序的，处五年以下有期徒刑、拘役或者管制；造成严重后果的，处五年以上有期徒刑。

编造虚假的险情、疫情、灾情、警情，在信息网络或者其他媒体上传播，或者明知是上述虚假信息，故意在信息网络或者其他媒体上传播，严重扰乱社会秩序的，处三年以下有期徒刑、拘役或者管制；造成严重后果的，处三年以上七年以下有期徒刑。

(一) 构成要件

1. 投放虚假危险物质罪。

【行为·结果】投放虚假的爆炸性、毒害性、放射性、传染病病原体等物质，严重扰乱社会秩序。关于行为是否严重扰乱社会秩序，"应从虚假危险物质的形态，投放的场所、时间，以及行为所引起的社会心理反应、所产生的社会影响、所导致的社会秩序混乱程度等方面进行判断"。[1] 例如，甲为了泄愤，故意在某公司的办公大楼顶部放置一黑色木箱，内置石块，电话报警称发现爆炸物，惊动大批警察紧急疏散建筑物内的人员，造成公众恐慌。甲投放虚假危险物质的行为即具有严重扰乱社会秩序的性质。相反，朋友之间开玩笑或者恶作剧，邮寄点白色粉末声称是病菌、毒物，没有产生较大不良影响的，不认为是犯罪。

【主观】故意，即明知是虚假的危险物质而投放。如果故意投放（真的）危险物质危害公共安全，则构成投放危险物质罪。如果意图投放（真的）危险物质，但因认识错误错用了无毒物质，则属于投放危险物质罪的工具不能犯未遂。

【加重犯】造成严重后果。

2. 编造、故意传播虚假恐怖信息罪。

【行为】本罪的行为方式包括：①编造爆炸威胁、生化威胁、放射威胁等恐怖信息；②传播虚假恐怖信息。《审理虚假恐怖信息案解释》(2013) 第6条界定的虚假恐怖信息涵摄范围较广，包括以发生爆炸威胁、生化威胁、放射威胁、劫持航空器威胁、重大灾情、重大疫情等严重威胁公共安全的事件为内容，可能引起社会恐慌或者公共安全危机的不真实信息。但在《刑法修正案（九）》增设本罪后，编造、故意传播虚假的重大灾情、重大疫情信息的，以编造、故意传播虚假信息罪论处更为合适。[2]

【结果】严重扰乱社会秩序。参考《审理虚假恐怖信息案解释》(2013) 第2条，包括下列情形：①致使机场、车站、码头、商场、影剧院、运动场馆等人员密集场所秩序混乱，或者采取紧急疏散措施的；②影响航空器、列车、船舶等大型客运交通工具正常运行的；③致使国家机关、学校、医院、厂矿企业等单位的工作、生产、经营、教学、科研等活动中断的；④造

---

[1] 张明楷：《刑法学》(下)，法律出版社2021年版，第1390页。
[2] 这种认识与"编造虚假的疫情信息，在信息网络或者其他媒体上传播，或者明知是虚假疫情信息，故意在信息网络或者其他媒体上传播，严重扰乱社会秩序的，以编造、故意传播虚假信息罪定罪处罚"之规定立场一致。

成行政村或者社区居民生活秩序严重混乱的；⑤致使公安、武警、消防、卫生检疫等职能部门采取紧急应对措施的；⑥其他严重扰乱社会秩序的。

【主观】故意。编造虚假恐怖信息并传播，其故意不言自明。传播他人编造的恐怖信息的，必须审查行为人是否明知是虚假恐怖信息；误信恐怖谣传而传播的，不为罪。

【加重犯】造成严重后果。具体标准可参考《审理虚假恐怖信息案解释》（2013）第4条。

3. 编造、故意传播虚假信息罪。

【行为】本罪的行为方式包括：①编造虚假的险情、疫情、灾情、警情，在信息网络或者其他媒体上传播；②传播虚假的险情、疫情、灾情、警情。

【案例】　　　　　　赵某某编造、故意传播虚假信息案[1]

2020年1月26日，赵某某为满足虚荣心，扩大网络影响力，将自己身着警服的照片设为微信头像，同时将微信昵称设为"鞍山交警小龙"，并在微信朋友圈发布信息称："鞍山交警小龙温馨提示大家！今天鞍山市城市公交车！全部停运！从明天开始长途客运站停止营运所有长途汽车！今晚我值班由我带队出去执勤！今晚从半夜12点开始！由我带队在鞍山所有的高速公路口全城封闭！所有的车辆不准进入我们鞍山！""鞍山市今晚全城开始封路！请广大司机朋友们！没事请不要出门了"，并配发多张警察执勤图片。该条信息发布后，被多名网友转发至朋友圈和微信群，大量市民向相关部门电话咨询，鞍山市交通管理局接听95人次，鞍山市8890民生服务平台接听24人次，110接警中心接听78人次，引发不良影响，干扰疫情防控工作的正常秩序。法院适用速裁程序审理该案，以编造、故意传播虚假信息罪判处赵某某有期徒刑1年6个月。

传播险情、疫情、灾情、警情之外的虚假信息，造成公共秩序严重混乱的，不构成本罪。但不排除根据《办理网络诽谤等刑案解释》（2013）第5条以寻衅滋事罪定罪处罚。

【结果】严重扰乱社会秩序。

【加重犯】造成严重后果。

（二）适用

【关联罪】编造、故意传播虚假恐怖信息罪与投放虚假危险物质罪的区别。前罪仅能涵摄"传播、编造"行为，即传播、编造某种恐怖谣言，造成公众恐慌，而不涉及"投放"行为，即没有实际投放虚假的足以使人们误认为是爆炸物等的物品。行为人投放虚假危险物质，意在引发虚假的恐怖信息或者客观上造成虚假恐怖信息传播的，属于投放行为的当然结果，不另定编造、故意传播虚假恐怖信息罪。

【罪数】投放虚假危险物质、编造虚假恐怖信息敲诈勒索财物的，视情形按照牵连犯择一重罪处断。

二十一、高空抛物罪[2]

《刑法》第291条之二　　从建筑物或者其他高空抛掷物品，情节严重的，处一年以下有期徒刑、拘役或者管制，并处或者单处罚金。

有前款行为，同时构成其他犯罪的，依照处罚较重的规定定罪处罚。

（一）构成要件

【行为】从建筑物或者其他高空抛掷物品。高空，指高于基准面，能够利用自由落体运动危及人身、财产安全的空间。从山上、树上、巨轮上、升空的热气球上抛掷物品，均属于从高

---

[1] 全国检察机关依法惩治妨害疫情防控秩序犯罪典型案例（最高人民检察院2021年8月8日发布）。
[2] 本罪由《刑法修正案（十一）》增设。

空抛掷。明知有数人在井底作业，仍从井口抛下物品的，也属于从高空抛掷。[1] 抛掷的核心是通过外力，将物品从一处扔向另一处，因而难以通过不作为方式实施。[2]

【主观】故意。过失导致物品从建筑物或者其他高处坠落的，不构成本罪；致人重伤、死亡的，可成立过失致人重伤罪、过失致人死亡罪、重大责任事故罪等。

【罪量】情节严重。一般根据抛物次数、数量、重量，结合时间、地点、危险程度、损害结果进行认定。

(二) 适用

【定罪】高空抛物，既可能是乱扔个塑料袋、纸烟盒、易拉罐，也可能抛出一个门板、玻璃窗、混凝土块、砖块、铅球、炸弹，在定性上不能一概而论，应准确把握刑事违法与行政违法的界限。对于能否依据治安管理处罚法对高空抛物行为进行行政处罚，存在着两种对立观点：一种观点认为，《治安管理处罚法》（2012年修正）对高空抛物行为没有规定，不能予以行政处罚；另一种观点则主张，可依据《治安管理处罚法》（2012年修正）第2条、第23条进行处罚。在本书看来，《治安管理处罚法》（2012年修正）第2条可涵摄高空抛物行为，只是规定过于概括，不好操作。有学者据此建议在《治安管理处罚法》（2012年修正）第23条中增加一项，采取列举的方式，与在其他场所实施的扰乱公共秩序行为一起纳入该法的规制范围。[3]

【罪数】高空抛物致人重伤、死亡的，可能同时触犯故意杀人罪、故意伤害罪、过失致人死亡罪、过失致人重伤罪、过失以危险方法危害公共安全罪等，根据《刑法》第291条之二第2款，依照处罚较重的规定定罪处罚。

二十二、聚众斗殴罪

《刑法》第292条 聚众斗殴的，对首要分子和其他积极参加的，处三年以下有期徒刑、拘役或者管制；有下列情形之一的，对首要分子和其他积极参加的，处三年以上十年以下有期徒刑：

(一) 多次聚众斗殴的；

(二) 聚众斗殴人数多，规模大，社会影响恶劣的；

(三) 在公共场所或者交通要道聚众斗殴，造成社会秩序严重混乱的；

(四) 持械聚众斗殴的。

聚众斗殴，致人重伤、死亡的，依照本法第二百三十四条、第二百三十二条的规定定罪处罚。

(一) 构成要件

【行为】聚众斗殴，指纠集多人成帮结伙地相互施加暴力攻击人身的行为。在实际生活中，通常表现为不法集团或者团伙之间为了炫耀武力而纠集多人打群架。斗殴双方对此往往事先约定，因此一般纠集的人数较多，备有器械。《刑法》仅处罚组织、策划、指挥聚众斗殴的首要分子与积极参加者，不处罚一般参与者。

【主观】故意。一般出于显示、炫耀武力，争霸一方，抢占地盘，或者通过"私斗"解决纷争，或者自行报复、代人报复等藐视社会秩序的动机。

---

[1] 国家统一法律职业资格考试辅导用书编辑委员会组编：《2021年国家统一法律职业资格考试辅导用书·刑法》，法律出版社2021年版，第242页。
[2] 时延安、陈冉、敖博：《刑法修正案（十一）评注与案例》，中国法制出版社2021年版，第386页。
[3] 贾长森：《高空抛物行为的法律责任分析——以民行刑衔接为视角》，载《行政管理改革》2022年第6期。

【加重犯】本罪有以下加重事由：①多次聚众斗殴。多次，指聚众斗殴3次以上。②聚众斗殴人数多、规模大、社会影响恶劣。社会影响恶劣，主要指斗殴行为引起群众恐慌。③在公共场所或者交通要道聚众斗殴，造成社会秩序严重混乱。④持械聚众斗殴。持械，指预先准备了斗殴的器械并在斗殴中实际使用了该器械。事先谋划利用斗殴现场的器物实行斗殴的，也视为事先准备。未预先准备斗殴器械或者未谋划利用斗殴现场的器物，仅有个别成员独自携带或者利用现场器物斗殴的，不属于持械聚众斗殴。一方持械，另一方未持械的，未持械方不构成加重犯。携带斗殴器械，但以"对方使用，我方也使用"为条件的，应根据是否实际使用的情况认定是否属于持械聚众斗殴。

(二) 适用

【罪数】1. 本罪与故意伤害罪的界限。聚众斗殴致人轻伤的，以本罪论处，不需另定故意伤害罪。因为聚众斗殴本身包含致人轻伤程度的伤害，属于法条竞合犯，应优先适用特别法。但需注意，单纯召集数人殴打他人的，属于共同故意伤害罪，不是聚众斗殴罪。

2. 根据《刑法》第292第2款，聚众斗殴，致人重伤、死亡的，以故意伤害罪或者故意杀人罪定罪处罚。聚众斗殴不仅是一种严重破坏公共秩序的犯罪，也是严重危及生命、健康的犯罪，因此，《刑法》规定在聚众斗殴中造成重伤、死亡结果的，直接以故意伤害罪或者故意杀人罪论处。适用本款的争议焦点在于，造成死亡结果的是否一律定故意杀人罪？有无考虑故意伤害罪（致人死亡）的余地？对此，有观点认为，本款属于拟制规定，[1] 致人死亡的，应一律以故意杀人罪论处。司法实务一般根据个案具体情形认定，即行为具有故意杀人性质的，认定为故意杀人罪；仅有伤害性质的，仍定为故意伤害罪。司法实务的做法较为合理，成立故意杀人罪，仍要求具备《刑法》第232条之构成要件，主要是行为本身的致命性和剥夺他人生命的故意。

本款的适用范围限于造成重伤、死亡结果的直接责任人和对致人重伤、死亡结果负有组织、策划、指挥责任的首要分子。对他们应同时适用《刑法》第292条第2款和第234条或者第232条，以全面评价案情，并表明对聚众斗殴行为不另行定罪处罚的根据。其他参加聚众斗殴的犯罪分子不能转化为故意伤害或者故意杀人罪。

【案例】　　　　　　　　　　**王某坤故意杀人案**[2]

某晚8时，葛某一再与前女友刘某通电话，引起刘某现男友高某不满，葛、高二人在电话中争吵并约定在某玻璃厂门口"见面"。葛某随即电话告知王某坤此事，并乘坐出租车去接王某坤，王某坤从网吧叫上陈某、丁某龙等人，同车来到玻璃厂门口。此时，高某、刘某以及杨某、张某亮等共5人也已在玻璃厂门口不远处。葛某表示自己与高某单打，对方其他人由王某坤等人对付，王表示同意。葛某见高某走来，上前与其厮打在一起。杨某上前时，王某坤拦住并打在一起，丁某龙、陈某与张某亮打在一起。厮打中，王某坤持刀朝杨某的腹、腰、腿、臀部等处连刺16刀，杨倒地。随后，王某坤向正与陈某、丁某龙厮打的张某亮胸背部、臀部刺5刀，向正与葛某厮打的高某左上腹、臀部、腿部连刺9刀。之后，葛某、王某坤等人逃离现场。杨某死亡，张某亮、高某轻伤。葛某、王某坤事后投案自首。法院认为，王某坤造成1人死亡、2人轻伤的严重后果，其行为构成故意杀人罪，判处死刑，剥夺政治权利终身；葛某的行为构成聚众斗殴罪，判处有期徒刑3年。

---

〔1〕 张明楷：《刑法学》（下），法律出版社2021年版，第1396页。
〔2〕 中华人民共和国最高人民法院刑事审判第一、二、三、四、五庭主办：《刑事审判参考》（2009年第1集·总第66集），法律出版社2009年版，第14~16页。

要点：①本案具有聚众斗殴性质。②对王某坤适用《刑法》第292条第2款，即聚众斗殴致人死亡的，以故意杀人罪论处。③葛某等人对王某坤持刀刺被害人不知情，对该"实行过限"部分不承担罪责，仅成立聚众斗殴罪。

二十三、寻衅滋事罪

《刑法》第293条 有下列寻衅滋事行为之一，破坏社会秩序的，处五年以下有期徒刑、拘役或者管制：
（一）随意殴打他人，情节恶劣的；
（二）追逐、拦截、辱骂、恐吓他人，情节恶劣的；
（三）强拿硬要或者任意损毁、占用公私财物，情节严重的；
（四）在公共场所起哄闹事，造成公共场所秩序严重混乱的。
纠集他人多次实施前款行为，严重破坏社会秩序的，处五年以上十年以下有期徒刑，可以并处罚金。

（一）构成要件

【客观】1. 随意殴打他人，破坏社会秩序，情节恶劣。《寻衅滋事案解释》（2013）第2条指出，随意殴打他人，破坏社会秩序，具有下列情形之一的，应认定为"情节恶劣"：①致1人以上轻伤或者2人以上轻微伤的；②引起他人精神失常、自杀等严重后果的；③多次随意殴打他人的；④持凶器随意殴打他人的；⑤随意殴打精神病人、残疾人、流浪乞讨人员、老年人、孕妇、未成年人，造成恶劣社会影响的；⑥在公共场所随意殴打他人，造成公共场所秩序严重混乱的；⑦其他情节恶劣的情形。

2. 追逐、拦截、辱骂、恐吓他人，破坏社会秩序，情节恶劣。《寻衅滋事案解释》（2013）第3条规定，追逐、拦截、辱骂、恐吓他人，破坏社会秩序，具有下列情形之一的，应认定为"情节恶劣"：①多次追逐、拦截、辱骂、恐吓他人，造成恶劣社会影响的；②持凶器追逐、拦截、辱骂、恐吓他人的；③追逐、拦截、辱骂、恐吓精神病人、残疾人、流浪乞讨人员、老年人、孕妇、未成年人，造成恶劣社会影响的；④引起他人精神失常、自杀等严重后果的；⑤严重影响他人的工作、生活、生产、经营的；⑥其他情节恶劣的情形。

3. 强拿硬要或者任意损毁、占用公私财物，破坏社会秩序，情节严重。《寻衅滋事案解释》（2013）第4条规定，强拿硬要或者任意损毁、占用公私财物，破坏社会秩序，具有下列情形之一的，应认定为"情节严重"：①强拿硬要公私财物价值1000元以上，或者任意损毁、占用公私财物价值2000元以上的；②多次强拿硬要或者任意损毁、占用公私财物，造成恶劣社会影响的；③强拿硬要或者任意损毁、占用精神病人、残疾人、流浪乞讨人员、老年人、孕妇、未成年人的财物，造成恶劣社会影响的；④引起他人精神失常、自杀等严重后果的；⑤严重影响他人的工作、生活、生产、经营的；⑥其他情节严重的情形。

4. 在公共场所起哄闹事，造成公共场所秩序严重混乱。《寻衅滋事案解释》（2013）第5条规定，在车站、码头、机场、医院、商场、公园、影剧院、展览会、运动场或者其他公共场所起哄闹事，应根据公共场所的性质、公共活动的重要程度、公共场所的人数、起哄闹事的时间、公共场所受影响的范围与程度等因素，综合判断是否"造成公共场所秩序严重混乱"。

【主观】故意。通常出于蔑视法纪、显示威风、寻求精神刺激或者发泄等寻衅滋事动机。根据《寻衅滋事案解释》（2013）第1条，寻衅滋事的动机大体包括：

1. 无事生非。行为人为寻求刺激、发泄情绪、逞强耍横等，无事生非，实施《刑法》第293条规定的行为的，应认定为"寻衅滋事"。

2. 借故生非（小题大做）。行为人因日常生活中的偶发矛盾纠纷，借故生非，实施《刑法》第293条规定的行为的,应认定为"寻衅滋事",但矛盾系由被害人故意引发或者被害人对矛盾激化负有主要责任的除外。

3. 一再无理纠缠。行为人因婚恋、家庭、邻里、债务等纠纷,实施殴打、辱骂、恐吓他人或者损毁、占用他人财物等行为的,一般不认定为"寻衅滋事",但经有关部门批评制止或者处理后,继续实施前述行为,破坏社会秩序的除外。

(二) 适用

【定罪】劳教废止与寻衅滋事罪的扩张适用。劳教废止后,原属于劳动教养对象的部分行为需要分流到刑法。《寻衅滋事案解释》(2013)给出十分具体的认定标准,意在适当扩大寻衅滋事罪的适用,填补劳教废止后的空隙。但关于扩张的程度,学界争议较大。以《办理网络诽谤等刑案解释》(2013)第5条第2款的规定为例:编造虚假信息,或者明知是编造的虚假信息,在信息网络上散布,或者组织、指使人员在信息网络上散布,起哄闹事,造成公共秩序严重混乱的,依照《刑法》第293条第1款第4项的规定,以寻衅滋事罪定罪处罚。不少学者质疑该规定将网络空间解释为"公共场所",并对法条同一项中出现的两个"公共场所"作不同理解,属于不利于被告人的类推,使本罪的适用趋于"口袋化"。尤其在《刑法修正案(九)》增设编造、故意传播虚假信息罪之后,反对之声愈发强烈。不过,司法解释始终坚持旧立场,《惩治妨害疫情防控违法犯罪意见》(2020)中仍可见与《办理网络诽谤等刑案解释》(2013)第5条第2款相同的规定。在本书看来,新近司法解释的最大问题在于,对编造虚假的疫情信息,在信息网络或者其他媒体上传播,或者明知是虚假疫情信息,故意在信息网络或者其他媒体上传播,严重扰乱社会秩序的行为,《惩治妨害疫情防控违法犯罪意见》(2020)以编造、故意传播虚假信息罪定罪处罚;对一般性的虚假信息之编造或者故意传播,却论以法定刑更重的寻衅滋事罪,处罚明显失衡,可考虑统一认定为编造、故意传播虚假信息罪。

【司法类型】1.《审理未成年人刑案解释》(2006)第7条规定,已满14周岁不满16周岁的人使用轻微暴力或者威胁,强行索要其他未成年人随身携带的生活、学习用品或者钱财数量不大,且未造成被害人轻微伤以上或者不敢正常到校学习、生活等危害后果的,不认为是犯罪。已满16周岁不满18周岁的人具有前款规定情形的,一般也不认为是犯罪。例如,甲17周岁,多次伙同其他青少年人在学校附近拦截上学的中学生,搜取共十余人的零花钱、学习用品等财物,总共价值约600元,一般不认为是犯罪。该解释第8条规定:"已满16周岁不满18周岁的人出于以大欺小、以强凌弱或者寻求精神刺激,随意殴打其他未成年人、多次对其他未成年人强拿硬要或者任意损毁公私财物,扰乱学校及其他公共场所秩序,情节严重的,以寻衅滋事罪定罪处罚。"

2.《办理黑恶犯罪案意见》(2018)指出,黑恶势力为谋取不法利益或形成非法影响,有组织地采用滋扰、纠缠、哄闹、聚众造势等手段扰乱正常的工作、生活秩序,使他人产生心理恐惧,属于《刑法》第293条第1款第2项规定的"恐吓"的,应以寻衅滋事罪定罪处罚。

【罪数】实施寻衅滋事行为,同时符合寻衅滋事罪和故意杀人罪、故意伤害罪、故意毁坏财物罪、敲诈勒索罪、抢夺罪、抢劫罪等罪的构成要件的,依照处罚较重的犯罪定罪处罚。[1]

二十四、催收非法债务罪[2]

《刑法》第293条之一 有下列情形之一,催收高利放贷等产生的非法债务,情节严重的,处三年以下有期徒刑、拘役或者管制,并处或者单处罚金:

---

[1]《寻衅滋事案解释》(2013)第7条。
[2] 本罪由《刑法修正案(十一)》增设。

（一）使用暴力、胁迫方法的；
（二）限制他人人身自由或者侵入他人住宅的；
（三）恐吓、跟踪、骚扰他人的。

（一）构成要件

【行为】以《刑法》第293条之一规定的行为方式，催收高利放贷等产生的非法债务。非法债务，不限于高利放贷产生的债务，还包括赌债等事实债务；既包括非法债务本身，也包括债务衍生的孳息。根据《民间借贷案规定》（2020年修正），超出合同约定的利率或者超出"一年期贷款市场报价利率四倍"的利率，属于不受法律保护的利率。另参照《办理非法放贷刑案意见》（2019）第2条，超过36%实际年利率产生的债务，一般认为是非法债务。《刑法》规定的催收方式包括：①使用暴力、胁迫方法；②限制他人人身自由或者侵入他人住宅；③恐吓、跟踪、骚扰他人。被侵扰的"他人"，通常是债务人，也包括债务人的亲属、朋友等，甚至是无关的第三人。

【主观】故意。

【罪量】情节严重。主要指以催收非法债务为业的情形。此外，还应结合催收非法债务的次数、手段、后果、对被害人和社会造成的不良影响等，认定是否属于情节严重。

【定罪】1. 使用威胁、跟踪、骚扰他人的"软暴力"方法催讨非法债务，不符合《刑法》第293条规定的，不成立寻衅滋事罪；使用暴力、恐吓方式催讨非法债务的，鉴于其动机特定（为了催讨非法债务），不属于无事生非、借故生非，也不宜以寻衅滋事罪追究刑事责任。上述行为可考虑以本罪定罪处罚。

2. 本罪的非法债务不同于"虚增"或者"恶意垒高"的债务。非法债务不受民法保护，但债务人知情、认可，有借款合同上的依据，催讨这种债务不具有非法占有他人财产的性质，不成立敲诈勒索罪、抢劫罪等。与之不同，"套路贷"案件中，如果出借人虚增借款金额，或者恶意制造违约垒高债务，所谓"债务"没有合同依据，借款人不知情、不认可，则以暴力、威胁等方式催讨的，行为具有侵财性，可成立敲诈勒索罪或者抢劫罪。

【罪数】1. 使用限制他人人身自由的方式催收非法债务的，如果对人身自由的侵犯达到了非法拘禁罪的程度，则同时构成非法拘禁罪，择一重罪处断。

2 使用侵入他人住宅的方式催收非法债务的，如果侵入住宅的行为构成非法侵入住宅罪，则择一重罪定罪处罚。

二十五、组织、领导、参加黑社会性质组织罪·入境发展黑社会组织罪·包庇、纵容黑社会性质组织罪

《刑法》第294条 组织、领导黑社会性质的组织的，处七年以上有期徒刑，并处没收财产；积极参加的，处三年以上七年以下有期徒刑，可以并处罚金或者没收财产；其他参加的，处三年以下有期徒刑、拘役、管制或者剥夺政治权利，可以并处罚金。

境外的黑社会组织的人员到中华人民共和国境内发展组织成员的，处三年以上十年以下有期徒刑。

国家机关工作人员包庇黑社会性质的组织，或者纵容黑社会性质的组织进行违法犯罪活动的，处五年以下有期徒刑；情节严重的，处五年以上有期徒刑。

犯前三款罪又有其他犯罪行为的，依照数罪并罚的规定处罚。

黑社会性质的组织应当同时具备以下特征：

（一）形成较稳定的犯罪组织，人数较多，有明确的组织者、领导者，骨干成员基本固定；
（二）有组织地通过违法犯罪活动或者其他手段获取经济利益，具有一定的经济实力，以支持该组织的活动；

（三）以暴力、威胁或者其他手段，有组织地多次进行违法犯罪活动，为非作恶，欺压、残害群众；

（四）通过实施违法犯罪活动，或者利用国家工作人员的包庇或者纵容，称霸一方，在一定区域或者行业内，形成非法控制或者重大影响，严重破坏经济、社会生活秩序。

（一）构成要件

1. 组织、领导、参加黑社会性质组织罪。

【行为】组织、领导、参加黑社会性质的组织，实施违法犯罪活动。

根据《刑法》第294条第5款，"黑社会性质组织"应同时具备以下特征：

（1）形成较稳定的犯罪组织，人数较多，有明确的组织者、领导者，骨干成员基本固定。这称为"组织特征"。组织形成后，在一定时期内持续存在，应认定为"形成较稳定的犯罪组织"。黑社会性质组织一般在短时间内难以形成，而且成员人数较多，但鉴于"恶势力"团伙和犯罪集团向黑社会性质组织发展是一个渐进的过程，没有明显的性质转变的节点，故对黑社会性质组织存在时间、成员人数问题不宜作出"一刀切"的规定。

（2）有组织地通过违法犯罪活动或者其他手段获取经济利益，具有一定的经济实力，以支持该组织的活动。这称为"经济特征"。在组织的形成、发展过程中通过以下方式获取经济利益的，应当认定为"有组织地通过违法犯罪活动或者其他手段获取经济利益"：①有组织地通过违法犯罪活动或其他不正当手段聚敛；②有组织地以投资、控股、参股、合伙等方式通过合法的生产、经营活动获取；③由组织成员提供或通过其他单位、组织、个人资助取得。"支持该组织的活动"，指把组织的收入用于违法犯罪活动或者维系犯罪组织的生存、发展，如"购买作案工具、提供作案经费，为受伤、死亡的组织成员提供医疗费、丧葬费，为组织成员及其家属提供工资、奖励、福利、生活费用，为组织寻求非法保护以及其他与实施有组织的违法犯罪活动有关的费用支出等。通过上述方式获得一定数量的经济利益，应当认定为"具有一定的经济实力"，同时也包括调动一定规模的经济资源用以支持该组织活动的能力。组织成员主动将个人或者家庭资产中的一部分用于支持该组织活动，其个人或者家庭资产可全部计入"一定的经济实力"，但数额明显较小或者仅提供动产、不动产使用权的除外。

（3）以暴力、威胁或者其他手段，有组织地多次进行违法犯罪活动，为非作恶，欺压、残害群众。这称为"行为特征"。这里的"其他手段"，指以组织的势力、影响和犯界能力为依托，以暴力威胁的现实可能性为基础，足以使他人产生恐惧、恐慌进而形成心理强制或者足以影响、限制人身自由、危及人身财产安全或者影响正常生产、工作、生活的非暴力手段，包括但不限于所谓"谈判""协商""调解"以及滋扰、纠缠、哄闹、聚众造势等手段。

这里的"有组织的违法犯罪活动"主要指（黑社会性质组织）组织安排或以组织名义实施的违法犯罪活动。包括但不限于下列活动：①为该组织争夺势力范围打击竞争对手、形成强势地位、谋取经济利益、树立非法权威、扩大非法影响、寻求非法保护、增强犯罪能力等实施的；②按照该组织的纪律规约、组织惯例实施的；③组织者、领导者直接组织、策划、指挥、参与实施的；④由组织成员以组织名义实施，并得到组织者、领导者认可或者默许的；⑤多名组织成员为逞强争霸、插手纠纷、报复他人、替人行凶、非法敛财而共同实施，并得到组织者、领导者认可或者默许的。黑社会性质组织违法犯罪的目的在于维护其组织的利益，是为了组织的安全、稳定和发展,最终实现其对一定区域或行业的非法控制。[1]

"多次进行违法犯罪活动"是构成要件,没有多次违法犯罪活动,或者仅有违法活动而没有犯罪活动的,不能认定为黑社会性质组织。此要件需结合危害性特征来加以判断。黑社会性质组织并不是单纯为实施违法犯罪而存在,违法犯罪只是服务于该组织非法控制目的的手段,违法犯罪的性质、次数、严重程度也均由实现非法控制的需要所决定。[2] 即使有些案件中的违法犯罪活动已符合"多次"的标准,但根据其性质和严重程度,尚不足以形成非法控制或者重大影响的,也不能认定为黑社会性质组织。

(4)通过实施违法犯罪活动,或者利用国家工作人员的包庇或者纵容,称霸一方,在一定区域或者行业内,形成非法控制或者重大影响,严重破坏经济、社会生活秩序。这称为"危害性特征"或者"非法控制特征",是黑社会性质组织最本质、最核心的要素,也是"认定黑社会性质组织是否成立的决定性标准"[3]。因为"黑社会性质组织在社会生活方面不断谋取影响力,并借以削弱合法政权的控制力。……不断侵蚀正常的经济、社会秩序,并最终形成黑社会性质组织掌控的非法秩序,这正是此类犯罪严重社会危害性的根本所在"[4]。

一定区域,指在一定区域中生活的人,以及该区域内的经济、社会生活秩序。应注意区域的大小和空间范围具有相对性,不能简单地以必须达到某一特定的空间范围为标准。一定行业,既包括合法行业,也包括黄、赌、毒等非法行业。包括生产、流通、交换、消费等一个或多个市场环节。

《办理黑恶犯罪案意见》(2018)指出,形成非法控制或者重大影响,严重破坏经济、社会生活秩序,包括但不限于下列情形:①致使在一定区域内生活或者在一定行业内从事生产、经营的多名群众,合法利益遭受犯罪或严重违法活动侵害后,不敢通过正当途径举报、控告;②对一定行业的生产、经营形成垄断,或者对涉及一定行业的准入、经营、竞争等经济活动形成重要影响;③插手民间纠纷、经济纠纷,在相关区域或者行业内造成严重影响;④干扰、破坏他人正常生产、经营、生活,并在相关区域或者行业内造成严重影响;⑤干扰、破坏公司、企业、事业单位及社会团体的正常生产、经营、工作秩序,在相关区域、行业内造成严重影响,或者致使其不能正常生产、经营、工作;⑥多次干扰、破坏党和国家机关、行业管理部门以及村委会居委会等基层群众自治组织的工作秩序,或者致使上述单位、组织的职能不能正常行使;⑦利用组织的势力、影响,帮助组织成员或他人获取政治地位,或者在党政机关、基层群众自治组织中担任一定职务。

获取非法控制的途径包括:①实施违法犯罪活动;②利用国家工作人员的包庇或者纵容。通过"实施违法犯罪"和"寻求非法保护"这两个途径之一取得非法控制的,即符合立法解释第4项的规定,不必二者都具备。

---

[1] 指导案例第619号"邓伟波等组织、领导、参加黑社会性质组织案",载中华人民共和国最高人民法院刑事审判第一、二、三、四、五庭主办:《刑事审判参考》(2010年第3集·总第74集),法律出版社2010年版,第18页。

[2] 指导案例第1156号"焦海涛等人寻衅滋事案",载中华人民共和国最高人民法院刑事审判第一、二、三、四、五庭主办:《刑事审判参考》(总第107集),法律出版社2017年版,第50页。

[3] 周光权:《黑社会性质组织非法控制特征的认定——兼及黑社会性质组织与恶势力团伙的区分》,载《中国刑事法杂志》2018年第3期。

[4] 指导案例第623号"刘烈勇等组织、领导、参加黑社会性质组织案",载中华人民共和国最高人民法院刑事审判第一、二、三、四、五庭主办:《刑事审判参考》(2010年第3集·总第74集),法律出版社2010年版,第60页。

组织，指发起、创建、黑社会性质组织，或者对黑社会性质组织进行合并、分立、重组的行为；领导，指实际对组织的发展、运行、活动进行决策、指挥、协调、管理的行为。既可以是通过一定形式产生的有明确职务、称谓的组织者、领导者，也可以是在黑社会性质组织中被公认的事实上的组织者、领导者。参加，指知道或者应当知道是以实施违法犯罪为基本活动内容的组织，仍加入并接受其领导和管理的行为。没有加入黑社会性质组织的意愿，受雇到黑社会性质组织开办的公司、企业、社团工作，未参与黑社会性质组织违法犯罪活动的，不属于"参加"。参加黑社会性质组织，并具有以下情形之一的，一般应认定为"积极参加"：多次积极参与黑社会性质组织的违法犯罪活动，或者积极参与较严重的黑社会性质组织的犯罪活动且作用突出，以及其他在组织中起重要作用的情形，如具体主管黑社会性质组织的财务、人员调配等事项。

关于参加行为，实践中，可从以下几个方面认定[1]：

（1）行为人在加入犯罪组织时，只要知道或者应当知道所参加的是由多人组成、具有一定层级结构，主要从事违法犯罪活动的组织群体，或者该组织虽有形式合法的生产、经营活动，但仍是以有组织地实施违法犯罪活动为基本行为方式，欺压、残害群众的组织，就可认定其参加行为构成参加黑社会性质组织罪。

（2）无论是积极参加者，还是一般参加者，都要接受黑社会性质组织的领导和管理，这不仅是一个必要的主观意志要素，而且是判断参加行为是否存在的重要依据。对于那些主观上并无加入意图，客观上也不受犯罪组织领导和管理，因被纠集、雇佣、收买、威逼或者受蒙蔽为黑社会性质组织实施违法犯罪活动或者提供帮助、支持、服务的人员，不应以参加黑社会性质组织罪定罪处罚。

（3）实践中，参加行为的完成形态具有复杂性，判断其是否完成，应以行为人与黑社会性质组织就加入该组织问题达成意思一致作为判断标准，而不能只考虑是否履行手续、是否取得组织会籍、是否举行专门仪式等。对有下列情形之一的，可认定行为人完成了参加行为：①就加入犯罪组织问题有明确的约定；②行为人履行了加入组织的仪式；③行为人要求加入，并经该组织或组织头目批准或默许；④虽未履行手续，但已在该组织的领导和管理下实际参加了该组织的各种违法犯罪活动；⑤行为人开始不知道加入的是从事违法犯罪活动的黑社会性质组织，了解真相后没有退出，并在该组织的领导和管理下参加了该组织的违法犯罪活动。

【主观】故意。只要行为人认识到组织、领导、参加的团体以暴力、威胁或者其他手段，有组织地进行违法犯罪活动，称霸一方，为非作恶，欺压、残害群众的，就应认为具有本罪的故意。至于行为人是否认识到组织、领导、参加的团体属于黑社会性质组织，在所不问。

2. 入境发展黑社会组织罪。

【主体】特殊主体，限于境外的黑社会组织的人员。包括外国和我国台、港、澳地区的黑社会组织人员。我国公民在境外参加了境外黑社会组织成为其成员，又在我国境内为其发展成员的，也可成立本罪。

【行为】到中华人民共和国境内发展组织成员。根据《审理黑社会性质组织案解释》（2000）第2条，发展组织成员，指将境内、外人员吸收为该黑社会组织成员的行为。对黑社会性质组织成员进行内部调整等行为，可视为发展组织成员。鉴于惩罚这种犯罪行为是为了阻

---

[1] 指导案例第618号"陈金豹等组织、领导、参加黑社会性质组织案"，载中华人民共和国最高人民法院刑事审判第一、二、三、四、五庭主办：《刑事审判参考》（2010年第3集·总第74集），法律出版社2010年版，第9~10页。

止境外的黑社会组织向我国境内的渗透、扩张，本罪的行为地点限于我国境内。行为对象既包括中国人，也包括外国人。

3. 包庇、纵容黑社会性质组织罪。

【主体】特殊主体，限于国家机关工作人员。

【行为】本罪的行为方式包括：

（1）包庇黑社会性质组织。包庇，指国家机关工作人员为使黑社会性质组织及其成员逃避查禁而通风报信，隐匿、毁灭、伪造证据，阻止他人作证、检举揭发，指使他人作伪证，帮助逃匿，或者阻挠其他国家机关工作人员依法查禁等行为。从《刑法》有关规定看，国家机关工作人员是否利用职务之便包庇，在所不问。包庇的对象限于黑社会性质组织，为了包庇黑社会性质组织而包庇其个别成员的，也是本罪的包庇行为。仅包庇黑社会性质组织个别成员的其他犯罪行为的，不属于本罪的包庇。

（2）纵容黑社会性质组织进行违法犯罪活动。纵容，指国家机关工作人员不依法履行职责，放纵黑社会性质组织进行违法犯罪活动的行为。国家机关工作人员有责任阻止自己职责范围内发生的违法犯罪活动，尤其是应阻止危害一方安宁、稳定的黑社会性质组织进行的违法犯罪活动，因此，对国家机关工作人员的纵容行为，有必要追究刑事责任。纵容应以负有特定的职责并且不履行该职责为前提，缺乏这一前提的知情不举不属于纵容。纵容与共犯不同，纵容仅有不履行职责放纵、放任他人违法犯罪的行为，而未参与黑社会性质组织进行违法犯罪的活动。纵容的对象限于黑社会性质组织进行的违法犯罪活动。

行为人具有上述包庇、纵容行为之一的，即可构成本罪。包庇、纵容黑社会性质组织，事先有通谋的，以具体犯罪的共犯论处。

【主观】故意，对明知的内容应作宽泛的解释，不需要从法律上对黑社会性质组织有清晰的认识，只要明知有违法犯罪活动的事实，同时根据具体案件中表现出的特征，能够判断可能涉嫌黑社会性质组织犯罪即可。《办理黑社会罪案纪要》（2009）指出，"只要行为人知道或者应当知道是从事违法犯罪活动的组织，仍对该组织及其成员予以包庇，或者纵容其实施违法犯罪活动，即可认定本罪。至于行为人是否明知该组织系黑社会性质组织，不影响本罪的成立"。

【案例】**陈某阳、张某洲包庇黑社会性质组织案**[1]

在二被告人包庇黑社会性质组织的3宗指控事实中，有2宗发生在2000年。二被告人辩称彼时并不知道有黑社会性质组织。法院认为，二被告人知道或者应当知道3宗案件系从事违法犯罪活动、具有一定规模的组织所为，至于该组织是否明确系黑社会性质组织，包庇时该组织是否已成型为黑社会性质组织，并不影响定罪量刑。

【加重犯】情节严重。根据《审理黑社会性质组织案解释》（2000）第6条，包括下列情形：①包庇、纵容黑社会性质组织跨境实施违法犯罪活动；②包庇、纵容境外黑社会组织在境内实施违法犯罪活动；③多次实施包庇、纵容行为；④致使某一区域或者行业的经济、社会生活秩序遭受黑社会性质组织特别严重破坏；⑤致使黑社会性质组织的组织者、领导者逃匿，或者致使对黑社会性质组织的查禁工作严重受阻；⑥具有其他严重情节。

（二）适用

【定罪】1. 根据《审理黑社会性质组织案纪要》（2015），对于参加黑社会性质组织，没有实施其他违法犯罪活动，或者受蒙蔽、威胁参加黑社会性质组织，情节轻微的，可不作为犯

---

[1] 中华人民共和国最高人民法院刑事审判第一、二、三、四、五庭主办：《刑事审判参考》（2010年第3集·总第74集），法律出版社2010年版，第28~29页。

罪处理。对于参加黑社会性质组织后仅参与少量情节轻微的违法活动的，也可不作为犯罪处理。另根据《办理黑恶犯罪案意见》（2018），没有加入黑社会性质组织的意愿，受雇到黑社会性质组织开办的公司、企业、社团工作，未参与黑社会性质组织违法犯罪活动的，不构成本罪。

2. 与普通刑事犯罪集团的区别。黑社会性质组织与普通刑事犯罪集团相比较：①组织纪律性更强；②通过犯罪攫取经济利益；③通过暴力犯罪欺压群众；④对特定区域或者行业形成非法控制。普通犯罪集团虽然也是有组织、有预谋、有计划地进行犯罪，但其目的是具体的，如进行盗窃、抢劫，或者走私、贩毒，因而通常实施一种或数种犯罪，集团经济实力尚不足以维持组织活动，或者尚不能达到对区域、行业的控制性。

3. 与"恶势力"组织的区别。《反有组织犯罪法》（2021）第2条第2款指出："恶势力"组织，指经常纠集在一起，以暴力、威胁或者其他手段，在一定区域或者行业领域内多次实施违法犯罪活动，为非作恶，欺压群众，扰乱社会秩序、经济秩序，造成较为恶劣的社会影响，但尚未形成黑社会性质组织的犯罪组织。应结合组织化程度的高低、经济实力的强弱、有无追求和实现对社会的非法控制等特征，对黑社会性质组织与"恶势力"组织加以区分。

4. 黑社会性质组织犯罪和成员个人犯罪的区分。要点在于：①是否由组织者、领导者直接组织、策划、指挥、参与实施；②是否基于组织意志实施，即组织成员实施的犯罪行为是否得到了组织者、领导者认可或者默许，抑或是否按照组织的纪律、惯例、共同遵守的约定而实施；③是否为了组织利益实施。对于组织成员为了组织利益而实施的犯罪，如组织成员为组织争夺势力范围、排除竞争对手、确立强势地位、谋取经济利益、维护非法权威而实施的犯罪，并不要求组织者、领导者知情。反之，对于组织成员单纯为了个人利益，在组织意志之外独自实施的犯罪，组织、领导者并不知情的，应认定为成员个人犯罪。

【罪数】1. 组织、领导、参加黑社会性质组织，本身就是刑法上独立的犯罪，因此，犯本罪又有其他犯罪行为的，如指使组织成员杀人、伤害、绑架、敲诈勒索或者接受组织派遣任务实施杀人、伤害、绑架、敲诈勒索等犯罪行为的，实行数罪并罚。对于黑社会性质组织的组织者、领导者，应按照其所组织、领导的黑社会性质组织所犯的全部罪行处罚；对于黑社会性质组织的参加者，应按照其所参与的犯罪处罚。

2. 根据《刑法》第294条第3款、第4款，境外黑社会组织的人员到我国境内发展组织成员的，即构成犯罪，又有其他犯罪行为的，依照数罪并罚的规定处罚。

3. 《扫黑除恶通知》（2019）第6条指出，国家机关工作人员既组织、领导、参加黑社会性质组织，又对该组织进行包庇、纵容的，应以组织、领导、参加黑社会性质组织罪从重处罚。国家机关工作人员包庇、纵容黑社会性质组织，该包庇、纵容行为同时构成包庇罪、伪证罪、妨害作证罪、徇私枉法罪、滥用职权罪、帮助犯罪分子逃避处罚罪、徇私舞弊不移交刑事案件罪以及徇私舞弊减刑、假释、暂予监外执行罪等其他犯罪的，应择一重罪处罚。

二十六、传授犯罪方法罪

《刑法》第295条　传授犯罪方法的，处五年以下有期徒刑、拘役或者管制；情节严重的，处五年以上十年以下有期徒刑；情节特别严重的，处十年以上有期徒刑或者无期徒刑。

（一）构成要件

【行为】向他人传授某一具体犯罪的方法。作为本罪的对象，"他人"并不限于特定人。行为人以公开方式传授，如通过广播、电视、报刊、互联网等公共媒介进行传授的，传授对象就可能是不特定人。利用公共媒介不过是赋予了传授行为一种新的方式，其实质与传统的传授行为无异。犯罪方法，指预备犯罪、实行犯罪以及完成犯罪后湮灭罪证、掩盖罪行的技术、步骤、办法等。传授犯罪方法的方式多种多样，如口头讲解、身体示范、观摩影像、阅读文字。传授后，对方是否接受或者是否按传授的方法去实行犯罪，不影响本罪的成立。实践中常见的情形有：①盗窃分子带徒传授盗窃技能的；②监狱犯人之间传习犯罪方法的；③恐怖分子在基地向他人传授制造恐怖事件方法的；④向盗窃汽车的犯罪分子传授开锁技能的；⑤向他人提供窃电装置传授窃电技能的。

【主观】故意，即明知将犯罪方法传授给他人会产生危害社会的结果，希望或者放任他人接受所传授的犯罪方法。没有传授犯罪方法的故意，在文学艺术、电影电视作品中表现的一些犯罪相关情节被他人学习、模仿的，不构成犯罪。

【案例】**冯某钊传授犯罪方法案**[1]

冯某钊通过自行搜集涉及炸药制造的信息，经整理形成一个电子文档，命名为《恐怖分子手册》，并于2009年11月26日及2010年4月19日先后两次在百度文库中发布《恐怖分子手册》电子文档（一）至（十），内容包括各种炸药、燃烧剂、汽油弹、炸弹、燃烧弹等配方及制作方法，其中穿插了一些涉及恐怖组织活动的字眼和语句。例如，"同学们，伟大主席奥马尔说：胜利属于团结的塔利班人民"。文档中所涉及的各种炸药知识、制法等均具有一定的科学性、可行性，但其内容不涉密，通过正常渠道如专业图书、网络等均可进行查询。前述文档共被浏览2065次，下载116次。冯某钊被抓获归案后供述，其就是觉得好玩，想让别人也看一看，当时没考虑后果，用这个文档名称是想引起浏览者的注意。法院以传授犯罪方法罪判处其拘役6个月。

裁判要旨：行为人出于间接故意在互联网上散布关于特定犯罪方法的技术知识，无论是否被他人实际接收和使用，均可构成传授犯罪方法罪。

【加重犯】本罪有两档加重犯，分别以"情节严重"和"情节特别严重"为要件。

（二）适用

【定罪】实践中，"中性"的实际技能、方法广泛存在，既可以用于违法犯罪，也可以用于正当合法的行为。是否作为"犯罪方法"，取决于其实际运用的具体途径和场合。对于传授此类方法的行为如何认定，需要结合整体传授过程，并根据社会通常观念作出恰当判断。在司法实践中，应重点结合以下情况予以认定：①行为人的个人情况；②向他人传授该种方法的原因；③在何种场合下或者利用何种途径传授该方法；④被传授人会基于何种原因向行为人学习该种方法；⑤行为人和被传授人言行的倾向性（如有无指明该种方法是实行某种犯罪的方法）等。

【罪数】正确认定传授犯罪方法的犯罪行为与教唆犯罪行为并存的案件。对此应区分情况，分别处理：

1. 行为人以不同的犯罪内容、对不同对象或者同一对象实施了传授和教唆行为的，因传授行为和教唆行为各自独立，分别构成传授犯罪方法罪与所教唆的犯罪，应实行数罪并罚。例如，甲带多名徒弟传授扒窃技能，收取"孝敬费"。某日，甲唆使众徒弟中表现较为"突出"的乙盗窃银行。甲构成传授犯罪方法罪和盗窃罪（教唆），应数罪并罚。

2. 行为人以同一犯罪内容对同一人或者数人同时实施传授行为和教唆行为的，应按牵连犯的处断原则，择一重罪论处。例如，甲教唆乙、丙等人盗窃银行，同时又传授其进入、逃离犯罪现场的技能以及打开金库的方法的，只定盗窃罪一罪，传授犯罪方法罪不再单独评价。

---

[1] 中华人民共和国最高人民法院刑事审判第一、二、三、四、五庭主办：《刑事审判参考》（2011年第2集·总第79集），法律出版社2011年版，第60~61、66页。

【案例】 **李某英传授犯罪方法案**[1]

2009年8月30日凌晨2时许，李某英伙同许某（另案处理）持刀对方某城、朱某旭、吴某豪进行威胁，并以方某城生命安全为要挟，将三被害人强行带至棠景街棠下步行街。此后，李某英等人以言语讲解的方式向三被害人传授抢夺的犯罪方法，并胁迫三被害人抢夺路人财物，致使三被害人被迫先后尾随多名路人。当日上午8时许，三被害人趁李某英及同案人不注意时逃脱控制。法院认为，李某英具有抢夺的犯罪故意，通过抢夺进行敛财是目的，而其胁迫三被害人去实施抢夺行为，必然要教其一些基本作案方法，传授犯罪方法是手段，此种情况应视为目的行为与手段行为的牵连，属于牵连犯，应择一重罪论处，故以传授犯罪方法罪判处李某英有期徒刑4年。

二十七、非法集会、游行、示威罪

《刑法》第296条 举行集会、游行、示威，未依照法律规定申请或者申请未获许可，或者未按照主管机关许可的起止时间、地点、路线进行，又拒不服从解散命令，严重破坏社会秩序的，对集会、游行、示威的负责人和直接责任人员，处五年以下有期徒刑、拘役、管制或者剥夺政治权利。

（一）构成要件

【行为】本罪的行为包括以下要素：

1. 非法集会、游行、示威。可以表现为：①擅自举行，即依照法律规定申请或者申请未获许可，而擅自举行集会、游行、示威；②未按许可的方式举行，即虽然依照法律规定申请并获许可，但相关集会、游行、示威未按照主管机关许可的起止时间、地点、路线进行。

2. 拒不服从解散命令。非法集会、游行、示威但没有拒不服从解散命令的，不构成本罪。非法集会、游行、示威的负责人或者实际负责人，在得到解散命令后积极执行的，即使因失控而未能及时、有效解散队伍，也不构成本罪。部分人服从解散命令，部分人不服从解散命令的，对于服从的人（包括负责人），不能认定为本罪。

【结果】严重破坏社会秩序。

【主观】故意。

（二）适用

【定罪】虽有非法举行集会、游行、示威的行为，但没有拒不服从解散命令或者没有严重破坏社会秩序的，不构成犯罪。因为部分人拒不服从解散命令，严重破坏社会秩序的，其罪责应由其中的直接责任人承担。

【关联罪】本罪与聚众扰乱社会秩序罪，聚众冲击国家机关罪，聚众扰乱公共场所秩序、交通秩序罪的区别。要点在于是否以举行具有集会、游行、示威性质的活动为前提。本罪中，在获准举行但举行的方式不当的场合，应认为具有集会、游行、示威的性质；在擅自举行的场合，如果符合表达共同意愿的活动以及预定在露天公共场所举行这两个条件，一般可认为是具有集会、游行、示威性质的活动。在举行这类活动的过程中，伴有妨碍工作、生产、营业、教学、科研、医疗秩序或者扰乱公共场所秩序、交通秩序或者国家机关工作秩序的，应视为本罪扰乱社会秩序的表现。与之不同，聚众进行不具有集会、游行、示威性质的活动，扰乱社会秩序、公共场所、交通秩序或者冲击国家机关的，应按照《刑法》有关规定以聚众扰乱社会秩序罪，聚众扰乱公共场所秩序、交通秩序罪或者聚众冲击国家机关罪定罪处罚。借举行集会、

---

[1] 中华人民共和国最高人民法院刑事审判第一、二、三、四、五庭主办：《刑事审判参考》（2010年第5集·总第76集），法律出版社2011年版，第60~62页。

游行、示威之名，计划直接到有关机关、单位或者公共场所、交通要道进行冲击、扰乱活动的，择一重罪论处。

二十八、非法携带武器、管制刀具、爆炸物参加集会、游行、示威罪

《刑法》第297条　违反法律规定，携带武器、管制刀具或者爆炸物参加集会、游行、示威的，处三年以下有期徒刑、拘役、管制或者剥夺政治权利。

【行为】违反法律规定，携带武器、管制刀具或者爆炸物参加集会、游行、示威。行为人是否具备合法持有武器的资格，在所不问。

【主观】故意。对携带武器、管制刀具或者爆炸物的事实，行为人须明知；不知而误带的，不构成本罪。

【罪数】非法持有、私藏枪支、弹药，又携带该枪支、弹药参加集会、游行、示威的，实行数罪并罚。

二十九、破坏集会、游行、示威罪

《刑法》第298条　扰乱、冲击或者以其他方法破坏依法举行的集会、游行、示威，造成公共秩序混乱的，处五年以下有期徒刑、拘役、管制或者剥夺政治权利。

【行为】扰乱、冲击或者以其他方法破坏依法举行的集会、游行、示威。

【结果】造成公共秩序混乱。主要指造成集会、游行、示威行经地或者举行地的场所秩序、交通秩序混乱的，或者使依法举行的集会、游行、示威无法进行，又或者因之发生骚乱、打砸抢事件等。

三十、侮辱国旗、国徽、国歌罪[1]

《刑法》第299条　在公共场合，故意以焚烧、毁损、涂划、玷污、践踏等方式侮辱中华人民共和国国旗、国徽的，处三年以下有期徒刑、拘役、管制或者剥夺政治权利。

在公共场合，故意篡改中华人民共和国国歌歌词、曲谱，以歪曲、贬损方式奏唱国歌，或者以其他方式侮辱国歌，情节严重的，依照前款的规定处罚。

【行为】在公共场合，以焚烧、毁损、涂划、玷污、践踏等方式侮辱我国国旗、国徽，或者篡改我国国歌歌词、曲谱，以歪曲、贬损方式奏唱国歌，或者以其他方式侮辱国歌。公共场合，既包括根据《国旗法》《国徽法》《国歌法》的规定，悬挂国旗、国徽或者播放国歌的公共场所或者党政机关所在地，也包括人群聚集的场所。行为人私下侮辱国旗、国徽、国歌的，不构成本罪。

【主观】故意。

【罪量】对于侮辱国歌的行为，《刑法修正案（十）》配置了"情节严重"的罪量要素。

三十一、侵害英雄烈士名誉、荣誉罪[2]

《刑法》第299条之一　侮辱、诽谤或者以其他方式侵害英雄烈士的名誉、荣誉，损害社会公共利益，情节严重的，处三年以下有期徒刑、拘役、管制或者剥夺政治权利。

【客体】公众对英雄烈士的崇敬感情。成立本罪，必须损害社会公共利益。[3]

【行为】侮辱、诽谤或者以其他方式侵害英雄烈士的名誉、荣誉。"英雄烈士"不是"英

---

[1] 侮辱国歌罪由《刑法修正案（十）》增设。
[2] 本罪由《刑法修正案（十一）》增设。
[3] 《刑法修正案（十一）》增设本罪时，曾考虑将其置于分则第4章。后因分则第4章侵犯的是公民个人的人身权利、民主权利，而本罪侵犯的是社会公共利益，二者存在不协调之处，二审稿将其调整到分则第6章，位于侮辱国旗、国徽、国歌罪之后。

雄"加"烈士"的并列关系，而是"英雄的烈士"之偏正关系，[1]与《英雄烈士保护法》（2018）规定的"英雄烈士"在概念、范围上保持一致，都是指已经故去的烈士。[2] 侵犯健在英雄的名誉、荣誉的，可适用《刑法》第246条之侮辱、诽谤罪追究刑事责任。

【主观】故意。

【罪量】情节严重。侮辱、诽谤英雄烈士的名誉、荣誉，损害社会公共利益但尚未达到情节严重程度的，不追究刑事责任，但可根据《民法典》第185条要求其承担民事责任。

【案例】**仇某侵害英雄烈士名誉、荣誉案**[3]

2020年6月，印度军队公然违背与我方达成的共识，悍然越线挑衅。在与之交涉和激烈斗争中，团长祁发宝身先士卒，身负重伤；营长陈红军、战士陈祥榕突入重围营救，奋力反击，英勇牺牲；战士肖思远突围后义无反顾返回营救战友，战斗至生命最后一刻；战士王焯冉在渡河支援途中，拼力救助被冲散的战友脱险，自己却淹没在冰河中。边防官兵誓死捍卫祖国领土，彰显了新时代卫国戍边官兵的昂扬风貌。同年6月，陈红军、陈祥榕、肖思远、王焯冉被评定为烈士；2021年2月，中央军委追授陈红军"卫国戍边英雄"荣誉称号，追记陈祥榕、肖思远、王焯冉一等功，授予祁发宝"卫国戍边英雄团长"荣誉称号。2021年2月19日上午，仇某在卫国戍边官兵英雄事迹宣传报道后，为博取眼球，在住处使用其新浪微博账号"辣笔小球"（粉丝数250余万），先后发布2条微博，歪曲卫国戍边官兵祁发宝、陈红军、陈祥榕、肖思远、王焯冉等人的英雄事迹，诋毁、贬损卫国戍边官兵的英雄精神。上述微博在网络上迅速扩散，引起公众强烈愤慨，造成恶劣社会影响。截至当日15时30分仇某删除微博时，上述2条微博共计被阅读202 569次、转发122次、评论280次。

要旨：侵害英雄烈士名誉、荣誉罪中的"英雄烈士"，指已经牺牲、逝世的英雄烈士。在同一案件中，行为人所侵害的群体中既有烈士，又有健在的英雄模范人物时，应当整体评价为侵害英雄烈士名誉、荣誉的行为，不宜区别适用侵害英雄烈士名誉、荣誉罪和侮辱罪、诽谤罪。《刑法修正案（十一）》实施后，以侮辱、诽谤或者其他方式侵害英雄烈士名誉、荣誉的行为，情节严重的，构成侵害英雄烈士名誉、荣誉罪。行为人利用信息网络侵害英雄烈士名誉、荣誉，引起广泛传播，造成恶劣社会影响的，应当认定为"情节严重"。

三十二、组织、利用会道门、邪教组织、利用迷信破坏法律实施罪·组织、利用会道门、邪教组织、利用迷信致人重伤、死亡罪

《刑法》第300条　组织、利用会道门、邪教组织或者利用迷信破坏国家法律、行政法规实施的，处三年以上七年以下有期徒刑，并处罚金；情节特别严重的，处七年以上有期徒刑或者无期徒刑，并处罚金或者没收财产；情节较轻的，处三年以下有期徒刑、拘役、管制或者剥夺政治权利，并处或者单处罚金。

组织、利用会道门、邪教组织或者利用迷信蒙骗他人，致人重伤、死亡的，依照前款的规定处罚。

犯第一款罪又有奸淫妇女、诈骗财物等犯罪行为的，依照数罪并罚的规定处罚。

（一）构成要件

1.组织、利用会道门、邪教组织、利用迷信破坏法律实施罪。

---

[1] 刘艳红：《法秩序统一原理下侵害英雄烈士名誉、荣誉罪的保护对象研究》，载《法律科学（西北政法大学学报）》2021年第5期。

[2] 参见许永安主编：《中华人民共和国刑法修正案（十一）解读》，中国法制出版社2021年版，第322页。

[3] 最高人民检察院指导性案例第136号。

【行为】本罪包括 2 种行为类型：

（1）组织、利用会道门和邪教组织破坏国家法律、行政法规的实施。会道门，指会门和道门等封建迷信组织的总称，包括一贯道、九宫道、先天道、后天道、大刀会、哥老会等封建迷信活动组织。邪教组织，指冒用宗教、气功或者其他名义建立，神化、鼓吹首要分子，利用制造、散布迷信邪说等手段蛊惑、蒙骗他人，发展、控制成员，危害社会的非法组织。邪教组织包括但不限于"法轮功""全能神""呼喊派""新约教会""观音法门""灵仙真佛宗""天父的女儿""门徒会"。组织会道门、邪教组织，指发起成立会道门、邪教组织，或者恢复、另行建立已被取缔的会道门、邪教组织，发展门徒、招收会员。破坏国家法律、行政法规的实施，指以会道门、邪教组织为据点或者以其他方式利用迷信蛊惑人心，欺骗、控制群众，扰乱社会秩序，妨害国家法律、行政法规的实施。

（2）利用迷信破坏国家法律、行政法规的实施。如利用占卜、算命、做道场等形式招摇撞骗、蛊惑群众、破坏国家法律、行政法规的实施。

【主观】故意，一般具有煽动、蛊惑他人抗拒国家法律、行政法规实施的目的。

【加重犯】情节特别严重。具体标准参见《办理邪教组织案解释》（2017）第 3 条。

【减轻犯】《刑法修正案（九）》针对传播邪教宣传品案件较多、危害较轻的状况增加减轻犯规定。具体标准参见《办理邪教组织案解释》（2017）第 4 条。

2. 组织、利用会道门、邪教组织、利用迷信致人重伤、死亡罪。

【行为·结果】组织、利用会道门、邪教组织或者利用迷信蒙骗他人，致人重伤、死亡，指组织、利用邪教组织，制造、散布迷信邪说，蒙骗成员或他人绝食、自虐等，或者蒙骗病人不接受正常治疗，致人重伤、死亡的情形。

【主观】过失，即应当预见到自己的行为可能发生致人重伤、死亡的结果，因疏忽大意而没有预见，或者已经预见而轻信能够避免，以致发生致人重伤、死亡结果。行为人故意组织、利用会道门、邪教组织、利用迷信蒙骗他人，但这不是本罪的故意；行为人对致人重伤、死亡是过失的，应以此确定本罪的罪过形式。

【罪量】根据《办理邪教组织案解释》（2017）第 7 条第 2 款，组织、利用邪教组织蒙骗他人，致 1 人以上死亡或者 3 人以上重伤的，追究刑事责任。

【加重犯】情节特别严重。具体标准参见《办理邪教组织案解释》（2017）第 7 条第 3 款。

【减轻犯】根据《办理邪教组织案解释》（2017）第 7 条第 4 款，组织、利用邪教组织蒙骗他人，致人重伤的，处 3 年以下有期徒刑、拘役、管制或者剥夺政治权利，并处或者单处罚金。

（二）适用

【关联罪】1. 组织、利用会道门、邪教组织、利用迷信破坏法律实施罪与煽动暴力抗拒法律实施罪的区别。要点是：前罪必须利用迷信的方式，但不需煽动暴力；后罪所煽动的内容必须包含暴力。鉴于《刑法》认为利用迷信方式破坏法律实施是一种较为严重的犯罪形式，行为人组织、利用会道门、邪教组织或者利用迷信煽动抗拒国家法律、行政法规实施的，无论是否煽动使用暴力，都以前罪论处。

2. 组织、利用邪教组织，制造、散布迷信邪说，组织、策划、煽动、胁迫、教唆、帮助其成员或者他人实施自杀、自伤的，以故意杀人罪或者故意伤害罪定罪处罚。

【共犯】根据《办理邪教组织案解释》第 13 条，明知他人组织、利用邪教组织实施犯罪，而为其提供经费、场地、技术、工具、食宿、接送等便利条件或者帮助的，以共同犯罪论处。

【罪数】组织、利用邪教组织破坏国家法律、行政法规实施过程中，又有煽动分裂国家、煽动颠覆国家政权或者侮辱、诽谤他人等犯罪行为的，依照数罪并罚的规定定罪处罚。

三十三、聚众淫乱罪·引诱未成年人聚众淫乱罪

《刑法》第301条　聚众进行淫乱活动的，对首要分子或者多次参加的，处五年以下有期徒刑、拘役或者管制。

引诱未成年人参加聚众淫乱活动的，依照前款的规定从重处罚。

（一）构成要件

1. 聚众淫乱罪。

【行为】聚众淫乱。聚众淫乱，指3个以上的异性共同发生违反道德准则、令正常人感到羞耻的性行为，如群奸群宿。"淫乱"属于典型的规范构成要件要素，其不单是客观的事实概念，而是需要根据价值判断才能确定其含义的概念。财物、人、枪支、毒品这样的法律概念表述的基本是一个客观的事实，具有确定性。但是对于淫乱、淫秽之类的概念，则不同时代、不同的人看法差别很大。因为它们含有道德、价值评判的因素，具有不客观、不明确的特性。罪刑法定原则要求明确性，故排斥过多使用这类要素。淫乱的含义很难界定，大体只能认为是一种伤害公众健全性道德、使公众感到羞耻（或者恶心）的性行为。不能把3人以上共同发生性行为的一律视为淫乱，只有当其发生的场合、方式令同时代的普通人感到羞耻、难以容忍的，才能视为淫乱。性行为概念本身虽能涵摄猥亵行为，但本罪之淫乱应以性交为必要。

【主观】故意。行为人大多具有藐视社会伦理、寻求精神刺激的心理特征。本罪的故意不要求行为人认识到性行为的淫乱性。性行为是否具有淫乱性，由法官依据法律，结合社会公众的性道德准则判断。

【罪量】根据《立案标准（一）》（2008）第41条，组织、策划、指挥3人以上进行淫乱活动或者参加聚众淫乱活动3次以上的，应予立案追诉。

2. 引诱未成年人聚众淫乱罪。

【行为】引诱未成年人参加聚众淫乱活动。司法实践中，往往是通过传播淫秽物品、宣讲性体验、性感受甚至直接进行性表演等方法拉拢、侵蚀、引诱未成年人参加淫乱活动。

【主观】故意。

（二）适用

【定罪】由于"淫乱"是依据不断变化的道德准则确认的，刑事法律可以维护公认的性道德，但应十分审慎。聚众淫乱罪只处罚首要分子和多次参加者，不处罚偶尔参加者。

三十四、盗窃、侮辱、故意毁坏尸体、尸骨、骨灰罪

《刑法》第302条　盗窃、侮辱、故意毁坏尸体、尸骨、骨灰的，处三年以下有期徒刑、拘役或者管制。

《刑法》第234条之一第3款　违背本人生前意愿摘取其尸体器官，或者本人生前未表示同意，违反国家规定，违背其近亲属意愿摘取其尸体器官的，依照本法第三百零二条的规定定罪处罚。

（一）构成要件

【对象】尸体、尸骨、骨灰。尸体，指自然人死亡后所遗留的躯体，尚未死亡的被害人的身体不是尸体。尸体不以完整无缺为必要，缺少部分肢体、器官的，仍为尸体。尸骨，指尸体腐烂后形成的相对完整的遗骸、遗骨，如土葬棺木中的遗骸、遗骨。骨灰，指尸体焚化后形成的灰土。

【行为】1. 盗窃尸体、尸骨、骨灰，指窃取尸体、尸骨、骨灰，置于行为人自己控制之下的行为。以尸体、尸骨、骨灰原本不在行为人控制之下为必要。如果尸体原本就在行为人控制

之下，不构成本罪。例如，杀人后直接将被害人尸体转移、隐藏、掩埋的。

2. 侮辱尸体、尸骨、骨灰，指以暴露、猥亵、毁损、涂划、践踏、鞭打等方式损害尸体、尸骨、骨灰尊严的行为。对于奸尸行为，有案例认定构成侮辱尸体罪。

3. 毁坏尸体、尸骨、骨灰。违背本人生前意愿摘取其尸体器官，或者本人生前未表示同意，违反国家规定，违背其近亲属意愿摘取其尸体器官的，因盗窃尸体的对象是人死后遗留的较完整的躯体，难以扩大解释至尸体的器官，故认定为故意毁坏尸体更为合适。违背本人生前意愿摘取其尸体器官，以本人生前未同意死后捐献器官为前提。本人生前未就捐献尸体器官作出书面的意思表示，推定为"本人生前未同意"（死后捐献器官）。违反国家规定，主要指《人体器官移植条例》有关人体器官捐献的规定，如该条例第8条第2款规定："……公民生前未表示不同意捐献其人体器官的，该公民死亡后，其配偶、成年子女、父母可以书面形式共同表示同意捐献该公民人体器官的意愿。"违背其近亲属意愿，主要指没有得到近亲属以书面形式共同表示同意捐献器官的意愿。本罪是选择罪名，有前述行为之一的，即可构成本罪；有数行为的，仍是一罪，不实行并罚。

【主观】故意。明知是尸体、尸骨、骨灰而盗窃、侮辱、毁坏，或者明知没有合法有效同意而摘取尸体器官。

（二）适用

【罪数】杀人后为毁灭罪证、掩盖罪迹而毁坏、抛弃尸体的，以故意杀人罪论处。杀人后为损害尸体的尊严及生者的感情而故意侮辱尸体的，实行数罪并罚。因为在后一种场合，行为人已有独立的侮辱尸体的犯意和行为，在故意杀人罪之外，另构成侮辱尸体罪。

三十五、赌博罪·开设赌场罪·组织参与国（境）外赌博罪

《刑法》第303条 以营利为目的，聚众赌博或者以赌博为业的，处三年以下有期徒刑、拘役或者管制，并处罚金。

开设赌场的，处五年以下有期徒刑、拘役或者管制，并处罚金；情节严重的，处五年以上十年以下有期徒刑，并处罚金。

组织中华人民共和国公民参与国（境）外赌博，数额巨大或者有其他严重情节的，依照前款的规定处罚。

（一）构成要件

1. 赌博罪。

【行为】本罪的行为方式包括：①聚众赌博，指组织、召集不特定多数人参加赌博；②以赌博为业，指经常从事赌博活动、靠赌博所得为其挥霍和生活主要来源。后一种人俗称"赌棍"，无正当职业专事赌博谋生，或者虽有正常职业但兼业赌博，不务正业。

【主观】故意，并具有营利目的。

2. 开设赌场罪[1]。

【行为】开设赌场，指公开或者秘密地开设营业性赌博场所的行为。根据司法经验，本罪的行为可以表现为：

（1）通过信息网络开设赌场。根据《办理跨境赌博案意见》（2020）和《办理网络赌博案意见》（2010），利用互联网、移动通讯终端等传输赌博视频、数据，组织赌博活动，具有下列情形之一的，属于开设赌场行为：①建立赌博网站、应用程序并接受投注；②建立赌博网站、应用程序并提供给他人组织赌博；③购买或租用赌博网站、应用程序，组织他人赌博；

---

[1] 本罪经《刑法修正案（十一）》修改。

④参与赌博网站、应用程序利润分成;⑤担任赌博网站、应用程序代理并接受投注;⑥其他利用信息网络、通讯终端等传输赌博视频、数据,组织跨境赌博活动。

赌博的本质是"押大小、赌输赢",所以,以"二元期权"交易的名义,在法定期货交易场所之外利用互联网招揽"投资者",以未来某段时间外汇品种的价格走势为交易对象,按照"买涨""买跌"确定盈亏,买对涨跌方向的"投资者"得利,买错的本金归网站(庄家)所有,盈亏结果不与价格实际涨跌幅度挂钩的,是披着期权交易外衣的赌博行为。对相关网站应认定为赌博网站。[1]

(2) 以设置赌博机的方式开设赌场。《办理赌博机案意见》(2014)第1条指出,设置具有退币、退分、退钢珠等赌博功能的电子游戏设施设备,并以现金、有价证券等贵重款物作为奖品,或者以回购奖品方式给予他人现金、有价证券等贵重款物组织赌博活动的,应认定为开设赌场行为。

(3) 以微信群揽客方式开设赌场。最高人民法院指导性案例第105号"洪小强等开设赌场案"的"裁判要旨"指出:以营利为目的,通过邀请人员加入微信群的方式招揽赌客,根据竞猜游戏网站的开奖结果等方式进行赌博,设定赌博规则,利用微信群进行控制管理,在一段时间内持续组织网络赌博活动的,属于开设赌场。

【主观】故意,并具有营利目的。开设赌场有2种营利方式:①赌场不直接参加赌博,以收取场地、用具使用费或者抽头获利;②赌场直接参加赌博,如设置游戏机、吃角子老虎机等赌博机器或者雇用人员与顾客赌博。

【加重犯】情节严重。通过信息网络开设赌场的,情节严重的具体标准参见《办理网络赌博案意见》(2010)第1条第2款;以设置赌博机的方式开设赌场的,情节严重的具体标准参见《办理赌博机案意见》(2014)第2条第2款。

3. 组织参与国(境)外赌博罪[2]。

【行为】组织中华人民共和国公民参与国(境)外赌博。组织的对象必须是中华人民共和国公民,组织外国公民参与国内赌博的,不构成本罪。组织,包括直接组织中国公民赴国(境)外赌博,或者以旅游、公务的名义组织中国公民赴(境)外赌博,或者以提供赌博场所、提供赌资、设定赌博方式等组织中国公民赴国(境)外赌博,或者利用信息网络、通讯终端等传输赌博视频、数据,组织中国公民参与国(境)外赌博等。在境内组织中国公民参与境外赌博网站的赌博行为,或者在境外引诱、招揽我国游客参与赌博的,都可构成本罪。[3]但本罪之"组织"不同于一般性帮助,行为人需在中国公民参与跨境赌博过程中起关键作用。[4]

【主观】故意,即明知被组织者前往国(境)外赌博的意图,仍实施组织行为。

【加重犯】本罪有两档加重犯,分别以"数额巨大或者有其他严重情节"和"数额特别巨大或者有其他特别严重情节"为要件。从形式上看,开设赌场罪有两档加重犯,本罪却只有一档加重犯。但实际上《刑法》第303条第3款之"依照前款的规定处罚"表明,本罪暗含一

---

[1] 最高人民法院指导性案例第146号"陈庆豪、陈淑娟、赵延海开设赌场案"。
[2] 本罪由《刑法修正案(十一)》增设。
[3] 参见杨万明主编:《〈刑法修正案(十一)〉条文及配套〈罪名补充规定(七)〉理解与适用》,人民法院出版社2021年版,第310~311页;周光权:《刑法各论》,中国人民大学出版社2021年版,第445页。
[4] 参见劳东燕主编:《刑法修正案(十一)条文要义:修正提示、适用指南与案例解读》,中国法制出版社2021年版,第270页。

档"数额特别巨大或者有其他特别严重情节"的加重犯。[1]

（二）适用

【定罪】1. 把赌博罪、开设赌场罪与一般的娱乐行为区别开来。《办理赌博刑案解释》（2005）第9条规定："不以营利为目的，进行带有少量财物输赢的娱乐活动，以及提供棋牌室等娱乐场所只收取正常的场所和服务费用的经营行为等，不以赌博论处。"

2. 把赌头、赌棍与一般参与赌博的人员区别开来，对前两者应依法追究刑事责任，对后者主要是批评教育。对于出于"义气"或者碍于情面提供场所，纠集多人赌博，但没有抽头渔利的，一般不按犯罪处理，可给予治安管理处罚。对于多次参加赌博，但尚不具备赌头、赌棍条件的，一般也不按犯罪处理。

3. 开设赌场，主要指经营赌场的行为，此外还包括：①参与赌场、赌博网站、应用程序管理并领取高额固定工资的行为；②为赌博网站、应用程序做代理或者参与利润分成的行为。对受雇佣为赌场从事接送参赌人员、望风看场、发牌坐庄、兑换筹码、发送宣传广告等活动的人员及赌博网站、应用程序中与组织赌博活动无直接关联的一般工作人员，可不追究刑事责任，由公安机关依法给予治安管理处罚。

4. 组织参与国（境）外赌博罪的成立，不以被组织者构成赌博罪为前提。但有些导游在中国公民正常赴国（境）外旅游过程中，收取国（境）外赌场少量好处费、介绍费，招揽游客参与赌博的，一般不作为犯罪处理。除非组织中国公民出国（境）后，以参与赌博为主要活动，旅游只是幌子。[2]

【关联罪】1. 赌博罪、开设赌场罪与诈骗罪的界限。使用专门工具、设备或者其他手段诱使他人参赌，人为控制赌局输赢，构成犯罪的，以诈骗罪定罪处罚。网上开设赌场，人为控制赌局输赢，或者无法实现提现，构成犯罪的，也以诈骗罪定罪处罚。部分参赌者赢利、提现不影响诈骗犯罪的认定。不过，仅使用欺骗手段引诱他人参赌，在赌博中未使用欺骗方法控制结果的，不是诈骗罪，但不排除成立赌博罪或者开设赌场罪。

2. 赌博罪与非法经营罪的界限。《办理赌博刑案解释》（2005）第6条规定："未经国家批准擅自发行、销售彩票，构成犯罪的，依照刑法第二百二十五条第四项的规定，以非法经营罪定罪处罚。"非法发行、销售彩票的"获利"是通过发行、销售彩票，取得除返奖、发行费用后的余额；赌博的"获利"则是行为人借助运气、技巧等因素获取对方的钱财，不存在返奖、发行销售费用等开支。

【案例】　　　　　　　　　　**周某权等赌博案**[3]

2008年2月，周某权、吴某富经共谋，组织他人对香港"六合彩"摇出的特别号码进行竞猜赌博。此后，二人各自联系购买"六合彩"的人员，并雇用王某广、许某清等人帮忙联系，约定按购买人员投注金额的12%或13%的比例向王、许支付报酬，并按1：40的比例对投注人员进行赔付。其间，周某权负责对当期账目进行登记核算，朱某菊帮助吴某富核对购买"六合彩"的单据。至同年5月24日晚周某权等人被当场抓获时，周某权、吴某富组织"六合

---

[1] 参见钱叶六、李鉴振：《组织参与国（境）外赌博罪的教义学分析与司法适用——关于刑法修正案（十一）增设相关罪名的评析》，载《人民检察》2021年第17期。

[2] 参见杨万明主编：《〈刑法修正案（十一）〉条文及配套〈罪名补充规定（七）〉理解与适用》，人民法院出版社2021年版，第332页。

[3] 中华人民共和国最高人民法院刑事审判一、二、三、四、五庭主办：《刑事审判参考》（2012年第1集·总第84集），法律出版社2012年版，第49~51页。

彩"竞猜赌博共33期，涉赌金额68万余元，获利55 929元。法院认定周某权、吴某富、朱某菊构成赌博罪。

裁判要旨：在内地利用香港"六合彩"开奖信息在庄家与投注者之间进行竞猜对赌，由于与"六合彩"经营机构之间并无关联，故不属于非法发行、销售彩票的非法经营行为，而构成赌博罪。

【共犯】1. 根据《办理赌博机案意见》（2014）第3条，明知他人利用赌博机开设赌场，具有下列情形之一的，以开设赌场罪的共犯论处：①提供赌博机、资金、场地、技术支持、资金结算服务；②受雇参与赌场经营管理并分成；③为开设赌场者组织客源，收取回扣、手续费；④参与赌场管理并领取高额固定工资；⑤提供其他直接帮助。

2. 根据《办理跨境赌博案意见》（2020）第3条第3款，明知是赌博网站、应用程序，有下列情形之一的，以开设赌场罪的共犯论处：①为赌博网站、应用程序提供软件开发、技术支持、互联网接入、服务器托管、网络存储空间、通讯传输通道、广告投放、会员发展、资金支付结算等服务；②为赌博网站、应用程序担任代理并发展玩家、会员、下线的。为同一赌博网站、应用程序担任代理，既无上下级关系，又无犯意联络的，不构成共同犯罪。

【罪数】1. 组织3名以上中国公民参与（国）境外赌博，并从参赌人员中获取费用或者其他利益，同时触犯《刑法》第303条第1款与第3款，是（聚众型）赌博罪与组织参与国（境）外赌博罪的想象竞合犯，依照处罚较重的规定定罪处罚。

2. 为赌博犯罪提供资金、信用卡、资金结算等服务，构成赌博犯罪的共犯，同时构成非法经营罪，妨害信用卡管理罪，窃取、收买、非法提供信用卡信息罪，掩饰、隐瞒犯罪所得、犯罪收益罪的，依照处罚较重的规定定罪处罚。

3. 为网络赌博犯罪提供互联网接入、服务器托管、网络存储、通讯传输等技术支持，或者提供广告推广、支付结算等帮助，构成赌博犯罪的共犯，同时构成非法利用信息网络罪、帮助信息网络犯罪活动罪的，依照处罚较重的规定定罪处罚。

4. 为实施赌博犯罪，非法获取公民个人信息，或者向实施赌博犯罪者出售、提供公民个人信息，构成赌博犯罪的共犯，同时构成侵犯公民个人信息罪的，依照处罚较重的规定定罪处罚。

5. 通过开设赌场或者为国家工作人员参与赌博提供资金的形式实施行贿、受贿行为，构成犯罪的，依照刑法关于贿赂犯罪的规定定罪处罚。同时构成赌博犯罪的，应与贿赂犯罪数罪并罚。

6. 组织中国公民赴国（境）外参与赌博，同时构成组织他人偷越国（边）境、运送他人偷越国（边）境、偷越国（边）境罪的，应与组织参与国（境）外赌博罪数罪并罚。

7. 实施赌博犯罪，为强行索要赌债，实施故意杀人、故意伤害、非法拘禁、故意毁坏财物、寻衅滋事等行为，构成犯罪的，应与赌博犯罪数罪并罚。

三十六、故意延误投递邮件罪

《刑法》第304条　邮政工作人员严重不负责任，故意延误投递邮件，致使公共财产、国家和人民利益遭受重大损失的，处二年以下有期徒刑或者拘役。

【主体】特殊主体，限于邮政工作人员。包括邮政企业及其分支机构的营业员、投递员、押运员和其他从事邮政工作的人员。

【行为】严重不负责任，延误投递邮件。

【结果】致使公共财产、国家和人民利益遭受重大损失。根据《立案标准（一）》（2008）第45条，具体包括下列情形：①造成直接经济损失2万元以上；②延误高校录取通知书或者其他重要邮件投递，致使他人失去高校录取资格或者造成其他无法挽回的重大损失；③严重损害国家声誉或者造成其他恶劣社会影响；④其他致使公共财产、国家和人民利益遭受重大损失的情形。

【主观】过失。本罪虽名为"故意"，但此故意针对的是延误投递邮件行为，而非使公共财产、国家和人民利益遭受重大损失的结果。对后者，行为人是过失的。换言之，本罪的罪过形式主要是根据对"致使公共财产、国家和人民利益遭受重大损失"的心态确定的。

第二节 妨害司法罪

一、伪证罪

《刑法》第 305 条 在刑事诉讼中，证人、鉴定人、记录人、翻译人对与案件有重要关系的情节，故意作虚假证明、鉴定、记录、翻译，意图陷害他人或者隐匿罪证的，处三年以下有期徒刑或者拘役；情节严重的，处三年以上七年以下有期徒刑。

（一）构成要件

【主体】特殊主体，限于刑事诉讼中的证人、鉴定人、记录人、翻译人。证人，指在刑事诉讼中经司法机关的要求或者同意，陈述自己所知道的案件事实情况的人。鉴定人，指在刑事诉讼中运用专门的知识和技能依法鉴别案件中某些情节有无或者真伪的人。记录人，指在刑事诉讼中依法或者受委托担任记录职责的人。翻译人，指司法机关指定或者聘请为外籍、少数民族或聋哑人等诉讼参与人充当翻译的人员，也包括为案件中的法律文书或者证据材料等有关资料做书面翻译的人员。

【行为】在刑事诉讼中，对与案件有重要关系的情节作虚假的证明、鉴定、记录、翻译。具体包括以下要素：①伪证行为必须发生在刑事案件的立案、侦查、起诉、审判过程中。在民事诉讼、行政诉讼中的伪证行为，不构成本罪。②行为人必须有作虚假的证明、鉴定、记录、翻译的行为。虚假，指与客观真实的情况不一致，与行为人的主观意图无关。③虚假的证明、鉴定、记录、翻译的内容，必须是与案件有重要关系的情节。有重要关系的情节，既包括足以使无罪的人受到刑事处罚或者使轻罪受重罚的情节，也包括足以使犯罪分子逃避刑事处罚或者使重罪被轻判的情节。如果伪证所涉的事实情节对定罪量刑影响不大，则不构成伪证罪。但伪证行为是否实际影响到案件的正确处理，不妨碍本罪的成立。

【主观】故意，并具有陷害他人或者隐匿罪证的目的。如果证人如实地根据自己的经验、记忆作出了陈述，即使事后被证明与案件的客观事实不一致，也不能以其证明的内容虚假为由认定为犯罪。同理，如果鉴定人、记录人、翻译人不是有意作伪证，而是由于水平不高或者工作疏忽而提供了不科学或者不符合实际的鉴定结论、记录、翻译的，亦不构成本罪。

【加重犯】情节严重。一般指：因伪证造成较为严重的冤案、错案的，如使无辜的人受到刑事处罚，使犯罪分子逃脱应受的惩罚等；因伪证造成不可挽回的损失的，如致无辜者或者不应处死刑的罪犯被判处死刑的；因伪证造成被害人精神失常或者家破人亡的；使刑事诉讼工作受到严重破坏的；伪证的动机十分卑鄙、手段极端恶劣的；等等。

（二）适用

【定罪】刑事案件的被告人、犯罪嫌疑人就与自己有利害关系的情节作虚假陈述的，不构成犯罪。这种豁免是出于对人类自我保护本性的容忍。

【关联罪】本罪与诬告陷害罪的区别。要点是：①主体不同。本罪的主体以刑事诉讼中的证人、鉴定人、记录人、翻译人为限,后罪是一般主体。②行为不同。本罪只是在与案件有重要关系的个别情节上提供伪证,后罪是捏造整个犯罪事实发生。③场域不同。本罪发生在刑事诉讼过程中,后罪发生在立案侦查之前,是引起立案侦查的原因。④目的不同。本罪以陷害他人或者隐匿罪证为目的,后罪以陷害他人使其受刑事追究为目的。

二、辩护人、诉讼代理人毁灭证据、伪造证据、妨害作证罪

《刑法》第306条 在刑事诉讼中,辩护人、诉讼代理人毁灭、伪造证据,帮助当事人毁灭、伪造证据,威胁、引诱证人违背事实改变证言或者作伪证的,处三年以下有期徒刑或者拘役;情节严重的,处三年以上七年以下有期徒刑。

辩护人、诉讼代理人提供、出示、引用的证人证言或者其他证据失实,不是有意伪造的,不属于伪造证据。

(一)构成要件

【主体】特殊主体,限于刑事诉讼中的辩护人、诉讼代理人。《刑事诉讼法》(2018年修正)第33条第1款规定,下列人员可被委托为辩护人:①律师;②人民团体或者犯罪嫌疑人、被告人所在单位推荐的人;③犯罪嫌疑人、被告人的监护人、亲友。《刑事诉讼法》(2018年修正)第108条第5项规定:"'诉讼代理人'是指公诉案件的被害人及其法定代理人或者近亲属、自诉案件的自诉人及其法定代理人委托代为参加诉讼的人和附带民事诉讼的当事人及其法定代理人委托代为参加诉讼的人。"另外,还应包括受犯罪嫌疑人或其近亲属聘请为其提供法律咨询、代理申诉、控告、申请变更强制措施的律师。在实际生活中,大多由律师担任辩护人、诉讼代理人。

【对象】刑事诉讼证据,即《刑事诉讼法》(2018年修正)第50条第2款规定的8种证据:物证;书证;证人证言;被害人陈述;犯罪嫌疑人、被告人供述和辩解;鉴定意见;勘验、检查、辨认、侦查实验等笔录;视听资料、电子数据。

【行为】本罪的行为必须发生在刑事诉讼中,具体表现为:①行为人直接或者唆使他人毁灭、伪造证据。毁灭,指使证据灭失或者丧失证明案件真相的作用、效力。伪造,指改变证据证明的内容或者方向。②帮助当事人毁灭、伪造证据,即唆使或者提供便利条件,由当事人毁灭、伪造证据。由于当事人与案件的审判结果有直接利害关系,因此他们毁灭证据的行为不认为是犯罪,也不能构成本罪的共犯。③威胁、引诱证人违背事实改变证言或者作伪证。威胁,指以暴力或者其他方式施加迫害,对证人进行恐吓;但告知证人不如实作证应负的法律责任的,不是威胁。引诱,指以金钱等物质利益对证人进行收买,或者以职务提拔等非物质性的利益对证人进行诱惑。为了帮助证人回忆经历的情况而作的一些提示甚至诱导,不能认为是引诱。违背事实改变证言或者作伪证,指要证人作出与其经验、记忆不一致的证言,即要求证人不如实作证。证人的经验、记忆可能是正确的,也可能是错误的,所以,证人证言最终是否与案件真相一致与是否违背事实作证不完全等同。辩护人、诉讼代理人在刑事案件非诉讼阶段或者民事、行政案件中,实施妨害作证、毁灭证据、伪造证据行为的,以妨害作证罪或者帮助毁灭、伪造证据罪定罪处罚。

"就辩护人而言,一般是毁灭或者帮助毁灭有罪、罪重的证据,伪造或者帮助伪造无罪或者罪轻的证据,威胁、引诱证人违背事实改变有罪、罪重的证言或者作无罪、罪轻的证言;就诉讼代理人而言,一般是毁灭或者帮助毁灭无罪、罪轻的证据;伪造或者帮助伪造有罪、罪重的证据;威胁、引诱证人违背事实改变无罪、罪轻的证言或者作有罪、罪重的证言。但并不排

斥相反情况,即在特殊情况下出现了相反情况时,也不影响本罪的成立。"〔1〕行为人在刑事诉讼任何阶段实施上述妨害刑事诉讼证据行为之一的,就具备本罪的客观要件要素。

【主观】故意。为了强调构成本罪必须具有妨害证据或者妨害作证的故意,《刑法》第306条第2款特别指出:"辩护人、诉讼代理人提供、出示、引用的证人证言或者其他证据失实,不是有意伪造的,不属于伪造证据。"

【加重犯】情节严重。一般指因妨害证据的行为导致司法机关无法查明、证实案件真相的;因妨害证据的行为导致司法机关对案件作出了错误的处理的;犯罪的目的、动机特别恶劣的;犯罪手段特别恶劣的;等等。

(二) 适用

【定罪】辩护人、诉讼代理人教唆他人毁灭、伪造证据或者威胁、引诱证人作伪证的,尽管具有"教唆"行为的特点,但对此种特定教唆,法律已经专门规定为一种犯罪,就不再适用总则教唆犯的规定。

三、妨害作证罪·帮助毁灭、伪造证据罪

《刑法》第307条 以暴力、威胁、贿买等方法阻止证人作证或者指使他人作伪证的,处三年以下有期徒刑或者拘役;情节严重的,处三年以上七年以下有期徒刑。

帮助当事人毁灭、伪造证据,情节严重的,处三年以下有期徒刑或者拘役。

司法工作人员犯前两款罪的,从重处罚。

(一) 构成要件

1. 妨害作证罪。

【行为】本罪的行为方式包括:①以暴力、威胁、贿买等方法阻止证人作证。阻止证人作证,指在刑事诉讼中,阻止证人接受公安、国家安全、检察等司法机关依法调查、询问以及阻止证人出席法庭作证,或者在民事、经济和行政诉讼中,阻止证人出席法庭作证。阻止证人作证的方法多种多样,除了法律列举的暴力、威胁、贿买的方法外,还包括其他类似的方法,如色情引诱等。②指使他人作伪证。即出主意要他人作伪证。作伪证包括知道案件情况的人不如实作证和冒充知道案件情况的人作假证。

【主观】故意。

【加重犯】情节严重。司法实践中,通常指因妨害作证造成了严重后果的情形,如导致冤假错案发生,或者严重妨害司法机关正常诉讼活动的;手段特别恶劣的;给另一方当事人或者第三方造成重大损失的;使用暴力手段迫使他人作伪证,造成被害人轻伤后果的;多次实施或者经批评教育后仍继续实施妨害行为的。

2. 帮助毁灭、伪造证据罪。

【主体】在虚假诉讼中不具有重要利益的人,即不能是为自己直接从裁判结果中获利(不包括获得当事人承诺的报酬或者其他利益)而实施行为的人。

【对象】证据。既包括刑事诉讼中的证据,又包括民事诉讼、行政诉讼中的证据。

【行为】帮助当事人毁灭、伪造证据。对"当事人"应作广义理解,不限于刑事诉讼中的当事人。帮助,实质是指一切替当事人毁灭、伪造证据的行为,包括受当事人指使而毁灭、伪造证据的行为,教唆、指使当事人毁灭、伪造证据的行为,为当事人毁灭、伪造证据提供各种便利条件或者伙同当事人共同实施毁灭、伪造证据的行为,向当事人教授毁灭、伪造证据方法的行为,等等。换言之,这里的"帮助"仅仅意味着不包括当事人本人为自身的利害关系而

---

〔1〕 张明楷:《刑法学》(下),法律出版社2021年版,第1422页。

毁灭、伪造证据的行为。

【罪量】情节严重。一般指帮助毁灭、伪造证据的行为后果严重的；帮助毁灭、伪造重大案件的重要证据的；帮助当事人毁灭、伪造的动机或者手段恶劣的；等等。

（二）适用

【定罪】当事人本人毁灭、伪造与本人有利害关系的证据不为罪，亦不构成共犯。

【关联罪】1. 妨害作证罪与辩护人、诉讼代理人毁灭证据、伪造证据、妨害作证罪的区别。要点是：主体和所处诉讼程序不同。辩护人、诉讼代理人在刑事诉讼中指使他人作伪证的，应认定为辩护人、诉讼代理人妨害作证罪，而非妨害作证罪。

2. 帮助毁灭、伪造证据罪与妨害作证罪区别。

【案例】**吴某平妨害作证、洪某祥帮助伪造证据案**[1]

洪某祥多次因赌博、偿还赌债、宾馆住宿向吴某平借款共计近20万元。吴某平获悉洪某祥有套房屋已协议卖与他人，便与洪某祥恶意串通伪造借条，多写借款金额，并指使洪某祥书写虚假的借款原因，以待日后起诉时骗取人民法院的裁判文书，待该房屋拍卖后可多参与分配。2009年3月8日，吴某平持伪造的借条以洪某祥因生意经营向其借款24.90万元不予归还为由提起民事诉讼，洪某祥配合作虚假陈述。3月15日，法院作出民事调解书，确认洪某祥应当偿还借款及利息共计25.10万元。后吴某平向法院申请执行，使法院作出执行裁定书，将洪某祥的前述房屋及土地使用权予以查封。2011年10月27日，法院决定对前述案件再审，在此期间，吴某平又指使洪某祥提供虚假借款凭据。后因法院发现二人有虚假诉讼的嫌疑而案发。法院认定，吴某平构成妨害作证罪，判处有期徒刑7个月；洪某祥构成帮助伪造证据罪，判处有期徒刑6个月。

裁判要旨：在双方当事人串通进行虚假诉讼侵害第三方权益的情况下，区分妨害作证罪与帮助伪造证据罪的关键在于，行为人能否从虚假证据所涉诉讼的裁判中直接获取利益。如果不能直接获取，而是在帮助对方当事人获取利益，则构成帮助伪造证据罪。

【共犯】指使他人作伪证虽然具有教唆的性质，但不能按教唆犯处理。因为刑法分则已将这种情形的教唆专门规定为一种独立的犯罪类型，不再适用总则教唆犯的规定。

【罪数】1. 因采取暴力手段阻止证人作证或迫使他人作伪证而触犯其他罪的，如伤害、杀害证人或者绑架证人、非法拘禁证人等，应按牵连犯的处断原则，从一重罪论处。

2. 为非法占有他人财产而实施妨害作证行为的，同时构成虚假诉讼罪、妨害作证罪和诈骗罪，从一重罪论处。当然，如果行为人本身具有正当理由参与诉讼，只是在争讼标的的基础上意图多占有他人合法财产，则一般不宜定诈骗罪。但非法占有他人合法财产在整个诉讼标的中占主要比例的除外。

四、虚假诉讼罪

《刑法》第307条之一 以捏造的事实提起民事诉讼，妨害司法秩序或者严重侵害他人合法权益的，处三年以下有期徒刑、拘役或者管制，并处或者单处罚金；情节严重的，处三年以上七年以下有期徒刑，并处罚金。

单位犯前款罪的，对单位判处罚金，并对其直接负责的主管人员和其他直接责任人员，依照前款的规定处罚。

有第一款行为，非法占有他人财产或者逃避合法债务，又构成其他犯罪的，依照处罚较重

---

[1] 中华人民共和国最高人民法院刑事审判第一、二、三、四、五庭主办：《刑事审判参考》（2013年第1集·总第90集），法律出版社2006年版，第85~90页。

的规定定罪从重处罚。

司法工作人员利用职权，与他人共同实施前三款行为的，从重处罚；同时构成其他犯罪的，依照处罚较重的规定定罪从重处罚。

（一）构成要件

【行为】以捏造的事实提起民事诉讼。根据《办理虚假诉讼案解释》（2018）第1条，指采取伪造证据、虚假陈述等手段，实施下列行为之一，捏造民事法律关系，虚构民事纠纷，向人民法院提起民事诉讼：①与夫妻一方恶意串通，捏造夫妻共同债务的；②与他人恶意串通，捏造债权债务关系和以物抵债协议的；③与公司、企业的法定代表人、董事、监事、经理或者其他管理人员恶意串通，捏造公司、企业债务或者担保义务的；④捏造知识产权侵权关系或者不正当竞争关系的；⑤在破产案件审理过程中申报捏造的债权的；⑥与被执行人恶意串通，捏造债权或者对查封、扣押、冻结财产的优先权、担保物权的；⑦单方或者与他人恶意串通，捏造身份、合同、侵权、继承等民事法律关系的其他行为。隐瞒债务已经全部清偿的事实，向人民法院提起民事诉讼，要求他人履行债务的，以"以捏造的事实提起民事诉讼"论。向人民法院申请执行基于捏造的事实作出的仲裁裁决、公证债权文书，或者在民事执行过程中以捏造的事实对执行标的提出异议、申请参与执行财产分配的，属于"以捏造的事实提起民事诉讼"。

【结果】妨害司法秩序或者严重侵害他人合法权益。"妨害司法秩序"或者"严重侵害他人合法权益"二者具备其一即可。根据《办理虚假诉讼案解释》（2018）第2条，包括下列情形：①致使人民法院基于捏造的事实采取财产保全或者行为保全措施的；②致使人民法院开庭审理，干扰正常司法活动的；③致使人民法院基于捏造的事实作出裁判文书、制作财产分配方案，或者立案执行基于捏造的事实作出的仲裁裁决、公证债权文书的；④多次以捏造的事实提起民事诉讼的；⑤曾因以捏造的事实提起民事诉讼被采取民事诉讼强制措施或者受过刑事追究的；⑥其他妨害司法秩序或者严重侵害他人合法权益的情形。

【主观】故意，即明知是捏造的事实而提起民事诉讼，或者参与其中进行虚假诉讼。

【加重犯】情节严重。具体标准参见《办理虚假诉讼案解释》（2018）第3条。

（二）适用

【定罪】虚假诉讼罪仅限于"无中生有"的行为，即凭空捏造根本不存在的民事法律关系和因该民事法律关系产生民事纠纷的情形。如果存在真实的民事法律关系，行为人采取伪造证据等手段篡改案件事实，向人民法院提起民事诉讼的，不能认定为虚假诉讼罪，构成犯罪的，可以伪造公司、企业、事业单位、人民团体印章罪或者妨害作证罪等罪名追究其刑事责任。

【罪数】1. 实施虚假诉讼行为，非法占有他人财产或者逃避合法债务，又构成诈骗罪，职务侵占罪，拒不执行判决、裁定罪，贪污罪等犯罪的，依照处罚较重的规定定罪从重处罚。利用虚假诉讼非法占有他人财物，属于典型的诉讼诈骗。诉讼诈骗的特点是被骗作出财产处分者与蒙受财产损失的被害人不是同一人，属于诈骗罪的特殊情形——三角诈骗，不影响诈骗罪的成立。但不排除成立诈骗罪之外的犯罪，如职务侵占罪、逃税罪、妨害清算罪、虚假破产罪等。

2. 诉讼代理人、证人、鉴定人等诉讼参与人与他人通谋，代理提起虚假民事诉讼、故意作虚假证言或者出具虚假鉴定意见，共同实施《刑法》第307条之一前3款行为的，是虚假诉讼罪的共犯；同时构成妨害作证罪，帮助毁灭、伪造证据罪等犯罪的，依照处罚较重的规定定罪从重处罚。

五、打击报复证人罪

《刑法》第 308 条 对证人进行打击报复的,处三年以下有期徒刑或者拘役;情节严重的,处三年以上七年以下有期徒刑。

(一) 构成要件

【对象】证人,即在诉讼过程中已依法提供了证词的人,包括在各种诉讼中依法向法庭提供证词的证人以及在刑事诉讼中向公安、国家安全、检察机关提供证词的人。知道案件情况但尚未作证的人,不是本罪的对象,但可成为妨害作证罪的对象。证人的亲友亦不是本罪的对象,但通过加害证人近亲属的方式来报复证人的,根据《刑事诉讼法》(2018 年修正) 第 63 条〔1〕规定的精神,可构成本罪。

【行为】对证人进行打击报复。即以各种各样的方式损害证人合法利益的行为,通常表现为直接侵害证人的人身、自由、名誉;毁坏证人的财产或者骚扰证人的生活安宁;利用职权迫害证人等。对打击报复的手段,《刑法》虽无限制,但一般认为不应包括故意导致证人重伤或者死亡的行为。

【主观】故意。

【加重犯】情节严重。司法实践中,一般指对证人多次打击报复的;打击报复行为给证人造成身心严重痛苦的;打击报复的手段恶劣的;打击报复的行为造成严重后果或恶劣社会影响;等等。

(二) 适用

【关联罪】本罪与故意伤害罪的区别。本罪的对象以证人为限。此外,故意伤害罪一般要造成轻伤以上结果才定罪处罚,本罪则无此限制。

【罪数】采取侮辱手段打击报复证人的,应择一重罪即以本罪论处。

六、泄露不应公开的案件信息罪·披露、报道不应公开的案件信息罪

《刑法》第 308 条之一 司法工作人员、辩护人、诉讼代理人或者其他诉讼参与人,泄露依法不公开审理的案件中不应当公开的信息,造成信息公开传播或者其他严重后果的,处三年以下有期徒刑、拘役或者管制,并处或者单处罚金。

有前款行为,泄露国家秘密的,依照本法第三百九十八条的规定定罪处罚。

公开披露、报道第一款规定的案件信息,情节严重的,依照第一款的规定处罚。

单位犯前款罪的,对单位判处罚金,并对其直接负责的主管人员和其他直接责任人员,依照第一款的规定处罚。

(一) 构成要件

1. 泄露不应公开的案件信息罪。

【主体】特殊主体,限于司法工作人员、辩护人、诉讼代理人或者其他诉讼参与人。

【对象】依法不公开审理的案件中不应当公开的信息。不公开审理的案件,包括:①根据《刑事诉讼法》(2018 年修正) 第 188 条、第 285 条,有关国家秘密、个人隐私、未成年人案件,不公开审理;涉及商业秘密案件当事人申请不公开审理的,可以不公开审理。②根据《民事诉讼法》第 137 条,涉及国家秘密、个人隐私或者法律另有规定的不公开审理;离婚案件,涉及商业秘密的案件,当事人申请不公开审理的,可以不公开审理。③《行政诉讼法》(2017

---

〔1〕《刑事诉讼法》(2018 年修正) 第 63 条规定:"人民法院、人民检察院和公安机关应当保障证人及其近亲属的安全。对证人及其近亲属进行威胁、侮辱、殴打或者打击报复,构成犯罪的,依法追究刑事责任;尚不够刑事处罚的,依法给予治安管理处罚。"

年修正）第 54 条规定，涉及国家秘密、个人隐私和法律另有规定的不公开审理。不应当公开的信息，指公开以后可能对国家安全和利益、当事人受法律保护的隐私权、商业秘密造成损害，以及对涉案未成年人的身心健康造成不利的信息。包括案件涉及的国家秘密、个人隐私、商业秘密本身，也包括其他与案件有关不宜为诉讼参与人以外人员知悉的信息，如案件事实的细节，诉讼参与人在参加庭审时发表言论的具体内容，被性侵犯的被害人的个人信息等。[1] 泄露依法应当公开审理的案件中不应当公开的信息的，不构成本罪。

【行为】泄露依法不公开审理的案件中不应当公开的信息。泄露，指使信息让不应知悉的人知悉。[2]

【结果】造成信息公开传播或者其他严重后果的。

【主观】故意。误以为是可以公开的信息而泄露的，不构成本罪。

2. 披露、报道不应公开的案件信息罪。

【对象】依法不公开审理的案件中不应当公开的信息。

【行为】披露、报道不应当公开的信息。披露、报道，指公开揭示、传播，使信息为公众知悉。对披露、报道的形式、媒介、辐射范围，《刑法》并无限制。

【主观】故意。

【罪量】情节严重。

（二）适用

【定罪】本条之罪的适用，不得侵犯正当的舆论监督权。

【罪数】泄露不应公开的案件信息，涉及国家秘密的，是想象竞合犯，从一重罪即以故意泄露国家秘密罪或者过失泄露国家秘密罪论处。

七、扰乱法庭秩序罪

《刑法》第 309 条　有下列扰乱法庭秩序情形之一的，处三年以下有期徒刑、拘役、管制或者罚金：

（一）聚众哄闹、冲击法庭的；

（二）殴打司法工作人员或者诉讼参与人的；

（三）侮辱、诽谤、威胁司法工作人员或者诉讼参与人，不听法庭制止，严重扰乱法庭秩序的；

（四）有毁坏法庭设施，抢夺、损毁诉讼文书、证据等扰乱法庭秩序行为，情节严重的。

【行为】本罪包括以下行为方式：

1. 聚众哄闹、冲击法庭。聚众哄闹，指聚集多人在法庭内外起哄、喧闹，干扰审判活动的正常进行。冲击法庭，指未被法庭允许参加庭审活动及旁听的人员强行冲进法庭或者以其他暴力行动在法庭内外扰乱审判活动的正常进行，如向法庭投掷石块、在法庭内毁坏财物等。

2. 殴打司法工作人员或者诉讼参与人。殴打司法工作人员，指直接对司法工作人员人身进行暴力袭击，司法工作人员既包括正在法庭上执行职务的审判人员、法警、书记员，也包括正在出庭公诉的公诉人及其他司法工作人员。在法庭外对正在准备参加开庭审理的司法工作人员进行暴力袭击的，也应视为本罪的殴打司法工作人员。其他诉讼参与人，指参与诉讼的司法工作人员之外的诉讼参与人，包括被害人、自诉人、犯罪嫌疑人、被告人、原告、被告、共同诉讼人、第三人、法定代理人、诉讼代表人、诉讼代理人、辩护人、证人、鉴定人和翻译员

---

[1] 雷建斌主编：《〈中华人民共和国刑法修正案（九）〉释解与适用》，人民法院出版社 2015 年版，第 326 页。
[2] 张明楷：《刑法学》（下），法律出版社 2021 年版，第 1438 页。

等。应当注意：殴打司法工作人员或者其他诉讼参与人，不必采取聚众的形式。

3. 侮辱、诽谤、威胁司法工作人员或者诉讼参与人，不听法庭制止。

4. 有毁坏法庭设施，抢夺、损毁诉讼文书、证据等扰乱法庭秩序行为。目前，"等扰乱法庭秩序行为"，应限于本项所列举的行为，仅可通过有权解释（立法解释或者司法解释）扩张适用于列举之外的行为。

上述行为必须发生在正在或即将进行庭审活动的法庭内外。法庭是人民法院审判案件的场所，既包括法院设置的专门审判案件的场所，也包括临时用于审判案件的场所。不是针对庭审活动进行扰乱的，不构成本罪。聚众冲击人民法院而非法庭庭审活动，扰乱法院正常工作秩序的，可构成聚众冲击国家机关罪，而非本罪。

【主观】故意。

【罪量】严重扰乱法庭秩序或者情节严重。一般指致使法庭秩序严重混乱、无法继续审理案件或者审理案件的活动被迫中断等。仅轻微扰乱法庭秩序的，尚不足以构成犯罪。

八、窝藏、包庇罪

《刑法》第310条 明知是犯罪的人而为其提供隐藏处所、财物，帮助其逃匿或者作假证明包庇的，处三年以下有期徒刑、拘役或者管制；情节严重的，处三年以上十年以下有期徒刑。

犯前款罪，事前通谋的，以共同犯罪论处。

《刑法》第362条 旅馆业、饮食服务业、文化娱乐业、出租汽车业等单位的人员，在公安机关查处卖淫、嫖娼活动时，为违法犯罪分子通风报信，情节严重的，依照本法第三百一十条的规定定罪处罚。

（一）构成要件

【对象】犯罪的人，指已经实施了犯罪行为、正受追查或者正在逃匿的人。既包括已决犯，也包括未决犯。

【行为】窝藏、包庇。

1. 窝藏行为，即隐匿犯罪人或者帮助其逃匿。可以表现为：①为犯罪的人提供房屋或者其他可以用于隐藏的处所；②为犯罪的人提供车辆、船只、航空器等交通工具，或者提供手机等通信工具；③为犯罪的人提供金钱；④其他为犯罪的人提供隐藏处所、财物，帮助其逃匿的行为。

2. 包庇行为，即帮助犯罪的人逃避刑事追究，或者帮助其获得从宽处罚。可以表现为：①顶替犯罪的人欺骗司法机关；②向司法机关作虚假陈述或者提供虚假证明，以证明犯罪的人没有实施犯罪行为，或者犯罪的人所实施行为不构成犯罪；③向司法机关提供虚假证明，以证明犯罪的人具有法定从轻、减轻、免除处罚情节；④其他作假证明包庇的行为。

【主观】1. 故意，即明知是犯罪的人而予以窝藏、包庇。认定"明知"，应根据案件的客观事实，结合行为人的认知能力，接触被窝藏、包庇的犯罪人的情况，以及行为人和犯罪人的供述等主、客观因素进行认定。行为人将犯罪的人所犯之罪误认为其他犯罪的，不影响"明知"的认定。行为人虽然实施了提供隐藏处所、财物等行为，但现有证据不能证明其知道犯罪的人实施了犯罪行为的，不能认定为"明知"。需要研究的问题是：行为人认识到什么内容和程度就能认定为"明知是犯罪的人"？本书认为，不可要求行为人达到法官、法律专家那么精确的认识程度。通常认识到是"逃犯"就可以了。"逃犯"按常人理解，可包括3种情形：①已决的"逃犯"，比如从监狱中脱逃的罪犯；②"犯事"后正在被公安司法机关追查的人；③"犯事"后为逃避刑事侦查而掩盖犯罪事实、毁灭证据的人。行为人"事先"有此认识就可认定为"明知是犯罪的人"。另外还有"事后"的印证，即司法机关认定该人有犯罪嫌疑或者判决有罪。如果经司法机关调查、审理，澄清了该人不构成犯罪，则行为人自无构成窝藏、包庇罪的道理。

2. 以帮助犯罪的人逃匿、逃避刑事追究或者获得从宽处罚为目的。虽然窝藏、包庇犯罪的人，但不是出于上述目的的，不构成本罪。对未履行法定报告义务的行为人，依法移送有关主管机关给予行政处罚。

【加重犯】情节严重。根据《办理窝藏包庇刑案解释》（2021）第4条第1款，窝藏、包庇犯罪的人，具有下列情形之一的，应认定为"情节严重"：①被窝藏、包庇的人可能被判处无期徒刑以上刑罚；②被窝藏、包庇的人犯危害国家安全犯罪、恐怖主义或者极端主义犯罪，或者系黑社会性质组织犯罪的组织者、领导者，且可能被判处10年有期徒刑以上刑罚；③被窝藏、包庇的人系犯罪集团的首要分子，且可能被判处10年有期徒刑以上刑罚；④被窝藏、包庇的人在被窝藏、包庇期间再次实施故意犯罪，且新罪可能被判处5年有期徒刑以上刑罚；⑤多次窝藏、包庇犯罪的人，或者窝藏、包庇多名犯罪的人；⑥其他情节严重的情形。

此处"可能被判处"的刑罚，指根据被窝藏、包庇的人所犯罪行，在不考虑自首、立功、认罪认罚等从宽处罚情节时应当依法判处的刑罚。

【特别规定】《刑法》第362条规定，旅馆业、饮食服务业、文化娱乐业、出租汽车业等单位的人员，在公安机关查处卖淫、嫖娼活动时，为违法犯罪分子通风报信，情节严重的，依照《刑法》第310条的规定定罪处罚，即以包庇罪论处。这种包庇罪的构成要件如下：①主体是旅馆业、饮食服务业、文化娱乐业、出租汽车业等单位的人员，包括在上述单位工作或者受雇用的一切人员，如负责人、正式职工、临时工。②行为是在公安机关查处卖淫、嫖娼活动时，为违法犯罪分子通风报信。所谓通风报信，指将公安机关查处卖淫、嫖娼的部署、行动地点、时间、对象及其他有关消息告知违法犯罪人员；或者为违法犯罪分子放哨、望风，在发现前来查处的公安机关人员时，立即向违法犯罪分子通报情况，使其躲避。③通风报信的对象是从事卖淫、嫖娼的违法犯罪分子，既包括组织、强迫、引诱、容留、介绍卖淫的犯罪分子、传播性病的犯罪分子，也包括从事卖淫嫖娼的违法人员。④主观系故意，通常具有使卖淫嫖娼人员逃避查处的目的。⑤这种行为必须情节严重才构成犯罪。一般指一贯或者多次通风报信的；致使大量违法犯罪分子躲避查处的；致使公安机关重大查处行动失败的；公安机关人员利用职务之便通风报信的；等等。

（二）适用

【定罪】1. 本罪与知情不举的区别。知情不举，指明知是犯罪分子而不检举告发的行为。它与本罪的区别在于：主观上没有使犯罪分子逃避法律制裁的目的，客观上没有实施与作为的窝藏、包庇相当的行为。知情不举的，一般不构成本罪。明知是犯罪的人而有一般交往，无窝藏、包庇意图的，应属知情不举。但是，保证人在犯罪的人取保候审期间，协助其逃匿或者明知其藏匿地点、联系方式，但拒绝向司法机关提供的，对保证人以窝藏罪定罪处罚。[1] 明知他人有间谍犯罪或者恐怖主义、极端主义犯罪行为，在司法机关向其调查有关情况、收集有关证据时，拒绝提供，情节严重的，以拒绝提供间谍犯罪、恐怖主义犯罪、极端主义犯罪证据罪定罪处罚；作假证明包庇的，以包庇罪从重处罚。[2]

2. 认定本罪，以被窝藏、包庇的人构成犯罪为前提。被窝藏、包庇的人实施的犯罪事实

---

[1]《办理窝藏包庇刑案解释》（2021）第1条第2款。
[2]《办理窝藏包庇刑案解释》（2021）第3条。

清楚，证据确实、充分，但尚未到案、尚未依法裁判或者因不具有刑事责任能力依法未予追究刑事责任的，不影响本罪的成立。但是，被窝藏、包庇的人归案后被宣告无罪的，应依照法定程序宣告窝藏、包庇行为人无罪。

3. 共同犯罪人之间互相实施的窝藏、包庇行为，不以本罪论处，但对共同犯罪以外的犯罪人实施窝藏、包庇行为的，构成本罪，实行数罪并罚。

【共犯】事前未与被窝藏、包庇的犯罪分子通谋，而在事后予以窝藏、包庇的，是窝藏、包庇罪。如果事前有通谋，则应以共犯论处。但如果只是知道作案人员要去实施犯罪，事后予以窝藏、包庇的，或者事先知道作案人员要去实施犯罪，未报案，犯罪后又窝藏、包庇的，因不符合共同犯罪的成立条件，只能以窝藏、包庇罪论处。

【罪数】为帮助同一个犯罪的人逃避刑事处罚，实施窝藏、包庇行为，又实施洗钱行为，掩饰、隐瞒犯罪所得及其收益行为，帮助毁灭证据行为或者伪证行为的，择一重罪定罪从重处罚，不实行数罪并罚。[1]

九、拒绝提供间谍犯罪证据、恐怖主义犯罪、极端主义犯罪证据罪

《刑法》第 311 条　明知他人有间谍犯罪或者恐怖主义、极端主义犯罪行为，在司法机关向其调查有关情况、收集有关证据时，拒绝提供，情节严重的，处三年以下有期徒刑、拘役或者管制。

【行为】在司法机关向其调查间谍犯罪或者恐怖主义、极端主义犯罪行为的有关情况、收集有关证据时，拒绝提供。拒绝提供，以受到司法机关的调查、取证为前提，没有受到司法机关的调查、取证，仅仅是知情不举的，不属于拒绝提供。拒绝向司法机关以外的人员提供的，或者拒绝提供与间谍犯罪或者恐怖主义、极端主义犯罪行为无关的情况、证据的，或者拒绝提供本人间谍犯罪或者恐怖主义、极端主义犯罪的情况、证据的，均不能认定为拒绝提供。

【主观】故意，即明知自己拒绝提供的行为会妨害司法机关查处间谍犯罪或者恐怖主义、极端主义犯罪的活动，而希望或者放任这种结果发生。另外，成立本罪在主观方面还必须具有两种特别的认识因素：

1. 明知他人有间谍犯罪或者恐怖主义、极端主义犯罪行为。关于间谍犯罪行为，狭义理解指《刑法》第 110 条所规定之犯罪行为，广义理解指原《国家安全法》（2009 年修正）第 4 条第 2 款和原《国家安全法实施细则》（1994）第 8 条所列举的危害国家安全的犯罪行为。《反间谍法》（2014）第 38 条对间谍行为作出明确界定。恐怖主义犯罪、极端主义犯罪，指《刑法》第 120 条、第 120 条之一至第 120 条之六规定的犯罪。明知，指知道他人有间谍犯罪或者恐怖主义、极端主义犯罪行为的事实，不必要求准确了解行为的法律性质。不过，司法人员调查、取证时，会告知当事人有关案件的法律性质。

2. 明知是司法人员向其调查情况、收集证据。未被明确告知身份和调查意向，因而拒绝提供的，不具有本罪故意。

【罪量】情节严重。司法实践中，一般指因行为人拒绝提供情况和证据导致间谍分子、恐怖主义、极端主义分子逍遥法外，给国家造成重大损害，或者出于对重大间谍犯罪、恐怖主义、极端主义犯罪进行包庇的意图而拒绝提供犯罪证据等情形。

十、掩饰、隐瞒犯罪所得、犯罪所得收益罪

《刑法》第 312 条　明知是犯罪所得及其产生的收益而予以窝藏、转移、收购、代为销售或者以其他方法掩饰、隐瞒的，处三年以下有期徒刑、拘役或者管制，并处或者单处罚金；情

---

[1] 《办理窝藏包庇刑案解释》（2021）第 7 条。

节严重的，处三年以上七年以下有期徒刑，并处罚金。

单位犯前款罪的，对单位判处罚金，并对其直接负责的主管人员和其他直接责任人员，依照前款的规定处罚。

(一) 构成要件

【对象】他人犯罪所得及其产生的收益。犯罪所得，指通过犯罪直接得到的赃款、赃物。其中包括：①通过实施盗窃、诈骗、抢夺、抢劫、敲诈勒索、侵占等侵犯财产的犯罪获得的财物，即狭义的赃物。②通过实施其他犯罪获得的不法财产，如通过生产、销售伪劣商品、侵犯著作权获取的不法收入，通过受雇杀人、伤害获得的佣金等。犯罪所得不仅包括财物，还包括财产性利益，如通过犯罪行为强占的承包经营权、公司或者企业的股权、租赁权、矿山开采权、土地开发权等。犯罪所得产生的收益，指上游犯罪的行为人对犯罪所得进行处理后得到的孳息、租金等财产和财产性利益。

【行为】以窝藏、转移、收购、代为销售或者以其他方法掩饰、隐瞒。掩饰，指行为人主动设法遮盖犯罪所得及其产生的收益；隐瞒，指当司法机关调查有关财产及其性质和来源时，行为人尽管知情却有意掩盖犯罪所得及其产生的收益。本罪的行为可以表现为：①窝藏，即将犯罪所得及其产生的收益放置于一定的场所隐藏、保管。②转移，指在他人犯罪既遂后，将犯罪所得及其产生的收益由一个地方搬运到另一个地方。不包括通过金融机构以转账方式将赃款转移，这种转移赃款的方式具有洗钱性质。③收购，指从各处或者不特定人手中购买犯罪所得及其产生的收益。收购通常表现为大量购买赃物或重复购买某一类赃物，既可能是为了转卖渔利，也可能是为了自用。在以收购方式犯本罪的场合，不问是否有销售行为，也不问是否销出，只要收购行为完成，即为既遂。④代为销售，指帮助或者代理犯罪分子销售犯罪所得及其产生的收益。与收购不同，代为销售事先并不支付对价钱财，未取得对犯罪所得及其产生的收益的"所有"。以代为销售的方式犯本罪的，应以销出犯罪所得及其产生的收益为既遂。⑤以其他方法掩饰、隐瞒犯罪所得及其产生的收益，指窝藏、转移、收购、代为销售以外的方法，如居间介绍买卖、收受、持有、使用、加工、提供资金账户，协助将财物转换为现金、金融票据、有价证券，协助将资金转移、汇往境外，等等。

行为人具有窝藏、转移、收购、代为销售行为之一，或者以其他方法掩饰、隐瞒犯罪所得及其产生的收益的，即符合本罪的行为要件。

【主观】故意，即明知是犯罪所得及其产生的收益而予以窝藏、转移、收购、代为销售或者以其他方法掩饰、隐瞒。可以在行为前明知，也可以在行为过程中明知。认定明知，不能仅凭行为人口供，应根据案件的客观事实予以分析。只要证明行为人知道或者应当知道是犯罪所得及其产生的收益，即可认定故意。行为人确实不知是犯罪所得及其产生的收益的，不具有本罪故意。

【案例】**韩某泽掩饰、隐瞒犯罪所得案**[1]

2013年1月19日，韩某泽以90元的价格从一男子（具体身份不详）处购买黑色小米牌手机（价值1339元）一部。经查，该手机系另案被告人刘某栋在一网吧上网时被盗，根据防盗追踪功能，在韩某泽处查获该手机，韩某泽将手机退还。法院认为，韩某泽在非正常销售手机的场所，以极低价格收购没有发票也不配带充电器、电池的价值千余元的手机，其明知该手机可能是犯罪所得，仍予以购买的行为构成掩饰、隐瞒犯罪所得罪，对其单处罚金1000元。

---

[1] 中华人民共和国最高人民法院刑事审判第一、二、三、四、五庭主办：《刑事审判参考》（2014年第5集·总第100集），法律出版社2015年版，第67页。

【加重犯】情节严重。具体标准参见《审理掩饰犯罪所得案解释》（2021年修正）第3条。

在认定实施次数时应注意：①每一次掩饰、隐瞒的行为必须是一个独立的行为，即独立的主观意图、独立的掩饰隐瞒行为、独立的行为结果，不包括基于同一故意，在同一时间、同一地点，同时或者连续对多起上游犯罪进行掩饰、隐瞒的情形，也不包括为同一个上游犯罪人的同一起犯罪事实的犯罪所得及其收益而分多次掩饰、隐瞒的情形；②不以每次行为都构成犯罪为前提；③行为未超过治安处罚或者刑事追诉时效。

此外，下游犯罪（掩饰、隐瞒犯罪所得罪）的刑期，在一般情况下应低于上游犯罪的刑期。例如，非法狩猎罪的最高刑为3年有期徒刑，而本罪的法定最高刑为7年有期徒刑。因此，购买非法狩猎的野生动物构成犯罪的，不宜适用本罪的"情节严重"条款，即不论购买多少野生动物，都只能在3年有期徒刑以下处罚掩饰、隐瞒犯罪所得的行为。并且就同一犯罪对象而言，非法狩猎罪的刑罚应高于掩饰、隐瞒犯罪所得罪的刑罚。[1]

（二）适用

【定罪】1. 认定本罪，以上游犯罪事实成立为前提。因为本罪的对象是犯罪所得及其收益，所以，应以"上游犯罪"行为达到犯罪程度为前提。例如，甲盗窃价值800元的手机，未达到"数额较大"的标准，不成立盗窃罪，该所得即不能称为"犯罪所得"；乙予以掩饰、隐瞒的，也不构成本罪。上游犯罪尚未依法裁判，但查证属实的，不影响本罪的成立。上游犯罪事实经查证属实，但因行为人未达到刑事责任年龄等原因依法不予追究刑事责任的，也不影响本罪的成立。例如，甲（15周岁）盗窃价值5万元的汽车，因没有达到刑事责任年龄而不成立盗窃罪；乙明知该车是甲盗窃所得仍收购，乙依然构成掩饰、隐瞒犯罪所得罪。

2. 涉赃车行为的认定。明知是盗窃、抢劫、诈骗、抢夺的机动车，实施下列行为之一的，以本罪论处：①买卖、介绍买卖、典当、拍卖、抵押或者用其抵债的；②拆解、拼装或者组装的；③修改发动机号、车辆识别代号的；④更改车身颜色或者车辆外形的；⑤提供或者出售机动车来历凭证、整车合格证、号牌以及有关机动车的其他证明和凭证的；⑥提供或者出售伪造、变造的机动车来历凭证、整车合格证、号牌以及有关机动车的其他证明和凭证的。

行为人实施上述行为，涉及的机动车有下列情形之一的，应认定为"明知"，但有证据证明确属被蒙骗的除外：①没有合法有效的来历凭证；②发动机号、车辆识别代号有明显更改痕迹，没有合法证明；③在非法的机动车交易场所和销售单位购买；④机动车证件手续不全或者明显违反规定；⑤以明显低于市场价格购买机动车。

【共犯】1. 事先通谋，事后为他人窝藏、转移、收购、代为销售或者以其他方法掩饰、隐瞒犯罪所得及其产生的收益，应以所通谋之罪的共犯论处，不再单独评价本罪。

【案例】　　　　　马某、陈某灵等盗窃、隐瞒犯罪所得案[2]

余大贵、马某、陶某等共谋盗窃南松公司仓库中的工艺玻璃珠，其间，余某贵找到王某环提出盗窃得手后将赃物卖给王某环，王某环同意。王某环因现金不足找到陈某灵，告知余某贵一伙盗窃计划，问陈某灵是否要购买，陈某灵表示同意收购。2006年12月30日晚，余某贵将其一伙的行动告知王某环，要王某环准备现金交易。王某环联系陈某灵，要陈某灵于当晚前往潮安县铁铺镇交易。余某贵一伙盗窃得手后（窃得工艺玻璃珠72箱，价值450万元），即告知

---

[1] 陆建红、杨华、曹东方：《〈关于审理掩饰、隐瞒犯罪所得、犯罪所得收益刑事案件适用法律若干问题的解释〉的理解与适用》，载《人民司法》2015年第17期。

[2] 中华人民共和国最高人民法院刑事审判第一、二、三、四、五庭主办：《中国刑事审判指导案例》（第5卷），法律出版社2017年版，第231~233页。

王某环,并将赃物运至与事先王某环约定的铁铺镇。王某环即联系陈某灵,要陈某灵携带4万元赶到该处。王某环从陈某灵处收取4万元,将其中的3万元私下付给余某贵。之后,王某环通过陈某灵等人转卖出部分赃物得款后,再付15万元给余某贵、马某等人,余某贵、马某一伙将赃款瓜分。法院认为,王某环与余某贵事先通谋、事后收购盗窃的赃物,系余某贵一伙盗窃犯罪的共犯。陈某灵明知是他人犯罪所得赃物,仍为非法牟利而予以收购、销售,其行为已构成隐瞒犯罪所得罪。

要点:①王某环与盗窃者事先通谋,事后收购赃物,对盗窃实行起到帮助作用,以盗窃罪共犯论;②陈某灵在盗窃实行犯不知情的情况下,与销赃人事先约定、事后出资收购赃物的行为,因对余某贵等人的盗窃没有起到鼓励、支持作用,故不构成盗窃罪共犯,单独成立隐瞒犯罪所得罪。

2. 明知是赃车而介绍买卖的,以本罪的共犯论处。

【罪数】1. 上游犯罪人掩饰、隐瞒自己犯罪所得及其收益的,仅对其上游犯罪定罪处罚,因为上游犯罪已包含上游犯罪者对自己犯罪所得的占有、处分,对该占有、处分不另行定罪处罚。例如,甲诈骗价值30万元的汽车,销赃得款10万元,成立诈骗罪一罪,不另行处罚其"销赃(车)"行为。但是,对于上游犯罪无法包容的销赃行为,如盗窃毒品后转卖的,不属于事后不可罚行为,应以盗窃罪和贩卖毒品罪数罪并罚。

2. 掩饰、隐瞒犯罪所得、犯罪所得收益,又构成洗钱罪或者窝藏、转移毒赃罪的,从一重罪论处。

十一、拒不执行判决、裁定罪

《刑法》第313条 对人民法院的判决、裁定有能力执行而拒不执行,情节严重的,处三年以下有期徒刑、拘役或者罚金;情节特别严重的,处三年以上七年以下有期徒刑,并处罚金。

单位犯前款罪的,对单位判处罚金,并对其直接负责的主管人员和其他直接责任人员,依照前款的规定处罚。

《刑法》第37条之一第2款 被禁止从事相关职业的人违反人民法院依照前款规定作出的决定的,由公安机关依法给予处罚;情节严重的,依照本法第三百一十三条的规定定罪处罚。

(一)构成要件

【主体】特殊主体,限于被执行人、协助执行义务人、担保人等负有执行义务的人。既可以是自然人,也可以是单位。

【对象】人民法院的判决、裁定。根据全国人大常委会《刑法第313条的解释》(2002),人民法院的判决、裁定,指人民法院依法作出的具有执行内容并已发生法律效力的判决、裁定。人民法院为依法执行支付令、生效的调解书、仲裁裁决、公证债权文书等所作的裁定,属于该条中的"裁定"。根据《拒不执行调解书答复》(2000),判决、裁定不包括人民法院的调解书,因此,拒不执行调解书的,不成立本罪。

【行为·罪量】本罪是典型的不作为犯。对法院的判决、裁定有能力执行而拒不执行,情节严重的,构成本罪。参考《审理拒不执行判决、裁定案解释》(1998,现已失效)第2条,有能力执行,指根据查实的证据证明,负有执行人民法院判决、裁定义务的人有可供执行的财产或者具有履行特定行为义务的能力。也包括具有部分履行能力的情形。

根据全国人大常委会《刑法第313条的解释》(2002),有下列情形之一的,可认定为"有能力执行而拒不执行,情节严重":①被执行人隐藏、转移、故意毁损财产或者无偿转让财产、以明显不合理的低价转让财产,致使判决、裁定无法执行;②担保人或者被执行人隐藏、转移、故意毁损或者转让已向人民法院提供担保的财产，致使判决、裁定无法执行；③协助执行义务人接到人民法院协助执行通知书后，拒不协助执行，致使判决、裁定无法执行；④被执行人、担保人、协助执行义务人与国家机关工作人员通谋，利用国家机关工作人员的职权妨害执行，致使判决、裁定无法执行；⑤其他有能力执行而拒不执行，情节严重的情形。显然，致使判决、裁定无法执行，是情节严重的核心要素。具体指法院的执行机构无法运用法律规定的执行措施，或者虽运用了法律规定的各种执行措施，但仍无法执行的情形。本罪的客体主要是司法秩序和司法权威，故应从影响法院执行工作而非债权人权利实现的角度，理解"判决、裁定无法执行"。

根据《审理拒不执行判决案解释》（2020年修正）第2条，上述立法解释所称"其他有能力执行而拒不执行，情节严重的情形"包括：①具有拒绝报告或者虚假报告财产情况、违反人民法院限制高消费及有关消费令等拒不执行行为，经采取罚款或者拘留等强制措施后仍拒不执行的；②伪造、毁灭有关被执行人履行能力的重要证据，以暴力、威胁、贿买方法阻止他人作证或者指使、贿买、胁迫他人作伪证，妨碍人民法院查明被执行人财产情况，致使判决、裁定无法执行的；③拒不交付法律文书指定交付的财物、票证或者拒不迁出房屋、退出土地，致使判决、裁定无法执行的；④与他人串通，通过虚假诉讼、虚假仲裁、虚假和解等方式妨害执行，致使判决、裁定无法执行的；⑤以暴力、威胁方法阻碍执行人员进入执行现场或者聚众哄闹、冲击执行现场，致使执行工作无法进行的；⑥对执行人员进行侮辱、围攻、扣押、殴打，致使执行工作无法进行的；⑦毁损、抢夺执行案件材料、执行公务车辆和其他执行器械、执行人员服装以及执行公务证件，致使执行工作无法进行的；⑧拒不执行法院判决、裁定，致使债权人遭受重大损失的。此外，有关典型案例指出，下列情形也系"有能力执行而拒不执行，情节严重"：①对生效判决有能力执行而长期拒不执行并因之被司法拘留，并在被拘留后依然拒不执行的；②法院判令执行后，被执行人故意对行踪和居住地进行隐匿，并采取外出躲避的方法有意逃避执行的。

【主观】故意，即明知自己对已生效的判决、裁定有执行义务而拒不执行。

【加重犯】情节特别严重。

（二）适用

【关联罪】本罪与妨害公务罪、袭警罪的区别。本罪妨害的是法院判决、裁定的执行活动，而妨害公务罪妨害的是普通公务活动，袭警罪妨害的是警察的职务行为。此外，在行为方式上，本罪不必以暴力、威胁方式妨害执行，而妨害公务罪通常情况下要求采用暴力、威胁手段，袭警罪更是明确限定使用暴力。据此可知：①行为人以立法解释规定的方式拒不执行判决、裁定的，构成本罪；②执行判决、裁定的义务人聚众哄闹、冲击执行现场，围困、扣押、殴打执行人员，致使执行工作无法进行，或者毁损、抢夺执行案件材料、执行公务车辆和其他执行器械、执行人员服装以及执行公务证件，造成严重后果的，构成妨害公务罪或者袭警罪；其他人帮助暴力、威胁抗拒的，构成妨害公务罪或者袭警罪的共犯；③执行判决、裁定的义务人明显分别有①、②两种行为且都单独达到犯罪程度的，分别定罪，实现数罪并罚。

【罪数】1. 暴力抗拒人民法院执行判决、裁定，杀害、重伤执行人员的，依照《刑法》第232条、第234条第2款的规定，以故意杀人罪或者故意伤害罪定罪处罚。

2. 国家机关工作人员收受贿赂或者滥用职权，与被执行人等通谋利用职务便利妨害执行并导致判决、裁定无法执行，又构成受贿罪、滥用职权罪的，择一重罪论处。

【追诉程序】除公诉途径外，部分案件被执行人可作为被害人向法院提起自诉。根据《审理拒不执行判决案解释》（2020年修正）第3条，申请执行人有证据证明同时具有下列情形，人民法院认为符合《刑事诉讼法》（2018年修正）第210条第3项规定的，以自诉案件立案审理：①负有执行义务的人拒不执行判决、裁定，侵犯了申请执行人的人身、财产权利，应当依法追究刑事责任的；②申请执行人曾经提出控告，而公安机关或者人民检察院对负有执行义务的人不予追究刑事责任的。

十二、非法处置查封、扣押、冻结的财产罪

《刑法》第314条　隐藏、转移、变卖、故意毁损已被司法机关查封、扣押、冻结的财产，情节严重的，处三年以下有期徒刑、拘役或者罚金。

（一）构成要件

【对象】已被司法机关查封、扣押、冻结的财产。查封，指司法机关对需要采取财产保全措施的财物清点后，加贴封条，就地封存或移地封存。扣押，指司法机关将需要采取保全措施的财物就地扣留或送到一定的场所予以扣留。冻结，指司法机关通知有关金融机构，不准被申请人提取或者处分其存款。这里的查封、扣押、冻结，均特指司法机关作出的查封、扣押、冻结，不包括工商、税务、海关等行政执法机关所作的查封、扣押、冻结。

【行为】隐藏、转移、变卖、毁损已被司法机关查封、扣押、冻结的财产。隐藏，指将已被司法机关查封、扣押的财产隐匿或收藏，使司法机关难以发现。转移，指将已被司法机关查封、扣押、冻结的财产从一地移到另一地。变卖，指将已被司法机关查封、扣押的财产予以出卖。毁损，指毁灭、损坏财物或者其他使财物失去或减少价值的行为。

【主观】故意，即明知是被司法机关查封、扣押、冻结的财产而予以非法处置。

【罪量】情节严重。

（二）适用

【关联罪】1. 本罪与拒不执行判决、裁定罪的区别。如果案件尚未进入执行，即非法处置查封、扣押、冻结财产的行为发生在诉讼保全程序中，则以本罪定罪处罚；如果这种行为发生在执行程序中，但行为人并不是负有执行法院判决、裁定义务的人，亦应以本罪论处；如果在执行程序中负有执行义务的人实施上述行为，但不是出于拒不执行法院生效裁判的目的，还应以本罪论处。只有在执行程序中负有执行义务的人实施上述行为，且具有拒不执行法院生效裁判的目的的，才同时触犯本罪与拒不执行判决、裁定罪。鉴于两罪的法定刑相同，而非法处置行为系拒不执行法院裁判的手段，以拒不执行判决、裁定罪论处更为适宜。[1]

2. 本罪与盗窃罪、诈骗罪的区别。本人所有在他人合法占有下的财物，属于盗窃罪、诈骗罪的对象，因此，窃取、骗取司法扣押物的，可构成盗窃罪、诈骗罪。不过，窃取、骗取司法扣押物但不具有非法占有目的（或者无法证实有非法占有目的）的，以本罪论。例如，甲撬开法院大门，将其因未履行民事判决确定的还款义务而被法院扣押的汽车偷偷开走进行藏匿，并给法院打来电话，宣称汽车已被其开走，但拒不交代汽车的下落。对甲以非法处置扣押的财产罪定罪更为适宜。

【案例】**罗某非法处置查封的财产案**[2]

2003年8月，禧鑫公司向杨浦建行贷款950万元，罗某作为公司股东承担连带担保责任。2004年8月，因禧鑫公司未能如期归还贷款，杨浦建行以罗某等人作为被申请人向法院申请支

---

[1] 参见中华人民共和国最高人民法院刑事审判第一、二、三、四、五庭主办：《刑事审判参考》（2006年第4集·总第51集），法律出版社2006年版，第32页。

[2] 中华人民共和国最高人民法院刑事审判第一、二、三、四、五庭主办：《刑事审判参考》（2007年第1集·总第54集），法律出版社2007年版，第42~45页。

付令，要求归还贷款本金及利息，但支付令生效后罗某等人仍未归还。同年10月19日，法院查封了罗某名下的1套房屋产权，期限至2006年10月21日止。罗某在得知房屋被查封的情况后，隐瞒该事实，以138万元的价格将该房出售给郭某。合同约定：乙方于2005年9月6日前付款50万元；甲方于2005年9月10日前办理还款手续和注销抵押登记，办理好上述事项后的5日内双方办理交易手续；甲方未按约定期限交房，乙方有权解除合同，甲方赔偿金额为总价款的20%，退还乙方已支付的房价款。同年8月至9月上旬，罗某先后按约定共收取郭某支付的购房预付款50万元，用于归还其个人欠款和经营活动。后罗某在其妻的帮助下以48万余元冲减禧鑫公司所欠贷款本金，法院遂于2006年5月依申请解除了对前述房屋产权的查封。案发后，罗某与郭某达成协议并还款51万元。检察院以合同诈骗罪起诉。法院认为，罗某构成非法处置查封的财产罪。

裁判要旨：明知房产被依法查封而隐瞒事实将其出卖并收取预付款的，构成非法处置查封的财产罪。

十三、破坏监管秩序罪

《刑法》第315条　依法被关押的罪犯，有下列破坏监管秩序行为之一，情节严重的，处三年以下有期徒刑：

（一）殴打监管人员的；
（二）组织其他被监管人破坏监管秩序的；
（三）聚众闹事，扰乱正常监管秩序的；
（四）殴打、体罚或者指使他人殴打、体罚其他被监管人的。

（一）构成要件

【主体】特殊主体，限于依法被关押的罪犯。罪犯，指被法院宣告有罪判处刑罚，正在被执行剥夺自由刑的犯罪分子，即正在被关押服刑的已决犯。包括在看守所服刑（余刑在1年以下）的罪犯和在监狱服刑的罪犯，不包括已被逮捕关押但尚未被定罪判刑的未决犯（犯罪嫌疑人、刑事被告人），也不包括未被关押的已决犯。

【行为】本罪的行为方式包括：①殴打监管人员；②组织其他被监管人破坏监管秩序；③聚众闹事，扰乱正常监管秩序；④殴打、体罚或者指使他人殴打、体罚其他被监管人。

【罪量】情节严重。

【主观】故意，即明知是破坏监管秩序的行为而有意为之。

（二）适用

【关联罪】本罪与故意伤害罪的区别。本罪对主体和对象均有严格限制，但不以造成轻伤以上结果为要件；故意伤害罪在主体和对象方面没有限制，但一般要求造成轻伤以上结果。狱中犯人殴打监管人员，或者殴打、体罚或指使他人殴打、体罚其他被监管人员，造成轻伤以上结果的，同时触犯故意伤害罪和本罪，应从一重罪论处。

十四、脱逃罪·劫夺被押解人员罪

《刑法》第316条　依法被关押的罪犯、被告人、犯罪嫌疑人脱逃的，处五年以下有期徒刑或者拘役。

劫夺押解途中的罪犯、被告人、犯罪嫌疑人的，处三年以上七年以下有期徒刑；情节严重的，处七年以上有期徒刑。

（一）构成要件

1. 脱逃罪。

【主体】特殊主体，限于依法被关押的罪犯、被告人、犯罪嫌疑人。包括已经拘留、逮捕而尚未判决的未决犯和已被判处拘役以上剥夺自由的刑罚正在监狱等服刑的已决犯。被行政拘留的人，不是罪犯，不属于本罪的主体；被司法机关采取拘传、取保候审、监视居住等强制措施的犯罪嫌疑人、刑事被告人，被判处管制、拘役、有期徒刑宣告缓刑的罪犯以及被假释的罪犯，由于不在被关押的状态，也不能成为本罪的主体。因错捕、错判而被关押的蒙受冤狱者，不属于被"依法"关押，不是本罪的主体。不过，蒙受冤狱者若有组织、策划、教唆他人脱逃的行为，则可成立他人脱逃罪的共犯。

【案例】 **陈某仁等脱逃案**[1]

陈某仁于1994年7月因涉嫌诈骗被逮捕，关押在宿松县看守所。同年12月，同监在押人董某荣提出挖洞逃跑，陈某仁表示同意并主动说可以弄到挖洞的工具。后陈某仁之妻张某前来探视，陈密告张某自己准备逃跑，要张设法将铁锹、钢钎等挖洞工具带进看守所交陈。张某因害怕而未同意。两天后，张某和女儿陈某再次探视陈某仁时，陈再次提出要张送工具来，并称不给送工具就自杀。张某只好答应，并于12月24日将铁锹一把、钢钎一根、电筒、灯泡、蜡烛等物品及500元偷偷带进看守所交给陈某仁。次日，该看守所所在押人在陈某仁的组织下开始轮班日夜挖洞，4日后，陈某仁和该监房其他11名在押人通过此地道全部脱逃。陈某仁脱逃后找到张某，两人在多地躲藏直至1995年3月30日被抓获归案。经查证，陈某仁脱逃前涉及的经济纠纷不构成诈骗罪。一、二审法院均宣告无罪，安徽省高院经再审认为，陈某仁虽然不具备脱逃罪的主体资格，但其积极组织、策划、资助其他人犯共同脱逃，构成脱逃罪的共犯，遂判处陈某仁有期徒刑2年，缓刑3年，陈某免予刑事处分。

裁判要旨：无罪被错捕羁押的人伙同他人共同脱逃，构成脱逃罪（共犯）。

【行为】从关押场所或者押解途中脱逃。关押场所，主要指看守所和监狱。被依法逮捕、关押之后于押解途中脱逃的，也构成本罪。从关押场所或者押解途中逃走的方式多种多样，通常是乘机秘密逃走，也有破门窗、毁戒具或者对看守人员施以暴力或威胁逃跑的。使用何种方式脱逃，一般不影响犯罪的成立。使用暴力脱逃，重伤或者杀害监管人员或者进行其他严重破坏活动的，应按牵连犯的处理原则，择一重罪处断。这里的"使用暴力"，应以未达暴动程度为限。

【主观】故意，通常出于逃避羁押和刑罚执行的目的。如果罪犯因有私事而私自脱离刑罚执行场所，事后又主动回归的，或者经批准回家后，逾期返回监所的，因不具备脱逃的故意和逃避羁押、服刑的目的，不构成本罪。

【既遂·未遂】脱逃行为达到逃避羁押监管程度的，是既遂，通常以脱离看守者的实力性支配为依据。具体表现为已逃离关押场所、摆脱监管人员的控制等。虽逃出关押场所，但未出看守人员直接监视控制范围，即被抓回的；或者虽然挣脱了戒具、逃出了囚车，但当场被押解人员抓住的，应认为尚未摆脱监管人员的直接控制范围，以未遂论。

2. 劫夺被押解人员罪。

【对象】特殊主体，限于押解途中的罪犯、被告人、犯罪嫌疑人。押解途中，指自押出监狱、看守所等关押场所时起至押入监狱、看守所等关押场所时止的全过程。押于法院受审、候审，押至检察院提审的，也属于押解途中。劫夺监狱、看守所等关押场所的罪犯、被告人、犯罪嫌疑人的，不构成本罪。这里的被告人，以刑事被告人为限。

【行为】劫夺押解途中的罪犯、被告人、犯罪嫌疑人。劫夺，指以暴力、胁迫或者其他方

---

[1] 中华人民共和国最高人民法院刑事审判第一庭、第二庭编：《刑事审判案例》，法律出版社2001年版，第520~523页。

法使被押解人脱离押解人员控制的行为。既包括以暴力、胁迫的方法强行夺取、纵放，也包括以麻醉押解人的方法违背押解人的意志使被押解人脱离控制。

【主观】故意。

【加重犯】情节严重。司法实践中，一般指劫夺重刑犯或重大案件的犯罪嫌疑人、被告人，多人进行劫夺或者劫夺多人，造成严重后果等情形。

（二）适用

【定罪】对于无劫夺、纵放被押解人意图，只为纠缠、取闹，拦截被押解人员的，不应认定为劫夺被押解人员罪，但不排除成立妨害公务罪或者袭警罪。

【共犯】依法被关押的罪犯、被告人、犯罪嫌疑人与他人通谋，在押解途中由他人实施劫夺行为的，分别成立脱逃罪和劫夺被押解人员罪，不以劫夺被押解人员罪和脱逃罪的共犯论。

【罪数】行为人使用暴力方法劫夺被押解人员，致押解人员伤亡的，属于想象竞合犯，择一重罪定罪处罚。劫夺被押解人员后为灭口又杀害押解人员的，以劫夺被押解人员罪与故意杀人罪数罪并罚。

十五、组织越狱罪·暴动越狱罪·聚众持械劫狱罪

《刑法》第317条　组织越狱的首要分子和积极参加的，处五年以上有期徒刑；其他参加的，处五年以下有期徒刑或者拘役。

暴动越狱或者聚众持械劫狱的首要分子和积极参加的，处十年以上有期徒刑或者无期徒刑；情节特别严重的，处死刑；其他参加的，处三年以上十年以下有期徒刑。

（一）构成要件

1. 组织越狱罪。

【行为】组织越狱。越狱，指逃离监狱、看守所等国家设立的刑罚执行场所或者关押犯罪嫌疑人、刑事被告人的场所，包括自押解途中逃离。本罪的行为有以下要点：①有组织、有计划性，即在首要分子组织、策划下，在押的犯罪分子进行周密准备和分工，选择一定的方法、手段、时机，从关押场所逃跑。②聚众性，即参加的人数较多，至少3人以上。虽有较为周密的计划，但人数不足3人的，不能认为是组织越狱；较多的人共同逃跑但无组织性的，亦不属于组织越狱。③非暴动性，组织越狱行为不包括有计划地集体使用暴力的方式进行越狱，但不排除使用轻微的暴力或者个别人员非有计划地使用暴力。

【主观】故意，即有组织越狱的故意或者有参加有组织的越狱行动的故意。不明真相趁乱尾随逃跑或者单独逃跑的，不构成本罪，但可构成脱逃罪。

2. 暴动越狱罪。

【行为】暴动越狱。本罪的行为有以下要点：①聚众性，即较多的人共同实行越狱行为。暴动越狱通常具有一定的组织形式，在这个意义上讲，暴动越狱是组织越狱的严重形式。但是暴动越狱不要求必须采取有组织的形式，较多的人临时纠集在一起共同实行暴力越狱行为，亦可构成本罪。②暴动性，即共同采取暴力行动。仅有个别人使用暴力，对于配置武装人员警戒的监所来说，尚不足以构成对其安全的严重威胁，不能称为暴动。③强行越狱，即以共同的暴力行动，排除监管人员的控制，逃离关押场所。

【主观】故意，即具有集体使用暴力手段强行越狱的故意。在一般情况下，行为人不仅自己有暴力强行越狱的故意，还有与其他人共同使用暴力强行越狱的故意。

【加重犯】情节特别严重。在司法实践中，应慎重掌握。一般指暴动越狱造成了极其严重的危害后果，如致多人死伤的；抢夺监所的武器、弹药，占领监所与司法机关对峙的；扣押监管人员作为人质的；犯罪手段特别残忍的；社会影响特别恶劣的；等等。

3. 聚众持械劫狱罪。

【对象】被依法关押于监狱、看守所等国家设立的刑罚执行机构或者羁押场所的罪犯、被告人、犯罪嫌疑人。不包括押解途中的罪犯、被告人、犯罪嫌疑人。

【行为】聚众持械劫狱。本罪的行为有以下要点：①聚众性，即纠集了较多的人。②持械，即持有武器或其他具有杀伤、破坏作用的器械，如刀、匕首、棍棒、铁锹等。③以暴力方式劫夺狱中犯人，如攻占监狱劫走犯人或者冲进监狱夺走犯人。

【主观】故意。

【加重犯】情节特别严重。在司法实践中，应慎重掌握。一般指携带、使用武器、弹药劫狱，造成监管人员伤亡或者监所严重破坏；攻占监管场所，劫走重要案犯；致使大量被关押人员脱逃；等等。

（二）适 用

【关联罪】1. 暴动越狱罪与组织越狱罪的区别。要点是：前罪以共同的暴力行为为要件，而后罪的构成要件排斥共同的暴力行为。如果组织越狱并共同使用了暴力手段，则行为具有暴动性，构成暴动越狱罪。

2. 组织越狱罪与脱逃罪的界限。从广义上讲，组织越狱行为也是一种脱逃行为，但脱逃罪既可以单人实施，又可以数人共同实施，在数人共同实施时，属于普通共同犯罪而非聚众犯罪；组织越狱罪则只能由多人聚众实施，在聚众实施的过程中有明显的首要分子，有明确的分工和一定的组织性。

【案例】 **张某平组织越狱案**[1]

2004年3月20日，羁押于某县公安局看守所10号监房的麻某章提出越狱的想法。同押于10号监房的被告人张某平和麻某星、田某、苏某表示赞同。于是，5人为越狱做准备，先撕床单成布条再搓成绳子，然后，采用搭人梯的办法由麻某章几次爬上天窗用布绳缠住钢筋，扳脱一根钢筋。当天晚饭后，5人一起商量逃跑的时间、路线及顺序，麻某章用笔画了两条逃跑路线图。同月21日凌晨1时左右，5人开始越狱。田某首先把张某平顶上天窗，张某平钻出天窗后，麻某星随后也钻出天窗逃离监房，麻某章、田某、苏某因无法钻出天窗未得逃出。张某平和麻某星在监房外等了一会儿后，不见其他人出来，便逃离看守所。法院以组织越狱罪，判处张某平有期徒刑6年。

反思：本案张某平等人的行为是"脱逃"还是"越狱"，不无商榷余地。在本书看来，未超出同一监舍范围的共谋脱逃，以脱逃罪（共同犯罪）论处更为合适。

【罪数】在暴动越狱或者聚众持械劫狱过程中，致人重伤、死亡的，以暴动越狱罪或者聚众持械劫狱罪论处，故意伤害罪、故意杀人罪不再单独评价。

第三节 妨害国（边）境管理罪

一、偷越国（边）境罪

《刑法》第322条 违反国（边）境管理法规，偷越国（边）境，情节严重的，处一年以下有期徒刑、拘役或者管制，并处罚金；为参加恐怖活动组织、接受恐怖活动培训或者实施恐

---

[1] 湖南省湘西土家族苗族自治州中级人民法院（2004）州刑二初字第5号刑事判决书。本案另涉及抢劫罪，此处只摘取了组织越狱罪相关内容。

怖活动，偷越国（边）境的，处一年以上三年以下有期徒刑，并处罚金。

（一）构成要件

【行为】违反国（边）境管理法规，偷越国（边）境。违反国（边）境管理法规，指违反我国关于出入境管理的法律、法规规定，主要涉及《公民出境入境管理法》《中国公民因私事往来香港地区或者澳门地区的暂行管理办法》《出境入境边防检查条例》等法律、法规的规定。

偷越，指不具备合法出入境资格而出入境，侵犯我国国（边）境管理秩序的行为。根据《办理妨害国边境刑案解释》（2012）第6条，可以表现为：①没有出入境证件出入国（边）境或者逃避接受边防检查的；②使用伪造、变造、无效的出入境证件出入国（边）境的；③使用他人出入境证件出入国（边）境的；④使用以虚假的出入境事由、隐瞒真实身份、冒用他人身份证件等方式骗取的出入境证件出入国（边）境的；⑤采用其他方式非法出入国（边）境的。

【主观】故意。

【罪量】情节严重。具体标准参见《办理妨害国边境刑案解释》（2012）第5条。

【加重犯】《刑法修正案（九）》在本罪中增设了加重犯，为参加恐怖活动组织、接受恐怖活动培训或者实施恐怖活动，偷越国（边）境的，处1年以上3年以下有期徒刑，并处罚金。

（二）适用

【定罪】已持有出入境证件的人员利用我国与其他国家的互免签证政策，通过虚构事实、隐瞒真相等方式掩盖非法出入境目的，骗取出入境边防检查机关核准出入境的，由于违法程度以及对国（边）境秩序的妨害程度，与无证或使用假证偷越国（边）境的情形存在差异，基于罪责刑相适用原则的要求，不能当然适用《办理妨害国边境刑案解释》（2012）第6条第5项"采用其他方式非法出入国（边）境"的规定，以偷越国（边）境罪论处。[1]

【罪数】实施偷越国（边）境犯罪，又实施妨害公务、袭警、妨害传染病防治等行为，构成其他犯罪的，实行数罪并罚。

二、组织他人偷越国（边）境罪

《刑法》第318条 组织他人偷越国（边）境的，处二年以上七年以下有期徒刑，并处罚金；有下列情形之一的，处七年以上有期徒刑或者无期徒刑，并处罚金或者没收财产：

（一）组织他人偷越国（边）境集团的首要分子；
（二）多次组织他人偷越国（边）境或者组织他人偷越国（边）境人数众多的；
（三）造成被组织人重伤、死亡的；
（四）剥夺或者限制被组织人人身自由的；
（五）以暴力、威胁方法抗拒检查的；
（六）违法所得数额巨大的；
（七）有其他特别严重情节的。

犯前款罪，对被组织人有杀害、伤害、强奸、拐卖等犯罪行为，或者对检查人员有杀害、伤害等犯罪行为的，依照数罪并罚的规定处罚。

---

[1] 周加海、喻海松、李振华：《〈关于依法惩治妨害国（边）境管理违法犯罪的意见〉的理解与适用》，载《人民司法》2022年第22期。

(一) 构成要件

【行为】组织他人偷越国（边）境。根据《办理妨害国边境刑案解释》（2012）第1条第1款，指领导、策划、指挥他人偷越国（边）境或者在首要分子指挥下，实施拉拢、引诱、介绍他人偷越国（边）境等行为。对于拉拢、引诱、介绍以外的其他协助行为，一般不宜认定为"组织"。[1] 作为组织行为的"介绍"，指在首要分子指挥下，在偷渡的组织者与偷渡人员之间进行的牵线搭桥的行为。如果"介绍"不是在首要分子指挥下实施的，不是本罪，被介绍人偷越国（边）境行为构成犯罪的，对介绍人以偷越国（边）境罪的共犯论处。

本罪中的"偷越"，与偷越国边境罪之"偷越"基本同义，主要指不具备合法出入境资格而出入境，侵犯我国国（边）境管理秩序的行为。根据《惩治妨害国边境管理罪意见》（2022）第2条第1款第2项，组织依法限定在我国边境地区停留、活动的人员，违反国（边）境管理法规，非法进入我国非边境地区的，也属于组织他人偷越国（边）境行为。值得注意的是，对于边民非法进入非边境地区的情形，前述"意见"将刑事规制的范围限定于组织行为。这意味着边民个人私自进入我国非边境地区的，不能当然以偷越国（边）境犯罪论处。[2]

【主观】故意。

【既遂·未遂】对于包括本罪在内的偷越国（边）境类犯罪的既遂，应明确"边境"在概念上属于地带而非界线，不能机械地以"越过国界线"作为判断标准。具体可分为2种情况：①使用假护照、出入境证件直接从海关通关的，以通过海关验证为既遂，验证过程中因被查获而不予放行的为未遂；②绕过海关偷越的，出境时以越过国界线为既遂，入境时原则上也以越过国界线为既遂，但在国界线附近设有关卡的情况下，应将关卡视为控制点，既遂采取越过控制点标准，虽越过国界但未越过关卡的，属于未遂。

【案例】　　　　　　　　**农某兴组织他人偷越国境案**[3]

农某兴系云南省富宁县村民，因其种植的甘蔗地须找人工除草，于2012年7月16日联系越南人农某报，请农某报帮忙找一些越南人到其家除甘蔗地里的杂草，并承诺包吃包住，每人每天50元工钱。农某报遂告知宋某巴、杨某幸等13名越南人上述情况。后农某兴与农某报商定，由农某报负责组织越南人入境，农某兴负责在广西接应。次日凌晨，农某兴约上表弟农某嵘到位于广西的约定地点等候。19时许，农某报在未办理任何合法有效的出入境证件的情况下，带领宋某巴等13名越南人偷越国境线到达位于广西的约定地点，随后登上由农某兴驾驶的车辆前往云南省富宁县，途中遇上正在巡逻的公安民警，农某兴以及非法入境的14名越南人被当场抓获。农某兴到案后如实供述了上述事实。法院认为，农某兴所组织的14名越南人在偷越国境过程中被查获，属于犯罪未遂，以组织他人偷越国境罪判处农某兴有期徒刑3年，缓刑3年，并处罚金人民币5000元。

裁判要旨：被组织者在偷越国（边）境过程中被抓获的，应认定组织他人偷越国（边）境罪未遂。"偷越国（边）境过程中"应理解为他人已经偷越国境线，但尚未完成偷越行为。

【加重犯】本罪有以下加重事由：①组织他人偷越国（边）境集团的首要分子；②多次组

---

[1] 参见福建省宁德市中级人民法院（2014）宁刑终字第64号刑事判决书。

[2] 参见周加海、喻海松、李振华：《〈关于依法惩治妨害国（边）境管理违法犯罪的意见〉的理解与适用》，载《人民司法》2022年第22期。

[3] 中华人民共和国最高人民法院刑事审判第一、二、三、四、五庭主办：《刑事审判参考》（2013年第4集·总第93集），法律出版社2014年版，第72~76页。

织他人偷越国（边）境或者组织他人偷越国（边）境人数众多；③造成被组织人重伤、死亡；④剥夺或者限制被组织人人身自由；⑤以暴力、威胁方法抗拒检查；⑥违法所得数额巨大；⑦有其他特别严重情节。这里的"多次"，指3次以上；"人数众多"，指组织他人偷越国（边）境人数在10人以上。"违法所得数额巨大"，指违法所得数额在20万元以上。"造成被组织人重伤、死亡"，指在组织偷越国（边）境过程中，由于路途遥远艰难或者交通工具出现故障等原因导致伤亡事故，或者导致被组织人自杀等，不包括故意杀伤被组织者的行为。

（二）适用

【共犯】1. 事前与组织他人偷越国（边）境的犯罪分子通谋，在偷越国（边）境人员出境前或者入境后，提供接驳、容留、藏匿等帮助的，以本罪的共犯论处。[1]

2. 事前与组织他人偷越国（边）境的犯罪分子通谋，为其提供虚假证明、邀请函件以及面签培训等帮助，骗取入境签证等入境证件，为组织他人偷越国（边）境使用的，以本罪的共犯论处。

【罪数】1. 组织他人偷越国（边）境，对被组织人有杀害、伤害、强奸、拐卖等犯罪行为，或者对检查人员有杀害、伤害等犯罪行为的，依照数罪并罚的规定处罚。但符合本罪加重事由的，不实行数罪并罚。如拘禁被组织人的，成立本罪的加重犯，非法拘禁罪不再单独评价。

2. 领导、策划、指挥他人偷越国（边）境，并实施徒步带领行为的，以本罪论处，不另定运送他人偷越国（边）境罪。

三、运送他人偷越国（边）境罪

《刑法》第321条　运送他人偷越国（边）境的，处五年以下有期徒刑、拘役或者管制，并处罚金；有下列情形之一的，处五年以上十年以下有期徒刑，并处罚金：

（一）多次实施运送行为或者运送人数众多的；

（二）所使用的船只、车辆等交通工具不具备必要的安全条件，足以造成严重后果的；

（三）违法所得数额巨大的；

（四）有其他特别严重情节的。

在运送他人偷越国（边）境中造成被运送人重伤、死亡，或者以暴力、威胁方法抗拒检查的，处七年以上有期徒刑，并处罚金。

犯前两款罪，对被运送人有杀害、伤害、强奸、拐卖等犯罪行为，或者对检查人员有杀害、伤害等犯罪行为的，依照数罪并罚的规定处罚。

（一）构成要件

【行为】运送他人偷越国（边）境。运送，指使用车船等交通工具或者徒步将偷越国（边）境的人员接入或者送出国（边）境的行为。

【主观】故意，即明知自己运送他人偷越国（边）境而希望将他人送出或接入国（边）境。是否出于牟利目的，不影响本罪的成立。

【加重犯】本罪有以下加重事由：①多次实施运送行为或者运送人数众多的；②所使用的船只、车辆等交通工具不具备必要的安全条件，足以造成严重后果的；③违法所得数额巨大的；④有其他特别严重情节的。这里的"多次"，指3次以上；"人数众多"，指运送他人偷越国（边）境人数在10人以上。"造成被运送人重伤、死亡"，指在运送他人偷越国（边）境

---

[1] 对于事前未通谋，在组织他人偷越国（边）境的犯罪分子将偷渡人员运入国（边）境后，提供接驳、容留、藏匿等帮助，符合《刑法》第310条规定的，以窝藏、包庇罪论处。

中，因交通工具简陋、破损等不具备必要的安全条件等各种原因，过失发生重伤、死亡事故，或者导致被运送人自伤、自杀等严重后果。

（二）适用

【关联罪】1. 本罪与组织他人偷越国（边）境罪的区别。要点是：①行为不同。前罪处罚运送行为，后罪处罚组织行为。明知他人组织偷越国（边）境，而参与购买、联系、安排船只、汽车等交通工具，提供运输服务，将非法出境人员送至离境口岸、指引路线，甚至是积极对偷渡人员进行英语培训以应付通关的需要，转交与出境人员身份不符的虚假证件，安排食宿、送取机票等的，均是为组织偷越国（边）境提供帮助，但由于主观目的及行为缺乏组织性，成立本罪，而非组织他人偷越国（边）境罪的共犯。②故意内容不同。前罪的行为人具有运送他人偷越国（边）境的故意，后罪的行为人具有组织他人偷越国（边）境的故意。

对于既组织又运送他人偷越国（边）境的，如何定罪，应作具体分析：如果运送他人偷越国（边）境只是组织他人偷越国（边）境的有机组成部分，则以组织他人偷越国（边）境罪定罪处罚；如果两者是互不相关的独立犯罪，则应分别定罪，实行数罪并罚。

2. 本罪与偷越国（边）境罪共犯的界限。根据《惩治妨害国边境管理罪意见》（2022）第4条，明知是偷越国（边）境人员，分段运送其前往国（边）境的，成立本罪，而非偷越国（边）境罪的共犯。因为"此类行为的运送路线虽多在我国境内，未直接运抵国（边）界线，但运送者在明知是偷越国（边）境人员的情况下，仍为其偷越行为提供交通帮助，社会危害与运送他人偷越国（边）境并无实质区别，以偷越国（边）境罪共犯论处，可能难以实现罪责刑相适应"。[1]

【罪数】犯本罪，对被运送人有杀害、伤害、强奸、拐卖等犯罪行为，或者对检查人员有杀害、伤害等犯罪行为的，依照数罪并罚的规定处罚。但符合本罪加重事由的，不实行数罪并罚。如以暴力、威胁方法抗拒检查的，不另定妨害公务罪或者袭警罪。

四、骗取出境证件罪

《刑法》第319条　以劳务输出、经贸往来或者其他名义，弄虚作假，骗取护照、签证等出境证件，为组织他人偷越国（边）境使用的，处三年以下有期徒刑，并处罚金；情节严重的，处三年以上十年以下有期徒刑，并处罚金。

单位犯前款罪的，对单位判处罚金，并对其直接负责的主管人员和其他直接责任人员，依照前款的规定处罚。

（一）构成要件

【对象】护照、签证等出境证件。出境证件，包括护照或者代替护照使用的国际旅行证件，中华人民共和国海员证，中华人民共和国出入境通行证，中华人民共和国旅行证，中国公民往来内地与香港、澳门证件，中国公民往来大陆与台湾地区证件，边境地区出入境通行证，签证、签注，出国（境）证明、名单，以及其他出境时需要查验的资料。

【行为】以劳务输出、经贸往来或者其他名义，弄虚作假骗取出境证件。为组织他人偷越国（边）境，编造出境事由、身份信息或者相关的境外关系证明的，属于"弄虚作假"。

【主观】故意，并具有为组织他人偷越国（边）境使用的目的。不是出于这种目的，而是为单个人偷越国（边）境或者为本人偷越国（边）境骗取出境证件的，不构成本罪。至于组织偷越目的是否实现，不影响本罪的成立。

---

〔1〕　周加海、喻海松、李振华：《〈关于依法惩治妨害国（边）境管理违法犯罪的意见〉的理解与适用》，载《人民司法》2022年第22期。

【加重犯】情节严重。具体标准参见《办理妨害国边境刑案解释》(2012) 第 2 条第 3 款。

(二) 适用

【关联罪】本罪与组织他人偷越国（边）境罪的关系。本罪实质上是"组织他人偷越国（边）境犯罪的帮助行为（或者预备行为），设置专门罪名，旨在堵截社会危害更加严重的组织他人偷越国（边）境犯罪，并更加准确地评价骗证行为的社会危害性，实现罪责刑相适应"。根据《刑法》第 319 条，"为组织他人偷越国（边）境使用"本身就是本罪的构成要件，行为人如不具有组织他人偷越国（边）境的实行行为，不能仅以"为组织他人偷越国（边）境使用"为由，对其以组织他人偷越国（边）境罪的共犯（或者预备犯）论处；否则将实际架空《刑法》关于骗取出境证件罪的专门规定。[1] 组织者骗取出境证件，且已经着手实施组织偷越行为的，才应以组织他人偷越国（边）境罪论处，不另定骗取出境证件罪。

此外，以虚假材料、虚假事实骗取签证后组织他人出境的，因被组织人是用真实有效的出国证件，通过边防检查部门验证后出国，故是否构成组织他人偷越国（边）境罪，存在疑问。部分学者给出否定回答："行为人通过一定程序取得了出境证件后，只有经过相应权威机构的确认，才能宣布为无效证件，不能随意将骗取的签证等视为无效证件。"[2] 但司法实践倾向于肯定立场。根据《办理妨害国边境刑案解释》(2012) 第 8 条，实施组织他人偷越国（边）境犯罪，同时构成骗取出境证件罪的，依照处罚较重的规定定罪处罚。该规定说明，骗取出境证件罪的成立，不能排除后续持该证件出境的刑事违法性。而且，根据《惩治妨害国边境管理罪意见》(2022) 第 2 条第 1 款第 1 项，组织他人通过虚构事实、隐瞒真相等方式掩盖非法出入境目的，骗取出入境边防检查机关核准出入境的，应认定为组织他人偷越国（边）境行为。此规定主要针对"利用我国与其他国家的互免签证政策，组织已持有出入境证件的人员通过虚构事实、隐瞒真相等方式掩盖非法出入境目的，骗取出入境边防检查机关核准出入境"的情形，在前述"意见"的起草者看来，组织他人持证骗取核准出入境，"违反了相关出入境管理规范，与组织无证、假证人员偷越国（边）境一样，妨害了国（边）境管理秩序"。[3] 这也从侧面说明，我国最高司法机关对出入境目的真实性之重视。

【案例】 **顾某均、王某忠组织他人偷越国（边）境案**[4]

2002 年 9 月 30 日，顾某均、王某忠及王某明共同出资注册成立了三盟公司。公司成立后，顾某均、王某忠在明知公司无对外劳务合作经营权和签约权及我国政府与马来西亚无劳务合作关系的情况下，伙同王某明擅自招收和通过他人招收赴马来西亚的出国劳务人员，先后 11 次组织 140 余人以旅游的形式出境赴马来西亚非法务工，收取每人人民币 28 万~35 万元不等的费用，并通过通州市建筑职工中等专业学校为出国劳务人员非法办理了《职业资格证书》和《职业岗位技能证书》，又出高价请他人为劳务人员办理了赴马来西亚的旅游签证和飞机票。法院认为，顾某均等人为谋取非法利益，以办理旅游签证的形式，非法大量招收、组织人员赴马来西亚务工，已构成组织他人偷越国（边）境罪。

【共犯】明知他人实施骗取出境证件犯罪，提供虚假证明、邀请函件以及面签培训等帮助

---

[1] 参见周加海、喻海松、李振华：《〈关于依法惩治妨害国（边）境管理违法犯罪的意见〉的理解与适用》，载《人民司法》2022 年第 22 期。

[2] 张明楷：《刑法学》（下），法律出版社 2021 年版，第 1461 页。

[3] 周加海、喻海松、李振华：《〈关于依法惩治妨害国（边）境管理违法犯罪的意见〉的理解与适用》，载《人民司法》2022 年第 22 期。

[4] 中华人民共和国最高人民法院刑事审判第一、二、三、四、五庭主办：《中国刑事审判指导案例》（第 5 卷），法律出版社 2017 年版，第 253~255 页。

的，以骗取出境证件罪的共犯论处；符合《刑法》第 318 条规定的，以组织他人偷越国（边）境罪定罪处罚。

五、提供伪造、变造的出入境证件罪·出售出入境证件罪

《刑法》第 320 条　为他人提供伪造、变造的护照、签证等出入境证件，或者出售护照、签证等出入境证件的，处五年以下有期徒刑，并处罚金；情节严重的，处五年以上有期徒刑，并处罚金。

（一）构成要件

1. 提供伪造、变造的出入境证件罪。

【对象】伪造、变造的护照、签证等出入境证件。本罪的"出入境证件"，包括骗取出境证件罪中的证件以及其他入境时需要查验的资料。伪造，指无权制作护照、签证等出入境证件的人，非法仿造真的出入境证件、制造假的出入境证件的行为。变造，指直接在真实的出入境证件上采用涂改、擦消、揭换、拼接等方法予以加工、改造的行为。

【行为】为他人提供伪造、变造的出入境证件。他人，指自己以外的人，可能是偷越国（边）境的人，也可能是倒卖出入境证件的人或其他任何人。提供，包括有偿提供和无偿提供。行为人只要向他人提供伪造、变造的护照、签证等出入境证件，即可构成本罪。至于这些出入境证件是否系行为人所伪造、变造，不影响本罪的成立。但是，如果行为人只是伪造、变造出入境证件，而没有向他人提供，则不构成本罪，但不排除构成伪造、变造国家机关证件罪。

【主观】故意，即明知是伪造、变造的出入境证件而提供给他人。是否出于牟利目的，在所不问。

【加重犯】情节严重。具体标准参见《办理妨害国边境刑案解释》（2012）第 3 条第 2 款。

2. 出售出入境证件罪。

【对象】国家有权机关制发的真实的出入境证件。至于证件是否处在有效期内，不影响本罪的成立。

【行为】出售护照、签证等出入境证件。出售即出卖，实践中一般表现为：先收集、购置出入境证件再转卖；负责办理护照和签证的官员利用职权出售护照等出入境证件；将自己的护照、签证、回乡证、返乡证等出入境证件非法出卖等。

【主观】故意。行为人必须明知所售之物为出入境证件。

【加重犯】情节严重。具体标准参见《办理妨害国边境刑案解释》（2012）第 3 条第 2 款。

（二）适用

【关联罪】出售出入境证件罪与买卖国家机关证件罪存在法条竞合关系，前罪为特别规定，出售签证、护照等出入境证件的，成立出售出入境证件罪。

【罪数】1. 伪造、变造出入境证件后，向他人提供的，属于牵连犯，择一重罪即以提供伪造、变造的出入境证件罪论处。

2. 实施组织他人偷越国（边）境犯罪，同时构成出售出入境证件罪或者提供伪造、变造的出入境证件罪的，依照处罚较重的规定定罪处罚。

六、破坏界碑、界桩罪·破坏永久性测量标志罪

《刑法》第 323 条　故意破坏国家边境的界碑、界桩或者永久性测量标志的，处三年以下有期徒刑或者拘役。

1. 破坏界碑、界桩罪。

【对象】界碑、界桩，指我国政府与邻国按照条约规定或者历史上实际形成的管辖范围，在陆地接壤地区埋设的指示边境分界及其走向的标志物。界碑和界桩没有实质区别，只是形状不同。

【行为】破坏国家边境的界碑、界桩。破坏，指砸毁、拆除、挖掉、盗走、移动或者改变原样，使界碑、界桩失去原有的意义和作用的行为。

【主观】故意，即明知是界碑、界桩而破坏。

2. 破坏永久性测量标志罪。

【对象】永久性测量标志，指国家测绘单位在全国各地进行测绘工作所建设的地上、地下或者水上的各种测量标志物。包括各等级的三角点、导线点、军用控制点、重力点、天文点、水准点的木质觇标、钢质觇标和标石标志，地形测量、工程测量和形变测量的各种固定标志等。

【行为】破坏永久性测量标志。

【主观】故意，即明知是永久性测量标志而破坏。

第四节　妨害文物管理罪

一、故意损毁文物罪·故意损毁名胜古迹罪·过失损毁文物罪

《刑法》第 324 条　故意损毁国家保护的珍贵文物或者被确定为全国重点文物保护单位、省级文物保护单位的文物的，处三年以下有期徒刑或者拘役，并处或者单处罚金；情节严重的，处三年以上十年以下有期徒刑，并处罚金。

故意损毁国家保护的名胜古迹，情节严重的，处五年以下有期徒刑或者拘役，并处或者单处罚金。

过失损毁国家保护的珍贵文物或者被确定为全国重点文物保护单位、省级文物保护单位的文物，造成严重后果的，处三年以下有期徒刑或者拘役。

（一）构成要件

1. 故意损毁文物罪。

【对象】本罪的对象分为两类：①可移动的国家保护的珍贵文物，指具有重大历史、科学、艺术价值的文物。根据《文物保护法》第 2 条及其实施条例，珍贵文物包括具有重大历史、科学、艺术价值的纪念物、艺术品、工艺美术品、革命文献资料、手稿、古旧图书资料以及代表性实物等文物。珍贵文物依法被分为一、二、三级。是否属于珍贵文物，由有关部门鉴定确认。此外，具有科学价值的古脊椎动物化石和古人类化石同文物一样受国家保护。②不可移动的珍贵文物，指全国重点文物保护单位和省级文物保护单位的文物。前者是由国务院核定公布后确定的文物保护单位，后者是由省、自治区、直辖市人民政府核定公布确定的文物保护单位。

【行为】损毁文物。损毁，指改变文物的性质、面貌和形状的行为。损毁的方法多种多样，如砸毁、焚烧、挖掘、拆卸、污损等。关于损毁的程度或者范围，《刑法》并无特别限定，可以是完全损毁，也可以是部分损毁。

【主观】故意，即明知是国家保护的珍贵文物等而损毁。

【加重犯】情节严重。具体标准参见《办理妨害文物管理案解释》（2015）第 3 条第 2 款。

2. 故意损毁名胜古迹罪。

【对象】国家保护的名胜古迹，指国家保护的具有重大历史、艺术、科学价值的风景区或

者与名人事迹、历史大事有关，值得后人凭吊的地点、遗址和建筑物。如古墓葬、古遗址、古建筑、古石刻、革命纪念建筑物、风景名胜区等。既包括已被核定、公布为全国重点文物保护单位、省级文物保护单位的名胜古迹，也包括风景名胜区的核心景区以及未被确定为全国重点文物保护单位、省级文物保护单位的古文化遗址、古墓葬、古建筑、石窟寺、石刻、壁画、近代现代重要史迹和代表性建筑等不可移动文物的本体。

【行为】损毁国家保护的名胜古迹。对风景名胜区内的世界自然遗产实施打岩钉等破坏活动，严重破坏自然遗产的自然性、原始性、完整性和稳定性的，属于本罪的损毁行为。[1]

【罪量】情节严重。具体标准参见《办理妨害文物管理案解释》（2015）第4条第2款。

【主观】故意，即明知是国家保护的名胜古迹而损毁。

3. 过失损毁文物罪。

【对象】本罪的对象与故意损毁文物罪相同。既包括国家保护的珍贵文物，也包括被确定为全国重点文物保护单位、省级文物保护单位的文物。

【行为】损毁文物。

【结果】造成严重后果。根据《办理妨害文物管理案解释》（2015）第5条，指造成5件以上三级文物损毁，或者造成二级以上文物损毁，或者致使全国重点文物保护单位、省级文物保护单位的本体严重损毁或灭失。

【主观】过失。

【案例】**靳某过失损毁文物案**[2]

2000年1月15日，靳某驾驶昌河牌白色面包车，无视禁行标志，从故宫午门向南通过天安门城楼中心门洞驶向长安街。当该车行至金水桥北侧桥头时，撞在主桥北端拦挡行人的防护绳上，由于该绳拴在东西侧的汉白玉杆上，致使桥北端东西两侧长度各约4米的汉白玉石柱、石栏板和抱柱石各一块全部倒塌损坏，且断裂成数十块，已无法修复。经鉴定，对全国重点文物保护单位的文物建筑造成了不可弥补的损失。法院认为，被告人靳某应当预见到自己的行为可能发生损毁文物的结果，但其没有预见，造成全国重点文物保护单位的文物损毁，其行为已构成过失损毁文物罪。

（二）适用

【关联罪】1. 故意损毁文物罪与故意毁坏财物罪的区别。要点是对象不同：前罪的对象限于国家保护的珍贵文物或者被确定为全国重点文物保护单位、省级文物保护单位的文物，后罪的对象是一般公私财物。

2. 故意损毁名胜古迹罪与故意损毁文物罪的区别。要点是：①对象不同。前罪的对象是国家保护的名胜古迹，后罪的对象是国家保护的珍贵文物或者被确定为全国重点文物保护单位、省级文物保护单位的文物；②对情节的要求不同。构成前罪，以"情节严重"为要件，构成后罪则无相关罪量要求。

二、非法向外国人出售、赠送珍贵文物罪

《刑法》第325条　违反文物保护法规，将收藏的国家禁止出口的珍贵文物私自出售或者私自赠送给外国人的，处五年以下有期徒刑或者拘役，可以并处罚金。

单位犯前款罪的，对单位判处罚金，并对其直接负责的主管人员和其他直接责任人员，依

---

[1] 参见最高人民法院指导性案例第147号"张永明、毛伟明、张鹭故意损毁名胜古迹案"。
[2] 熊选国、任卫华主编：《刑法罪名适用指南——妨害文物管理罪》，中国人民公安大学出版社2007年版，第39页。

照前款的规定处罚。

【对象】单位或者个人收藏的国家禁止出口的珍贵文物。作为本罪对象的珍贵文物必须位于我国境内。

【行为】本罪的行为包括以下要素：①违反文物保护法规，主要指违反珍贵文物除经国务院批准外运展览外，一律禁止出境的规定。②将国家禁止出口的珍贵文物私自出售、私自赠送给外国人。这里的"私自"，指未经有关部门依法允许；"外国人"，指不具有我国国籍的人。

【主观】故意。

三、倒卖文物罪

《刑法》第 326 条　以牟利为目的，倒卖国家禁止经营的文物，情节严重的，处五年以下有期徒刑或者拘役，并处罚金；情节特别严重的，处五年以上十年以下有期徒刑，并处罚金。

单位犯前款罪的，对单位判处罚金，并对其直接负责的主管人员和其他直接责任人员，依照前款的规定处罚。

（一）构成要件

【对象】国家禁止经营的文物。具体范围由国家文物主管部门核定公布。倒卖不属于国家禁止经营的文物的，不构成本罪。

【行为】倒卖国家禁止经营的文物。倒卖，指为赚取差价而买进卖出的行为。至于是否实际赚取到差价，不影响本罪的成立。根据《办理妨害文物管理案解释》（2015）第 6 条第 1 款，为出售而收购、运输、储存《文物保护法》（2017 年修正）规定的国家禁止买卖的文物的，也属于倒卖行为。

【主观】故意，并以牟利为目的。

【罪量】情节严重。具体标准参见《办理妨害文物管理案解释》（2015）第 6 条第 2 款。

【加重犯】情节特别严重。具体标准参见《办理妨害文物管理案解释》（2015）第 6 条第 3 款。

（二）适用

【关联罪】本罪与掩饰、隐瞒犯罪所得、犯罪所得收益罪的区别。明知文物是犯罪所得而"代为销售"的，以掩饰、隐瞒犯罪所得罪论处；倒卖无法证实来源的文物的，以倒卖文物罪论处。收购犯罪所得的文物倒卖的，应择一重罪定罪处罚。

四、非法出售、私赠文物藏品罪

《刑法》第 327 条　违反文物保护法规，国有博物馆、图书馆等单位将国家保护的文物藏品出售或者私自送给非国有单位或者个人的，对单位判处罚金，并对其直接负责的主管人员和其他直接责任人员，处三年以下有期徒刑或者拘役。

（一）构成要件

【主体】特殊主体，限于国有博物馆、图书馆等单位。

【对象】国有博物馆、图书馆等国有单位收藏的国家保护的文物藏品。本罪的对象必须具备"由国有单位收藏"和"受国家保护"这两个特征。

【行为】违反文物保护法规，将国家保护的文物藏品出售或者私自送给非国有单位或者个人。出售，包括私自出售和经主管部门"允许"出售。《文物保护法》（2017 年修正）禁止将国有且受国家保护的文物藏品出售给非国有单位或者个人，因此，以任何方式将之卖给非国有单位或者个人的，都属于本罪的出售行为。私自送给，指未经国家文化行政管理部门依法批准，国有文物收藏单位擅自将馆藏文物赠送给非国有的单位或者个人。出售、私自送给的对方必须是非国有的单位或者个人。出售、私自送给另一国有单位的，不构成本罪。

【主观】故意。

(二) 适用

【关联罪】1. 本罪与非法向外国人出售、赠送珍贵文物罪的区别。要点是主体和对象不同：本罪的主体限于国有博物馆、图书馆等国有单位，对象限于国有文物藏品；后罪为一般主体，对象为单位或者个人收藏的国家禁止出口的珍贵文物。国有单位把国家保护的国有文物藏品非法出售或者私自赠送给外国的单位或者个人的，同时触犯本罪和非法向外国人出售、赠送珍贵文物罪，择一重罪论处。

2. 本罪与贪污罪的区别。本罪属于纯正的单位犯罪。个人利用职务上的便利，将国有文物藏品私自出售、赠送他人的，涉嫌贪污罪。

五、盗掘古文化遗址、古墓葬罪·盗掘古人类化石、古脊椎动物化石罪

《刑法》第328条　盗掘具有历史、艺术、科学价值的古文化遗址、古墓葬的，处三年以上十年以下有期徒刑，并处罚金；情节较轻的，处三年以下有期徒刑、拘役或者管制，并处罚金；有下列情形之一的，处十年以上有期徒刑或者无期徒刑，并处罚金或者没收财产：

(一) 盗掘确定为全国重点文物保护单位和省级文物保护单位的古文化遗址、古墓葬的；

(二) 盗掘古文化遗址、古墓葬集团的首要分子；

(三) 多次盗掘古文化遗址、古墓葬的；

(四) 盗掘古文化遗址、古墓葬，并盗窃珍贵文物或者造成珍贵文物严重破坏的。

盗掘国家保护的具有科学价值的古人类化石和古脊椎动物化石的，依照前款的规定处罚。

(一) 构成要件

1. 盗掘古文化遗址、古墓葬罪。

【对象】具有历史、艺术、科学价值的古文化遗址、古墓葬。本罪的对象不限于公布为不可移动文物的古文化遗址、古墓葬。盗掘水下古文化遗址、古墓葬的，也可构成本罪。[1] 盗掘其他墓葬、遗址、物品的，不构成本罪。

【行为】盗掘古文化遗址、古墓葬。盗掘，指未经国家文物主管部门批准，私自开挖、掘取。盗掘不限于秘密挖掘，也包括公然哄挖。

【案例】<center>**李某跃盗掘古文化遗址案**[2]</center>

2001年1月12日晚，李某跃携带扁钻、手锤等作案工具，翻围墙进入广元市市中区盘龙镇境内的省级重点文物保护单位观音岩摩崖造像（石窟寺）保护区内，盗凿走该保护区内摩崖造像头像2尊，销赃得款800元。同年2月21日晚，李某跃再次窜入观音岩保护区内，采用同样的方法凿取头像6尊。法院认为，被告人李某跃的行为构成盗掘古文化遗址罪，依法判处有期徒刑10年，并处罚金1万元。

裁判要旨："盗掘"包括"盗凿"崖壁雕像的行为。

【主观】故意，即明知是古文化遗址、古墓葬而盗掘。

【既遂】实施盗掘行为，已损害古文化遗址、古墓葬的历史、艺术、科学价值的，应认定为犯罪既遂。[3] 是否窃取了文物，既不影响本罪的成立，也不影响本罪的既遂。

2. 盗掘古人类化石、古脊椎动物化石罪。

---

[1]《办理妨害文物管理案解释》(2015) 第8条第1款。

[2] 中华人民共和国最高人民法院刑事审判第一、二、三、四、五庭主办：《中国刑事审判指导案例》（第5卷），法律出版社2017年版，第261~263页。

[3]《办理妨害文物管理案解释》(2015) 第8条第2款。

【对象】国家保护的具有科学价值的古人类化石和古脊椎动物化石。

【行为】盗掘古人类化石、古脊椎动物化石。

【主观】故意,即明知是古人类化石、古脊椎动物化石而盗掘。

(二) 适用

【关联罪】1. 盗掘古文化遗址、古墓葬罪与故意损毁文物罪、故意损毁名胜古迹罪的区别。要点是:①对象不同。前罪的对象是古文化遗址、古墓葬,后两罪分别以"珍贵文物或者国家级、省级文物保护单位的文物"和"名胜古迹"为对象。②行为方式不同。前罪限于盗掘的方式,后两罪可涵摄任何方式的损毁。在盗掘古文化遗址、古墓葬的过程中,又损毁珍贵文物名胜古迹的,以盗掘古文化遗址、古墓葬罪定罪处罚。

2. 盗掘古文化遗址、古墓葬罪与盗窃罪的界限。采用破坏性手段盗窃古文化遗址、古墓葬以外的古建筑、石窟寺、石刻、壁画、近代现代重要史迹和代表性建筑等其他不可移动文物的,以盗窃罪追究刑事责任。[1] 窃取他人已挖掘出来的珍贵文物的,也以盗窃罪论处。盗掘古文化遗址、古墓葬并窃取文物的,以盗掘古文化遗址、古墓葬罪一罪论处。

3. 盗掘古人类化石、古脊椎动物化石罪与盗掘古文化遗址、古墓葬罪的区别。要点是对象不同:前罪的对象为国家保护的具有科学价值的古人类化石、古脊椎动物化石,后罪的对象为具有历史、艺术、科学价值的古文化遗址、古墓葬。

六、抢夺、窃取国有档案罪·擅自出卖、转让国有档案罪

《刑法》第329条 抢夺、窃取国家所有的档案的,处五年以下有期徒刑或者拘役。

违反档案法的规定,擅自出卖、转让国家所有的档案,情节严重的,处三年以下有期徒刑或者拘役。

有前两款行为,同时又构成本法规定的其他犯罪的,依照处罚较重的规定定罪处罚。

(一) 构成要件

1. 抢夺、窃取国有档案罪。

【对象】国家所有的档案。档案,指过去和现在的国家机构、社会组织以及个人从事政治、军事、经济、科学文化、宗教等活动直接形成的对国家和社会有保存价值的文字、图表、声像等不同形式的历史记录。国家所有的档案,指具有重要保存价值,国家对其具有所有权及处置权的档案。抢夺、窃取个人所有的档案的,不构成本罪。

【行为】抢夺、窃取国有档案。不能直接套用侵财犯罪的行为类型理解本罪中的抢夺、窃取。本罪中的抢夺,指公然夺取;窃取,指秘密取得。抢劫国有档案的,按照举重以明轻的当然解释规则,可构成抢夺国有档案罪。

【主观】故意,并具有非法占有目的。

2. 擅自出卖、转让国有档案罪。

【对象】国家所有的档案,既包括原件,也包括复制件。

【行为】违反档案法的规定,擅自出卖、转让国有档案。擅自出卖、转让,指不具有档案法要求的正当目的,未履行档案法要求的审批手续,自行出卖、转让。出卖,指收取价金,出让档案。转让,指无偿赠送或者有偿交换。

【主观】故意。

【罪量】情节严重。擅自出卖、转让国有档案,必须情节严重的才构成犯罪。

---

[1] 《办理妨害文物管理案解释》(2015) 第8条第3款。

（二）适用

【罪数】1. 抢夺、窃取的国有档案属于国家秘密，同时触犯非法获取国家秘密罪的，依照处罚较重的规定定罪处罚。

2. 擅自出卖、转让国有档案，又构成其他犯罪的，依照处罚较重的规定定罪处罚。

第五节　危害公共卫生罪

一、妨害传染病防治罪[1]

《刑法》第330条　违反传染病防治法的规定，有下列情形之一，引起甲类传染病以及依法确定采取甲类传染病预防、控制措施的传染病传播或者有传播严重危险的，处三年以下有期徒刑或者拘役；后果特别严重的，处三年以上七年以下有期徒刑：

（一）供水单位供应的饮用水不符合国家规定的卫生标准的；

（二）拒绝按照疾病预防控制机构提出的卫生要求，对传染病病原体污染的污水、污物、场所和物品进行消毒处理的；

（三）准许或者纵容传染病病人、病原携带者和疑似传染病病人从事国务院卫生行政部门规定禁止从事的易使该传染病扩散的工作的；

（四）出售、运输疫区中被传染病病原体污染或者可能被传染病病原体污染的物品，未进行消毒处理的；

（五）拒绝执行县级以上人民政府、疾病预防控制机构依照传染病防治法提出的预防、控制措施的。

单位犯前款罪的，对单位判处罚金，并对其直接负责的主管人员和其他直接责任人员，依照前款的规定处罚。

甲类传染病的范围，依照《中华人民共和国传染病防治法》和国务院有关规定确定。

（一）构成要件

【行为】有法定的违反传染病防治法的行为之一：①供水单位供应的饮用水不符合国家规定的卫生标准；②拒绝按照疾病预防控制机构提出的卫生要求，对传染病病原体污染的污水、污物、场所和物品进行消毒处理；③准许或者纵容传染病病人、病原携带者和疑似传染病病人从事国务院卫生行政部门规定禁止从事的易使该传染病扩散的工作；④出售、运输疫区中被传染病病原体污染或者可能被传染病病原体污染的物品，未进行消毒处理；⑤拒绝执行县级以上人民政府、疾病预防控制机构依照传染病防治法提出的预防、控制措施。

【结果】引起甲类传染病以及依法确定采取甲类传染病预防、控制措施的传染病传播或者有传播严重危险。《刑法修正案（十一）》将本罪的规制范围由"甲类传染病传播"[2]扩展到"依法确定采取甲类传染病预防、控制措施的传染病"。引起传染病传播，指实际造成了传染病传播的后果，使他人感染疫病。有传播严重危险，指虽未实际造成甲类传染病传播后果，但具有造成这种疫病传播重大可能性的情况。

【主观】过失，即应当预见自己违反传染病防治规定的行为，可能发生引起甲类传染病以及依法确定采取甲类传染病预防、控制措施的传染病传播或者有传播严重危险的结果，因疏忽

---

[1]　本罪经《刑法修正案（十一）》修改。
[2]　甲类传染病，目前指鼠疫、霍乱。

大意而没有预见,或者已经预见而轻信能够避免。行为人对违反传染病防治法的行为,可能是故意的,但对其行为可能引起严重危险状态或者传播的实害结果是过失的,不具有故意。

本罪及许多违反行政法规因而导致严重后果而被刑法规定为犯罪的"法定犯",与杀人、强奸、放火、盗窃、抢劫等古老的"自然犯"有一个明显的差别,这就是其反伦理道义的性质不是十分显著,因此,在确定其罪过形式及判断行为人罪过形式时,应与自然犯有所区别。对法定犯不宜普遍运用间接故意的观念,一般来说,行为人对危害结果无恶意或者不具有希望其发生的意志的,就排斥故意。换言之,对本罪罪过形式的确认与判断,只需考虑两点:①从积极角度看,对危害结果的发生具有过失;②从消极角度看,不具有直接故意。由于法定犯反伦理道义的性质没有自然犯显著,所以,在已认识到危害结果可能发生的情况下,根据行为人是轻信还是放任心态,来划分、认定过失、故意,很难得出合理的结论。故意违反传染病防治法,通常属于行政违法行为,只有在该行为造成严重危害结果的场合,才有必要追究刑事责任。造成严重危害结果是由行政违法转为刑事违法的根本要素。所以,应根据行为人对严重结果(而非对违反传染病防治法)的心态,确定本罪的罪过形式。[1]

(二) 适用

【关联罪】1. 本罪与以危险方法危害公共安全罪的界限。本罪行为人通常是违反传染病防治法,过失导致传染病传播的结果或危险,不具有追求传染病传播结果的故意;基于制造恐怖等动机故意传播传染病的,构成以危险方法危害公共安全罪。

2. 本罪与过失以危险方法危害公共安全罪的界限。本罪主要发生于"传染病防控期间",而后罪主要发生于"日常生活"中。这是由两罪的客体差异决定的,本罪侵害的主要是传染病防控管理秩序,后罪侵害的主要是公共安全。[2]

对于拒绝执行防疫措施过失造成传染病传播的行为,《妨害预防、控制传染病疫情刑案解释》(2003)曾以过失以危险方法危害公共安全罪定性,主要是因为修订前的《传染病防治法》并未规定"按甲类管理的传染病",相应地,彼时妨害传染病防治罪的规制范围也仅限于甲类传染病,不包括按甲类管理的乙类传染病。所以,对于过失造成非甲类突发传染病传播的行为,只能以过失以危险方法危害公共安全罪论处。《传染病防治法》于 2004 年进行修订时,在原有传染病类型的基础上增设"按甲类管理的传染病"之规定,《刑法修正案(十一)》更是将"依法确定采取甲类传染病预防、控制措施的传染病"直接纳入刑法的规制范围。至此,在甲类传染病或者按甲类管理的传染病疫情防控期间,拒绝执行防疫措施,过失导致传染病传播或者有传播严重危险的,应认定为妨害传染病防治罪。

二、传染病菌种、毒种扩散罪

《刑法》第 331 条 从事实验、保藏、携带、运输传染病菌种、毒种的人员,违反国务院卫生行政部门的有关规定,造成传染病菌种、毒种扩散,后果严重的,处三年以下有期徒刑或者拘役;后果特别严重的,处三年以上七年以下有期徒刑。

(一) 构成要件

【主体】特殊主体,限于从事实验、保藏、携带、运输传染病菌种、毒种的人员。

【行为·结果】违反国务院卫生行政部门的有关规定,造成传染病菌种、毒种扩散。违反有关规定,指违反关于传染病菌种、毒种的保藏、使用、运输等的各种管理制度。造成传染病

---

[1] 参见蔡荣:《妨害传染病防治罪罪过形式的确定——对传统罪过理论的复归》,载《当代法学》2021 年第 3 期。

[2] 刘宪权、黄楠:《论拒绝执行防疫措施行为的刑法定性》,载《法治研究》2020 年第 2 期。

菌种、毒种扩散,指造成《传染病防治法实施办法》第16条规定的一、二、三类传染病的菌(毒)种之一失去控制,流传到社会。

【案例】　　　　　　　　　**冯某传染病菌种、毒种扩散案**[1]

冯某系某传染病研究所的工作人员,其职责是负责保藏本研究所研究使用的菌种。2000年5月1日,由于种种原因,冯某与其女友约定的旅游计划发生变化,需要提前出发。5月1日中午,女友开始不断催促正在上班的冯某,并提起冯某未得到提拔的事。考虑到自己认真工作也不会被提拔,况且提前离开不会有什么事,冯某提前离岗与女友前去旅游。结果,其负责保藏的乙型脑炎病毒因保藏不善迅速传播,导致周围的办公和居住人员多人感染了"乙脑",其中一名儿童不治身亡。法院认为,冯某的行为构成传染病菌种扩散罪。

【主观】过失。但对国务院卫生行政部门有关规定的违反,往往是明知故犯。

【罪量】后果严重。根据《立案标准(一)》(2008)第50条,指下列情形之一:①导致甲类和按甲类管理的传染病传播的;②导致乙类、丙类传染病流行、暴发的;③造成人员重伤或者死亡的;④严重影响正常的生产、生活秩序的;⑤其他造成严重后果的情形。

【加重犯】后果特别严重。

(二) 适用

【关联罪】1. 本罪与投放危险物质罪的区别。要点是:①主体不同。本罪的主体限于从事实验、保藏、携带、运输传染病菌种、毒种的人员,投放危险物质罪是一般主体。②罪过形式不同。本罪是过失犯,投放危险物质罪是故意犯。

2. 本罪与危险物品肇事罪的区别。要点是主体不同:本罪的主体必须是从事实验、保藏、携带、运输传染病菌种、毒种的人员,危险物品肇事罪的主体无此限制。

三、妨害国境卫生检疫罪

《刑法》第332条　违反国境卫生检疫规定,引起检疫传染病传播或者有传播严重危险的,处三年以下有期徒刑或者拘役,并处或者单处罚金。

单位犯前款罪的,对单位判处罚金,并对其直接负责的主管人员和其他直接责任人员,依照前款的规定处罚。

【行为】违反国境卫生检疫规定,拒绝执行海关依照国境卫生检疫法等法律法规提出的检疫措施的行为。根据《加强卫生检疫意见》(2020),可以表现为:①检疫传染病染疫人或者染疫嫌疑人拒绝执行海关依照国境卫生检疫法等法律法规提出的健康申报、体温监测、医学巡查、流行病学调查、医学排查、采样等卫生检疫措施,或者隔离、留验、就地诊验、转诊等卫生处理措施;②检疫传染病染疫人或者染疫嫌疑人采取不如实填报健康申明卡等方式隐瞒疫情,或者伪造、涂改检疫单、证等方式伪造情节;③知道或者应当知道实施审批管理的微生物、人体组织、生物制品、血液及其制品等特殊物品可能造成检疫传染病传播,未经审批仍逃避检疫,携运、寄递出入境;④出入境交通工具上发现有检疫传染病染疫人或者染疫嫌疑人,交通工具负责人拒绝接受卫生检疫或者拒不接受卫生处理;⑤来自检疫传染病流行国家、地区的出入境交通工具上出现非意外伤害死亡且死因不明的人员,交通工具负责人隐瞒情况;⑥其他拒绝执行海关依照国境卫生检疫法等法律法规提出的检疫措施的行为。

【结果】引起检疫传染病传播或者有传播严重危险。根据《加强卫生检疫意见》(2020),检疫传染病,指鼠疫、霍乱、黄热病等国务院确定和公布的其他检疫传染病。检疫传染病不包括监测传染病,即按照世界卫生组织的要求,由各成员国根据各自的情况确定的传染病。目

---

[1] 参见韩玉胜主编:《刑法学原理与案例教程》,中国人民大学出版社2006年版,第626~627页。

前，我国国家卫生健康委员会确定和公布的监测传染病有流感、骨髓灰质炎、登革热、疟疾、斑疹伤寒、回归热等。引起监测传染病传播或者有严重传播危险的，不构成本罪。

【主观】过失。但对国境卫生检疫规定的违反，常常是明知故犯。

四、非法组织卖血罪·强迫卖血罪

《刑法》第333条 非法组织他人出卖血液的，处五年以下有期徒刑，并处罚金；以暴力、威胁方法强迫他人出卖血液的，处五年以上十年以下有期徒刑，并处罚金。

有前款行为，对他人造成伤害的，依照本法第二百三十四条的规定定罪处罚。

（一）构成要件

1. 非法组织卖血罪。

【行为】非法组织他人出卖血液。即违反《血液制品管理条例》（2016年修订）等规定，擅自策划、动员、拉拢、联络、控制多名供血者抽取体内血液出卖。既包括组织多名供血者向用血单位或者个人出卖，也包括擅自设立血浆采集点，组织多名供血者接受血浆采集。有些组织者往往与血站、医疗单位的人员互相勾结，控制供血来源，敲诈用血者，盘剥、欺压供血者。

【主观】故意。

【既遂】只要为使他人出卖血液而实施了组织行为，即使被组织者尚未出卖血液，也构成犯罪既遂。

2. 强迫卖血罪。

【行为】以暴力、威胁方法强迫他人出卖血液。出卖血液，必须违反他人意志。组织他人自愿卖血的，不构成本罪，但不排除成立非法组织卖血罪。强迫的方式限于暴力、威胁，可对卖血者本人实施，也可对第三人实施。但欺骗他人卖血的，不构成本罪。实施暴力、威胁的同时，许诺给予报酬的，不能排除行为的非法性。

（二）适用

【转化犯】1. 根据《刑法》第333条第2款，非法组织他人卖血，对他人造成伤害的，以故意伤害罪定罪处罚。这主要指，在组织他人卖血活动中超量卖血或者因患疾病不能抽血的人卖血而严重损害健康甚至导致死亡的后果。此种情形实际上另触犯故意伤害罪。对这一规定较合理的理解是，非法组织卖血造成他人重伤、死亡的，转化为较重的故意伤害罪定罪处罚。[1]

2. 根据《刑法》第333条第2款，以暴力、威胁方法强迫他人出卖血液，对他人造成伤害的，以故意伤害罪定罪处罚。这主要指，用暴力、威胁方法强迫患有疾病不能抽血的人出卖血液或者强迫他人超量出卖血液，而对他人身体造成严重伤害。也包括由于使用暴力而直接致他人身体受到严重伤害的情形。对这一规定较合理的理解是，强迫卖血造成他人死亡的，转化为较重的故意伤害罪定罪处罚。[2]

【数罪并罚】组织他人出卖血液过程中，对不服从者又采取暴力、威胁手段强迫卖血的，分别构成非法组织卖血罪和强迫卖血罪，实行数罪并罚。

---

[1] 组织卖血造成他人轻伤的，如果适用《刑法》第333条第2款，以故意伤害罪论处，则处罚可能轻于非法组织卖血罪，有违罪刑均衡原则。

[2] 强迫卖血造成他人轻伤、重伤的，如果适用《刑法》第333条第2款，以故意伤害罪论处，则处罚可能轻于强迫卖血罪，有违罪刑均衡原则。

五、非法采集、供应血液、制作、供应血液制品罪·采集、供应血液、制作、供应血液制品事故罪

《刑法》第334条 非法采集、供应血液或者制作、供应血液制品，不符合国家规定的标准，足以危害人体健康的，处五年以下有期徒刑或者拘役，并处罚金；对人体健康造成严重危害的，处五年以上十年以下有期徒刑，并处罚金；造成特别严重后果的，处十年以上有期徒刑或者无期徒刑，并处罚金或者没收财产。

经国家主管部门批准采集、供应血液或者制作、供应血液制品的部门，不依照规定进行检测或者违背其他操作规定，造成危害他人身体健康后果的，对单位判处罚金，并对其直接负责的主管人员和其他直接责任人员，处五年以下有期徒刑或者拘役。

（一）构成要件

1. 非法采集、供应血液、制作、供应血液制品罪。

【行为·结果】非法采集、供应血液或者制作、供应血液制品，不符合国家规定的标准，足以危害人体健康。血液，包括全血、成分血和特殊血液成分。血液制品，包括各种血浆蛋白制品。非法，指未经国家主管部门批准或者超过批准的业务范围，采集、供应血液或者制作、供应血液制品。根据《办理采供血液等刑案解释》（2008）第2条，具有下列情形之一的，应认定为"不符合国家规定的标准，足以危害人体健康"：①采集、供应的血液含有艾滋病病毒、乙型肝炎病毒、丙型肝炎病毒、梅毒螺旋体等病原微生物；②制作、供应的血液制品含有艾滋病病毒、乙型肝炎病毒、丙型肝炎病毒、梅毒螺旋体等病原微生物，或者将含有上述病原微生物的血液用于制作血液制品；③使用不符合国家规定的药品、诊断试剂、卫生器材，或者重复使用一次性采血器材采集血液，造成传染病传播危险；④违反规定对献血者、供血浆者超量、频繁采集血液、血浆，足以危害人体健康；⑤其他不符合国家有关采集、供应血液或者制作、供应血液制品的规定标准，足以危害人体健康的情形。人体的健康，包括供血者和用血者的健康。

【主观】故意，即明知没有采集、供应血液，制作、供应血液制品的资格，仍从事这方面的活动。由于血液、血液制品的采集、制作、供应要求极为严格，所以，无资格者从事这方面的活动，无法知道也无法保证符合国家标准。行为人是否知道其采供、制供的过程及产品不合格，不影响本罪故意的认定。

【加重犯】本罪有两档加重犯，分别以"对人体健康造成严重危害"和"造成特别严重后果"为要件。具体标准参见《办理采供血液等刑案解释》（2008）第3条和第4条。

2. 采集、供应血液、制作、供应血液制品事故罪。

【主体】特殊主体，限于经国家主管部门批准采集、供应血液或者制作、供应血液制品的部门。根据《办理采供血液等刑案解释》（2008）第7条和第8条，指经国家主管部门批准的采供血机构和血液制品生产经营单位，包括血液中心、中心血站、中心血库、脐带血造血干细胞库和国家卫生行政主管部门根据医学发展需要批准、设置的其他类型血库、单采血浆站。

【行为·结果】不依照规定进行检测或者违背其他操作规定。根据《办理采供血液等刑案解释》（2008）第5条，包括下列情形：①血站未用两个企业生产的试剂对艾滋病病毒抗体、乙型肝炎病毒表面抗原、丙型肝炎病毒抗体、梅毒抗体进行两次检测的；②单采血浆站不依照规定对艾滋病病毒抗体、乙型肝炎病毒表面抗原、丙型肝炎病毒抗体、梅毒抗体进行检测的；③血液制品生产企业在投料生产前未用主管部门批准和检定合格的试剂进行复检的；④血站、单采血浆站和血液制品生产企业使用的诊断试剂没有生产单位名称、生产批准文号或者经检定不合格的；⑤采供血机构在采集检验标本、采集血液和成分血分离时，使用没有生产单位名称、生产批准文号或者超过有效期的一次性注射器等采血器材的;⑥不依照国家规定的标准和要求包装、储存、运输血液、原料血浆的;⑦对国家规定检测项目结果呈阳性的血液未及时按照规定予以清除的;⑧不具备相应资格的医务人员进行采血、检验操作的;⑨对献血者、供血浆者超量、频繁采集血液、血浆的;⑩采供血机构采集血液、血浆前,未对献血者或供血浆者进行身份识别,采集冒名顶替者、健康检查不合格者血液、血浆的;⑪血站擅自采集原料血浆,单采血浆站擅自采集临床用血或者向医疗机构供应原料血浆的;⑫重复使用一次性采血器材的;⑬其他不依照规定进行检测或者违背操作规定的行为。

【结果】危害他人身体健康。根据《办理采供血液等刑案解释》(2008)第6条,包括下列情形:①造成献血者、供血浆者、受血者感染艾滋病病毒、乙型肝炎病毒、丙型肝炎病毒、梅毒螺旋体或者其他经血液传播的病原微生物的;②造成献血者、供血浆者、受血者重度贫血、造血功能障碍或者其他器官组织损伤导致功能障碍等身体严重危害的;③造成其他危害他人身体健康后果。

【主观】过失。学说上认定过失犯罪的套路是:客观上分析行为、结果及其因果关系,主观上认定对危害结果的过失心态。但面对业务过失罪,单纯的主观过失判断基本不存在,司法实务的做法更靠近客观归责,聚焦于客观层面对业务规章、守则等的违反。

(二)适用

【关联罪】采集、供应血液、制作、供应血液制品事故罪与非法采集、供应血液、制作、供应血液制品罪的区别。要点是:①主体不同。前罪的主体为经国家主管部门批准采集、供应血液或者制作、供应血液制品的部门,后罪的主体是无从事血液制品生产经营资格的自然人。②主观不同。前罪为责任事故型过失罪(业务过失罪);后罪为故意罪。③行为和结果不同。前罪表现为违反业务操作规章的行为,并以造成危害他人身体健康的实害结果为要件;后罪的行为人因无资格,也无章可循,故仅以不符合国家标准、足以损害他人健康的危险状态为要件,入罪不要求对他人身体健康造成实际损害。

六、非法采集人类遗传资源、走私人类遗传资源材料罪[1]

《刑法》第334条之一 违反国家有关规定,非法采集我国人类遗传资源或者非法运送、邮寄、携带我国人类遗传资源材料出境,危害公众健康或者社会公共利益,情节严重的,处三年以下有期徒刑、拘役或者管制,并处或者单处罚金;情节特别严重的,处三年以上七年以下有期徒刑,并处罚金。

(一)构成要件

【行为】违反国家有关规定,非法采集我国人类遗传资源或者走私我国人类遗传资源材料出境。国家规定,主要指《生物安全法》《人类遗传资源管理条例》《人类遗传资源管理暂行办法》《重要遗传家系和特定地区人类遗传资源申报登记办法(暂行)》等规定。非法采集,指违反前述国家规定收集我国人类遗传资源。走私,指违反前述国家规定邮寄、运送、携带我国人类遗传资源材料出境。至于我国人类遗传资源材料的来源,在所不问。根据《生物安全法》第85条第8项,人类遗传资源,包括人类遗传资源材料和人类遗传资源信息。人类遗传资源材料,指含有人体基因组、基因等遗传物质的器官、组织、细胞等遗传材料;人类遗传资源信息,指利用人类遗传资源材料产生的数据等信息资料。受本罪保护的人类遗传资源和人类遗传资源材料都限于"我国",对于在我国境内采集非我国种族遗传资源的行为,不宜以本罪论处。

---

[1] 本罪由《刑法修正案(十一)》增设。

【结果】危害公众健康或者社会公共利益。
【主观】故意。出于何种动机,在所不论。
【罪量】情节严重。可从行为方式、危害结果、非法采集或者走私的样本数量等角度,综合评判情节是否严重。
【加重犯】情节特别严重。
(二)适用
【关联罪】走私人类遗传资源材料罪与走私国家禁止进出口的物品罪之间,是法条竞合关系。非法运送、邮寄、携带我国人类遗传资源材料出境,危害公众健康或者社会公共利益,情节严重的,优先适用特别规定,以走私人类遗传资源材料罪论处。

七、医疗事故罪

《刑法》第335条 医务人员由于严重不负责任,造成就诊人死亡或者严重损害就诊人身体健康的,处三年以下有期徒刑或者拘役。

(一)构成要件

【主体】特殊主体,限于医务人员。医务人员,指从事诊疗、护理事务的人员,包括国家、集体医疗单位的医生、护士、药剂人员,以及经主管部门批准开业的个体行医人员。

【行为·结果】严重不负责任,造成就诊人死亡或者严重损害就诊人身体健康。严重不负责任,根据《立案标准(一)》(2008)第56条第2款,可以表现为:①擅离职守;②无正当理由拒绝对危急就诊人实行必要的医疗救治;③未经批准擅自开展试验性医疗;④严重违反查对、复核制度;⑤使用未经批准使用的药品、消毒药剂、医疗器械;⑥严重违反国家法律法规及有明确规定的诊疗技术规范、常规;⑦其他严重不负责任的情形。严重损害就诊人身体健康,指造成就诊人严重残疾、重伤、感染艾滋病、病毒性肝炎等难以治愈的疾病或者其他严重损害就诊人身体健康的后果。

【主观】过失。这种业务上的过失,往往通过严重违反医疗规章制度表现出来。

(二)适用

【定罪】应把本罪与医疗过程中发生的差错、意外及技术事故区别开来。医疗过程中发生差错,虽有严重不负责任之处,但其损害结果轻微,不构成犯罪。医疗过程中发生的意外事故,指在诊疗、护理过程中,由于就诊人病情或体质特殊而发生了医务人员难以预料和防范的不良后果,导致了病人死亡、残疾或功能障碍。这种情形虽有严重后果,但医务人员无严重的违章行为,也不构成犯罪。医疗技术事故,指医务人员因医疗技术水平不高、缺乏经验等造成的事故。这种情形不是因医务人员责任心不强、违反规章制度造成的,同样不构成犯罪。

【案例】 **乔某清被控医疗事故无罪案**[1]

1998年8月18日,靖某荣因异位妊娠住入友谊医院妇产科,次日在连续硬膜外麻醉下行剖腹探查术。案发当日10时50分,患者被送入手术室,麻醉医士乔某清按常规实施硬膜外麻醉,选腰2~3间隙穿刺,回抽无脑脊液和血液后,于11时05分给予1.6%利多卡因加0.2%地卡因试验剂量4毫升,并面罩吸氧。11时07分,患者自述恶心、气短,随后出现抽搐,四肢僵直等征象,该院组织抢救,但因抢救无效患者于9月10日死亡。新疆维吾尔自治区医疗事故技术鉴定委员会鉴定为二级医疗技术事故,鉴定意见等证实乔的麻醉方式、穿刺部位、穿刺操作、麻醉药物及剂量均符合常规操作规程,麻醉药品误注入蛛网膜下腔引起全脊髓麻醉现象是硬膜外麻醉最严重的并发症,院方积极抢救,但限于抢救人员经验不足、技术欠缺和抢救设

---

[1] 新疆维吾尔自治区乌鲁木齐市中级人民法院(2000)乌中刑终字第286号刑事附带民事判决书。

备老化等原因，影响了抢救效果。

法院认为，乔某清是否构成犯罪，关键在于其在施行麻醉手术中有无违反规章制度和诊疗护理常规的行为，以及该行为与造成被害人死亡有无直接的因果关系。现有证据无法认定乔某清属擅自违章上岗，也无错用麻醉药物、麻醉药物使用不当、麻醉操作违反常规等情况；被害人发生严重并发症主要是因为乔某清技术水平不高，其后又由于医院抢救经验不足、抢救设备老化、技术欠缺等原因未能挽回被害人生命，不应以医疗事故罪追究乔某清刑事责任。

八、非法行医罪·非法进行节育手术罪

《刑法》第336条　未取得医生执业资格的人非法行医，情节严重的，处三年以下有期徒刑、拘役或者管制，并处或者单处罚金；严重损害就诊人身体健康的，处三年以上十年以下有期徒刑，并处罚金；造成就诊人死亡的，处十年以上有期徒刑，并处罚金。

未取得医生执业资格的人擅自为他人进行节育复通手术、假节育手术、终止妊娠手术或者摘取宫内节育器，情节严重的，处三年以下有期徒刑、拘役或者管制，并处或者单处罚金；严重损害就诊人身体健康的，处三年以上十年以下有期徒刑，并处罚金；造成就诊人死亡的，处十年以上有期徒刑，并处罚金。

(一) 构成要件

1. 非法行医罪。

【主体】未取得医生执业资格的人。具有医生执业资格的人，不是本罪的主体。《医师法》(2021)第12条规定："医师资格考试成绩合格，取得执业医师资格或者执业助理医师资格，发给医师资格证书。"

【行为】非法行医，即无医生执业资格的人从事行医活动。根据《审理非法行医刑案解释》(2016年修正)第1条，具有下列情形之一的，属于"未取得医生执业资格的人非法行医"：①未取得或者以非法手段取得医师资格从事医疗活动；②被依法吊销医师执业证书期间从事医疗活动；③未取得乡村医生执业证书，从事乡村医疗活动；④家庭接生员实施家庭接生以外的医疗行为。

【主观】故意，即明知无医生执业资格而非法行医。本罪的故意，只需认识到无执业资格而行医的事实，不问行为人是否明知无执业资格行医的非法性质。

【罪量】情节严重。具体标准参见《审理非法行医刑案解释》(2016年修正)第2条。民间一些"土医生"偶尔利用具有一定医疗效果的偏方、秘方为群众治病的，不构成本罪。

【加重犯】本罪有两档加重犯，分别以"严重损害就诊人身体健康"和"造成就诊人死亡"为要件。"严重损害就诊人身体健康"的具体标准参见《审理非法行医刑案解释》(2016年修正)第3条。另根据《审理非法行医刑案解释》(2016年修正)第4条，非法行医行为系造成就诊人死亡的直接、主要原因的，应认定为"造成就诊人死亡"。非法行医行为并非造成就诊人死亡的直接、主要原因的，可不认定为"造成就诊人死亡"，但根据案件情况，可认定为本罪基本犯的罪量要素——情节严重。[1]

【案例】　　　　　　　　　**贺某华非法行医案**[2]

贺某华无行医执业证照行医多年，某日给刘某琼接生时滥用"缩宫素"，致刘宫缩过强引

---

[1] 该规定旨在校正以往司法实践中"非法行医未造成死亡结果，罕见追究刑事责任；造成死亡结果则构成加重犯，处10年以上有期徒刑"的处罚断档现象。

[2] 中华人民共和国最高人民法院刑事审判第一、二、三、四、五庭主办：《刑事审判参考》(2006年第6集·总第53集)，法律出版社2007年版，第50~52页。

发羊水栓塞，导致刘及胎儿死亡。经鉴定，刘某琼及胎儿的死亡与贺某华非法行医有直接关系。法院认为，贺某华无行医执照非法为他人接生，致人死亡，其行为已构成非法行医罪，判处有期徒刑10年，并处罚金1万元。

2. 非法进行节育手术罪。

【主体】未取得医生执业资格的人。

【行为】擅自为他人进行节育复通手术、假节育手术、终止妊娠手术或者摘取宫内节育器。节育复通手术，指对做了计划生育绝育手术的人，重新接通输精管或输卵管，使其恢复生育能力。假节育手术，包括在子宫内上节育器等虚假的节育手术，使其表面上看来不能生育而实际上仍保持生育的能力。终止妊娠手术，指进行药物或者人工流产手术。

【主观】故意。

【罪量】情节严重。具体标准参见《立案标准（一）》（2008）第58条。

【加重犯】本罪有两档加重犯，分别以"严重损害就诊人身体健康"和"造成就诊人死亡"为要件。

（二）适用

【定罪】严格区分刑法意义的非法行医与行政法意义的违规行医。具有执业医师资格，即具有国家认可的医学知识和技术的人，违反有关医政管理规定为他人看病，或者超出执业地点、执业类别、执业范围为他人看病，不同于根本不具备医学知识、未取得执业医师资格的人非法行医。已经具有执业医师资格的人，未向卫生行政部门注册，未领取"医师执业证书"或者"医疗机构执业许可证"就进行行医活动的，只是违反了医师法对医师执业活动的行政管理规定，不构成犯罪；[1] 如果行为人未取得执业医师资格，并具有上述行为，则属于刑法意义的"非法行医"。

【案例】 **周某钧被控非法行医无罪案**[2]

周某钧于1953年获卫生部颁发的医师证书，多年从事医疗活动。1998年底以后，他在家里为街道居民看病（病人主要以老人为主），不收挂号费，只收取药品费用（自带药品、针剂者不收费）。2000年3月1日，王某辉（女，65岁）因咳嗽多日，自带青霉素针剂来到周某钧家里，周某钧为王某辉做完皮试后，按操作规程为王某辉注射了自带的1支80万单位的青霉素针剂。约十几分钟后，周某钧发现王某辉有青霉素过敏反应特征，立即注射了10毫克"地塞米松"针剂（抗过敏用），见情况未好转，又注射了一支"副肾上腺素"针剂（升血压、抗休克用），并立即叫王某辉的女儿杨某群过来，杨某群见状拨打急救电话。后王某辉因呼吸循环衰竭，于当天经抢救无效死亡。经法医鉴定，王某辉因注射青霉素引起过敏性休克而急性死亡。一审、二审均认定周某钧构成非法行医罪。但最高人民法院认为，周某钧具备医师从业资格且多年从事医疗活动，具有一定的医学知识和医疗技术。其在家为街道居民看病，虽未经注册，未取得"医疗机构执业许可证"，但不属于刑法规定的未取得医生执业资格的人。且周某钧给王某辉注射青霉素针，没有违反技术操作规范，王某辉过敏死亡系意外事件，故宣告周某钧无罪。

---

[1] 对于有医师资格者，私下"接活"在宾馆客房之类非医疗场所施行手术致人死亡的案件，因行为人有医师资格，难以认定为非法行医；又因其从接诊到手术都没有经过医疗机构、不在医疗场所，不属于常规医疗行为，难以按照医疗事故处理。作为折中，可考虑以过失致人死亡罪、过失致人重伤罪定罪处罚。

[2] 中华人民共和国最高人民法院刑事审判第一庭、第二庭编：《刑事审判参考》（2004年第1集·总第36集），法律出版社2004年版，第46~49、56页。

裁判要旨：已经取得执业医师资格的人未取得"医师执业证书"或者"医疗机构执业许可证"行医的，不构成非法行医罪。本案的主体认定反映出最高人民法院收缩非法行医罪适用的取向。

另外，2002年6月21日全国人大常委会法制工作委员会就河北省人大常委会法制工作委员会《刑法》第336条非法行医的含义"的法律询问的答复指出："根据《执业医师法》（已废止，现为《医师法》）的规定，高等学校医学专业本科毕业的人，应当在执业医师指导下在医疗单位试用1年，才能参加国家统一考试取得执业医师资格。因此，医科大学本科毕业，分配到医院担任见习医生，在试用期内从事相应的医疗活动，不属于非法行医。"[1]

【关联罪】1. 非法行医罪与医疗事故罪的区别。要点是：①主体不同。前罪的主体无医生执业资格，后罪的主体有医生执业资格。②行为不同。前罪是非法从事诊疗活动，后罪是合法从事诊疗、护理活动但严重不负责任。③主观不同。前罪为故意犯，后罪为过失犯。

【案例】 梁某医疗事故案[2]

梁某系宿州同济医院护士，陶某丽、孙某是同济医院妇科的医生，均系助理医师。2014年5月16日上午，杨某某到宿州同济医院妇科就诊，陶某丽安排助理医师孙某给杨某某做人流手术，在孙某表示可以麻醉时，梁某在明知麻醉药丙泊酚应由受过训练的麻醉师或者加强监护病房的医生给药的情况下，给杨某某静脉推注了丙泊酚注射液，手术结束后杨某某昏迷，经抢救无效死亡。经法医鉴定，杨某某系因在人流手术过程中静脉推注丙泊酚导致呼吸抑制而死亡。一审法院认为，梁某身为同济医院的护士，未取得麻醉师和医生执业资格，在为杨某某做人流手术时注射麻醉药丙泊酚，造成杨某某死亡的严重后果，其行为构成非法行医罪。二审法院则认为，梁某作为宿州同济医院的医务人员，在诊疗护理工作中严重违反法律、法规、规章和诊疗护理规范、常规，造成就诊人杨某某死亡，其行为构成医疗事故罪。

裁判要旨：已取得护士资格而未取得医生执业资格的护士，在医院和医师授权下开展医疗活动的，不属于"未取得医生执业资格的人非法行医"，不构成非法行医罪。

2. 非法进行节育手术罪与非法行医罪的关系。前罪实际上是后罪的特殊类型，具备前罪的构成要件，往往也同时具备后罪的构成要件。两罪的主要区别是：前罪的客体除他人的生命、健康之外，还特别包括计划生育的管理秩序。在现实生活中，多为非法行医过程中兼施节育手术，对此，认定为非法行医罪比较合理。如果行为人非法行医，专门或者主要是施行破坏节育或者堕胎手术，则优先适用特别规定，以非法进行节育手术罪定罪处罚。

【罪数】1. 非法行医罪是职业犯，罪状本身即包含反复、长期从事诊断、治疗、医务护理等活动，所以，未取得医生执业资格者多次非法行医的，仍为非法行医一罪。[3]

2 非法行医，同时构成生产、销售、提供假药罪，生产、销售、提供劣药罪，诈骗罪等其他犯罪的，依照处罚较重的规定定罪处罚。[4]

---

[1] 此项法律询问与答复针对的是"韦某非法行医案"。该案的基本案情为：韦某毕业于白求恩医科大学，尚未取得执业医师资格，分配到北戴河某医院门诊任见习医生，其负责治疗的病人在诊疗过程中死亡。
[2] 中华人民共和国最高人民法院刑事审判第一、二、三、四、五庭主办：《刑事审判参考》（总第117集），法律出版社2019年版，第35~38页。
[3] 我国存在同种数罪不并罚的司法习惯，即使否认非法行医罪的职业犯属性，在罪数处理上，仍能得出相同结论。
[4] 参照《审理非法行医刑案解释》（2016年修正）第5条。

九、非法植入基因编辑、克隆胚胎罪[1]

《刑法》第 336 条之一　将基因编辑、克隆的人类胚胎植入人体或者动物体内，或者将基因编辑、克隆的动物胚胎植入人体内，情节严重的，处三年以下有期徒刑或者拘役，并处罚金；情节特别严重的，处三年以上七年以下有期徒刑，并处罚金。

（一）构成要件

【对象】基因编辑、克隆的人类胚胎或者基因编辑、克隆的动物胚胎。

【行为】非法植入，具体包括 3 种行为方式：①将基因编辑、克隆的人类胚胎植入人体内；②将基因编辑、克隆的人类胚胎植入动物体内；③将基因编辑、克隆的动物胚胎植入人体内。将基因编辑、克隆的动物胚胎植入动物体内的，不构成本罪。植入行为一经完成，即告犯罪既遂，至于胚胎是否存活，在所不问。

【主观】故意。明知是基因编辑、克隆的人类胚胎而植入人体或动物体内，或者明知是基因编辑、克隆的动物胚胎而植入人体内。误以为是基因编辑、克隆的动物胚胎而植入动物体内的，不具有非法植入基因编辑、克隆胚胎的故意，不构成本罪。

【罪量】情节严重。

【加重犯】情节特别严重。

（二）适用

【关联罪】本罪与非法行医罪的界限。《刑法修正案（十一）》施行前，深圳市南山区人民法院曾以非法行医罪对"贺某奎基因编辑婴儿案"的三名被告人定罪处罚，但这其实是处罚必要性指引下的权宜之计。两罪在主体和客观行为等方面存在差异：①从主体来看，本罪是一般主体，具有医生执业资格的人非法植入基因编辑、克隆胚胎的，也构成本罪；非法行医罪是特殊主体，限于未取得医生执业资格的人。②从客观行为来看，本罪处罚的是将基因编辑、克隆的人类胚胎植入人体或者动物体内，或者将基因编辑、克隆的动物胚胎植入人体内的行为；非法行医罪处罚的是无医生执业资格者擅自从事医疗活动的行为。

十、妨害动植物防疫、检疫罪

《刑法》第 337 条　违反有关动植物防疫、检疫的国家规定，引起重大动植物疫情的，或者有引起重大动植物疫情危险，情节严重的，处三年以下有期徒刑或者拘役，并处或者单处罚金。

单位犯前款罪的，对单位判处罚金，并对其直接负责的主管人员和其他直接责任人员，依照前款的规定处罚。

（一）构成要件

【行为·结果】违反国家动植物防疫、检疫规定，引起重大动植物疫情，或者有引起重大动植物疫情危险。本罪的前置法主要有《动物防疫法》《进出境动植物检疫法》《植物检疫条例》《进出境动植物检疫法实施条例》等。重大动植物疫情，指动植物一、二类传染病、寄生虫病的暴发与流行，或者植物危险性病、虫、杂草等的暴发、流行、传播、滋生、蔓延的情形。本罪的结果既可以是重大动植物疫情的实害，也可以是引起重大动植物疫情的具体危险。

【主观】过失。但对国家动植物防疫、检疫规定的违反，常常是明知故犯。

【罪量】情节严重。具体标准参见《立案标准（一）补充规定》(2017) 第 9 条第 2 款。

---

[1] 本罪由《刑法修正案（十一）》增设。

（二）适用

【关联罪】本罪与妨害国境卫生检疫罪的区别。要点是：①检疫的对象不同。本罪为动植物及相关检疫物，后罪为人及其他物品。②危害结果的内容不同。前罪为重大动植物疫情，后罪是检疫传染病。

第六节　破坏环境资源保护罪

党的二十大报告指出，大自然是人类赖以生存发展的基本条件。尊重自然、顺应自然、保护自然，是全面建设社会主义现代化国家的内在要求。必须牢固树立和践行绿水青山就是金山银山的理念，站在人与自然和谐共生的高度谋划发展。

一、污染环境罪[1]

《刑法》第 338 条　违反国家规定，排放、倾倒或者处置有放射性的废物、含传染病病原体的废物、有毒物质或者其他有害物质，严重污染环境的，处三年以下有期徒刑或者拘役，并处或者单处罚金；情节严重的，处三年以上七年以下有期徒刑，并处罚金；有下列情形之一的，处七年以上有期徒刑，并处罚金：

（一）在饮用水水源保护区、自然保护地核心保护区等依法确定的重点保护区域排放、倾倒、处置有放射性的废物、含传染病病原体的废物、有毒物质，情节特别严重的；

（二）向国家确定的重要江河、湖泊水域排放、倾倒、处置有放射性的废物、含传染病病原体的废物、有毒物质，情节特别严重的；

（三）致使大量永久基本农田基本功能丧失或者遭受永久性破坏的；

（四）致使多人重伤、严重疾病，或者致人严重残疾、死亡的。

有前款行为，同时构成其他犯罪的，依照处罚较重的规定定罪处罚。

（一）构成要件

【行为】违反国家规定，排放、倾倒、处置有放射性的废物、含传染病病原体的废物、有毒物质或者其他有害物质。违反国家规定，指违反国家有关保护环境、防治污染的法律规定，不按照指定的地点、方法等排放、倾倒或者处置上述有毒有害物质。行为的场所和方式不限，包括向土地、水体、大气排放、倾倒、处置。《办理环境污染纪要》（2019）指出，认定非法排放、倾倒、处置行为时，应从其行为方式是否违反国家规定或者行业操作规范、污染物是否与外环境接触、是否造成环境污染的危险或者危害等方面进行综合分析判断。对名为运输、贮存、利用，实为排放、倾倒、处置的行为，应认定为非法排放、倾倒、处置，比如，未采取相应防范措施将没有利用价值的危险废物长期贮存、搁置，放任危险废物或者其有毒有害成分大量扬散、流失、泄漏、挥发，污染环境的行为。

根据《办理环境污染案解释》（2023）第 17 条，有毒物质指：①危险废物，即列入国家危险废物名录，或者根据国家规定的危险废物鉴别标准和鉴别方法认定的，具有危险特性的固体废物；②《关于持久性有机污染物的斯德哥尔摩公约》附件所列物质；③重金属含量超过国家或者地方污染物排放标准的污染物；④其他具有毒性，可能污染环境的物质。其他有害物质，指放射性的废物、含传染病病原体的废物、有毒物质之外的污染环境的物质。《办理环境污染案纪要》（2019）指出，实践中，常见的有害物质主要有：工业危险废物以外的其他工业

---

[1] 本罪经《刑法修正案（十一）》修改。

固体废物；未经处理的生活垃圾；有害大气污染物、受控消耗臭氧层物质和有害水污染物；在利用和处置过程中必然产生有毒有害物质的其他物质；国务院生态环境保护主管部门会同国务院卫生主管部门公布的有毒有害污染物名录中的有关物质等。

【结果·罪量】严重污染环境。《刑法修正案（八）》对原重大环境污染事故罪进行修改，以"严重污染环境"取代"人身伤亡或者公私财产损失"，降低了入罪门槛。严重污染环境，根据《办理环境污染案解释》（2023）第1条，包括下列情形：①在饮用水水源保护区、自然保护地核心区等依法确定的重点保护区域排放、倾倒、处置有放射性的废物、含传染病病原体的废物、有毒物质的；②非法排放、倾倒、处置危险废物3吨以上的；③排放、倾倒、处置含铅、汞、镉、铬、砷、铊、锑的污染物，超过国家或者地方污染物排放标准3倍以上的；④排放、倾倒、处置含镍、铜、锌、银、钒、锰、钴的污染物，超过国家或者地方污染物排放标准10倍以上的；⑤通过暗管、渗井、渗坑、裂隙、溶洞、灌注、非紧急情况下开启大气应急排放通道等逃避监管的方式排放、倾倒、处置有放射性的废物、含传染病病原体的废物、有毒物质的；⑥2年内曾因在重污染天气预警期间，违反国家规定，超标排放二氧化硫、氮氧化物等实行排放总量控制的大气污染物受过2次以上行政处罚，又实施此类行为的；⑦重点排污单位、实行排污许可重点管理的单位篡改、伪造自动监测数据或者干扰自动监测设施，排放化学需氧量、氨氮、二氧化硫、氮氧化物等污染物的；⑧2年内曾因违反国家规定，排放、倾倒、处置有放射性的废物、含传染病病原体的废物、有毒物质受过2次以上行政处罚，又实施此类行为的；⑨违法所得或者致使公私财产损失30万元以上的；⑩致使乡镇集中式饮用水水源取水中断12小时以上的；⑪其他严重污染环境的情形。

尽管有观点认为，生态环境才是"严重污染环境"的核心要素，但"就司法的认识来看，环境法益中的人类法益是具象的，对其造成危险的判断较为容易"，[1] 因此，司法解释在设置入罪门槛时，除了描述行为对环境法益的侵害情形外，仍保留了公私财产损失、人身损害等侵犯人类法益的情形。

【主观】故意，对自己违规排放、倾倒或者处置有害物质的行为事实明知，对严重污染环境的危害后果至少持放任态度。根据《办理环境污染案纪要》（2019），判断行为人是否具有本罪故意，应依据其任职情况、职业经历、专业背景、培训经历、本人因同类行为受到行政处罚或者刑事追究情况以及污染物种类、污染方式、资金流向等证据，结合其供述，进行综合分析判断。实践中，具有下列情形之一，犯罪嫌疑人、被告人不能作出合理解释的，可认定其故意实施环境污染犯罪，但有证据证明确系不知情的除外：①企业没有依法通过环境影响评价，或者未依法取得排污许可证，排放污染物，或者已经通过环境影响评价并且防治污染设施验收合格后，擅自更改工艺流程、原辅材料，导致产生新的污染物质的；②不使用验收合格的防治污染设施或者不按规范要求使用的；③防治污染设施发生故障，发现后不及时排除，继续生产放任污染物排放的；④生态环境部门责令限制生产、停产整治或者予以行政处罚后，继续生产放任污染物排放的；⑤将危险废物委托第三方处置，没有尽到查验经营许可的义务，或者委托处置费用明显低于市场价格或者处置成本的；⑥通过暗管、渗井、渗坑、裂隙、溶洞、灌注等逃避监管的方式排放污染物的；⑦通过篡改、伪造监测数据的方式排放污染物的；⑧其他足以认定的情形。

【加重犯】《刑法修正案（十一）》之前，本罪包含基本犯和"后果特别严重"的加重犯；《刑法修正案（十一）》将本罪的法定最高刑由有期徒刑7年提升为15年，设置了两档

---

[1] 时延安、陈冉、敖博：《〈刑法修正案（十一）〉评注与案例》，中国法制出版社2021年版，第469页。

加重犯，分别以"情节严重"和《刑法》第338条第1款第1项至第4项所列情形为要件。《办理环境污染案解释》（2023）第2条列举了"后果特别严重"的多种情形，包括：①在饮用水水源保护区、自然保护地核心保护区等依法确定的重点保护区域排放、倾倒、处置有放射性的废物、含传染病病原体的废物、有毒物质，造成相关区域的生态功能退化或者野生生物资源严重破坏的；②向国家确定的重要江河、湖泊水域排放、倾倒、处置有放射性的废物、含传染病病原体的废物、有毒物质，造成相关水域的生态功能退化或者水生生物资源严重破坏的；③非法排放、倾倒、处置危险废物100吨以上的；④违法所得或者致使公私财产损失100万元以上的；⑤致使县级城区集中式饮用水水源取水中断12小时以上的；⑥致使永久基本农田、公益林地10亩以上，其他农用地20亩以上，其他土地50亩以上基本功能丧失或者遭受永久性破坏的；⑦致使森林或者其他林木死亡50立方米以上，或者幼树死亡2500株以上的；⑧致使疏散、转移群众5000人以上的；⑨致使30人以上中毒的；⑩致使1人以上重伤、严重疾病或者3人以上轻伤的；⑪其他情节严重的情形。

（二）适用

【定罪】针对污染环境罪追究自然人多，追究单位少的司法现状，《办理环境污染案纪要》（2019）明确，为了单位利益，实施环境污染行为，并具有下列情形之一的，应认定为单位犯罪：①经单位决策机构按照决策程序决定的；②经单位实际控制人、主要负责人或者授权的分管负责人决定、同意的；③单位实际控制人、主要负责人或者授权的分管负责人得知单位成员个人实施环境污染犯罪行为，并未加以制止或者及时采取措施，而是予以追认、纵容或者默许的；④使用单位营业执照、合同书、公章、印鉴等对外开展活动，并调用单位车辆、船舶、生产设备、原辅材料等实施环境污染犯罪行为的。

【关联罪】1. 本罪与危险物品肇事罪的区别。要点是：①本罪违反环保法规，可能发生于排放、处理危险废物等有害物质的过程中；危险物品肇事罪违反危险物处置法规，发生在爆炸性、易燃性、放射性、毒害性、腐蚀性物品的生产、管理、使用过程中。②本罪以严重污染环境为要件，危险物品肇事罪以造成人身伤亡结果为要件。

2. 本罪与重大责任事故罪的区别。要点是：①本罪违反环保法规，重大责任事故罪违反安全生产法规。②本罪以严重污染环境为要件，入罪情形不限于造成人身伤亡、重大财产损失等后果；重大责任事故罪以造成人员伤亡、重大财产损失为要件。

【共犯】《办理环境污染案解释》（2023）第8条规定："明知他人无危险废物经营许可证，向其提供或者委托其收集、贮存、利用、处置危险废物，严重污染环境的，以共同犯罪[1]论处。"该规定是鉴于"实践中，一些单位和个人非法排放、倾倒、处置危险废物，以降低生产成本、牟取不法利益。而且，行为人分工明确，相互配合，呈现出明显的产业化迹象，甚至形成了'一条龙'作业。对于此类犯罪，不仅要依法惩治直接污染环境的行为人，更要打源头、追幕后，依法追究危险废物提供者的刑事责任"。[2]

【罪数】《刑法修正案（十一）》新增一款注意规定："有前款行为，同时构成其他犯罪的，依照处罚较重的规定定罪处罚。"实践中，本罪与其他犯罪的竞合情形主要有：①无危险废物经营许可证从事收集、贮存、利用、处置危险废物经营活动，严重污染环境，同时构成触

---

[1] 此种情形可能构成非法经营罪的共同犯罪，故2016年修订司法解释时，取消了"污染环境罪的共同犯罪"之表述。

[2] 周加海、喻海松：《〈关于办理环境污染刑事案件适用法律若干问题的解释〉的理解与适用》，载《人民司法》2017年第4期。

犯污染环境罪与非法经营罪的;[1] ②违反国家规定,排放、倾倒、处置含有毒害性、放射性、传染病病原体等物质的污染物,同时构成污染环境罪、非法处置进口的固体废物罪、投放危险物质罪等的。[2]

二、非法处置进口的固体废物罪·擅自进口固体废物罪

《刑法》第339条　违反国家规定,将境外的固体废物进境倾倒、堆放、处置的,处五年以下有期徒刑或者拘役,并处罚金;造成重大环境污染事故,致使公私财产遭受重大损失或者严重危害人体健康的,处五年以上十年以下有期徒刑,并处罚金;后果特别严重的,处十年以上有期徒刑,并处罚金。

未经国务院有关主管部门许可,擅自进口固体废物用作原料,造成重大环境污染事故,致使公私财产遭受重大损失或者严重危害人体健康的,处五年以下有期徒刑或者拘役,并处罚金;后果特别严重的,处五年以上十年以下有期徒刑,并处罚金。

以原料利用为名,进口不能用作原料的固体废物、液态废物和气态废物的,依照本法第一百五十二条第二款、第三款的规定定罪处罚。

(一) 构成要件

1. 非法处置进口的固体废物罪。

【行为】违反国家规定,将境外的固体废物进境倾倒、堆放、处置。固体废物,指在生产建设、日常生活和其他活动中产生的污染环境的固态、半固态废弃物质。本罪的行为方式限于将境外的固体废物进境倾倒、堆放、处置,实质是将我国领土作为"洋垃圾"的堆放、处理场所。有上述行为即可构成本罪,不必实际发生污染环境的后果。

【主观】故意,即明知是境外的固体废物而非法运入我国境内倾倒、堆放、处置。

【加重犯】本罪有两档加重犯,分别以"造成重大环境污染事故,致使公私财产遭受重大损失或者严重危害人体健康"和"后果特别严重"为要件,具体认定参见《办理环境污染案解释》(2023) 第4条。

2. 擅自进口固体废物罪。

【行为】未经国务院有关主管部门许可,擅自进口固体废物用作原料。对于可用作原料的废物,确有必要进口的,可以进口,但必须严格依法由环境部门颁发"进口废物批准证",并接受国家商检部门、海关和工商部门的管理。未经有关部门许可,不得进口废物作原料,否则,就是擅自进口。限制进口的废物(即可用作原料的废物),指列入《国家限制进口的可用作原料的废物目录》的废物。

【结果】造成重大环境污染事故,致使公私财产遭受重大损失或者严重危害人体健康。造成重大环境污染事故的原因有2种:①主观上希望进口的是可用作原料的废物,但由于上当受骗或者废物品质因运输时间过长而发生变化,实际进口的是不能利用的废物以致污染环境;②实际上进口了可用作原料的废物,由于自己运输、保管、加工不当,以致污染环境。不论是哪种原因造成的重大污染事故,都符合本罪的结果要件。

---

[1] 无危险废物经营许可证,指未取得危险废物经营许可证,或者超出危险废物经营许可证的经营范围。实施前述行为,不具有超标排放污染物、非法倾倒污染物或者其他违法造成环境污染情形的,不宜以非法经营罪论处。

[2] 根据《办理环境污染案纪要》(2019),行为人明知其排放、倾倒、处置的污染含有毒害性、放射性、传染病病原体等危险物质,仍向饮用水水源保护区、饮用水供水单位取水口和出水口、南水北调水库、干渠、涵洞等配套工程、重要渔业水体以及自然保护区核心区等特殊保护区域排放、倾倒、处置,危害公共安全并造成严重后果的,以污染环境罪论处明显不足以罚当其罪,可按较重的投放危险物质罪定罪处罚。

【主观】故意,即明知自己未取得国务院有关主管部门的许可,仍擅自进口固体废物,一般具有以进口废物作为原料使用、加工的目的。

【加重犯】后果特别严重。

(二) 适用

【关联罪】1. 非法处置进口的固体废物罪与走私废物罪的区别。要点是:前罪不必逃避海关监管,处罚的是将固体废物在我国境内倾倒、堆放、处置的行为;后罪逃避海关监管,处罚的是走私行为。行为人走私固体废物,并在我国境内倾倒、堆放、处置的,实行数罪并罚。

2. 擅自进口固体废物罪与非法处置进口的固体废物罪的区别。要点是:前罪具有利用废物作原料的目的,后罪则以将境外的固体废物进境倾倒、堆放、处置为目的。非法处置进口的固体废物实际是一种将我国作为"洋垃圾"堆放、处理场所的行为,比擅自进口固体废物罪的性质更为严重。

三、非法捕捞水产品罪

《刑法》第 340 条　违反保护水产资源法规,在禁渔区、禁渔期或者使用禁用的工具、方法捕捞水产品,情节严重的,处三年以下有期徒刑、拘役、管制或者罚金。

(一) 构成要件

【行为】违反保护水产资源法规,在禁渔区、禁渔期或者使用禁用的工具、方法捕捞水产品。禁渔区,指对某些重要鱼、虾、贝类的产卵场、越冬场和幼体索饵场,划定禁止全部作业或限制作业的一定区域。禁渔期,指对某些经济鱼类幼鱼出现的不同盛期,规定禁止全部作业或限制作业的一定期限。禁用的工具、方法,指不合乎保护鱼类资源要求的捕捞工具、方法,如渔网的网眼超过了国家规定的最小尺寸以及炸鱼、毒鱼、电鱼等禁用的方法。捕捞水产品的行为只要具备在禁渔区、禁渔期或者使用禁用的工具、方法这 4 种情形之一的,即可构成本罪。

【主观】故意,即对处于禁渔区或禁渔期,或者使用的是禁用的工具或方法有认识。出于何种目的,在所不问。

【罪量】情节严重。具体标准参见《办理野生动物资源刑案解释》(2022)第 3 条和《惩治长江非法捕捞意见》(2020)第 2 条第 1 款。在长江流域重点水域非法捕捞水产品的,入罪标准低于其他非法捕捞情形。

【案例】　　　　　　**耿某全非法捕捞水产品案**[1]

2013 年 6 月 24 日 16 时许,耿某全在长江禁渔期内,到江阴市利港新河闸口西侧长江堤岸边,使用电瓶、海兜、逆变器等国家禁止的电鱼工具进行捕鱼,共捕得长江小川条、鲫鱼等水产品合计 1 公斤,价值人民币 44 元,被江阴市渔政管理站工作人员当场查获。法院认定,耿某全构成非法捕捞水产品罪。

裁判要旨:应先从数量,再从时间、地点、工具、方法这四种情形认定是否符合司法解释中非法捕捞水产品罪的追诉标准。对于"时间+工具或者方法"(禁渔期+禁用工具或者禁用方法)、"地点+工具或者方法"(禁渔区+禁用工具或者禁用方法)这两种情形,即使数量均未达到情节严重的认定标准,也应认定为情节严重,而对于"禁渔区+禁渔期""禁用工具+禁用方法"这两种情形,原则上不应直接认定为情节严重,但如果使用的禁用工具和禁用方法破坏性极大,给水产资源造成或者足以造成严重影响的,可以适用兜底条款认定为情节严重。

---

[1] 中华人民共和国最高人民法院刑事审判第一、二、三、四、五庭主办:《刑事审判参考》(2014 年第 1 集·总第 96 集),法律出版社 2014 年版,第 100~104 页。

(二) 适用

【定罪】经省级以上人民政府渔业行政主管部门批准，因科学研究等特殊需要，在禁渔区、禁渔期捕捞，或者使用禁用的渔具、捕捞方法，或者捕捞重点保护的渔业资源品种的。属于符合《渔业法实施细则》规定的合法行为，不构成本罪。

四、危害珍贵、濒危野生动物罪·非法狩猎罪·非法猎捕、收购、运输、出售陆生野生动物罪

《刑法》第 341 条　非法猎捕、杀害国家重点保护的珍贵、濒危野生动物的，或者非法收购、运输、出售国家重点保护的珍贵、濒危野生动物及其制品的，处五年以下有期徒刑或者拘役，并处罚金；情节严重的，处五年以上十年以下有期徒刑，并处罚金；情节特别严重的，处十年以上有期徒刑，并处罚金或者没收财产。

违反狩猎法规，在禁猎区、禁猎期或者使用禁用的工具、方法进行狩猎，破坏野生动物资源，情节严重的，处三年以下有期徒刑、拘役、管制或者罚金。

违反野生动物保护管理法规，以食用为目的非法猎捕、收购、运输、出售第一款规定以外的在野外环境自然生长繁殖的陆生野生动物，情节严重的，依照前款的规定处罚。

(一) 构成要件

1. 危害珍贵、濒危野生动物罪〔1〕。

【行为·对象】危害珍贵、濒危野生动物的方式包括两大类：

(1) 非法猎捕、杀害国家重点保护的珍贵、濒危野生动物。根据《办理野生动物资源刑案解释》(2022) 第 4 条，国家重点保护的珍贵、濒危野生动物包括：①列入《国家重点保护野生动物名录》的野生动物；②经国务院野生动物保护主管部门核准按照国家重点保护的野生动物管理的野生动物。但最高人民法院在《郑喜和案批复》(2011) 中指出，人工繁殖的国家林业局规定可进行商业性经营利用的梅花鹿等 54 种陆生野生动物，不属于《刑法》第 341 条第 1 款规定的犯罪对象。其后，最高人民法院研究室《人工驯养动物复函》(2016) 明确，由于驯养繁殖技术的成熟，对有的珍贵、濒危野生动物的驯养繁殖、商业利用在某些地区已成规模，有关野生动物的数量极大增加，收购、运输、出售这些人工驯养繁殖的野生动物实际已无社会危害性。《办理野生动物资源刑案解释》(2022) 第 13 条强调，在认定是否构成犯罪以及裁量刑罚时，应考虑涉案动物是否系人工繁育、物种的濒危程度、野外存活状况、人工繁育情况、是否列入国务院野生动物保护主管部门制定的人工繁育国家重点保护野生动物名录等情节，综合评估社会危害性，确保罪责刑相适应。目前，涉案动物系人工繁育，具有下列情形之一的，一般不作为犯罪处理；需要追究刑事责任的，应依法从宽处理：①列入人工繁育国家重点保护野生动物名录的；②人工繁育技术成熟、已成规模，作为宠物买卖、运输的。事实上，本罪是法定犯，对行为对象的掌握离不开前置法规定。《野生动物保护法》(2022 年修订) 第 29 条第 2 款规定，根据有关野外种群保护情况，可以对有关人工繁育技术成熟稳定野生动物的人工种群，不再列入国家重点保护野生动物名录，实行与野外种群不同的管理措施。2021 年更新的《国家重点保护野生动物名录》在梅花鹿、马鹿、平胸龟等物种后标注"仅限野生种群"。本书认为，人工驯养繁育的上述物种，可不再认定为本罪的对象。

非法猎捕、杀害，指违反野生动物保护法规进行猎捕、杀害。根据《野生动物保护法》

---

〔1〕《罪名补充规定（七）》(2021) 取消了非法猎捕、杀害珍贵、濒危野生动物罪和非法收购、运输、出售珍贵、濒危野生动物、珍贵、濒危野生动物制品罪的罪名，将《刑法》第 341 条第 1 款的罪名确定为危害珍贵、濒危野生动物罪。

(2022 年修订) 第 21 条、第 23 条，禁止猎捕和杀害国家重点保护野生动物。因科学研究、种群调控、疫源疫病监测或者其他特殊情况，需要猎捕国家一级保护野生动物的，应向国务院野生动物保护主管部门申请特许猎捕证；需要猎捕国家二级保护野生动物的，应向省、自治区、直辖市人民政府野生动物保护主管部门申请特许猎捕证。猎捕者应当严格按照特许猎捕证、狩猎证规定的种类、数量或者限额、地点、工具、方法和期限进行猎捕。违反上述规定的猎捕、杀害珍贵、濒危野生动物的，均属非法。行为人有非法猎捕、杀害行为之一的，即可构成本罪。

（2）非法收购、运输、出售国家重点保护的珍贵、濒危野生动物及其制品。珍贵、濒危野生动物制品，包括《野生动物保护法》实施前已有的制品。

非法收购、运输、出售，指违反野生动物保护法规，未经有关部门批准，擅自收购、运输、出售国家重点保护的珍贵、濒危野生动物及其制品。收购，包括以营利、自用等为目的的购买行为。[1] 运输，包括采用携带、邮寄、利用他人、使用交通工具等方法进行运送的行为。出售，包括出卖和以营利为目的的加工利用行为。

【主观】故意，即明知是珍贵、濒危野生动物而猎捕、杀害，或者明知是珍贵、濒危野生动物及其制品而收购、运输、出售。由于缺乏必要的认识，误捕、误杀、误收、误售、误运的，不构成本罪。

【加重犯】本罪有两档加重犯，分别以"情节严重"和"情节特别严重"为要件。具体标准参见《办理野生动物资源刑案解释》（2022）第 6 条。

2. 非法狩猎罪。

【行为·结果】违反狩猎法规，在禁猎区、禁猎期或者使用禁用的工具、方法进行狩猎，破坏野生动物资源。禁猎区，指国家有关部门划定禁止捕猎的区域。禁猎期，指国家有关部门根据野生动物的繁殖和皮毛、肉食成熟季节而规定的禁止捕猎的期限。禁用的工具、方法，指能够破坏野生动物资源、危及人畜安全的工具、方法，如地弓、地枪、炸药、毒药，以及火攻、烟熏等方法。野生动物资源，不限于珍贵、濒危野生动物，根据《野生动物保护法》（2022 年修订）第 2 条第 2 款，包括珍贵、濒危的陆生、水生野生动物资源和有重要生态、科学、社会价值的陆生野生动物资源。

【主观】故意。至于是否以营利为目的，不影响本罪的成立。

【罪量】情节严重。具体标准参见《办理野生动物资源刑案解释》（2022）第 7 条。

3. 非法猎捕、收购、运输、出售陆生野生动物罪[2]。

【对象】珍稀、濒危野生动物之外的、在野外环境自然生长繁殖的陆生野生动物。人工繁育的陆生野生动物，不是本罪的对象。

【行为】非法猎捕、收购、运输、出售。以食用为目的"杀害"上述陆生野生动物，可被评价为"猎捕"或者属于"收购""运输""出售"的附随行为的，也构成本罪，依具体行为方式确定罪名。对本罪实行行为的理解，应与危害珍贵、濒危野生动物罪中的猎捕、收购、运输、出售基本一致。[3]

---

[1] 根据《刑法第 341、312 条的解释》（2014），知道或者应当知道是国家重点保护的珍贵、濒危野生动物及其制品，为食用或者其他目的而非法购买的，属于非法收购行为。

[2] 本罪由《刑法修正案（十一）》增设。

[3] 李晓明、麻爱琴：《非法猎捕、收购、运输、出售陆生野生动物罪的教义学分析》，载《苏州大学学报（哲学社会科学版）》2022 年第 3 期。

【主观】故意，并以食用为目的。《刑法修正案（十一）》增设本罪，主要是为了防范重大公共卫生风险。[1] 食用"野味"的陋习，可能导致野生动物疫病传播到人类。禁止以食用为目的的野生陆生动物交易，还可以加强对野生陆生动物的保护。以食用为目的，既可以是以本人食用为目的，也可以是以供他人使用为目的。不以食用为目的的猎捕、交易、运输行为，不成立本罪，但不排除成立非法狩猎罪。

根据《办理野生动物资源刑案解释》（2022）第11条，对于"以食用为目的"，应综合涉案动物及其制品的特征，被查获的地点，加工、包装情况，以及可以证明来源、用途的标识、证明等证据作出认定。具有下列情形之一的，可认定为"以食用为目的"：①将相关野生动物及其制品在餐饮单位、饮食摊点、超市等场所作为食品销售或者运往上述场所的；②通过包装、说明书、广告等介绍相关野生动物及其制品的食用价值或者方法的；③其他足以认定以食用为目的的情形。

【罪量】情节严重。具体标准参见《办理野生动物资源刑案解释》（2022）第8条。

（二）适用

【关联罪】1. 危害珍贵、濒危野生动物罪与非法捕捞水产品罪的区别。要点是对象不同：前罪的对象限于珍贵、濒危野生动物，其中包括珍贵、濒危的水生动物；后罪的对象为一般的水产品。明知是珍贵、濒危的水生野生动物而捕捞或者杀害的，应以前罪论处。在非法捕捞水产品过程中，误捕、误杀珍贵、濒危的水生野生动物的，不构成前罪，可作为非法捕捞水产品罪的情节予以考虑。

2. 危害珍贵、濒危野生动物罪与非法猎捕、收购、运输、出售陆生野生动物罪的区别。要点是：①对象不同。前罪的对象为珍贵、濒危野生动物，既可以是陆生，也可以是水生；后罪的对象不包括珍稀、濒危野生动物，且限于野外环境自然生长繁殖的陆生野生动物。②目的不同。前罪对目的没有限制性规定，后罪则必须以食用为目的。

【罪数】1. 明知是陆生野生动物而非法猎捕，同时触犯非法狩猎罪的，以非法猎捕陆生野生动物罪定罪处罚。

2 使用爆炸、投毒、设置电网等危险方法破坏野生动物资源，构成危害珍贵、濒危野生动物罪、非法狩猎罪或者非法猎捕陆生野生动物罪，同时构成《刑法》第114条或者第115条规定之罪（放火罪、爆炸罪、投放危险物质罪）的，依照处罚较重的规定定罪处罚。

3. 实施《刑法》第341条规定的犯罪，又以暴力、威胁方法抗拒查处，构成其他犯罪的，依照数罪并罚的规定处理。

五、非法占用农用地罪

《刑法》第342条　违反土地管理法规，非法占用耕地、林地等农用地，改变被占用土地用途，数量较大，造成耕地、林地等农用地大量毁坏的，处五年以下有期徒刑或者拘役，并处或者单处罚金。

【对象】农用地。根据《土地管理法》（2019年修正）第4条第3款，农用地指直接用于农业生产的土地，包括耕地、林地、草地、农田水利用地、养殖水面等。

【行为】违反土地管理法规，非法占用耕地、林地等农用地，改变被占用土地用途。本罪的行为包括以下要素：①违反土地管理法规。根据《刑法第228、342、410条的解释》（2009

---

[1] 参见李宁：《关于〈中华人民共和国刑法修正案（十一）（草案）〉的说明——2022年6月28日在第十三届全国人民代表大会常务委员会第二十次会议上》，载《中华人民共和国全国人民代表大会常务委员会公报》2021年第1期。

年修正），违反土地管理法规，指违反土地管理法、森林法、草原法等法律以及有关行政法规中关于土地管理的规定。②非法占用农用地，指违反土地利用总体规划或计划，未经批准或者采取欺骗手段骗取批准，占用农用地。超过批准使用农用地数量占用农用地的，多占的部分也属于非法占用。③改变被占用土地用途。不仅包括非法将农用地改为建设用地等非农用地，还包括农用地之间非法改变用途的行为。

【结果】造成耕地、林地等农用地毁坏。由于农用地包括不同类型，故需根据农用地的具体类型判断行为是否造成农用地毁坏：①耕地。造成耕地种植条件严重毁坏或者严重污染；②林地。造成林地的原有植被或者林业种植条件严重毁坏或者严重污染；③草原。造成草原的原有植被严重毁坏、严重污染、沙化或者水土严重流失。

【主观】故意，即明知是农用地而非法占用。

【罪量】非法占用农用地，必须同时具备"数量较大"和"造成农用地大量毁坏"两个要件，才能构成本罪。具体标准参见《立案标准（一）》（2008）第67条。

【案例】 **刘某非法占用农用地案**[1]

2016年3月，刘某经人介绍以人民币1000万元的价格与北京春杰种植专业合作社（以下简称合作社）的法定代表人池某商定，受让合作社位于延庆区延庆镇广积屯村东北蔬菜大棚377亩集体土地使用权。同年4月15日，刘某指使其司机刘某岐与池某签订转让意向书，约定将合作社土地使用权及地上物转让给刘某岐。同年10月21日，合作社的法定代表人变更为刘某岐。其间，刘某未经国土资源部门批准，以合作社的名义组织人员对蔬菜大棚园区进行非农建设改造，并将园区命名为"紫薇庄园"。截至2016年9月28日，刘某先后组织人员在园区内建设鱼池、假山、规划外道路等设施，同时将原有蔬菜大棚加高、改装钢架，并将其一分为二，在其中各建房间，每个大棚门口铺设透水砖路面，外垒花墙。截至案发，刘某组织人员共建设"大棚房"260余套，并对外出租。经测绘鉴定，该项目占用耕地28.75亩，其中含永久基本农田22.84亩，造成耕地种植条件被破坏。

要旨：违反土地管理法规，在耕地上建设"大棚房""生态园""休闲农庄"等，非法占用耕地数量较大，造成耕地大量毁坏的，以非法占用农用地罪追究实际建设者、经营者的刑事责任。

六、破坏自然保护地罪[2]

《刑法》第342条之一 违反自然保护地管理法规，在国家公园、国家级自然保护区进行开垦、开发活动或者修建建筑物，造成严重后果或者有其他恶劣情节的，处五年以下有期徒刑或者拘役，并处或者单处罚金。

有前款行为，同时构成其他犯罪的，依照处罚较重的规定定罪处罚。

【行为】违反自然保护地管理法规，破坏国家公园、国家级自然保护区。由于现阶段我国尚无针对国家公园的专门立法，作为本罪前置法的"自然保护地管理法规"，主要指《自然保护区条例》。破坏自然公园或者地方级自然保护区的，不是本罪。

破坏的方式包括3种：①开垦，一般表现为改变原土地生态状态后，变为农田等进行农业生产，种植粮食作物、经济作物等。②进行开发活动，涵盖的范围较广，可能是从事生产经营活动，也可能是进行科学研究、科学实验活动，常见的情形包括修路、采伐林木、挖土、采矿、采砂石、捕猎、捕捞等。③修建建筑物，指修建房屋，或者修建不具备、不包含或不提供

---

[1] 最高人民检察院指导性案例第60号。
[2] 本罪由《刑法修正案（十一）》增设。

人类居住功能的构筑物，如水塔、水池、过滤地、澄清池、沼气池等[1]。

【结果·罪量】破坏自然保护地，造成严重后果或者有其他恶劣情节的，方可成立本罪。

【罪数】破坏自然保护地，同时构成其他犯罪的，依照处罚较重的规定定罪处罚。

七、非法采矿罪·破坏性采矿罪

《刑法》第343条　违反矿产资源法的规定，未取得采矿许可证擅自采矿，擅自进入国家规划矿区、对国民经济具有重要价值的矿区和他人矿区范围采矿，或者擅自开采国家规定实行保护性开采的特定矿种，情节严重的，处三年以下有期徒刑、拘役或者管制，并处或者单处罚金；情节特别严重的，处三年以上七年以下有期徒刑，并处罚金。

违反矿产资源法的规定，采取破坏性的开采方法开采矿产资源，造成矿产资源严重破坏的，处五年以下有期徒刑或者拘役，并处罚金。

（一）构成要件

1. 非法采矿罪。

【行为】违反《矿产资源法》《水法》等法律、行政法规有关矿产资源开发、利用、保护和管理的规定，有下列行为之一的：

（1）未取得采矿许可证擅自采矿。根据《办理采矿刑案解释》（2016）第2条，"未取得采矿许可证"包括：①无许可证的；②许可证被注销、吊销、撤销的；③超越许可证规定的矿区范围或者开采范围的；④超出许可证规定的矿种的（共生、伴生矿种除外）；⑤其他未取得许可证的情形。

【案例】**奇台县某服务部、林某斌非法采矿案**[2]

2008年，林某斌收购奇台县某服务部，该服务部名下有青河县喀腊马依勒金矿探矿许可证，林某斌一直在申请办理探矿权的延续手续，但未办理采矿许可证。2015年至2017年，林某斌雇佣杨某启在矿区进行打钻作业，青河县某爆公司进行爆破作业，董某强及其他工人将爆破、破碎后的矿石加工提炼成合质金。林某斌将非法开采、提炼的合质金出售给河南洛阳某黄金冶炼公司，销售金额共计15 309 083.64元。其间，新疆维吾尔自治区青河县国土资源局于2015年5月27日、2016年6月16日、2017年6月14日三次对奇台县某服务部作出行政处罚决定。法院认为，奇台县某服务部违反矿产资源法的规定，未取得采矿许可证擅自开采黄金；林某斌作为该单位的法定代表人和直接负责的主管人员，具体实施了上述非法开采行为，均构成非法采矿罪。

要点：探矿权与采矿权具有不同的权利属性，从事探矿、采矿活动应分别申办许可证。被告单位名下虽有青河县喀腊马依勒金矿探矿许可证，但未申请办理采矿许可证，其在该矿区开采黄金，仍属于"无证开采"。

此外，本罪为法定犯，行政前置法所允许的采矿权承包、采矿权合作经营，不属于未取得采矿许可证擅自开采的行为。[3]

（2）擅自进入国家规划矿区、对国民经济具有重要价值的矿区和他人矿区范围采矿。国家规划矿区，指国家根据建设规划和矿产资源规划，为建设大、中型矿山划定的矿产资源分布区域。对国民经济具有重要价值的矿区，指国家根据国民经济发展需要划定的，尚未列入国家建设规划的，储量大、质量好，具有开发前景的矿产资源保护区域。

---

[1] 时延安、陈冉、敖博：《〈刑法修正案（十一）〉评注与案例》，中国法制出版社2021年版，第485页。
[2] 人民法院依法惩处盗采矿产资源犯罪典型案例（最高人民法院2022年7月8日发布）
[3] 参见周光权：《非法采矿罪的关键问题》，载《中外法学》2022年第4期。

（3）擅自开采国家规定实行保护性开采的特定矿种。特定矿种，包括钨、锡、锑、离子型稀土矿等。

【主观】故意。出于何种目的，在所不问。

【罪量】情节严重。具体标准参见《办理采矿刑案解释》（2016）第 3 条第 1 款、第 4 条第 2 款和第 5 条第 2 款。其中，非法采挖河砂，严重影响河势稳定，危害防洪安全的，或者非法采挖海砂，造成海岸线严重破坏的，均属情节严重。

【加重犯】《刑法修正案（八）》将本罪的加重事由从"造成矿产资源严重破坏"修改为"情节特别严重"，以期进一步提升对矿产资源的保护力度。具体标准参见《办理采矿刑案解释》（2016）第 3 条第 2 款。

2. 破坏性采矿罪。

【行为】违反矿产资源法的规定，采取破坏性的开采方法开采矿产资源。例如，采易弃难，采富弃贫，严重违反开采回采率、采矿贫化率和选矿回收率的指标进行采矿等。

【结果·罪量】造成矿产资源严重破坏。具体标准参见《办理采矿刑案解释》（2016）第 6 条。

【主观】故意。

（二）适用

【定罪】严格区分刑事违法与行政违法。《办理矿山生产安全刑案解释》（现已失效）第 8 条第 1 款曾规定，在采矿许可证被依法暂扣期间擅自开采的，视为未取得采矿许可证擅自采矿，但考虑到"实践中采矿许可证到期后继续开采矿产资源的情形十分复杂，一律认定为未取得采矿许可证恐有不妥"，[1]《办理采矿刑案解释》（2016）未见类似规定。这提示我们，违反矿产资源法的采矿行为，并非一律成立非法采矿罪。根据《惩处盗采矿产资源罪意见》（2022）第 6 条，对于是否属于"未取得采矿许可证"的情形，要在综合考量案件具体事实、情节的基础上依法认定。采矿许可证到期后至被注销期间的开采行为，"试运转"批复过期至正式取得采矿许可证之间"空档期"采矿的行为，以及伴随着"三通一平"施工对项目建设范围内工程煤的无证开挖，单纯侵害矿产资源管理制度或者管理秩序的，不宜认定为犯罪。[2]

【共犯】1. 事前通谋，对犯罪所得的矿产品及其产生的收益予以窝藏、转移、收购、代为销售或以其他方法掩饰、隐瞒的，以共同犯罪论处。

2. 对受雇佣为非法采矿、破坏性采矿犯罪提供劳务的人员，除参与利润分成或者领取高额固定工资的以外，一般不以犯罪（共犯）论处，但曾因非法采矿、破坏性采矿受过处罚的除外。[3]

【罪数】违反安全生产管理规定，非法采矿或者破坏性采矿，造成重大伤亡事故或者其他严重后果，同时构成危害生产安全犯罪（如重大责任事故罪，强令、组织他人违章冒险作业罪，重大劳动安全事故罪）和破坏环境资源保护犯罪的，依照数罪并罚的规定处理。

八、危害国家重点保护植物罪[4]

《刑法》第 344 条 违反国家规定，非法采伐、毁坏珍贵树木或者国家重点保护的其他植

---

[1] 喻海松：《〈关于办理非法采矿、破坏性采矿刑事案件适用法律若干问题的解释〉的理解与适用》，载《人民司法》2017 年第 4 期。

[2] 参见周光权：《非法采矿罪的关键问题》，载《中外法学》2022 年第 4 期。

[3] 《办理采矿刑案解释》（2016）第 11 条。

[4] 《罪名补充规定（七）》（2021）取消了非法采伐、毁坏国家重点保护植物罪和非法收购、运输、加工、出售国家重点保护植物、国家重点保护植物制品罪的罪名，将《刑法》第 344 条的罪名确定为危害国家重点保护植物罪。

物的,或者非法收购、运输、加工、出售珍贵树木或者国家重点保护的其他植物及其制品的,处三年以下有期徒刑、拘役或者管制,并处罚金;情节严重的,处三年以上七年以下有期徒刑,并处罚金。

(一) 构成要件

【行为·对象】危害国家重点保护植物的方式包括两大类:

1. 违反国家规定,采伐、毁坏珍贵树木或者国家重点保护的其他植物。采伐,指砍伐树木、采集木材。毁坏,指采用剥皮、砍枝、取脂等方式使树木死亡或者影响其正常生长。采伐、毁坏的对象必须是珍贵树木或者国家重点保护的其他植物。根据《适用第344条的批复》(2020),珍贵树木或者国家重点保护的其他植物,包括:①古树名木;②列入《国家重点保护野生植物名录》的野生植物。野生植物限于原生地天然生长的植物。人工培育的植物,除古树名木外,不属于本罪的对象。非法采伐、毁坏人工培育的植物(古树名木除外),构成盗伐林木罪、滥伐林木罪的,依照相关规定追究刑事责任。

2. 违反国家规定,非法收购、运输、加工、出售珍贵树木或者国家重点保护的其他植物及其制品。收购,包括以营利、自用等为目的的购买行为。运输,包括采用携带、邮寄、利用他人、使用交通工具等方法进行运送的行为。加工,指把原材料、半成品等制成成品,或者使其达到规定的要求。出售,即出卖。非法收购、运输、加工、出售人工培育的植物(古树名木除外)及其制品的,不构成本罪。

【主观】故意,即明知是珍贵树木或者国家重点保护的其他植物而采伐、毁坏,或者明知是珍贵树木或者国家重点保护的其他植物及其制品而收购、运输、加工、出售。

【加重犯】情节严重。具体标准参见《审理森林资源刑案解释》(2000)第2条。

(二) 适用

【定罪】1. 非法移栽珍贵树木或者国家重点保护的其他植物,依法应当追究刑事责任的,以本罪定罪处罚。但鉴于移栽在社会危害程度上与砍伐存在一定差异,对非法移栽珍贵树木或者国家重点保护的其他植物的行为,在认定是否构成犯罪时,应考虑植物的珍贵程度、移栽目的、移栽手段、移栽数量、对生态环境的损害程度等情节,综合评估社会危害性,确保罪责刑相适应。

2. 认定本罪,应注意认识错误的问题。许多做古旧家具的生意人,从乡村收购古旧家具而后出售牟利,或者拆解古旧家具的板材、制作家具出售牟利,其中不乏珍贵树木的制品。如果因为不识珍贵树木制成的古旧家具材质而触犯本罪的,属于事实认识错误,可阻却本罪故意;如果因为不知收购、运输、加工、出售珍贵树木制成的古旧家具是犯罪而触犯本罪的,属于法律认识错误,不阻却本罪故意。但在目前的背景下,做古旧家具的生意人确实难以意识到行为违法,是否应追究刑事责任成为问题。因此,可考虑将本罪对象之一"国家重点保护植物制品"限定在新砍伐的珍贵树木制成品范围内,把珍贵树木制成的古旧家具排除在外。

九、非法引进、释放、丢弃外来入侵物种罪[1]

《刑法》第344条之一 违反国家规定,非法引进、释放或者丢弃外来入侵物种,情节严重的,处三年以下有期徒刑或者拘役,并处或者单处罚金。

【对象】外来入侵物种。是否属于本罪的对象,应以《中国外来入侵物种名单》为基础,并实质性判断新引入、释放或者丢弃的物种是否因缺少与之相抗衡的生物而对生态系统平衡构

---

[1] 本罪由《刑法修正案(十一)》增设。

成实质威胁。[1]

【行为】违反国家规定，非法引进、释放或者丢弃外来入侵物种。引进，指从境外进口或者通过携带、邮寄或运输等方式向境内输入。释放，指主动解除对某一外来入侵物种的控制、封闭状态，使其不受阻挡地逃逸到开放的生态环境中。丢弃，指随意抛弃，放任外来物种进入外部环境。[2]

【主观】故意，即明知是外来入侵物种而引进、释放、丢弃。至于动机为何，在所不问。

【罪量】情节严重。具体标准有待最高司法机关予以明确。

十、盗伐林木罪·滥伐林木罪·非法收购、运输盗伐、滥伐的林木罪

《刑法》第345条　盗伐森林或者其他林木，数量较大的，处三年以下有期徒刑、拘役或者管制，并处或者单处罚金；数量巨大的，处三年以上七年以下有期徒刑，并处罚金；数量特别巨大的，处七年以上有期徒刑，并处罚金。

违反森林法的规定，滥伐森林或者其他林木，数量较大的，处三年以下有期徒刑、拘役或者管制，并处或者单处罚金；数量巨大的，处三年以上七年以下有期徒刑，并处罚金。

非法收购、运输明知是盗伐、滥伐的林木，情节严重的，处三年以下有期徒刑、拘役或者管制，并处或者单处罚金；情节特别严重的，处三年以上七年以下有期徒刑，并处罚金。

盗伐、滥伐国家级自然保护区内的森林或者其他林木的，从重处罚。

（一）构成要件

1. 盗伐林木罪。

【对象】不属于本人或本单位所有的森林或者其他林木。森林，指大面积的原始森林和人造林，包括防护林、用材林、经济林、薪炭林和特种用途林等。其他林木，指小面积的树林和零星树木，但不包括农村农民房前屋后个人所有的零星树木。

【行为】盗伐森林或者其他林木。"盗伐"的基本含义是未经许可，擅自采伐不属于本人或本单位所有的林木。根据《审理森林资源刑案解释》（2000）第3条，盗伐行为包括：①擅自砍伐国家、集体、他人所有或者他人承包经营管理的森林或者其他林木的；②擅自砍伐本单位或者本人承包经营管理的森林或者其他林木的；③在林木采伐许可证规定的地点以外采伐国家、集体、他人所有或者他人承包经营管理的森林或者其他林木的。

"盗伐"之"伐"，指"砍伐"。根据有关城市绿化条例，如《广东省城市绿化条例》规定，砍伐与修剪、迁移并列，因此，本罪之"砍伐"，指整株砍伐（致树木死掉），不包括剪枝、迁移。自树干"截伐"属于"剪枝"还是"砍伐"？值得探讨。本书认为，"截伐"时树干能够存活，不宜认定为本罪之"砍伐"。《适用第344条的批复》（2020）指出，针对珍贵树木或者国家重点保护的其他植物之"非法移栽"，可评价为危害国家重点保护植物罪中的"非法采伐"，但该批复不意味着"移栽"一律属于本罪之"砍伐"。一方面，批复承认移栽在危害程度上与砍伐存在差异，并强调非法移栽行为是否构成犯罪，还需结合植物的珍贵程度、对生态环境的损害程度等情节综合判断；另一方面，本罪的对象是森林或其他林木，移栽普通林木对生态环境的损害程度明显低于移栽国家重点保护植物。

---

[1] 参见劳东燕主编：《刑法修正案（十一）条文要义：修正提示、适用指南与案例解读》，中国法制出版社2021年版，第322页。

[2] 杨万明主编：《〈刑法修正案（十一）〉条文及配套〈罪名补充规定（七）〉理解与适用》，人民法院出版社2021年版，第427~428页。

【案例】 <center>李某盗窃案[1]</center>

2010年8月,李某在未经管理部门批准许可的情况下,对从事苗圃生意的王某兴(另案处理)谎称其已与交通局的领导打好招呼,可以处理无锡市葛埭社区路段两侧的香樟树,并让王帮忙卖掉其中10棵。王某兴遂联系到买家苏州市望湖苗圃场经营者周某东。2010年9月20日,周某东安排人员至上述路段挖走香樟树共计10棵,其中胸径40厘米的1棵、38厘米的2棵、28厘米的7棵,林木蓄积量共计5.1475立方米,价值共计35 496元。当日,李某在上述挖树现场遇从事苗圃生意的陆某贤,陆得知李某系得到相关领导同意后而处理香樟树,即向李某提出购买部分香樟树,李某表示同意。陆某贤又与范某民、王某兵商定将上述路段的香樟树卖与范、王二人。2010年9月22日,范某民、王某兵各自带领工人在上述路段挖树时被公安人员当场查获。案发时,范某民、王某兵已开挖香樟树17棵,其中胸径30厘米的2棵、29厘米的6棵、28厘米的3棵、27厘米的5棵、26厘米的1棵,上述林木蓄积量共计6.901立方米,价值共计53 250元。法院认为,被告人的行为属于"盗挖",而非"盗伐",其主观上追求的和行为最终实现的都是活体树木的经济价值,而非立木材积的经济价值,主要侵犯的是树木所有权人的财产权益,不构成盗伐林木罪,遂以盗窃罪判处李某有期徒刑4年,并处罚金5000元。

裁判要旨:城市道路两旁的行道树属于盗伐林木罪中的"其他林木",但"盗挖"属于"迁移"而非"砍伐"。以出售为目的,盗挖价值数额较大的行道树的行为,构成盗窃罪。

【主观】 故意,并具有非法占有目的。

【罪量】 数量较大。具体标准参见《审理森林资源刑案解释》(2000)第4条。

【加重犯】 本罪有两档加重犯,分别以"数量巨大"和"数量特别巨大"为要件。具体标准参见《审理森林资源刑案解释》(2000)第4条。

2. 滥伐林木罪。

【对象】 森林或者其他林木。

【行为】 根据《审理森林资源刑案解释》(2000)第5条第1款,本罪的行为方式包括:①未经林业行政主管部门及法律规定的其他主管部门批准并核发林木采伐许可证,或者虽持有林木采伐许可证,但违反林木采伐许可证规定的时间、数量、树种或者方式,任意采伐本单位所有或者本人所有的森林或者其他林木的;②超过林木采伐许可证规定的数量采伐他人所有的森林或者其他林木的。

根据《立案标准(一)》(2008)第73条第3款、第4款,违反森林法的规定,在林木采伐许可证规定的地点以外,采伐本单位或者本人所有的森林或者其他林木的,除农村居民采伐自留地和房前屋后个人所有的零星林木外,属于前述"未经林业行政主管部门及法律规定的其他主管部门批准并核发林木采伐许可证"的情形。林木权属争议一方在林木权属确认之前,擅自砍伐森林或者其他林木,也属于本罪之"滥伐"。

【主观】 故意,但不必以非法占有为目的。

【罪量】 数量较大。具体标准参见《审理森林资源刑案解释》(2000)第6条。

【加重犯】 数量巨大。具体标准参见《审理森林资源刑案解释》(2000)第6条。

3. 非法收购、运输盗伐、滥伐的林木罪。

【对象】 盗伐、滥伐的森林或者其他林木。

---

[1] 中华人民共和国最高人民法院刑事审判第一、二、三、四、五庭主办:《刑事审判参考》(2012年第3集·总第86集),法律出版社2013年版,第81~82、85页。

【行为】非法收购、运输盗伐、滥伐的林木。收购，包括以营利、自用等为目的的购买行为。运输，包括采用携带、邮寄、利用他人、使用交通工具等方法进行运送的行为。

【主观】故意，即明知是盗伐、滥伐的林木而予以收购、运输。《审理森林资源刑案解释》（2000）第10条规定，"明知"，指知道或者应当知道。具有下列情形之一的，可视为应当知道，但是有证据证明确属被蒙骗的除外：①在非法的木材交易场所或者销售单位收购木材的；②收购以明显低于市场价格出售的木材的；③收购违反规定出售的木材的。根据有关法律规定，严禁任何单位和个人收购无采伐证的木材，因此，只要行为人知道是无采伐证的木材，一般就可认定其明知是盗伐、滥伐的林木。不知是盗伐、滥伐的林木而收购的，不构成本罪。

【罪量】情节严重。具体标准参见《审理森林资源刑案解释》（2000）第11条第1款。

【加重犯】情节特别严重。具体标准参见《审理森林资源刑案解释》（2000）第11条第2款。

（二）适用

【关联罪】1. 盗伐林木罪与盗窃罪的关系。盗伐林木罪因对象限于"林木"、行为方式限于"砍伐"，与盗窃罪之间呈现法条竞合关系，按照特别法优先的原则，对于未"溢出"盗伐林木罪的行为，排斥盗窃罪的适用。出于罪刑均衡的需要，理论和实务的通说主张重法优先。但本书认为，应重视特别构成要件定型的判断和评价，限制竞合观念越位运用。在立法配置法定刑时，盗伐林木并非盗窃罪中违法、有责程度最严重的情形，考虑到林木所处位置、林木的笨重、砍伐林木的劳动付出、山民"靠山吃山"的生存习惯等，盗伐林木的行为应属于盗窃罪中较轻的类型。仅以盗伐林木罪较盗窃罪多侵害一重环境法益，就认为其罪责应重于盗窃罪，推论过程过于粗放，也不符合生活逻辑。《审理森林资源刑案解释》（2000）第9条规定，将国家、集体、他人所有并已伐倒的树木窃为己有，以及偷砍他人房前屋后、自留地种植的零星树木，数额较大的，依照《刑法》第264条的规定，以盗窃罪定罪处罚。鉴于同等条件下，盗窃"死树"的危害性轻于盗伐"活树"，对司法解释规定的情形，可以盗窃罪定罪，但处罚不能重于盗伐林木罪，即不能超过15年有期徒刑。

2. 非法收购、运输盗伐、滥伐的林木罪与掩饰、隐瞒犯罪所得、犯罪所得收益罪的关系。两罪系法条竞合关系，前罪为特别规定。明知是盗伐、滥伐的林木而予以收购、运输的，以前罪论处。

3. 盗伐林木罪、滥伐林木罪与危害国家重点保护植物罪的区别。要点是对象不同：前两罪的对象为广义的林木，后罪的对象为珍贵树木及其他国家重点保护植物。盗伐、滥伐珍贵树木，同时触犯《刑法》第344条、第345条规定的，择一重罪定罪处罚。

4. 盗伐林木罪与滥伐林木罪的区别。要点是客体和对象不同：前罪不仅破坏国家的林业资源，还侵犯了国家、集体或者个人的林木所有权；后罪仅破坏林业资源，砍伐的是自有林木，不侵害国家、集体或者个人的林木所有权。

【共犯】1. 雇用他人盗伐林木构成犯罪的案件，如果被雇者不知是盗伐他人林木的，应由雇主承担刑事责任；如果被雇者明知是盗伐他人林木的，应按盗伐林木罪的共犯论处。

2. 唆使他人盗伐、滥伐林木而后予以低价收购或者运输的，或者与盗伐、滥伐的犯罪分子事先通谋，承担盗伐、滥伐林木的购销、运输分工的，应以盗伐林木罪、滥伐林木罪的共犯论处，不另定非法收购、运输盗伐、滥伐的林木罪。

第七节 走私、贩卖、运输、制造毒品罪

一、走私、贩卖、运输、制造毒品罪

《刑法》第 347 条 走私、贩卖、运输、制造毒品,无论数量多少,都应当追究刑事责任,予以刑事处罚。

走私、贩卖、运输、制造毒品,有下列情形之一的,处十五年有期徒刑、无期徒刑或者死刑,并处没收财产:

(一)走私、贩卖、运输、制造鸦片一千克以上、海洛因或者甲基苯丙胺五十克以上或者其他毒品数量大的;

(二)走私、贩卖、运输、制造毒品集团的首要分子;

(三)武装掩护走私、贩卖、运输、制造毒品的;

(四)以暴力抗拒检查、拘留、逮捕,情节严重的;

(五)参与有组织的国际贩毒活动的。

走私、贩卖、运输、制造鸦片二百克以上不满一千克、海洛因或者甲基苯丙胺十克以上不满五十克或者其他毒品数量较大的,处七年以上有期徒刑,并处罚金。

走私、贩卖、运输、制造鸦片不满二百克、海洛因或者甲基苯丙胺不满十克或者其他少量毒品的,处三年以下有期徒刑、拘役或者管制,并处罚金;情节严重的,处三年以上七年以下有期徒刑,并处罚金。

单位犯第二款、第三款、第四款罪的,对单位判处罚金,并对其直接负责的主管人员和其他直接责任人员,依照各该款的规定处罚。

利用、教唆未成年人走私、贩卖、运输、制造毒品,或者向未成年人出售毒品的,从重处罚。

对多次走私、贩卖、运输、制造毒品,未经处理的,毒品数量累计计算。

(一)构成要件

【主体】包括自然人和单位。已满 14 周岁的人对贩卖毒品行为负刑事责任;已满 16 周岁的人对走私、运输、制造毒品行为负刑事责任。

【对象】毒品。《刑法》第 357 条第 1 款规定,毒品,指鸦片、海洛因、甲基苯丙胺(冰毒)、吗啡、大麻、可卡因以及国家规定管制的其他能够使人形成瘾癖的麻醉药品和精神药品。2015 年 10 月 1 日生效的《非药用类麻醉药品和精神药品列管办法》及其附表《非药用类麻醉药品和精神药品管制品种增补目录》,是根据国务院《麻醉药品和精神药品管理条例》第 3 条第 2 款授权制定的,该"目录"可作为认定毒品的依据。

毒品的数量以查证属实的走私、贩卖、运输、制造毒品的数量计算,不以纯度折算。涉案毒品纯度明显低于同类毒品的正常纯度的,量刑时可酌情考虑。制造毒品案件中,毒品成品、半成品的数量应全部认定为制造毒品的数量,对于无法再加工出成品、半成品的废液、废料,则不计入制造毒品的数量。涉案毒品为 2 种以上的,可将不同种类的毒品分别折算为海洛因的数量,以折算后累加的毒品总量作为定罪量刑的根据。对于刑法、司法解释或者其他规范性文件明确规定了定罪量刑数量标准的毒品,应按照该毒品与海洛因定罪量刑数量标准的比例进行折算后累加。对于刑法、司法解释及其他规范性文件没有规定定罪量刑数量标准,但《非法药物折算表》《氟胺酮和 7 种合成大麻素依赖性折算表》等规定了与海洛因的折算比例的毒品,

可折算为海洛因后进行累加。对于未查获实物的甲基苯丙胺片剂（俗称"麻古"等）、MDMA片剂（俗称"摇头丸"）等混合型毒品，可以根据在案证据证明的毒品粒数，参考同案或者本地区查获的同类毒品的平均重量计算出毒品数量。

【行为】走私、贩卖、运输、制造毒品。本罪是选择罪名，有下列行为之一的，即可构成本罪：①走私毒品，指非法将毒品运输、携带、邮寄进出国（边）境的行为。直接向走私人非法收购走私进口的毒品，或者在内海、领海运输、收购、贩卖毒品的，以走私毒品论。②贩卖毒品，非法销售毒品或者以贩卖为目的非法收买毒品的行为。销售的实质是有偿转让，因此，用毒品抵扣非法购买枪支款、嫖娼费用的，成立贩卖毒品罪，另构成其他犯罪的，实行数罪并罚。③运输毒品，指采用携带、邮寄、利用他人或者使用交通工具等方法非法运送毒品的行为。运输应有相当的距离，如从甲城市转移往乙城市，从甲乡镇转移往乙乡镇，从毒品的批发地转运到外地。如果距离过短，如在同一城区内由甲房屋转移到乙房屋的，就不宜以运输论。④制造毒品，指非法从毒品原植物直接提炼或者用化学方法加工、配制毒品的行为。包括用毒品原植物或者配剂提取或者制作毒品；以改变毒品成分和效用为目的，用混合等物理方法加工、配制毒品的行为，如把 H 种毒品和 X 种毒品混合配制成 Y 种毒品。但为了便于隐蔽运输、销售、使用、欺骗购买者，或者为了增重，对毒品掺杂使假，添加或者去除其他非毒品物质的，不属于制造毒品。

【主观】故意，即明知毒品而予以走私、贩卖、运输、制造。行为人认识到走私、贩卖、运输、制造的是毒品即可，不要求确知毒品的名称、化学成分、效用等具体性质。因受欺骗、蒙蔽，确实不知是毒品的，不构成本罪。

根据《立案标准（三）》（2012）第 1 条第 8 款、走私、贩卖、运输毒品主观故意中的"明知"，指行为人知道或者应当知道所实施的是走私、贩卖、运输毒品行为。具有下列情形之一，结合行为人的供述和其他证据综合审查判断，可认定其"应当知道"，但有证据证明确属被蒙骗的除外：①执法人员在口岸、机场、车站、港口、邮局和其他检查站点检查时，要求行为人申报携带、运输、寄递的物品和其他疑似毒品物，并告知其法律责任，而行为人未如实申报，在其携带、运输、寄递的物品中查获毒品的；②以伪报、藏匿、伪装等蒙蔽手段逃避海关、边防等检查，在其携带、运输、邮寄的物品中查获毒品的；③执法人员检查时，有逃跑、丢弃携带物品或逃避、抗拒检查等行为，在其携带、隐匿或者丢弃的物品中查获毒品的；④体内或者贴身隐秘处藏匿毒品的；⑤为获取不同寻常的高额或不等值的报酬为他人携带、运输、寄递、收取物品，从中查获毒品的；⑥采用高度隐蔽的方式携带、运输物品，从中查获毒品的；⑦采用高度隐蔽的方式交接物品，明显违背合法物品惯常交接方式的，从中查获毒品的；⑧行程路线故意绕开检查站点，在其携带、运输的物品中查获毒品的；⑨以虚假身份、地址或者其他虚假方式办理托运、寄递手续，在托运、寄递的物品中查获毒品的；⑩有其他证据足以证明行为人应当知道的。

根据《立案标准（三）》（2012）第 1 条第 9 款，制造毒品主观故意中的"明知"，指行为人知道或者应当知道所实施的是制造毒品行为。有下列情形之一，结合行为人的供述和其他证据综合审查判断，可以认定其"应当知道"，但有证据证明确属被蒙骗的除外：①购置了专门用于制造毒品的设备、工具、制毒物品或者配制方案的；②为获取不同寻常的高额或者不等值的报酬为他人制造物品，经检验是毒品的；③在偏远、隐蔽场所制造，或者采取对制造设备进行伪装等方式制造物品，经检验是毒品的；④制造人员在执法人员检查时，有逃跑、抗拒检查等行为，在现场查获制造出的物品，经检验是毒品的；⑤有其他证据足以证明行为人应当知道的。

【罪量】走私、贩卖、运输、制造毒品，无论数量多少，都应追究刑事责任。

【加重犯】本罪有三档加重犯，分别以"走私、贩卖、运输、制造少量毒品但情节严重""走私、贩卖、运输、制造毒品数量较大"和"有《刑法》第347条第2款第1项至第5项规定的情形"为要件。

(二) 适用

【定罪】1. 走私、贩卖、运输、制造毒品罪是选择罪名，实施其中一种行为的成立完整一罪，实施其中数行为的也只判决为一罪，不数罪并罚。罪名根据实施的行为确定。例如，甲贩卖毒品300克，判决成立"贩卖毒品罪"。乙贩卖毒品100克，走私毒品300克，判决成立走私、贩卖毒品罪，犯罪数量400克。罪名的表述顺序固定为"走私、贩卖、运输、制造毒品罪"，不受行为先后顺序的影响，例如，乙贩卖毒品100克行为在先、走私300克在后，判决罪名依然为"走私、贩卖毒品罪"。

2. 《审理毒品案纪要（武汉）》（2015）指出：贩毒人员被抓获后，对于从其住所、车辆等处查获的毒品，一般均应认定为其贩卖的毒品。确有证据证明查获的毒品并非贩毒人员用于贩卖，其行为另构成非法持有毒品罪、窝藏毒品罪等其他犯罪的，依法定罪处罚。吸毒者在购买、存储毒品过程中被查获，没有证据证明其是为了实施贩卖毒品等其他犯罪，毒品数量达到《刑法》第348条规定的最低数量标准的，以非法持有毒品罪定罪处罚。吸毒者在运输毒品过程中被查获，没有证据证明其是为了实施贩卖毒品等其他犯罪，毒品数量达到较大以上的，以运输毒品罪定罪处罚。

【案例】　　　　傅某、朱某勇贩卖、运输毒品，石某德运输毒品案[1]

2013年2月20日，朱某勇携带毒品驾车从东莞前往杭州。当日21时许，朱某勇因车辆在行驶途中出现故障，给傅某打电话求助。傅某明知朱某勇携带毒品，仍指使石某德、郭某富（另案处理）驾车接应。次日1时许3人会合，朱某勇将藏有996.8克甲基苯丙胺的饮料箱交给石某德、郭某富后，自行驾车前往杭州。石某德、郭某富驾车途中遇到交警检查酒驾，石某德下车逃跑，并将藏有毒品的饮料箱扔在杭州武警支队营地内。石某德随即被交警抓获，郭某富因无酒驾嫌疑被释放。武警官兵在营地内发现毒品后送交公安机关。其间，石某德将毒品被其丢弃的情况电话告知傅某。傅某与朱某勇见面后商定，由郭某富指路，傅某指使严某驾驶朱某勇的汽车回到丢弃毒品的地点寻找。后傅某等人寻找毒品时被武警官兵及交警抓获。随后，公安机关又从傅某的租住处和暂住处查获甲基苯丙胺733.8克、海洛因22.88克，扣押吸毒工具。同年3月8日，公安机关抓获朱某勇并从其租住处查获甲基苯丙胺36.94克。法院以贩卖、运输毒品罪判处傅某死刑、朱某勇死缓，以运输毒品罪判处石某德无期徒刑。

裁判要旨：在毒品运输方将毒品交给接应方后否认涉案的情况下，应结合证据认定其与毒品犯罪事实的关联。对于毒品接应方，在没有证据证实其是毒品下家或者贩卖毒品共犯的情况下，其行为宜以运输毒品罪论处。

行为人为吸毒者代购毒品，在运输过程中被查获，没有证据证明托购者、代购者是为了实施贩卖毒品等其他犯罪，对托购者、代购者以运输毒品罪的共犯论处。行为人为他人代购仅用于吸食的毒品，在交通、食宿等必要开销之外收取"介绍费""劳务费"，或者以贩卖为目的收取部分毒品作为酬劳的，应视为从中牟利，属于变相加价贩卖毒品，以贩卖毒品罪定罪处罚。

---

[1] 中华人民共和国最高人民法院刑事审判第一、二、三、四、五庭主办：《刑事审判参考》（2014年第6集·总第101集），法律出版社2015年版，第127~133页。

对于"代购蹭吸"的情形，多数意见认为"蹭吸"是为了满足自身吸食毒品的需求，不宜认定为牟利行为；而且，如果对以吸食为目的的托购者认定非法持有毒品罪，对"蹭吸"的代购者认定贩卖毒品罪，会导致处罚失衡。[1]

购毒者接收贩毒者通过物流寄递方式交付的毒品，没有证据证明其是为了实施贩卖毒品等其他犯罪，毒品数量达到《刑法》第348条规定的最低数量标准的，一般以非法持有毒品罪定罪处罚。代收者明知是物流寄递的毒品而代购毒者接收，没有证据证明其与购毒者有实施贩卖、运输毒品等犯罪的共同故意，毒品数量达到《刑法》第348条规定的最低数量标准的，对代收者以非法持有毒品罪定罪处罚。

行为人非法贩卖麻醉药品、精神药品的，应区分情形：①对于向走私、贩卖毒品的犯罪分子或者吸食、注射毒品的人员进行贩卖的，应以贩卖毒品罪定罪处罚；②对于出于医疗目的，违反药品管理法的相关规定，向无资质的药品经营人员、私立医院、诊所、药店或者病人非法贩卖的，侵犯的是国家对药品的正常经营管理秩序，故不应认定为贩卖毒品罪。符合非法经营罪的入罪标准的，依法定罪处罚。实践中有的被告人向不特定对象贩卖麻醉药品、精神药品，如果没有证据证明其是故意向走私、贩卖毒品的犯罪分子或者吸食、注射毒品的人员进行贩卖的，根据有利于被告人的原则，一般不宜认定为贩卖毒品罪。[2]

3. 故意贩卖假毒品骗取财物的，以诈骗罪论处。把假毒品误当真毒品进行走私、贩卖、运输的，应以走私、贩卖、运输毒品罪（未遂）处罚。

【共犯】1. 居间行为。《审理毒品案纪要（武汉）》（2015）指出：办理贩卖毒品案件，应当准确认定居间介绍买卖毒品行为，并与居中倒卖毒品行为相区别。居间介绍者在毒品交易中处于中间人地位，发挥介绍联络作用，通常与交易一方构成共同犯罪，但不以牟利为要件；居中倒卖者则属于毒品交易主体，与前后环节的交易对象是上下家关系，直接参与毒品交易并从中获利。居间介绍者受贩毒者委托，为其介绍联络购毒者的，与贩毒者构成贩卖毒品罪的共同犯罪；明知购毒者以贩卖为目的购买毒品，受委托为其介绍联络贩毒者的，与购毒者构成贩卖毒品罪的共同犯罪；受以吸食为目的的购毒者委托，为其介绍联络贩毒者，毒品数量达到《刑法》第348条规定的最低数量标准的，一般与购毒者构成非法持有毒品罪的共同犯罪；同时与贩毒者、购毒者共谋，联络促成双方交易的，通常认定与贩毒者构成贩卖毒品罪的共同犯罪。居间介绍者实施为毒品交易主体提供交易信息、介绍交易对象等帮助行为，对促成交易起次要、辅助作用的，应认定为从犯；对于以居间介绍者的身份介入毒品交易，但在交易中超出居间介绍者的地位，对交易的发起和达成起重要作用的被告人，可认定为主犯。

2. 同行运输。2人以上同行运输毒品的，应当从是否明知他人带有毒品，有无共同运输毒品的意思联络，有无实施配合、掩护他人运输毒品的行为等方面综合审查认定是否构成共同犯罪。受雇于同一雇主同行运输毒品，但受雇者之间没有共同犯罪故意，或者虽然明知他人受雇运输毒品，但各自的运输行为相对独立，既没有实施配合、掩护他人运输毒品的行为，又分别按照各自运输的毒品数量领取报酬的，不应认定为共同犯罪。受雇于同一雇主分段运输同一宗毒品，但受雇者之间没有犯罪共谋的，也不应认定为共同犯罪。雇用他人运输毒品的雇主，及其他对受雇者起到一定组织、指挥作用的人员，与各受雇者分别构成运输毒品罪的共同犯罪，对运输的全部毒品数量承担刑事责任。

【罪数】1.《刑法》第347条第2款规定了5种"处十五年有期徒刑、无期徒刑或者死刑，

---

[1] 高贵君等：《〈全国法院毒品犯罪审判工作座谈会纪要〉的理解与适用》，载《人民司法》2015年第13期。
[2] 高贵君等：《〈全国法院毒品犯罪审判工作座谈会纪要〉的理解与适用》，载《人民司法》2015年第13期。

并处没收财产"的加重事由：①走私、贩卖、运输、制造鸦片1千克以上、海洛因或者甲基苯丙胺50克以上或者其他毒品数量大的；②走私、贩卖、运输、制造毒品集团的首要分子；③武装掩护走私、贩卖、运输、制造毒品的；④以暴力抗拒检查、拘留、逮捕，情节严重的；⑤参与有组织的国际贩毒活动的。据此，走私、贩卖、运输、制造毒品的过程中，实施武装掩护行为，或者以暴力抗拒检查、拘留、逮捕的，以走私、贩卖、运输、制造毒品罪一罪论处，不另定妨害公务罪、袭警罪等。

2. 实施《刑法》第287条之一、第287条之二规定的行为，同时构成贩卖毒品罪的，依照处罚较重的规定定罪处罚。

3. 走私毒品，又走私其他物品构成犯罪的，按走私毒品罪和构成的其他走私罪分别定罪，实行数罪并罚。

【毒品再犯】《刑法》第356条规定："因走私、贩卖、运输、制造、非法持有毒品罪被判过刑，又犯本节规定之罪的，从重处罚。"行为人因走私、贩卖、运输、制造、非法持有毒品被判过刑，不论何时被判刑、也不论被判处何种刑罚，只要又犯本节规定之罪的，一律从重处罚。疑问在于，对于符合累犯条件的毒品再犯，是适用总则规定还是适用本条规定？本书认为，对此，宜适用总则累犯规定，不仅从重处罚，还不得宣告缓刑、假释；只有不符合累犯条件的毒品再犯，才适用《刑法》第356条予以从重处罚。

【案例】　　　　　　　　　　**姚某贩卖毒品案**[1]

2011年7月22日，姚某因犯贩卖毒品罪被判处有期徒刑6个月（犯罪时未满18周岁）。2013年1月16日22时许，姚某在垫江县某网吧附近一巷子内以200元的价格贩卖甲基苯丙胺0.19克给吸毒人员欧阳某某。二人交易完毕后被民警当场抓获。法院认为，虽然姚某曾因毒品犯罪被判刑，但犯罪时未满18周岁，不构成累犯。姚某到案后如实供述罪行，可从轻处罚，遂以贩卖毒品罪判处姚某有期徒刑6个月，并处罚金人民币1000元。

裁判要旨：不满18周岁的人因毒品犯罪被判处5年有期徒刑以下刑罚，其再次实施毒品犯罪的，不能认定为毒品再犯。《刑法修正案（八）》免除了未成年人轻罪前科报告义务，规定犯罪时不满18周岁被判处5年有期徒刑以下刑罚的人，免除前科报告义务；同时还对累犯制度作出重大修改，规定犯前罪时不满18周岁的人，不构成一般累犯。2012年修订《刑事诉讼法》时，确立了未成年人犯罪记录封存制度，根据《刑事诉讼法》第286条，犯罪的时候不满18周岁，被判处5年有期徒刑以下刑罚的，应当对相关犯罪记录予以封存；犯罪记录被封存的，不得向任何单位和个人提供，但司法机关为办案需要或者有关单位根据国家规定进行查询的除外。根据上述规定的精神和刑法从旧兼从轻原则，司法机关应对被封存的未成年人犯罪记录的情况予以保密，也不得将该记录用作从重处罚的依据。

二、非法持有毒品罪

《刑法》第348条　非法持有鸦片一千克以上、海洛因或者甲基苯丙胺五十克以上或者其他毒品数量大的，处七年以上有期徒刑或者无期徒刑，并处罚金；非法持有鸦片二百克以上不满一千克、海洛因或者甲基苯丙胺十克以上不满五十克或者其他毒品数量较大的，处三年以下有期徒刑、拘役或者管制，并处罚金；情节严重的，处三年以上七年以下有期徒刑，并处罚金。

（一）构成要件

【对象】毒品。

---

[1] 参见胡红军、王彪：《未成年人毒品犯罪记录不能作为毒品再犯的依据》，载《人民司法》2014年第12期。

【行为】非法持有毒品。包括以下要素：①持有毒品，指占有、携带、藏有或者其他方式控制毒品的行为。持有不限于直接持有，也包括间接持有。持有也不必以所有权为基础，既包括本人亲自控制、占有自己所有的毒品，也包括本人所有但由他人保管、占有的毒品。"持有是一种持续行为，只有当毒品在一定时间内由行为人支配时，才构成持有；至于时间的长短，则并不影响持有的成立，只是一种量刑情节，但如果时间过短，不足以说明行为人事实上支配着毒品时，则不能认为是持有。"[1] ②持有的非法性。所谓"非法"，指违反国家法律和国家主管部门的规定。如违反国务院《麻醉药品和精神药品管理条例》等。

【罪量】数量较大。即非法持有鸦片 200 克以上、海洛因或者甲基苯丙胺 10 克以上或者其他毒品数量较大的。这里的"其他毒品数量较大"与《刑法》第 347 条第 3 款之"其他毒品数量较大"标准相同。毒品数量以查证属实的数量计算，不按纯度折算。

【主观】故意，即明知是毒品而非法持有。对于确实不知是毒品而持有的，不能认定为本罪。

【加重犯】本罪有两档加重犯，分别以"非法持有毒品数量较大且情节严重"和"非法持有毒品数量大"为要件。

(二) 适用

【定罪】1. 非法持有毒品罪与《刑法》第 347 条之走私、贩卖、制造、运输毒品罪的关系。行为人因犯《刑法》第 347 条之罪而持有毒品，以第 347 条之罪定罪处罚。行为人为犯《刑法》第 347 条之罪的人持有毒品，是窝藏毒品罪。如果不能证实行为人所非法持有毒品与《刑法》第 347 条之罪的关联，且数量较大，则以非法持有毒品罪论处。例如，从甲住处查出 100 克毒品，甲供述是乙的，乙承认该毒品是其暂放在甲处的，但无法查明乙的毒品来源，对乙只能定非法持有毒品罪，甲构成乙的共犯。换言之，行为人持有本人所有或者来源不明的毒品，是本罪之"持有"；查清毒品来源是他人所有或本人走私、贩卖、运输、制造的毒品，以窝藏毒品罪或者走私、贩卖、运输、制造毒品罪论处，非法持有毒品罪不再单独评价。此即非法持有毒品罪"堵截性"之所在。

【案例】 **张某英非法持有毒品案**[2]

2005 年 1 月，张某英与成都市名为"氽蛋"的男子电话联系购买 400 克毒品海洛因，每克 300 元，并约定采用邮寄的方式。张某英向"氽蛋"提供了收件人的地址、姓名为新疆乌鲁木齐市北京南路 32 号第九中学黄某新。2005 年 1 月 20 日，张某英接到"氽蛋"的通知后，到乌鲁木齐市第九中学收发室领取了邮包，离开时被公安人员抓获，当场从邮包中搜出一块用黄色胶带包裹的白色粉末物，净重 336 克，从中检出海洛因成分。一审、二审法院均认为，张某英构成运输毒品罪，对其判处死刑，剥夺政治权利终身，并处没收个人全部财产。最高院改判非法持有毒品罪，对张某英判处无期徒刑，剥夺政治权利终身，并处罚金 1 万元。

裁判要旨：对接受藏匿有毒品的邮包的行为，应考察行为人是否具有运输毒品之目的。如果行为人与贩毒者联系的目的在于购买并接受通过邮包邮寄来的毒品，而非关心将毒品由甲地运到乙地的这一过程，则不能认定其具有运输毒品之目的，在数量较大的情况下应构成非法持有毒品罪。

2. 关于吸毒者涉嫌毒品犯罪的问题。吸毒者在购买、运输、存储毒品过程中被抓获的，

---

[1] 张明楷：《刑法学》（下），法律出版社 2021 年版，第 1519 页。
[2] 中华人民共和国最高人民法院刑事审判第一、二、三、四、五庭主办：《中国刑事审判指导案例》（第 5 卷），法律出版社 2017 年版，第 502~505 页。

如没有证据证明实施了其他毒品犯罪行为的,一般不定罪处罚,但查获的毒品超过《刑法》第348条规定的数量最低标准的,以非法持有毒品罪论处。

代购代卖毒品、居间介绍买卖毒品均为从属于毒品交易主体的毒品买卖行为,二者的区别是:①行为方式不同。居间介绍买卖毒品主要是为毒品交易双方提供交易信息,介绍交易对象,协调交易价格、数量或者提供其他帮助,故居间介绍者中除了部分直接参与交易者之外,通常不会直接持有毒品,也不会帮助运输毒品;而代购代卖者必然直接持有毒品,而且往往伴随着帮助运输毒品的行为。②在交易中发挥的作用不同。居间介绍者不是一方交易主体,而是中间人;代购代卖者起到的是交易一方代理人的作用,是实际参与毒品交易的一方主体,委托代购代卖者并不具体参与交易。③是否牟利对其行为性质的影响不同。居间介绍买卖毒品的,是否牟利并不影响其行为性质的认定;为他人代购仅用于吸食的毒品,代购者从中牟利的构成贩卖毒品罪,没有从中牟利但毒品数量达到较大以上的,以非法持有毒品罪的共犯论处。[1]

三、包庇毒品犯罪分子罪·窝藏、转移、隐瞒毒品、毒赃罪

《刑法》第349条 包庇走私、贩卖、运输、制造毒品的犯罪分子的,为犯罪分子窝藏、转移、隐瞒毒品或者犯罪所得的财物的,处三年以下有期徒刑、拘役或者管制;情节严重的,处三年以上十年以下有期徒刑。

缉毒人员或者其他国家机关工作人员掩护、包庇走私、贩卖、运输、制造毒品的犯罪分子的,依照前款的规定从重处罚。

犯前两款罪,事先通谋的,以走私、贩卖、运输、制造毒品罪的共犯论处。

(一) 构成要件

1. 包庇毒品犯罪分子罪。

【对象】走私、贩卖、运输、制造毒品的犯罪分子。

【行为】包庇走私、贩卖、运输、制造毒品的犯罪分子。包庇,指向司法机关作虚假证明掩盖犯罪分子罪行,或者帮助犯罪分子湮灭罪证,以使其逃避法律制裁的行为。根据《立案标准(三)》(2012)第3条,包庇的方式包括:①作虚假证明,帮助掩盖罪行的;②帮助隐藏、转移或者毁灭证据的;③帮助取得虚假身份或者身份证件的;④以其他方式包庇犯罪分子的。

【主观】故意,即明知是走私、贩卖、运输、制造毒品的犯罪分子而有意包庇。

【加重犯】情节严重。具体标准参见《审理毒品案解释》(2016)第6条第1款。

2. 窝藏、转移、隐瞒毒品、毒赃罪。

【对象】毒品或者毒品犯罪所得的财物。值得研究的是,本罪中的毒品、毒赃是否必须来源于走私、贩卖、运输、制造毒品犯罪?肯定说主张,本罪处罚的是对走私、贩卖、运输、制造的毒品、毒赃进行窝藏、转移、隐瞒的行为;[2] 否定说则认为,本罪与包庇毒品犯罪分子罪的立法表述明显不同,他人的毒品、毒赃通过何种途径得来,本犯是否与走私、贩卖、运输、制造毒品罪有关,都不重要。[3] 本书赞成肯定说。主要原因在于,《刑法》349条第3款规定,犯前两款罪,事先通谋的,以走私、贩卖、运输、制造毒品罪的共犯论处。其中包括窝藏、转移、隐瞒毒品、毒赃罪。由此反推,本罪中的毒品、毒赃应来源于走私、贩卖、运输、制造毒品犯罪。

---

[1] 李静然:《居间介绍买卖毒品的法律适用相关问题》,载《人民法院报》2016年6月29日,第6版。

[2] 参见时方:《我国洗钱罪名体系的适用困局与法益认定》,载《环球法律评论》2022年第2期。

[3] 参见周光权:《刑法各论》,中国人民大学出版社2021年版,第514页。

【行为】窝藏、转移、隐瞒毒品、毒赃。窝藏,即将毒品、毒赃放置于一定的场所隐藏、保管。转移,指在他人犯罪既遂后,将毒品、毒赃由一个地方挪至另一个地方,强调空间上的位置移动。隐瞒,指明知是犯罪分子的毒品、毒赃而在司法机关依法追缴时谎称不知。换言之,仅是针对毒品、毒赃存在状态的隐瞒,并不具有使之表面合法化的属性。[1]

【主观】故意,明知是毒品或者毒品犯罪所得财物而有意窝藏、转移、隐瞒。

【加重犯】情节严重。具体标准参见《审理毒品案解释》(2016)第6条第2款。

(二)适用

【关联罪】1. 包庇毒品犯罪分子罪与包庇罪的区别。要点是:①对象不同。本罪的对象限于毒品犯罪分子,包庇罪无此限制。②危害行为的内容不同。本罪的包庇采广义,兼具《刑法》第310条规定的窝藏与包庇之意,还包括帮助犯罪分子湮灭罪证的行为;包庇罪的包庇采狭义,只包括为犯罪分子顶罪或者作假证明包庇。

2. 窝藏、转移、隐瞒毒品、毒赃罪与非法持有毒品罪的区别。要点在于毒品来源是否清楚。如果有证据证明行为人是为其他毒品犯罪分子保管的毒品,则属于窝藏性质。如果不能说明或者不能证明毒品来源,则只能以非法持有毒品论。

【共犯】根据《刑法》第349条第3款,事先通谋,包庇毒品犯罪分子或者窝藏、转移、隐瞒毒品、毒赃的,以走私、贩卖、运输、制造毒品罪的共犯论处。

【罪数】1. 为包庇毒品犯罪分子而窝藏、转移、隐瞒毒品、毒赃的,择一重罪以包庇毒品犯罪分子罪论处。

2. 为犯罪分子窝藏毒品、毒赃,同时构成洗钱罪或者掩饰、隐瞒犯罪所得、犯罪所得收益罪的,依照处罚较重的规定定罪处罚。

3. 为犯罪分子窝藏、转移毒品并代为销售的,分别构成窝藏、转移毒品罪和贩卖毒品罪,实行数罪并罚。

四、非法生产、买卖、运输制毒物品、走私制毒物品罪

《刑法》第350条 违反国家规定,非法生产、买卖、运输醋酸酐、乙醚、三氯甲烷或者其他用于制造毒品的原料、配剂,或者携带上述物品进出境,情节较重的,处三年以下有期徒刑、拘役或者管制,并处罚金;情节严重的,处三年以上七年以下有期徒刑,并处罚金;情节特别严重的,处七年以上有期徒刑,并处罚金或者没收财产。

明知他人制造毒品而为其生产、买卖、运输前款规定的物品的,以制造毒品罪的共犯论处。

单位犯前两款罪的,对单位判处罚金,并对其直接负责的主管人员和其他直接责任人员,依照前两款的规定处罚。

(一)构成要件

【对象】醋酸酐、乙醚、三氯甲烷或者其他用于制造毒品的原料、配剂,也称"制毒物品",行政管理领域称为"易制毒化学品"。

【行为】非法生产、买卖、运输制毒物品或者走私制毒物品。参考《办理制毒物品案意见》(2009),包含如下情形:①未经许可或者备案,擅自生产、买卖、运输制毒物品或者携带制毒物品进出境的;②超出许可证明或者备案证明的品种、数量范围生产、买卖、运输、走私制毒物品的;③使用他人的或者伪造、变造、失效的许可证明或者备案证明生产、买卖、运输、走私制毒物品的;④经营单位违反规定,向无购买许可证明、备案证明的单位、个人销售

---

[1] 王新:《洗钱罪与窝藏、转移、隐瞒毒品、毒赃罪的界限》,载《检察日报》2010年3月8日,第3版。

易制毒化学品的，或者明知购买者使用他人的或者伪造、变造、失效的购买许可证明、备案证明，向其销售制毒物品的。

【主观】故意，即明知是制毒物品而生产、买卖、运输、走私。

【罪量】情节较重。具体标准参见《审理毒品案解释》（2016）第7条第1款、第2款。

【加重犯】经《刑法修正案（九）》修改，本罪现有两档加重犯，分别以"情节严重"和"情节特别严重"为要件。具体标准参见《审理毒品案解释》（2016）第8条第1款、第2款。

（二）适用

【定罪】绝大部分制毒物品具有双重性，既可能被用于制造毒品，又在工农业生产和人们的日常生活中发挥重要作用。因此，对制毒物品违法犯罪活动的打击，不能影响到正常的生产、生活需要。[1] 为此，《审理毒品案解释》（2016）第7条第3款规定："易制毒化学品生产、经营、购买、运输单位或者个人未办理许可证明或者备案证明，生产、销售、购买、运输易制毒化学品，确实用于合法生产、生活需要的，不以制毒物品犯罪论处。"

【关联罪】本罪与走私、贩卖、运输、制造毒品罪的区别。要点是对象不同：本罪的对象是制毒物品，即用于制造毒品的原料、配剂；后罪的对象是毒品。

【共犯】《刑法》第350条第2款规定："明知他人制造毒品而为其生产、买卖、运输前款规定的物品的，以制造毒品罪的共犯论处。"不知他人用于制造毒品的，不构成制造毒品罪的共犯。

【案例】**王某情、杨某先等非法买卖制毒物品案**[2]

杨某先为贩卖麻黄碱牟利，租用一废弃厂房，雇用曾某宝、刘某全、刘某辉等人，利用其非法购得的复方茶碱麻黄碱片提炼麻黄碱。其中，曾某宝负责生产，并与刘某全分别驾车运送物资，刘某辉参与加工制造。2010年3月9日，杨某先将提炼出的250千克麻黄碱贩卖给王某情。同月12日，公安人员在上述加工厂内查获一批生产设备和配剂，从厂内水池中查获含有麻黄碱成分的液体，另从杨某先的办公室查获其指使曾某宝存放的28.38千克的麻黄碱。2010年1月至3月，王某情多次从杨某先等人处购买麻黄碱，先后4次分别组织或者伙同王某祥、张某、王某林、王某龙等人驾车将共计475余千克麻黄碱从四川运输至广东贩卖给他人。其中，王某祥参与4次，张某参与3次（共计425千克），王某林参与2次（共计75千克），王某龙参与1次（25千克）。检察院以王某情、王某祥、张某、王某林、王某龙构成制造毒品罪起诉，法院认定，王某情等人构成非法买卖制毒物品罪。

裁判要旨：①以非法贩卖为目的，利用麻黄碱类复方制剂加工、提炼制毒物品的，应认定为非法买卖制毒物品罪。②向他人贩卖制毒物品，没有证据证实行为人明知他人用于制造毒品的，不应认定为制造毒品罪的共犯。

五、非法种植毒品原植物罪

《刑法》第351条　非法种植罂粟、大麻等毒品原植物的，一律强制铲除。有下列情形之一的，处五年以下有期徒刑、拘役或者管制，并处罚金：

（一）种植罂粟五百株以上不满三千株或者其他毒品原植物数量较大的；

---

[1] 叶晓颖等：《〈关于审理毒品犯罪案件适用法律若干问题的解释〉的理解与适用》，载《人民司法》2016年第13期。

[2] 中华人民共和国最高人民法院刑事审判第一、二、三、四、五庭主办：《刑事审判参考》（2012年第4集·总第87集），法律出版社2013年版。

（二）经公安机关处理后又种植的；

（三）抗拒铲除的。

非法种植罂粟三千株以上或者其他毒品原植物数量大的，处五年以上有期徒刑，并处罚金或者没收财产。

非法种植罂粟或者其他毒品原植物，在收获前自动铲除的，可以免除处罚。

（一）构成要件

【对象】罂粟、大麻等毒品原植物。

【行为】非法种植罂粟、大麻等毒品原植物。根据《立案标准（三）》（2012）第7条第2款，种植包括播种、育苗、移栽、插苗、施肥、灌溉、割取津液或者收取种子等行为。

【主观】故意，即明知是毒品原植物而种植。确实不知是毒品原植物的，种植行为不构成本罪。

【罪量】有下列情形之一的，应予立案追诉：①种植毒品原植物数量较大[1]；②经公安机关处理后又种植；③抗拒铲除。

【加重犯】种植毒品原植物数量大。具体标准参见《审理毒品案解释》（2016）第9条第2款。

（二）适用

【不予立案·免除处罚】非法种植罂粟或者其他毒品原植物，在收获前自动铲除的，可以不予立案追诉或者免除处罚。无论种植的数量多大、是否受过公安机关处理、是否曾经抗拒铲除，只要在收获前自动铲除的，都可以不予立案或者免除处罚。[2]

【罪数】非法种植毒品原植物数量较大，又以其为原料制造毒品的，应以制造毒品罪从重处罚。非法种植毒品原植物数量较大，又实施其他制造毒品行为的，应分别定非法种植毒品原植物罪和制造毒品罪，实行数罪并罚。

六、非法买卖、运输、携带、持有毒品原植物种子、幼苗罪

《刑法》第352条 非法买卖、运输、携带、持有未经灭活的罂粟等毒品原植物种子或者幼苗，数量较大的，处三年以下有期徒刑、拘役或者管制，并处或者单处罚金。

【对象】未经灭活的罂粟等毒品原植物种子或者幼苗。买卖、运输、携带、持有已经灭活、不可用于种植的毒品原植物种子或者幼苗的，不构成本罪。

【行为】非法买卖、运输、携带、持有上述植物种子或者幼苗。

【主观】故意，即明知是未经灭活的罂粟等毒品原植物种子或者幼苗而买卖、运输、携带、持有。

【罪量】数量较大。具体标准参见《审理毒品案解释》（2016）第10条。

七、引诱、教唆、欺骗他人吸毒罪·强迫他人吸毒罪

《刑法》第353条 引诱、教唆、欺骗他人吸食、注射毒品的，处三年以下有期徒刑、拘役或者管制，并处罚金；情节严重的，处三年以上七年以下有期徒刑，并处罚金。

强迫他人吸食、注射毒品的，处三年以上十年以下有期徒刑，并处罚金。

引诱、教唆、欺骗或者强迫未成年人吸食、注射毒品的，从重处罚。

---

[1] 关于"数量较大"的具体标准，参见《审理毒品案解释》（2016）第9条第1款。

[2] 韩国沛：《把握两种情形准确理解非法种植毒品原植物罪》，载《检察日报》2016年8月29日，第3版。

(一) 构成要件

1. 引诱、教唆、欺骗他人吸毒罪。

【行为】引诱、教唆、欺骗他人吸食、注射毒品。引诱、教唆他人吸食、注射毒品，指通过向他人宣扬吸食、注射毒品后的感受等方法，诱使、唆使他人吸食、注射毒品的行为。欺骗他人吸食、注射毒品，指采取隐瞒真相或者制造假象等方法使他人吸食、注射毒品的行为。向他人的饮料、食物中投放毒品，欺骗他人饮用、食用的，属于欺骗他人吸毒。

【案例】 **郭某某欺骗他人吸毒案**[1]

2015年，郭某某为寻求刺激，产生给其女友张某甲下"迷药"的想法。此后，郭某某通过网络了解药物属性后多次购买三唑仑、γ-羟丁酸。2015年至2020年间，郭某某趁张某甲不知情，多次将购买的"迷药"放入张某甲的酒水饮料中，致其出现头晕、恶心、呕吐、昏睡等症状。其中，2017年1月，郭某某将三唑仑片偷偷放入张某甲酒中让其饮下，致其昏迷两天。2020年10月5日，郭某某邀请某养生馆工作人员张某乙及其同事王某某到火锅店吃饭。郭某某趁两人离开座位之际，将含有γ-羟丁酸成分的药水倒入两人啤酒杯中。后张某乙将啤酒喝下，王某某察觉味道不对将啤酒吐出。不久，张某乙出现头晕、呕吐、昏迷等症状，被送医救治。张某乙的同事怀疑郭某某下药，遂向公安机关报案。法院以欺骗他人吸毒罪判处郭某某有期徒刑3年6个月，并处罚金人民币3000元。

要旨：行为人明知系国家管制的麻醉药品、精神药品而向他人的饮料、食物中投放，欺骗他人吸食的，应以欺骗他人吸毒罪追究刑事责任。

【主观】故意。出于何种动机，在所不问。

【加重犯】情节严重。具体标准参见《审理毒品案解释》（2016）第11条。

2. 强迫他人吸毒罪。

【行为】强迫他人吸食、注射毒品。指违背他人意志，使用暴力、胁迫或者其他方法，迫使他人吸食、注射毒品的行为。其他方法，包括利用他人处于醉酒状态或者熟睡之机为其注射毒品。被强迫的人吸食、注射毒品后是否成瘾，不影响本罪的成立。强迫"瘾君子"吸毒的，仍可构成本罪。

【案例】 **张某东强迫他人吸毒案**[2]

2014年10月9日18时许，因债务纠纷张某东将吸毒人员刘某胁迫至其家中，用电警棍对刘某进行电击和殴打，而后强迫刘某吸食毒品。当晚10时许，张某东又驾车将刘某带至刘某的家中进行控制，期间，张某东间断地用电警棍对刘某进行电击和殴打，并强迫其吸食毒品法院认为，张某东强迫他人吸食毒品，其行为已构成强迫他人吸毒罪。

要点：只要是违背他人意志迫使他人吸食毒品的，不论被害人是否为吸毒人员，均构成强迫他人吸毒罪。

【主观】故意。出于何种动机，在所不问。

(二) 适用

【罪数】1. 为实施强奸、抢劫等犯罪而引诱、教唆、欺骗他人吸食毒品的，按处罚较重的罪名追究刑事责任。

2 强迫他人吸毒过程中暴力致人重伤、死亡的，应以强迫他人吸毒罪与故意伤害罪或者故意杀人罪数罪并罚；但是，行为人在强迫他人吸食、注射毒品过程中，因捆绑、殴打致人轻伤

---

[1] 最高人民检察院指导性案例第152号。
[2] 河南省洛阳市瀍河回族区人民法院（2015）瀍刑初字第11号刑事判决书。

的，从一重罪即按强迫他人吸毒罪处罚。

八、容留他人吸毒罪

《刑法》第354条　容留他人吸食、注射毒品的，处三年以下有期徒刑、拘役或者管制，并处罚金。

【行为】容留他人吸食、注射毒品。指为他人吸食、注射毒品提供场所的行为。成立本罪，首先，容留者必须拥有对场所的支配、控制权；其次，未经容留者允许，被容留者不享有场所使用权的情形。

【案例】**聂某凯容留他人吸毒案**[1]

2013年2月至同年8月，吸毒人员宋某、张某、池某、江某（未成年人）、易某先后入住聂某凯经营的"平安旅馆"吸食毒品。聂某凯在送毛巾等物品到上述人员入住的房间时，看见他们吸食毒品未予制止，也未向公安机关报告。聂某凯到案后如实供述了自己的罪行。法院以聂某凯犯容留他人吸毒罪，判处拘役5个月，并处罚金1000元。但此种情形毕竟不同于事先明知他人吸食毒品而提供场所的行为，旅馆经营者也没有从吸毒人员处收取除应收房费外的其他费用，故量刑时可以酌情从轻处罚。

裁判要旨：旅馆经营者发现入住客人吸食毒品后不予制止且未报告公安机关的，其行为属于放任他人吸毒，应以容留他人吸毒罪论处。

此外，对场所有共同居住、使用权的一方，放任另一方在共同的住所内容留他人吸食、注射毒品的，因放任者不符合认定为犯罪的条件，对其不应以容留他人吸毒罪定罪处罚。[2]

【主观】故意。出于何种目的、动机，在所不问。

【定罪】《刑法》第354条未设置罪量要素，但根据《审理毒品案解释》（2016）第12条，容留他人吸食、注射毒品，具有下列情形之一的，才能追究刑事责任：①1次容留多人吸食、注射毒品；②2年内多次容留他人吸食、注射毒品；③2年内曾因容留他人吸食、注射毒品受过行政处罚；④容留未成年人吸食、注射毒品；⑤以牟利为目的容留他人吸食、注射毒品；[3] ⑥容留他人吸食、注射毒品造成严重后果；⑦其他应当追究刑事责任的情形。实践中，可将行为人"曾因容留他人吸食、注射毒品受过刑事处罚的"认定为"其他应当追究刑事责任的情形"。需要注意：行为人不构成累犯的，依法定罪处罚；行为人构成累犯的，可只认定累犯但不予从重处罚，以免重复评价。

容留近亲属吸食、注射毒品，情节显著轻微危害不大的，不作为犯罪处理；需要追究刑事责任的，可酌情从宽处罚。

【罪数】向他人贩卖毒品后又容留其吸食、注射的，或者容留他人吸食、注射毒品并向其贩卖的，符合容留他人吸毒罪构成要件的，以贩卖毒品罪和容留他人吸毒罪数罪并罚。但是，对于实践中常见的多次让他人在相关场所"试吸"毒品后向其贩卖的，因让他人"试吸"毒品的行为属于贩毒之手段，故以贩卖毒品罪一罪论处，不另定容留他人吸毒罪。

---

[1] 中华人民共和国最高人民法院刑事审判第一、二、三、四、五庭主办：《刑事审判参考》（2014年第5集·总第100集），法律出版社2015年版，第78~79页。

[2] 叶晓颖等：《〈关于审理毒品犯罪案件适用法律若干问题的解释〉的理解与适用》，载《人民司法》2016年第13期。

[3] 主要指为赚取场所使用费或者为了招揽生意而容留他人吸食、注射毒品的情形，如专门开设地下烟馆容留他人吸食、注射毒品并收取场地使用费，或者娱乐场所经营者、管理者为招揽生意而容许顾客在场所内吸食、注射毒品的。

九、非法提供麻醉药品、精神药品罪

《刑法》第355条 依法从事生产、运输、管理、使用国家管制的麻醉药品、精神药品的人员，违反国家规定，向吸食、注射毒品的人提供国家规定管制的能够使人形成瘾癖的麻醉药品、精神药品的，处三年以下有期徒刑或者拘役，并处罚金；情节严重的，处三年以上七年以下有期徒刑，并处罚金。向走私、贩卖毒品的犯罪分子或者以牟利为目的，向吸食、注射毒品的人提供国家规定管制的能够使人形成瘾癖的麻醉药品、精神药品的，依照本法第三百四十七条的规定定罪处罚。

单位犯前款罪的，对单位判处罚金，并对其直接负责的主管人员和其他直接责任人员，依照前款的规定处罚。

（一）构成要件

【主体】特殊主体，限于依法从事生产、运输、管理、使用国家管制的麻醉药品、精神药品的人员以及相关单位。

【对象】国家规定管制的能够使人形成瘾癖的麻醉药品、精神药品。

【行为】违反国家规定，向吸食、注射毒品的人提供上述麻醉药品、精神药品。本罪的提供必须是无偿的。

【主观】①故意，即明知是吸食、注射毒品的人，仍向其提供国家规定管制的能够使人形成瘾癖的麻醉药品、精神药品。②无牟利目的。

【加重犯】情节严重。具体标准参见《审理毒品案解释》（2016）第13条第2款。

（二）适用

【定罪】依法从事生产、运输、管理、使用国家管制的麻醉药品、精神药品的单位和人员，非法向走私、贩卖毒品的犯罪分子提供麻醉药品、精神药品的，以走私、贩卖毒品罪论处；以牟利为目的向吸毒者提供的，以贩卖毒品罪论处。

十、妨害兴奋剂管理罪[1]

《刑法》第355条之一 引诱、教唆、欺骗运动员使用兴奋剂参加国内、国际重大体育竞赛，或者明知运动员参加上述竞赛而向其提供兴奋剂，情节严重的，处三年以下有期徒刑或者拘役，并处罚金。

组织、强迫运动员使用兴奋剂参加国内、国际重大体育竞赛的，依照前款的规定从重处罚。

（一）构成要件

【行为】本罪的行为方式包括：

1. 引诱、教唆、欺骗运动员使用兴奋剂参加国内、国际重大体育竞赛。引诱，指以各种利益、好处诱导运动员使用兴奋剂。教唆，指劝说、唆使运动员使用兴奋剂。欺骗，指编造、隐瞒兴奋剂的性质或者作用，使运动员在没有正确认识的情况下使用兴奋剂。

2. 为参加国内、国际重大体育竞赛的运动员提供兴奋剂。提供，指向运动员给予、交付兴奋剂，包括有偿提供和无偿提供。

3. 组织、强迫运动员使用兴奋剂参加国内、国际重大体育竞赛。组织，指指使多名运动员有组织地使用兴奋剂。强迫，指采用暴力、威胁或者其他手段，违背运动员意志，迫使其使用兴奋剂。

上述行为中，运动员使用兴奋剂必须是参加国内、国际重大体育竞赛。引诱、教唆、欺

---

[1] 本罪由《刑法修正案（十一）》增设。

骗、组织、强迫运动员使用兴奋剂参加国内、国际一般赛事或者省、市级比赛的，不构成本罪。运动员自愿使用兴奋剂的，也不构成本罪，但不排除成立非法持有毒品罪。"参加"国内、国际重大体育竞赛，不是一个时间点，而是一个时间段。"在筹备训练中使用兴奋剂，如果能在竞赛中发挥作用的，都应理解为'参加'这一过程的开始。"[1]

【主观】故意。

【罪量】引诱、教唆、欺骗运动员使用兴奋剂参加国内、国际重大体育竞赛，或者明知运动员参加上述竞赛而向其提供兴奋剂，情节严重的，才构成犯罪。组织、强迫运动员使用兴奋剂参加国内、国际重大体育竞赛的，构成犯罪无此要求。

（二）适用

【关联罪】本罪与组织考试作弊罪的区别。要点是实行行为针对的内容不同。本罪的实行行为针对的是"国内、国际重大体育竞赛"，组织考试作弊罪的实行行为针对的是"法律规定的国家考试"。在普通高等学校招生、公务员录用等法律规定的国家考试所涉及的体育、体能测试等体育运动中，组织考生非法使用兴奋剂的，是组织考试作弊罪。

【罪数】1. 妨害兴奋剂管理，同时触犯本罪和引诱、教唆、欺骗他人吸毒罪或者强迫他人吸毒罪的，是想象竞合犯，从一重罪论处。

2. 对未成年人、残疾人负有监护、看护职责的人，引诱、教唆、欺骗、组织、强迫未成年运动员、残疾运动员在国内、国际重大体育竞赛中使用兴奋剂，同时构成本罪和虐待被监护、看护人罪的，是想象竞合犯，从一重罪论处。

第八节　组织、强迫、引诱、容留、介绍卖淫罪

一、组织卖淫罪·强迫卖淫罪·协助组织卖淫罪

《刑法》第358条　组织、强迫他人卖淫的，处五年以上十年以下有期徒刑，并处罚金；情节严重的，处十年以上有期徒刑或者无期徒刑，并处罚金或者没收财产。

组织、强迫未成年人卖淫的，依照前款的规定从重处罚。

犯前两款罪，并有杀害、伤害、强奸、绑架等犯罪行为的，依照数罪并罚的规定处罚。

为组织卖淫的人招募、运送人员或者有其他协助组织他人卖淫行为的，处五年以下有期徒刑，并处罚金；情节严重的，处五年以上十年以下有期徒刑，并处罚金。

（一）构成要件

1. 组织卖淫罪。

【行为】组织他人卖淫。即以招募、雇用、纠集等手段，管理或者控制他人卖淫，且卖淫人员在3人以上。组织者是否设置固定的卖淫场所、卖淫者人数多少、规模大小，不影响组织卖淫行为的认定。

他人，指除自己之外的所有人，包括男性。卖淫，指出卖肉体的行为。对于向同性出卖肉体的，有案例认定为卖淫。[2] 为了与按摩等色情服务相区别，刑法意义的卖淫一般掌握为"性进入"。所谓"性进入"，是指出于满足性欲而使人体一部分或者物体进入到另一人的身体

---

[1] 时延安、陈冉、敖博：《〈刑法修正案（十一）〉评注与案例》，中国法制出版社2021年版，第498页。

[2] 参见江苏省南京市秦淮区人民法院（2004）秦刑初字第11号刑事判决书。这表明卖淫不限于男女性交，也包括同性性行为。

内。如此一来，将"性进入"之外的色情活动排除在刑法意义的卖淫之外。

【主观】故意。

【加重犯】情节严重。具体标准参见《办理组织卖淫等案解释》（2017）第 2 条、第 6 条第 2 款。

2. 强迫卖淫罪。

【行为】强迫他人卖淫，指违背他人的意志，以暴力、胁迫或者其他方法迫使他人卖淫。

【主观】故意。

【加重犯】情节严重。具体标准参见《办理组织卖淫等案解释》（2017）第 6 条第 1 款、第 2 款。

3. 协助组织卖淫罪。

【行为】协助组织卖淫。常见的协助行为有为组织卖淫的人招募、运送人员，充当保镖、打手、管账人等。在具有营业执照的会所、洗浴中心等经营场所担任保洁员、收银员、保安员等，从事一般服务性、劳务性工作，仅领取正常薪酬，且无前述协助组织卖淫行为的，不构成协助组织卖淫罪。

【主观】故意，即明知是组织卖淫的人，仍为其招募、运送人员或者有其他协助行为。

【加重犯】情节严重。具体标准参见《办理组织卖淫等案解释》（2017）第 5 条。

（二）适用

【定罪】1. 根据《刑法》第 361 条，旅馆业、饮食服务业、文化娱乐业、出租汽车业等单位的人员，利用本单位的条件，组织、强迫他人卖淫的，以组织卖淫罪、强迫卖淫罪定罪处罚。上述单位的主要负责人，犯组织卖淫罪、强迫卖淫罪的，从重处罚。

2. 对协助组织卖淫的行为，不能以组织卖淫罪的共犯（从犯）定罪处罚。因为分则已将这种行为规定为独立的犯罪类型，故不再适用总则共犯的一般规定。

【罪数】1. 在组织卖淫过程中，对被组织卖淫的人有引诱、容留、介绍卖淫行为的，依照处罚较重的规定定罪处罚。但是，对被组织卖淫的人以外的其他人有引诱、容留、介绍卖淫行为的，应分别定罪，实行数罪并罚。值得思考的是，既组织卖淫，又对被组织者有强迫行为的，应如何评价？按照最高人民法院对《办理组织卖淫等案解释》（2017）的解读，应以组织、强迫卖淫罪定罪处罚。[1] 如此认定的障碍在于，根据《罪名规定》（1997），《刑法》第 358 条第 1 款所涉罪名并非选择罪名，而是两个独立的罪名——组织卖淫罪·强迫卖淫罪。现阶段更适宜的做法似乎是从一重罪论处。

2. 犯组织卖淫罪、强迫卖淫罪，并有杀害、伤害、强奸、绑架等犯罪行为的，依照数罪并罚的规定处罚。协助组织卖淫者参与实施上述行为的，以共同犯罪论处。

需要注意的是，《刑法修正案（九）》颁布之前，《刑法》第 358 条曾将"强奸后迫使卖淫"规定为强迫卖淫罪的加重事由，现已修改为数罪并罚。但是，对于为迫使妇女卖淫而将其强奸，但尚未着手实施强迫卖淫行为的，应认定为强迫卖淫罪（预备）和强奸罪的想象竞合，从一重罪定罪处罚。

此外，由于《刑法修正案（九）》已经将杀人、伤害、强奸、绑架从组织卖淫罪、强迫卖淫罪中剥离出来，作为独立的犯罪处理，所以，组织、强迫卖淫者和协助组织卖淫者在杀人、伤害、强奸、绑架犯罪中的地位、作用，并不一定依照他们在组织卖淫罪、强迫卖淫罪中

---

[1] 周峰等：《〈关于审理组织、强迫、引诱、容留、介绍卖淫刑事案件适用法律若干问题的解释〉的理解与适用》，载《人民司法》2017 年第 25 期。

的地位、作用来认定,而应依照他们在杀人、伤害、强奸、绑架犯罪中的具体情况确定主从犯地位。[1]

二、引诱、容留、介绍卖淫罪·引诱幼女卖淫罪

《刑法》第 359 条　引诱、容留、介绍他人卖淫的,处五年以下有期徒刑、拘役或者管制,并处罚金;情节严重的,处五年以上有期徒刑,并处罚金。

引诱不满十四周岁的幼女卖淫的,处五年以上有期徒刑,并处罚金。

(一) 构成要件

1. 引诱、容留、介绍卖淫罪。

【行为】引诱、容留、介绍他人卖淫。引诱,指利用钱财等手段诱使本没有卖淫意思的人从事卖淫活动。容留,指提供场所供他人卖淫使用。

【案例】　　　　　　　杨某、米某容留卖淫案[2]

杨某、米某系夫妻,二人与子女均住在五里沟村 113 号院内,且长期将院内自有住房对外出租。2006 年 4 月 27 日、6 月 5 日、7 月 27 日,公安机关将在上述地点从事卖淫活动的承租人彭某、李某、刘某、孙某、王某、付某 6 人抓获,且将容留卖淫的杜某抓获。同年 8 月初和 10 月 12 日,民警多次告知杨某承租户中存在卖淫嫖娼的嫌疑。杨某、米某在明知皮某、王某等人长期从事卖淫活动的情况下,仍将该院内房屋出租给上述人员。同年 10 月 17 日 11 时许,民警将从事卖淫活动的皮某、王某、杜某抓获,当日亦将二被告人抓获。法院以容留卖淫罪分别对杨某、米某判处有期徒刑 5 年,并处罚金 5000 元。

裁判要旨:明知他人在出租房内从事卖淫活动仍出租房屋的行为,应认定为容留卖淫罪。但实践中房东出租房屋并疏于管理的现象较为普遍,对于承租者从事违法犯罪活动,房东不具备前述情形的,一般只承担行政违法责任。

介绍,指为卖淫人员招徕嫖客。为嫖客介绍、指引、推荐嫖娼场所的,属于介绍嫖娼而非介绍卖淫。例如,行为人临时起意为他人介绍嫖娼,自己与卖淫者并不相识的,或者根据市场讯息,自己介绍嫖客到某处进行嫖娼,又或者根据自己曾经嫖娼的经历和熟悉处所,带领嫖客到该处所进行嫖娼的。但如果行为人基于其与卖淫人员的约定,介绍嫖客与该卖淫人员进行卖淫嫖娼活动的,或者基于其与某介绍卖淫者的约定,介绍嫖客通过该介绍卖淫者与卖淫人员进行卖淫嫖娼活动的,实际上表现为"介绍嫖娼者"与"介绍卖淫者"的双重身份,可构成介绍卖淫罪。

【主观】故意。至于是否以营利为目的,不影响本罪的成立。

【加重犯】情节严重。具体标准参见《办理组织卖淫等案解释》(2017) 第 9 条。值得注意的是,虽然引诱、容留、介绍卖淫罪作为选择罪名,被规定于同一罪刑条款中,但司法解释将引诱他人卖淫与容留、介绍他人卖淫区别对待,引诱他人卖淫成立加重犯的门槛明显低于容留、介绍他人卖淫。从对象人数上看,引诱 5 人以上卖淫的,即为"情节严重";容留、介绍 10 人以上卖淫的,才达到"情节严重"的标准。这是因为"从罪质看,引诱他人卖淫,是让一个本没有卖淫意愿的人走上了卖淫的道路,而容留、介绍卖淫的对象,本身就是曾经卖淫或

---

[1] 缐杰、卢宇蓉、吴飞飞:《〈关于办理组织、强迫、引诱、容留、介绍卖淫刑事案件适用法律若干问题的解释〉解读》,载《人民检察》2017 年第 21 期。

[2] 中华人民共和国最高人民法院刑事审判第一、二、三、四、五庭主办:《刑事审判参考》(2011 年第 2 集·总第 79 集),法律出版社 2011 年版,第 70~74 页。

者是具有卖淫意愿的人"。[1]

2. 引诱幼女卖淫罪。

【对象】不满14周岁的幼女。引诱不满14周岁的男童卖淫的，构成引诱卖淫罪，而非本罪。

【行为】引诱幼女卖淫。

【主观】故意，即明知是不满14周岁的幼女而引诱其卖淫。

(二) 适用

【关联罪】引诱、容留、介绍卖淫罪与组织卖淫罪的界限。

【案例】 **张某方、冯某明组织卖淫案**[2]

2011年3月至2012年7月期间，张某方、冯某明租用广东省广州市番禺区大石街大山村大涌路275号之七的出租屋作为卖淫场所，由同案人彭某军（已判刑）、"小胖"（另案处理）负责拉客及收取嫖资，组织王某、张某、王某玉等10名妇女，以每次100元的价格进行卖淫活动，从中谋取非法利益。2012年10月至2013年1月期间，张某方伙同他人租用了广东省广州市番禺区大石街大山村富山二街5号之一的出租房作为卖淫场所，组织胡某、杨某某、陈某某等3名妇女，以每次130元的价格进行卖淫活动，从中谋取非法利益。法院认为，张某方、冯某明虽然没有从人身自由上对卖淫女实施严格的控制行为，但实施了对多名卖淫女卖淫活动的管理行为，具体体现在：①提供固定卖淫场所；②规定上班时间和地点；③雇佣人员负责拉客，为卖淫女提供客源；④规定卖淫收入的分配比例，先由被告人收取嫖资后分配；⑤为卖淫活动寻求保护。这些特征均为单一的引诱、容留、介绍卖淫罪所不能涵括，其行为已构成组织卖淫罪。

要点：区分组织卖淫罪和引诱、容留、介绍卖淫罪的关键在于，行为人是否对卖淫者具有管理、控制等组织行为。如果行为人只是实施了容留、介绍甚至引诱卖淫的行为，没有对卖淫活动进行组织的，就不能以组织卖淫罪定罪处罚。

【罪数】1. 引诱、容留、介绍卖淫罪是选择罪名。引诱、容留、介绍他人卖淫这三种行为，不论是同时实施还是只实施其中一种，均构成本罪。例如，介绍他人卖淫的，定介绍卖淫罪；兼有引诱、容留、介绍他人卖淫行为的，定引诱、容留、介绍卖淫罪，不实行数罪并罚。

2. 如果只是容留、介绍幼女卖淫，则不成立引诱幼女卖淫罪，仅成立容留、介绍卖淫罪。引诱幼女卖淫，又容留、介绍其卖淫的，对引诱幼女卖淫罪与容留、介绍卖淫罪分别定罪，实行数罪并罚。既引诱幼女卖淫，又引诱其他人员卖淫的，既构成引诱幼女卖淫罪，又构成引诱卖淫罪，应数罪并罚。

3. 利用信息网络发布招嫖信息，情节严重的，依照《刑法》第287条之一，以非法利用信息网络罪论处。同时构成介绍卖淫罪的，依照处罚较重的规定定罪处罚。

三、传播性病罪

《刑法》第360条 明知自己患有梅毒、淋病等严重性病卖淫、嫖娼的，处五年以下有期徒刑、拘役或者管制，并处罚金。

(一) 构成要件

【主体】特殊主体，限于患有梅毒、淋病等严重性病的人。其他性病是否认定为"严重性

---

[1] 周峰等：《〈关于审理组织、强迫、引诱、容留、介绍卖淫刑事案件适用法律若干问题的解释〉的理解与适用》，载《人民司法》2017年第25期。

[2] 广东省高级人民法院（2014）粤高法刑一终字第13号刑事判决书。

病",应根据《传染病防治法》《性病防治管理办法》的规定,在国家卫生健康委员会规定实行性病监测的性病范围内,依照其危害、特点与梅毒、淋病相当的原则,从严掌握。

【行为】卖淫或者嫖娼。至于是否实际造成他人患上严重性病的结果,不影响本罪的成立。如果行为人通过恋爱、婚姻、强奸等方式将性病传染给他人,或者将病菌通过衣裤、浴缸、毛巾等物品传染给他人,不构成本罪。

【主观】故意,即明知自己患有梅毒、淋病等严重性病而卖淫或者嫖娼。有下列情形之一的,可认定行为人"明知":①有证据证明曾到医院或者其他医疗机构就医或者检查,被诊断为患有严重性病的;②根据本人的知识和经验,能够知道自己患有严重性病的;③通过其他方法能够证明行为人是"明知"的。

(二) 适用

【关联罪】本罪与故意伤害罪的界限。明知自己患有艾滋病或者感染艾滋病病毒而卖淫、嫖娼的,仍以传播性病罪定罪,从重处罚。但具有下列情形之一,致使他人感染艾滋病病毒的,认定为《刑法》第95条第3项"其他对于人身健康有重大伤害"所指的"重伤",以故意伤害罪定罪处罚:①明知自己感染艾滋病病毒而卖淫、嫖娼的;②明知自己感染艾滋病病毒,故意不采取防范措施而与他人发生性关系的。[1]

【罪数】组织、强迫、引诱、容留、介绍有性病的人卖淫的,只定组织卖淫罪、强迫卖淫罪或者引诱、容留、介绍卖淫罪一罪,从重处罚。

第九节 制作、贩卖、传播淫秽物品罪

一、制作、复制、出版、贩卖、传播淫秽物品牟利罪·为他人提供书号出版淫秽书刊罪

《刑法》第363条 以牟利为目的,制作、复制、出版、贩卖、传播淫秽物品的,处三年以下有期徒刑、拘役或者管制,并处罚金;情节严重的,处三年以上十年以下有期徒刑,并处罚金;情节特别严重的,处十年以上有期徒刑或者无期徒刑,并处罚金或者没收财产。

为他人提供书号,出版淫秽书刊的,处三年以下有期徒刑、拘役或者管制,并处或者单处罚金;明知他人用于出版淫秽书刊而提供书号的,依照前款的规定处罚。

(一) 构成要件

1. 制作、复制、出版、贩卖、传播淫秽物品牟利罪。

【对象】淫秽物品。《刑法》第367条规定:"本法所称淫秽物品,是指具体描绘性行为或者露骨宣扬色情的诲淫性的书刊、影片、录像带、录音带、图片及其他淫秽物品。有关人体生理、医学知识的科学著作不是淫秽物品。包含有色情内容的有艺术价值的文学、艺术作品不视为淫秽物品。"《办理淫秽电子信息刑案解释》(2004) 第9条规定,《刑法》第367条第1款规定的"其他淫秽物品",包括具体描绘性行为或者露骨宣扬色情的诲淫性的视频文件、音频文件、电子刊物、图片、文章、短信息等互联网、移动通讯终端电子信息和声讯台语音信息。有关人体生理、医学知识的电子信息和声讯台语音信息不是淫秽物品。包含色情内容的有艺术价值的电子文学、艺术作品不视为淫秽物品。

【行为】本罪的行为方式包括:①制作,指生产、录制、摄制、编写、绘画、印刷等产生淫秽物品的行为。②复制,指以印刷、复印、拓印、录音、录像、翻录、翻拍等方式将淫秽物

---

[1] 《办理组织卖淫等案解释》(2017) 第12条第2款。

品制作一份或者多份的行为。③出版，指将淫秽物品编辑、印刷后，公开发行的行为。不具有出版资格的单位或者个人擅自编辑、印刷淫秽物品的，是制作而非出版。④贩卖，指销售淫秽物品的行为，包括批发、零售、倒卖等行为，既包括将淫秽物品的载体销售给他人，也包括允许他人有偿观看、收听淫秽视频、录音等。⑤传播，指通过播放、出租、出借、承运、邮寄、携带等方式使淫秽物品流传或者使淫秽物品的内容扩散的行为。

根据司法解释，以牟利为目的，利用互联网、移动通讯终端制作、复制、出版、贩卖、传播淫秽电子信息的；利用聊天室、论坛、即时通信软件、电子邮件等方式制作、复制、出版、贩卖、传播淫秽电子信息的；利用手机存储卡、U盘等移动存储介质复制、贩卖淫秽电子信息的，均可构成本罪。

实施制作、复制、出版、贩卖、传播行为之一的，即构成本罪。同时实施数个行为的，也只认定为一罪，不数罪并罚。

【主观】故意，并具有牟利目的。至于是否实际获利，在所不问。

【加重犯】本罪有两档加重犯，分别以"情节严重"和"情节特别严重"为要件。具体标准参见《审理非法出版物刑案解释》（1998）第8条第2款、第3款，《办理淫秽电子信息刑案解释》（2004）第2条、第5条第2款以及《办理传播淫秽电子信息刑案解释（二）》（2010）第1条第3款、第4条第2款、第6条第2款、第7条第2款。

鉴于现在网络进入"云时代"，一个网络云盘可存储数以千计的淫秽影片，直接在网上售卖云盘账号密码即可，价格仅数元、数十元。上述司法解释规定的定罪量刑标准显然已经不适合"云时代"传播淫秽物品的现状。因此，《利用云盘传播淫秽信息的批复》（2017）指出，对于以牟利为目的，利用网络云盘制作、复制、贩卖、传播淫秽电子信息的行为，在追究刑事责任时，鉴于网络云盘的特点，不应单纯考虑制作、复制、贩卖、传播淫秽电子信息的数量，还应充分考虑传播范围、违法所得、行为人一贯表现以及淫秽电子信息、传播对象是否涉及未成年人等情节，综合评估社会危害性，恰当裁量刑罚，确保罪责刑相适应。

2. 为他人提供书号出版淫秽书刊罪。

【行为】为他人提供书号，出版淫秽书刊。本罪中的书号，既包括中国标准书号，还包括中国标准刊号和中国标准版号。为他人提供版号，出版淫秽音像制品的，也构成本罪。

【主观】过失，即应当预见为他人提供书号，可能用于淫秽书刊的出版，因疏忽大意而没有预见，或者已经预见而轻信能够避免，以致淫秽书刊出版。明知他人用于出版淫秽书刊而提供书号的，依照前款的规定，以出版淫秽物品牟利罪论处。

（二）适用

【定罪】根据《办理传播淫秽电子信息刑案解释（二）》（2010），有下列行为之一的，以本罪论处：①以牟利为目的，网站建立者、直接负责的管理者明知他人制作、复制、出版、贩卖、传播的是淫秽电子信息，允许或者放任他人在自己所有、管理的网站或者网页上发布；②网站建立者、直接负责的管理者明知他人制作、复制、出版、贩卖、传播的是淫秽电子信息，允许或者放任他人在自己所有、管理的网站或者网页上发布；③电信业务经营者、互联网信息服务提供者明知是淫秽网站，为其提供互联网接入、服务器托管、网络存储空间、通讯传输通道、代收费等服务，并收取服务费。

司法解释作出上述规定，旨在提示可以成立本罪共犯的典型情形。但上述规定既不是共犯行为正犯化，所以，能否成立帮助犯，仍需根据总则共同犯罪的规定具体认定；而且，上述规定也没有排除网络服务提供者、电信业务经营者成立本罪正犯的可能性，"快播公司、王欣等传播淫秽物品牟利案"[1] 中快播公司对他人所上传淫秽视频的缓存行为，即可评价为本罪之"传播"，从而构成传播淫秽物品牟利罪的正犯。

二、传播淫秽物品罪·组织播放淫秽音像制品罪

《刑法》第364条　传播淫秽的书刊、影片、音像、图片或者其他淫秽物品，情节严重的，处二年以下有期徒刑、拘役或者管制。

组织播放淫秽的电影、录像等音像制品的，处三年以下有期徒刑、拘役或者管制，并处罚金；情节严重的，处三年以上十年以下有期徒刑，并处罚金。

制作、复制淫秽的电影、录像等音像制品组织播放的，依照第二款的规定从重处罚。

向不满十八周岁的未成年人传播淫秽物品的，从重处罚。

（一）构成要件

1. 传播淫秽物品罪。

【对象】淫秽的书刊、影片、音像、图片或者其他淫秽物品。

【行为】传播淫秽的书刊、影片、音像、图片或者其他淫秽物品。本罪之"传播"与传播淫秽物品牟利罪之"传播"，行为内容相同。

【主观】故意，且不以牟利为目的。以牟利为目的，传播淫秽物品的，构成传播淫秽物品牟利罪。

【罪量】情节严重。具体标准参见《办理淫秽电子信息刑案解释》（2004）第3条和《办理传播淫秽电子信息刑案解释（二）》（2010）第2条第2款。

值得注意的是，根据《办理传播淫秽电子信息刑案解释（二）》（2010）第3条，利用互联网建立主要用于传播淫秽电子信息的群组，成员达30人以上或者造成严重后果的，对建立者、管理者和主要传播者，以传播淫秽物品罪定罪处罚。该规定不以传播电子信息的数量、点击数作为定罪量刑的标准，主要考虑到群组具有人员的封闭性和受众的特定性，在线聊天和传播淫秽电子信息时，如果不屏蔽消息，受众都可以接收。如果以传播电子信息的数量计算，从传播者的角度考虑过于放纵，从受众的角度考虑又太严苛。

【案例】　　　　　　　**胡某等传播淫秽物品案**[2]

2009年4、5月份，陈某为与他人共享淫秽视频，用自己的QQ号码在互联网上创建了一个名称为"S1影视公司"的高级群。胡某为共享淫秽视频，充当该高级群的管理员，介绍、验证其他成员加入该群。同年5、6月份，作为该群成员的高某平为提高权限，取得管理员资格，共上传了淫秽视频种子文件166个。陈某哲在群成员索要淫秽视频的情况下，将种子文件"苍井空55部合集"上传到该群共享空间中。截至2009年10月13日，该群成员达300余人，高某平上传的种子文件中能下载观看的视频文件达50个，陈某哲上传的种子文件中能下载观看的视频文件达55个。经鉴定，上述105个视频文件均为淫秽物品。另查明，陈某、胡某均未上传淫秽视频，案发时高某平、陈某哲均已退出该群。法院以传播淫秽物品罪，对陈某、胡某、高某平、陈某哲各处拘役3个月，其中陈某缓刑4个月。

裁判要旨：利用群组传播淫秽电子信息的定罪标准，不同于《办理传播淫秽电子信息刑案解释（二）》（2010）第2条的规定，不以计算传播电子信息的数量、点击数作为定罪量刑的

---

[1] 参见北京市海淀区人民法院（2015）海刑初字第512号刑事判决书；北京市第一中级人民法院（2016）京01刑终592号刑事裁定书。

[2] 中华人民共和国最高人民法院刑事审判第一、二、三、四、五庭主办：《刑事审判参考》（2011年第1集·总第78集），法律出版社2011年版，第59~60、62页。

标准，而是依据成员数量和后果进行认定。

2. 组织播放淫秽音像制品罪。

【对象】淫秽的电影、录像等音像制品。

【行为】组织播放淫秽的电影、录像等音像制品。

【主观】故意，且不以牟利为目的。以牟利为目的，组织播放淫秽音像制品的，构成传播淫秽物品牟利罪。

【加重犯】情节严重。

（二）适用

【定罪】虽然《刑法》第364条第2款并未规定罪量要素，但成立组织播放淫秽音像制品罪，仍需满足一定要求。根据《审理非法出版物刑案解释》（1998）第10条第2款，组织播放淫秽音像制品达15~30场次以上或者造成恶劣社会影响的，才构成本罪。

【关联罪】组织播放淫秽音像制品罪与传播淫秽物品罪之间，是法条竞合关系，前罪为特别规定，须以组织播放这一特定的传播方式实施，且对象限于淫秽的电影、录像等音像制品。

【罪数】根据《刑法》第364条第3款，不以牟利为目的，制作、复制淫秽的电影、录像等音像制品组织播放的，以组织播放淫秽音像制品罪定罪，从重处罚。如果以牟利为目的实施上述行为，则成立制作、复制、传播淫秽物品牟利罪。

三、组织淫秽表演罪

《刑法》第365条 组织进行淫秽表演的，处三年以下有期徒刑、拘役或者管制，并处罚金；情节严重的，处三年以上十年以下有期徒刑，并处罚金。

（一）构成要件

【行为】组织进行淫秽表演，指以策划、招募、强迫、雇用、引诱、提供场地、提供资金等手段，对淫秽表演及其表演者进行管理、控制、安排。根据《立案标准（一）》（2008）第86条，淫秽表演包括：①裸体表演；②利用性器官进行诲淫性表演；③半裸体或者变相裸体表演并通过语言、动作具体描绘性行为；等等。

【案例】 **董某尧组织淫秽表演案**[1]

2009年5月至2011年2月，董某尧单独或伙同蔡某明、沈某等人（均另案处理），由董某尧寻找模特或由蔡某明、沈某等人招募模特提供给董某尧，再由董某尧通过互联网发布人体模特私拍摄影信息，并招募参与私拍活动的摄影者，租借公寓或预订宾馆客房作为拍摄场地，安排模特分场次供摄影者拍摄，在拍摄过程中要求模特按照摄影者的需要，全裸、暴露生殖器以及摆出各种淫秽姿势。经鉴定，董某尧组织的私拍活动中有20余场系淫秽表演。法院认为，在被告人组织的人体摄影活动中，模特裸露生殖器、摆出淫秽姿势，通过其形体、动作等可感受的形式将相关信息传递给拍摄者，满足了拍摄者感官上的需求，在性质上不仅属于表演行为，而且也会给作为观看者的摄影者带来不正当的性刺激、性兴奋，进而危害社会的健康性风尚，属于刑法上的淫秽表演，故以组织淫秽表演罪，判处董某尧有期徒刑4年，并处罚金8000元。

裁判要旨：招募模特和摄影者要求模特暴露生殖器、摆出淫秽姿势供摄影者拍摄的，构成组织淫秽表演罪。采取"一对一"的形式，即让1名模特在1名摄影者面前进行淫秽表演，因受众具有不特定性，亦应包含在上述情形内。

---

[1] 中华人民共和国最高人民法院刑事审判第一、二、三、四、五庭主办：《刑事审判参考》（2012年第2集·总第85集），法律出版社2012年版，第88~92页。

【主观】故意。

【加重犯】情节严重。一般指多次组织淫秽表演；以暴力、胁迫或者其他手段强迫他人进行淫秽表演；社会影响极其恶劣；观看人数多、表演时间长、表演内容极其诲淫；在未成年人中传播，造成严重后果；等等。

(二) 适用

【定罪】本罪处罚的是淫秽表演的组织行为、管理行为。表演行为本身，通常不认为是犯罪。表演者一般是被组织者，通常也不认为是本罪的共犯，但如果表演者本人也参与组织管理活动的，可构成本罪。

第七章
危害国防利益罪

第一节 危害国防利益罪概述

危害国防利益罪，指故意或者过失危害国防利益，依照法律应受刑罚处罚的一类犯罪行为。

1997年《刑法》分则第7章规定的危害国防利益罪，共计14个条文，23个罪名。《刑法修正案（五）》增设了过失损坏武器装备、军事设施、军事通信罪。根据是否以"战时"为犯罪构成要件，可以分为平时危害国防利益的犯罪和战时危害国防利益的犯罪。

国防利益是这一类犯罪的同类客体。所谓国防利益，是指满足国家防备和抵御外来侵略，制止武装颠覆，保卫其主权统一、领土完整和安全需要的保障条件。国防利益是从国家的生存发展需要与外部世界的联系中产生的，并体现在国防物质基础、作战和军事行动、国防管理秩序、武装力量建设等方面。这是本类犯罪区别于其他犯罪的主要特征。

在定罪方面应注意本章与其他章规定的在行为方式上近似犯罪的区别。如阻碍军人执行职务罪与妨害公务罪的区别，冒充军人招摇撞骗罪与招摇撞骗罪的区别，破坏武器装备、军事设施、军事通信罪与破坏广播电视设施、公用电信设施罪的区别等。区别的要点一般是客体与行为对象不同。在发生法条竞合的情况下，一般优先适用本章的规定定罪处罚，因为本章的规定比《刑法》其他章的规定（军人违反职责罪一章除外）更为具体、特殊。

第二节 平时危害国防利益罪

一、阻碍军人执行职务罪·阻碍军事行动罪

《刑法》第368条 以暴力、威胁方法阻碍军人依法执行职务的，处三年以下有期徒刑、拘役、管制或者罚金。

故意阻碍武装部队军事行动，造成严重后果的，处五年以下有期徒刑或者拘役。

（一）构成要件

1. 阻碍军人执行职务罪。

【行为】以暴力、威胁方法阻碍军人依法执行职务。如果只是一般的纠缠、劝阻，不成立本罪。

【主观】故意。

2. 阻碍军事行动罪。

【行为】阻碍武装部队的军事行动。

【结果】造成严重后果。阻碍武装部队的军事行动，但未造成严重后果的，不构成本罪。

【主观】故意。

(二) 适用

【关联罪】1. 阻碍军人执行职务罪与妨害公务罪的区别。要点是：①客体不同。前罪的客体是军人依法执行职务的活动，后罪的客体是国家机关工作人员依法执行职务的活动。②行为对象不同。前罪的对象是正在依法执行职务的军人，后罪的对象是国家机关工作人员、人大代表、红十字会工作人员等。两罪为法条竞合关系，阻碍军人执行职务构成犯罪的，以阻碍军人执行职务罪论处，不定妨害公务罪。

2. 阻碍军人执行职务罪与阻碍军事行动罪的区别。要点是：①阻碍的对象不同。前罪是阻碍军人依法执行职务，后罪阻碍的是军事行动。②对结果的要求不同。后罪是结果犯也是侵害犯，须因阻碍军事行动造成严重后果；前罪无此限制。

二、破坏武器装备、军事设施、军事通信罪·过失损坏武器装备、军事设施、军事通信罪

《刑法》第369条 破坏武器装备、军事设施、军事通信的，处三年以下有期徒刑、拘役或者管制；破坏重要武器装备、军事设施、军事通信的，处三年以上十年以下有期徒刑；情节特别严重的，处十年以上有期徒刑、无期徒刑或者死刑。

过失犯前款罪，造成严重后果的，处三年以下有期徒刑或者拘役；造成特别严重后果的，处三年以上七年以下有期徒刑。

战时犯前两款罪的，从重处罚。

(一) 构成要件

1. 破坏武器装备、军事设施、军事通信罪。

【对象】武器装备、军事设施、军事通信。武器装备，是武装部队用于实施和保障作战行动的武器、武器系统和军事技术器材的统称，包括匕首、枪械、火炮、火箭、导弹、通信器材、气象保障器材以及各种军用装备等。军事设施，指直接用于军事目的的建筑、场地和设备，包括指挥机关、作战工程、军用机场、试验场、军用输油管道、军用铁路专用线等。军事通信，指军队运用通信手段，为实施指挥和武器控制而进行的信息传递，包括无线电通信、有线电通信、光通信等。

【行为】破坏部队的武器装备、军事设施、军事通信。破坏，指使武器装备、设施、通信全部或部分丧失使用功能，其方式既可以是作为，如砸毁、炸毁、放火、发射干扰信号、拆卸其部件等；也可以是不作为，如拒不履行保管、维修义务而使武器装备遭到毁坏。只要实施了破坏行为，就构成犯罪，且为既遂。

【主观】故意。出于何种目的，在所不问。

【加重犯】本罪有两档加重犯，分别以"破坏重要武器装备、军事设施、军事通信"和"情节特别严重"为要件。重要武器装备，指部队的主要武器装备和其他在作战中有重要作用的武器装备，包括导弹武器系统、飞机、战舰、坦克、大口径火炮、雷达等。重要军事设施，指指挥中心、大型作战工程、各类通信、导航、观测枢纽、机场、码头、大型仓库、重要管线、道路，以及其他对作战具有重要作用的军事设施。重要军事通信，指军事首脑机关及重要指挥中心的通信，部队作战中的通信，等级战备通信，飞行航行训练、抢险救灾、军事演习或者处置突发性事件中的通信，以及执行试飞试航、武器装备科研试验或者远洋航行等重要军事任务中的通信。关于情节特别严重的具体标准，参照《审理军事通信刑案解释》(2007)第2条。

2. 过失损坏武器装备、军事设施、军事通信罪。

【行为】损坏武器装备、军事设施、军事通信。

【结果】造成严重后果。是否造成严重后果，是罪与非罪的界限。

【主观】过失。故意破坏武器装备、军事设施、军事通信的，构成破坏武器装备、军事设施、军事通信罪。

【加重犯】造成特别严重后果。具体标准参照《审理军事通信刑案解释》（2007）第4条。

（二）适用

【定罪】建设、施工单位直接负责的主管人员、施工管理人员，明知是军事通信线路、设备而指使、强令、纵容他人予以损毁的，或者不听管护人员劝阻，指使、强令、纵容他人违章作业，致使军事通信线路、设备损毁的，以破坏军事通信罪定罪处罚。建设、施工单位直接负责的主管人员、施工管理人员，忽视军事通信线路、设备保护标志，指使、纵容他人违章作业，致使军事通信线路、设备损毁的，以过失损坏军事通信罪定罪处罚。[1]

【关联罪】破坏武器装备、军事设施、军事通信罪与破坏电力设备罪，破坏易燃易爆设备罪，破坏交通工具罪，破坏交通设施罪，破坏广播电视设施、公用电信设施罪的区别。要点是：①对象不同。本罪的对象是军用的武器装备、军事设施和通信，后几种罪的对象是民用的设施和通信。②客体不同。本罪的客体是国防利益，后几种罪的客体是公共安全。

【罪数】1. 故意破坏军事通信，并造成公用电信设施损毁，危害公共安全，同时构成破坏广播电视设施、公用电信设施罪和破坏军事通信罪的，从一重罪论处。过失损坏军事通信，并造成公用电信设施损毁，危害公共安全，同时过失损坏广播电视设施、公用电信设施罪和过失损坏军事通信罪的，从一重罪论处。[2]

2. 盗窃军事通信线路、设备，不构成盗窃罪但破坏军事通信，构成犯罪的，以破坏军事通信罪定罪处罚；同时构成盗窃罪、破坏军事通信罪和破坏广播电视设施、公用电信设施罪的，从一重罪论处。[3]

3. 违反国家规定，侵入国防建设、尖端科学技术领域的军事通信计算机信息系统，尚未对军事通信造成破坏的，以非法侵入计算机信息系统罪定罪处罚；对军事通信造成破坏，同时构成非法侵入计算机信息系统罪、破坏计算机信息系统罪和破坏军事通信罪的，从一重罪论处。[4]

4. 违反国家规定，擅自设置、使用无线电台、站，或者擅自占用频率，经责令停止使用后拒不停止使用，干扰无线电通讯正常进行，构成犯罪的，以扰乱无线电通讯管理秩序罪定罪处罚；造成军事通信中断或者严重障碍，同时构成扰乱无线电通讯管理秩序罪、破坏军事通信罪的，从一重罪论处。[5]

【处罚】战时犯破坏武器装备、军事设施、军事通信罪或者过失损坏武器装备、军事设施、军事通信罪的，从重处罚。

三、故意提供不合格武器装备、军事设施罪·过失提供不合格武器装备、军事设施罪

《刑法》第370条　明知是不合格的武器装备、军事设施而提供给武装部队的，处五年以下有期徒刑或者拘役；情节严重的，处五年以上十年以下有期徒刑；情节特别严重的，处十年以上有期徒刑、无期徒刑或者死刑。

过失犯前款罪，造成严重后果的，处三年以下有期徒刑或者拘役；造成特别严重后果的，

---

[1]《审理军事通信刑案解释》（2007）第5条。
[2]《审理军事通信刑案解释》（2007）第6条第1款。
[3]《审理军事通信刑案解释》（2007）第6条第2款。
[4]《审理军事通信刑案解释》（2007）第6条第3款。
[5]《审理军事通信刑案解释》（2007）第6条第4款。

处三年以上七年以下有期徒刑。

单位犯第一款罪的，对单位判处罚金，并对其直接负责的主管人员和其他直接责任人员，依照第一款的规定处罚。

（一）构成要件

1. 故意提供不合格武器装备、军事设施罪。

【对象】不合格的武器装备、军事设施。

【行为】提供。包括有偿提供和无偿提供，涵盖生产、制造、修筑、装配等过程。

【主观】故意。明知是不合格的武器装备、军事设施而提供给武装部队。出于何种目的，在所不问。

【加重犯】本罪有两档加重犯，分别以"情节严重"和"情节特别严重"为要件。

2. 过失提供不合格武器装备、军事设施罪。

【行为】向武装部队提供不合格的武器装备、军事设施。

【结果】造成严重后果。是否造成严重后果，是罪与非罪的界限。根据《立案标准（一）》（2008）第88条，包括下列情形：①造成死亡1人或者重伤3人以上的；②造成直接经济损失30万元以上的；③严重影响作战、演习、抢险救灾等重大任务完成的；④其他造成严重后果的情形。

【主观】过失。

【加重犯】造成特别严重后果。

（二）适用

【关联罪】故意提供不合格武器装备、军事设施罪与过失提供不合格武器装备、军事设施罪的区别。要点是：①主体不完全相同。前罪主体包括单位，后罪主体只能是自然人。②结果不同。后罪必须造成严重后果，前罪无此要求。③主观方面不同。前罪是故意，后罪是过失。

四、聚众冲击军事禁区罪·聚众扰乱军事管理区秩序罪

《刑法》第371条　聚众冲击军事禁区，严重扰乱军事禁区秩序的，对首要分子，处五年以上十年以下有期徒刑；对其他积极参加的，处五年以下有期徒刑、拘役、管制或者剥夺政治权利。

聚众扰乱军事管理区秩序，情节严重，致使军事管理区工作无法进行，造成严重损失的，对首要分子，处三年以上七年以下有期徒刑；对于其他积极参加的，处三年以下有期徒刑、拘役、管制或者剥夺政治权利。

（一）构成要件

1. 聚众冲击军事禁区罪。

【行为】聚众冲击军事禁区。军事禁区，指导重要或者具有重大危险因素的军事设施保护性区域，包括陆域、空域和水域。聚众冲击，指导纠集3人以上强行闯入，不以借助工具为必要。本罪只处罚组织、策划、指挥聚众冲击军事禁区的首要分子和积极参加者。

【结果·罪量】严重扰乱军事禁区秩序。根据《立案标准（一）》（2008）第89条，包括下列情形：①冲击3次以上或者1次冲击持续时间较长的；②持械或者采取暴力手段冲击的；③冲击重要军事禁区的；④发生在战时的；⑤其他严重扰乱军事禁区秩序应予追究刑事责任的情形。

【主观】故意。出于何种目的，在所不问。

2. 聚众扰乱军事管理区秩序罪。

【行为】聚众扰乱军事管理区秩序。军事管理区，指较重要的军事设施保护区，重要性低于军事禁区。本罪只处罚组织、策划、指挥聚众扰乱军事管理区的首要分子和积极参加者。

【结果·罪量】情节严重，致使军事管理区工作无法进行，造成严重损失。根据《立案标准（一）》（2008）第90条，包括下列情形：①造成人员轻伤以上的；②扰乱3次以上或者1次扰乱持续时间较长的；③造成直接经济损失5万元以上的；④持械或者采取暴力手段的；⑤扰乱重要军事管理区秩序的；⑥发生在战时的；⑦其他聚众扰乱军事管理区秩序应予追究刑事责任的情形。

【主观】故意。出于何种目的，在所不问。

（二）适用

【关联罪】聚众冲击军事禁区罪与聚众冲击国家机关罪的区别。要点是：①冲击的对象不同。前罪冲击的是军事禁区，后罪冲击的是国家机关。②客体不同。前罪的客体是军事禁区的管理秩序，后罪的客体是国家机关的管理秩序和正常活动。

【罪数】聚众冲击军事禁区、聚众扰乱军事管理区秩序过程中，另有重伤、杀人、抢劫、毁坏财物等行为，又构成其他犯罪的，应分别定罪，并与聚众冲击军事禁区罪、聚众扰乱军事管理区秩序罪实行数罪并罚。

五、冒充军人招摇撞骗罪

《刑法》第372条　冒充军人招摇撞骗的，处三年以下有期徒刑、拘役、管制或者剥夺政治权利；情节严重的，处三年以上十年以下有期徒刑。

（一）构成要件

【行为】冒充军人进行招摇撞骗。所冒充的军人，应为《刑法》第450条所规定的人员。冒充外国军人招摇撞骗的，不构成本罪。冒充，既可以是非军人冒充军人，也可以是军衔、职务较低的军人冒充军衔、职务较高的军人，还包括此单位的军人冒充彼单位的军人。招摇撞骗，指假冒军人名义或者利用假冒的军人身份，骗取各种非法利益或者进行其他欺骗活动。

【主观】故意，并具有谋取非法利益的目的。成立本罪，必须具有谋取非法利益的目的。仅仅为了满足某种虚荣心而无谋取非法利益之目的的，不构成本罪。

（二）适用

【关联罪】本罪与招摇撞骗罪之间是法条竞合关系。本罪因所冒充对象及客体的特殊性，成为特别规定，优先于招摇撞骗罪适用。

【罪数】冒充军人招摇撞骗过程中，又触犯其他犯罪的，如伪造武装部队公文、证件、印章用于招摇撞骗或者诈骗数额特别巨大的财物的，择一重罪论处。

六、煽动军人逃离部队罪·雇用逃离部队军人罪

《刑法》第373条　煽动军人逃离部队或者明知是逃离部队的军人而雇用，情节严重的，处三年以下有期徒刑、拘役或者管制。

（一）煽动军人逃离部队罪

【行为】煽动军人逃离部队。煽动，指对不特定或者多名军人实施的宣传、鼓动行为。其方法多种多样，如发表演说、邮寄宣传材料、散发标语传单等。仅仅唆使个别特定军人逃离部队，如军人的亲友因故劝说其逃离部队的，不属于煽动。逃离部队，指为逃避服役而脱离部队。所煽动对象是否实际脱离部队，不影响本罪的成立。

【主观】故意。

【罪量】情节严重。具体标准参见《立案标准（一）》（2008）第91条。

（二）雇用逃离部队军人罪

【行为】雇佣逃离部队的军人。

【主观】故意,即明知是逃离部队的军人而雇佣。

【罪量】情节严重。具体标准参见《立案标准(一)》(2008)第92条。

七、接送不合格兵员罪

《刑法》第374条 在征兵工作中徇私舞弊,接送不合格兵员,情节严重的,处三年以下有期徒刑或者拘役;造成特别严重后果的,处三年以上七年以下有期徒刑。

【主体】特殊主体,限于在征兵工作中负有政审、体检、接送职责的人员。

【行为】在征兵工作中徇私舞弊,接送不合格兵员。本罪的行为包含以下要素:①必须发生在征兵工作中。征兵,指征集中国人民解放军和中国人民武装警察部队现役的兵员。②必须具有徇私舞弊和接送的行为。徇私舞弊,是徇个人私利或者徇亲友私情的行为,其特点是从个人利益出发,置国防利益于不顾。接送为对应行为,涉及接和送。③对象必须是不合格兵员。不合格兵员,指不符合征兵条件的兵员,包括身体条件、政治条件和年龄、文化程度不合格。只有同时具备以上3个要素,才能构成本罪。

【主观】故意,一般具有徇私动机。在征兵工作中,因疏忽而接受了不合格兵员的,不成立本罪。

【罪量】情节严重。根据《立案标准(一)》(2008)第93条,包括下列情形:①接送不合格特种条件兵员1名以上或者普通兵员3名以上的;②发生在战时的;③造成严重后果的;④其他情节严重的情形。

【加重犯】造成特别严重后果。主要指接送的兵员中有犯罪嫌疑人或者罪犯的;不合格兵员入伍后多次进行违法犯罪活动或者实施严重犯罪的;严重影响完成作战、训练等重要军事任务的;等等。

八、伪造、变造、买卖武装部队公文、证件、印章罪·盗窃、抢夺武装部队公文、证件、印章罪·非法生产、买卖武装部队制式服装罪·伪造、盗窃、买卖、非法提供、非法使用武装部队专用标志罪

《刑法》第375条 伪造、变造、买卖或者盗窃、抢夺武装部队公文、证件、印章的,处三年以下有期徒刑、拘役、管制或者剥夺政治权利;情节严重的,处三年以上十年以下有期徒刑。

非法生产、买卖武装部队制式服装,情节严重的,处三年以下有期徒刑、拘役或者管制,并处或者单处罚金。

伪造、盗窃、买卖或者非法提供、使用武装部队车辆号牌等专用标志,情节严重的,处三年以下有期徒刑、拘役或者管制,并处或者单处罚金;情节特别严重的,处三年以上七年以下有期徒刑,并处罚金。

单位犯第二款、第三款罪的,对单位判处罚金,并对其直接负责的主管人员和其他直接责任人员,依照各该款的规定处罚。

(一)构成要件

1. 伪造、变造、买卖武装部队公文、证件、印章罪。

【对象】武装部队公文、证件、印章。

【行为】伪造、变造、买卖。

【主观】故意。

【加重犯】情节严重。具体标准参见《办理妨害部队制服、号牌管理案解释》(2011)第1条第2款。

2. 盗窃、抢夺武装部队公文、证件、印章罪。

【对象】武装部队公文、证件、印章。

【行为】盗窃、抢夺。抢劫武装部队公文、证件、印章的，可评价为本罪之"抢夺"。但毁灭武装部队公文、证件、印章的，不是本罪行为，构成犯罪的，以《刑法》第280条第1款规定的毁灭国家机关公文、证件、印章罪论处。

【主观】故意，即明知是武装部队公文、证件、印章而盗窃、抢夺。误以为是普通财物而盗窃、抢夺的，是事实认识错误，不构成本罪。

【加重犯】情节严重。具体标准参见《办理妨害部队制服、号牌管理案解释》（2011）第1条第2款。

3. 非法生产、买卖武装部队制式服装罪。

【对象】武装部队制式服装。

【行为】非法生产、买卖。非法，指违反有关法律法规，未经主管部门批准擅自生产、买卖，或者超出批准范围生产、买卖。

【主观】故意。

【罪量】情节严重。具体标准参见《立案标准（一）补充规定》（2017）第14条。

4. 伪造、盗窃、买卖、非法提供、非法使用武装部队专用标志罪。

【对象】武装部队车辆号牌等专用标志。根据《办理妨害部队制服、号牌管理案解释》（2011）第4条，作为盗窃、买卖、非法提供、非法使用对象的武装部队专用标志，可以是真实的，也可以是伪造、变造的。

【行为】伪造、盗窃、买卖、非法提供、非法使用。本罪中的伪造，包括变造。

【主观】故意。

【罪量】情节严重。具体标准参见《立案标准（一）补充规定》（2017）第15条。

（二）适用

【关联罪】伪造、变造、买卖武装部队公文、证件、印章罪与伪造、变造、买卖国家机关公文、证件、印章罪之间，盗窃、抢夺武装部队公文、证件、印章罪与盗窃、抢夺国家机关公文、证件、印章罪之间，是法条竞合关系，主要区别是对象不同。前罪的对象是武装部队公文、证件、印章，后罪的对象是国家机关的公文、证件、印章。

【罪数】实施《刑法》第375条规定的犯罪行为，同时构成逃税、诈骗、冒充军人招摇撞骗等犯罪的，依照处罚较重的规定定罪处罚，不实行数罪并罚。其他犯罪尚未着手实施的，以《刑法》第375条规定之罪定罪处罚。

第三节 战时危害国防利益罪

一、战时拒绝、逃避征召、军事训练罪·战时拒绝、逃避服役罪

《刑法》第376条 预备役人员战时拒绝、逃避征召或者军事训练，情节严重的，处三年以下有期徒刑或者拘役。

公民战时拒绝、逃避服役，情节严重的，处二年以下有期徒刑或者拘役。

（一）战时拒绝、逃避征召、军事训练罪

【主体】特殊主体，限于预备役人员。根据《兵役法》（2021年修订）第6条，预备役人员，指预编到现役部队或者编入预备役部队服预备役的人员。

【行为】在战时拒绝、逃避征召、军事训练。征召，指兵役机关依法向预备役人员发出通知，要求其按规定时间和地点报道，准备转服现役。军事训练，指对预备役人员进行军事理论教育和作战技能训练的活动。预备役训练是国家武装力量军事训练的组成部分。拒绝，指不接受或者接到征召、军事训练通知后拒不报到。逃避，指有意躲避。拒绝、逃避征召、军事训练的行为，发生在战时的，才构成本罪。

【主观】故意。

【罪量】情节严重。根据《立案标准（一）》（2008）第95条，包括下列情形：①无正当理由经教育仍拒绝、逃避征召或者军事训练的；②以暴力、威胁、欺骗等手段，或者采取自伤、自残等方式拒绝、逃避征召或者军事训练的；③联络、煽动他人共同拒绝、逃避征召或者军事训练的；④其他情节严重的情形。

（二）战时拒绝、逃避服役罪

【主体】依法应服兵役的公民，主要是应征公民。应征公民，指经兵役登记和初步审查符合服役条件的公民，包括男性应征公民和女性应征公民。

【行为】战时拒绝、逃避服役。拒绝服役，指拒不履行兵役义务。逃避服役，指以某种行为或虚假理由躲避服兵役。行为人通常以自伤身体、隐匿、假装病残逃避服役，或者雇请他人冒名顶替。

【主观】故意。

【罪量】情节严重。根据《立案标准（一）》（2008）第96条，包括下列情形：①无正当理由经教育仍拒绝、逃避服役的；②以暴力、威胁、欺骗等手段，或者采取自伤、自残等方式拒绝、逃避服役的；③联络、煽动他人共同拒绝、逃避服役的；④其他情节严重的情形。

二、战时故意提供虚假敌情罪

《刑法》第377条　战时故意向武装部队提供虚假敌情，造成严重后果的，处三年以上十年以下有期徒刑；造成特别严重后果的，处十年以上有期徒刑或者无期徒刑。

【行为】战时向武装部队提供虚假敌情。

【结果】造成严重后果。

【主观】故意，即明知是虚假敌情而向武装部队提供。误以为是真实敌情而提供的，不构成本罪。

【加重犯】造成特别严重后果。

三、战时造谣扰乱军心罪

《刑法》第378条　战时造谣惑众，扰乱军心的，处三年以下有期徒刑、拘役或者管制；情节严重的，处三年以上十年以下有期徒刑。

【行为】战时造谣惑众，扰乱军心。造谣的内容与军事无关，不可能扰乱军心的，不构成本罪。惑众，要求使多数人感到迷惑，但造谣行为不必针对众人。告知个别军人谣言，但足以使众人得知该谣言的内容进而扰乱军心的，应认定为"造谣惑众"。

【主观】故意。

【加重犯】情节严重。

四、战时窝藏逃离部队军人罪

《刑法》第379条　战时明知是逃离部队的军人而为其提供隐蔽住所、财物，情节严重的，处三年以下有期徒刑或者拘役。

【对象】逃离部队的军人。

【行为】战时为逃离部队的军人提供隐蔽住所、财物。

【主观】故意，即明知是逃离部队的军人而为其提供隐蔽住所、财物。

【罪量】情节严重。根据《立案标准（一）》（2008）第97条，包括下列情形：①窝藏3人次以上的；②明知是指挥人员、值班执勤人员或者其他负有重要职责人员而窝藏的；③有关部门查找时拒不交出的；④其他情节严重的情形。

【关联罪】本罪与窝藏罪的区别。要点是：①客体不同。前罪的客体是战时部队军人管理秩序，后罪的客体是司法机关的正常活动。②对象不同。前罪的对象是逃离部队的军人，后罪的对象是犯罪的人。

五、战时拒绝、故意延误军事订货罪

《刑法》第380条　战时拒绝或者故意延误军事订货，情节严重的，对单位判处罚金，并对其直接负责的主管人员和其他直接责任人员，处五年以下有期徒刑或者拘役；造成严重后果的，处五年以上有期徒刑。

【主体】单位。本罪的主体不包括自然人。

【行为】战时拒绝或者延误军事订货。

【主观】故意，即明知是战时军事订货而有意拒绝、延误。

【罪量】情节严重。根据《立案标准（一）》（2008）第98条，包括下列情形：①拒绝或者故意延误军事订货3次以上的；②联络、煽动他人共同拒绝或者故意延误军事订货的；③拒绝或者故意延误重要军事订货，影响重要军事任务完成的；④其他情节严重的情形。

六、战时拒绝军事征收、征用罪

《刑法》第381条　战时拒绝军事征收、征用，情节严重的，处三年以下有期徒刑或者拘役。

【行为】战时拒绝军事征收、征用。征收与征用的核心区别是所有权归属：前者改变所有权归属；后者不改变所有权归属，武装部队只是临时使用。

【主观】故意。

【罪量】情节严重。根据《立案标准（一）补充规定》（2017）第16条，包括下列情形：①无正当理由拒绝军事征收、征用3次以上的；②采取暴力、威胁、欺骗等手段拒绝军事征收、征用的；③联络、煽动他人共同拒绝军事征收、征用的；④拒绝重要军事征收、征用，影响重要军事任务完成的；⑤其他情节严重的情形。

第八章
贪污贿赂罪

第一节 贪污贿赂罪概述

贪污贿赂犯罪是一类犯罪的统称，指国家工作人员实施的贪污、受贿、挪用公款等贪利渎职、危害公务行为的廉洁性、妨害国家机关正常活动的行为，以及其他个人或者组织实施的与国家工作人员贪利渎职犯罪行为具有关联性或者对向性的犯罪行为。

这类犯罪以贪污、受贿、挪用公款等国家工作人员利用职务上的便利等谋利渎职的犯罪为中心，同时涵盖国家机关、其他个人或组织实施的与国家工作人员贪利渎职犯罪具有关联性、对向性的犯罪。

贪污贿赂罪的客体主要是国家工作人员职务行为的公正、廉洁性以及国家机关、国有企事业单位、人民团体等单位的正常活动。这类犯罪既危害了公务活动的廉洁性，又危害了国家机关、国有企事业单位、人民团体等单位的正常活动，还侵害了公共财产，少数犯罪还可能侵犯公民私人财产以及其他单位的财产。

在《刑法》中把这些犯罪归为一类，具有重要的政策和法律意义。这些犯罪与我国目前比较严重的、人民群众痛恨的贪污腐败现象有关，也是党和国家在整治腐败、加强党风廉政建设的工作中依法进行惩治的重点。将其规定为独立的类罪，充分反映出依法严厉惩治腐败现象的国家意志，突出了现阶段反腐败斗争刑事打击的重点。在法律上，将这些犯罪归为一类，规定由监察机关负责对这类案件的立案侦查，进一步明确了公安机关、检察机关与监察机关的立案侦查分工，具有诉讼程序方面的意义。

第二节 贪污、挪用犯罪

一、贪污罪

《刑法》第382条 国家工作人员利用职务上的便利，侵吞、窃取、骗取或者以其他手段非法占有公共财物的，是贪污罪。

受国家机关、国有公司、企业、事业单位、人民团体委托管理、经营国有财产的人员，利用职务上的便利，侵吞、窃取、骗取或者以其他手段非法占有国有财物的，以贪污论。

与前两款所列人员勾结，伙同贪污的，以共犯论处。

《刑法》第383条 对犯贪污罪的，根据情节轻重，分别依照下列规定处罚：

（一）贪污数额较大或者有其他较重情节的，处三年以下有期徒刑或者拘役，并处罚金。

（二）贪污数额巨大或者有其他严重情节的，处三年以上十年以下有期徒刑，并处罚金或者没收财产。

（三）贪污数额特别巨大或者有其他特别严重情节的，处十年以上有期徒刑或者无期徒刑，并处罚金或者没收财产；数额特别巨大，并使国家和人民利益遭受特别重大损失的，处无期徒刑或者死刑,并处没收财产。

对多次贪污未经处理的,按照累计贪污数额处罚。

犯第一款罪,在提起公诉前如实供述自己罪行、真诚悔罪、积极退赃,避免、减少损害结果的发生,有第一项规定情形的,可以从轻、减轻或者免除处罚;有第二项、第三项规定情形的,可以从轻处罚。

犯第一款罪,有第三项规定情形被判处死刑缓期执行的,人民法院根据犯罪情节等情况可以同时决定在其死刑缓期执行二年期满依法减为无期徒刑后,终身监禁,不得减刑、假释。

(一)构成要件

【客体】国家工作人员职务行为的廉洁性和公共财产的所有权。

【对象】公共财产,指《刑法》第91条规定的下列财产:①国有财产;②劳动群众集体所有的财产;③用于扶贫和其他公益事业的社会捐助或者专项基金的财产。在国家机关、国有公司、企业、集体企业和人民团体管理、使用或者运输中的私人财产,以公共财产论。此外,鉴于非国有公司、企业、事业单位中从事公务的人员利用职务之便,侵吞、窃取、骗取本单位财产的,也成立贪污罪,有关非国有单位的财产在特定情况下也可成为本罪的对象。

【主体】特殊主体,包括国家工作人员和"受委托管理、经营国有财产的人员"。

1. 根据《刑法》第93条规定,"国家工作人员"包括:

(1)国家机关工作人员,包括在国家机关中从事公务的人员,以及在中国共产党的各级机关、中国人民政治协商会议的各级机关中从事公务的人员。国家工作人员的本质特征是依法从事公务。在有关单位工作,但并未从事公务,而是直接从事生产劳动或者服务性劳动的人员,如国家机关中的工勤人员等,一般不宜认定为国家工作人员。

(2)国家出资公司、企业中从事公务的人员。可以表现为:

国有独资(全资)公司、企业(以下简称"国有单位")中从事经营管理工作的人员,如董事、经理、会计、出纳等。

国有控股、参股公司、企业中受国家机关或"国有单位"的"委派"从事公务的人员。只要他们在其中从事公务,不论被委派前是否具有国家工作人员的身份,都以国家工作人员论。关于国家出资企业中国家工作人员的认定,《办理国家出资企业中职务犯罪案意见》(2010)第6条第1款指出:经国家机关、国有公司、企业、事业单位提名、推荐、任命、批准等,在国有控股、参股公司及其分支机构中从事公务的人员,应认定为国家工作人员。具体的任命机构和程序,不影响国家工作人员的认定。

经国家出资企业中负有管理、监督国有资产职责的组织批准或者研究决定,代表其在国有控股、参股公司及其分支机构中从事组织、领导、监督、经营、管理工作的人员。[1] 由此可见,《办理国家出资企业中职务犯罪案意见》(2010)对国家工作人员的掌握尺度较以前有所放宽,把"间接委派"或者"二次委派"的,也认定为国家工作人员。认定国家出资企业中这类国家工作人员的身份,应掌握以下要点:

第一,任命主体是"负有管理、监督国有资产职责的组织"。关于其范围,多数意见认为,除国资管理机构、国有单位外,主要是上级或者本级国家出资企业内部的党委、党政联席会。[2]

---

[1]《办理国家出资企业中职务犯罪案意见》(2010)第6条第2款。
[2] 宋国蕾、张宁:《国家出资企业人员职务犯罪研讨会综述》,载中华人民共和国最高人民法院刑事审判第一、二、三、四、五庭主办:《刑事审判参考》(2012年第6集·总第89集),法律出版社2013年版,第238页。

【案例】 <center>**章某钧受贿案**[1]</center>

章某钧经交通银行湖州分行党委研究决定，先后担任新天地支行的业务管理经理、行长助理的职务，其工作内容主要是通过对贷款客户的调查、贷款的申报，以及贷款发放后的监控与实地查访，对国有财产进行监督、经营、管理。法院认为，章某钧属于国家工作人员，其利用职务之便，收受他人财物，为他人谋取利益的行为，构成受贿罪。

要点："交通银行"属于国家出资企业，"湖州分行党委"属于"负有管理、监督国有资产职责的组织"，经其研究决定章国均从事管理活动，应认定为国家工作人员。

国家出资企业中的董事会（包括董事长、总经理等）、监事会、各业务部门，并非适格的委派主体。

【案例】 <center>**李某光职务侵占、挪用资金案**[2]</center>

李某光所在中铁三局四公司系国有资本控股公司中铁三局的全资子公司，属于国家出资企业，李某光系该公司合同制员工，只有技术职称，没有行政级别，其担任南广铁路 NGZQ-4 项目部一分部财务主任是经过公司人力资源部提名，主管总会计师同意报公司总经理聘任的，未经公司党委或者党政联席会讨论、批准或者任命，不具有国家工作人员身份。

【案例】 <center>**宋某非国家工作人员受贿案**[3]</center>

上港集团为国有控股、中外合资的股份有限公司。宋某在上港集团生产业务部下设的生产调度室从主管到担任副经理、经理的职务变动，均由其上级部门领导个人提出聘任意见，由人事组织部审核后，由公司总裁在总部机关职工岗位变动审批表上签署同意意见即成，无须经过人事组织部提名、领导部门扩大会议讨论决定的程序，不属于国家工作人员。

第二，必须是受委派"从事公务"。"国家出资企业中国有成分比例一般不影响国家工作人员的认定，关键看企业人员从事的工作是否具有公务性质。"公务首先是管理性的事务，而不是一般的技术性、业务性活动。在国家出资企业中，中层以上管理人员可被视为代表管理、监督国家资产职责的组织从事公务，中层以下管理人员如果主要从事的是事务性、技术性、业务性工作，一般不宜认定为从事公务。需要注意：行为人的身份如果符合形式要件，即经国家出资企业中负有管理、监督国有资产职责的组织批准或者研究决定，即使从事的是公司性的公务，也应以国家工作人员从事公务论。因为在国家出资企业中，国家性公务必然包含在公司性的公务中。

值得研究的是，受国家出资企业委派在不含有任何国有资产的公司企业从事管理工作的，可否认定为国家工作人员？对此，多数意见认为："应该根据被委派人员具体从事的活动是否具有公务性认定其是否属于国家工作人员。通常情况下，不能认定该类人员为国家工作人员；但是，在特殊情况下，党政部门出于公共管理活动需要向非国有出资企业委派人员的，应认定该被委派人员为从事公务。"[4]

《办理国家出资企业中职务犯罪案意见》（2010）第 6 条第 3 款规定："国家出资企业中的

---

[1] 中华人民共和国最高人民法院刑事审判第一、二、三、四、五庭主办：《刑事审判参考》（2014 年第 2 集·总第 97 集），法律出版社 2014 年版，第 110~111、114 页。

[2] 中华人民共和国最高人民法院刑事审判第一、二、三、四、五庭主办：《刑事审判参考》（2014 年第 4 集·第 99 集），法律出版社 2015 年版，第 108~110 页。

[3] 中华人民共和国最高人民法院刑事审判第一、二、三、四、五庭主办：《刑事审判参考》（2014 年第 2 集·总第 97 集），法律出版社 2014 年版，第 17 页。

[4] 宋国蕾、张宁：《国家出资企业人员职务犯罪研讨会综述》，载中华人民共和国最高人民法院刑事审判第一、二、三、四、五庭主办：《刑事审判参考》（2012 年第 6 集·总第 89 集），法律出版社 2013 年版，第 239 页。

国家工作人员,在国家出资企业中持有个人股份或者同时接受非国有股东委托的,不影响其国家工作人员身份的认定。"第5条第1款、第2款规定:"国家工作人员在国家出资企业改制前利用职务上的便利实施犯罪,在其不再具有国家工作人员身份后又实施同种行为,依法构成不同犯罪的,应当分别定罪,实行数罪并罚。国家工作人员利用职务上的便利,在国家出资企业改制过程中隐匿公司、企业财产,在其不再具有国家工作人员身份后将所隐匿财产据为己有的……以贪污罪定罪处罚。"

(3) 其他依照法律从事公务的人员。主要指协助人民政府从事行政管理工作的村民委员会、居民委员会等基层组织人员。根据立法解释,村民委员会等村基层组织人员协助人民政府从事下列行政管理工作的,属于《刑法》第93条第2款规定的"其他依照法律从事公务的人员":①救灾、抢险、防汛、优抚、扶贫、移民、救济款物的管理;②社会捐助公益事业款物的管理;③国有土地的经营和管理;④土地征收、征用补偿费用的管理;⑤代征、代缴税款;⑥有关计划生育、户籍、征兵工作;⑦协助人民政府从事的其他行政管理工作。参照此理解,城市居民委员会等基层组织人员协助政府从事行政管理事务的,也可视为"依法从事公务的人员"。前述"村基层组织",不应局限于村民委员会等村级组织,还包括村民小组。换言之,从事具体协助工作的村民小组组长等,也以国家工作人员论。

需要注意:村基层组织成员从事"村务"时,不具有国家工作人员身份。例如,村民小组长代表村民小组将建在国有土地上的权属归集体所有的房屋对外出租,在签订租赁合同过程中索取、收受他人财物的,不属于协助人民政府"对国有土地经营和管理",不应认定为国家工作人员。又如,收取"施工作业上坝公路用地补偿费"或者"租用运输道路泥沙冲进稻田补偿费"的,属于村民委员会对农村集体所有土地的经营和管理范围,不是依照法律从事公务。如果难以区分是利用协助人民政府从事行政管理工作的职务便利,还是利用管理村公共事务的职务便利的,一般应认定为后者,因为行为人毕竟是村民委员会等村基层组织成员,而非政府公务人员。此外,依法被选出的在人民法院履行职务的人民陪审员、履行特定手续被人民检察院聘任的特邀检察员等,在履职期间也属于"其他依法从事公务的人员"。

2. 受委托管理、经营国有财产的人员,即《刑法》第382条第2款规定的"受国家机关、国有公司、企业、事业单位、人民团体委托管理、经营国有财产的人员"。"受委托"的形式不限,任命、指派、提名、推荐、认可、同意、批准等均可,无论是书面委任还是口头提名,只要有证据证明属上述委托形式之一即可。典型情形是行为人以承包人、租赁人的身份,管理、经营国有的企业、公司或者其中的某个工程队、车间、门市部等,在承包、租赁经营期间,属于受委托管理、经营国有财产的人员。这些人不具有国家工作人员的身份,与国家机关、国有企业等委托方之间主要是市场经济关系,不是行政任命、委派关系。但法律将其利用经管国有财产的便利,侵吞、骗取、窃取、盗卖、承包、租赁公司、企业财产的行为,拟制为贪污罪。

【行为】利用职务上的便利,侵吞、窃取、骗取或者以其他手段非法占有公共财物。本罪的行为包括以下要素:

1. 利用职务上的便利。指利用职务范围内的权力和地位形成的有利条件,具体表现为主管、保管、出纳、经手财物等便利条件。利用熟悉作案环境、便于接近作案目标等与职务无关的便利条件的,不属于利用职务上的便利。

2. 侵吞、窃取、骗取或者以其他手段非法占有公共财物。侵吞,指行为人将自己控制之下的公共财物非法据为己有,如将自己保管、使用的公共财物加以扣留,应交而隐匿不交,应支付而不支付,或者收款不入账,又或者将本人追缴的赃款赃物和罚没款物挥霍一空。《刑法》第 394 条规定，国家工作人员在国内公务活动或者对外交往中接受礼物，依照国家规定应当交公而不交公，数额较大的，以贪污罪定罪处罚。这是国家工作人员利用职务之便，侵吞公共财物的一种特殊形式。

窃取，指行为人将自己合法主管、管理的公共财物，以平和方式据为己有，即通常所说的监守自盗，如银行的业务人员窃取自己经管的国有财产。骗取，指以虚构事实或者隐瞒真相的欺骗手段，非法占有公共财物，如涂改单据、账目、谎报开支、冒领旅差费、医疗费、工资、补贴，或者谎报亏损，非法占有公款等。其他手段，指侵吞、窃取、骗取以外的其他利用职务上的便利，非法占有公共财物的行为。例如，改制后的公司、企业中只有改制前公司、企业的管理人员或者少数职工持股，改制前公司、企业的多数职工未持股的，以贪污论。国家工作人员在国有资产处置过程中徇私舞弊，将国有资产低价折股或者低价出售给特定关系人持有股份或者本人实际控制的公司、企业，致使国家利益遭受重大损失的，也以贪污论。[1]

【主观】故意，并具有非法占有公共财物的目的。非法占有目的是贪污罪与挪用公款罪的界限之所在，需要根据行为人的客观表现予以认定。司法实践中，行为人有作假账平账、销毁账目、掩盖财物的踪迹等表现的，一般可认定具有非法占有目的。

【罪量】数额较大或者有其他较重情节。具体标准参见《办理贪贿案解释》（2016）第 1 条第 1 款、第 2 款。

国家工作人员成立第三方公司套取单位公款后，将其中的部分公款用于支付原单位业务回扣费用，原则上应全额计入贪污数额，因为这属于既遂后的赃款处置行为。但实践中，在同时符合下列条件的情况下，应从贪污数额中扣除这部分费用：①行为人对第三方公司替原单位支付的业务回扣费用，主观上没有非法占有的故意、客观上也未实际控制和占有；②该部分业务费用支出客观上有利于原单位开展业务，属于单位惯例，且行为人实施的贪污犯罪未造成原单位的财产损失。从行业惯例和现实的角度评判，对于这种支付业务回扣费用的做法，不能将全部责任归于行为人。当然，这只是表明行为人对该部分钱款不用承担贪污罪的责任，并不意味着放纵或者默许业务回扣的行为。[2]

【既遂】根据《审理经济犯罪案座谈会纪要》（2003），应以行为人是否实际控制财物作为区分贪污罪既遂与未遂的标准。对于行为人利用职务上的便利，实施了虚假平账等贪污行为，但公共财物尚未实际转移，或者尚未被行为人控制就被查获的，应认定为贪污未遂。钱款的去向、用途不影响贪污罪的认定，国家工作人员出于贪污的故意，非法占有公共财物之后，将赃款赃物用于单位公务支出或者社会捐赠的，仍成立贪污罪（既遂），但量刑时可酌情予以考虑。

【加重犯】本罪有三档加重犯，分别以"数额巨大或者有其他严重情节""数额特别巨大或者有其他特别严重情节"和"数额特别巨大，并使国家和人民利益遭受特别重大损失"为要件。具体标准参见《办理贪贿案解释》（2016）第 2 条第 1 款、第 2 款和第 3 条第 1 款、第 2 款。

（二）适用

【定罪】根据《关于充分发挥检察职能依法保障和促进科技创新的意见》（2016），一是要区分科研人员合法的股权分红、知识产权收益、科技成果转化收益分配与贪污、受贿之间的界

---

[1]《办理国家出资企业中职务犯罪案意见》（2010）第 2 条第 2 款、第 4 条第 3 款。
[2] 指导案例第 1071 号"陈强等贪污、受贿案"，载中华人民共和国最高人民法院刑事审判第一、二、三、四、五庭主办：《刑事审判参考》（总第 102 集），法律出版社 2016 年版，第 100~102 页。

限；二是要区分科技创新探索失败、合理损耗与骗取科研立项、虚增科研经费投入的界限；三是要区分突破现有规章制度，按照科技创新需求使用科研经费与贪污、挪用、私分科研经费的界限。

【关联罪】1. 贪污罪与盗窃罪、诈骗罪的区别。要点是：①主体不同。贪污罪是特殊主体，限于国家工作人员和受委托管理、经营国有财产的人员；盗窃罪、诈骗罪是一般主体。②行为方式与对象不同。贪污罪中窃取、骗取公共财物的行为是利用职务之便实施的，盗窃罪、诈骗罪则无此要求。而且，贪污罪的对象是公共财物，盗窃罪、诈骗罪的对象是公私财物。③客体有所不同。贪污罪的客体是公共财产的所有权和公务职务行为的廉洁性，盗窃罪、诈骗罪的客体是公私财产占有关系。

在具体案件中，应审慎分析行为人究竟是利用职务上的便利，还是仅仅利用工作方便。如果国家工作人员没有利用职务上的便利，仅仅是利用在单位工作，熟悉环境、了解情况、进出方便等与本人职务没有直接关系的便利条件，窃取公共财产的，是盗窃罪。例如，某会计知道本单位在某日发工资，财务室金库有巨额现金，便提前偷配了出纳经管的金库钥匙，趁夜潜入财务室，用配制的钥匙打开金库，偷走巨款。会计的行为没有直接利用本人的职权，属于盗窃罪；相反，如果该会计利用本人经管公共财物的职务便利，窃取本人经管的公共财物，然后伪造成外部人员作案的假象，就构成贪污罪。同理，如果国家工作人员没有利用职务上的便利，仅仅是利用在单位工作，人员熟悉、容易取得信任等与本人职务没有直接关系的便利条件，骗取公共财物的，是诈骗罪。例如，某国家机关信息中心科员通过谎报、多报差旅费的方式，骗取公款。身为信息中心科员，行为人对本单位的差旅费报销无支配权或者决定权，骗取公款没有利用本人职务上的便利，属于诈骗罪；相反，负责工程款拨付的住建委领导伙同施工队，佯装施工套取国家工程款的，就构成贪污罪。

2. 贪污罪与侵占罪的区别。要点是：①主体不同。贪污罪的主体是国家工作人员和受托管理、经营国有财产的人员，侵占罪的主体是他人财产的保管者或者实际持有者。②对象不同。贪污罪的对象是公共财物，侵占罪的对象是他人的委托保管物、遗忘物、埋藏物。③行为内容不同。贪污罪的行为必须利用职务上的便利，侵占罪则无此要求。而且，在侵吞财物的场合，贪污罪的行为人是因为（公务）职务的原因而持有该财物，侵占罪的行为人则是因受他人委托而持有该财物或者因偶然因素而持有他人遗忘物、埋藏物。

3. 贪污罪与职务侵占罪的区别。要点是：①主体不同。贪污罪的主体是国家工作人员和"受国家机关、国有公司、企业、事业单位、人民团体委托管理、经营国有财产的人员"，职务侵占罪的主体是上述贪污罪主体范围以外的公司、企业或者其他单位的人员。②客体不同。贪污罪的客体是公务职务行为的廉洁性和公共财产的所有权，职务侵占罪的客体是职务诚实信用和本单位的财产权。

在分析案例、认定犯罪性质时，应特别关注贪污罪与职务侵占罪在主体上的差别。这一问题相当繁琐复杂，只能从整体上提供一个区分的脉络：

（1）企事业单位（包括金融保险单位）发生利用职务上的便利侵吞单位财产的案件：①看该单位是否属于国有。是国有性质的，通常应认定为贪污罪；是非国有性质的，则需进一步分析。②看是否是政府或者国有单位委派从事公务的人员。在非国有的企事业单位和在国有资本控股、参股的股份有限公司中从事管理工作的人员，除受国家机关、国有单位委派从事公务的以外，不属于国家工作人员。对其利用职务上的便利，将本单位财物非法占为己有，数额较大的，以职务侵占罪定罪处罚。只有国家机关、国有单位委派从事公务的人员，才属于国家工作人员，构成贪污罪。③看是否从事管理工作。不论是在国有单位还是非国有单位，如果行为人仅仅是从事劳务性工作的人员,如工人、勤杂人员,则在工作中窃取接触到的生产资料、劳动工具、生产成品的,只能定盗窃罪。

(2) 村民委员会等村基层组织人员利用协助人民政府从事行政管理工作的职务之便,侵吞、窃取、骗取公共财产的,认定为贪污罪;村民小组长利用处理村务之便,非法占有公共财产,数额较大的,构成职务侵占罪。

4. 贪污罪与私分国有资产罪、私分罚没财物罪的区别。要点在于:①是个人行为还是单位集体行为。贪污罪是个人或者数人共同实施侵吞公共财产的行为;私分国有资产罪、私分罚没财物罪则是以单位名义集体私分国有财产、罚没财物,通常表现为由单位的负责人或者决策机构集体讨论决定,按照一定的分配方案或者分发标准,例如,以工作业绩、职务高低为分配依据,通过单位财务渠道,经过会计造册、领导审批等程序,将国有资产、罚没财物以单位名义分发给本单位职工。②贪污罪中,分取赃物人与贪污行为人具有一致性。实践中也存在部分共同贪污犯罪人未分取赃物或者将赃物交给共同犯罪人之外的其他人的情形,但这仅属于赃物的事后分割和处理问题;私分国有资产罪则在受益人员的数量上具有多数性、在构成上具有广泛性特征,一般不以某一特定层面为限。[1] 如果是单位的领导或者经管国有资产的少数人员利用职务之便秘密私分国有资产、罚没财物,而不是按一定的方案或者标准分发给职工的,应以贪污罪论处。

【共犯】贪污罪是真正身份犯,国家工作人员和拟制主体以外的人员不能单独构成本罪。但如果行为人与国家工作人员勾结,利用国家工作人员的职务便利,共同侵吞、窃取、骗取或者以其他手段非法占有公共财物,则以贪污罪共犯论处。公司、企业或者其他单位中,不具有国家工作人员身份的人与国家工作人员勾结,分别利用各自的职务便利,共同将本单位财物非法占为己有的,按照主犯的犯罪性质定罪。[2]

国企改制中,国家工作人员或者受国家机关、国有公司、企业、事业单位、人民团体委托管理、经营国有财产的人员利用职权在改制中故意通过低估资产、隐瞒债权、虚设债务、虚构产权交易等方式隐匿财产归个人持股的改制后公司、企业所有的,以贪污罪论。非国家工作人员实施前述行为的,以职务侵占罪论。非国家工作人员与国家工作人员共同实施的,以贪污罪共犯论处。[3]

二、挪用公款罪

《刑法》第384条 国家工作人员利用职务上的便利,挪用公款归个人使用,进行非法活动的,或者挪用公款数额较大、进行营利活动的,或者挪用公款数额较大、超过三个月未还的,是挪用公款罪,处五年以下有期徒刑或者拘役;情节严重的,处五年以上有期徒刑。挪用公款数额巨大不退还的,处十年以上有期徒刑或者无期徒刑。

挪用用于救灾、抢险、防汛、优抚、扶贫、移民、救济款物归个人使用的,从重处罚。

(一) 构成要件

【客体】国家机关、国有企业、事业单位、人民团体的公款管理制度和使用、收益权。

【主体】特殊主体,限于国家工作人员。包括:①国家机关工作人员;②国有公司、企业、事业单位、人民团体中从事公务的人员和国家机关、国有公司、企业、事业单位委派到非

---

[1] 参见指导案例第313号"杨代芳贪污、受贿案",载中华人民共和国最高人民法院刑事审判第一庭、第二庭编:《刑事审判参考》(2004年第4集·总第39集),法律出版社2005年版,第67~68页。
[2] 《审理贪污、职务侵占案共同犯罪解释》(2000)第1条、第3条。
[3] 《办理国家出资企业中职务犯罪案意见》(2010)第1条第1款、第3款。

国有公司、企业、事业单位、社会团体从事公务的人员；③其他依法从事公务的人员。在这个范围内，挪用公款罪的主体与贪污罪相同，具体认定可参照贪污罪。但挪用公款罪的主体范围整体上略微小于贪污罪。"受委托经营、管理国有财产的人员"属于贪污罪的拟制主体，却不在挪用公款罪的主体范围内。

【对象】公款，指以货币、金融票证、有价证券等形式存在的公共财产。包括人民币、外国货币以及支票、股票、国库券等金融票证、有价证券。这类公共财产具有流通性或者可直接兑现成货币的特点。挪用金融票证、有价证券为他人提供担保，与挪用公款为他人担保没有实质差别，均构成本罪，但挪用金额应以承担的风险数额为准。公款一般不包含公物。但根据《刑法》第384条第2款，挪用用于救灾、抢险、防汛、优抚、扶贫、移民、救济款物归个人使用的，构成挪用公款罪。这些特定款物中不仅包括特定的公款，也包括特定的公物。因此，挪用公款罪的对象包括公款和特定公物。特定公物以外的普通公物，不属于本罪的对象，国家工作人员挪用非特定公物归个人使用的，不以本罪论处。

【行为·罪量】利用职务上的便利，挪用公款归个人使用，进行非法活动的，或者挪用公款数额较大、进行营利活动的，或者挪用公款数额较大、超过3个月未还的。挪用行为不仅表现为对公款的一种"消费"或者"处分"，还包括其他形式的"支付"，如挪用金融凭证、有价证券用于质押。

1. 根据立法解释，挪用公款"归个人使用"指下列情形之一：

（1）将公款供本人、亲友或者其他自然人使用的。

（2）以个人名义将公款供其他单位使用的。根据《审理经济犯罪案座谈会纪要》（2003），"以个人名义"实际是将公款置于个人非法支配下的表现形式。通常表现为：①超越职权、逃避财务监管，例如，单位借款财务不好办理，即声称下级公司用款，以下级公司的名义借款，实际归原来提出借款的单位使用。②与使用人约定借款、还款均以个人名义进行，或者虽无约定，但借款、还款都是以个人名义进行的。③虽然经过单位集体决定，但借款、还款都是以个人名义进行的。

（3）个人决定以单位名义将公款供其他单位使用，谋取个人利益的。根据《审理经济犯罪案座谈会纪要》（2003），个人决定，既包括行为人在职权范围内决定，也包括超越职权决定。谋取个人利益，既可以是行为人与使用人事先约定谋取个人利益，实际尚未获取的；也可以是虽未事先约定，但实际已取得个人利益的。个人利益，既可以是正当利益，也可以是不正当利益；既包括财产性利益，也包括非财产性利益[1]。如果仅仅因为关系好，就认为是个人利益，则相当于取消了"个人利益"要件的限制，实不可取。

【案例】 **张某同被控挪用公款无罪案**[2]

2002年8月底，酒泉三正世纪学校董事长王某红以该校资金紧张为由，向张某同提出想从张某同所在的新村村委会贷款200万元，月息为0.8%，张某同在未与村委会其他成员商议的情况下，安排村委会文书兼出纳柴某荣将村里的征地补偿款共210万元分别于2002年9月2日、10月11日、10月21日3次借给三正世纪学校使用，约定月利息为0.8%。2002年10月，王某红再次找张某同提出向新村村委会借款600万元，包括前面已经借出的210万元，张某同便于2002年10月30日召集村委会委员会议就是否给三正学校借款进行讨论，张某同未将此

---

〔1〕 这里的"非财产性利益"，必须是具体的可以用证据证明的利益，如升学、就业等，不包括亲情关系。

〔2〕 中华人民共和国最高人民法院刑事审判第一、二、三、四、五庭主办：《刑事审判参考》（2008年第4集·总第63集），法律出版社2008年版，第54~56页。

前已经借款给三正学校 210 万元向会议说明，会上大家一致同意借款给三正学校 600 万元，会后新村村委会与三正学校签订了 600 万元的贷款合同，约定月利息 0.6%，2003 年 9 月 30 日归还。合同签订后，新村村委会实际只给三正学校借款 531.5 万元，包括开会研究之前借给三正学校的 210 万元。2003 年 9 月 24 日，三正学校归还 220 万元，案发时尚未归还的 311.5 万元，通过司法程序大部分已经追回。二审法院认为，张某同在未经村委会讨论的情况下出借公款，但并不是以个人名义进行的；后在与三正世纪学校履行 600 万元贷款合同时，已实际包含了 210 万元，且张某同没有谋取个人利益，不构成挪用公款罪。

要点：个人决定以单位名义将公款借给其他单位使用，没有谋取个人利益的，不构成挪用公款罪。应从以下几个方面区分"个人决定借出公款"与"以个人名义将公款借出"：①公款的所有权单位对公款的真实去向是否知情；②借款人是否隐瞒了款项的真实用途；③借出的款项是由单位直接控制还是由借款人背着单位私下控制。

此外，国家机关工作人员以单位名义擅自出借公款给其他单位使用，未谋取个人利益，但造成巨大损失的，不构成挪用公款罪，但不排除成立滥用职权罪。

【案例】 张某生滥用职权案[1]

张某生原系某军校科研部财务负责人。1998 年 10 月至 2002 年 12 月，为给单位赚利息，未请示领导，擅自决定从院校财务账户支取转账支票出借资金给 2 个地方公司，并与对方约定利率和还款期限，借款方出具向张某生所在院校借款的借条。借款方到期无力还款时，应对方请求，张某生又让借款人借新还旧。通过此种滚动方式，张某生先后多次出借公款，累计 2900 万元。在此期间，收回利息款 45 万余元并归入单位账户。至案发，尚有本金 500 余万元无法追回，张某生以项目协作费名义挂账。后张某生在院校财务处清查经费账目时如实交代了上述事实。法院以滥用职权罪判处张某生有期徒刑 2 年 6 个月。

2. 根据《刑法》第 384 条第 1 款，挪用公款归个人使用，分为 3 种不同的情形：

（1）挪用公款归个人使用，进行非法活动。进行非法活动，指进行各种法律禁止的活动，如进行走私、赌博、嫖娼等违法犯罪活动以及进行放高利贷等非法经营活动。挪用公款用于归还个人贷款或者私人借款，如果该贷款、借款是用于非法活动的，则应视为挪用公款进行非法活动。这种挪用公款的情形可称之为"非法活动型"。

对挪用公款进行违法犯罪活动的行为，在法律上没有规定入罪的起点数额，体现出法律对挪用公款进行非法活动从严惩处的精神。但在司法实践中，认定这种情形的挪用公款行为，还是有一个基本的入罪门槛。根据《办理贪贿案解释》（2016）第 5 条，挪用公款数额在 3 万元以上的，应予立案追诉。挪用时间的长短对构成犯罪没有影响。挪用国家救灾、抢险、防汛、防洪、优抚、扶贫、移民、救济款物归个人使用的入罪标准，参照挪用公款归个人使用进行非法活动的标准掌握，即也以 3 万元为追诉数额起点。

（2）挪用公款归个人使用，进行营利活动、数额较大。进行营利活动，通常指进行经商、办企业等经营性活动。挪用公款为个人进行营利活动做准备，如充当私有公司、企业的资信证明，以取得工商登记的，属于挪用公款用于营利活动。以获取利息、股息为目的，个人挪用公款存入银行，用于集资、购买股票、国债等，也属于挪用公款进行营利活动。所获取的利息、股息应作为违法所得，连同被挪用的公款一并依法追缴，但不计入挪用公款的犯罪数额。挪用公款用于归还个人贷款或者私人借款，如果该贷款、借款是用于营利活动的，则应视为挪用公

---

[1] 中华人民共和国最高人民法院刑事审判第一、二、三、四、五庭主办：《刑事审判参考》（2009 年第 3 集·总第 68 集），法律出版社 2009 年版，第 61~62 页。

款进行营利活动。至于经营性活动是否获利，不影响本罪的成立。这种挪用公款的情形可称之为"营利活动型"。

这里的"数额较大"，根据《办理贪贿案解释》（2016）第6条，指5万元以上，不受挪用时间长短的限制。在案发前部分或者全部归还本息的，可从轻处罚；情节轻微的，可免除处罚。被挪用的公款在挪用后至案发前所生的利息，不计入挪用公款的数额。

（3）挪用公款归个人使用，数额较大，超过3个月未还。这里的"归个人使用"，指归自己或者他人进行非法活动、营利活动以外的用途。这种挪用公款的情形可称之为"超期未还型"。

这里的"数额较大"，根据《办理贪贿案解释》（2016）第6条，指5万元以上。"超过3个月未还"，指挪用公款后被司法机关、主管部门或者有关单位发现前超过3个月尚未归还。如果挪用公款数额较大，超过3个月，但在案发前全部归还本金的，可从轻处罚或者免除处罚；挪用公款数额巨大，超过3个月，但在案发前全部归还的，可酌情从轻处罚。

【主观】故意，且无非法占有公款的目的。本罪故意的内容与法律规定的归个人使用的客观行为特征相一致。在国家工作人员挪用公款给他人使用的场合，只要国家工作人员明知使用人用于营利活动或者非法活动的，就应认定为具备挪用公款进行营利活动或者非法活动的主观认识。

挪用公款罪的意志因素，是暂时使用。这意味着必须排斥、排除非法占有的目的。对此，需要根据行为人的客观表现认定或推定。依据《审理经济犯罪案座谈会纪要》（2003），具有下列情形之一的，可认定行为人具有非法占有公款的目的：①携带挪用的公款潜逃；②挪用公款后采取虚假发票平账、销毁有关账目等手段，使所挪用的公款已难以在单位财务账目上反映出来，且没有归还行为；③截取单位收入不入账，非法占有，使所占有的公款难以在单位财务账目上反映出来，且没有归还行为；④有证据证明行为人有能力归还所挪用的公款而拒不归还，并隐瞒挪用的公款去向。

【加重犯】本罪有两档加重犯，分别以"情节严重"和"挪用公款数额巨大不退还"为要件。关于"情节严重"和"数额巨大"的具体标准，参见《办理贪贿案解释》（2016）第5条、第6条。挪用公款数额巨大不退还，指行为人挪用数额巨大的公款之后，因客观原因在一审宣判前不能退还。行为人客观上有能力退还被挪用的公款，但主观上不想还的，是贪污罪。

（二）适用

【定罪】1. 国家工作人员将所承包、租赁的企业或者其他经济组织的资金挪用于承包、租赁项目以外的其他用途，归个人使用，致使承包、租赁合同不能兑现的，应以挪用公款罪定罪处罚；完成了承包、租赁合同的，可不追究刑事责任。

2. 国家工作人员未将公款的实际控制权转移，而以单位临时账户的银行进账单作为个人公司的注册资本进行验资、骗取公司登记的行为，不成立挪用公款罪，但不排除构成虚报注册资本罪。这体现在有关的指导案例中：

【案例】　　　　　　　　**薛某泉虚报注册资本案**[1]

山东黄金集团有限公司董事长薛某泉以设立临时账户，用本公司资金400万元"一进一出"开具假银行进账单的方式，欺骗公司登记主管部门取得公司登记。检察院以挪用公款罪起诉。法院认定为虚报注册资本罪。

---

〔1〕 中华人民共和国最高人民法院刑事审判第一庭、第二庭编：《刑事审判案例》，法律出版社2002年版，第202~203页。

3. 区分挪用公款罪类型的实益。挪用公款罪分"超期未还型""营利活动型"和"非法活动型"。"超期未还型"成立犯罪以"数额较大"和"超过3个月未归还"为要件。"营利活动型"成立犯罪则不要求"超过3个月未归还",挪用公款数额较大从事营利活动的,即成立犯罪。"非法活动型"成立犯罪也不以"超过3个月未归还"为要件,且司法机关掌握的入罪标准低于"营利活动型"。

"挪而未用"的,即行为人为了从事非法活动或者营利活动而挪走了公款(单位失去对公款的控制),但该笔被挪用的公款未实际投入到预定的非法活动或者营利活动中,应认定为"超期未还型"。

挪用公款归还"欠款"的,属于挪用公款从事非法活动、营利活动还是一般的归个人使用?对此,应根据产生欠款的原因具体认定。例如,甲因为赌博欠乙3万元,后挪用3万元公款归还给乙,甲的行为属于挪用公款从事非法活动。

【关联罪】 1. 挪用公款罪与贪污罪的区别。要点是:①客体不同。挪用公款罪侵害的是公款的使用、收益权,贪污罪侵害的是公共财产的所有权。②对象不同。挪用公款罪的对象限于公款,除特定款物(国家救灾、抢险、防汛、防洪、优抚、扶贫、移民、救济款物)中的特定公物外,不包括其他公物;贪污罪的对象是公共财物,既包括公款,也包括公物。③主体范围略有不同。挪用公款罪与贪污罪虽然都是特殊主体,但在范围上略有差别,挪用公款罪的主体中不包括受委托经营、管理国有财产的人员。④行为方式不同。挪用公款罪的行为手段是擅自私用,贪污罪的行为手段是侵吞、窃取、骗取等非法手段。⑤目的不同。这是二者的核心区别。挪用公款罪仅以非法占用为目的,即暂时地挪用公款归个人使用;贪污罪以非法占有为目的,即意图永远地非法占有公共财物。行为人挪用公款归个人使用,因客观原因导致一审宣判前不能退还的,仍以挪用公款罪定罪处罚;行为人以"挪用"的方式取得公款后,有能力退还而拒不退还的、携带公款潜逃、挥霍公款、使用公款进行违法犯罪活动等,致使公款在提起公诉前无法退还的,说明行为人已经实际具有非法占有公共财物的主观心态,应以贪污罪论处。在认定案件性质时,往往需要根据行为人的客观行为,判断行为人的目的是挪用还是占有。

2. 挪用公款罪与挪用资金罪的区别。要点是主体不同:挪用公款罪的主体是国家工作人员,挪用资金罪的主体是公司、企业或者其他单位的工作人员。在此意义上,二者的区别类似于贪污罪与职务侵占罪的区别。此外,二者在行为对象也略有不同:挪用公款罪的对象是公款和特定款物中的特定公物,在经济性质上属于公共财产;挪用资金罪的行为对象是单位的资金,不包括单位的物。

3. 挪用公款罪与挪用特定款物罪的区别。要点是:①主体不同。挪用公款罪的主体是国家工作人员,挪用特定款物罪的主体是经管特定款物的单位。②对象不同。挪用公款罪的对象是公款,包括特定公物在内;挪用特定款物罪的对象仅限于特定款物,即救灾、抢险、防汛、优抚、扶贫、移民、救济款物。③危害结果的要求不同。挪用公款罪在客观上只要求挪用公款归个人使用并达到一定的数额标准,就认为具备客观要件,不必造成一定的损害结果;挪用特定款物罪则必须致使国家和人民群众利益遭受重大损害,否则不构成犯罪。④挪用的目的或者用途不同。挪用公款罪是挪用公款归个人使用,即挪作私用;挪用特定款物罪则是为了其他公用,即挪作他用。这是区别二者的关键。如果行为人挪用特定款物归个人使用,应以挪用公款罪从重处罚。

【共犯】使用人与挪用人共谋,指使或者参与策划取得挪用款的,以挪用公款罪的共犯定罪处罚。使用人构成挪用公款罪的共犯,既不需要具有国家工作人员的身份,也不需要利用本人职务上的便利，但必须在主观上与挪用人共谋，即与挪用人具有挪用公款的共同犯意，在客观上实施了教唆、帮助挪用人挪用公款的行为，即对公款被挪用起到了一定的作用。对使用人，不能仅因其有使用被挪用公款的行为，就认定为挪用公款罪的共犯。

不过，在具备前述共犯成立条件的情况下，挪用人与使用人对公款用途认识不一致的，不妨害本罪共犯的认定，但在罪责承担上可能有所区别。例如，国家工作人员甲与朋友乙共谋挪用公款供乙使用，甲以为乙将公款用于购买住宅，但乙实际将公款用于贩卖毒品。乙成立甲挪用公款罪的共犯，但甲不承担挪用公款进行非法活动的罪责。

【罪数】1. 因挪用公款索取、收受贿赂构成犯罪的，实行数罪并罚。

2. 挪用公款进行非法活动构成其他犯罪的，实行数罪并罚。

三、私分国有资产罪·私分罚没财物罪

《刑法》第396条　国家机关、国有公司、企业、事业单位、人民团体，违反国家规定，以单位名义将国有资产集体私分给个人，数额较大的，对其直接负责的主管人员和其他直接责任人员，处三年以下有期徒刑或者拘役，并处或者单处罚金；数额巨大的，处三年以上七年以下有期徒刑，并处罚金。

司法机关、行政执法机关违反国家规定，将应当上缴国家的罚没财物，以单位名义集体私分给个人的，依照前款的规定处罚。

（一）构成要件

1. 私分国有资产罪。

【主体】国家机关、国有公司、企业、事业单位、人民团体，不包括自然人。

【对象】国有资产，指国家依法取得和认定的资产，以及国家以各种形式对企业投资和投资收益、国家向行政事业单位拨款等形成的资产。

【行为】以单位名义将国有资产集体私分给个人。

【主观】故意。

【罪量】数额较大。参照《自侦案件立案标准》（1999）及司法经验，一般指累计数额在10万元以上。

2. 私分罚没财物罪。

【主体】司法机关或者行政执法机关，不包括自然人。

【对象】应上缴国家的罚没财物。罚没财物，指司法机关、行政执法机关和法律法规授权的机构依法对公民、法人和其他组织实施处罚所得的罚款以及追缴、没收的财物。

【行为】违反国家规定，以单位名义将应上缴国家的罚没财物私分给个人。

【主观】故意。

【罪量】数额较大。参照《自侦案件立案标准》（1999）及司法经验，一般指累计数额在10万元以上。

（二）适用

【定罪】对于在单位财务状况允许的范围内以及将单位具有一定自主支配权的钱款违反规定分配给单位成员，未造成严重社会危害后果的行为，一般不宜认定为私分国有资产罪之"私分"，以财经违纪论处即可。相反，具有下列情形的，一般可认定为"私分"国有资产行为：①在单位没有经营效益甚至经营亏损的情况下，变卖分配国有财产，妨害国有公司、企业的正常生产、经营活动；②单位将无权自主支配、分配的钱款通过巧立名目、违规做账等手段从财务账上支出，或者将应依法上缴财务入账的正常或者非正常收入予以截留，变造各种栏目进行

私分发放等，严重破坏国家财政收支政策的贯彻落实。[1]

【案例】 张某康、夏某私分国有资产案[2]

上海医保管理中心系国有事业单位，经费来源为国家财政全额拨款。张某康、夏某分别是医保管理中心系主任、办公室主任。2001年12月至2003年4月，医保管理中心领导班子经讨论，由张某康决定，夏某具体操办，将国家财政专项拨款的邮电通信费和资料速递费结余部分以快递费、邮寄费等名义，从上海市邮政局、上海宝山邮电支局先后套购邮政电子消费卡价值213 000元，套取现金97 560元并用于购买超市代币券，相应发票予以入账。随后，两人将其中价值243 800元的邮政电子消费卡和超市代币券以单位福利名义，定期分发给医保管理中心的全体员工，两人各分得面值14 100元和10 500元的消费卡及代币券。另外，张某康在已经享受单位每月给予180元通信费的前提下，让夏某用邮政电子消费卡为其支付移动电话通信费5800余元。2002年2月，由张某康决定，夏某具体操办，将国家财政专项拨款的业务招待费以会务费名义从申康宾馆套现15 000元，以年度特别奖励的名义发放给医保管理中心部分人员，其中，张某康分得1000元，夏某分得5000元。2003年7月，张某康、夏某向纪委如实交代了上述事实并归还全部赃款。法院认为，医保管理中心违反国家财政经费必须专项使用的规定，以虚假名义套取专项经费后以单位名义变相私分，数额达20余万元，已构成私分国有资产罪；张某康、夏某作为实施上述犯罪的直接负责的主管人员和直接责任人员，应承担刑事责任。

裁判要旨：在区分假借奖金、福利等名义变相集体私分国有资产行为与超标准、超范围发放奖金、福利等一般财经违纪行为时，可参照单位经营利润情况、单位对所分资产是否具有自主支配、分配权等情况综合分析。

【关联罪】1. 私分国有资产罪与贪污罪的区别。要点在于是单位集体行为还是个人行为。私分国有资产罪的特点是以单位名义集体私分国有财产，通常表现为由单位的负责人或者决策机构集体讨论决定，按照一定的分配方案或者分发标准将国有资产以单位名义分发给本单位职工。分配单位财务程序有账可查，分配依据是职务高低、工作贡献大小，分配范围类似于单位分福利，基本人人有份。如果是单位领导或者经管国有资产的少数人员利用职务之便秘密私分国有资产，而不是按一定的方案或者标准分发给职工的，应以个人共同犯贪污罪论处。例如，上级拨给某县粮管所100万元粮食亏损补贴款。甲、乙、丙、丁、戊分别任该粮管所所长、副所长、工会主席、会计、出纳。他们商量后，采取虚列生产支出的方法擅自将该100万元转入小金库。然后经所委会集体研究，分给所里50名职工每人1万元，人人有份，是私分国有资产罪；对于剩余的50万元，甲、乙、丙、丁、戊每人各分10万元，另构成贪污罪，实行数罪并罚。

2. 私分国有资产罪与私分罚没财物罪的区别。要点是：①主体不同。前罪可由任何国家机关、国有公司、企业、事业单位、人民团体构成，后罪只能由司法机关、行政执法机关构成。②对象不同。前罪私分的是本单位的资产，即归单位所有或者由本单位生产、承包、经营的国有财物；后罪私分的则是司法和行政执法活动所罚没的财物。

---

[1] 参见指导案例第377号"李祖清等被控贪污案"，载中华人民共和国最高人民法院刑事审判第一、二、三、四、五庭主办：《中国刑事审判指导案例》（第6卷），法律出版社2017年版，第304页。

[2] 中华人民共和国最高人民法院刑事审判第一庭、第二庭编：《刑事审判参考》（2004年第2集·总第37集），法律出版社2004年版，第73~76页。

四、巨额财产来源不明罪・隐瞒境外存款罪

《刑法》第 395 条国家工作人员的财产、支出明显超过合法收入，差额巨大的，可以责令该国家工作人员说明来源。不能说明来源的，差额部分以非法所得论，处五年以下有期徒刑或者拘役；差额特别巨大的，处五年以上十年以下有期徒刑。财产的差额部分予以追缴。

国家工作人员在境外的存款，应当依照国家规定申报。数额较大、隐瞒不报的，处二年以下有期徒刑或者拘役；情节较轻的，由其所在单位或者上级主管机关酌情给予行政处分。

(一) 构成要件

1. 巨额财产来源不明罪。

【客体】复杂客体，即国家工作人员的廉洁性和司法机关的正常活动。国家工作人员作为人民的公仆，应模范遵守国家法律和法规，保持清正廉明。在当前腐败严重的形势下，国家工作人员拥有与其合法收入差额巨大的财产，并且不能向司法机关说明来源，本身就会损害国家工作人员的廉洁性。此外，国家工作人员对其巨额财产不说明来源，妨害了司法机关反腐败活动的顺利进行。正因为如此，国家为了加强反腐败力度，采取举证责任倒置的方式，以巨额财产来源不明为由追究国家工作人员的刑事责任。

【主体】特殊主体，限于国家工作人员。

【行为】在财产、支出明显超过合法收入且差额巨大的情况下，不能说明财产来源。本罪是纯正不作为犯，而非复行为犯。财产、支出明显超过合法收入，不是本罪的实行行为，只是前提条件。财产，指国家工作人员所拥有的房屋、交通工具、存款、现金、生活用品等私人财产。支出，指国家工作人员的各种开支、消费。合法收入，指依法应属于国家工作人员合法拥有的工资、奖金、津贴、继承的遗产、接受的馈赠、捐助等。

不能说明来源，根据《审理经济犯罪案座谈会纪要》(2003)，包括下列情形：①拒不说明财产来源的；②无法说明财产具体来源的；③说出的财产来源经司法机关查证不属实的；④说出的来源因线索不具体等原因，司法机关无法查实，且能排除财产来源合法的可能性和合理性的。如果行为人说明了巨额财产来源于犯罪，但按照刑事诉讼的证明标准无法查证属实，则"对'不能说明来源'应限制解释为'不能说明合法来源'",[1] 从而肯定本罪的成立。

【主观】故意。

【罪量】巨额财产来源不明，数额在 30 万元以上的，应追究刑事责任。

2. 隐瞒境外存款罪。

【主体】特殊主体，限于国家工作人员。

【对象】在境外的存款。既包括在国外的存款，也包括在我国港、澳、台地区的存款。既可以是外币，也可以是港币、澳币、台币以及债券、股票等金融衍生品。

【行为】国家工作人员在境外的存款，应当依照国家规定申报，隐瞒不报的，是本罪行为。

【主观】故意。

【罪量】隐瞒境外存款，折合人民币数额在 30 万元以上的，应追究刑事责任。

(二) 适用

【定罪】国家工作人员隐瞒境外存款，情节较轻的，一般不追究刑事责任，由其所在单位或者上级主管机关酌情给予行政处分。

【关联罪】1. 巨额财产来源不明罪与贪污贿赂犯罪、挪用公款罪等的界限。如果查明财产

---

[1] 国家统一法律职业资格考试辅导用书编辑委员会组编：《2022 年国家统一法律职业资格考试辅导用书・刑法》，法律出版社 2022 年版，第 300 页。

的来源是贪污、受贿、挪用公款罪或者其他犯罪所得，则以相应犯罪论处。确实无法查清，又达到"数额巨大"的，才定巨额财产来源不明罪。如果查明部分财产是贪污贿赂所得，部分财产来源不明且数额巨大，则实行数罪并罚。"对本罪的认定，要防止的倾向是：一方面，对通过调查取证能够查明财产来源，应被认定为贪污罪、受贿罪、挪用公款罪的犯罪行为不认真查证，简单地归为本罪；从而放纵罪犯；另一方面，取得的证据并不足以证实获得财产的手段行为具有犯罪性，应当以本罪处理的案件，勉强以贪污、受贿等犯罪定罪处罚。"〔1〕从我国《刑法》确立巨额财产来源不明罪以来，单独以本罪一罪定罪处罚的案件极少。通常都是在查处国家工作人员贪污、受贿、挪用公款等腐败犯罪的过程中，发现尚有巨额财产来源不明，从而以本罪和其他罪数罪并罚。

2. 隐瞒境外存款罪与巨额财产来源不明罪的区别。只要行为人在境外有数额较大的存款且隐瞒不报，即可构成隐瞒境外存款罪，不论其是否说明财产来源；对其隐瞒不报的境外存款不能说明来源的，成立巨额财产来源不明罪，不另外认定隐瞒境外存款罪。

第三节 贿赂犯罪

一、受贿罪

《刑法》第385条 国家工作人员利用职务上的便利，索取他人财物的，或者非法收受他人财物，为他人谋取利益的，是受贿罪。

国家工作人员在经济往来中，违反国家规定，收受各种名义的回扣、手续费，归个人所有的，以受贿论处。

《刑法》第388条 国家工作人员利用本人职权或者地位形成的便利条件，通过其他国家工作人员职务上的行为，为请托人谋取不正当利益，索取请托人财物或者收受请托人财物的，以受贿论处。

《刑法》第386条 对犯受贿罪的，根据受贿所得数额及情节，依照本法第三百八十三条的规定处罚。索贿的从重处罚。

（一）构成要件

【客体】国家工作人员职务行为的廉洁性，具体表现为公务行为的不可收买性。国家机关工作人员不得因其职务行为，从公务活动的相对人处收取报酬。这既是法律对国家工作人员的基本要求，也是国家工作人员自律的道德行为准则。这一准则是保证国家工作人员保持廉洁性的基本前提，而国家工作人员的廉洁性又是保证公务行为公正、诚实的基本条件。受贿行为破坏了公务行为的不可收买性和国家工作人员必须保持清正廉明的行为准则，势必破坏公务行为的廉洁公正。

【主体】特殊主体，限于《刑法》第93条规定的国家工作人员。具体参见贪污罪非拟制主体部分。

【对象】财物。根据《办理贪贿案解释》（2016）第12条，包括货币、物品和财产性利益。财产性利益，指可以折算为货币的物质利益，如房屋装修、债务免除等，以及需要支付货币的其他利益，如会员服务、旅游等。

对于受贿罪的对象，学说见解各异。大体有3种观点：①财物说，认为贿赂仅限于金钱和

---

〔1〕 周光权：《刑法各论》，中国人民大学出版社2021年版，第549页。

可以用金钱计算的财物，不包括其他利益；②财产性利益说，认为贿赂除了包含金钱及可以用金钱计算的财物外，还应包括其他物质利益，如提供房屋使用权、免除债务、提供免费旅游、餐饮娱乐等；③利益说，认为一切能够满足人的欲望、需要的利益，无论是物质的还是非物质的、有形的还是无形的，均可属于贿赂物，如安排就业、就学，提职升迁，提供出国机会等。根据《办理贪贿案解释》（2016）以及《办理商业贿赂刑案意见》（2008），我国司法实务采取财产性利益说，强调该利益必须具备以下特征：①具有财产性，即具有金钱价值；②表现为可以折算为货币的物质利益以及需要支付货币的其他利益。如此，将诸如提升职务、迁移户口、升学就业等非财产性利益，排除在本罪的对象之外。

【行为】本罪分为直接受贿和斡旋受贿两种类型。

1. 直接受贿。利用职务上的便利，索取他人财物，或者非法收受他人财物，为他人谋取利益。要点如下：

（1）利用职务上的便利，既包括利用本人职务上主管、负责、承办某项公共事务的职权，也包括利用职务上有隶属、制约关系的其他国家工作人员的职权。担任单位领导职务的国家工作人员，通过不属自己主管的下级部门的国家工作人员的职务便利，为他人谋取利益的，应认定为"利用职务上的便利"。例如，法院主管刑事审判的副院长指示民庭庭长，让其按照指示办事。又如，成某杰通过银行为请托人办理贷款，因其身居自治区主席的要职，银行虽然不属于他主管的下级部门，仍有隶属关系。

（2）收受他人财物为他人谋取利益，或者索取他人财物。分述如下：

第一，收受财物，指行为人非法收受他人主动给予的财物，并利用职务上的便利为他人谋取利益的情况。国家工作人员只能因职务关系收取国家或者雇佣单位给予的薪酬以及因加班收取合理的额外报酬。国家工作人员收受他人财物的非法性，指行为人因为职务关系收取了法律允许收受范围以外的财物。

在收受贿赂的场合，必须同时具备"为他人谋取利益"的要件，才能构成受贿罪。为他人谋取利益，指行为人允诺或者实际利用职务上的便利，为他人谋取某种利益。这种利益既包括物质性利益，也包括非物质性利益，如职务提拔、调整，迁移户口，提供就业、入学、出国的机会等。这种利益既包括非法或不正当的利益，也包括合法正当的利益。换言之，为他人谋取的利益是否正当合法，不影响受贿罪的成立。在认定这一条件时，既不问是否着手为他人谋利，也不问是否实际谋到了利。

因为在认定"为他人谋取利益"要件时，不受利益是否正当、是否实际谋取的限制，所以，关于利用职务上的便利究竟是主观要件还是客观要件，存在争议。对此，应把为他人谋取利益与收受贿赂联系起来掌握。为他人谋取利益，表明在给予财物与收受财物的过程中，授受双方实际进行着权钱交易。对收受贿赂者而言，其首先应认识到给予贿赂者的谋利需求。此时，收受贿赂的行为就意味着承诺利用职务上的便利为他人谋利。只有当收受财物的行为具有这样的特征时，才显现出权钱交易的性质。因此，把"为他人谋取利益"当作客观要件较为合理。具体案件中，有证据表明在收受贿赂的过程中，国家工作人员与给予贿赂者存在着利用职务上的便利谋取利益之默契，就足以认定"为他人谋取利益"。

根据《办理贪贿案解释》（2016）第13条第1款，具有下列情形之一的，可认定为"为他人谋取利益"：①实际或者承诺为他人谋取利益；②明知他人有具体请托事项；③履职时未被请托，但事后基于该履职事由收受他人财物。第①项的核心内容是不问是否着手为他人谋取利益、为他人谋利事项是否已完成；第②项的核心内容是明确收受财物与职务相关的具体请托事项有关联的，以受贿论；第③项的核心内容是明确事后受贿也可构成受贿罪。基于惩治贪腐犯罪的现实需要，事前受贿和事后受贿并无本质不同，均是钱权交易。此外，根据《办理贪贿案解释》（2016）第13条第2款，国家工作人员收受具有上下级关系的下属或者具有行政管理关系的被管理人员的财物价值3万元以上，可能影响职权行使的，视为承诺为他人谋取利益。这一规定划清了贿赂犯罪与正常人情往来的界限，也为党纪、政纪处理留下了合理空间。

第二，索取他人财物，指行为人利用职务上的便利，以主动向他人索要甚至勒索财物的方式收取财物。索贿的特点是行为人索要财物的主动性和他人给予财物的被动性。就索贿者而言，在自己实施或者不实施某种职务行为与他人有利害关系的场合，主动要求他人给予财物，作为自己是否行使职权或者如何行使职权的条件。就被索贿者而言，基于自身利益的考虑，不得不应行为人的要求被动甚至被迫给予财物。索贿的特征决定了行为人一定要有主动索要财物的意思表示。至于这种意思表示的形式，则无特别限定。可以是明示的，例如，向他人明确提出给予财物的要求，甚至讲明交付财物的数量、期限；也可以是暗示的，如故意将依法应批准或者办理的事项久拖不决，示意对方在财物上有所表示。可以直接向对方提出，也可以通过第三人转告或者暗示对方。

在索贿的场合，构成受贿罪不需具备"为他人谋取利益"要件。因为国家工作人员利用职务上的便利，主动向行政相对人索要财物，具有较高的违法性，本身就严重到足以动用刑罚的程度，所以，不必像收受贿赂那样，还要求"为他人谋取利益"。这是索贿与收受贿赂在构成要件方面的重要区别。但需要注意：索贿只是受贿罪的行为表现形式之一，并非独立罪名。

2. 斡旋受贿。利用本人职权或者地位形成的便利条件，通过其他国家工作人员职务上的行为，为请托人谋取不正当利益，索取请托人财物或者收受请托人财物。斡旋受贿与一般的受贿不同，行为人不是直接利用本人的职权为请托人谋取利益，而是利用本人职权或者地位形成的便利条件，通过其他国家工作人员职务上的行为，为请托人谋利。因为有间接利用职权为他人谋利的特点，这种情形的受贿又被称为"间接受贿"；与之相对，"利用职务上的便利"为他人谋利的受贿被称为"直接受贿"。

斡旋受贿行为除索取或收受财物之外，还须具有以下要素：

（1）利用本人职权或者地位形成的便利条件（即"职务影响力"）。利用本人职权或地位形成的便利条件，指行为人利用本人职权或者地位产生的影响和一定的工作联系。通常表现为单位内不同部门的国家工作人员之间、上下级单位的国家工作人员之间、有工作联系的不同单位的国家工作人员之间的职务影响力，如民庭法官对刑庭法官的职务影响力、民警对检察官的职务影响力等。适用《刑法》第388条斡旋受贿的规定，以不属于本人"利用职务上的便利"为前提，这要求斡旋受贿人与被其利用的国家工作人员之间在职务上没有隶属、制约关系。如果利用下属、下级的职权为他人谋利，则属于直接利用本人职权的情形，不适用斡旋受贿的规定。这种影响、地位必须具有公职性质，非因公职关系形成的社会地位，不属于《刑法》第388条中的"地位"。例如，著名学者、运动员等社会知名人士具有较高的社会地位和声望，可能对其他国家机关工作人员具有影响力，这种地位与本人的公职无关，利用这种地位形成的有利条件为他人斡旋的，不构成受贿罪。

（2）为他人谋取不正当利益。鉴于斡旋受贿利用职权的间接性质，其违法性明显轻于直接利用本人职权受贿的情形。所以，立法上对其构成要件作了较为严格的限制。无论是索取财物还是收受财物，斡旋受贿人成立受贿罪，必须为请托人谋取不正当利益。没有为请托人谋取利益或者为请托人谋取正当利益的，不构成犯罪。不正当利益，指请托人依据法律、法规、政策所不应得到的利益，包括该利益本身不正当和不正当的帮助、便利。例如，招标工作的负责人不公正地帮助某投标人中标。投标和中标，本身性质正当，但通过违法的帮助、便利使其获得不正当的竞争优势，即属于谋取不正当利益。如果是请托人依法应得的或者可能得到的利益，就不属于不正当利益。例如，施工单位依照合同约定应取得的工程款。需要注意：这里的"不正当利益"，不包含对谋取利益方式的评价。因为就谋取利益的方式而言，以贿赂方式谋取利益均非正当，若以谋取利益的方式为标准判断利益是否正当，则相当于实质上架空了"为请托人谋取不正当利益"这一要件。

（3）通过其他国家工作人员的职务行为为请托人谋取不正当利益。斡旋受贿中的职务行为，指其他国家工作人员直接为请托人谋取不正当利益的职务行为。这其实是斡旋受贿人利用本人职务影响力所产生的结果，也是斡旋受贿人利用本人职务影响力为请托人谋取不正当利益的一种特殊表现形式。

【主观】故意，即明知自己在利用职务上的便利或者职务影响力向他人索取财物或者收受他人财物。受贿故意的一项重要内容是认识到索取、收受财物与职务行为的关联性。这种关联性可从两方面判断：①给予财物的人在有关事项上有求于自己的职务行为或者职务影响力，或者他人送来财物与自己职权管辖的事项有关。②明显超出了基于亲情、友情一般礼尚往来的范围。这又表现为数量较大或者巨大，远远超出了人情交往的常规；或者送予者与收受者素不相识，根本不存在友情交往的关系。

《办理贪贿案解释》（2016）第 16 条第 2 款规定："特定关系人索取、收受他人财物，国家工作人员知道后未退还或者上交的，应当认定国家工作人员具有受贿故意。"适用本规定时应注意：①此情形以国家工作人员接受特定关系人转请托为前提，特定关系人未将转请托事项告知国家工作人员的，不适用本规定；②"知道后未退还或者上交"强调的是主观故意的判断，因赃款赃物被特定关系人挥霍等，知道时确实已经不具备退还或者上交的客观条件的，则应有所区别、慎重适用本规定。

【罪量】数额较大或者有其他较重情节。具体标准参见《办理贪贿案解释》（2016）第 1 条。

【既遂·未遂】受贿罪通常以实际收取财物为既遂。行为人受贿后，将收取的贿赂转送他人、捐赠公益事业的，属于犯罪后对赃物的处分行为，不影响受贿既遂的成立。"为他人谋取利益"不是受贿既遂的标准。明知他人有请托事项或者承诺为他人谋取利益而非法收受了请托人财物，就成立受贿既遂，不以着手为他人谋取利益或者实际谋取到利益为必要。

对于实际收受的认定，我国司法实践以"控制说"为通说，认为国家工作人员实际控制财物的，才成立受贿既遂。那么，何为"实际控制"？有指导案例指出，所谓控制，是指对财物的支配、处分的能力，它不同于对财物的占有、使用和收益。所以，即便行为人对财物没有占有、使用或者并未从中得到收益，但只要他拥有对财物支配、处分的能力，即认为他拥有对该财物的控制权。[1] 诚然，该指导案例的裁判要旨反映出一种不囿于物理占有的扩张取向，但同时也为受贿罪中"实际控制"的判断划定了底线：不能仅根据国家工作人员与请托人之间的贿赂合意或者约定，就认定国家工作人员取得了实际支配、处分贿赂物的能力，从而成立受贿既遂。

---

[1] 陈兴良、张军、胡云腾主编：《人民法院刑事指导案例裁判要旨通纂》（下卷），北京大学出版社 2018 年版，第 1758 页。

【案例】 **杨某德滥用职权、受贿案**[1]

2012年2月起,杨某林兼任百里杜鹃安全委员会主任,其在隐瞒金隆煤矿2013年10月4日发生的重大劳动安全事故后,向湾田煤业公司副总经理陈某虹提出需要400万元用于协调有关事宜。经陈某虹等人商量,同意杨某林的要求。为规避法律责任,双方商定采用由杨某林出资60万元虚假入股的方式,给予杨某林400万元。2013年11月,杨某林安排其侄子杨某出面与湾田煤业公司签订虚假入股协议。同年12月9日,按照杨某林的安排,杨某从杨某林的账户转款60万元给湾田煤业公司。应杨某林的要求,湾田煤业公司将该60万元以"入股"分红的形式退还给杨某林,并承诺于2014年4月底用200万元以"退股"形式收购杨某林50010的"股份",剩余200万元在同年6月兑现。2014年4月,杨某林因涉嫌犯滥用职权罪被调查,该400万元未实际取得。法院认为,杨某林身为国家工作人员,利用职务便利,向湾田煤业公司索要贿赂400万元,但该400万元因其涉嫌犯滥用职权罪被调查而未实际取得,系受贿犯罪未遂,可以比照既遂犯从轻或者减轻处罚。

要点:如果仅有事前约定,但事后未实际收受贿赂物的,约定金额不能认定为受贿既遂数额。

收受贿赂的时间在《刑法》上没有限制。国家工作人员利用职务上的便利为请托人谋取利益,并与请托人事先约定,在其离退休后收受请托人财物,构成犯罪的,以受贿罪定罪处罚。[2] 这是指行为人在离退休以后按照过去的约定实际从行贿人处收取了贿赂。如果行为人利用职务之便为他人谋取利益,约定将来收取贿赂,尚未兑现或者到了约定兑现的时候没有实际兑现的,从理论上讲可认为是受贿未遂。同理,采取设立债权、免除债务等期约贿赂方式的,按照司法习惯和有关司法解释的精神,一般需要依约实际交付财物或者期满后债务实际被免除时,才认定为受贿既遂。

此外,在干股型受贿的场合,将股份价值认定为受贿既遂数额,应以法律上或者事实上的股权转让为前提。国家工作人员虽与请托人就收受干股达成合意,但既未进行股权变更登记,又无相关证据证明股份发生了实际转让的,相应股份价值不应认定为受贿既遂数额。

【案例】 **官某受贿、行贿案**[3]

2002年,四川犍为电力公司进行国有股转让。官某利用职务之便帮助东能集团董事长、总经理王某军低价收购该公司股份,后王某军按私下约定将"川犍电力"价值人民币1300余万元的股份送给官某。法院认为,官某身为国家工作人员,利用职务之便,为他人谋取利益,收受他人所送川犍电力股份价值1300余万元,其行为已构成受贿罪。因川犍电力不能提供完整有效的手续使过户行为合法,官某的该部分股权实际一直处于冻结状态而不能处置,后来上述股权过户又被撤销,官某由于意志以外的原因始终未实际控制或者占有该部分股权,更不可能实现股权带来的财产性利益,故其收受川犍电力股份的犯罪行为并未得逞,应系犯罪未遂。

【加重犯】本罪有三档加重犯,分别以"数额巨大或者有其他严重情节""数额特别巨大或者有其他特别严重情节"和"数额特别巨大,并使国家和人民利益遭受特别重大损失"为要件。具体标准参见《办理贪贿案解释》(2016)第2条第1款、第3款和第3条第1款、第3款。

---

[1] 贵州省毕节市中级人民法院(2014)黔毕中刑初字第156号刑事判决书;贵州省高级人民法院(2015)黔高刑二终字第7号刑事裁定书。
[2] 《离退休后收受财物批复》(2000)。
[3] 参见魏东:《约定受贿定性处理的法理研讨》,载《河南社会科学》2017年第2期。

(二) 适用

【定罪】1. 鉴于不断出现新的贿赂方式，出于惩治商业贿赂的需要，《办理受贿刑案意见》(2007) 对司法中办理受贿案件遇到的疑难问题，作出了权威性的指导。该司法解释要点如下：

(1) 关于以交易形式收受贿赂问题。国家工作人员利用职务上的便利为请托人谋取利益，以下列交易形式收受请托人财物的，以受贿论处：①以明显低于市场的价格向请托人购买房屋、汽车等物品的；②以明显高于市场的价格向请托人出售房屋、汽车等物品的；③以其他交易形式非法收受请托人财物的。这里的"市场价格"包括商品经营者事先设定的、不针对特定人的最低优惠价格。根据商品经营者事先设定的各种优惠交易条件，以优惠价格购买商品的，不属于受贿。实践中，可从是否"事先设定"和"不针对特定人"两个方面，结合案件实际判断"优惠价格"是正常市场优惠还是交易型受贿。[1] 以交易之名、行贿赂之实的，受贿数额按照交易时当地市场价格与实际支付价格的差额计算。

【案例】 **凌某敏受贿案**[2]

人力资源和社会保障部养老保险司待遇处原副处长凌某敏明知扶余华侨农场有与其职权相关的请托事项，仍以明显高于市场价格的租金向请托人出租房屋，以此方式收受该农场 633 864 元。法院认为，凌某敏变相收受请托人财物，默示同意为请托人谋取利益，其行为构成受贿罪，受贿数额为实际收取的租金与市场租金的差额，对其判处有期徒刑 10 年。

(2) 关于收受干股问题。干股，指未出资而获得的股份。国家工作人员利用职务上的便利为请托人谋取利益，收受请托人提供的干股的，以受贿论处。进行了股权转让登记或者有相关证据证明股份发生了实际转让的，受贿数额按转让行为时的股份价值计算，所分红利按受贿孳息处理。股份未实际转让，以股份分红名义获取利益的，实际获利数额应认定为受贿数额。

(3) 关于以开办公司等合作投资名义收受贿赂问题。国家工作人员利用职务上的便利为请托人谋取利益，由请托人出资，"合作"开办公司或者进行其他"合作"投资的，以受贿论处。受贿数额为请托人给国家工作人员的出资额。国家工作人员利用职务上的便利为请托人谋取利益，以合作开办公司或者其他合作投资的名义获取"利润"，没有实际出资和参与管理、经营的，以受贿论处。

(4) 关于以委托请托人投资证券、期货或者其他委托理财的名义收受贿赂问题。国家工作人员利用职务上的便利为请托人谋取利益，以委托请托人投资证券、期货或者其他委托理财的名义，未实际出资而获取"收益"，或者虽然实际出资，但获取"收益"明显高于出资应得收益的，以受贿论处。在前一情形中，受贿数额以"收益"额计算；在后一情形中，受贿数额以"收益"额与出资应得收益额的差额计算。

(5) 关于以赌博形式收受贿赂问题。根据《办理赌博刑案解释》(2005) 第 7 条，国家工作人员利用职务上的便利为请托人谋取利益，通过赌博方式收受请托人财物的，构成受贿。实践中应注意区分贿赂与赌博活动、娱乐活动的界限。具体认定时，主要应结合以下因素进行判断：①赌博的背景、场合、时间、次数；②赌资来源；③其他赌博参与者有无事先通谋；④输赢钱物的具体情况和金额大小。

(6) 关于特定关系人"挂名"领取薪酬问题。国家工作人员利用职务上的便利为请托人

---

[1] 指导案例第 975 号"胡伟富受贿案"，载中华人民共和国最高人民法院刑事审判第一、二、三、四、五庭主办：《刑事审判参考》(2014 年第 2 集·总第 97 集)，法律出版社 2014 年版，第 121 页。
[2] 中华人民共和国最高人民法院刑事审判第一、二、三、四、五庭主办：《刑事审判参考》(2014 年第 4 集·总第 99 集)，法律出版社 2015 年版，第 126~127 页。

谋取利益，要求或者接受请托人以给特定关系人安排工作为名，使特定关系人不实际工作却获取所谓"薪酬"的，以受贿论处。

(7) 关于由特定关系人收受贿赂问题。特定关系人，指与国家工作人员有近亲属、情妇（夫）以及其他共同利益关系的人。国家工作人员利用职务上的便利为请托人谋取利益，授意请托人以前述形式，将有关财物给予特定关系人的，以受贿论处。特定关系人与国家工作人员通谋，共同实施上述行为的，对特定关系人以受贿罪共犯论处。特定关系人以外的其他人与国家工作人员通谋，由国家工作人员利用职务上的便利为请托人谋取利益，收受请托人财物后双方共同占有的，以受贿罪共犯论处。

指导案例还进一步明确，授意请托人给予第三人财物的，也以受贿论。

【案例】　　　　　　　　　　雷某富受贿案[1]

2007年7月至2008年12月，雷某富利用职务之便为勇智公司承接工程项目等提供帮助。2008年1月，华伦达公司法定代表人肖某（另案处理）安排赵某（另案处理）偷拍赵某与雷某富的性爱视频。同年2月14日，雷某富与赵某在金源大饭店开房时被肖某安排的人当场"捉奸"，假扮赵某男友的张某（另案处理）对雷某富播放了性爱视频，双方为此发生纠纷。肖某接到赵某的通知后来到饭店假意协调解决，让雷某富离开。同年2月16日，肖某以张某要闹事为由，向雷某富提出"借款"300万元，雷某富担心不雅视频曝光，在明知其被肖某设局敲诈的情况下，要求勇智公司法定代表人明某智"借款"300万元给华伦达公司，后肖某向勇智公司出具借条。同年8月18日，该"借款"期满后，肖某个人及其永煌公司的账上均有足额资金，但未归还。雷某富得知肖某未归还后，向明某智表示由其本人归还，明某智提出不用雷某富归还，雷某富予以认可。法院认为，本案300万元"借款"实际上是明某智为肖某敲诈雷某富的款项买单，性质上属于贿赂款。无论是明某智答应借款给肖某，还是放弃对该"借款"的追索，都是出于对雷某富之前对其公司关照的感谢，并希望继续得到关照，即均基于雷某富的职权。从表面上看，雷某富本人没有获得财物，但请托人的行贿指向是明确的，而肖某之所以获利，完全是源于雷某富与明某智之间的权钱交易和雷某富最终对该财产的处分意思，遂以受贿罪判处雷某富有期徒刑13年，剥夺政治权利3年，并处没收个人财产30万元。

裁判要旨：利用职务便利为他人谋取利益，授意他人向第三人出借款项，还款义务最终被免除的，属于受贿。

(8) 关于收受贿赂物品未办理权属变更问题。国家工作人员利用职务上的便利为请托人谋取利益，收受请托人房屋、汽车等物品，未变更权属登记或者借用他人名义办理权属变更登记的，不影响受贿的认定。认定以房屋、汽车等物品为对象的受贿，应注意与借用的区分。具体认定时，除双方交代或者书面协议之外，主要应结合以下因素进行判断：①有无借用的合理事由；②是否实际使用；③借用时间的长短；④有无归还的条件；⑤有无归还的意思表示及行为。

(9) 关于在职时为请托人谋利，离职后收受财物问题。国家工作人员利用职务上的便利为请托人谋取利益之前或者之后，约定在其离职后收受请托人财物，并在离职后收受的，以受贿论处。国家工作人员利用职务上的便利为请托人谋取利益，离职前后连续收受请托人财物的，离职前后收受部分均应计入受贿数额。

2. 注意区分贿赂与馈赠。主要应结合以下因素全面分析、综合判断：①发生财物往来的

---

[1] 中华人民共和国最高人民法院刑事审判第一、二、三、四、五庭主办：《刑事审判参考》（2013年第4集·总第93集），法律出版社2014年版，第83~84、87页。

背景，如双方是否存在亲友关系及历史上交往的情形和程度；②往来财物的价值；③财物往来的缘由、时机和方式，提供财物方对于接受方有无职务上的请托；④接受方是否利用职务上的便利为提供方谋取利益。受贿有利用职务上的便利为请托人谋取利益的情况，往往采取隐蔽的、不正常的方式进行；馈赠是正常的礼尚往来行为，没有利用职务之便的情况，都是以公开的、正常的方式进行。如果借接受馈赠之名，行受贿之实，则应以受贿罪追究刑事责任。

实践中，经常遇到因婚丧嫁娶、逢年过节而收受礼金、压岁钱，或者因生病住院而收受看望慰问礼金等情况。对此，如果没有超出礼尚往来、朋友、上下级之间交往的一般限度，不宜认定为受贿。但是，借婚丧嫁娶大肆聚敛钱财的，可认定为受贿行为。逢年过节收受具有上下级关系的下属或者具有行政管理关系的被管理人员高额礼金、压岁钱，不论他人是否有具体的请托事项，只要财物价值达到3万元以上，可能影响职权行使的，就视为承诺为他人谋取利益。

3. 期约受贿。接受他人请托，利用职务上的便利为他人谋利，约定将来收受财物的，如果"事后"发生了收受财物的事实，不论行为人"受财"之时是在职期间还是在离职以后，均可成立受贿罪；但如果"事后"没有发生收受财物的事实，则不能定本罪。出于惩治商业贿赂的考虑，最高人民法院在《办理受贿刑案意见》（2007）中对新形态的受贿认定采取了扩张的态势，但也没有将这种"事后"未兑现许诺或者期约的情形纳入受贿范围。对于事先约定贿赂但事后没有兑现的情形，如果行为人滥用职权为他人谋利，可追究其徇私舞弊、滥用职权的罪责。

此外，国家工作人员在离退休以后，接受在职期间职务活动相对人给予的财物的，不能一概认为是受贿，须查明与其在职期间的职务行为有无关联。如果查明该收受财物是事先约定的兑现，当然成立受贿罪。如果不能查明与利用职务便利为他人谋存在关联性的，不宜认定为受贿。不过，贿赂有时采取隐蔽方式，查证约定相当困难，同时，也存在使受财人遭诬陷的隐忧。

【关联罪】1. 受贿罪与敲诈勒索罪的区别。要点在于是否利用职务之便。国家工作人员以要挟、威胁的方式向他人勒索财物，但并没有利用职务之便的，是敲诈勒索罪，不是受贿罪。

2. 受贿罪与非国家工作人员受贿罪的区别。要点是主体和职务的性质不同：受贿罪的主体是国家工作人员，职务性质是公务；非国家工作人员受贿罪的主体是公司、企业或其他单位的非国家工作人员，职务性质是非公务。

3. 受贿罪与贪污罪的区别。要点是行为方式和行为对象不同。受贿罪是利用职务之便索取或者收受他人财物，该财物通常不是行为人在职务上经手或者经管的，而是其职务行为（或者职务影响力）的对价；贪污罪是利用自己主管、管理、经手公共财物的职务便利，用侵吞、窃取、骗取等方法非法占有公共财物，该财物通常是行为人在职务上直接管理、经手的。行为人利用主管、管理、经手公共财产的职务便利，将本单位的公共财产以某种名义转给其他单位或个人，然后又以回扣、手续费等名义收回据为己有的，应以贪污罪论处。因为在这种场合，行为人利用的是经管公共财产的职务之便，侵害的是公共财产的所有权，具有贪污罪的特征。实务中认定行为人直接收受的财物属于单位还是请托人，可参考合同、发票所载金额。如果合同、发票所载金额中包含了行为人直接收受的财物，则为"价内款"，应认定为单位的财物，以贪污罪论处；如果其中不包含，则为"价外款"，即请托人给予的财物，以受贿罪论处。[1]

---

[1] 参见指导案例第275号"胡启能贪污案"，载中华人民共和国最高人民法院刑事审判第一、二、三、四、五庭主办：《中国刑事审判指导案例》（第6卷），法律出版社2017年版，第64页。

【共犯】1. 非国家工作人员构成受贿罪共犯分为2种情况：①特定关系人（见前文论述）与国家工作人员通谋，由特定关系人收受财物的，不以共同占有贿赂物为必要，即使贿赂物由特定关系人占有，双方也成立受贿罪的共同犯罪。②特定关系人之外的人与国家工作人员通谋，由特定关系之外的人收受财物的，以共同占有贿赂物为必要。国家工作人员没有占有贿赂物的，国家工作人员不成立受贿罪，特定关系人之外的人自然也无从成立受贿罪共犯。国家工作人员占有贿赂物而特定关系人之外的人没有占有贿赂物的，国家工作人员成立受贿罪，特定关系人之外的人不成立受贿罪共犯，但不排除成立介绍贿赂罪或者行贿罪共犯的可能。

需要注意：事先没有通谋，国家工作人员利用职务上的便利为请托人谋取利益，授意请托人将财物给予他人（包括特定关系人和非特定关系人）的，对国家工作人员应以受贿罪论处，对受财的他人不认为是共犯。对于这种情形，可认为是国家工作人员收受贿赂后赠送、处分贿赂物给他人。

2. 斡旋受贿的成立，即《刑法》第388条的适用，以被斡旋利用职务之便为请托人谋取不正当利益的国家工作人员，未与收受财物的国家工作人员共同占有贿赂物为前提。此时，虽然被斡旋的国家工作人员本人没有收受财物，但其明知他人斡旋受贿仍利用职务便利为请托人谋利，仍成立受贿罪的共犯，属斡旋受贿型。如果国家工作人员A收受请托人财物后，利用本人职权或者地位形成的便利条件，通过国家工作人员B职务上的行为为请托人谋利，事后由A、B共同占有贿赂物，则不是斡旋受贿，而是《刑法》第385条规定的直接受贿（共同犯罪）。

3. 非国家工作人员与国家工作人员通谋，共同收受他人财物，构成共同犯罪的，根据双方利用职务便利的具体情形分别定罪追究刑事责任：①利用国家工作人员的职务便利为他人谋取利益的，以受贿罪追究刑事责任；②利用非国家工作人员的职务便利为他人谋取利益的，以非国家工作人员受贿罪追究刑事责任；③分别利用各自的职务便利为他人谋取利益的，按照主犯的犯罪性质追究刑事责任，不能分清主从犯的，可以受贿罪追究刑事责任。[1]

【罪数】《办理贪贿案解释》（2016）第17条规定："国家工作人员利用职务上的便利，收受他人财物，为他人谋取利益，同时构成受贿罪和刑法分则第3章第3节、第9章规定的渎职犯罪的，除刑法另有规定外，以受贿罪和渎职犯罪数罪并罚。"以往的学说和实务曾认为，国家工作人员受贿后渎职，具有牵连关系的，不必数罪并罚。《办理贪贿案解释》（2016）扭转了这一立场，确认以数罪并罚为原则，不问是否存在牵连关系。

二、利用影响力受贿罪

《刑法》第388条之一　国家工作人员的近亲属或者其他与该国家工作人员关系密切的人，通过该国家工作人员职务上的行为，或者利用该国家工作人员职权或者地位形成的便利条件，通过其他国家工作人员职务上的行为，为请托人谋取不正当利益，索取请托人财物或者收受请托人财物，数额较大或者有其他较重情节的，处三年以下有期徒刑或者拘役，并处罚金；数额巨大或者有其他严重情节的，处三年以上七年以下有期徒刑，并处罚金；数额特别巨大或者有其他特别严重情节的，处七年以上有期徒刑，并处罚金或者没收财产。

离职的国家工作人员或者其近亲属以及其他与其关系密切的人，利用该离职的国家工作人员原职权或者地位形成的便利条件实施前款行为的，依照前款的规定定罪处罚。

（一）构成要件

【主体】特殊主体，包括：①国家工作人员的关系密切人，主要包括国家工作人员的近亲

---

[1] 《办理商业贿赂刑案意见》（2008）第11条。

属、情人等。同学、战友、老部下、老上级等其他与国家工作人员交往密切、具有足够影响力的人，也可认定为关系密切人；②离职的国家工作人员；③离职的国家工作人员的近亲属及其他与之关系密切的人。

【行为】利用影响力受贿，指国家工作人员的"身边人"利用对前者的影响力"斡旋收财"，或者离职官员及其"身边人"利用离职官员的影响力"斡旋收财"。"斡旋收财"，通俗地解说即为"说情收财"。可以表现为：①关系密切人通过国家工作人员职务上的行为为请托人谋取不正当利益，索取或收受请托人财物；②关系密切人利用国家工作人员职权或者地位形成的便利条件，通过其他国家工作人员职务上的行为，为请托人谋取不正当利益，索取或者收受请托人财物；③离职的国家工作人员利用原职权或者地位形成的便利条件，通过国家工作人员职务上的行为，为请托人谋取不正当利益，索取或者收受请托人财物；④离职的国家工作人员的关系密切人，利用该离职的国家工作人员原职权或者地位形成的便利条件，通过其他国家工作人员职务上的行为，为请托人谋取不正当利益，索取或者收受请托人财物。

【罪量】数额较大或者有其他较重情节。具体标准参照《办理贪贿案解释》（2016）中受贿罪的相关规定。

【加重犯】本罪有两档加重犯，分别以"数额巨大或者有其他严重情节"和"数额特别巨大或者有其他特别严重情节"为要件。具体标准参照《办理贪贿案解释》（2016）中受贿罪的相关规定。

（二）适用

【关联罪】1. 利用影响力受贿罪与受贿罪的区别。要点是主体身份不同：受贿罪的主体是国家工作人员，利用影响力受贿罪的主体是非国家工作人员。主体身份差异的本质是影响力的来源不同，影响力来自国家工作人员本人现任职务的，属于受贿罪；影响力来自非本人现任职务的，属于利用影响力受贿罪。国家工作人员同时具备两种影响力来源的，原则上应以受贿罪论处。

2. 利用影响力受贿罪与受贿罪共犯的界限。任何人（包括关系密切人等）与国家工作人员共谋并共同收受贿赂的，构成受贿罪的共犯。例如，甲是张局长的儿子，接受建筑商乙的请托收受50万元向张局长说情，把某桥梁工程发包给乙。甲担心张局长不答应，就向张局长明说乙给了50万元好处。张局长遂将工程发包给乙。本案中，足以认定甲与张局长就受贿一事有共谋，张局长构成受贿罪，甲构成受贿罪的共犯。对甲不必按照利用影响力受贿罪定罪处罚。质言之，任何人（包括关系密切人等）一旦与国家工作人员构成受贿罪共犯，即排斥利用影响力受贿罪的适用。

这表明，利用影响力受贿罪的适用暗含一个前提：国家工作人员不构成受贿罪，非国家工作人员因此无从成立受贿罪的共犯。假如上例中，张局长虽因其子甲的说情把工程发包给乙，但确实不知甲收了乙50万元好处，或者无法证明张局长对此知情，则张局长因不具备受贿故意，不成立受贿罪。此时，才有必要援引《刑法》第388条之一，对甲利用对其父的影响力说情收钱，通过其父的职务便利为请托人乙谋取不正当利益的行为，以利用影响力受贿罪定罪处罚。这正是《刑法修正案（七）》对原有贿赂犯罪立法的补充之处。按照原有立法，当无法证实张局长明知其子收受请托人50万元好处时，张局长不构成受贿罪，甲自然也无从成立受贿罪的共犯，存在处罚漏洞。《刑法修正案（七）》增设利用影响力受贿罪后，至少可对说情收钱的甲定罪处罚。

三、单位受贿罪

《刑法》第387条 国家机关、国有公司、企业、事业单位、人民团体，索取、非法收受他人财物，为他人谋取利益，情节严重的，对单位判处罚金，并对其直接负责的主管人员和其他直接责任人员，处五年以下有期徒刑或者拘役。

前款所列单位，在经济往来中，在帐外暗中收受各种名义的回扣、手续费的，以受贿论，依照前款的规定处罚。

（一）构成要件

【主体】特定单位，即国家机关、国有公司、企业、事业单位、人民团体。单位犯罪通常引证自然人犯罪的罪状，并与自然人犯罪使用相同罪名。但在贿赂犯罪的立法上，对个人受贿和单位受贿分别规定独立的罪状和罪名。

【行为】索取、非法收受他人财物，为他人谋取利益。在经济往来中，在账外暗中收受各种名义的回扣、手续费的，以受贿论。

【主观】故意。

【罪量】情节严重。参照《自侦案件立案标准》（1999），包括：①单位受贿数额在10万元以上。②单位受贿数额不满10万元，但具有下列情形之一的：故意刁难、要挟有关单位、个人，造成恶劣影响的；强行索取财物的；致使国家或者社会利益遭受重大损失的。

（二）适用

【关联罪】单位受贿罪与受贿罪的区别。要点是：①主体不同。单位受贿罪的主体是单位，即国家机关、国有公司、企业、事业单位、人民团体；受贿罪的主体是自然人，即国家工作人员。②罪量标准不同。单位受贿的入罪起点数额一般掌握在10万元；个人受贿的入罪起点数额一般掌握在3万元。

两罪的实质区别在于是否以单位名义收受财物，以及该财物是否归单位所有。如果以单位名义收受财物，没有进入单位的财务账目，而由个别国家工作人员占有，实质是个人受贿。如果以单位名义收受的财物列入单位的财务账目，为单位占有却被有关人员私分的，构成对单位财产的侵占。单位领导研究决定收受、私分回扣款的行为，属于名为单位、实为单位领导个人谋取私利，应以个人共同受贿定罪处罚。若将收受回扣认定为单位行为，则行为人在收受回扣、继而私分的情况下，不仅需承担单位受贿的刑事责任，同时还将构成贪污罪，显失合理。

【罪数】单位因受贿而实施其他行为，如非法经营，生产、销售伪劣商品，走私等，又构成其他犯罪的，实行数罪并罚。单位受贿的直接负责的主管人员和其他直接责任人员，因单位受贿而犯其他罪的，也应与单位受贿罪数罪并罚。

四、行贿罪

《刑法》第389条 为谋取不正当利益，给予国家工作人员以财物的，是行贿罪。

在经济往来中，违反国家规定，给予国家工作人员以财物，数额较大的，或者违反国家规定，给予国家工作人员以各种名义的回扣、手续费的，以行贿论处。

因被勒索给予国家工作人员以财物，没有获得不正当利益的，不是行贿。

《刑法》第390条 对犯行贿罪的，处五年以下有期徒刑或者拘役，并处罚金；因行贿谋取不正当利益，情节严重的，或者使国家利益遭受重大损失的，处五年以上十年以下有期徒刑，并处罚金；情节特别严重的，或者使国家利益遭受特别重大损失的，处十年以上有期徒刑或者无期徒刑，并处罚金或者没收财产。

行贿人在被追诉前主动交待行贿行为的，可以从轻或者减轻处罚。其中，犯罪较轻的，对侦破重大案件起关键作用的，或者有重大立功表现的，可以减轻或者免除处罚。

（一）构成要件

【客体】复杂客体，主要是国家工作人员职务行为的廉洁性，还包括国家经济管理的正常活动。行贿罪与受贿罪具有对向性联系，相互依存。行贿行为，尤其是主动行贿的行为，极大地助长了受贿行为，而受贿行为又进一步刺激行贿行为，二者共同形成了腐败现象。可见，行贿与受贿具有共同的危害性。

【对象】财物。行贿罪和受贿罪是对向犯，被统称为贿赂犯罪。作为行贿罪对象的财物，应与受贿罪中的财物含义相同，即包括货币、物品和财产性利益。

【行为】违反国家规定，给予国家工作人员以财物。与受贿行为有收受贿赂和索取贿赂两种行为形式相对应，行贿行为也有两种形式：①主动行贿，即为谋取不正当利益而主动给予国家工作人员财物。②被动行贿，即因被勒索而被迫给予国家工作人员财物，并实际获得了不正当利益。

需要注意的是，此二情形对谋取不正当利益要件的要求有很大的差别：①主动行贿时，谋取不正当利益是主观要件，只要具有谋取不正当利益的目的，即足以认定行贿；行为人通过给国家工作人员财物，最终是否实际取得所期望的不正当利益，不影响行贿罪的成立。②被动行贿时，对谋取不正当利益，应按照客观要件对待。行为人必须实际谋取了不正当利益，才构成行贿罪；因被勒索而给予国家工作人员财物，没有获得不正当利益的，不构成行贿罪。

【主观】故意，并具有谋取不正当利益的目的。如果不具有此目的，则不构成行贿罪。根据《办理商业贿赂刑案意见》（2008）第9条，在行贿犯罪中，"谋取不正当利益"指行贿人谋取违反法律、法规、规章或者政策规定的利益，或者要求对方违反法律、法规、规章、政策、行业规范的规定提供帮助或者方便条件。在招标投标、政府采购等商业活动中，违背公平原则，给予相关人员财物以谋取竞争优势的，属于谋取不正当利益。如果属于请托人依法应得的或者可能得到的利益，则不属于不正当利益。例如，承揽工程方在施工完毕、验收合格之后，因为工程发包方迟迟不支付工程款而给予有关人员财物，期望对方尽快付款的，即不具备谋取不正当利益之目的。

【罪量】根据《办理贪贿案解释》（2016）第7条，行贿数额在3万元以上的，追究刑事责任。行贿数额在1万元以上不满3万元，具有下列情形之一的，也应追究刑事责任：①向3人以上行贿；②将违法所得用于行贿；③通过行贿谋取职务提拔、调整；④向负有食品、药品、安全生产、环境保护等监督管理职责的国家工作人员行贿，实施非法活动；⑤向司法工作人员行贿，影响司法公正；⑥造成经济损失数额在50万元以上不满100万元。其中，对第4项、第5项，应作客观化理解，只有客观实施了"非法活动"或者实际发生了"影响司法公正"的结果，才能适用；第6项的"经济损失"，指已经实际造成的财产损失，包括为挽回损失而支付的各种开支、费用等。[1]

【加重犯】本罪有两档加重犯，分别以"情节严重或者使国家利益遭受重大损失"和"情节特别严重或者使国家利益遭受特别重大损失"为要件。具体标准参见《办理贪贿案解释》（2016）第8条、第9条。

（二）适用

【罪数】行贿后又实施其他犯罪的，即使这些犯罪是行贿罪中"谋取不正当利益"所对应的内容，也应分别定罪，实行数罪并罚。例如，张三为了让某海关关长对其走私行为予以关照

---

[1] 参见裴显鼎等：《〈关于办理贪污贿赂刑事案件适用法律若干问题的解释〉的理解与适用》，载《人民司法（应用）》2016年第19期。

而向其行贿，后实施多起走私犯罪，对张三应以行贿罪和走私犯罪数罪并罚。

【从宽处罚】行贿人在被追诉前主动交待行贿行为的，可从轻或者减轻处罚。其中，犯罪较轻的，对侦破重大案件起关键作用的，或者有重大立功表现的，可减轻或者免除处罚。"被追诉前"，现指监察机关对行贿人的行贿行为立案前。至于对国家工作人员的受贿行为是否立案，在所不问。"交代行贿行为"，指交代自己向他人行贿的行为。

五、对有影响力的人行贿罪

《刑法》第390条之一 为谋取不正当利益，向国家工作人员的近亲属或者其他与该国家工作人员关系密切的人，或者向离职的国家工作人员或其近亲属以及其他与其关系密切的人行贿的，处三年以下有期徒刑或者拘役，并处罚金；情节严重的，或者使国家利益遭受重大损失的，处三年以上七年以下有期徒刑，并处罚金；情节特别严重的，或者使国家利益遭受特别重大损失的，处七年以上十年以下有期徒刑，并处罚金。

单位犯前款罪的，对单位判处罚金，并对其直接负责的主管人员和其他直接责任人员，处三年以下有期徒刑或者拘役，并处罚金。

（一）构成要件

【行为】给予对国家工作人员有影响力的人以财物。"对国家工作人员有影响力的人"包括：①国家工作人员的近亲属或者其他与该国家工作人员关系密切的人；②离职的国家工作人员；③离职的国家工作人员的近亲属及其他与之关系密切的人。

【主观】故意，并具有谋取不正当利益的目的。

【罪量】根据《办理贪贿案解释》（2016）第10条第2款、第3款，本罪的入罪标准参照行贿罪的标准执行；单位对有影响力的人行贿数额在20万元以上的，应追究刑事责任。

【加重犯】本罪有两档加重犯，分别以"情节严重或者使国家利益遭受重大损失"和"情节特别严重或者使国家利益遭受特别重大损失"为要件。具体认定参照行贿罪的标准执行。

（二）适用

【关联罪】对有影响力的人行贿罪与行贿罪的区别。要点是：①行贿的对象不同。前罪的对象是对国家工作人员有影响力的人，后罪的对象是国家工作人员。②给付财物所欲换取的内容不同。前罪中，给付财物所欲换取的是对国家工作人员的影响力；后罪中，给付财物所欲换取的是国家工作人员的职务行为。

在处理两罪关系时，相关行贿犯罪与受贿犯罪的罪名适用应保持协调一致：①行为人将财物交付给特定关系人，国家工作人员不成立受贿罪，亦即，特定关系人仅成立利用影响力受贿罪的，行为人构成对有影响力的人行贿罪；②行为人将财物交付给特定关系人，特定关系人虽与国家工作人员构成受贿罪共犯，但行为人没有认识到该受贿共犯事实的，行为人仍成立对有影响力的人行贿罪；③行为人将财物交付给特定关系人，特定关系人与国家工作人员构成受贿罪共犯，行为人明知该受贿共犯事实的，不管财物最终由谁占有，行为人均成立行贿罪。[1]

【罪数】对有影响力的人行贿，又实施其他犯罪的，即使这些犯罪是本罪中"谋取不正当利益"所对应的内容，也应分别定罪，实行数罪并罚。

六、单位行贿罪

《刑法》第393条 单位为谋取不正当利益而行贿，或者违反国家规定，给予国家工作人员以回扣、手续费，情节严重的，对单位判处罚金，并对其直接负责的主管人员和其他直接责

---

〔1〕 国家统一法律职业资格考试辅导用书编辑委员会组编：《2022年国家统一法律职业资格考试辅导用书·刑法》，法律出版社2022年版，第299页。

任人员，处五年以下有期徒刑或者拘役，并处罚金。因行贿取得的违法所得归个人所有的，依照本法第三百八十九条、第三百九十条的规定定罪处罚。

（一）构成要件

【主体】单位。单位犯罪通常引证自然人犯罪的罪状，并与自然人犯罪使用相同罪名。但在行贿罪的立法上，对个人行贿和单位行贿分别规定独立的罪状和罪名。

【行为】向国家工作人员行贿，或者违反国家规定，给予国家工作人员以回扣、手续费。向对国家工作人员有影响力的人行贿，或者向国家机关、国有公司、企业、事业单位、人民团体行贿的，不构成本罪。

【主观】故意，并具有谋取不正当利益的目的。

【罪量】情节严重。具体标准参照《自侦案件立案标准》（1999）。

（二）适用

【关联罪】单位行贿罪与行贿罪的区别。从形式上看，要点是主体不同。行贿罪的主体是自然人；单位行贿罪的主体是单位，即公司、企业、事业单位、机关、团体。从实质上看，核心区别在于是单位行为还是个人行为。单位行贿罪应具备单位犯罪的一般特征：①为了单位利益；②以单位名义。单位名义的关键事实证据是单位出资（贿赂物）、有据可查。不过，个人为了谋取不正当利益，用单位的财物或者以单位的名义向国家工作人员等行贿的，是行贿罪，而非单位行贿罪。

七、对单位行贿罪

《刑法》第391条 为谋取不正当利益，给予国家机关、国有公司、企业、事业单位、人民团体以财物的，或者在经济往来中，违反国家规定，给予各种名义的回扣、手续费的，处三年以下有期徒刑或者拘役，并处罚金。

单位犯前款罪的，对单位判处罚金，并对其直接负责的主管人员和其他直接责任人员，依照前款的规定处罚。

（一）构成要件

【行为】给予国家机关、国有公司、企业、事业单位、人民团体以财物，或者在经济往来中，违反国家规定，给予各种名义的回扣、手续费。

【主观】故意，并具有谋取不正当利益的目的。

【罪量】对单位行贿，一般以个人行贿数额在10万元以上、单位行贿数额在20万元以上为入罪的数额起点。个人行贿数额不满10万元，单位行贿数额在10万元以上、不满20万元，但具有下列情形之一的，也应追究刑事责任：①为谋取非法利益而行贿；②向3个以上单位行贿；③向党政机关、司法机关、行政执法机关行贿；④致使国家或者社会利益遭受重大损失。[1]

（二）适用

【关联罪】1. 对单位行贿罪与行贿罪的区别。要点是：①行贿的对象不同。对单位行贿罪是给予国家机关、国有公司、企业、事业单位、人民团体等特定单位以财物，行贿罪是给予国家工作人员个人以财物。②主体的范围不同。对单位行贿罪的主体既包括自然人，也包括单位；行贿罪的主体以自然人为限。

2. 对单位行贿罪与单位行贿罪的区别。要点是：①行贿的对象不同。对单位行贿罪是给予国家机关、国有公司、企业、事业单位、人民团体等特定单位以财物，单位行贿罪是给予国

---

[1] 参照《自侦案件立案标准》（1999）。

家工作人员个人以财物。②主体的范围不同。对单位行贿罪的主体既包括单位,也包括自然人;单位行贿罪的主体以单位为限。

八、介绍贿赂罪

《刑法》第392条 向国家工作人员介绍贿赂,情节严重的,处三年以下有期徒刑或者拘役,并处罚金。

介绍贿赂人在被追诉前主动交待介绍贿赂行为的,可以减轻处罚或者免除处罚。

（一）构成要件

【行为】介绍贿赂,指在行贿人和国家工作人员之间实施沟通、撮合,促使行贿与受贿得以实现的行为。向国家机关、国有公司、企业、事业单位、人民团体介绍贿赂的,不构成本罪。

【主观】故意。出于何种动机,在所不问。

【罪量】情节严重。具体标准参照《自侦案件立案标准》（1999）。

（二）适用

【关联罪】1. 介绍贿赂罪与斡旋受贿行为的区别。要点在于：①主体不同。斡旋受贿的主体限于国家工作人员,介绍贿赂罪是一般主体。②是否利用本人职权或者地位形成的便利条件。国家工作人员利用本人职权或者地位形成的便利条件,通过其他国家工作人员职务上的行为,为请托人谋取不正当利益,索取请托人财物或者收受请托人财物的,是斡旋受贿;国家工作人员仅利用亲情、友情关系,出面在行贿人与国家工作人员之间进行介绍、联系,使行贿与受贿得以实现的,是介绍贿赂。判断行为人是否利用本人职权或者地位形成的便利条件,一方面要看与职务有无关联,另一方面要看谁的行为对促使其他国家工作人员利用职权为请托人谋利起到关键作用。行为人仅起到牵线搭桥的作用,其他国家工作人员主要是因为收受贿赂才利用职务之便为请托人谋利的,仍未超出介绍贿赂的范围。③危害行为不同。索取或者收受请托人财物是斡旋受贿的实行行为;介绍贿赂罪则无此要件,介绍贿赂人即使没有收受财物,也可构成犯罪。

2. 介绍贿赂罪与行贿罪共犯的区别。这种界限是很难划定的。一般而言,行为人居间介绍而不经手贿赂物,即贿赂物在行贿人和受贿人之间传递的,可认为是介绍贿赂;如果是行为人代请托人向国家工作人员转交贿赂物的,可认为是行贿的共犯。因为在后一种场合下,行为人转交贿赂物成为行贿的必要环节,参与完成了行贿行为。

3. 介绍贿赂罪与受贿罪共犯的区别。在行为人从请托人或者受贿人处收受了财物的场合,形成与受贿罪共犯区分的难点。一般而言,行为人因居间介绍,从行贿人处得到酬谢的,可认为是介绍贿赂的违法所得,仅成立介绍贿赂罪;受贿人收受财物之后,给予中间人以财物的,一般也认为是介绍贿赂的违法所得,仅成立介绍贿赂罪。但如果行为人向国家工作人员"介绍贿赂"并与受贿人共同占有贿赂物,则应以受贿罪共犯论处。

第九章 渎职罪

第一节 渎职罪概述

渎职罪，指国家机关工作人员滥用职权、玩忽职守，或者利用职权徇私舞弊，违背公务职责的公正性、廉洁性、勤勉性，妨害国家机关正常的职能活动，严重损害国家和人民利益的一类犯罪行为。

这类犯罪具有以下共同特征：

一、客体

渎职罪的客体是国家机关的正常职能和人民利益。这是本类犯罪区别于其他类犯罪的本质特征。国家机关担负着政治、经济、文化等多方面的基本职能。这些职能的正常行使，是实现国家机关各项任务的重要保证。国家机关工作人员背离国家机关的活动准则，违背公务职责的公正性、廉洁性、勤勉性，滥用职权、玩忽职守，必然会使国家机关的正常职能活动遭到破坏，使人民利益受到损害。

二、主体

除个别犯罪外，渎职罪都是特殊主体，限于国家机关工作人员。根据《刑法》第93条及全国人大常委会《渎职罪主体的解释》（2002）的规定，这里的"国家机关工作人员"包括：①国家机关工作人员，即在国家权力机关、行政机关、审判机关、检察机关、监察机关、军事机关中从事公务的人员；②在依照法律、法规规定行使国家行政管理职权的组织中从事公务的人员；③在受国家机关委托代表国家机关行使职权的组织中从事公务的人员；[1] ④虽未列入国家机关人员编制但在国家机关中从事公务的人员。上述人员在代表国家机关行使职权时，有渎职行为，构成犯罪的，依照刑法关于渎职罪的规定追究刑事责任。在乡（镇）以上中国共产党机关、人民政协机关中从事公务的人员，司法实践中也视为国家机关工作人员。[2]

此外，根据有关司法解释，中国证券监督管理委员会干部，镇财政所在编干部，受委派承担监管职能但还未被公安机关正式录用的狱医、合同制民警、属于工人编制的镇工商所长等非监管机关在编人员，企业事业单位的公安机构在改革过程中的工作人员，海事局及其分支机构的工作人员，在从事行政管理活动时，可成为渎职罪的主体。国家机关工作人员以外的国家工作人员渎职的，依照其他章节的规定定罪处罚。渎职罪主体的唯一例外是《刑法》第398条第2款，即非国家机关工作人员犯泄露国家秘密罪的，依照该条第1款规定酌情处罚。

三、客观

客观方面主要表现为两大类渎职行为：①自以为是、滥用职权，或者不负责任、玩忽职守。其中，以《刑法》第397条第1款所规定的滥用职权罪和玩忽职守罪最具一般性和代表

---

[1] 根据《办理渎职案解释（一）》（2012）第7条，依法或者受委托行使国家行政管理职权的公司、企业、事业单位的工作人员，在行使行政管理职权时，属于渎职罪的主体。

[2] 《审理经济犯罪案座谈会纪要》（2003）。

性。②利用职权徇私舞弊。其中,以《刑法》第399条第1、2款所规定的徇私枉法罪和民事、行政枉法裁判罪最具代表性。

有些渎职犯罪,必须使国家和人民的利益遭受重大损失,或者以造成重大损失为要件。因此,认定渎职犯罪时,危害后果显得非常重要。例如,玩忽职守、滥用职权等渎职犯罪均以致使公共财产、国家和人民利益遭受重大损失为构成要件。其中,公共财产的重大损失,指渎职犯罪或者与渎职犯罪相关联的犯罪立案时已经实际造成的财产损失,分为"直接经济损失"和"间接经济损失"。前者指与行为有直接因果关系而造成的财产损毁、减少的实际价值;后者指由直接经济损失引起和牵连的其他损失,包括因渎职行为而失去的在正常情况下可以获得的利益和为恢复正常的管理活动或者挽回渎职行为所造成的损失而支付的各种开支、费用等。立案后至提起公诉前持续发生的经济损失,一并计入渎职犯罪造成的经济损失。债务人经法定程序被宣告破产,债务人潜逃、去向不明,或者因行为人的责任超过诉讼时效等,致使债权已经无法实现的,无法实现的债权部分应认定为渎职犯罪的经济损失。渎职犯罪或者与渎职犯罪相关联的犯罪立案后,犯罪分子及其亲友自行挽回的经济损失,司法机关或者犯罪分子所在单位及其上级主管部门挽回的经济损失,或者因客观原因减少的经济损失,不予扣减,但可作为酌定从轻处罚的情节。[1]

四、主观

渎职罪的主观方面既有故意,也有过失。典型的过失,通常具有对待职责马虎草率、漫不经心或者自以为是、恣意妄为、严重不负责任的心理。典型的故意,则通常具有徇私舞弊之"徇私"的动机。这里所说的"故意""过失"主要是对渎职行为所造成之损害结果的心态,而非对待渎职行为本身的态度。行为人对渎职行为本身是故意还是过失,并非确立罪过形式的主要因素。

五、定罪量刑标准

关于渎职罪的定罪标准,最重要也是最全面的依据是《办理渎职案解释(一)》(2012)和《渎职侵权案立案标准》(2006)[2]。关于本章之罪特殊犯罪构成(加重事由)的认定,最重要的参考是《渎职侵权重特大案件标准》(2001)。需要注意的是:

1. 最高人民检察院确立的重大、特大案件的标准可作为认定特殊犯罪构成的主要根据。因为在有些犯罪上,最高人民检察院重特大案件的数量标准与最高人民法院有关司法解释的加重事由的数量标准一致,表明最高人民检察院确立重特大案件的数量标准时考虑到《刑法》中加重事由的认定。例如,在非法批准征用、占用土地案上,最高人民检察院重大案件的数量标准与最高人民法院《审理土地资源刑案解释》(2000)中加重事由的数量标准就是一致的。[3]

2. 最高人民检察院确定重特大案件的数量标准主要是为了便于统计、分析和决策,反映犯罪的危害程度,[4]与"情节特别严重"并非是严格的对应关系。符合"特大案件"的标准认为是"情节特别严重"应当是没有什么问题的;但是,符合"重大案件"标准的,未必都应认定为情节特别严重。因为"重大案件"的标准与上述"立案标准"在有的场合仍然存

---

[1] 参见《办理渎职案解释(一)》(2012)第8条。
[2] 《渎职侵权案立案标准》(2006)中关于滥用职权罪、玩忽职守罪的罪量标准,与《办理渎职案解释(一)》(2012)的规定不一致,应以后者为准。
[3] 《渎职侵权重特大案件标准》(2001)第19条和《审理土地资源刑案解释》(2000)第5条。
[4] 罗庆东、史卫中、郎俊义:《最高人民检察院、公安部〈关于经济犯罪案件追诉标准的规定〉的理解与适用》,载姜伟主编:《刑事司法指南》(总第7辑),法律出版社2001年版,第133页。

在一定的衔接关系,而立案标准只是立案、批捕、起诉的最低标准或者起点标准,所以,超过立案标准即起点标准而符合重大案件标准的,有时也可认定为具备基本犯罪构成。"情节特别严重"通常是根据犯罪的动机、目的、手段、后果等因素作出的综合判断,而司法解释中确定"重大案件"的主要根据是客观结果,并不全面。对于符合重大案件标准的情况,还需综合判断全案后确定其属于基本犯罪构成还是特殊犯罪构成。本章以下使用的重大、特大案件标准均宜作此种理解,不再一一赘述。

第二节 一般国家机关工作人员渎职罪

一、滥用职权罪·玩忽职守罪

《刑法》第397条 国家机关工作人员滥用职权或者玩忽职守,致使公共财产、国家和人民利益遭受重大损失的,处三年以下有期徒刑或者拘役;情节特别严重的,处三年以上七年以下有期徒刑。本法另有规定的,依照规定。

国家机关工作人员徇私舞弊,犯前款罪的,处五年以下有期徒刑或者拘役;情节特别严重的,处五年以上十年以下有期徒刑。本法另有规定的,依照规定。

(一)构成要件

1. 滥用职权罪。

【主体】特殊主体,限于国家机关工作人员。

【行为】滥用职权。可以表现为:①超越职权,违法决定、处理其无权决定、处理的事项;②违反规定处理公务。

【结果·罪量】致使公共财产、国家和人民利益遭受重大损失。滥用职权行为是否致使公共财产、国家和人民利益遭受重大损失,是区分本罪与一般渎职行为的主要标准。滥用职权行为与重大损失结果之间必须有因果关系;没有因果关系的,不成立滥用职权罪。

【案例】 **包某安受贿、涉嫌滥用职权案**[1]

1997年3月至1998年1月,包某安在担任南京市劳动局局长期间,未经集体研究,擅自决定以南京市劳动局的名义,为下属企业正大公司出具鉴证书,致使该公司以假联营协议的形式,先后向南京计时器厂等3家企业借款3700万元,造成共计3440余万元的损失。1999~2003年,经南京市政府协调,由南京市劳动局陆续"借"给3家企业共计1700余万元。一审法院以滥用职权罪判处包某安有期徒刑4年。(受贿部分的判决略)二审法院认为,包某安超越职权同意鉴证的行为与前述损失不具有因果关系。原因如下:①鉴证只是上回行政管理机关审查合同的真实性、合法性的一种监督管理制度,不是借款合同成立的必经程序,也不具有担保合同履行的性质,南京市劳动局不需要对3家企业的资金拆借损失承担赔偿责任,3家企业作为市场经济的主体对此应当明知。没有证据证实包某安在拆借过程中起决定性的作用,3家企业将资金拆借给正大公司是企业经自主决策作出的行为,只有非法拆借与遭受经济损失之间才存在直接的因果关系;②正大公司破产是3家企业不能收回借款的直接原因,但这是正大公司经营管理不善、资金周转困难等多种原因造成的,而非包某安帮助促成借款所造成。遂撤销前述滥用职权罪判决。

---

[1] 中华人民共和国最高人民法院刑事审判第一庭、第二庭编:《刑事审判参考》(2004年第6集·总第41集),法律出版社2005年版,第63~70页。

《办理渎职案解释（一）》（2012）第1条第1款修改了《渎职侵权案立案标准》（2006）的规定，滥用职权，致使公共财产、国家和人民利益遭受重大损失，包括下列情形：①造成死亡1人以上，或者重伤3人以上，或者轻伤9人以上，或者重伤2人、轻伤3人以上，或者重伤1人、轻伤6人以上的；②造成经济损失30万元以上的；③造成恶劣社会影响的；④其他致使公共财产、国家和人民利益遭受重大损失的情形。

【主观】过失，[1] 即行为人应当预见自己滥用职权的行为可能致使公共财产、国家和人民利益遭受重大损失，因疏忽大意而没有预见，或者已经预见而轻信能够避免，以致造成这种重大损失发生。滥用职权行为本身，往往是明知故犯，但行为人对致使公共财产、国家和人民利益遭受重大损失的结果则是过失的。质言之，本条的罪过形式（过失）主要是根据行为人对滥用职权行为所造成之损害结果的心态确定的。

【加重犯】情节特别严重。具体标准参见《办理渎职案解释（一）》（2012）第1条第2款。

2. 玩忽职守罪。

【主体】特殊主体，限于国家机关工作人员。

【行为】玩忽职守。表现为严重不负责任，不履行职责，或者不认真履行职责。

【结果·罪量】致使公共财产、国家和人民利益遭受重大损失。玩忽职守行为是否致使公共财产、国家和人民利益遭受重大损失，是区分本罪与一般渎职行为的主要标准。玩忽职守行为与重大损失结果之间必须有因果关系；没有因果关系的，不成立玩忽职守罪。

【案例】　　　　　　　　**龚某被控玩忽职守无罪案**[2]

1998年12月，黔江车管所下辖的彭水县村民蒋某凡因驾驶证有效期届满申请换证。从事体检工作的龚某在既未体检（效力只有1年，下一年度审验时需重新体检），也未要求蒋某凡到指定医院体检的情况下，违反规定自行在《机动车驾驶证申请表》上的"视力"栏中填写"5.2"、填写"无妨碍驾驶疾病及生理缺陷"，致使自1995年左眼视力即已失明的蒋某凡换领了驾驶证。此后3年蒋某凡都通过了年度审验、体检。2002年8月20日，蒋某凡驾驶一辆中型客车违章超载30人（核载19座）途中客车翻覆，造成26人死亡、4人受伤和车辆报废的特大交通事故。经调查，蒋某凡对此次事故负全部责任。检察院以玩忽职守罪起诉龚某。但法院认为，本案与交通事故有联系的有三个因素：①龚某在蒋某凡换证时的体检失职行为；②换证以后各年度审验中的他人审验失职行为；③蒋某凡的违章驾驶行为。从行为与结果联系的紧密程度看，因素③是导致事故发生的直接原因，因素①、②不可能单独导致交通事故的发生，其只有依附于最后一个因素才能产生本案的结果。最终认定龚某的玩忽职守行为与交通事故之间没有刑法上的因果关系，宣告无罪。

《办理渎职案解释（一）》（2012）第1条第1款修改了《渎职侵权案立案标准》（2006）的规定，玩忽职守，致使公共财产、国家和人民利益遭受重大损失，包括下列情形：①造成死亡1人以上，或者重伤3人以上，或者轻伤9人以上，或者重伤2人、轻伤3人以上，或者重伤1人、轻伤6人以上的；②造成经济损失30万元以上的；③造成恶劣社会影响的；④其他致使公共财产、国家和人民利益遭受重大损失的情形。

【主观】过失，即行为人应当预见自己玩忽职守的行为可能致使公共财产、国家和人民利

---

[1] 周道鸾等：《刑法实务若干问题研究》，载《人民司法》2003年第11期。
[2] 中华人民共和国最高人民法院刑事审判第一庭、第二庭编：《刑事审判参考》（2004年第2集·总第37集），法律出版社2004年版，第78~82页。

益遭受重大损失，因疏忽大意而没有预见，或者已经预见而轻信能够避免，以致发生这种重大损失。行为人对玩忽职守本身可能是有意的，也可能是无意的，但对重大损害结果，则是过失的。

【加重犯】情节特别严重。具体标准参见《办理渎职案解释（一）》（2012）第1条第2款。

（二）适用

【特殊规定】徇私舞弊犯滥用职权罪或者玩忽职守罪，是情节加重犯，适用《刑法》第397条第2款规定的刑罚幅度。徇私舞弊，指"为徇私情、私利，故意违背事实和法律，伪造材料，隐瞒情况，弄虚作假的行为"。[1] 如为贪图金钱、女色以及其他个人利益，或者为照顾亲友、同事以及其他私人关系而有意违背事实和法律处理公务。根据《审理经济犯罪案座谈会纪要》（2003），徇私舞弊型渎职犯罪的"徇私"，应理解为"徇个人私情、私利"。[2] 所以，国家机关工作人员为了本单位的利益，实施滥用职权、玩忽职守行为，构成犯罪的，不具有"徇私"动机，不适用《刑法》第397条第2款。

【关联罪】1. 滥用职权罪与玩忽职守罪的区别。要点是渎职的客观行为表现不同。滥用职权罪主要表现为以作为的方式超越权限处理无权处理的事务或者不顾职责的程序和宗旨、随心所欲地处理事务；玩忽职守罪主要表现为以不作为的方式不履行职责或者怠于履行职责。此外，两罪在主观方面也有所不同：滥用职权的主观方面主要表现为行使职权时自以为是、为所欲为的态度，行为人对渎职行为本身往往是有意的；玩忽职守罪的主观方面往往表现为马虎草率、敷衍塞责之类的对工作严重不负责任的态度，行为人对玩忽职守本身可能是有意的，也可能是无意的。

2. 滥用职权罪与其他具有滥用职权性质的犯罪之关系。《刑法》规定的特定滥用职权（徇私舞弊）之罪有：《刑法》第399条之徇私枉法罪，民事、行政枉法裁判罪，执行判决、裁定滥用职权罪；第399条之一之枉法仲裁罪；第400条之私放在押人员罪；第401条之徇私舞弊减刑、假释、暂予监外执行罪；第402条之徇私舞弊不移交刑事案件罪；第403条之滥用管理公司、证券职权罪；第404条之徇私舞弊不征、少征税款罪；第405条之徇私舞弊发售发票、抵扣税款、出口退税罪，违法提供出口退税凭证罪；第407条之违法发放林木采伐许可证罪；第408条之一之（滥用职权型）食品、药品监管渎职罪；第410条之非法批准征收、征用、占用土地罪，非法低价出让国有土地使用权罪；第411条之放纵走私罪；第412条第1款之商检徇私舞弊罪；第413条第1款之动植物检疫徇私舞弊罪；第414条之放纵制售伪劣商品犯罪行为罪；第415条之办理偷越国（边）境人员出入境证件罪，放行偷越国（边）境人员罪；第416条第2款之阻碍解救被拐卖、绑架妇女、儿童罪；第417条之帮助犯罪分子逃避处罚罪；第418条之招收公务员、学生徇私舞弊罪；等等。

本罪与上述其他具有滥用职权（徇私舞弊）性质的犯罪是一般规定与特别规定的法条竞合关系，应优先适用特别规定定罪处罚。根据《办理渎职案解释（一）》（2012）第2条，国家机关工作人员实施滥用职权犯罪行为，触犯《刑法》分则第9章第398条至第419条规定的，依照特别规定定罪处罚。国家机关工作人员滥用职权，因不具备徇私舞弊等情形，不符合

---

[1]《渎职侵权案立案标准》（2006）附则。
[2]《办理渎职案解释（一）》（2012）虽未对"徇私"的理解作出明确规定，但该解释的起草者认为，应指徇个人私情、私利。参见苗有水、刘为波："《〈关于办理渎职刑事案件具体应用法律若干问题的解释（一）〉的理解与适用》，载《人民司法（应用）》2014年第7期。

《刑法》分则第9章第398条至第419条的规定，但依法构成第397条规定之罪的，以滥用职权罪定罪处罚。

3. 滥用职权罪与非法经营同类营业罪，为亲友非法牟利罪，国有公司、企业、事业单位人员滥用职权罪，徇私舞弊低价折股、低价出售国有资产罪等的区别。这些犯罪都具有滥用职权（徇私舞弊）的性质，十分相似，它们的区别是：①主体不同。滥用职权罪的主体为国家机关工作人员，后几罪的主体为国有公司、企业事业单位的负责人或者工作人员。②职务的性质不同。滥用职权罪的职务是公务性职务，后几罪的职务是企业、事业单位的经营管理业务性职务。③客体不同。滥用职权罪的客体是公务职责的公正性、勤勉性和国家机关的正常职能活动，后几罪的客体是市场经济的具体秩序。

4. 玩忽职守罪与其他具有玩忽职守性质的犯罪之关系。《刑法》另行规定的具有玩忽职守性质的渎职犯罪有：《刑法》第398条之过失泄露国家秘密罪；第399条第3款之执行判决、裁定失职罪；第400条第2款之失职致使在押人员脱逃罪；第406条之国家机关工作人员签订、履行合同失职被骗罪；第408条之环境监管失职罪；第408条之一之（玩忽职守型）食品、药品监管渎职罪；第409条之传染病防治失职罪；第412条第2款之商检失职罪；第413条第2款之动植物检疫失职罪；第416条第1款之不解救被拐卖、绑架妇女、儿童罪；第419条之失职造成珍贵文物损毁、流失罪；等等。

本罪与上述其他具有玩忽职守性质的犯罪是一般规定与特殊规定的法条竞合关系，应优先适用特别规定定罪处罚。根据《办理渎职案解释（一）》（2012）第2条，国家机关工作人员实施玩忽职守犯罪行为，触犯《刑法》分则第9章第398条至第419条规定的，依照特别规定定罪处罚。国家机关工作人员玩忽职守，因不具备徇私舞弊等情形，不符合《刑法》分则第9章第398条至第419条的规定，但依法构成第397条规定之罪的，以玩忽职守罪定罪处罚。

5. 玩忽职守罪与重大责任事故型犯罪的区别。从广义上讲，玩忽职守罪以造成重大损失为要件，也属于责任事故型犯罪，与其他责任事故型犯罪的区别是：①主体不同。玩忽职守罪的主体为国家机关工作人员，其他责任事故型犯罪的主体一般为厂矿企业、事业单位的负责人或者工作人员。②发生的场合不同。玩忽职守罪发生于国家机关的公务活动过程中，其他责任事故型犯罪一般发生于生产、作业等业务活动中。③客体不同。玩忽职守罪的客体是公务职责的公正性、勤勉性和国家机关的正常职能活动，其他责任事故型犯罪的客体为公共安全、公共卫生或者自然环境的保护、管理秩序等。

6. 玩忽职守罪与签订、履行合同失职被骗罪的区别。要点是：①主体不同。前罪的主体为国家机关工作人员；后罪的主体为国有公司、企业、事业单位直接负责的主管人员。②渎职的性质不同。前罪所渎之职具有公务性；后罪所渎之职没有公务性，涉及国有公司、企业、事业单位的经营、管理。③客体不同。前罪的客体是公务职责的公正性、勤勉性和国家机关的正常职能活动，后罪的客体为国有公司、企业、事业单位签订、履行合同背后的国家利益。

【罪数】1. 国家机关工作人员实施渎职犯罪并收受贿赂，同时构成受贿罪的，除刑法另有规定外，以渎职犯罪和受贿罪数罪并罚。

2. 国家机关工作人员与他人共谋，利用职务行为帮助他人实施其他犯罪行为，同时构成渎职犯罪和共谋之罪的，依照处罚较重的规定定罪处罚。国家机关工作人员与他人共谋，既利用职务行为帮助他人实施其他犯罪，又以非职务行为与他人共同实施该其他犯罪，同时构成渎职犯罪和其他犯罪共犯的，依照数罪并罚的规定处罚。

【追诉时效】以危害结果为要件的渎职犯罪的追诉期限，从危害结果发生之日起计算；有数个危害结果的，从最后一个危害结果发生之日起计算。

二、故意泄露国家秘密罪·过失泄露国家秘密罪

《刑法》第 398 条　国家机关工作人员违反保守国家秘密法的规定，故意或者过失泄露国家秘密，情节严重的，处三年以下有期徒刑或者拘役；情节特别严重的，处三年以上七年以下有期徒刑。

非国家机关工作人员犯前款罪的，依照前款的规定酌情处罚。

（一）构成要件

1. 故意泄露国家秘密罪。

【主体】一般是国家机关工作人员，但根据《刑法》第 398 条第 2 款，非国家机关工作人员也可构成本罪。

【对象】国家秘密。从内涵上说，国家秘密指关于国家安全和利益，依照法定程序确定，在一定时间内只限于一定范围的人员知悉的事项。从外延上说，国家秘密分为"绝密""机密""秘密"三个级别。绝密，指最重要的国家秘密，泄露会使国家的安全和利益遭受特别严重的损害。机密，指重要的国家秘密，泄露会使国家的安全和利益遭受严重损害。秘密，指一般的国家秘密，泄露会使国家的安全和利益遭受损害。本罪中的"国家秘密"与"绝密""机密""秘密"在逻辑的外延上是母项与子项的关系。根据《保守国家秘密法》（2010 年修订）第 9 条第 1 款，国家秘密主要包括以下内容：①国家事务重大决策中的秘密事项；②国防建设和武装力量活动中的秘密事项；③外交和外事活动中的秘密事项以及对外承担保密义务的秘密事项；④国民经济和社会发展中的秘密事项；⑤科学技术中的秘密事项；⑥维护国家安全活动和追查刑事犯罪中的秘密事项；⑦经国家保密行政管理部门确定的其他秘密事项。

【行为】违反保守国家秘密法的规定，泄露国家秘密。泄露国家秘密，指行为人把本人掌握或者知道的国家秘密透露给不应知悉的人，或者使国家秘密超出限定的接触范围。泄露的方式多种多样，一般以作为方式实现，但不论何种方式，均不影响犯罪的成立。

【主观】故意，包括直接故意和间接故意。出于何种动机，在所不问。

【罪量】情节严重。具体标准参照《渎职侵权案立案标准》(2006)。

【加重犯】情节特别严重。具体标准参考《渎职侵权重特大案件标准》(2001)。

2. 过失泄露国家秘密罪。

【主体】一般是国家机关工作人员，但根据《刑法》第 398 条第 2 款，非国家机关工作人员也可构成本罪。

【行为】违反保守国家秘密法的规定，泄露国家秘密或者遗失国家秘密载体。

【主观】过失，包括疏忽大意的过失和过于自信的过失。

【罪量】情节严重。具体标准参照《渎职侵权案立案标准》(2006)。

【加重犯】情节特别严重。具体标准参考《渎职侵权重特大案件标准》(2001)。

（二）适用

【关联罪】1. 故意泄露国家秘密罪与过失泄露国家秘密罪的区别。要点是罪过形式不同：前者是故意犯罪，后者是过失犯罪。判断的关键要看行为人在把国家秘密泄露给不应知悉的人这一点上是故意的还是过失的。

2. 故意泄露国家秘密罪与为境外窃取、刺探、收买、非法提供国家秘密、情报罪的区别。要点是：①主体不同。前罪的主体一般为有权知悉国家秘密的国家机关工作人员，后罪为一般主体。②对象不同。前罪泄露的是国家秘密，后罪的对象不仅包括国家秘密，还包括情报。③行为内容不同。前罪不要求泄密给特定对象，后罪则必须是为境外机构、组织、人员窃取、

刺探、收买、非法提供国家秘密、情报。[1] ④客体不同。前罪的客体为国家保密制度,后罪的客体为国家安全。

3. 故意泄露国家秘密罪与非法获取国家秘密罪的区别。要点是在获取国家秘密上是否使用了窃取、收买、刺探等"非法"手段。故意泄露国家秘密罪的行为人往往是有权知悉国家秘密或掌管国家秘密的人员,在取得国家秘密上,没有也不需要使用"非法"手段,因此一般不存在"非法获取"的问题,只存在"泄漏"的问题。相反,如果行为人在取得国家秘密上就采取了非法手段,则还构成非法获取国家秘密罪。非法获取国家秘密又向他人泄露的,属于非法获取国家秘密罪的牵连犯,从一重罪论处。[2]

4. 故意泄露国家秘密罪与侵犯商业秘密罪的区别。要点是:①主体不同。前罪的主体主要是国家机关工作人员,后罪为一般主体。②对象不同。前者的对象是国家秘密,后罪的对象是商业秘密。③客体不同。前罪的客体是国家保密制度,后罪的客体是商业秘密专用权和相关经济利益。国家机关工作人员将自己知悉的属于国家秘密范畴的商业秘密泄露出去,同时构成两罪的,属于想象竞合犯,从一重罪论处。

三、国家机关工作人员签订、履行合同失职被骗罪

《刑法》第 406 条　国家机关工作人员在签订、履行合同过程中,因严重不负责任被诈骗,致使国家利益遭受重大损失的,处三年以下有期徒刑或者拘役;致使国家利益遭受特别重大损失的,处三年以上七年以下有期徒刑。

(一) 构成要件

【主体】特殊主体,限于国家机关工作人员。一般是国家机关中负有签订、履行合同职责的工作人员。

【行为】在签订履行合同过程中,因严重不负责任,不履行或者不认真履行职责而被诈骗。包括以下要素:①行为发生在签订、履行合同的过程中。②因严重不负责任而被诈骗。所谓严重不负责任,就其客观表现而言,往往是违反了经贸活动的规章制度、惯例以及国家机关的工作程序、工作纪律等。例如,不认真审查对方当事人的合同主体资格、资信情况、履约能力,盲目签订、履行合同;对于应公证的事项,不予公证;应经集体研究决定或者上级审批的,擅自越权签订或者履行经济合同;违反规定为他人签订经济合同提供担保;等等。

【结果·罪量】致使国家利益遭受重大损失。具体标准参照《渎职侵权案立案标准》(2006)。

【主观】过失,包括疏忽大意的过失和过于自信的过失。

【加重犯】致使国家利益遭受特别重大损失。具体标准参考《渎职侵权重特大案件标准》(2001)。

(二) 适用

【定罪】对于国家机关工作人员在签订、履行合同过程中,因国家政策、国际国内市场行情变化等不能预见或者不能抗拒的原因,致使国家利益遭受重大损失的,不以犯罪论处。[3]

【关联罪】本罪与签订、履行合同失职被骗罪的区别。要点是主体不同:本罪的主体是国

---

[1] 根据《审理国家秘密、情报案解释》(2001) 第6条,通过互联网将国家秘密或者情报非法发送给境外的机构、组织、个人的,构成后罪;通过互联网发布国家秘密,情节严重的,以前罪定罪处罚。

[2] 司法实务中有以故意泄露国家秘密罪论处的案例。在这种场合,往往是因为犯罪人的目的以及行为的主要危害性体现在泄漏方面。例如,甲为了牟利而窃取高考试题并向众人出售,其目的和危害主要体现在泄漏高考试题这一国家秘密上,法院以故意泄露国家秘密罪追究甲的刑事责任。

[3] 周道鸾、张军主编:《刑法罪名精释》(下),人民法院出版社 2013 年版,第 1132 页。

家机关工作人员，后罪的主体为国有公司、企业、事业单位直接负责的主管人员。

四、非法批准征收、征用、占用土地罪·非法低价出让国有土地使用权罪

《刑法》第410条　国家机关工作人员徇私舞弊，违反土地管理法规，滥用职权，非法批准征收、征用、占用土地，或者非法低价出让国有土地使用权，情节严重的，处三年以下有期徒刑或者拘役；致使国家或者集体利益遭受特别重大损失的，处三年以上七年以下有期徒刑。

（一）非法批准征收、征用、占用土地罪

【主体】特殊主体，限于国家机关工作人员。

【行为】徇私舞弊，违反土地管理法规，滥用职权，非法批准征收、征用、占用土地。根据立法解释，违反土地管理法规，指违反《土地管理法》《森林法》《草原法》等法律以及有关行政法规中关于土地管理的规定。本罪中的土地，指耕地、林地等农用地以及其他土地。

【主观】故意，并出于徇私动机。

【罪量】情节严重。具体标准参见《审理土地资源刑案解释》（2000）第4条、《审理林地资源刑案解释》（2005）第2条和《审理草原资源刑案解释》（2012）第3条第1款，并可参照《渎职侵权案立案标准》（2006）的相关规定。

【加重犯】致使国家或者集体利益遭受特别重大损失。具体标准参见《审理土地资源刑案解释》（2000）第5条、《审理林地资源刑案解释》（2005）第3条和《审理草原资源刑案解释》（2012）第3条第2款。

（二）非法低价出让国有土地使用权罪

【主体】特殊主体，限于国家机关工作人员。

【行为】徇私舞弊，违反土地管理法规，滥用职权，非法低价出让国有土地使用权。

【主观】故意，并出于徇私动机。

【罪量】情节严重。具体标准参见《审理土地资源刑案解释》（2000）第6条、《审理林地资源刑案解释》（2005）第4条，并可参照《渎职侵权案立案标准》（2006）的相关规定。

【加重犯】致使国家或者集体利益遭受特别重大损失。具体标准参见《审理土地资源刑案解释》（2000）第7条和《审理林地资源刑案解释》（2005）第5条。

五、招收公务员、学生徇私舞弊罪

《刑法》第418条　国家机关工作人员在招收公务员、学生工作中徇私舞弊，情节严重的，处三年以下有期徒刑或者拘役。

（一）构成要件

【主体】特殊主体，限于国家机关工作人员。学校的普通教师不属于国家机关工作人员，不能成为本罪的主体。教师接受委托或者聘请临时担任考试监考员等与招收学生相关职务的，也不属于国家机关工作人员。

【行为】本罪的行为可以表现为：①在招收公务员的工作中徇私舞弊；②在省级以上教育行政部门组织的招收学生工作中徇私舞弊。

【主观】故意，并出于徇私动机。

【罪量】情节严重。具体标准参照《渎职侵权案立案标准》（2006）。

（二）适用

【罪数】国家机关工作人员在招收公务员、学生工作中，故意泄露属于国家秘密的录用、考试的试卷、试题从而招收不合格人员的，从一重罪论处。

六、失职造成珍贵文物损毁、流失罪

《刑法》第419条　国家机关工作人员严重不负责任，造成珍贵文物损毁或者流失，后果严重的,处三年以下有期徒刑或者拘役。

【主体】特殊主体,限于国家机关工作人员。主要指文物行政部门、公安机关、工商行政管理部门、海关、城乡建设规划部门等国家机关的工作人员。

【行为·结果】严重不负责任,造成珍贵文物损毁或者流失。损毁,指珍贵文物全部或者部分遭到破坏、损坏,致使无法恢复原状。流失,指珍贵文物丢失或者流传到国外、民间,致使无法追回。

【主观】过失。

【罪量】后果严重。根据《办理妨害文物管理案解释》(2015)第10条,指有下列情形之一的:①导致二级以上文物或者5件以上三级文物损毁或者流失;②导致全国重点文物保护单位、省级文物保护单位的本体严重损毁或者灭失;③其他后果严重的情形。

第三节 司法工作人员渎职罪

一、徇私枉法罪·民事、行政枉法裁判罪·执行判决、裁定失职罪·执行判决、裁定滥用职权罪

《刑法》第399条 司法工作人员徇私枉法、徇情枉法,对明知是无罪的人而使他受追诉、对明知是有罪的人而故意包庇不使他受追诉,或者在刑事审判活动中故意违背事实和法律作枉法裁判的,处五年以下有期徒刑或者拘役;情节严重的,处五年以上十年以下有期徒刑;情节特别严重的,处十年以上有期徒刑。

在民事、行政审判活动中故意违背事实和法律作枉法裁判,情节严重的,处五年以下有期徒刑或者拘役;情节特别严重的,处五年以上十年以下有期徒刑。

在执行判决、裁定活动中,严重不负责任或者滥用职权,不依法采取诉讼保全措施、不履行法定执行职责,或者违法采取诉讼保全措施、强制执行措施,致使当事人或者其他人的利益遭受重大损失的,处五年以下有期徒刑或者拘役;致使当事人或者其他人的利益遭受特别重大损失的,处五年以上十年以下有期徒刑。

司法工作人员收受贿赂,有前三款行为的,同时又构成本法第三百八十五条规定之罪的,依照处罚较重的规定定罪处罚。

(一)构成要件

1. 徇私枉法罪。

【主体】特殊主体,限于司法工作人员。根据《刑法》第94条,司法工作人员指有侦查、检察、审判、监管职责的工作人员。审判实践中,在司法机关中任职的专业技术人员,也可成为本罪的主体。但是,其他专业技术人员故意作虚假鉴定的,因不符合本罪的主体要件,不构成本罪,可成立伪证罪。

【行为】利用司法上的职务之便,进行枉法追诉或者枉法裁判。具体表现为利用司法职务上的便利,实施下列枉法行为:①使无罪的人受追诉。即对没有实施危害社会行为,或者根据《刑法》第13条规定情节显著轻微危害不大,不认为是犯罪以及其他依法不负刑事责任的人,采取伪造、隐匿、毁灭证据或者其他隐瞒事实、违背法律的手段,以追究刑事责任为目的进行侦查(含采取强制性措施)、起诉、审判等追诉活动。②包庇有罪的人不使其受追诉。即对有事实和确凿证据证明实施犯罪的人,采取伪造、隐匿、毁灭证据或者其他隐瞒事实、违背法律的手段予以包庇,使其不受侦查(含采取强制措施)、起诉或者审判。另外,违背事实真相,违法变更强制措施，或者虽然采取强制措施，但实际放任不管，致使人犯逃避刑事追诉的，亦属枉法包庇的情形。③在刑事审判活动中违背事实和法律枉法裁判。即枉法进行裁定、判决，使有罪判无罪、无罪判有罪或者重罪轻判、轻罪重判。

【主观】故意，并具有徇私、徇情动机。即明知案件的事实真相，出于屈从私利、私情的动机，而有意枉法追诉、包庇、裁判。徇私、徇情的原因各种各样，有的是贪图钱财、女色，有的是袒护、包庇亲友、同事或者泄愤报复。

【加重犯】本罪有两档加重犯，分别以"情节严重"和"情节特别严重"为要件。具体认定可参考《渎职侵权重特大案件标准》（2001）的相关规定。

2. 民事、行政枉法裁判罪。

【主体】特殊主体，限于在民事、行政诉讼活动中负有审判职责的人员。

【行为】在民事、行政审判活动中违背事实和法律作枉法裁判。民事、行政审判活动，指非刑事诉讼的审判活动，包括民事案件、行政案件、经济纠纷案件以及海商海事案件的司法审判活动。违背事实和法律作枉法裁判，指不依据已有的证据查清、认定案件的事实或者不依据已查清的案件事实正确地适用法律，作出颠倒、歪曲事实的认定和颠倒是非、歪曲法律的判决、裁定。通常表现为有意偏袒一方当事人，或者损害一方当事人的利益，证据确凿充分的，认定为证据不足；证据不足的，认定为确实充分；不依据已查清的事实公正地确定当事人的责任；等等。对于有充分的事由和证据应予立案而裁定不予立案的，也属于民事、行政枉法裁判的一种形式。

【主观】故意，即明知案件的事实或者应适用的法律，而有意违背事实和法律作出判决、裁定。

【罪量】情节严重。具体标准参照《渎职侵权案立案标准》（2006）。

【加重犯】情节特别严重。具体认定可参考《渎职侵权重特大案件标准》（2001）的相关规定。

3. 执行判决、裁定失职罪。

【主体】特殊主体，限于人民法院中从事生效判决、裁定执行工作的人员。

【行为】在执行生效判决、裁定活动中，严重不负责任。具体表现为：①不依法采取诉讼保全措施；②不履行法定执行职责。

【结果·罪量】致使当事人或者其他人的利益遭受重大损失。当事人，指有关案件的原告人、被告人和第三人；其他人，指前述当事人以外的人。关于损失是否重大的判断，参照《渎职侵权案立案标准》（2006）的相关规定。

【主观】过失，即应当预见在执行活动中严重不负责任可能致使当事人或者其他人的利益遭受重大损失，因疏忽大意而没有预见，或者虽已预见但轻信能够避免。

【加重犯】致使当事人或者其他人的利益遭受特别重大损失。对于"特别重大损失"，目前尚无相关立法或者司法解释。实践中，可结合本罪的立案标准，并参考本条其他犯罪的加重犯条件予以认定。

4. 执行判决、裁定滥用职权罪。

【主体】特殊主体，限于人民法院中从事生效判决、裁定执行工作的人员。

【行为】在执行生效判决、裁定活动中，滥用职权。具体表现为：①违法采取诉讼保全措施；②违法采取强制执行措施。

【结果·罪量】致使当事人或者其他人的利益遭受重大损失。关于损失是否重大的判断，参照《渎职侵权案立案标准》（2006）的相关规定。

【主观】过失。[1] 主张"过失说"确定主观罪过形式的，重点在于行为人对造成重大损失结果的心态。另有主张故意的观点，其确定罪过形式的重点在滥用职权行为本身。本书采取司法实务中的通说——过失说。

【加重犯】致使当事人或者其他人的利益遭受特别重大损失。对于"特别重大损失"，目前尚无相关立法或者司法解释。实践中，可结合本罪的立案标准，并参考本条其他犯罪的加重犯条件予以认定。

（二）适用

【定罪】司法实践中，由于司法工作人员认识水平不高、工作能力有限、工作方法简单等原因，因而造成错案的，不以犯罪论。由于工作隶属关系，迫于上级的压力而作出显失公平裁判的，对下级司法工作人员也不宜追究刑事责任。

【关联罪】徇私枉法罪与民事、行政枉法裁判罪的区别。要点是：①主体不同。前罪的主体包括有侦查、检察、审判等司法职责的人员，后罪的主体限于民事、行政案件的审判人员。②行为发生的场合不同。前罪可发生在整个刑事诉讼过程中，后罪只能发生在民事诉讼、行政诉讼的审判过程中。

【共犯】非司法工作人员与司法工作人员勾结，共同实施徇私枉法行为，构成犯罪的，以徇私枉法罪的共犯追究刑事责任。

【罪数】1. 司法工作人员滥用职权以毁灭、伪造证据的方式徇私枉法的，同时触犯徇私枉法罪与帮助毁灭、伪造证据罪，择一重罪（徇私枉法罪）论处。

2. 在司法机关任职的专业技术人员滥用职权以作虚假鉴定的方式徇私枉法的，同时触犯徇私枉法罪与伪证罪，择一重罪（徇私枉法罪）论处。

3. 司法工作人员收受贿赂，徇私枉法，民事、行政枉法裁判，执行判决、裁定失职或者滥用职权，又构成犯罪的，从一重罪定罪处罚，不实行数罪并罚。

二、私放在押人员罪·失职致使在押人员脱逃罪

《刑法》第400条 司法工作人员私放在押的犯罪嫌疑人、被告人或者罪犯的，处五年以下有期徒刑或者拘役；情节严重的，处五年以上十年以下有期徒刑；情节特别严重的，处十年以上有期徒刑。

司法工作人员由于严重不负责任，致使在押的犯罪嫌疑人、被告人或者罪犯脱逃，造成严重后果的，处三年以下有期徒刑或者拘役；造成特别严重后果的，处三年以上十年以下有期徒刑。

（一）构成要件

1. 私放在押人员罪。

【主体】特殊主体，限于负有监管职责的司法工作人员。不在监管机关工作，但负有看管、押解、决定拘留或者批捕、决定逮捕职责的司法工作人员，也可成为本罪的主体。另外，根据《失职致使在押人员脱逃案解释》（2001），工人等非监管机关在编监管人员在被监管机关聘用受委托履行监管职责的过程中私放在押人员的，以本罪追究刑事责任。

【行为】违反国家对在押人员的监管制度，私放在押人员。在押人员包括：①犯罪嫌疑人；②刑事被告人；③已经被判决有罪的罪犯。私放被行政拘留人员或者被司法拘留人员的，不构成本罪。私放，指没有法律（文书）根据而擅自释放在押人员，包括从羁押场所私放和在押解途中私放。

---

[1] 参见周道鸾、张军主编：《刑法罪名精释》（下），人民法院出版社2013年版，第1109页。

【主观】故意。

【加重犯】本罪有两档加重犯，分别以"情节严重"和"情节特别严重"为要件。具体认定可参考《渎职侵权重特大案件标准》(2001) 的相关规定。

2. 失职致使在押人员脱逃罪。

【主体】特殊主体，限于负有监管职责的司法工作人员。不在监管机关工作，但负有看管、押解、决定拘留或者批捕、决定逮捕职责的司法工作人员，也可成为本罪的主体。另外：①根据《失职致使在押人员脱逃案解释》(2001)，工人等非监管机关在编监管人员在被监管机关聘用受委托履行监管职责的过程中，由于严重不负责任，致使在押人员脱逃，造成严重后果的，以本罪追究刑事责任。②参考《狱医批复》（现已失效），对于未被公安机关正式录用，受委托履行监管职责的人员，由于严重不负责任，致使在押人员脱逃，造成严重后果的，以本罪定罪处罚；不负监管职责的狱医，不符合本罪的主体要件，不构成本罪。

【行为·结果】严重不负责任，不履行或者不认真履行职责，致使在押的犯罪嫌疑人、被告人、罪犯脱逃。

【主观】过失。如果是故意私放在押人员的，构成私放在押人员罪。

【罪量】造成严重后果。根据《渎职侵权案立案标准》(2006)，包括下列情形：①致使依法可能判处或者已经判处 10 年以上有期徒刑、无期徒刑、死刑的犯罪嫌疑人、被告人、罪犯脱逃的；②致使犯罪嫌疑人、被告人、罪犯脱逃 3 人次以上的；③犯罪嫌疑人、被告人、罪犯脱逃以后，打击报复报案人、控告人、举报人、被害人、证人和司法工作人员等，或者继续犯罪的；④其他致使在押的犯罪嫌疑人、被告人、罪犯脱逃，造成严重后果的情形。

【加重犯】造成特别严重后果。具体认定可参考《渎职侵权重特大案件标准》(2001) 的相关规定。

(二) 适用

【关联罪】1. 私放在押人员罪与徇私枉法罪的区别。要点是：私放在押人员的行为使在押人员摆脱人身羁押，而脱离人身羁押可能导致犯罪嫌疑人、被告人等逃避刑事追诉、处罚；徇私枉法罪则是通过对犯罪嫌疑人、被告人所涉案件的实体内容进行枉法调查、认定、裁判而致使其逃避应有的追诉、处罚。

2. 私放在押人员罪与脱逃罪共犯的区别。负有监管职责的司法工作人员利用监管之便，私放在押人员脱逃的，对该司法工作人员以私放在押人员罪论处；脱逃的在押人员构成犯罪的，以脱逃罪论处。司法工作人员没有利用身份或者职务上的便利，帮助在押人员脱逃或者脱离羁押状态的，成立脱逃罪的共犯。

三、徇私舞弊减刑、假释、暂予监外执行罪

《刑法》第 401 条　司法工作人员徇私舞弊，对不符合减刑、假释、暂予监外执行条件的罪犯，予以减刑、假释或者暂予监外执行的，处三年以下有期徒刑或者拘役；情节严重的，处三年以上七年以下有期徒刑。

【主体】特殊主体，限于司法工作人员。

【行为】徇私舞弊，枉法使罪犯获取减刑、假释、监外执行。具体表现为对不符合减刑、假释、暂予监外执行条件的罪犯，予以减刑、假释或者暂予监外执行。

【主观】故意，并具有徇私动机。

【加重犯】情节严重。具体认定可参考《渎职侵权重特大案件标准》(2001) 的相关规定。

第四节　特定国家机关工作人员渎职罪

一、枉法仲裁罪

《刑法》第399条之一　依法承担仲裁职责的人员，在仲裁活动中故意违背事实和法律作枉法裁决，情节严重的，处三年以下有期徒刑或者拘役；情节特别严重的，处三年以上七年以下有期徒刑。

【主体】特殊主体，限于依法承担仲裁职责的人员。

【行为】在仲裁活动中违背事实和法律作枉法裁决。仲裁制度是民（商）事争议的双方当事人达成协议，自愿将争议提交选定的第三者根据一定程序规则和公正原则作出裁决，并有义务履行裁决的一种法律制度。《刑法修正案（六）》将情节严重的枉法仲裁行为纳入犯罪圈，体现了国家保证公正仲裁经济纠纷、保护仲裁双方当事人合法权益、保障社会主义市场经济健康发展的决心。本罪中的"违背事实和法律作枉法裁决"，指不依据已有的证据查清、认定仲裁案件的事实或者不依据已查清的案件事实正确地适用法律，作出颠倒、歪曲事实的认定和颠倒是非、歪曲法律的仲裁裁决。

【主观】故意，即明知案件的事实或者应适用的法律，而有意违背事实和法律作出仲裁裁决。

【罪量】枉法仲裁行为必须情节严重的，才构成犯罪。关于情节是否严重，可参考民事、行政枉法裁判罪的立案标准予以认定。

【加重犯】情节特别严重。关于情节是否特别严重，可参考民事、行政枉法裁判罪的量刑标准予以认定。

二、徇私舞弊不移交刑事案件罪

《刑法》第402条　行政执法人员徇私舞弊，对依法应当移交司法机关追究刑事责任的不移交，情节严重的，处三年以下有期徒刑或者拘役；造成严重后果的，处三年以上七年以下有期徒刑。

【主体】特殊主体，限于行政执法人员，即在国家公安、工商、税务、海关、检疫等行政机关中依法行使行政职权的国家机关工作人员。

【行为】徇私舞弊，对依法应当移交司法机关追究刑事责任的案件不移交。具体表现为行政执法人员在履行职责、查处违法活动的过程中，发现所查处的违法行为已构成犯罪，依法应当移送司法机关追究刑事责任却违背职责不予移送，而非法以其他方式处置。如私自予以掩饰、隐瞒，不追究任何责任，或者把犯罪行为当作违法行为处理结案，以行政处罚代替刑事处罚。本罪中的"舞弊"是"对依法应当移交司法机关追究刑事责任的不移交"之同位语，只要有这种行为就属于"舞弊"，不再需要其他客观行为（如积极弄虚作假）。[1]

【主观】故意，即在行政执法过程中，明知其执法对象的行为已构成犯罪，应依法将案件移交司法机关追究刑事责任，却有意不予移交。并且，必须具有徇私动机。

【罪量】情节严重。具体标准参照《渎职侵权案立案标准》（2006）。

【加重犯】造成严重后果。具体认定可参考《渎职侵权重特大案件标准》（2001）的相关

---

[1] 国家统一法律职业资格考试辅导动脑筋书编辑委员会组编：《2022年国家统一法律职业资格考试辅导用书·刑法》，法律出版社2022年版，第306页。

规定。

三、滥用管理公司、证券职权罪

《刑法》第 403 条　国家有关主管部门的国家机关工作人员，徇私舞弊，滥用职权，对不符合法律规定条件的公司设立、登记申请或者股票、债券发行、上市申请，予以批准或者登记，致使公共财产、国家和人民利益遭受重大损失的，处五年以下有期徒刑或者拘役。

上级部门强令登记机关及其工作人员实施前款行为的，对其直接负责的主管人员，依照前款的规定处罚。

【主体】特殊主体，即国家有关主管部门的国家机关工作人员。主要指工商行政管理、证券监管等国家有关主管部门的工作人员。

【行为】徇私舞弊，滥用职权，对不符合法律规定的公司设立、登记申请或者股票、债券发行、上市申请，予以批准或者登记。上级部门强令登记机关及其工作人员实施上述行为的，对其直接负责的主管人员以本罪论处。上述行为须发生在公司设立、登记申请阶段或者股票、债权发行、上市申请阶段。国家有关主管部门的国家机关工作人员或者上级部门在其他阶段滥用职权的，不成立本罪，但不排除构成滥用职权罪。

【结果·罪量】致使公共财产、国家和人民利益遭受重大损失。关于损失是否重大的判断，参照《渎职侵权案立案标准》（2006）的相关规定。

【主观】过失，即应当预见自己滥用公司、证券监管职权的行为可能给公共财产、国家和人民利益造成重大损失，因疏忽大意而没有预见，或者已经预见但轻信能够避免。

四、徇私舞弊不征、少征税款罪

《刑法》第 404 条　税务机关的工作人员徇私舞弊，不征或者少征应征税款，致使国家税收遭受重大损失的，处五年以下有期徒刑或者拘役；造成特别重大损失的，处五年以上有期徒刑。

【主体】特殊主体，限于税务机关工作人员。

【行为】徇私舞弊，不征、少征应征税款。应征税款，指根据法律、行政法规规定的税种、税率，税务机关应向纳税人征收的税款。不征，指违反税法规定，不向纳税人征收应征税款，包括擅自免征税款的行为。少征，指违反税法规定，降低税收额或者征税率进行征收，包括擅自减征税款的行为。

【结果·罪量】致使国家税收遭受重大损失。关于损失是否重大的判断，参照《渎职侵权案立案标准》（2006）的相关规定。

【主观】故意[1]，并具有徇私动机。

【加重犯】致使国家税收遭受特别重大损失。具体认定可参考《渎职侵权重特大案件标准》（2001）的相关规定。

五、徇私舞弊发售发票、抵扣税款、出口退税罪·违法提供出口退税证罪

《刑法》第 405 条　税务机关的工作人员违反法律、行政法规的规定，在办理发售发票、抵扣税款、出口退税工作中，徇私舞弊，致使国家利益遭受重大损失的，处五年以下有期徒刑或者拘役；致使国家利益遭受特别重大损失的，处五年以上有期徒刑。

其他国家机关工作人员违反国家规定，在提供出口货物报关单、出口收汇核销单等出口退税凭证的工作中，徇私舞弊，致使国家利益遭受重大损失的，依照前款的规定处罚。

---

[1] 本罪的实行行为是不征、少征应征税款，此行为的实施必然会造成国家税收损失，因此，行为人明知是应征税款而不征或者少征的，不仅滥用职权行为本身系明知故犯，对国家税收损失的结果，也难说仅有过失。

（一）构成要件

1. 徇私舞弊发售发票、抵扣税款、出口退税罪。

【主体】特殊主体，限于税收机关的工作人员。

【行为】违反法律、行政法规的规定，在办理发售发票、抵扣税款、出口退税工作中，徇私舞弊，对不符合条件的单位或者个人发售发票、抵扣税款、出口退税。

【结果·罪量】致使国家利益遭受重大损失。关于损失是否重大的判断，参照《渎职侵权案立案标准》（2006）的相关规定。

【主观】故意，并具有徇私动机。

【加重犯】致使国家利益遭受特别重大损失。具体认定可参考《渎职侵权重特大案件标准》（2001）的相关规定。

2. 违法提供出口退税证罪。

【主体】特殊主体，限于税收机关以外的其他国家机关工作人员。

【行为】违反国家规定，在提供出口货物报关单、出口收汇核销单等出口退税凭证的工作中，徇私舞弊。

【结果·罪量】致使国家利益遭受重大损失。关于损失是否重大的判断，参照《渎职侵权案立案标准》（2006）的相关规定。

【主观】故意，并具有徇私动机。

【加重犯】致使国家利益遭受特别重大损失。具体认定可参考《渎职侵权重特大案件标准》（2001）的相关规定。

（二）适用

【罪数】犯徇私舞弊发售发票、抵扣税款、出口退税罪或者违法提供出口退税证罪，同时构成受贿罪的，原则上实行数罪并罚。但存在以下例外情况：①在徇私舞弊发售发票、抵扣税款、出口退税罪中，致使国家税收损失累计不满10万元，但具有索取、收受贿赂行为的，虽然同时触犯本罪和受贿罪，但因受贿行为已作为入罪情节考虑，根据不得重复评价、处罚的原理，应择一重罪论处，不能数罪并罚。②在违法提供出口退税凭证罪中，徇私舞弊，致使国家税收损失累计不满10万元，但具有索取、收受贿赂行为的，处理同上。

六、违法发放林木采伐许可证罪

《刑法》第407条　林业主管部门的工作人员违反森林法的规定，超过批准的年采伐限额发放林木采伐许可证或者违反规定滥发林木采伐许可证，情节严重，致使森林遭受严重破坏的，处三年以下有期徒刑或者拘役。

（一）构成要件

【主体】特殊主体，限于林业主管部门的工作人员。

【行为】违反森林法的规定，超过批准的年采伐限额发放林木采伐许可证或者违反规定滥发林木采伐许可证。本罪的行为必须发生在林业采伐许可证的发放环节，林业主管部门的工作人员在日常监管工作中，滥用职权或者玩忽职守的，不构成本罪，但不排除成立滥用职权罪或者玩忽职守罪。

【结果·罪量】致使森林遭受严重破坏，情节严重。关于情节是否严重，参照《渎职侵权案立案标准》（2006）的相关规定予以认定。

【主观】过失，即明知自己违法发放林木采伐许可证的行为可能致使森林遭受严重破坏，因疏忽大意而没有预见，或者已经预见而轻信能够避免。

(二) 适用

【定罪】违法发放采伐许可证的行为，虽然客观上帮助了他人的滥伐活动，但事前无通谋的，不按滥伐林木罪的共犯论处，直接定违法发放林木采伐许可证罪。

七、环境监管失职罪

《刑法》第408条　负有环境保护监督管理职责的国家机关工作人员严重不负责任，导致发生重大环境污染事故，致使公私财产遭受重大损失或者造成人身伤亡的严重后果的，处三年以下有期徒刑或者拘役。

【主体】特殊主体，限于负有环境保护监督管理职责的国家机关工作人员。

【行为】在环境保护监督管理工作中，严重不负责任。

【结果·罪量】导致发生重大环境污染事故，致使公私财产遭受重大损失或者造成人身伤亡的严重后果。关于公私财产损失是否重大、人身伤亡后果是否严重的认定，以《办理环境污染案解释》(2023)第4条为依据。

【主观】过失。

八、食品、药品监管渎职罪[1]

《刑法》第408条之一　负有食品药品安全监督管理职责的国家机关工作人员，滥用职权或者玩忽职守，有下列情形之一，造成严重后果或者有其他严重情节的，处五年以下有期徒刑或者拘役；造成特别严重后果或者有其他特别严重情节的，处五年以上十年以下有期徒刑：

(一) 瞒报、谎报食品安全事故、药品安全事件的；

(二) 对发现的严重食品药品安全违法行为未按规定查处的；

(三) 在药品和特殊食品审批审评过程中，对不符合条件的申请准予许可的；

(四) 依法应当移交司法机关追究刑事责任不移交的；

(五) 有其他滥用职权或者玩忽职守行为的。

徇私舞弊犯前款罪的，从重处罚。

(一) 构成要件

【主体】特殊主体，限于负有食品药品安全监督管理职责的国家机关工作人员。《刑法修正案（十一）》扩大了本罪的主体范围，将负有药品安全监管职责的国家机关工作人员也纳入进来，改变了以往对药品监管渎职行为只能定滥用职权罪或者玩忽职守罪、无徇私舞弊的情况下最高处7年有期徒刑的局面。

【行为】在食品药品安全监督管理工作中，滥用职权或者玩忽职守。具体表现为：①瞒报、谎报食品安全事故、药品安全事件的；②对发现的严重食品药品安全违法行为未按规定查处的；③在药品和特殊食品审批审评过程中，对不符合条件的申请准予许可的；④依法应当移交司法机关追究刑事责任不移交的；⑤有其他滥用职权或者玩忽职守行为的。《刑法修正案（十一）》明确列举了本罪的典型表现形式，旨在强化构成要件的定型性。鉴于第①项只规定了"瞒报"和"谎报"，《食品安全法》（2021年修正）第144条之缓报食品安全事故和《药品管理法》（2019年修订）第149条之缓报、漏报药品安全事件的行为，不构成本罪。

【结果·罪量】造成严重后果或者有其他严重情节。《刑法修正案（十一）》将本罪由单纯的结果犯转变为"结果犯+情节犯"，降低了本罪的入罪门槛，将那些情节严重但没有造成严重后果的食品药品监管渎职行为纳入犯罪圈。判断后果或者情节是否严重，可参照《办理渎职案解释（一）》（2012）第1条的规定，也可参考《食品安全法》《药品管理法》等法律、

---

[1] 本罪经《刑法修正案（十一）》修改。

法规的规定。[1]

【主观】一般为过失,但间接故意也可构成本罪。[2] 至于是否具有徇私动机,不影响本罪的成立;但徇私舞弊犯本罪的,从重处罚。

【加重犯】造成特别严重后果或者有其他特别严重情节。

(二) 适用

【共犯】负有食品安全监督管理职责的国家机关工作人员与他人共谋,利用其职务行为帮助他人实施危害食品安全的犯罪行为,同时构成渎职犯罪和危害食品安全犯罪共犯的,依照处罚较重的规定定罪从重处罚。

【罪数】1. 负有食品药品安全监督管理职责的国家机关工作人员,滥用职权或者玩忽职守,构成食品、药品监管渎职罪,同时构成徇私舞弊不移交刑事案件罪、商检徇私舞弊罪、动植物检疫徇私舞弊罪、放纵制售伪劣商品犯罪行为罪等其他渎职犯罪的,依照处罚较重的规定定罪处罚。负有食品药品安全监督管理职责的国家机关工作人员滥用职权或者玩忽职守,不构成食品、药品监管渎职罪,但构成前述其他渎职犯罪的,依照该其他犯罪定罪处罚。

2. 在食品、药品监管活动中因受贿而滥用职权或者玩忽职守,同时构成受贿罪和本罪的,实行数罪并罚。

【案例】 **黎某文等受贿、食品监管渎职案**[3]

黎某文于2008年起先后兼任中堂镇产品质量和食品安全工作领导小组成员、经贸办副主任、中堂食安委副主任兼办公室主任、食品药品监督站站长,负责对中堂镇全镇食品安全的监督管理,包括中堂镇内食品安全综合协调职能和依法组织各执法部门查处食品安全方面的举报等工作。余某东于2005年起在东莞市江南市场经营管理有限公司任某加工管理部的主管。2010年至2011年期间,黎某文在组织执法人员查处江南农产品批发市场的无证照腊肉、腊肠加工窝点过程中,收受刘某清、胡某贵、余某东等人贿款共11次,每次5000元,合计55 000元。黎某文在收受刘某清、胡某贵、余某东等人的贿款之后,滥用食品安全监督管理的职权,多次在组织执法人员检查江南农产品批发市场之前打电话通知余某东或胡某贵,让胡某贵等人做好准备,把加工场内的病、死、残猪猪肉等生产原料和腊肉、腊肠藏好,逃避查处,导致胡某贵等人在一年多时间内持续非法利用病、死、残猪猪肉生产"敌百虫"和亚硝酸盐成分严重超标的腊肠、腊肉,销往东莞市及周边城市的食堂和餐馆。法院认为,黎某文犯受贿罪和食品监管渎职罪,数罪并罚,判处有期徒刑7年6个月,并处没收个人财产人民币1万元。

要旨:负有食品安全监督管理职责的国家机关工作人员,滥用职权,向生产、销售有毒、有害食品的犯罪分子通风报信,帮助逃避处罚的,应认定为食品监管渎职罪;在渎职过程中受贿的,应以食品监管渎职罪和受贿罪实行数罪并罚。

九、传染病防治失职罪

《刑法》第409条 从事传染病防治的政府卫生行政部门的工作人员严重不负责任,导致传染病传播或者流行,情节严重的,处三年以下有期徒刑或者拘役。

---

[1] 参见杨万明主编:《〈刑法修正案(十一)〉条文及配套〈罪名补充规定(七)〉理解与适用》,人民法院出版社2021年版,第451页。

[2] 参见杨万明主编:《〈刑法修正案(十一)〉条文及配套〈罪名补充规定(七)〉理解与适用》,人民法院出版社2021年版,第452页。

[3] 最高人民检察院指导性案例第15号。

（一）构成要件

【主体】特殊主体，限于从事传染病防治的政府卫生行政部门的工作人员。根据《妨害预防、控制传染病疫情刑案解释》（2003）第16条，在预防、控制突发传染病疫情等灾害期间，从事传染病防治的政府卫生行政部门的工作人员，或者在受政府卫生行政部门委托代表政府卫生行政部门行使职权的组织中从事公务的人员，或者虽未列入政府卫生行政部门人员编制但在政府卫生行政部门从事公务的人员，在代表政府卫生行政部门行使职权时，可成为本罪的主体。

【行为】在传染病防治工作中，严重不负责任。即不履行或者不认真履行传染病防治监管职责。

【结果·罪量】导致传染病传播或者流行，情节严重。根据《渎职侵权案立案标准》（2006），包括以下情形：①导致甲类传染病传播的；②导致乙类、丙类传染病流行的；③因传染病传播或者流行，造成人员重伤或者死亡的；④因传染病传播或者流行，严重影响正常的生产、生活秩序的；⑤在国家对突发传染病疫情等灾害采取预防、控制措施后，对发生突发传染病疫情等灾害的地区或者突发传染病病人、病原携带者、疑似突发传染病病人，未按照预防、控制突发传染病疫情等灾害工作规范的要求做好防疫、检疫、隔离、防护、救治等工作，或者采取的预防、控制措施不当，造成传染范围扩大或者疫情、灾情加重的；⑥在国家对突发传染病疫情等灾害采取预防、控制措施后，隐瞒、缓报、谎报或者授意、指使、强令他人隐瞒、缓报、谎报疫情、灾情，造成传染范围扩大或者疫情、灾情加重的；⑦在国家对突发传染病疫情等灾害采取预防、控制措施后，拒不执行突发传染病疫情等灾害应急处理指挥机构的决定、命令，造成传染范围扩大或者疫情、灾情加重的；⑧其他情节严重的情形。

【主观】过失。

（二）适用

【关联罪】传染病防治失职罪与妨害传染病防治罪的区别。要点是：①主体不同。前罪的主体为负有传染病防治职责的国家工作人员；后罪主体为普通的个人和单位，他们往往是传染病防治人员的工作对象。②行为方式不同。前罪是违背法律规定的防治传染病的工作职责，具有渎职性；后罪的行为则无渎职性质。

十、放纵走私罪

《刑法》第411条 海关工作人员徇私舞弊，放纵走私，情节严重的，处五年以下有期徒刑或者拘役；情节特别严重的，处五年以上有期徒刑。

（一）构成要件

【主体】特殊主体，限于海关工作人员。

【行为】徇私舞弊，放纵走私。放纵走私，指对应查缉的走私货物、物品不予查缉，或者对应追究法律责任的走私活动人不予追究，而包庇、纵容、放走走私活动人的行为。[1] 被放纵的是走私罪还是一般走私行为，不影响本罪的成立。本罪中的"舞弊"与"放纵走私"是同位语，只要能认定放纵，就不需要另外的舞弊行为。[2]

【主观】故意，并具有徇私动机。

【罪量】情节严重。具体标准参照《渎职侵权案立案标准》（2006）。

【加重犯】情节特别严重。关于情节是否特别严重，可参考《渎职侵权重特大案件标准》

---

[1] 周道鸾、张军主编：《刑法罪名精释》（下），人民法院出版社2013年版，第1149页。
[2] 张明楷：《刑法学》（下），法律出版社2021年版，第1661页。

(2001) 的相关规定予以认定。

(二) 适 用

【关联罪】1. 本罪与走私罪共犯的界限。如果海关工作人员事先与走私犯罪分子通谋,利用职务之便为走私货物、物品放行,参与分赃的,应以走私罪的共犯论处。

2. 本罪与徇私舞弊不移交刑事案件罪的区别。海关工作人员在查处走私活动时发现走私犯罪行为,如果未作任何处理就予以放行的,应以本罪论处;如果发现构成走私罪应追究刑事责任,却徇个人私情、私利仅以行政处罚结案,不移交司法机关追究刑事责任的,应以徇私舞弊不移交刑事案件罪论处。

【罪数】在因收受贿赂而放纵走私的场合,原则上以受贿罪和放纵走私罪数罪并罚,但如果索取或者收受贿赂已作为放纵走私罪的入罪情节考虑,则根据不得重复评价、处罚的原理,应择一重罪论处。

十一、商检徇私舞弊罪·商检失职罪

《刑法》第 412 条 国家商检部门、商检机构的工作人员徇私舞弊,伪造检验结果的,处五年以下有期徒刑或者拘役;造成严重后果的,处五年以上十年以下有期徒刑。

前款所列人员严重不负责任,对应当检验的物品不检验,或者延误检验出证、错误出证,致使国家利益遭受重大损失的,处三年以下有期徒刑或者拘役。

(一) 商检徇私舞弊罪

【主体】特殊主体,限于国家商检部门、商检机构的工作人员。

【行为】在商检工作中,徇私舞弊,伪造检验结果。可以表现为:①采取伪造、变造的手段对报检商品的单证、印章、标志、封识、质量认证标志等作虚假的证明或者出具不真实的证明结论;②将送检的合格商品检验为不合格,或者将不合格商品检验为合格;③对不合格的商品,不检验而出具合格检验结果。

【主观】故意,并具有徇私动机。

【加重犯】造成严重后果。关于后果是否严重的判断,可参考《渎职侵权重特大案件标准》(2001) 的相关规定。

(二) 商检失职罪

【主体】特殊主体,限于国家商检部门、商检机构的工作人员。

【行为】在商检工作中,严重不负责任,对应检验的物品不检验,或者延误检验出证、错误出证。

【结果·罪量】致使国家利益遭受重大损失。关于损失是否重大,参照《渎职侵权案立案标准》(2006) 予以认定。

【主观】过失。

十二、动植物检疫徇私舞弊罪·动植物检疫失职罪

《刑法》第 413 条 动植物检疫机关的检疫人员徇私舞弊,伪造检疫结果的,处五年以下有期徒刑或者拘役;造成严重后果的,处五年以上十年以下有期徒刑。

前款所列人员严重不负责任,对应当检疫的检疫物不检疫,或者延误检疫出证、错误出证,致使国家利益遭受重大损失的,处三年以下有期徒刑或者拘役。

(一) 动植物检疫徇私舞弊罪

【主体】特殊主体,限于动植物检疫机关的检疫人员。

【行为】在动植物检疫工作中,徇私舞弊,伪造检疫结果。可以表现为:①采取伪造、变造的手段对检疫的单证、印章、标志、封识等作虚假的证明或者出具不真实的结论;②将送检

的合格动植物检疫为不合格，或者将不合格动植物检疫为合格；③对不合格的动植物，不检疫而出具合格检疫结果。

【主观】故意，并具有徇私动机。

【加重犯】造成严重后果。关于后果是否严重的判断，可参考《渎职侵权重特大案件标准》（2001）的相关规定。

（二）动植物检疫失职罪

【主体】特殊主体，限于动植物检疫机关的检疫人员。

【行为】在动植物检疫工作中，严重不负责任，对应检疫的检疫物不检疫，或者延误检疫出证、错误出证。

【结果·罪量】致使国家利益遭受重大损失。关于损失是否重大，参照《渎职侵权案立案标准》（2006）予以认定。

【主观】过失。

十三、放纵制售伪劣商品犯罪行为罪

《刑法》第414条 对生产、销售伪劣商品犯罪行为负有追究责任的国家机关工作人员，徇私舞弊，不履行法律规定的追究职责，情节严重的，处五年以下有期徒刑或者拘役。

（一）构成要件

【主体】特殊主体，即对生产、销售伪劣商品犯罪行为负有追究责任的国家机关工作人员。但不限于司法工作人员，市场监管、质量技术监管等行政机关的工作人员负有在前端查处、打击生产、销售伪劣商品犯罪的职责的，也可成为本罪的主体。

【行为】徇私舞弊，不履行法律规定的对生产、销售伪劣商品犯罪行为的追究职责。

【主观】故意，并具有徇私动机。

【罪量】情节严重。具体标准参照《渎职侵权案立案标准》（2006）。

（二）适用

【关联罪】1.本罪与徇私枉法罪的区别。要点是行为表现不同。本罪表现为不履行追究职责的不作为；徇私枉法罪则表现为利用职权积极地实施包庇行为，使犯罪人不受追诉或者枉法将有罪判无罪、重罪判轻刑。

2.本罪与徇私舞弊不移交刑事案件罪的界限。行政执法人员在查处生产、销售伪劣商品的违法行为过程中，发现违法行为已构成犯罪，但未作任何查处的，应以本罪论处；徇个人私情、私利仅以行政处理结案，不移交司法机关追究刑事责任的，应以徇私舞弊不移交刑事案件罪论处。

十四、办理偷越国（边）境人员出入境证件罪·放行偷越国（边）境人员罪

《刑法》第415条 负责办理护照、签证以及其他出入境证件的国家机关工作人员，对明知是企图偷越国（边）境的人员，予以办理出入境证件的，或者边防、海关等国家机关工作人员，对明知是偷越国（边）境的人员，予以放行的，处三年以下有期徒刑或者拘役；情节严重的，处三年以上七年以下有期徒刑。

（一）办理偷越国（边）境人员出入境证件罪

【主体】特殊主体，限于负责办理护照、签证以及其他出入境证件的国家机关工作人员。

【行为】为企图偷越国（边）境的人员办理出入境证件。至于前述人员是否实际使用该出入境证件进出国（边）境，以及是否实际偷越过国（边）境，均不影响本罪的成立。

【主观】故意，即明知是企图偷越国（边）境的人员而为其办理出入境证件。出于何种动机，在所不问。

【加重犯】情节严重。关于情节是否严重的判断,可参考《渎职侵权重特大案件标准》(2001)的相关规定。

(二) 放行偷越国(边)境人员罪

【主体】特殊主体,限于边防、海关等国家机关工作人员。

【行为】对偷越国(边)境的人员予以放行。对于放行的方式,《刑法》并无限制。边防检查员在无人入境的情况下,在他人提供的护照上加盖入境验讫章、伪造入境记录,致使持该护照的偷越国(边)境人员可不受相关规定的限制,较为顺利地出境,实质上是放行偷越国(边)境人员的行为。司法实务认为,本罪的既遂以被放行的偷越者实际偷越过国(边)境为标志。[1]

【主观】故意,即对明知是偷越国(边)境的人员,予以放行。

【加重犯】情节严重。关于情节是否严重的判断,可参考《渎职侵权重特大案件标准》(2001)的相关规定。

十五、不解救被拐卖、绑架妇女、儿童罪·阻碍解救被拐卖、绑架妇女、儿童罪

《刑法》第416条 对被拐卖、绑架的妇女、儿童负有解救职责的国家机关工作人员,接到被拐卖、绑架的妇女、儿童及其家属的解救要求或者接到其他人的举报,而对被拐卖、绑架的妇女、儿童不进行解救,造成严重后果的,处五年以下有期徒刑或者拘役。

负有解救职责的国家机关工作人员利用职务阻碍解救的,处二年以上七年以下有期徒刑;情节较轻的,处二年以下有期徒刑或者拘役。

(一) 构成要件

1. 不解救被拐卖、绑架妇女、儿童罪。

【主体】特殊主体,限于对被拐卖、绑架的妇女、儿童负有解救职责的国家机关工作人员。

【行为】接到被拐卖、绑架妇女、儿童及其家属的解救要求或者接到其他人的举报,而对被拐卖、绑架的妇女、儿童不进行解救。本罪的成立,以接到或者以其他方式了解到被拐卖、绑架妇女、儿童及其家属的解救要求或者其他人的举报为前提。对于解救要求或者举报的形式、提出时间、对象,《刑法》未作限制。

【结果·罪量】造成严重后果。参照《渎职侵权案立案标准》(2006),包括下列情形:①导致被拐卖、绑架的妇女、儿童或者其家属重伤、死亡或者精神失常的;②导致被拐卖、绑架的妇女、儿童被转移、隐匿、转卖,不能及时进行解救的;③对被拐卖、绑架的妇女、儿童不进行解救3人次以上的;④对被拐卖、绑架的妇女、儿童不进行解救,造成恶劣社会影响的;⑤其他造成严重后果的情形。

【主观】过失,即应当预见到不履行相应解救职责可能造成严重后果,因疏忽大意而没有预见,或者已经预见但轻信能够避免。对于存在解救要求或者相关举报的事实,行为人是明知的。

2. 阻碍解救被拐卖、绑架妇女、儿童罪。

【主体】特殊主体,限于对被拐卖、绑架的妇女、儿童负有解救职责的国家机关工作人员。

【行为】利用职务阻碍解救被拐卖、绑架的妇女、儿童。阻碍解救的表现形式包括但不限于:①禁止、阻止或者妨碍有关部门、人员解救被拐卖、绑架的妇女、儿童;②向拐卖、绑架者或者收买者通风报信,妨碍解救工作正常进行。前述行为的实施必须利用职务,即利用本人

---

[1] 参见指导案例第100号"张东升放行偷越国(边)境人员案",载中华人民共和国最高人民法院刑事审判第一、二、三、四、五庭主办:《中国刑事审判指导案例》(第6卷),法律出版社2017年版,第601页。

主管、协助解救被拐卖、绑架的妇女、儿童的职权或者职务上的便利。被拐卖、绑架的妇女、儿童是否最终被解救，不影响本罪的成立。

【主观】故意，即明知是被拐卖、绑架的妇女、儿童而阻碍对其解救。

【减轻犯】情节较轻。一般指没有造成严重后果（如解救活动没有实际受到阻碍的）或者没有造成恶劣社会影响等情形。

（二）适用

【关联罪】不解救被拐卖、绑架妇女、儿童罪与阻碍解救被拐卖、绑架妇女、儿童罪的区别。要点是：前罪仅有不履行解救职责的不作为，而无阻碍解救的行为，表现出一种消极的不作为；后罪不仅不履行解救职责，还利用职务积极地阻碍对被害人的解救，表现出一种积极的作为。

十六、帮助犯罪分子逃避处罚罪

《刑法》第 417 条　有查禁犯罪活动职责的国家机关工作人员，向犯罪分子通风报信、提供便利，帮助犯罪分子逃避处罚的，处三年以下有期徒刑或者拘役；情节严重的，处三年以上十年以下有期徒刑。

（一）构成要件

【主体】特殊主体，限于有查禁犯罪活动职责的国家机关工作人员。不必具有国家干部身份，从其他单位借调来的人员，也可构成本罪。[1] 作为行使刑事审判权的人民法院，虽也负有打击犯罪活动的职责，但这主要是从法院最后对被告人定罪量刑的角度上而言的，审判权在刑事程序上具有中立性、最后性，人民法院一般不直接参与或担负或履行查禁犯罪活动的职责，在此意义上说，法官不是本罪的主体。[2]

【行为】向犯罪分子通风报信、提供便利，帮助犯罪分子逃避处罚。犯罪分子，包括正在实行犯罪或者有证据证明涉嫌犯罪的人员，不以法院已经作出生效刑事判决为必要条件。逃避处罚，指逃避刑事处罚。负有查禁犯罪活动职责的国家机关工作人员向违法行为人通风报信，帮助逃避行政处罚的，不构成本罪。[3]

帮助犯罪分子逃避处罚的方式包括但不限于：①向犯罪分子泄漏有关部门查禁犯罪活动的部署、人员、措施、时间、地点等情况；②向犯罪分子提供钱物、交通工具、通信设备、隐藏处所等便利条件；③向犯罪分子泄漏案情；④帮助、示意犯罪分子隐匿、毁灭、伪造证据，或者串供、翻供。

【主观】故意，并具有帮助犯罪分子逃避处罚的目的。

【加重犯】情节严重。具体标准参考《渎职侵权重特大案件标准》（2001）的相关规定。

（二）适用

【关联罪】本罪与窝藏、包庇罪的区别。要点是：①主体不同。本罪的主体为负有查禁犯罪活动职责的国家机关工作人员，为特殊主体；后罪为一般主体。②行为方式不完全相同。本罪帮助犯罪分子逃避处罚有 2 种方式——通风报信或者提供便利，并且一般要利用职务之便；后罪的行为方式主要是提供便利，不包括通风报信，只有在旅馆业、饮食服务业等从业人员为卖淫嫖娼违法犯罪分子通风报信的特殊场合，通风报信才独立成为包庇罪的行为方式。

---

[1] 参见指导案例第 129 号"杨有才帮助犯罪分子逃避处罚案"，载中华人民共和国最高人民法院刑事审判第一、二、三、四、五庭主办：《中国刑事审判指导案例》（第 6 卷），法律出版社 2017 年版，第 603~604 页。

[2] 参见指导案例第 186 号"李刚等帮助犯罪分子逃避处罚案"，载中华人民共和国最高人民法院刑事审判第一庭、第二庭编：《刑事审判参考》（2002 年第 3 辑·总第 26 辑），法律出版社 2002 年版，第 74~75 页。

[3] 参见指导案例第 357 号"潘楠博涉嫌帮助犯罪分子逃避处罚、受贿案"，载中华人民共和国最高人民法院刑事审判第一、二、三、四、五庭主办：《中国刑事审判指导案例》（第 6 卷），法律出版社 2017 年版，第 610 页。

第十章

军人违反职责罪

第一节 军人违反职责罪概述

军人违反职责罪，指军人违反职责，危害国家军事利益，依照法律应受刑罚处罚的一类犯罪行为。《刑法》分则第 10 章军人违反职责罪共 32 个条文（第 420~451 条），规定了 31 个罪名。这类犯罪有以下共同特征：

一、客体

侵害的同类客体是国家的军事利益。国家军事利益，指有关武装力量作战、训练、物质保障、军事秘密管理秩序等方面的利益。具体表现为作战秩序、战斗力、武装力量管理秩序、军事秘密、武装力量的国际声誉等。军人违反职责罪的危害实质在于，破坏武装力量建设，削弱部队战斗力，危害国家军事利益。

二、主体

主体是军人，限于《刑法》第 450 条所规定的人员，即"中国人民解放军的现役军官、文职干部、士兵及具有军籍的学员和中国人民武装警察部队的现役警官、文职干部、士兵及具有军籍的学员以及文职人员、执行军事任务的预备役人员和其他人员"。主体的特殊性是本类犯罪区别于其他种类犯罪的重要特征。其中，预备役人员，指预编到现役部队或者编入预备役部队服预备役的人员。其他人员，指在军队（或者武装警察部队）编制序列内的机关、部队、院校、医院、基地、仓库等单位工作的，没有军籍（或者警籍）的正式职员、工人，以及临时征用或者受委托执行军事任务的地方人员等。需要注意：预备役人员和其他人员成为本类犯罪的主体，必须以执行军事任务为前提，如进行军事训练、执行战斗任务等。

《刑法修正案（十一）》扩大了军人违反职责罪的主体范围，将文职人员明确纳入其中。关于文职人员的定义，可参考《中国人民解放军文职人员条例》（2022 年修订）第 2 条、第 4 条，指编配在军民通用、非直接参与作战且专业性、保障性、稳定性较强的岗位，从事管理工作和专业技术工作的非服兵役人员。

三、行为

客观方面表现为违反军人职责，危害国家军事利益的行为。犯罪的时间、地点，对于军人违反职责罪的定罪量刑具有重要的影响。以"战时"为例，对有些军职罪，它是构成犯罪的要件，对有些军职罪则是量刑的重要情节；在处罚方面，《刑法》第 449 条规定的战时缓刑制度很有特色，也应予以重视。

四、主观

本章大部分犯罪的罪过形式是故意，处罚过失行为的占少数。

由于本章属于《刑法》中较为特殊的规定，所以，在本章之罪与其他章节之罪发生法条竞合时，一般优先适用本章的规定。但对军人盗窃、抢夺枪支、弹药、爆炸物案件的法律适用是一个例外。

第二节 危害作战利益的犯罪

一、战时违抗命令罪

《刑法》第421条 战时违抗命令，对作战造成危害的，处三年以上十年以下有期徒刑；致使战斗、战役遭受重大损失的，处十年以上有期徒刑、无期徒刑或者死刑。

【定罪】成立本罪必须至少符合4个条件：①从时间条件看，必须发生在"战时"；②从行为条件看，必须"违抗命令"，即违背、抗拒上级职权范围内的命令，既包括拒绝接受命令、拒不执行命令，也包括不按照命令的具体要求行动；③从结果条件看，必须"对作战造成了危害"；④从主观方面看，必须是出于"故意"。

【加重犯】致使战斗、战役遭受重大损失。一般指造成我军人员重大伤亡；武器装备、军事设施和军用物资严重损失；导致战斗、战役失利等情形。

二、隐瞒、谎报军情罪·拒传、假传军令罪

《刑法》第422条 故意隐瞒、谎报军情或者拒传、假传军令，对作战造成危害的，处三年以上十年以下有期徒刑；致使战斗、战役遭受重大损失的，处十年以上有期徒刑、无期徒刑或者死刑。

【定罪】这两个罪未限定为战时犯罪，因为在部队平时的战备工作中，隐瞒、谎报军情或者拒传、假传军令同样可能导致在作战、准备上决策失误，最终对作战造成危害。成立《刑法》第422条之罪必须至少符合3个条件：①从行为条件看，必须"隐瞒、谎报军情"，或者"拒传[1]、假传[2]军令"；②从结果条件看，必须"对作战造成了危害"；③从主观方面看，必须是出于"故意"。

【加重犯】致使战斗、战役遭受重大损失。一般指造成我军人员重大伤亡；武器装备、军事设施和军用物资严重损失；导致战斗、战役失利等情形。

三、投降罪

《刑法》第423条 在战场上贪生怕死，自动放下武器投降敌人的，处三年以上十年以下有期徒刑；情节严重的，处十年以上有期徒刑或者无期徒刑。

投降后为敌人效劳的，处十年以上有期徒刑、无期徒刑或者死刑。

【定罪】成立本罪必须至少符合3个条件：①从时空条件看，必须发生在"战场"上；②从行为条件看，必须"自动放下武器"；③从主观方面看，必须是出于"故意"，并具有贪生怕死的动机。

【加重犯】情节严重。一般指指挥人员或者其他负有重要职责的人员投降；在紧要关头或者危急时刻投降；率领部队或者部属投降；胁迫他人投降；策动多人或者策动指挥人员、其他负有重要职责的人员投降；携带重要武器装备投降；因投降导致战斗、战役遭受重大损失等情形。

投降后为敌人效劳，属于特别加重事由，处10年以上有期徒刑、无期徒刑或者死刑。

【关联罪】本罪与投敌叛变罪的区别。要点是：①主体不同。本罪的主体是中国人民解放军的武装战斗人员，后罪的主体是具有中国国籍的公民。②行为的场合和方式不同。本罪是在

---

[1] 拒传，既包括拒绝传递，也包括拖延传递。
[2] 假传，既包括伪造、篡改，也包括明知是伪造、篡改的军令而予以传达或者发布。

战场上自动放下武器，投敌叛变罪则不受场合和方式的限制。③动机不同。本罪出于贪生怕死的动机，投敌叛变罪出于叛国等动机。被敌人俘虏后，积极为敌人效劳的，不成立本罪，但不排除构成投敌叛变罪。

四、战时临阵脱逃罪

《刑法》第424条 战时临阵脱逃的，处三年以下有期徒刑；情节严重的，处三年以上十年以下有期徒刑；致使战斗、战役遭受重大损失的，处十年以上有期徒刑、无期徒刑或者死刑。

【定罪】成立本罪必须至少符合4个条件：①从时空条件看，必须发生在"战场"上，且是"战斗中"或者"接受战斗任务后"；②从行为条件看，必须"脱离岗位逃避参加战斗"；③从主观方面看，必须是出于"故意"；④从罪量条件看，必须"情节严重"。

【加重犯】致使战斗、战役遭受重大损失。一般指造成我军人员重大伤亡；武器装备、军事设施和军用物资严重损失；导致战斗、战役失利等情形。

【关联罪】本罪与投降罪的区别。要点是行为方式不同：本罪仅有逃避战斗的行为，没有投降罪中向敌方缴械投降的行为。

五、违令作战消极罪

《刑法》第428条 指挥人员违抗命令，临阵畏缩，作战消极，造成严重后果的，处五年以下有期徒刑；致使战斗、战役遭受重大损失或者有其他特别严重情节的，处五年以上有期徒刑。

【定罪】成立本罪必须至少符合3个条件：①从主体条件看，必须是"指挥人员"；②从时间条件看，必须发生在"面临作战任务时"；③从结果条件看，必须"造成严重后果"。

【加重犯】致使战斗、战役遭受重大损失或者有其他特别严重情节。

六、拒不救援友邻部队罪

《刑法》第429条 在战场上明知友邻部队处境危急请求救援，能救援而不救援，致使友邻部队遭受重大损失的，对指挥人员，处五年以下有期徒刑。

【定罪】成立本罪必须至少符合5个条件：①从主体条件看，必须是"指挥人员"；②从时空条件看，必须发生在"战场"上，并以友邻部队面临被敌人包围、追击或者阵地被攻陷等危急处境为前提；③从行为条件看，必须"能救援"而"不救援"；④从结果条件看，必须"致使友邻部队遭受重大损失"；⑤从主观方面看，必须是出于"故意"。

七、战时造谣惑众罪

《刑法》第433条 战时造谣惑众，动摇军心的，处三年以下有期徒刑；情节严重的，处三年以上十年以下有期徒刑；情节特别严重的，处十年以上有期徒刑或者无期徒刑。

【定罪】成立本罪必须至少符合4个条件：①从时间条件看，必须发生在"战时"；②从行为条件看，必须编造、散布谣言，煽动怯战、厌战或者恐怖情绪，蛊惑官兵；③从结果条件看，必须"动摇军心"，即造成或者足以造成部队情绪恐慌、士气不振、军心涣散；④从主观方面看，必须是出于"故意"。

【加重犯】本罪有两档加重犯，分别以"情节严重"和"情节特别严重"为要件。情节严重，一般指指挥人员造谣惑众；谣言散布范围广；谣言内容煽动性大；在紧要关头或者危急时刻造谣惑众；引起部队混乱、指挥失控、多人逃亡等严重后果等情形。关于情节是否特别严重，可参照前述标准认定。

【关联罪】本罪与战时造谣扰乱军心罪的区别。要点是主体不同：本罪的主体限于军人，后罪是一般主体。对于军人战时造谣惑众、动摇军心构成犯罪的，应以战时造谣惑众罪论处。

八、战时自伤罪

《刑法》第434条 战时自伤身体，逃避军事义务的，处三年以下有期徒刑；情节严重的，处三年以上七年以下有期徒刑。

【定罪】成立本罪必须至少符合3个条件：①从时间条件看，必须发生在"战时"；②从行为条件看，必须伤害自己的身体，包括加重已有的伤害；③从主观方面看，必须是出于"故意"，并具有逃避军事义务[1]的目的。军人自伤身体不是为了逃避军事义务，而是为了骗取荣誉或掩盖失误的，不构成本罪。

【加重犯】情节严重。一般指指挥人员或者其他负有重要职责的人员自伤；紧要关头或者危急时刻自伤；因自伤造成严重后果等情形。

第三节 违反部队管理秩序的犯罪

一、擅离、玩忽军事职守罪

《刑法》第425条 指挥人员和值班、值勤人员擅离职守或者玩忽职守，造成严重后果的，处三年以下有期徒刑或者拘役；造成特别严重后果的，处三年以上七年以下有期徒刑。

战时犯前款罪的，处五年以上有期徒刑。

（一）构成要件

【主体】限于指挥人员、值班人员和值勤人员，属于军人违反职责罪中的特殊主体。根据《军人立案标准》（2013）第6条第2款、第3款和第4款，指挥人员，指对部队或者部属负有组织、领导、管理职责的人员。专业主管人员在其业务管理范围内，视为指挥人员。值班人员，指军队各单位、各部门为保持指挥或者履行职责不间断而设立的、负责处理本单位、本部门特定事务的人员。值勤人员，指正在担任警卫、巡逻、观察、纠察、押运等勤务，或者作战勤务工作的人员。

【行为】擅离职守或者玩忽职守。擅离职守，指擅自离开正在履行指挥、值班、值勤职责的岗位。玩忽职守，指在履行职责的岗位上，严重不负责任，不履行或者不正确履行职责。

【结果·罪量】造成严重后果。根据《军人立案标准》（2013）第6条第5款，包括下列情形：①造成重大任务不能完成或者迟缓完成的；②造成死亡1人以上，或者重伤3人以上，或者重伤2人、轻伤4人以上，或者重伤1人、轻伤7人以上，或者轻伤10人以上的；③造成枪支、手榴弹、爆炸装置或者子弹10发、雷管30枚、导火索或者导爆索30米、炸药1千克以上丢失、被盗，或者不满规定数量，但后果严重的，或者造成其他重要武器装备、器材丢失、被盗的；④造成武器装备、军事设施、军用物资或者其他财产损毁，直接经济损失30万元以上，或者直接经济损失、间接经济损失合计150万元以上的；⑤造成其他严重后果的。

【主观】过失，即行为人应当预见到擅离、玩忽军事职守可能造成严重后果，因疏忽大意而没有预见，或者已经预见但轻信能够避免。

（二）适用

【关联罪】本罪与战时临阵脱逃罪的区别。要点是：①本罪处罚的是指挥、值班、值勤人员的渎职行为，后罪处罚的是在战斗之中或者面临战斗之际逃离战斗岗位的行为。②本罪要求

---

[1] 军事义务，泛指要求军人履行的与作战有关的义务，如向战区开进、集结、临战待命和准备实施战斗行动，担负战场勤务和各种作战保障等。

造成严重后果才构成犯罪，后罪无此要求。

二、阻碍执行军事职务罪

《刑法》第426条　以暴力、威胁方法，阻碍指挥人员或者值班、值勤人员执行职务的，处五年以下有期徒刑或者拘役；情节严重的，处五年以上十年以下有期徒刑；情节特别严重的，处十年以上有期徒刑或者无期徒刑。战时从重处罚。

【定罪】成立本罪必须至少符合3个条件：①从对象条件看，必须阻碍"指挥人员或者值班、值勤人员"执行职务；②从行为条件看，必须使用"暴力、威胁"方法；③从主观方面看，必须是出于"故意"。

【加重犯】本罪有两档加重犯，分别以"情节严重"和"情节特别严重"为要件。

【关联罪】1. 本罪与妨害公务罪的区别。要点是：①主体不同。本罪是特殊主体，限于军人；后罪是一般主体。②对象不同。本罪的对象是正在执行职务的指挥人员或者值班、值勤人员，后罪的对象是正在执行公务的国家机关工作人员。在发生法条竞合时，优先适用本法条。

2. 本罪与阻碍军人执行职务罪的区别。要点是：①主体不同。本罪的主体是军人，后罪是一般主体。②对象不同。本罪的对象是正在执行职务的指挥人员或者值班、值勤人员，后罪的对象是依法执行职务的军人。在发生法条竞合时，优先适用本法条。

三、指使部属违反职责罪

《刑法》第427条　滥用职权，指使部属进行违反职责的活动，造成严重后果的，处五年以下有期徒刑或者拘役；情节特别严重的，处五年以上十年以下有期徒刑。

【定罪】成立本罪必须至少符合3个条件：①从对象条件看，必须指使"部属"进行违反职责的活动；②从行为条件看，必须"滥用职权"；③从结果条件看，必须"造成严重后果"。

【加重犯】情节特别严重。

四、军人叛逃罪

《刑法》第430条　在履行公务期间，擅离岗位，叛逃境外或者在境外叛逃，危害国家军事利益的，处五年以下有期徒刑或者拘役；情节严重的，处五年以上有期徒刑。

驾驶航空器、舰船叛逃的，或者有其他特别严重情节的，处十年以上有期徒刑、无期徒刑或者死刑。

【定罪】成立本罪必须至少符合4个条件：①从时间条件看，必须发生在"履行公务期间"；②从行为条件看，必须"擅离岗位，叛逃境外或者在境外叛逃"；③从结果条件看，必须"危害国家军事利益"；④从主观方面看，必须是出于"故意"。

【加重犯】本罪有两档加重犯。分别以"情节严重"和"驾驶航空器、舰船叛逃，或者情节特别严重"为要件。前者一般指指挥人员和其他担负重要职责的人员叛逃；策动他人叛逃；携带军事秘密叛逃；战时叛逃等情形。后者中的"其他特别严重情节"，一般指策动多人或策动指挥人员和其他担负重要职责的人员叛逃，或者叛逃后积极从事危害国家安全和国防利益活动等情形。

【关联罪】1. 本罪与叛逃罪的区别。要点是主体不同：本罪的主体限于军人，叛逃罪的主体是国家机关工作人员。在发生法条竞合时，优先适用本法条。

2. 本罪与投敌叛变罪的区别。行为人因私合法出境后与派出单位和有关部门脱离关系，并滞留境外不归的，属于"出走"而非"在境外叛逃"，不构成本罪。但在境外有投敌叛变行为的，可以投敌叛变罪论处。

五、逃离部队罪

《刑法》第435条　违反兵役法规，逃离部队，情节严重的，处三年以下有期徒刑或者拘役。

战时犯前款罪的，处三年以上七年以下有期徒刑。

【定罪】成立本罪必须至少符合4个条件：①从前提条件看，必须"违反兵役法规"；②从行为条件看，必须"逃离部队"，即擅自离开部队或者经批准外出逾期不归队；③从主观方面看，必须是出于"故意"[1]；④从罪量条件看，必须"情节严重"。

【加重犯】战时逃离部队。

【关联罪】1. 本罪与《刑法》第376条之战时拒绝、逃避征召、军事训练罪，战时拒绝、逃避服役罪的区别。要点是主体不同：本罪的主体是已经应征、应召入伍服役的军人，后两罪的主体是尚未应征、应召入伍的预备役人员或者普通公民。

2. 本罪与战时临阵脱逃罪的区别。要点在于行为时是否面临战斗任务。战时临阵脱逃罪只能发生在战时和战场上，必须面临具体明确的战斗任务；本罪则可以发生在平时，或者虽然发生在战时，但没有面临具体明确的战斗任务。

3. 本罪与军人叛逃罪的区别。要点在于是否叛逃境外或者在境外叛逃。军人虽然逃离部队，但未前往境外，或者在境外执行任务时私自逃回境内的，不构成军人叛逃罪，但可成立本罪。军人叛逃时，当然同时有逃离部队的行为，对此应根据重法优先适用的原则，以军人叛逃罪论处。

第四节 危害军事秘密安全的犯罪

一、非法获取军事秘密罪·为境外窃取、刺探、收买、非法提供军事秘密罪

《刑法》第431条 以窃取、刺探、收买方法，非法获取军事秘密的，处五年以下有期徒刑；情节严重的，处五年以上十年以下有期徒刑；情节特别严重的，处十年以上有期徒刑。

为境外的机构、组织、人员窃取、刺探、收买、非法提供军事秘密的，处五年以上十年以下有期徒刑；情节严重的，处十年以上有期徒刑、无期徒刑或者死刑。

（一）非法获取军事秘密罪

【定罪】成立本罪必须至少符合4个条件：①从前提条件看，必须"非法"，即违反国家和军队的保密规定；②从对象条件看，非法获取的必须是"军事秘密"[2]；③从行为条件看，必须使用"窃取、刺探、收买"方法；④从主观方面看，必须是出于"故意"。

【加重犯】本罪有两档加重犯，分别以"情节严重"和"情节特别严重"为要件。前者一般指利用职权非法获取军事秘密；从作战、机要、保密等重要部门非法获取军事秘密；非法获取机密级或者多项秘密级军事秘密；非法获取军事秘密的手段特别恶劣；战时非法获取军事秘密；将非法获取的军事秘密又泄露；非法获取军事秘密造成严重后果等情形。关于情节是否特别严重，可参照前述标准予以认定。

【关联罪】本罪与非法获取国家秘密罪的区别。要点是：①主体不同。本罪的主体是军

---

[1] 司法实践中，对擅自离队或者逾假不归的军人，如果经教育仍拒不返回部队，或者有意脱离与部队联系的，应认定其具有逃避服兵役的主观故意。如果行为人确属家庭有实际困难或者其他特殊原因，能主动向部队说明情况，或者经教育后及时归队的，不应认定其有逃避服兵役的主观故意。

[2] 根据《军人立案标准》（2013）第12条第2款，军事秘密，是关系国防安全和军事利益，依照规定的权限和程序确定，在一定时间内只限一定范围的人员知悉的事项。

人,后罪是一般主体。②对象不同。本罪的对象是军事秘密,后罪的对象是国家秘密。在发生法条竞合时,优先适用本法条。

(二) 为境外窃取、刺探、收买、非法提供军事秘密罪[1]

【定罪】成立本罪必须至少符合3个条件:①从对象条件看,必须是"军事秘密";②从行为条件看,必须是"为境外"窃取、刺探、收买、非法提供军事秘密;③从主观方面看,必须是出于"故意"。

【加重犯】情节严重。《刑法修正案(十一)》颁布之前,本罪的法定最低刑为10年有期徒刑,此次修订变一档法定刑幅度为两档,构建起基本犯与加重犯并行的罪刑结构。

【关联罪】1. 本罪与为境外窃取、刺探、收买、非法提供国家秘密、情报罪的区别。要点是:①主体不同。本罪的主体是军人,后罪是一般主体。②对象不同。本罪的对象是军事秘密,后罪的对象是国家秘密和情报。在发生法条竞合时,优先适用本法条。

2. 本罪与非法获取军事秘密罪的区别。要点在于是否为"境外"非法获取或者提供军事秘密。可将本罪理解为非法获取军事秘密罪的加重形态。

二、故意泄露军事秘密罪·过失泄露军事秘密罪

《刑法》第432条 违反保守国家秘密法规,故意或者过失泄露军事秘密,情节严重的,处五年以下有期徒刑或者拘役;情节特别严重的,处五年以上十年以下有期徒刑。

战时犯前款罪的,处五年以上十年以下有期徒刑;情节特别严重的,处十年以上有期徒刑或者无期徒刑。

(一) 故意泄露军事秘密罪

【对象】军事秘密。

【行为】违反国家和军队的保密规定,泄露军事秘密。泄露,指使军事秘密被不应知悉者知悉,或者超出了限定的接触范围。

【主观】故意。

【罪量】情节严重。根据《军人立案标准》(2013)第14条第2款,包括下列情形:①泄露绝密级或者机密级军事秘密1项(件)以上的;②泄露秘密级军事秘密3项(件)以上的;③向公众散布、传播军事秘密的;④泄露军事秘密造成严重危害后果的;⑤利用职权指使或者强迫他人泄露军事秘密的;⑥负有特殊保密义务的人员泄密的;⑦以牟取私利为目的泄露军事秘密的;⑧执行重大任务时泄密的;⑨有其他情节严重行为的。

【加重犯】本罪有两档加重犯。其中,"处5年以上10年以下有期徒刑"的加重犯以"情节特别严重"或者"战时犯罪"为要件;"处10年以上有期徒刑或者无期徒刑"的加重犯以"战时犯罪"及"情节特别严重"为要件。

【关联罪】本罪与故意泄露国家秘密罪的区别。要点是:①主体不同。本罪的主体是军人,后罪的主体是国家机关工作人员和其他人员。②对象不同。本罪的对象是军事秘密,后罪的对象是国家秘密。在发生法条竞合时,优先适用本法条。

(二) 过失泄露军事秘密罪

【对象】军事秘密。

【行为】违反国家和军队的保密规定,泄露军事秘密。泄露,指使军事秘密被不应知悉者知悉,或者超出了限定的接触范围。

【主观】过失。

---

[1] 本罪经《刑法修正案(十一)》修改。

【罪量】情节严重。在情节严重的标准方面，本罪与故意泄露军事秘密罪差异明显。根据《军人立案标准》（2013）第 15 条第 2 款，包括下列情形：①泄露绝密级军事秘密 1 项（件）以上的；②泄露机密级军事秘密 3 项（件）以上的；③泄露秘密级军事秘密 4 项（件）以上的；④负有特殊保密义务的人员泄密的；⑤泄露军事秘密或者遗失军事秘密载体，不按照规定报告，或者不如实提供有关情况，或者未及时采取补救措施的；⑥有其他情节严重行为的。

【加重犯】本罪有两档加重犯。其中，"处 5 年以上 10 年以下有期徒刑"的加重犯以"情节特别严重"或者"战时犯罪"为要件；"处 10 年以上有期徒刑或者无期徒刑"的加重犯以"战时犯罪"及"情节特别严重"为要件。

【关联罪】本罪与过失泄露国家秘密罪的区别。要点是：①主体不同。本罪的主体是军人，后罪的主体是国家机关工作人员和其他人员。②对象不同。本罪的对象是军事秘密，后罪的对象是国家秘密。在发生法条竞合时，优先适用本法条。

第五节　危害部队物质保障的犯罪

一、武器装备肇事罪

《刑法》第 436 条　违反武器装备使用规定，情节严重，因而发生责任事故，致人重伤、死亡或者造成其他严重后果的，处三年以下有期徒刑或者拘役；后果特别严重的，处三年以上七年以下有期徒刑。

（一）构成要件

【行为】违反武器装备使用规定，情节严重。这里包含两层含义：①行为人实施了违反武器装备使用规定的行为，这是构成本罪的前提条件；②违反武器装备使用规定的行为必须情节严重。

【结果·罪量】发生责任事故，致人重伤、死亡或者造成其他严重后果。是否发生责任事故、造成严重后果，是区分罪与非罪的界限。根据《军人立案标准》（2013）第 19 条第 3 款，涉嫌下列情形之一的，应予立案：①影响重大任务完成；②造成死亡 1 人以上，或者重伤 2 人以上，或者轻伤 3 人以上；③造成武器装备、军事设施、军用物资或者其他财产损毁，直接经济损失 30 万元以上，或者直接经济损失、间接经济损失合计 150 万元以上；④严重损害国家和军队声誉，造成恶劣影响；⑤造成其他严重后果。

【主观】过失，即行为人对其行为造成的重大事故，是由于疏忽大意或过于自信。至于违反武器装备使用规定的行为本身，则可能是明知故犯。

【加重犯】后果特别严重。

（二）适用

【关联罪】本罪与交通肇事罪、过失致人死亡罪、失火罪、过失爆炸罪、重大责任事故罪、危险物品肇事罪等犯罪的区别。要点是：①主体不同。本罪的主体是军人，后几种犯罪的主体是普通公民或者单位的职工。②行为发生的场合不同。本罪的肇事行为发生在军人使用、操作武器装备的过程中，后几种犯罪发生在日常生活或者厂矿企业生产作业的过程中。在处理军人驾驶军用车辆肇事案件时，如果仅因违反交通运输规章而发生重大事故，致人重伤、死亡或者使公私财产遭受重大损失，应以交通肇事罪论处；如果是因为严重违反武器装备使用规定和操作规程，致人重伤、死亡或者造成其他严重后果的，即使同时违反交通运输规章，也应以本罪论处。

二、擅自改变武器装备编配用途罪

《刑法》第437条 违反武器装备管理规定,擅自改变武器装备的编配用途,造成严重后果的,处三年以下有期徒刑或者拘役;造成特别严重后果的,处三年以上七年以下有期徒刑。

【定罪】成立本罪必须至少符合5个条件:①从前提条件看,必须"违反武器装备管理规定";②从对象条件看,必须是"编配的武器装备";③从行为条件看,必须"改变武器装备的编配用途";④从结果条件看,必须"造成严重后果";⑤从主观方面看,必须是出于"过失"。

【加重犯】造成特别严重后果。

三、盗窃、抢夺武器装备、军用物资罪

《刑法》第438条 盗窃、抢夺武器装备或者军用物资的,处五年以下有期徒刑或者拘役;情节严重的,处五年以上十年以下有期徒刑;情节特别严重的,处十年以上有期徒刑、无期徒刑或者死刑。

盗窃、抢夺枪支、弹药、爆炸物的,依照本法第一百二十七条的规定处罚。

(一)构成要件

【对象】武器装备或者军用物资。武器装备,是武装部队用于实施和保障作战行动的武器、武器系统和军事技术器材的统称,包括匕首、火炮、火箭、导弹、通信器材、气象保障器材以及各种军用装备等。军用物资,指武器装备以外的供军事上使用的被服、粮秣、油料、药材、建材等。

【行为】盗窃、抢夺。根据《军人立案标准》(2013)第21条第4款、第5款,盗窃,指秘密窃取;抢夺,指乘人不备、公然夺取。

【主观】故意,并具有非法占有武器装备、军用物资的目的。

【加重犯】本罪有两档加重犯,分别以"情节严重"和"情节特别严重"为要件。前者一般指盗窃、抢夺重要武器装备或者多件武器装备;盗窃、抢夺军用物资数额巨大;盗窃、抢夺武器装备、军用物资严重影响部队完成战备执勤任务;采用破坏性方法盗窃、抢夺武器装备或军用物资;盗窃、抢夺武器装备、军用物资造成严重后果;多次盗窃、抢夺武器装备或军用物资等情形。后者一般指盗窃、抢夺多件重要武器装备或者多次盗窃、抢夺重要武器装备;盗窃、抢夺军用物资的价值达到数额特别巨大;盗窃、抢夺武器装备或者军用物资严重影响部队完成作战等重大任务;造成特别严重后果;战时盗窃、抢夺武器装备或军用物资,情节严重等情形。

(二)适用

【定罪】《刑法》第438条第2款明确规定,军人盗窃或者抢夺部队的枪支、弹药、爆炸物的,以《刑法》第127条之盗窃、抢夺枪支、弹药、爆炸物罪论处,不以本罪论处。据此可以认为,作为本罪对象的"武器装备、军用物资",实际上不包括枪支、弹药、爆炸物。

【关联罪】本罪与贪污罪的区别。要点在于是否利用经管公共财产(包括军用物资)的职务上的便利。军人利用职务上的便利,盗窃自己经手、管理的武器装备、军用物资,具备贪污罪基本特征的,应以贪污罪论处。军人没有利用职务上的便利盗窃武器装备、军用物资的,以本罪论处。

四、非法出卖、转让武器装备罪

《刑法》第439条 非法出卖、转让军队武器装备的,处三年以上十年以下有期徒刑;出卖、转让大量武器装备或者有其他特别严重情节的,处十年以上有期徒刑、无期徒刑或者死刑。

【对象】军队的武器装备。本罪的对象包括枪支、弹药、爆炸物。

【行为】非法出卖、转让。根据《军人立案标准》(2013) 第 22 条第 2 款,指违反武器装备管理规定,未经有权机关批准,擅自用武器装备换取金钱、财物或者其他利益,或者将武器装备馈赠他人的行为。

【主观】故意。

【加重犯】出卖、转让大量武器装备或者有其他特别严重情节。

五、遗弃武器装备罪

《刑法》第 440 条 违抗命令,遗弃武器装备的,处五年以下有期徒刑或者拘役;遗弃重要或者大量武器装备的,或者有其他严重情节的,处五年以上有期徒刑。

【主体】负有保管、使用武器装备义务的军人。本罪是军人违反职责罪中的特殊主体。

【行为】违抗命令,遗弃武器装备。

【主观】故意。

【加重犯】遗弃重要或者大量武器装备或者有其他严重情节。

六、遗失武器装备罪

《刑法》第 441 条 遗失武器装备,不及时报告或者有其他严重情节的,处三年以下有期徒刑或者拘役。

【行为】遗失武器装备,不及时报告或者有其他严重情节。这里的"其他严重情节",指遗失武器装备严重影响重大任务的完成;给人民群众生命财产安全造成严重危害;遗失的武器装备被敌人或者境外的机构、组织和人员或者国内恐怖组织和人员利用,造成严重后果或者恶劣影响;遗失的武器装备数量多、价值高;战时遗失等情形。

【关联罪】本罪与丢失枪支不报罪的区别。要点是:①主体不同。本罪的主体是军人,后罪的主体是依法配备公务用枪的人员。②结果要件不同。丢失枪支不报必须造成严重后果,才构成犯罪;本罪无此限制,遗失武器装备,不及时报告的,即可构成犯罪。

七、擅自出卖、转让军队房地产罪

《刑法》第 442 条 违反规定,擅自出卖、转让军队房地产,情节严重的,对直接责任人员,处三年以下有期徒刑或者拘役;情节特别严重的,处三年以上十年以下有期徒刑。

【对象】军队房地产,指依法由军队使用管理的土地及其地上地下用于营房保障的建筑物、构筑物、附属设施设备以及其他附着物。

【行为】违反军队房地产管理和使用规定,未经有权机关批准,擅自出卖、转让。

【主观】故意。

【罪量】情节严重。根据《军人立案标准》(2013) 第 25 条第 3 款,包括下列情形:①擅自出卖、转让军队房地产价值 30 万元以上的;②擅自出卖、转让军队房地产给境外的机构、组织、人员的;③擅自出卖、转让军队房地产严重影响部队正常战备、训练、工作、生活和完成军事任务的;④擅自出卖、转让军队房地产给军事设施安全造成严重危害的;⑤有其他情节严重行为。

【加重犯】情节特别严重。

八、私放俘虏罪

《刑法》第 447 条 私放俘虏的,处五年以下有期徒刑;私放重要俘虏、私放俘虏多人或者有其他严重情节的,处五年以上有期徒刑。

【行为】擅自将俘虏放走。

【主观】故意。

【加重犯】私放重要俘虏、私放俘虏多人或者有其他严重情节。

第六节 违反人道主义的犯罪

一、虐待部属罪

《刑法》第443条 滥用职权，虐待部属，情节恶劣，致人重伤或者造成其他严重后果的，处五年以下有期徒刑或者拘役；致人死亡的，处五年以上有期徒刑。

（一）构成要件

【对象】部属，指与行为人有隶属关系的下级军人。

【行为】滥用职权，虐待部属。虐待部属，指采取殴打、体罚、冻饿或者其他有损身心健康的手段，折磨、摧残部属。

【结果】致人重伤或者造成其他严重后果。根据《军人立案标准》（2013）第26条第4款，其他严重后果，包括部属不堪忍受虐待而自杀、自残造成重伤或者精神失常的；诱发其他案件、事故的；导致部属1人逃离部队3次以上，或者2人以上逃离部队的；造成恶劣影响等情形。

【主观】过失。行为人对滥用职权、虐待部属是故意而为，但对于造成严重后果则是过失的。

【罪量】情节恶劣。根据《军人立案标准》（2013）第26条第3款，包括虐待手段残酷的；虐待3人以上的；虐待部属3次以上的；虐待伤病残部属的等情形。

（二）适用

【关联罪】本罪与虐待罪的区别。要点是：①主体不同。本罪的主体是军人，且限于部队中的各级首长和其他有权指挥他人的人员；虐待罪是一般主体。②对象不同。本罪的对象是与行为人有隶属关系的军人，虐待罪的对象是家庭成员。

二、遗弃伤病军人罪

《刑法》第444条 在战场上故意遗弃伤病军人，情节恶劣的，对直接责任人员，处五年以下有期徒刑。

【定罪】成立本罪必须至少符合4个条件：①从时空条件看，必须发生在"战场"上；②从对象条件看，遗弃的必须是"我方伤病军人"；③从主观方面看，必须是出于"故意"；④从罪量条件看，必须"情节恶劣"。

【处罚】根据《刑法》第444条，只追究遗弃伤病军人的直接责任人员的刑事责任。

三、战时拒不救治伤病军人罪

《刑法》第445条 战时在救护治疗职位上，有条件救治而拒不救治危重伤病军人的，处五年以下有期徒刑或者拘役；造成伤病军人重残、死亡或者有其他严重情节的，处五年以上十年以下有期徒刑。

【定罪】成立本罪必须至少符合5个条件：①从时间条件看，必须发生在"战时"；②从主体条件看，必须是"在救护治疗职位上的军人"；③从对象条件看，必须是"危重伤病军人"；④从行为条件看，必须是"有条件救治"[1]而"拒不救治"；⑤从主观方面看，必须是

---

[1] 根据《军人立案标准》（2013）第28条第2款，有条件救治，指根据伤病军人的伤情或者病情，结合救护人员的技术水平、医疗单位的医疗条件及当时的客观环境等因素，能够给予救治。

出于"故意"。

【加重犯】造成伤病军人重残、死亡或者有其他严重情节。

四、战时残害居民、掠夺居民财物罪

《刑法》第446条 战时在军事行动地区，残害无辜居民或者掠夺无辜居民财物的，处五年以下有期徒刑；情节严重的，处五年以上十年以下有期徒刑；情节特别严重的，处十年以上有期徒刑、无期徒刑或者死刑。

【定罪】成立本罪必须至少符合3个条件：①从时空条件看，必须发生在"战时"的"军事行动地区"；②从对象条件看，残害的必须是"无辜居民"[1]，掠夺的必须是"无辜居民的财物"；③从主观方面看，必须是出于"故意"。

【加重犯】本罪有两档加重犯，分别以"情节严重"和"情节特别严重"为要件。

五、虐待俘虏罪

《刑法》第448条 虐待俘虏，情节恶劣的，处三年以下有期徒刑。

【行为】虐待俘虏。

【主观】故意。

【罪量】情节恶劣。根据《军人立案标准》（2013）第31条第2款，包括下列情形：①指挥人员虐待俘虏的；②虐待俘虏3人以上，或者虐待俘虏3次以上的；③虐待俘虏手段特别残忍的；④虐待伤病俘虏的；⑤导致俘虏自杀、逃跑等严重后果的；⑥造成恶劣影响的；⑦有其他恶劣情节。

---

[1] 根据《军人立案标准》（2013）第29条第2款，无辜居民，指对我军无敌对行动的平民。